BIBLIOTHÈQUE
CLASSIQUE LATINE,
OU
COLLECTION
DES AUTEURS CLASSIQUES LATINS,

AVEC DES COMMENTAIRES ANCIENS ET NOUVEAUX,
DES INDEX COMPLETS, PORTRAITS, CARTES, ETC.;

Dédiée

A S. M. CHARLES X,

Destinée par ses Ordres aux Études

DE S. A. R. MGR LE DUC DE BORDEAUX,

Et publiée

Par NICOLAS ÉLOI LEMAIRE,

PROFESSEUR DE POÉSIE LATINE A LA FACULTÉ DES LETTRES,
ACADÉMIE DE PARIS.

A PARIS,
DE L'IMPRIMERIE DE FIRMIN DIDOT,
IMPRIMEUR DU ROI ET DE L'INSTITUT, RUE JACOB, N° 24.

1828.

BIBLIOTHECA
CLASSICA LATINA

SIVE

COLLECTIO

AUCTORUM CLASSICORUM LATINORUM

CUM NOTIS ET INDICIBUS

On souscrit, à Paris,

Chez N. E. LEMAIRE, Éditeur, rue des Quatre Fils, n° 16, au Marais.
DEBURE frères, libraires du Roi, rue Serpente, n° 7.
TREUTTEL et WURTZ, libraires, rue de Bourbon, n° 17.
F. DIDOT, imprimeur du Roi et de l'Institut, rue Jacob, n° 24.
BOSSANGE père, libraire, rue Richelieu, n° 60.
DONDEY-DUPRÉ, impr.-lib. rue Richelieu, n° 47 bis.
BRUNOT-LABBE, libraire de l'Université, quai des Augustins, n° 33.
Jul. RENOUARD, libraire, rue de Tournon, n° 6.
MONGIE aîné, libraire, boulevard Italien, n° 10.
H. VERDIÈRE, libraire, quai des Augustins, n° 25.
ARTHUS-BERTRAND, libraire, rue Hautefeuille, n° 23.

Et chez tous les Libraires de France et des pays étrangers.

CAII PLINII SECUNDI
HISTORIÆ NATURALIS
LIBRI XXXVII

EXCUDEBAT FIRMINUS DIDOT,
REGIS ET GALLICARUM ACADEMIARUM TYPOGRAPHUS.

CAII PLINII SECUNDI
HISTORIÆ NATURALIS
LIBRI XXXVII

CUM SELECTIS COMMENTARIIS J. HARDUINI AC RECENTIORUM INTERPRETUM
NOVISQUE ADNOTATIONIBUS

PARS SECUNDA CONTINENS GEOGRAPHIAM,

CURANTE **F. ANSART**

IN REGIO SANCTI LUDOVICI COLLEGIO PROFESSORE

VOLUMEN SECUNDUM
PARS PRIOR

PARISIIS
COLLIGEBAT NICOLAUS ELIGIUS LEMAIRE
POESEOS LATINÆ PROFESSOR

MDCCCXXVIII

PRÆMONITIO AD LECTOREM.

Non te, lector optime, multis hic moratum volo; sed quum Plinii quatuor de Geographia libros in duabus hujus secundi voluminis partibus sis habiturus, specialem laboris mei rationem tibi reddere non duxi supervacuum.

Tribus quatuorve tantum locis Harduini textum immutandum censui, optimis codicibus ad id inductus; nonnullas etiam typographi, quæ Harduinum fugerant, mendas expunxi. Quod autem ad commentarium attinet facile intelliges, lector humanissime, quam multa in eo immutanda signarentur operibus innumeris, quæ ab Harduini ætate ad nostram de veteri Geographia in lucem prolata sunt. Hanc igitur notarum ejus partem servans, ut plurimum, qua veterum scriptorum testimoniis Plinii auctoritatem confirmare, aut sensum explanare nititur, partem reliquam, qua in nummis explicandis litera quaque abutitur, aut qua male præsentia refert locorum veterum nomina, sæpe ex integro reficiendam judicavi, probatissimorum recentium Geographorum usus auxilio. Quorum quidem, ut labori huic meo illam qua indiget fidem adhibere non recuses, nomina hic habere te volo, quidquid auctoritatis meo desit, in eis inventurum. Solitum ducem habui d'Anville, veteris apud nos Geographiæ, ut aiunt, patrem, atque cum eo Mannertum, cujus immensum opus, cui titulus est *Geographie der Griechen und Römer*, quasi thesaurus esse videtur, in quo omnia quæ ad antiquam Geographiam pertinent congesta fortasse potius quam digesta non diffitebor. Multorum præterea eruditorum virorum nomina occurrent tibi in notis. Quos inter, nominare hic mihi paucos liceat, quorum non opera tantum, sed etiam consilia mihi non defuerunt: celeberrimum Gossellin, cujus peritæ manus orbem, ut ita dicam, antiquum magna ex parte restituerunt; eruditum

Barbié du Bocage, qui non totus geographicæ scientiæ et amicis præreptus, superstes quodam modo sibi vivit in filio non semel de me ad hoc conficiendum opus optime merito; doctum viatorem Pouqueville, qui tot loca in ea saltem Græciæ parte, Epirum dico, cujus accuratiorem descriptionem desiderari tempore suo fatebatur d'Anville, sagaci animo et indefessis laboribus recognovit primus; clarum Lapie, cujus diligentia nuper in lucem prodiit magnifica illa Græciæ mappa, qua tam multis geographicis operibus suis quasi cumulum imposuit. Neque, quum manibus omnium versentur tot peritissimorum virorum opera, mirum est si mappas, quas ego huic operi aptare primum animo destinaveram, mox ut supervacaneum simul ac temerarium opus aggredi supersederim.

Hi, lector optime, fuerunt duces mei, immo nonnunquam et adjutores. Non tamen nullum invenies locum, præsertim in prioribus libris duobus, quo conjecturas meas, omnibus deficientibus auxiliis, ipse proponere ausus fuerim, ea tamen, ut spero, modestia, quæ, si me errare judicaveris, veniam a te, lector benevole, impetrandi spem mihi facit. Quam ne defraudes precor, tum in hoc, tum si quid aliud reprehendendum offenderis in opere isto, quod totam viri me doctioris vitam facile consumpsisset, et quod tamen intra triennium confeci, non semel etiam infirma valetudine distractus a laboribus. Inter Excursus nonnullos, quibus horum quatuor librorum loca quædam illustrari potuerant, duos tantum selegi*, *de mensibus Ægyptiis*, et *de Paradisi terrestris situ* tractantes, ne volumen hoc secundum, quod jam in partes geminas resolvere coacti sumus, nimiis disquisitionibus, neque ita necessariis oneratum ultra terminos excresceret. Vale, iterumque vale.

* Vide, si placet, ad calcem libri sexti, pag. 762.

F. ANSART.

C. PLINII SECUNDI
NATURALIS HISTORIÆ
LIBER III.

PROOEMIUM. — Hactenus de situ, et miraculis terræ, aquarumque, et siderum, ac ratione universitatis[1], atque mensura. Nunc de partibus : quanquam infinitum id quoque existimatur, nec temere sine aliqua reprehensione tractatum[2]; haud ullo in genere venia justiore, si modo minime mirum est hominem genitum non omnia humana novisse. Quapropter auctorem neminem unum sequar; sed ut quemque verissimum in quaque parte arbitrabor : quoniam commune ferme omnibus fuit, ut eos quisque diligentissime situs diceret, in quibus ipse prodebat : ideo nec culpabo, aut coarguam quemquam. Locorum nuda nomina, et quanta dabitur brevitate ponentur, claritate causisque[3] dilatis in suas partes : nunc enim sermo de toto

---

1. *Universitatis.* Hanc rerum universitatem sæpius Cicero de Nat. Deor. lib. I, 43, et lib. II, 65, variis explicat modis; nec Democrito favet « censenti, imagines divinitate præditas inesse universitati rerum ; vel principia mentis quæ sunt in eodem universo Deos esse; vel ingentes quasdam imagines, tantasque ut universum mundum complectantur extrinsecus ». ED.

2. *Nec temere sine aliqua reprch. tractatum.* Si cum vetere apud Dal. codice legas *tractandum,* patet sensus τοῦ *temere,* id est, inconsulte :

qui non ita expeditus est, si in vulgata et vera, ut videtur, lectione *tractatum* acquiescas. Ego intelligerem, *vulgo (en général), fere semper.* Sic lib. XI, 24 : « Ictus eorum (crabronum) haud temere sine febri est; » et XVI, 30 : « Non temere in montibus visæ sunt prunus. » Quintil. Instit. Or. I, 3, § 3 : « Illud ingeniorum velut præcox genus, non temere unquam pervenit ad frugem; » ubi quidam *facile* intelligunt, quod et h. l. non absonum foret. ED.

3. *Claritate causisque.* Causis qui-

3 est. Quare sic accipi velim, ut si vidua fama sua nomina, qualia fuere primordio ante res ullas gestas, nuncupentur; et sit quædam in his nomenclatura quidem, sed mundi rerumque naturæ.

4 Terrarum orbis universus in tres dividitur partes, Europam, Asiam, Africam. Origo[4] ab occasu solis et Gaditano freto[5], qua irrumpens Oceanus Atlanticus in maria interiora diffunditur. Hinc intranti[6] dextra Africa est, læva Europa : inter has Asia est[7]. Termini amnes Tanais et Nilus[8]. Quindecim M. pass. in longitudinem[9], quas dixi-

bus quisque locus inclaruerit. Sic intelligenda mihi videntur hæc verba, quamvis aliter aliis. Sententiam meam confirmant, ut puto, sequentia verba: « Vidua fama sua nomina, qualia fuere primordio ante res ullas gestas; » in quæ Hard. « Oppidorum, inquit Plinius, ita nunc audienda sunt nomina, tanquam quum primum fuere condita, ut obscura scilicet ingloriaque citentur. » ED.

4. *Origo.* Pomponius Mela, lib. I, cap. 4 operis de Situ Orbis : « Nunc exactius, inquit, oras situsque dicturo, inde est commodissimum incipere, unde terras Nostrum pelagus ingreditur, etc. » HARD.

5. *Gaditano freto.* Nunc Hispanis *Estrecho de Gibraltar;* quod nomen accepit a monte quondam *Calpe*, hodie *Gibraltar* dicto ex arabicis vocabulis *Gebel al Tarik*, quæ *montem Tarik* significant : inditum autem fuisse dicitur monti nomen, quod ad eum castra posuit Maurorum dux *Tarik*, postquam in Hispaniam trajecisset. — Ad hæc autem sequentiaque, duarum Hispaniarum mappam adhibeas, lector humanissime, quam in secundo vol.

p. 529 nostri Cæsaris collocavit Cl. BARBIÉ DU BOCAGE summa diligentia elaboratam. ED.

6. *Hinc intranti.* POINSINET DE SIVRY *huic intranti* forsan haud immerito legendum putat. ED.

7. *Inter has Asia.* Verius hoc antiquis occidentalem tantum Asiæ partem, quam nobis universam Asiam noscentibus. ED.

8. *Termini amnes Tanais et Nilus.* Veteribus Tanais et Nilus Asiam ab Europa et Africa disterminabant : minus autem recte interno mari termini adscriberentur hæc flumina, quum Pontus Euxinus XXXV leucis et amplius orientem versus porrectior sit quam Tanais fluvii ostia, et internum mare proprie dictum LXXV leucis quam Pelusiacum Nili ostium. ED.

9. *Quindecim M. pass. in longitudinem.* Vitiosæ sunt omnes illæ freti mensuræ, ut id modo demonstrabimus; nisi tamen incipere dicatur fretum in Europa, juxta eum locum ubi hodie est *Tarifa*, quod XVI M. pass. a Calpe, hodie *Gibraltar*, distat; et in Africa, a promontorio Albo, hodie *Punta del Sainar*,

mus¹⁰, fauces Oceani patent, quinque¹¹ M. in latitudinem, a vico¹² Mellaria Hispaniæ ad promontorium¹³ Africæ

quod xv M. pass. ab Abila, hodie *Ceuta*, distat. Hanc autem Plinio fuisse opinionem declarant hæc verba, lib. V, cap. 1 : « Abest (Tingi) a Belone, oppido Bæticæ, proximo trajectu xxx M. pass. » quæ distantia haud multum a vero aberrat; maximam autem freti latitudinem x tantum M. pass. ut modo videbimus, Plinius facit; Belonem ergo et Tingi in freto positas fuisse non suspicatur. A Junonis autem promontorio, hodie *Cabo Trafalgar*, ex quo fretum revera incipere manifestum est, distat Calpe circiter xLII M. pass. et ab *Ampelusia prom.* hodie *Cabo Spartel*, xxvIII M. pass. distat Abila. ED.

10. *Quas diximus.* Plane modo, his verbis supra : *Gaditano freto*, etc.

11. *Quinque M. in latitudinem... ubi minus VII M. pass. ubi vero plurimum X M.* Hæc paulum a vero distare existimat vir alioquin eruditissimus D'ANVILLE, qui in mappa sua freti latitudinem vix v M. pass. facit : nos autem diligenter inspectis probatissimis tum hispanis, tum gallicis freti mappis, quas inter inclyti Hispani viri D. Vincenti Tofiño mappas, anno 1786, maxima cura perfectas expressasque, et eam cui titulus : *Carte du détroit de Gibraltar, d'après les plans levés en* 1786 *par D. Vincent Tofiño, publié par ordre du ministre de la Marine*, en 1804; nusquam arctiori quam x M. pass. intervallo Africum ab Hispanico littore disjungi reperimus, scilicet : inter promontoria, quæ in Hispania *Punta Gualmesi*, in Africa *Punta de Cires*

vocantur, x M. pass. + 200 hexap. Inter *Tarifa*, et proximum Africæ promontorium, veteribus, ut puto, *Album*, Hispanis *Punta del Sainar* vocatum, pæne xII M. pass. tandem inter Calpen et Abilam xv M. pass. Hic ergo, aut errare Nostrum, aut in numeris corruptum fuisse necesse est. Restitueretur etiam locus, si pro *latitudinis tradiderunt*, *latitudini addiderunt* legeretur, quod tamen minime reponendum reor. ED.

12. *Vico Mellaria.* Vicus ille, quem hic Noster juxta fretum ponit, quemque, cap. 3, ante fretum nominat, in ipso freti aditu, xvi M. pass. a Calpe, ut nota 9 diximus, requirendus est, ut mihi videtur, quo loco hodie est *Tarifa*, 100 stadiis a Belone, ortum solis versus, ut ait Marcian. Peripl. Mannertus tamen in probatissimo opere suo, ad quod sæpius confugiemus, et cui titulus *Geographie der Griechen und Römer*, t. I, p. 301, illum hodie *Torre de la Pena* vocari vult, quæ turris IV M. pass. ad occasum solis remotior est : minime autem probanda mihi videtur hæc opinio, quum hic fretum jam multo latius sit, atque etiam non jam fretum, ex opinione Plinii, et xvII M. D. pass. a quolibet Africæ littore distet *Torre de la Pena*, proximo intervallo. ED.

13. *Promontorium Africæ Album.* Idem fortasse quod nunc *Punta del Sainar* vocatur, ut superius diximus. Graviter hic errat Harduinus, qui idem promontorium a Nostro Ampelusiam vocitatum l. V, cap. 1, dicit. Si enim, ut testantur supra citata

5 Album, auctore Turranio Gracili [14] juxta genito. T. Livius, ac Nepos Cornelius latitudinis tradiderunt, ubi [15] minus, VII M. pass. ubi vero plurimum, X M. Tam modico ore tam immensa aequorum vastitas panditur. Nec profunda altitudo miraculum minuit. Frequentes [16] quippe taeniae candicantis vadi carinas territant. Qua de causa Limen interni maris multi eum locum appellavere. Proximis [17] autem faucibus utrinque impositi montes coercent claustra: Abila Africae, Europae Calpe, laborum Herculis metae [18]. Quam ob causam indigenae columnas ejus Dei vocant, creduntque perfossas [19] exclusa antea admisisse maria, et rerum naturae mutasse faciem.

Nostri verba : « Tingi abest a Belone, oppido Baeticae, proximo trajectu XXX M. pass. » quo modo fieri posset ut promontorium Ampelusia, hodie *Cabo Spartel*, quod V M. pass. distat a Tingi, occidentem versus, V tantum M. pass. distaret a Mellaria, quae, ut diximus, auctore Marciano, 100 stadiis a Belone, orientem versus, dissita fuit. ED.

14. *Gracili.* Dal. et Elz. *Graccula.*

15. *Ubi minus.* Multa hic verba consumit Harduinus, ut probet cur vocabulum *minus* reponendum censuerit, admonitu codicum Reg. 1, 2, Colb. 1, 2, Paris. et Chifflet. pro *minimum*, quod Frobenius imprudenter, ut ait, obtruserat. Nos autem, quoniam hic errare Plinium, aut saltem corruptum esse locum demonstravimus, illumque nota 11 explanare conati sumus, in istis non morabimur. ED.

16. *Frequentes.* Adeo parum depressi fundi mare ibi esse significat, ut vadum ipsum saxosum appareat, ac per latitudinem freti, ab Europa in Africam instar taeniae fasciaeve candicantis porrigatur : ταινίαν ὕφαλον appellat Strabo, lib. I, pag. 49.

17. *Proximis autem.* Dalec. et Elz. *Proxima autem.* ED. — Montes, inquit, utrinque impositi faucibus quae fretum urgent, sibique propinquant, claustra hujuscemodi continent. Pomponius Mela, l. II, c. 6 : « Deinde angustissimum pelagus, et proxima inter se Europae atque Africae littora, montes efficiunt, ut initio diximus, columnae Herculis, Abila et Calpe. » HARD.

18. *Metae.* Chiffl. *meta.* ED.

19. *Perfossas.* Sic MSS. proxime laudati : rectius tamen fortassis cum Pintiano *perfossos* agnoveris, montes scilicet, non columnas. Capella hoc ipsum agens, loco citato, « *montium praedictorum*, inquit, effossis radicibus evulsoque confinio. » De re ipsa Pomponius, ut solet, pereleganti brevitate, l. I, c. 5 : « Hunc Abilam, inquit, illum Calpen vocant : columnas Herculis utrumque. Addit fama nominis fabulam : Herculem ipsum junctos olim perpetuo jugo diremisse colles, atque ita exclusum

LIBER III.

Cap. I. (1.) Primum ergo de Europa, altrice victoris omnium gentium populi, longeque terrarum pulcherrima, quam plerique merito non tertiam portionem fecere, verum æquam¹, in duas partes, ab amne Tanai ad Gaditanum fretum, universo orbe diviso. Oceanus hoc, quod² dictum est, spatio Atlanticum³ mare infundens, et avido meatu terras, quæcumque venientem expavere, demergens, resistentes quoque flexuoso littorum anfractu lambit, Europam vel maxime recessibus crebris excavans, sed in quatuor præcipuos sinus. Quorum primus⁴ a Calpe Hispaniæ extimo, ut dictum est, monte, Locros⁵ et⁶ Brutium usque promontorium immenso ambitu flectitur.

antea mole montium Oceanum, ad quæ nunc inundat, admissum. » Seneca, Natur. quæst. l. VI, c. 29: « Sic et Hispanias a contextu Africæ mare eripuit. » H. —Poinsinet de Sivry duplici vocabulo *per fossas* legere vult. Ed.

I. 1. *Æquam.* Duabus scilicet cæteris partibus : ita ut Europa, cujus termini sunt Tanais et Gaditanum fretum, æqua sit reliquo orbis spatio extra fretum et Tanaim. Hæc fuit Herodoti opinio, Melpomen. lib. IV, § 42, 45; mirum autem videri potest adoptatum a Nostro fuisse errorem illum jampridem a Polybio, Straboni citato, lib. II, pag. 107, nonnullisque aliis, qui ante Plinium terram descripserant, depulsum. De his vide auctorem in rebus geographicis eruditissimum Gossellin, *Rech. sur la Géographie systématique et positive des Anciens*, t. II, p. 3, et *Géogr. des Grecs analysée*, passim. Cf. etiam geographicum indicem nostrum ; ibi ampliora et nomina recentiora invenies. Ed.

2. *Hoc quod.* Gaditano freto.

3. *Atlanticum mare infundens.* Scribit Dalec. *in Atlanticum mare se infundens*, quod absurdum est, minimeque a Nostro dici potuit. Corruptum tamen locum istum, aut saltem obscuriorem esse confitendum est. Ed.

4. *Quorum primus.* Is Ibericum mare, Sardoum, Gallicum, Ligusticum Tyrrhenumque complectitur.

5. *Locros*, etc. Pomponius quoque, lib. II, cap. 4, prope Brutium promontorium Locros statuit : «Tertius sinus, inquit, inter promontoria Zephyrium et Brutium, Consilinum, Cauloniam, Locrosque circumdat. » H.—Illud autem Brutium promontorium ab eo, quod Leucopetra, cap. 10 vocat, non discernere videtur Noster; attamen illud quod nunc *Capo dell' Armi* dicitur, Leucopetra, quod autem hodie *Capo Spartivento*, Brutium fuisse libentius credam. Diversum etiam ab utroque est Zephyrium prom. hodie *Capo di Bruzzano*, a quo Locri Epi-Zephyrii cognominati sunt. Ed.

6. *Et.* Hæc vox in Chiffl. deest.

II. In eo prima Hispania terrarum est, ulterior appellata, eadem Bætica. Mox a fine¹ Urgitano citerior, eademque Tarraconensis ad Pyrenæa juga. Ulterior in duas², per longitudinem, provincias dividitur. Siquidem³ Bæticæ latere septemtrionali prætenditur Lusitania, amne Ana⁴ discreta. Ortus hic Laminitano⁵ agro citerioris Hispaniæ, et modo se in stagna fundens, modo in angustias resorbens, aut in totum cuniculis condens, et sæpius nasci gaudens, in Atlanticum Oceanum effunditur. Tarraconensis autem hinc⁶ affixa Pyrenæo, totoque ejus latere decurrens, et simul ad Gallicum⁷ Oceanum Iberico⁸ a

II. 1. *Fine Urgitano.* Seu potius *Urcitano*, quum oppidum *Urci* vocet Noster, cap. 4, hujus lib. his verbis : *Oppida oræ proxima, Urci*, etc. Ptolem. lib. II, cap. 6, Ὄρκη; et Martianus, l. VI, c. de Hispania : « Ab Urcitano fine, qua citerior meat, Tarraconensis dicitur. » Mela autem, lib. II, cap. 6 : « Virgi, in sinu quem Virgitanum vocant. » Hujus oppidi rudera agnosci dicit D'ANVILLE, non longe ab urbe *Vera*. Illud leucis circiter quatuor ab ea urbe ponendum putavi, ad ostium parvi fluminis hodie *Almanzor* dicti, et in Urgitanum sinum influentis, quinque circiter leucis ab urbe Murgi, hodie *Mujacar*, sive *Moxacar*; hæc autem Bæticæ finis est, ut modo dicet Noster, illa Tarraconensis initium. Mannertus *Urci* hodie vicum *Montroy* esse dicit, quod nomen in mappis nullis reperi. ED.

2. *Duas.* Chiffl. *duas partes.* ED.

3. *Siquidem.* Martianus, loc. cit.

4. *Ana.* Nunc *Guadiana* ex arabicis vocabulis *Wadi Ana*, hoc est, *flumen Anas.* Ἄνας Straboni, lib. III, pag. 139. ED.

5. *Laminitano agro.* Ab oppido quod Λαμίνιον vocat Ptolemæus in Carpetanis, lib. II, c. 6. *Laminium* in Tarraconensi Antoninus, qui id a capite fluminis Anæ distare ait VII M. pass. Oppido nomen hodie esse *Montiel* dicit Harduin. Pinctus autem et D'ANVILLE *Alhambra*, quod confirmat Mannertus. Exoritur autem Anas ex nonnullis stagnis, quibus hodie nomen est *Lago de Ruidera*, ac se ipse premit subinde angustioribus alveis, tandem L circiter M pass. a fontibus, in totum, ut ait Noster, in cuniculis se condit, per XV circiter M. pass. iterumque ad lucem prodit, in magna sese stagna diffundens, quæ ab incolis *Los ojos de Guadiana*, Anæ oculi vocantur; ita sæpius, ut ait Noster, nasci gaudens. ED.

6. *Hinc.* Apud Dalecamp. et Elz. deest. ED.

7. *Ad Gallicum Oceanum.* Qui hic etiam Aquitanicus vocatur, hodie *golfe de Biscaye* vel *de Gascogne.* ED.

8. *Iberico a mari.* Quod Noster, cap. 9, Hispanum quoque et Balea-

# LIBER III.

mari transversa[9] se pandens, Solorio[10] monte, et Oretanis jugis, Carpetanisque, et Asturum, a Bætica atque Lusitania distinguitur.

III. Bætica[1], a flumine eam mediam secante cognominata, cunctas provinciarum diviti cultu, et quodam fertili ac peculiari nitore præcedit. Juridici[2] conventus ei quatuor, Gaditanus, Cordubensis, Astigitanus[3], Hispalensis.

ricum vocari ait, hodie *Canal des Baléares*; orientalem Hispaniæ oram alluit. Ed.

9. *Transversa.* Vet. apud Dalec. *transversim.* Item in Elz.

10. *Solorio monte, et Oretanis jugis, Carpetanisque, et Asturum.* Solorius mons, quem *Solurium* vocat Isidor. Orig. l. XIV, c. 80, altissimumque Hispaniæ dicit, agnosci potest in jugis, quibus conjunguntur montes dicti *Sierra-Nevada*, qui revera altissimi Hispaniæ perhibentur, cum eis qui *Sierra-Morena* vocantur. Hæc inter juga animadvertas *la Sierra de Ohanes*, *la Sierra Filabres*, *de Oria*, *de las Vertientes*, etc. Oretana autem juga, non, ut plerique volunt, ea sunt quæ hodie *Sierra de Alcaraz* vocantur, supra Bætis fontes posita: nam hoc pugnaret cum verbis istis, cap. 3: *Bæticæ primum ab Ossigitania infusus*; sed forsan Marianorum montium, hodie *Sierra-Morena*, pars orientalis — Carpetana hodie *Monte de Toledo* vocantur: Asturum, *la Sierra de las Asturias*. — Pro Asturum, *Vettonum* reponit Sepulveda, lib. III, cap. 45, ad Pintianum, qui montes *Sierra de Francia*, haud procul ab urbe *Salamanca*, essent. Ed.

III. 1. *Bætica.* Hæc provincia Ana flumine a Lusitania discreta, Solorio monte et Oretanis jugis a Tarraconensi, illam omnem regionem amplectebatur, quæ ab incolis dicitur hodie *Reyno de Sevilla*, *de Cordoba*, *de Jaën*, quæ regna etiam *Andalusia* una nominantur: *Reyno de Granada*, pars maxima; *Provincia de Estremadura*, et *Provincia de la Mancha*, pars australis, citra Anam. Ed. — Unde sit autem Andalusiæ factum nomen, mihi fateor esse incompertum. A Vandalis enim, opinor, Vandalia diceretur. Orientales, quibus ignoti sunt Vandali, inquit D. d'Herbelot, in Bibliotheca Orientali, pag. 114, fabulantur ab Andaluso Japheti filio, Noë nepote, Andalusiam nomen accepisse. Hard.

2. *Juridici.* Quo tempore Romani Hispanias tenuere, suos in illis Senatus Judiciarios habebant, quos *Conventus Juridicos* suo nomine appellabant. Huc finitimi, tanquam ad Coloniæ metropolim, jus petituri, et de controversiis quæ orirentur, disceptaturi conveniebant. Hard. — Conventus illos Hispani nunc appellant *Cancillerias*, vel *Audiencias.* Erant autem Gaditanus, *Cadix*; Cordubensis, *Cordoue*; Astigitanus, *Ecija*; Hispalensis, *Séville*. Brot.

3. *Astigitanus.* Chiffl. *Asticianus*, sed perperam, quum oppidum *Astigi* vocetur. Ed.

Oppida omnia numero[4] CLXXV. In iis[5] coloniæ IX, municipia VIII, Latio[6] antiquitus donata XXIX, libertate VI, fœdere III, stipendiaria CXX[7]. Ex his digna memoratu,

4. *Numero CLXXV.* Sic Martianus, lib. VI, cap. de Hispania, p. 203, librique omnes.

5. *In iis coloniæ IX.* Numeros ex fide eorumdem codicum restituimus: *Coloniæ* IX et *fœdere* III, quum prius octo tantum coloniæ, fœdere donata tantum oppida duo censerentur: id quod cum superiore summa oppidorum omnino CLXXV stare nequit. Porro de coloniarum cæterorumque jure hæc accipe. Post diuturnum bellum Romani Latinos pro sociis et amicis sibi adscivere; dato jure, ut in bello romanis legionibus permixti militarent, et ibi magistratus officiaque gerere, et honores accipere communi jure possent: sed non Romæ tamen petere magistratus, aut gerere iisdem licuit, ut apertissime Plinius docet, l. VII, cap. 43; nec repugnat Asconius, de quo Sigonium vide, de antiq. jure Italiæ, lib. I, cap. 4, p. 123. Atque id jus quidem, quia Latinis primum concessum, *jus Latii* appellatum. Post tamen et suffragii in Urbe ferendi, creandique magistratus dari sibi jus postularunt, utque pro civibus romanis pari cum cæteris jure haberentur. Impertitum et illud deinde prærogativa quadam populis aliquot exteris, ægre tamen, vocatumque *jus civium romanorum*. Vetus vero jus ad discrimen hujusce novi, *jus antiquum Latii*, et Latium *antiquitus* dictum est: datumque idem jus longo post tempore universæ Italiæ; unde italicum jus dici cœptum. Quum cives, militesve alio deducerent, ut ea incolerent loca, *Coloniam* vocabant: *Municipium* vero, quum loci alicujus indigenis jus illud italicum, vel civium romanorum, de quo egimus, communicarent. Ampliabant autem Romani, adstringebantque arbitratu suo jus et immunitates eas, ut auctor est Tacitus, Annal. lib. XI. Quin ipse Plin. coloniis quibusdam jus Italiæ tantum concessum, aliis solam immunitatem a tributis innuit, cap. hujus libri tertio. Municipia suis vivebant legibus et institutis: Coloniæ romanis. Suis quoque oppida libertate donata: sed neque italico, neque civium romanorum jure gaudebant, quorum alterutro municipia fruebantur: ea vero *libera oppida*, et *liberæ conditionis* vocabantur. Fœderata erant, quibuscum populus romanus fœdus inierat, quorum cives se fœderatos, socios, fratres populi romani cognominabant, ut de Arvernis Galliæ populis, Heduisque dicemus, l. IV, cap. 32 et 33. Denique stipendiaria erant, quæ vectigal penderent, seu tributo solvendo obnoxia forent. HARD. — Vid. etiam in nostra Taciti editione, tom. IV, pag. 473, in excursibus Variorum ad lib. Annal. XI, quid de jure Latii, civitateque romana, jure Quiritium, jure italico, coloniis, municipiis, populis liberis, fœderatis, immunibus, stipendiariis dicat Broterius. ED.

6. *Latio.* Lege *Latio* jure, ut infra cap. 3. DALEC.

7. *CXX.* Dalec. *CCX.* ED.

aut Latiali sermone dictu facilia, a flumine Ana, littore Oceani, oppidum Onoba[8] Æstuaria cognominatum : interfluentes[9], Luxia[10] et Urium. Arenæ[11] montes : Bætis

8. *Onoba Æstuaria.* MSS. Reg. et Colb. ac Paris. *Ossonoba Æstuaria.* Parm. edit. *Ossonoba Asturiæ.* Hermolaus, *Ossonoba Lusturia*, quoniam inter amnes Luxiam et Urium sita est. Ptolemæus, lib. II, cap. 4, Ὀνοβαλιστουρία. Nos Ὀνοβαν Αἰστουρίαν, hoc est, Æstuariam, ab Æstuariis etiam nunc eo loci frequentibus, maluimus appellari, vestigia codicum antiquorum summa fide ac religione secuti. Sunt autem æstuaria (Ἀναχύσεις Straboni, lib. III, pag. 140) loca quæ marinis aquis referta sunt ex inundationibus pelagi, per quas sæpe in mediterranea fluviorum instar navigantes accedunt. HARD. — Quo autem in loco sita fuerit Onoba, inter interpretes non constat : illam *Gibraleon* esse Rodericus Carus, Antiqu. Hispal. l. III, c. 75, et post hunc Pinetus et Harduinus contendunt : Mannertus juxta portum *Palos* eam sitam fuisse ait, cui quidem non assentior, quum Nostro ab Ana venienti citra flumina *Luxiam* et *Urium*, quæ hodie *Odiel* et *Tinto* vocantur, occurrere videatur Onoba, *Palos* autem sita sit ultra flumen *Tinto.* D'ANVILLE, qui in opere, cui titulus est *Géographie ancienne abrégée*, t. I, pag. 36, illam hodie *Moguer* esse vult, ad lævam fluminis *Tinto* ripam, alteram magisque probandam, ut mihi videtur, sequitur opinionem in mappa sua, in qua, inter fluminum *Odiel* et *Tinto* ostia ponitur, quo loco hodie reperitur *Huelba.* Æstuariis autem ita abundat locus ille, ut minime mirum cuivis mappam inspicienti videri possit urbem eo loci sitam *Æstuariam* cognominatam fuisse. *Ossonoba* autem cujus nomen hic in quibusdam MSS. legitur, ut superius diximus, librariorum aut negligentia aut fortasse ignorantia, aliud certe oppidum est in Lusitania, ut lib. IV, cap. 35, dicemus. Ab Ossonoba diversam Onobam et nomine et situ Marcianus Heracleotes agnoscit pag. 71 et 37, inquit Hard. ED.

9. *Interfluentes.* Vet. apud Dalec. *interfluunt.* ED.

10. *Luxia et Urium.* Nunc, ut modo in Onoba diximus, *Odiel* et *Tinto*, inter Anam et Bætim fluentes. Ipsum nomen *Urium* hunc fluvium eumdem cum *Tinto* esse declarare videtur ; hujus enim fluminis undas quidquid injiciatur desiccare atque quodammodo urere, nec pisces pati testantur plurimi ; ex quo fortasse *Urium* nomen duxit. Hæc flumina eodem loco in Oceanum influentia æstuaria efficiunt, inter quæ sitam Onobam diximus. ED.

11. *Arenæ montes.* Ita Roman. et Parmensis editio vetus, MSS. Reg. 1 et 2, etc. *Hareni montes*; quidam etiam *Ariani* et *Mariani montes* legunt. Nos autem *Arenæ* cum Hard. legimus, montesque illos nihil aliud esse putamus præter istos arenæ colles, quos Galli *Dunes* vocant, quique etiam nunc ab incolis *Arenas gordas* appellantur ; nulli enim montes toto hoc littore reperiuntur. ED.

fluvius[12] : littus[13] Corense inflexo sinu ; cujus ex adverso
2 Gades, inter[14] insulas dicendæ. Promontorium Junonis[15], portus Bæsippo[16]. Oppida : Belon[17], Mellaria[18] ; fretum ex

12. *Bætis fluvius.* Nunc *Guadalquivir* ex arabicis vocabulis *Wadi-al-quibir*, quæ fluvium magnum significant. ED.

13. *Littus Corense.* MSS. Reg. 1, 2, etc. *Curense*. Chiffl. *Curonense.* Littus id, inquit Hard. a Bæti amne ad *Rio Guadalete* porrigitur, ubi oppidum *S. Lucar de Barameda*. Mihi autem illo nomine designatum videtur littus illud quod ab oppido *Roia* ad urbem *Cadiz* porrigitur, sinum illum ambiens, qui veteribus *Menesthei portus*, recentioribus autem *Bahia de Cadiz* vocatur et in quem influit *Rio Guadalete*. Hæc verba *inflexo sinu* sequentiaque *cujus ex adverso Gades* sententiam meam, ut puto, confirmant. ED.

14. *Inter insulas.* Lib. IV, c. 36.

15. *Junonis.* Nunc *Cabo de Trafalgar.* Ptolemæo, lib. II, cap. 4 : ἀκρωτήριον, ἐν ᾧ ναὸς Ἥρας.

16. *Portus Bæsippo.* Hodie *Vejer*, juxta æstuarium quod portus efficit et in quod influit parvum flumen *Barbato* dictum. Melæ quoque, lib. II, cap. 6 : *Besippo ad Junonis promont.* ex quo intelligitur hallucinatos esse viros alioqui eruditos. Rodericum Carum, qui lib. III, Antiq. Hispal. cap. 48, portum Bæsipponem esse existimat *Puerto de S. Maria*, ad ostium amnis *Guadalete* : et Hieron. Suritam, qui Basilipponem, hodie *Cantillana*, supra Hispalim ad boream positum, cum hoc Bæsippone maritimo oppido confundit; quum disertis verbis Mela Pomponius, Pliniusque,

viri in geographicis rebus supra famam accurati ac diligentes, inter Gades et Calpen, promontorio Junonis Bæsipponem affigant. HARD. — Hallucinatur autem ipse Harduinus, quum Bæsipponem Μενεσθέως Λιμήν a Ptolemæo vocari ait. Nam hunc portum ante Junonis promontorium nominat, dum infra sitam fuisse Bæsipponem manifestum est. Nobis Menesthei portus hodie *Bahia de Cadiz* esse videtur, ut not. 13 diximus. ED.

17. *Belon.* Ptolemæo, lib. II, cap. 4 : Βαίλωνος ποταμοῦ ἐκβολαί, Βαίλων πόλις : Marciano quoque Heracl. pag. 70. Stephano, Βελών, πόλις καὶ ποταμὸς τῆς Βαιτικῆς, etc. post Strabonem, lib. III, pag. 140. HARD. — Belon autem oppidum hodie non *Tarifa*, ut voluerunt Hard. plurésque Plinii interpretes; sed, ut animadvertit D'ANVILLE, et ipsa nominis similitudo confirmat, *Bolonia*, qui quidem locus hodie desertus est; flumen autem, de quo Ptolemæus meminit, exiguus est rivulus occidentem versus, per quem in mare se exonerat palus *Laguna de la Janda* hodie dicta, si Mannerto credimus, cujus opinionem confirmant Ptolemæi verba, quæ urbem citra flumen, orientem versus, sitam fuisse indicare videntur. ED.

18. *Mellaria ; fretum ex Atlantico mari.* De illis jam superius fuse diximus. Mellaria Marciano Heracl. p. 70, Ptolemæoque loc. cit. Μενλαρία dicitur. ED.

LIBER III.

Atlantico mari. Carteia [19], Tartessos [20] a Græcis dicta. Mons [21] Calpe. Dein littore [22] interno oppidum [23] Barbesula

19. *Carteia, Tartessos a Græcis dicta.* Alii ex Paus. Appian. Leopard. *Carpessum*; alii *Carpessos.* Καρπηία Ptolemæo, lib. II, cap. 4. Roder. Car. lib. II Antiq. Hispal. cap. 24. Melæ, lib. II, cap. 6: « Carteia (ut quidam putant) aliquando Tartessus. » Pausan. lib. VI Eliac. poster. pag. 378, et Straboni, lib. III, pag. 151: Ἔνιοι δὲ Ταρτησσὸν τὴν νῦν Καρτείαν προσαγορεύουσι; Anton. Itiner. *Calpe Carteia* XVIII M. pass. a Mellaria. Inde unam eamdemque urbem esse Tartessum, Calpen, Carteiamque merito fortasse dixeris, quæ, si eruditum D'ANVILLE et doctum viatorem Anglum CARTER audimus, extremo sinu *Bahia de Algeziras*, seu *de Gibraltar* dicto, ad amnem *Guadarangue* sita fuit, quo loco rudera multa animadvertit CARTER; Mannertus autem Carteiam sub urbe *Algeziras*, juxta turrim *del Carnero* dictam, sitam fuisse contendit, seu potius ubi est vicus *Villa Vieja* dictus, sub *Algeziras*, in altera rivuli ripa qui *Rio de miel* vocatur; priori tamen opinioni libentius assentiar. Loco autem a Mannerto designato, juxta urbem *Algeziras*, ubi est *Villa Vieja*, quod nomen veterem urbem quamdam hic stetisse indicare videtur, ponit D'ANVILLE urbem Tingenteram, Pomponii Melæ, ut putant, natalibus claram, si tamen in Melæ lib. II, cap. 6, legendum sit, ut plerique volunt: *atque unde nos sumus, Tingentera. Tum Mellaria*, etc. non autem, ut malunt alii: *atque unde nos sumus, cingente fretum, Mellaria*, etc. Mannertus autem hanc urbem Tingenteram ponit, inter Mellariam, quam hodie, ut diximus, *Torre della pena* esse putat, et Transductam urbem Marc. et Ptolem. notam, quam *Tarifa* esse opinatur. ED.

20. *Tartessos.* Gadium insulam Tartessum quoque vocitatam dicemus lib. IV, c. 36. Et in insula ad Bætis ostia tertiam eo nomine urbem Veteres agnovere. Strab. p. 148. H.

21. *Mons Calpe.* Cum oppido cognomine, cujus meminere Strabo, lib. III, pag. 140; Antoninus, et nummus suspectus, C. I. CALPE, hoc est, *Colonia Julia Calpe*, apud Spanhem. pag. 766. Eadem est fortasse cum Carteia superius memorata, diversa tamen esse potuit, et loco, quo situm est oppidum *Gibraltar*, stetisse. ED.

22. *Littore interno.* Littore interni maris, hoc est, mediterranei. HARD.

23. *Oppidum Barbesula cum fluvio.* Vet. ap. Dalec. *oppida.* Fluvius Barbesula hodie *Rio Guadiaro* est, ut putant Pinetus, Mannertus atque etiam Harduinus, qui hunc fluvium mendose *Guadajara* vocat. Ad ejus ostium turris est quæ eodem nomine *Torre Guadiaro* vocatur, quæque Barbesulæ locum fortasse occupat. Nonnulli tamen flumen hodie *Rio Verde*, oppidumque *Marbella* aut etiam *Estepona* esse contendunt. Fluvii Βαρβησόλα meminere Ptolem. lib. II, cap. 4, et Tzetzes, Chiliad. VIII, v. 712. Urbis etiam meminit Mela lib. II, cap. 6; apud quem plures *Barbesul* legunt. Mar-

cum fluvio; item [24] Salduba : oppidum Suel [25] : Malaca cum fluvio [26], fœderatorum. Dein Mænoba [27] cum fluvio.

cianus Heracl. ἀπὸ Καρπηίας εἰς Βαρβησούλαν, etc. ED.

24. *Item Salduba.* Hoc est, ut Barbesula, sic etiam Salduba olim oppidum cum fluvio fuit cognomine : Suel non item. Salduba hodie *Marbella* est, ad amnem olim cognominem qui nunc *Rio Verde* dicitur, inquit Hard. quem hic sequor; Clusius autem Mannertusque Salduba flumen hodie *Rio Gordo*, vel *Guadalquivirejo* vocari contendunt; qui quidem amnis Malacæ vicinior mihi videtur quam ut Salduba flumen sit, sed certe Ptolemæi lib. II, cap. 4, Σαδούκα est. Quidam, quos inter Ortelius et POINSINET, oppidi tantum Saldubæ, non fluvii, hic meminisse Plinium volunt. ED.

25. *Oppidum Suel. Sivel* in Anton. Itiner. vocatum, ex quo sane fluxit *Sive*, quod in Chiffl. et in quibusdam aliis MSS. auctore Lætio, legitur, haud dubie mendose, quum hæc oppida referat Mela lib. II, c. 2 : « Abdera, Suel, Hexi, Mænoba, Malaca, Salduba, Lacippo, Barbesula », aut, ut alii legunt *Barbesul.* Quo autem in loco situm fuerit oppidum Suel, non satis constat. Sunt qui illud esse volunt *Castillo de Fuengirola* vicum, non quatuor, ut ait Hard. sed sex leucis a *Malaga* distantem, istamque opinionem in mappa sua sequi videtur D'ANVILLE. Inscriptio vetus apud Reines. p. 141, MVNICIPIO SVELITANO, hic reperta erutaque est, sed ficta et recens, auctore Hard. qui Ortelium plurusque alios secutus Suel hod. *Molina*, aut, ut in mappis reperio, *Castillo*

de Torremolinos esse contendit; quod quidem ego mallem, quum castellum *Fuengirola* situm fuerit ad ostium fluminis de quo certe meminisset Noster. ED.

26. *Malaca cum fluvio, fœderatorum.* Dalec. *Melacha.* Elz. *Malacha.* Scripsimus *Malaca*, Ptolemæum Strabonemque sequentes, in quibus legitur Μάλακα, non autem Μάλαχα. ED.—Malaca, inquit, oppidum fœderatorum cum fluvio. Ptolem. II, 4, Μάλακα, qui vicinum amnem, ut diximus, Σαδούκαν vocat. Oppido incolæ nomen fecere *Malaga.* Hæc recte Hard. minus autem recte adducit huc amnem, *Guadalquivirejo*, sive *Fiu grande :* nam inter urbem *Malaga* et amnem *Guadalquivirejo*, aliud flumen non longe a *Malaga* in Internum mare influit, cui nomen *Guadalmedina* est : *Guadalquivirejo* autem amnis duobus ferme leucis a *Malaga* distat. Vino inter omnia præstantissimo hodie nobilis est regio illa. HARD. et ED.

27. *Mænoba cum fluvio.* Dalec. et Elzev. et D'ANVILLE in mappa sua *Menoba*, nos autem Strabonem, cui lib. III, p. 144, Μαίνοβα, et Melam loc. cit. Harduinumque secuti sumus. Ptolemæo Μάνοβα, mendose. Fluvio, inquit Hard. nomen est hodie *Fiu frio*, seu frigidus amnis : oppido *Torres*, seu rectius *Torrox*; D'ANVILLE urbem *Almuñecar*, esse contendit haud longe a flumine *Rio Verde* dicto, quod sic Mænobæ fluvius esset; Mannertus autem eam *Velez Malaga* ad fluvium cognominem esse putat; quam quidem opinionem sequimur. ED.

LIBER III.

Sexti Firmum [28] cognomine Julium, Selambina [29], Abdera. Murgis [30] Bæticæ finis. Oram eam universam originis Pœnorum existimavit M. Agrippa. Ab Ana [31] autem Atlantico Oceano obversa [32] Bastulorum Turdulorumque est. In universam [33] Hispaniam M. Varro pervenisse Ibe-

28. *Sexti Firmum.* MSS. *Sexifirmum.* Mela loco cit. *Hexi* aut, ut quidam volunt, *Ex* vocat: *Sexitanum* Antoninus: Σὲξ Ptolem. lib. II, cap. 4, ex quo emendabat Dalec. *Sextifirmium.* Hard. secuti sumus *Sexti Firmum* scribentes, ne novi aliquid afferamus; nobis tamen probabile magis videtur *Hexi*, quod plures in Mela legunt, aut, ut Poinsinet: *Sexi, Firmum cognomine Julium*, quod interpretatur: *Sexi cognomine Firmum Julium*. Hinc, inquit Hard. salsamentis Exitanis, sive Sexitanis nomen, de quibus Strabo, lib. III, p. 156, aliique.—Quo autem loco sita fuerit urbs illa minime constat. Admonet ipsa series oppidorum, quæ plane eadem est apud Melam, Plinium, Ptolemæumque, ut ait Hard. Sexti Firmum prius Hispaniæ oram legentibus a Calpe versus septemtrionem occurrere quam Selambinam: quare Suritam, Rod. Carum, aliosque falli necesse est, qui id oppidum nunc *Motril* esse existimant, quod ultra Selambinam est. Idem peccat d'Anville, qui in mappa sua Sexitanum Selambinam inter et Abderam ponit, quo loco hodie est turris *Baños* vocata; ante ponenda ergo nobis visa est Maunerti opinio, qui eam *Almuñecar* esse dicit. Ed.

29. *Selambina, Abdera.* Σηλάμβινα Ptolemæo, loc. cit. et mox Ἄβδαρα; Straboni, loc. cit. Αὔδηρα; Stephano Ἄβδηρα. Hæc hodie *Salobreña* est, consentientibus omnibus, præter Marianam, qui Hist. Hisp. lib. X, cap. 18, pag. 503, illam *Almeria* vocat. Aliis, quos inter d'Anville, et Mannertus, quibuscum ego libenter consentio, Abdera *Adra* esse videtur, haud adeo abludente ab Abdera vocabulo, medio fere inter *Salobreña* et *Almeria* intervallo. Hard. et Ed.

30. *Murgis.* Antonino *Murgi*, a Sexitano m. pass. xxxviii; quod quidem intervallum lxx et amplius m. pass. esset, si, ut volunt Mendoza in Conc. Illib. et d'Anville, Murgis hodie *Almeria* est; et cxx, si, ut Mariana et Harduinus et Mannertus dicunt, *Mujacar;* cui quidem opinioni libentius assentior. Alia porro, ut Hard. ait, ab ista Μοῦργις Ptolemæi est, lib. II, cap. 4, in mediterraneis Turdulorum Bæticorum oppidis. Alia item quæ hodie *Murcia* vocatur, regni caput, oppidum et a mari et ab ora hac quam lustramus longe dissitum. Ed.

31. *Ab Ana.* Ad fretum usque. Mela, lib. III, cap. 1: « A freto ad flumen Anam Turduli et Bastuli habitant. » Hard.

32. *Obversa.* Subintellige, ora. A Turdulis sive Turdetanis, Bætica tota olim Turdetania appellata. Vid. Strab. lib. III, pag. 139. Hard.

33. *In universam.* Ante has voces Pinetus inserit: « Turduli a Bæti

ros[34], et Persas, et Phœnicas, Celtasque, et Pœnos tradit. Lusum[35] enim Liberi Patris, aut Lysam cum eo bacchantem nomen dedisse Lusitaniæ, et Pana præfectum ejus universæ[36]. At quæ de Hercule[37] ac Pyrene, vel Saturno traduntur, fabulosa in primis arbitror.

fluvio ad Anam usque protenduntur. Eorum finis ad promontorium sacrum: Bastuli vero a Calpe usque Alimentam. » Dalec.

34. *Iberos, et Persas, et Phœnicas, Celtasque, et Pœnos.* Iberi de quibus hic Varro meminit, ab istis, qui Caucasi radices incolebant, originem ducebant, si ei credimus et nomen suum Ibero flumini, quod hodie *Ebro* est, dederunt; plures autem, quos inter Strabo, Apollon. Dionys. Socrat. Schol. Prisc. multique alii, Iberos Caucasios ab Hispanis Iberis originem trahere contendunt. De quibus omnibus vide Diodor. Sicul. Bibl. lib. V, pag. 312; Justin. lib. XLIV; Appianum in Ibericis, pag. 256; Melam, lib. II, cap. 6; Solin. cap. 26, et Poinsinet de Sivry, Orig. Urb. Ed. — Phœnicum inprimis expeditionem in Hispaniam eo tempore susceptam, quo romanæ urbis fundamenta ponerentur, Mariana censet, Hist. Hisp. lib. I, cap. 15. Hard. — Animadvertit Poinsinet hic pro accusat. græco *Phœnicas*, quo usus est Varro, ponendum esse *Phœnices*. — Celtæ autem, de quibus hic mentio fit, interiorem Galliæ nostræ partem, quæ tunc Græcis Κελτική erat, ut lib. IV dicemus, incolebant: nomenque *Celtiberos* acceperunt, occupatis Iberi fluvii ripis. Ed.

35. *Lusum enim.* Varro nugatur, si a ludo, seu lusione, quæ vox latina est, jam tum Bacchi ævo Lusitaniam cognominatam velit: aut a λύσσα, quæ vox rabiem sonat. Sic tamen Martianus accepit lib. VI, cap. de Hispania, p. 203: « Lusitania, cui nomen fabula a lusu Liberi Patris, vel cum eo bacchantium, sociavit. » In MSS. *Lusum.* An *Lysum Liberi Patris, aut Lysam cum eo bacchantem* legi satius: ut *Lysus* et *Lysa* unius hominis, qui Bacchi filius comesve fuerit, nomen geminum esse videatur? Bacchum ipsum Lysium apud Pausaniam dictum accipimus, a λύω, quod curas solvit. Hard.—Scribebat Pinetus: *Lusum enim Liberi Patris comitem aut Lyssam bacchantem*, etc.—In MSS. *bacchantium* legimus pro *bacchantem*, quod habent editiones vetustæ, quas secutus est Harduinus. Ed.

36. *Universæ.* Subintellige, Hispaniæ. Verba Sosthenis de Baccho, lib. XII Ibericorum: Νικήσας δὲ καὶ Ἰβηρίαν, Πάνα κατέλιπεν ἐπιμελητὴν τῶν τόπων, ὃς τὴν χώραν ἀπ' αὐτοῦ Πανίαν μετωνόμασεν, ἣν οἱ μεταγενέςεροι Σπανίαν προσηγόρευσαν. Apud Plutarch. lib. de flumin. pag. 1159. Hard. — Scribebat Dalec. *ejus. Universa autem quæ de Hercule.* Ed.

37. *De Hercule*, etc. De Herculis expeditione in Hispaniam, Diodor. Sic. Bibl. lib. IX, pag. 226. A Pyrene Bebrycis filia, quam Her-

LIBER III.

Bætis in Tarraconensis [38] provinciæ, non ut aliqui dixere, Mentesa [39] oppido, sed Tugiensi [40] exoriens saltu, juxta [41] quem Tader fluvius, qui Carthaginiensem agrum rigat, Ilorci [42] refugit Scipionis rogum : versusque in

cules adamarat, in Pyrenæo monte sepulta, montis ejus appellationem fabulose Silius deducit, lib. III.

38. *Tarraconensis provinc.* Emendabat Dalecamp. *Tarraconensi provincia.* Ed.

39. *Mentesa.* Chiffl. *Metesa.* Al. *Mentisa.* Liv. XXVI, 17, *Mentissa.* Quæ autem hodie sit urbs illa minime constat : *Jaën* vel *Mentexa* est, auct. Clusio et Girolamo Ruscelli; *Cazorla* auct. Morales, qui sibi minime constans, alibi eam *Toia* esse dicit; *Montisou*, auct. Mariana, et *Monteio*, auct. Vasæo. Nos autem hic Harduin. et d'Anville sequemur, qui illum vicum *San Thome* juxta *Cazorla* esse dicunt, olim episcopalem sedem, Gienam, hodie *Jaën*, transductam. Rursus de Mentesanis mentio fit apud Nostrum, cap. 4, quos quidem Mentesanos diversos fuisse ab illis, qui hanc, de qua nunc agimus, Mentesam incoluerunt, putat haud immerito, ut videtur, d'Anville, qui in mappa sua Mentesas duas ponit, alteram *Bastitanam* cognominatam, de qua nunc agitur, alteram vero *Oretanam*, XLVI circiter M. pass. a priori, septemtrionem inter et orientem, quæ Ptolemæi Μέντισα, inter Oretanorum urbes, est, ut puto ; dum altera Itinerarii Antonini *Mentesa Bastia* est XXV M. pass. a Castulone, orientem versus, ut videtur. Mannertus quoque duas fuisse Mentesas existimat, sed de earum situ cum nostro d'Anville non convenit. Mentesam enim Bastitanam inter *Granada* et *Jaën*, Oretanam inter *Granada* et *Murcia* ponit. Ed.

40. *Tugiensi saltu.* Ab oppido Tugia, cujus Antoninus meminit, et a Castulone, Malacam versus, distare ait XXXV M. pass. Nunc jacet in loco *Toia* dicto, auctore d'Anville. Errat autem Harduin. qui saltui Tugiensi nomen esse hodie *Sierra de Alcaraz* dicit, qui montes viginti leucis in septemtrionem a Bætis fonte distant; hoc enim flumen e montibus hod. *Sierra Seca*, sive *de Cazorla* vocatis exoritur, et ad vigesimam circiter a fonte suo leucam, amnem *Guadalimar* recipit, qui quidem ex montibus *Sierra de Alcaraz* dictis defluit : quod sine dubio Harduinum in errorem induxit. Ed.

41. *Juxta quem Tader.* Ita MSS. omnes : apud Dalec. autem et Elz. deest vox *juxta.* Ex iisdem fere montibus, quibus Bætis, et tamen hodie diverso nomine *Sierra la Sagra* vocatis, Tader oritur, qui hodie *Segura* vocatur : sed is in ortum tendit, alius cujusdam fluvii, qui *Taibilla* vocatur et ex iisdem montibus defluit, aquis auctus, Carthaginiensemque agrum, ut Noster ait, *rigat;* id est, provinciam, cui præcipua erat urbs Carthago nova, hodie *Cartagena*, in *Reyno de Murcia.* Ed.

42. *Ilorci refugit Scipionis rogum.* Sic legendum videtur, quamvis tres MSS. pro *Ilorci*, *ille ocior* habeant.

occasum [43], Oceanum Atlanticum provinciam [44] adoptans petit, modicus primo, sed multorum fluminum capax, quibus ipse famam aquasque aufert. Bæticæ primum ab Ossigitania [45] infusus, amœno blandus alveo crebris dextra lævaque accolitur oppidis.

5 Celeberrima inter [46] hunc et Oceani oram in mediterraneo Segeda [47], quæ Augurina cognominatur : Julia [48], quæ

Hæc autem verba non ad Taderem fluvium referenda sunt, ut quidam existimavere, sed ad Bætim, qui hic quodam modo Taderi opponitur. Dum enim, inquit Noster, Tader Carthaginiensem agrum rigat, Scipionis rogum, Ilorci situm, conspicere sustinens, Bætis illum refugit et versus in occasum, Bæticam provinciam irrigat petitque Oceanum. Oppidum Ilorci, de quo hic Noster, hodie est *Lorca*, ad amnem *Sangonera avenidas de Lorca* vocatum sita, et XXVII M. pass. a Tadere distans; Scipionisque rogus, etiam nunc *Sepulcro de Scipion* incolis dictus, XX circiter M. pass. ab urbe Lorca, meridiem versus, reperitur. Cneum autem Scipionem, post Publ. fratrem occisum, in turrim quamdam Asdrubalis copiæ fugientem compulerant : qua incensa, cum omni comitatu misere concrematus est, ut auctor est Appianus in Ibericis, p. 263. Ed.

43. *Versusque in occasum.* Vide notam superiorem. Ed.

44. *Provinciam.* Bæticæ provinciæ, quam mediam secat, suum nomen impertiens.

45. *Ab Ossigitania.* Dalec. *Ossigitaniæ.* Ab Ossigi oppido, de quo mox. Ab ea provincia Bæticæ initium duci haud obscure innuit : citra versus septemtrionem et ortum,

Tarraconensem esse : quare ad Castulonem oppidum, quod Bæticæ finis paulo post dicetur, Ossigitania pertinuit. Hard.

46. *Inter hunc.* Inter Bætim, ab Ossigitania, ad fretum Gaditanum, et Atlantici oram Oceani, Cordubensis conventus mediterranea oppida ista sunt : Segeda, etc.

47. *Segeda, quæ Augurina cognominatur.* Alia est ac *Segida*, de qua inferius; quamvis quidem eas urbes plurimi pro una incauti acceperint. Quo autem in loco sita fuerit urbs illa ignoratur; neque enim illis assentiri possum, qui, ut Pinetus, eam *Medina Sidonia* esse volunt, non longe ab Oceano; quum ex oppidorum serie pateat Nostrum ab oriente ad occidentem, id est, ab ortu ad ostium Anæ fluminis procedere. Fortasse Segeda sita fuit juxta *Torre que Bradilla* parvum flumen, quod in Bætim octo leucis supra *Andujar* influit. Ed.

48. *Julia, quæ Fidentia.* Tiberii nummus, in Thesauro Goltzii, Col. Ivl. Fidentia; sed sunt Goltziana latina numismata pleraque adulterina et ficta. Hard. — Hanc urbem diversam contra Harduini opinionem putat Mannertus ab ea quæ *Julia* vocatur a Cæsare, Bell. Alex. cap. 61 et 65. Bell. Hispan. incert. auct. cap. 3 et 4. Dio. Cass. lib.

LIBER III.

Fidentia : Urgao[49], quæ Alba : Ebura[50], quæ Cerealis : Iliberi[51], quod Liberini : Ilipula[52], quæ Laus : Astigi[53],

XLIII, cap. 31. Οὐλία a Ptolem. lib. II, cap. 4. *Ulia*, XVIII M. pass. a Corduba in Itiner. Anton. et Ἰουλία, haud procul a Corduba, a Strab. lib. III, pag. 141, et quam hodie *Monte-mayor*, haud scio an recte, esse ait D'ANVILLE. Juliam Fidentiam longius a Corduba dissitam, ortum inter et meridiem, hodieque vocari *Almodovar*, contendit Mannertus, quocum de situ quidem ego consentio, minime vero de nomine; nullum enim in ea regione locum *Almodovar* dictum reperio præter urbem *Almodovar del rio*, quæ ad flumen *Guadalquivir* sita est, v circiter leucis a *Cordoba*, meridiem inter et occasum, non vero ortum, ut ait Mannertus; anteponenda igitur visa fuit eruditi viri Pineti opinio, qui eam *Fuentes*, id est, ut ego puto, *Fuente del Rey*, inter *Andujar* et *Jaën*, esse dicit. ED.

49. *Urgao, quæ Alba*. Dalec. et Elz. *Virgao*. XLV M. pass. a Corduba Castulonem versus, secundum Anton. Itiner. unde illam *Arjona* esse dicit D'ANVILLE, aut potius, ut mihi videtur, *Arjonilla*, leucis duabus ab *Andujar*, meridiem versus, quam opinionem sequi videtur Mannertus. Ibi etiam inventa inscriptio: MUNIC. ALBENSE URGAVON. apud Gruter. pag. 233, sed ficta et recens. ED.

50. *Ebura*. In MSS. quibusdam, *Ebora*. Non est hæc *Ebora* Pomponii Melæ, de qua ille in Bæticæ littore, lib. III, cap. 1, nec Strabonis Ἔβουρα, quæ eadem cum Ebora Pomponii est, lib. III, pag. 140.

— Quinque autem urbes hoc nomine olim in Hispania exstitisse videntur. Hanc *Alcala-la-Réal*, inter *Granada* et *Cordoba* esse retur Harduinus cui ego assentior. Eam Pinetus et Girolamo Ruscelli *Rotta* vocant, quod nomen in mappis non reperi. ED.

51. *Iliberi, quod Liberini*. Loaysas in Conc. Illib. legit, *Eliberi, quod Eliberini*. Ptolemæus, loc. cit. Ἰλλιβερίς. — Eam Girolamo Ruscelli, Pinetus, multique alii, inconsulte, ut puto, hodie urbem *Granada*, regni cognominis caput esse dicunt; eruditissimos viros Vasæum, Morales, Harduinum et D'ANVILLE sequimur, qui eam in colle, cui nomen est *Sierra de Elvira*, fuisse contendunt, duobus leucis a *Granada* orientem versus; quam opinionem sequi videtur ipse Mannertus. ED.

52. *Ilipula, quæ Laus*. Ptolemæo, loc. cit. Ἰλλίπουλα μεγάλη. Roder. Carus Antiq. Hispal. lib. III, cap. XI, pag. 100, Pinetus et Hard. illam hodie *Granada* esse contendunt; hanc opinionem refert ipse Mannertus, quam tamen Ptolemæo contrariam esse ostendit, ex quo Ilipulam juxta urbem hodie *Montilla* dictam stetisse haud immerito, ut mihi videtur, conjicit. ED.

53. *Astigi, quod Julienses*. Dalec. et Elz. *Artigi*, quod et ego mallem; Parmensis editio *Astici*. Ptolem. loc. cit. Ἀρτιγίς. Si tamen Astigi legendum est, hæc urbs certe alia est ac *Astigi*, una e quatuor urbibus juridicorum conventuum capitibus in

quod Julienses: Vesci[54], quod Faventia: Singili[55], Attegua[56],

Bætica; quod non animadverterunt nonnulli interpretes, quos inter POINSINET DE SIVRY qui eas urbes unam eamdemque esse putat, quam *Ecija* vocat, adversam tamen sententiæ suæ opinionem Martini de Roa, in Hist. Astigit. fol. 13, referens, qui hanc urbem hodie esse *Alhama*, inter *Granada* et *Malaga*, haud immerito, ut ego reor, eum docebat. Hanc opinionem sequitur et Mannertus. ED.

54. *Vesci, quod Faventia.* Ptolemæo loc. cit. Οὔεσκις. Girolamo Ruscelli eam etiam nunc *Faventia* vocari, Niger urbem esse *Velez*, non procul ab interno mari et urbe *Motril*, contendunt; ego autem Harduinum sequi mallem, qui eam *Archidona*, inter *Antequera* et *Alcala la Real* esse putat. ED.

55. *Singili.* Nonnulli, ut mox in Attegua dicemus, *Singilia* legunt, nos autem Ortelium Harduinumque sequi maluimus, illis tamen minime assentientes, quum eamdem hanc urbem *Antiquariam*, sive *Anticariam* Antonino dictam fuisse volunt. D'ANVILLE, multo rectius, ut opinor, diversas fuisse urbes censet. Anticaria in via romana sita fuit, forsan quo loco hodie est *Antequera*, Singilisque ad ripam fluvii cognominis, nunc *Rio Genil* dicti, quo loco nunc est *Puente de Don Gonzalo*. Anticariæ reperta inscriptio apud Grut. exstat, pag. 437, *Municip. Singiliensium*, cujus auctoritate motus D'ANVILLE, Anticariam Singilis auctoritati submissam fuisse putat, sed, ut jam non semel diximus, falsæ recentesque sunt Gruteri inscriptiones, nullaque illis fides adhibenda. ED.

56. *Attegua.* Prius legebatur *Singilia, Hegua.* Scio in hoc Bæticæ tractu Αἴγουαν a Strabone citari, lib. III, pag. 141, sed quum *Singiliattegua* in MSS. scribatur, Reg. 1, 2, etc. *Singili : Attegua* haud cunctanter agnosco. Nam de Attegua primum Dio meminit lib. XLIII, pag. 230. Ἀττεγούα πόλις, haud procul Corduba, non semel autem Hirtius, l. de bello Hisp. pag. 259, et Atteguenses Pompeianarum partium fuisse scribit Valerius Max. lib. IX, cap. 2, 4. HARD.—Mariana quoque lib. III, Histor. Hispan. cap. 21, *Attegua*, inquit, *decimo sexto ab urbe Corduba lapide sita erat, quo nunc loco ruinæ tantum exstant Tebæ veteris nomine* : addit Harduinus *Teva veja*, sexto fere milliari ab Antiquaria Hispalim euntibus, non animadvertens hæc cum Marianæ verbis *decimo sexto ab urbe Corduba lapide* pugnare; nam illa de qua loquitur *Teba* LXVI M. pass. a Corduba distat. Forsan hæc *Teba*, juxta quam montes *Sierra de Yeguas* dicti reperiuntur, Strabonis Αἴγουα fuit; *Attegua* autem requirenda est inter *Puente de Don Gonzalo*, quod oppidum, auctore D'ANVILLE, Singilis est, et *Cordoba*, fortasse non longe ab *Aguilar*, in ripa fluvii nunc *Cabra* vocati. Longe alia tamen est Mannerti opinio, qui hanc urbem ad septemtrionem Bætis ponit, et illam inter et Ucubim fluxisse ait flumen *Salsum*, quod hodie *Guadiato* vocari dicit. ED.

LIBER III.

Arialdunum [57], Aglaminor, Baebro, Castra [58] vinaria, Episibrium [59] : Hippo [60] nova, Illurco [61], Osca [62], Escua [63],

57. *Arialdunum, Aglaminor, Baebro.* MSS. Reg. et Colb. *Arialdunum, Aglamin, Urbedo.* Hic aliqui comminiscuntur *Avia* seu *Avi,* a quo oppido festum Avienum dictum esse volunt; *Eldanum,* quod Ptolemaei *Eldana* esset, forsan hodie *Montalvan,* sex leucis ab urbe *Cordoba,* meridiem versus; *Urbedo* aliis *Ubeda* in veteribus codicibus ab Ambrosio Morales recognitis *Algabro* scribitur, quam lectionem assensu suo comprobare videtur Harduinus, quamvis de Ambrosio Morales mentionem non faciat, quum dicit *Agabro* legi satius esse, quod, cum Eliberitana et Astigitana ecclesia, meminit etiam Agabrensis concilium Hispalense II, can. 1. — Idem ille Morales hanc urbem hodie *Cabra* esse ad fluvium cognominem, undecim a *Cordoba* leucis putat, eique assentiri non dubito. — *Avia,* si Moletio et Girolamo Ruscelli credimus, hodie est *Villalon.* Illud autem nomen et *Duennas,* quod pro Eldano dat Oropius, et *Zambra* atque *Ubedos,* quae pro Baebrone Pinetus, in mappis non reperiuntur. ED.

58. *Castra Vinaria.* Forte quae Hirtio Castra Postumiana dicuntur, millibus fere quatuor ab Attegua et Succubi, lib. de bello Hisp. pag. 255, quae Mariana, lib. III, hist. cap. 21, pag. 123, nunc *Castro del Fiume* ait appellari. HARD. — Haec urbs haud dubie eadem est quam *Castro* sive *Castro el Rio* nominatam in mappis reperimus, ad ripam fluvii *Guadajoz;* illam Hermolaus *Veria* vocat, quod nomen in mappis non occurrit. ED.

59. *Episibrium.* MSS. R. 2, *Episimbrium.* Reg. 1, et Colb. 2, *Cisimbrium.* Fortasse hodie *Espeja,* circiter duobus a *Castro* leucis, occidentem versus. ED.

60. *Hippo.* MSS. *Iphonoba.* Hipponem Livius agnoscit, sed in Carpetanis, haud procul Toleto, lib. XXXIX, cap. 30. Quo autem loco haec sita fuerit ignoratur. ED.

61. *Illurco.* Inscriptio apud Gruterum, pag. 406: ORDINIS. ILLURCONENSIS, ex Ant. Augustini schedis, reperta in pago *Pinos,* Granatensis agri. Falsa et recens. HARD. — D'ANVILLE tamen hanc urbem hodie *Puente de Pinos,* aut, ut in quibusdam mappis reperi, *Pinos puente,* sex ab urbe *Granada* leucis, septentrionem versus, esse putat; eam autem Villanovus et Morales *Illora,* tribus leucis ab *Alcala la Real,* meridiem versus, esse contendunt, quod ego mallem. *Ilurconem* Plinii et Ptolemaei *Ilurgim,* unam eamdemque urbem fuisse fere apud omnes constat. ED.

62. *Osca.* Hanc urbem, quam Velleius Paterculus *Eyoscam* vocat, hodie *Huesca* in confinio regni Granatensis et Murciae esse putant Jo. Franc. Andrez, lib. de Patria S. Laurent. pag. 6, aliique, quos sequitur Hard. Haec tamen urbs mihi a caeteris quae hic nominantur longius abesse videtur. Forsan *Huector* est, ad ripam fluvii hodie dicti *Genil.* ED.

63. *Escua,* quam Ptolemaeus

Succubo[64], Nuditanum[65], Tuati[66] vetus; omnia[67] Bastitaniæ vergentis ad mare, conventus vero Cordubensis. Circa[68] flumen ipsum, Ossigi[69], quod cognominatur Laconi-

lib. II, pag. 4. Ἔσκουαν vocat, hodie *Truelo* sive *Eruelo* Pinetus et Girolamo Ruscelli esse contendunt: mihi hoc nomen frustra in mappis requirenti occurrit *Escuzar*, quinque a *Granada* leucis, occidentem inter et meridiem, quam urbem mira nominis similitudine abreptus Plinii Escuam esse libenter credam, etsi affirmare non audeo. ED.

64. *Succubo*, quæ Hirtio, lib. de bello Hisp. pag. 254, *Ucubis* vocatur prope Atteguam. Capitolinus in M. Antonino pag. 22, Succubitani municipii meminit, quod imperatoris M. Antonini proavus patriam habuit. Hoc Ambr. Morales nunc esse *Sierra la Ronda*, Pinetus vero *Stoponda* esse volunt. Hæc nomina in mappis non reperi, nisi *Sierra la Ronda* sit *La Roda*, octo leucis, aut *Ronda*, una et viginti leucis ab *Ecija*, meridiem versus. Hæ autem urbes mihi Astigitani conventus fuisse videntur; Succubo autem, ut mox dicet Noster, Cordubensis fuit. Ego vero hoc oppidum et sequentia *Nuditanum* scilicet et *Tuati vetus*, quæ pariter ignorantur, inter *Escuzar* et internum mare sita fuisse puto. ED.

65. *Nuditanum.* MSS. *Unditanum.* Utrumque ignoratur, ut modo diximus. ED.

66. *Tuati.* Ita MSS. omnes, librique editi ante Frobenium, qui *Tucci vetus* reposuit, in hanc conjecturam inductus nomine coloniæ *Tucci*, Augustæ Gemellæ cognominatæ, de qua paulo inferius Noster

pag. 27. Utriusque situs ignoratur. ED.

67. *Omnia Bastitaniæ vergentis ad mare, conventus vero Cordubensis, circa,* etc. Dalec. et Elz. *Vergentis ad mare. Conventus vero Cordubensis, circa,* etc. Nos vero Harduinum sequi maluimus; nam si recensita hactenus oppida conventus Cordubensis non fuerunt, Carthaginiensi adscribenda erunt; Carthaginem enim, ut modo dicet Noster, conveniebant Bastitani, sic ex urbe Basti, hodie *Baza*, dicti. Hic autem indicat Plinius omnia hæc oppida, quamvis Bastitaniæ adscripta, Cordubensis tamen conventus fuisse, sive Cordubam convenisse. ED.

68. *Circa flumen ipsum.* Circa Bætim. ED.

69. *Ossigi, quod cognominatur Laconicum.* In Hispania Laconicos mores et instituta floruisse auctor est Strabo, lib. III, pag. 154, inde illa fortasse cognomina *Laconicum* et *Laconimurgi*, quæ nunc occurrunt. In MSS. tamen hoc loco *Latonium* scribitur; Chiffl. *Laconium.* Castulonem inter et Illiturgi sita fuisse Mannerto videtur, haud longe ab *Ubeda*; sed quum Castulo non sit *Cazorla*, ut Mannertus putat, sed *Cazlona*, ut ait D'ANVILLE, ad Bætim, quo loco amnem *Guadalimar* recipit, hunc locum inter et Illiturgi, quod XX M. pass. a Castulone Cordubam versus dissitum novimus ex Antonini Itinerario, requirendum est Ossigi, haud longe ab oppido hodie *Espelui* dicto. ED.

LIBER III.

cum : Illiturgi[70], quod Forum Julium : Ipasturgi[71], quod Triumphale : Sitia : et xiv M. passuum remotum in mediterrraneo Obulco[72], quod Pontificense appellatur. Mox Ripepora[73] fœderatorum, Sacili[74], Martialium[75] Onoba.

70. *Illiturgi.* Appiano in Ibericis, pag. 272, Ἰλουργία πόλις dicitur, sicuti Ptolemæo lib. II, cap. 4, Ἰλουργίς. Livius, lib. XXVIII, cap. 20, narrat a Scipione æquatum solo fuisse id oppidum, cujus incolæ tanto ardore se defenderunt, « ut domitor ille totius Hispaniæ exercitus, inquit, ab unius oppidi juventute sæpe repulsus a muris, haud satis decoro prælio trepidaret..... Capta autem urbe, victores et ignem tectis injiciunt, ac diruunt, quæ incendio absumi nequeunt : adeo vestigia quoque urbis exstinguere, ac delere memoriam hostium sedis, cordi est. » — Hanc autem urbem xx M. pass. ab Castulone dissitam fuisse nos docet Itiner. Anton., iv, ut puto, m. pass. ab urbe *Baeza*, meridiem versus, ad Bætim; non autem, ut vult Mannertus, in ipso Baezæ loco, quæ urbs ad dextrum fluvii latus sita est; dum ad lævum fuisse Illiturgi ex Plinii verbis patet. Ed.

71. *Ipasturgi, quod Triumphale; Sitia.* De priore nemo, præter Plinium, meminit : *Sitia* Ptolemæo, loc. cit. Σέτια est. Utrumque ignoratur. Ed.

72. *Obulco.* Ὀβύλκων Stephano : Ὀβουλκον Ptolem. lib. II, cap. 4. Hanc urbem hodie *Porcuña* esse, oppidum haud ignobile, quatuor fere leucis ab *Andujar*, meridiem inter et occidentem, plurimi volunt, a quibus non multum dissentio, Obulconem tamen a fluvio paulo remotiorem putans. Non certe fuit *Ubeda* sive *Ubedos*, quam urbem duobus M. pass. a fluvio dextro latere distantem dant nonnulli, his in ea errantes, quum ex insequentibus Plinii verbis pateat Obulconem et omnia hic memorata oppida lævo latere sita fuisse. Ed.

73. *Ripepora.* Rezzonicus et Brot. *Ripa, Epora* legunt ex MS. Reg. 1; prioremque urbem nunc *Castro al Rio* vocari subjungit Brot. *Eporam* autem, quæ haud dubio Ἔβορα Ptolemæi fuit, lib. II, cap. 4, in oppidis Turdulorum mediterraneis, prope Onobam, apud omnes constat hodie esse *Montoro*, ad ripam fluminis, m. passuum xxviii, leucis circiter novem, supra Cordubam, ut Antoninus prodidit et confirmat Roder. Carus lib. III, cap. 22. Adde quod in oppido *Montoro* repertum lapidem vetustum Hier. Surita ait in Anton. Itiner. pag. 553, cum inscript. Respub. Eporensis. Apud Gruterum inscriptio est : Ordo Mun. Epor. Hard. et Ed.

74. *Sacili.* Σακιλίς Ptolem. lib. II, cap. 4, in oppidis Turdulorum mediterraneis. Nunc *Alcorrucen* juxta *Perabad*. In Thesauro Goltzii, pag. 244, legitur inscript. Mun. Sacilis. Hard. et Ed.

75. *Martialium Onoba.* Vet. ap. Dalec. *Maritalium.* Incertum videtur Harduino utrum scribendum sit *Sacili Martialium, Onoba;* an *Sacili, Martialium Onoba.* Nobis autem

Et dextra [76], Corduba [77], colonia Patriciæ cognomine : inde primum navigabili Bæti. Oppida : Carbula [78], Decuma [79] : fluvius [80] Singulis, eodem Bætis latere incedens.

7 Oppida Hispalensis conventus : Celti [81], Arua, Canama,

Onoba cognomen Martialium, quo ab Onoba Æstuaria, de qua superius diximus, discerneretur, haud aliter accepisse videtur ac Narbo Martius, in Gallia Narbonensi, a Martia, ut Harduinus ait, legione, quæ eo deducta colonia est. Ignoratur autem hujus oppidi locus, qui ad flumen *Guadalquivir*, lævo latere, certe requirendus est. Ed.

76. *Et dextra*. In ripa fluvii, quæ septemtrionem spectat. Ed.

77. *Corduba, colonia Patriciæ cognomine*. Dalec. et Elz. *colonia Patricia cognominata*. In nummo Augusti Colonia Patricia. Corduba autem ab Hispanis etiam nunc *Cordoba*, regni cognominis caput, a Gallis *Cordoue* vocatur. Ed.

78. *Carbula*. Ita MSS. Reg. 1, 2, etc. et in nummo antiquo ex ære, apud P. Ludovicum Iobert e Societate nostra, carbula, non *Carbulo*. Carulam in Bætica habet Antoninus, sed Ilipam inter et Hispalim : quare non est hujus loci, quanquam aliter Suritæ visum, in Anton. Itiner. pag. 562, et Roder. Caro, lib. III, Ant. Hispal. c. 49. H.

79. *Decuma*. In MSS. R. 1, 2, etc. *Detuma*. Forte *Detunda*, vel *Detunna*. Nam, ut Barbarus adnotavit, in hoc ipso Bæticæ tractu, inter mediterranea Turdulorum oppida Δητούνδα a Ptolem. nominatur, haud procul Sacili. Hard. — Urbes Carbula et Decuma, quas eodem Bætis latere quo fluvius Singulis ponit Noster, inter flumina certe positæ fuerunt ; situs vero ignoratur. Ed.

80. *Fluvius Singulis, eodem Bætis latere incedens*. Dalec. et Elz. *incidens*. Hic autem fluvius, qui lævo seu meridionali Bætis latere, ut ait Noster, incedit, hodie *Genil*, seu *Xenil* vocatur. Ed.

81. *Celti, Arua, Canama, Evia*. Vix ullus est in hoc opere Geographico locus in quo atrocius grassata sit interpolatorum libido, et emendandi prurigo, quæ eruditos etiam viros interdum tenet. In MSS. Reg. 1, 2, Colb. et Paris. *Celtiarava, Camana, Æva*. In edit. Romana, Parm. Froben. Gelen. aliisque ante Dalecampium *Celtiaca, Vacamana, Aeria*. Numerum oppidorum auxit, immutavitque deinde Dalecampius : *Celtica, Axatiara, Arruci, Menoba*. Ecquod in his verbis veteris scripturæ vestigium ? Roder. Carus, lib. III. Antiq. Hispal. cap. 3, 8, et 9 legit, *Celsita, Axati, Arva, Arucci, Menoba, Canama, Aria*. Nostram emendationem potiorem his omnibus esse non modo priscorum codicum vestigia ipsa confirmant, vix ullo fere apice immutato, sed et inscriptiones veteres, quas modo allaturi sumus. *Axati*, certe et *Arucci* expunximus, quod de iis libri omnes conditivi silent : etsi non me præterit Municipii Flavii Axatitani, et Civitatis Aruccitanæ, apud Gruterum in Inscript. fieri mentionem, pag. 432, et pag. 238.

LIBER III.

Evia, Ilipa[82] cognomine Ilia: Italica[83]. Et a læva, Hispalis colonia, cognomine Romulensis[84]. Ex adverso[85] oppidum

Quin et ipsam Celtim ex hoc albo sustulissem : nisi meminisset Antoninus in itinere ab Hispali Emeritam : ratus Plinium in his oppidis appellandis, non tam situs cujusque loci, quam seriei elementorum habuisse rationem : quamobrem *Alica* priore loco statuissem, quum Alicensis oppidi in Provincia Bætica memoria exstet apud Gruterum, pag. 542. Quod vero ad Arvam attinet, apud eumdem pag. 476, inscriptio legitur : Ordo. Municipii. Arvensis, reperta Alcolæ, medio itinere inter Hispalim, et Cordubam. De Canama, p. 345: Canamenses. Lintrarii. Denique EVIA apud eumdem legitur, p. 550, in inscriptione, procul ab hoc situ, sed in Bætica tamen, reperta. H.— Inutile fere videtur oppidorum, quorum vetera adeo corrupta sunt, recentia requirere nomina. Arua tamen videtur esse *Alcolea*, ubi supradicta reperta inscriptio est; Canama, non, ut ait Hard. *Villanova del Rio*, quod nomen in mappis non reperitur, sed forsan *Cantillana*, dextro, ut *Alcolea*, Bætis latere imposita. Ed.

82. *Ilipa cognomine Ilia*. In MSS. Reg. 1, 2, Colb. 1, 2, et Paris. *Ilipa cognomine Illa Italica*. Parm. edit. *Ilipa cognomine Ila Italica*. Voculam *Ila*, veluti nihili ea foret, Frobenius prior expunxit, legitque, *Ilipa cognomine Italica*, atque ita scribendi cæteris deinde auctor fuit. Atqui Straboni lib. III, pag. 141. Ἰτάλικα καὶ Ἶλιπα, et quod idem est, Ptolemæo Λαῖπα μεγάλη et

Ἰτάλικα, civitates sunt duæ dispares. Et fuit *Ila* sive *Ilia* Ilipæ cognomen genuinum. Apud Gruterum, 351: Immvnes. Ilienses. Iliponenses : unde nosse Reinesius potuit qui Ilienses Iliponenses forent, quod scire se negat, epist. 23. Alias sine cognomine, apud eumdem Gruter. pag. 246, legitur Mvnicipivm. Inlipense. Hard. — Addit Hard. hanc urbem hodie *Peñaflor* vocari, quo loco Singulis in Bætim influit adverso tamen latere; ab eoque dissentire non videtur d'Anville, qui eam juxta urbem *Lora* ponit, quæ vix leucis duobus inferior est. Ed.

83. *Italica*. Omnium consensu hodie est *Sevilla la Vieja* et vulgo *Santi-ponce*, dextro Bætis latere imposita, unaque circiter leuca Hispali superior. Silii vatis, ut quidem vulgo creditur, necnon imperatorum Trajani, Hadriani et Theodosii natalibus clara. Gruteri inscription. pag. 385 : Colonia. Italicensis. In. Prov. Bæt. In nummis Augusti, Italica : Tiberii, Mun. Ital. et Mun. Italic. *Municipium Italicense*. Melioris, ut videtur, notæ. Ed.

84. *Romulensis*. Huc pertinet vetus inscriptio, apud Gruter. pag. 257: Qui Iliæ. Romuleæ. Negotiantes. Hodie *Sevilla*. Juliam Romulam a Julio Cæsare nuncupatam ait Isidor. lib. XV, Orig. cap. 1. H.

85. *Ex adverso*. Dextro igitur Bætis latere, seu septemtrionali, nam lævo sita olim Hispalis fuit. Hodie, ut plurimi volunt, oppidum *Alcala del Rio* dictum. Ed.

Osset, quod cognominatur Julia Constantia: Vergentum[86], quod Julii[87] Genius: Orippo, Caura, Siarum. Fluvius Menoba[88], et ipse a dextro latere infusus. At inter æstuaria Bætis, oppidum Nebrissa[89], cognomine Veneria, et Colo-

86. *Vergentum.* MSS. *Jurgentium.* LÆTIUS.

87. *Julii Genius: Orippo, Caura, Siarum.* Sic locum istum, haud scio an recte, restituit Hard. quum antea in libris omnibus legeretur *Julii Genitor, Hippo Caurasiarum.* Ut Athenienses, inquit, ædem Augusti Genio, Suetonio teste, dedicarunt, sic urbem suam Vergentenses sub Genii Cæsaris tutela ac præsidio collocarunt. — Orippo, ab Antonino memoratur, in itinere a Gadibus Cordubam, ab Hispali IX. M. pass. De illa etiam, nec non de Caura mentio fit apud poetam antiquum, A. Holum nomine, ortu Burdegalensem, quem Tamayus in Martyr. Hispan. « Hic Caura, Sauros ostentat Orippo colonos. » Præterea in nummo vetere ex ære, apud D. FOUCAULT legitur IRIPPO.— In alio apud P. JOBERT, legitur CAURA. — De Siara denique meminit Gruterus pag. 803, inscriptiones referens in pago, quem *Sarracatim* vocat, erutas, in agro Utrerensi: ORDO. SIARENSIUM. Apud Roder. Carum, lib. III, Antiq. Hispal. cap. 20: SIARENSIUM. MUNICIPIUM. legitur. — Harum autem urbium situs ignoratur; neque enim Harduino assentiri possum qui illas sinistro Bætis latere imponit, quum ex ipsis Plinii verbis *ex adverso* etc... *et ipse a dextro latere...* eas dextro sitas fuisse pateat. Dextrum autem latus non meridionale, ut non semel in notis ait Hard. ob id in pluribus errans, sed septemtrionale est. Caura etiam suum nomen servare videtur in *Coria*, ad dextrum Bætis latus, tribus a *Sevilla* leucis. ED.

88. *Fluvius Menoba et ipse a dextro latere infusus.* Sic locum istum ex editione Romana anni 1470 et Parmensi emendavit Harduinus, quum cæteri omnes libri cum Dalecampio exhiberent: *Fluvius Mænoba, Bæti et ipse a dextro latere infusus*, quod ego mallem, quamvis idem Harduinus demonstrare nitatur Plinium hic significare voluisse fluvium hunc Menobam, quem hodie *Rio Guadelete* esse dicit, non Bæti, sed oppido Siaro vel Siariis agris infundi, ut superius dixit de Bæti: *Bæticæ primum ab Ossigitania infusus.* Sed perpetuo errore laborare Harduinum nemo videre non potest, qui hic etiam, ut jam modo diximus, dextrum Bætis latus pro sinistro sumit incautus, quum fluvium Menobam *Rio Guadelete* hodie esse affirmat. Nobis autem fluvius iste videtur eum esse qui dextro latere in Bætim incidit, quo loco Bætis ipse in duo brachia dividitur, insulam quam hodie *Isla Major* Hispani vocant, amplexurus. ED.

89. *Nebrissa* hodie *Lebrija*, si Marianam lib. I, Hist. Hisp. cap. 3, et Anton. Nebrissensem audimus; quanquam urbs illa nunc a Bæti M. pass. V et ab ejus ostio XX et amplius distet. Quod vero addit

bona[90]. Coloniæ : Asta[91], quæ Regia dicitur : et in mediterraneo Asido[92], quæ Cæsariana.

Singulis fluvius in Bætin, quo dictum est ordine, irrumpens, Astigitanam[1] coloniam alluit, cognomine Augustam Firmam, ab ea navigabilis. Hujus conventus sunt reliquæ[2]

Hard. *Altero Bætis ostio nunc oblimato*, minime probabile videtur, quum *Lebrija* montibus a fluvio dividatur. Hæc verba *inter æstuaria Bætis* indicare mihi videntur minori ab ostio Bætis intervallo requirendum esse, Nebrissæ locum, forsan haud longe ab urbe *S. Lucar*. In nummo Claudii Imp. teste Ligorio, sed falso plerumque, apud Holstenium, pag. 128, legere est : Colonia. Venerea. Nabrissa. Augusta. Hard. et Ed.

90. *Et Colobona. Coloniæ.* MSS. *Colobana.* Dalec. et Elz. *et Colobona, coloniæ. Asta*, etc. Quidam etiam *Col. Onoba* hic legi jubent, sed a librorum omnium fide desciscunt et plures colonias invehunt, ut Hard. ait, quam quot Plinius promiserat. Colobonam autem hodie non, ut Rod. Carus lib. III, Antiq. Lusit. cap. 22, ait, *Trebujena*, quæ XII M. pass. a Bætis ostio distat, sed *Bonania*, quæ ad hujus fluminis ripam sita est, et quam nomen ipsum indicare videtur, libenter esse credam. Ed.

91. *Asta.* Meminit Mela, lib. III, cap. 1, Ptolemæus, lib. II, cap. 4, et Strabo, lib. III, pag. 141, qui eam centum circiter stadiis a littore ponit. Urbis hujus rudera inter *Trebujena* et *Xerez* monstrari ait Rodericus Carus, illam autem Martini de Roa ipsam urbem *Xerez* esse nec sine ratione contendit. Ed.

92. *Asido, quæ Cæsariana.* Chiff. *Cæsarina.* Postea Asidonia, inquit Hard. demum *Medina Sidonia* appellata, novem circiter leucis a supra dictis oppidis, meridiem versus. Addit Hard. illam Ptolemæi Ἄσινδον, lib. II, cap. 4, non esse, quæ inter Bætim Anamque sita est, juxta Nertobrigam. Ed.

1. *Astigitanam.* Hodie *Ecija*, inter Hispalim, et Cordubam. Apud Gruter. pag. 101. Col. Aug. Fir. Astigi reperta inscriptio. Et apud Mart. de Roa, in hist. Astig. Col. Jul. Aug. Fir. In nummo vetere, Col. Ast. Augusta. — Cave autem coloniam hanc confundas cum oppido libero *Astigi vetere*, de quo mox Noster. Ed.

2. *Reliquæ coloniæ.* E coloniis novem, quas promiserat, jam quatuor appellavit: Cordubam, Hispalim, Astam, Asidonem, nunc Astigitanam coloniam nominat, Tucci, Itucci, Attubi et Urso, quæ numerum novem conficiunt. Errat autem Hard. qui in nota 6 pag. 139, coloniarum numerum incautus auget, quum inter illas urbem Gades nominet quam nusquam Noster coloniam appellat, sed lib. IV, cap. 36, *Oppidum civium Romanorum;* in quæ ipse Hard. « Gaditanum oppidum civitatis jure donatum a Julio Cæsare, quum Hispaniam subegit, auctor est Dio, etc. » Gades ergo *municipium* non *colonia* fuit. Ed.

coloniæ immunes: Tucci[3], quæ cognominatur Augusta Gemella: Itucci[4], quæ Virtus Julia: Attubi[5], quæ Claritas Julia: Urso[6], quæ Genua Urbanorum: inter quæ fuit[7] Munda cum Pompeii filio capta. Oppida libera: Astigi[8] vetus,

3. *Tucci, quæ cognominatur Augusta Gemella.* Strabo. Lib. III, p. 141, Τοῦκις. Ptolem. Lib. II, cap. 4, Τοῦκι. Γέμελλαν vocat Appianus, in Iber. pag. 293. Gruteri inscriptio, pag. 323: COLONIÆ. GEMELLÆ. TUCCITANÆ. Hujus urbis ignoratur locus, neque enim illis assentiri possum, qui eam *Martos* esse putant; quæ urbs juxta oppidum *Jaën* sita, Cordubensis certe conventus fuisset, non autem, ut Noster ait, Astigitani. Illam ad Bætim, lævo Singulis latere in mappa sua posuit SANSON. Unde autem illi fuerit Gemellæ nomen dicemus in nota 6. ED.

4. *Itucci.* Eadem forsan quam Ptolemæus, loco cit. Ἰτοῦκκι vocat; Ἰτύκη Appiano in Iber. pag. 292. Eam ad Singulin, hodie *Genil*, supra Astigi, haud longe a *Miragenil* ponit SANSON. ED.

5. *Attubi, quæ Claritas Julia.* MSS. *Ucubi.* Hirtius, *Ucubis.* In thesauro Goltzii, pag. 238. Neronis nummus COL. CLARITAS. JULIA. Non fuit certe, quamvis id Mariana velit, Hist. lib. III, cap. 21, *Espeja*, quæ Cordubensis conventus fuisset; fortasse, ut vult Hard. *Olivera*, haud longe ab *Estepa*; forsan etiam *Teba*, sex leucis, meridiem versus. ED.

6. *Urso, quæ Genua Urbanorum.* Ita libri omnes; tamen erudite suspicatur Anton. Augustinus legi oportere *Gemina Urbanorum*: deductis eo colonis militibus ex aliqua earum legionum quibus Geminæ aut Gemellæ, cognomen fuit, quales erant VII, X, XIII et XIV, quod ex duabus factæ singulæ erant, quæ justum legionum numerum non explerent. Auctor ipse Cæsar, Bell. Civil. lib. III, cap. 4, et Dio, lib. LV. Urbanorum autem cognominatur, quod militum forte ex sola urbe Roma conscriptorum esset. H. — *Urso*, quam Ὀρσῶνα vocat Appianus in Iber. pag. 291, Hirtius autem in bello Hisp. pag. 264, *Ursaonem*, hodie annuentibus omnibus, *Ossuna* est, quæ latine etiam nunc Urso vocatur, cujusque nomen mendose *Offuna* scribit Harduinus. In Conc. Arelat. I suscribit *Natalis Presbyter de civitate Ursolensium.* ED.

7. *Fuit Munda.* Hac familiari forma loquendi *fuit*, excisum deletumque ævo suo oppidum, cui hanc præfigit voculam, innuit. De Cn. Pompeio Magni F. ad Mundam interfecto, vide Livii Epitomen, Hirtium, de Bello Civ. lib. CXV, pag. 264. Velleium, lib. II, n. 56. Florum, lib. IV, cap. 2. Dionem, lib. XLIII, pag. 233. HARD. — Etiam nunc *Monda* vocatur, tribus circiter leucis a mare. Eam tamen *Carter.* III M. pass. occidentem versus sitam fuisse vult. ED.

8. *Astigi vetus.* Nunc, ut Mart. de Roa in Histor. Astig. nonnullique alii volunt, *Alameda*, leucis octo ab *Ecija*, inter hanc urbem et *Antequera.* ED.

Ostippo[9]. Stipendiaria : Callet[10], Calucula, Castra gemina, Ilipula minor, Merucra, Sucrana, Obulcula, Oningis. Ab[11]

9. *Ostippo.* Meminit Anton. xɪv m. p. ab Ilipa, in itinere a Gadibus Cordubam. Astapa Livio est, lib. XXVIII, cap. 22. Ἄσταπα, Appiano, in Iber. pag. 273, nunc *Estepa*, sex circiter leucis ab *Ecija*. H. et Ed.

10. *Callet*, etc. In nummo Hispanico, apud Roder. Carum lib. III, cap. 70, pag. 197 : callet - *Calucula*, Ptolemæo lib. II, cap. 4, Καλίκουλα. — Pro *Merucra*, *Sucrana* MSS. *Macra Sacruna* dant: at vetustæ editiones Romana et Parmensis, ut edidimus. — *Obulcula*, Ὀβόλκολα Appiano est in Iber. pag. 293. Ὀβούκολα Ptolemæo.—*Oningis* Livio est *Oringis*. Quum sint hæc oppida extra Bæturiam posita, et conventus Astigitani, in eorumdem assignando situ assentiri viris eruditis non possum. Nam quod *Callet* nunc Cala esse censet Jo. Fr. Andrez, lib. de Patria S. Laur. pag. 212, et Rod. Carus, lib. III, cap. 70, et post illum Holstenius, oppidum scilicet in media Bæturia positum, supra Hispalim inter Bætim et Anam; quam oram Plinius nunc describat, quemve conventum, æstimasse satis non videntur. Ilipula vero minor, si *Niebla* est, ad amnem *Tinto*, fere inter ostia Bætis et Anæ, ut visum est Roder. Caro, lib. III, cap. 81, sane non Astigitani conventus ea esse potuit, sed Hispalensis, Celticis Bæturiæ populis, in quibus est *Niebla*, ei conventui, ut Plinius mox subjungit, attributis. Denique si Oningis ibi fuit, ubi nunc est *Jaën*, ut censuit Mariana, lib. II, Hist. Hispan. cap. 21, pag. 78, ad Cordubensem conventum pertinuit, non ad Astigitanum. Et Livius sane, lib. XXVIII, cap. 31, haud procul Gadibus et occano statuere Oringin videtur, quam solo æquatam a Scipione prodit. H.—Horum igitur oppidorum omnium situm nobis ignotum esse confitendum est. Obulculam tamen Roder. Carus lib. III, cap. 41, hodie *Mancloua* esse dicit, inter *Ecija* et *Carmona*, quod quidem nomen in mappis non reperi. Ed.

11. *Ab ora venienti, prope Mænobam.* Ab ora scilicet interni maris: Occani enim ora Astigitani conventus, de quo hic Noster, certe non fuit. Fluvium quoque hunc Mænobam, non eum de quo mox Noster *Fluvius Menoba et ipse a dextro latere infusus*, sed illum de quo superius *Mænoba cum fluvio*, libenter esse credam. Priorem enim, qui dextro Bætis latere infunditur, in Bæturia conventuque Hispalensi fuisse superioribus Harduini argumentis demonstrari potest ; posterior autem Astigitano conventui, de quo nunc Noster, certe assignandus est. Hanc autem opinionem sequi videtur Sanson, qui Alontigicelos et Alostigos, haud longe a Mænoba fluvio ponit. Hic igitur, ut supra, *Mænobam*, non autem, ut dat Harduinus, *Menobam* scribendum putavimus, ut alter ab altero distingueretur ; illud autem de quo hic agitur hodie, ut superius diximus, p. 12, not. 27, *Rio verde* vocari vult d'Anville. Ed.

ora venienti prope Mænobam amnem et ipsum navigabilem, haud procul accolunt Alontigiceli[12], Alostigi.

10. Quæ autem regio a Bæti ad fluvium Anam tendit extra prædicta, Bæturia[13] appellatur, in duas divisa partes, totidemque gentes : Celticos[14] qui Lusitaniam attingunt, Hispalensis conventus : Turdulos[15], qui Lusitaniam et Tarraconensem accolunt, jura[16] Cordubam petunt. Celticos a Celtiberis[17] ex Lusitania advenisse manifestum est, sacris, lingua, oppidorum vocabulis, quæ cognominibus in Bætica distinguuntur : Seriæ[18] adjicitur Fama Julia : Nerto-

---

12. *Alontigiceli, Alostigi.* MSS. Reg. et Colb. *Alontigi, Cælilostigi.* Chiffl. *Alostigi.* Alontigicelos juxta urbem *Frigiliana* ponit Sanson, Alostigos autem juxta *Almagia*, inter *Malaga* et *Antequera.* Ed.

13. *Bæturia.* Βαιτουρία Straboni, lib. III, pag. 142. Nunc magna ex parte *Petrocha* dicitur, ob petrarum frequentiam, teste Jo. Sepulveda Cordubense, de patria sua sic scribente ad Pintianum, lib. III, Epist. 45. Hard.

14. *Celticos, qui Lusitaniam attingunt.* Eas regiones incoluisse videntur Celtici, quæ inter amnes *Guadalquivir* et *Guadiana* jacent, circiter usque *Badajoz* civitatem; scilicet orientalem partem provinciæ quam *Alentejo* vocant, Estramaduræ australem partem, usque urbem *Badajoz*, septemtrionalemque partem regni Hispalensis, *Reyno de Sevilla*. Ed.

15. *Turdulos, qui Lusitaniam et Tarraconensem accolunt.* Scilicet hanc Lusitaniæ et Tarraconensis partem, quæ hodie Estramaduræ pars est juxta oppidum quod nunc *Badajoz* vocant, ortum solis versus, septemtrionalisque pars Hispalensis regni, *Reyno de Sevilla*. Ed.

16. *Jura Cordubam.* Sunt fori conventusque Cordubensis. H. — Scribi malim *Corduba;* perinde namque est atque si Turdulos hosce fori Cordubensis esse dixisset aut conventus. Dalec.

17. *A Celtiberis.* A Celtiberis quidem, quoniam oppidorum vocabula in Celtiberia quoque sunt paria, in Bætica cognominibus distinguuntur : in Lusitania vero Celtiberos consedisse prius, quam in Bæturiam commigrarent, suadet linguæ, sacrorumque similitudo: et nomina etiam nonnulla oppidorum gemina. Hunc locum frustra sollicitant Pintianus, et Salmas. in Solin. pag. 279, contra librorum omnium consensum. Hard.

18. *Seriæ adjicitur.* Subintellige, cognomen. Prius legebatur, *Seria quæ dicitur Fama Julia : Vertebrigæ, Concordia..... Callensibus Emanici.* Quam lectionem vitiosam ostendit dissona a priore parte posterioris structura sermonis. Nos codicum Reg. 1, 2, Colb. 1, 2, et Paris. fidem secuti sumus, ut fere sole-

brigæ [19], Concordia Julia: Segidæ [20], Restituta Julia: Contributæ [21] Julia: Ucultuniacum [22], quæ et Turiga nunc est: Laconimurgi [23], Constantia Julia: Teresibus Fortunales, et Callensibus [24] Emanici. Præter hæc [25] in Celtica, Acinippo, 11

mus. — Seria Ptolemæo Σερία est, lib. II, cap. 4, quanquam illam in Turdetanis locat, juxta Lusitaniam. HARD.

19. *Nertobrigæ.* Νερτόβριγα Ptolemæo, loc. cit. prope Contributam, Κοντριβοῦταν. Est et alia Nertobriga Celtiberorum, apud Florum, lib. II, cap. 17, pag. 91. Nertobriga hæc Bæticæ, nunc *Valera la veja*, prope *Frejenal*, est Rod. Caro, lib. III, cap. 66. HARD.

20. *Segidæ.* Dalec. et Elz. *Segeda.* ED. — Huic cognominis alia in Celtiberis agnoscitur a Stephano, Σεγίδη, πόλις Κελτιβήρων. Appiano in Iber. pag. 279. Σεγίδη, πόλις Κελτιβήρων τῶν Βελλῶν λεγομένων, hoc est, Bellitanorum, de quibus cap. seq. HARD.

21. *Contributæ.* Dalec. et Elz. *Contributa.* ED.—Hanc ab Emerita distare XLIV M. pass. auctor est Antoninus. In Celtiberis quoque Contrebia seu Contributa fuit, de qua Florus, et Livius. Tamayus in Martyrol. Hispan. die 10 Decem. erutas ait ad oppidum *Medina de las Torres*, inscriptiones multas, JULIÆ CONTRIB. HARD.

22. *Ucultuniacum.* In MSS. *Mucultumacum.* Libentius agnoverim, *Mucultuni*, item: ut sit sententia, adjici ei oppido cognomen idem, nempe *Julia.* Curicam a Contributa dissitam ait Antoninus, XXIV M. pass. Non est *Carruca* Hirtii, lib. de Bello Hisp. pag. 260, quippe quæ juxta Mundam posita, ultra Bætim. Sed videtur esse Κούργια Ptolemæi, lib. II, cap. 4, in Celticis Bæticis, haud dubie pro Κούριγα, vel Τούριγα. Nam Romana editio anni 1470, et Parmensis anni 1476, habent *Turiga*. H.

23. *Laconimurgi*, etc. In MSS. Reg. et Colb. *Lacimurgæ.* Et in Vettonibus Lusitaniæ populis, unde Celtici profecti sunt, Λακωνίμουργον habet Ptolemæus, lib. II, cap. 5. Nunc esse *Constantina* videtur, in Andalusia, supra *Peñaflor*: nec procul inde Tereses tenuere oppidum, ubi *S. Nicolo del Puerto.*—Tereses a Fortunalibus perperam secernit Pseudo-Maximus in Chronico. Coloniæ Constantiæ mentio apud Hygen. lib. de limitib. constit. pag. 195, sed ab ista, ut puto, diversæ. H.

24. *Callensibus.* Quorum oppidum *Cazalla*, juxta *Alanis*, et *S. Nicolo del Puerto.* Rod. Carus, lib. III, cap. 70. Olim Calentum dictum, ex Plinio ipso, lib. XXXV, cap. 49. HARD.

25. *Præter hæc.* Ἀκινίππῳ Ptolemæo, lib. II, cap. 4, in Bæticis Celticis, et Ἀροῦνδα, et Ἀροῦκι. In nummo vetere, apud Rod. Carum, lib. III, cap. 57. ACINIPO. Sed idem Carus et Acinipponem, et Arundam, et Arucci, et cætera quæ sequuntur oppida, magno errore extra Bæturiæ Celticam, quæ tota Ana et Bæti amnibus clauditur, fere ad Gaditanum fretum ablegat, prope Mundam, vocum affinitate inductus in fraudem. H. — Arunda nunc *Ronda.* BROT. — Hanc autem

Arunda; Arunci [26], Turobrica, Lastigi [27], Alpesa, Sæpone [28], Serippo. Altera [29] Bæturia, quam diximus Turdulorum, et conventus Cordubensis, habet oppida non ignobilia: Arsam [30], Mellariam [31], Mirobricam: regionis [32] Osintiadis, Sisaponem.

12 Gaditani [33] conventus: civium Romanorum Regina [34]:

urbem *Ronda*, quæ ab illa, quæ haud longe ab interno mari sita est, diversa esse debet, in mappis non reperio. ED.

26. *Arunci*, quidam cum Ptolemæo, loc. cit. *Aruci* legunt. Nunc *Aroche*, in septemtrionali Hispalensis regni parte, ad ripam fluvii *Chanza*, qui in Anam, sinistro latere, leucis circiter XIV ab ostiis ejus, influit. Inscriptio Gruteri pag. 238: CIVITAS ARUCCITANA. ED.

27. *Lastigi*. In nummo vetere, quem exhibet Roder. Carus, lib. III, cap. 61, p. 186: LASTIGI. et cap. 62: ORDO MUNICIPI. FLAVI. SALPENSANI, in inscriptione, quam Utrere ultra Hispalim, versus fretum, repertam ait: sed non continuo ejus loci nomen Salpesam fuisse recte colligit, quam in Celtica Bæturia fuisse, hoc est, inter Bætim et Anam Plinius asseverat. Harum urbium sequentiumque situs ignoratur. H. et ED.

28. *Sapone*. Dalec. et Elz. *Sæpona*. ED.

29. *Altera Bæturia*. Dalec. et Elz. *altera Beturia*. Proponebat Dalec. *altera Bætulia*, ab ea quam, etc. ED.

30. *Arsam*. Ἄρσα Stephano, et Ptolemæo, lib. II, cap. 4. et Appiano in Iber. pag. 294. Tamayus in Martyr. Hisp. 8 Julii, eam nunc *Argallen* dici ait; leucis duabus a *Zalamea della Serena*, ad montes quos *Sierra Morena* vocant. HARD. et ED.

31. *Mellariam*. Hodie *Fuente de la Ovejuna*, a Corduba leucis XIV, versus Emeritam. Repertæ ibi inscriptiones, apud Gruter. pag. 391: ORDO. MELLARIENSIS. Nec procul inde pagus est *Villa de Capilla*, veteribus Mirobrica, ut docet eruta ibi inscriptio vetus, apud eumdem Gruter. pag. 357 ex Ant. Augustini schedis: MIROBRICENSIUM. MUNIC. HARD.

32. *Regionis Osintiadis, Sisaponem*. Hactenus in libris editis post Frobenium, *Regiones Osintigi, Sisaponem*. In MSS. Reg. et Colb. ac Parm. edit. *Regionis Osintiadis, Sisaponem*. Quam lectionem cæteris anteponimus, ut Sisaponi oppido circumjectus ager suo nomine censeatur: siquidem Osintiadem contineri Bæturia, sicut minores regiones majoribus solent, simile veri est. — Σισάπων Straboni dicitur, lib. III, p. 142; hodieque, ut Hard. ait, *Almaden de la Plata* vocatur, quæ urbs ad ripam fluvii *Cala*, qui in Bætim supra *Sevilla* influit, sita est. HARD. et ED.

33. *Gaditani*. Codex Chiffletii Tuditani. ED.

34. *Regina*. Ῥήγινα Ptolemæo, lib. II, cap. 4. Apud Ambr. Moral. lib. VII, fol. 101, inscriptionem reperimus: RESP. REGINENSIUM. H.

Latinorum [35], Regia Carissa, cognomine Aurelia: Urgia, cognominata [36] Castrum Julium: item Cæsaris Salutariensis. Stipendiaria: Besaro [37], Belippo, Barbesula, Lacippo, Bæsippo, Callet, Cappagum, Oleastro, Itucci, Brana [38], Lacibi, Saguntia, Andorisæ.

Porro longitudinem universam ejus prodidit M. Agrippa 13 CCCCLXV M. passuum, latitudinem CCLVII M. sed quum termini [39] Carthaginem usque procederent: quæ causa magnos errores computatione [40] mensuræ sæpius parit, alibi mutato provinciarum modo, alibi itinerum auctis aut dimi-

35. *Latinorum, Regia Carissa.* Sic MSS. Reg. et Colb. vestustique libri omnes ante Dalecampium. Nec *Læpiam* habent, nec *Uliam*, quas ille hoc loco nobis obtrusit. Scio apud Gruterum, pag. 271, legi, ORDO. REIP. ULIENSIUM. Sed reperta ea inscriptio est apud *Montemayor*, prope Cordubam, longe a Gaditano conventu, in quo nunc sumus. Hodie Montis-Majoris nomen habere Uliam inquit Mariana, Hist. Hisp. lib. III, cap. 20, pag. 122, xx ab urbe Corduba lapide. Haud procul Corduba fuisse etiam Dio significat, lib. XL, pag. 229. — Carissa autem Ptolemæo lib. II, cap. 4, Κάρισσα est, quæ vetus nomen retinere, prope *Bornos* ad ripam amnis *Guadalete*, ait Rod. Carus lib. III, cap. 29. HARD.

36. *Urgia, cognominata Castrum Julium: item Cæsaris Salutariensis.* Hoc oppidum Urgia, inquit, quod Latii quoque jure gaudet, duobus cognominibus dignoscitur, Castri Julii scilicet, et Cæsaris Salutariensis. Ptolemæo, loc. cit. Οὐγία est: hodieque, ut vult Hard. *Las Cabezas*, haud procul a *Lebrija*. ED.

37. *Besaro,* etc. *Besaro, et Belippo,* ignota cæteris oppida. De Barbesula, et Bæsippone, initio capitis hujus diximus. — Λακίππωνος, meminit Ptolemæus, lib. II, cap. 4, et Mela, lib. II, cap. 6. — Est et Ὄλεαστρον, et Λακιβίς, apud Ptolem. et Σαγουντία: cujus rudera monstrari aiunt *inter Arcos* et *Xerez della Frontera*, ad amnem *Guadalete*, cum vetusto nomine *Cigonza*. Oleastrum Mela, lib. III, cap. 1, lucum ait fuisse prope Gaditanum sinum. H.

38. *Brana.* Forte Urbona, Οὐρβώνη, de qua Ptolem. lib. II, cap. 4, inter Oleastrum et Bæsipponem. — Mox ubi *Andorisæ* scripsimus, et statim subsequente periodo, *Porro longitudinem*: id MSS. codicum fidem secuti fecimus: quum prius legeretur, *Andorisippo*. *Longitudinem*, etc. Sic ipse Plinius, lib. IV, cap. 16, descriptis quibusdam Græciæ regionibus, *Porro Epiri,* inquit, *Achaiæ... longitudo,* etc. H.

39. *Sed quum termini.* Sed eam longitudinem Agrippa tum prodidit, quum Bætica Carthaginem usque pertineret. HARD.

40. *Computatione mensuræ.* Ve-

nutis passibus [41]. Incubuere maria tam [42] longo ævo, alibi processere littora, torsere se fluminum aut correxere flexus. Præterea [43] aliunde aliis exordium [44] mensuræ est, et alia meatus: ita fit, ut nulli duo concinant.

(II.) Bæticæ longitudo nunc a Castulonis [45] oppidi fine Gades, CCL M. et a Murgi maritima ora XXV M. [46] pass. amplior [47]. Latitudo a Carteiana ora CCXXXVI M. [48] passuum Agrippam quidem in tanta viri [49] diligentia, præterque in hoc opere cura, quum orbem terrarum orbi [50] spectandum

tus apud Dalecamp. *comparatione mensuræ.* ED.

41. *Passibus. Incubuere,* etc. Proponebat Dalec. *passibus. Et dum incubuere,* etc. ED.

42. *Tam longo ævo, alibi,* etc. Dalec. et Elz. *tam longo ævo alibi,* etc. ED.

43. *Præterea.* Non ab eodem termino, inquit, initium mensuræ est omnibus, neque eadem via iter, ad eosdem etiam fines illam mensuram ducentibus. HARD.

44. *Exordium mensuræ est, et alia meatus.* Legebat Dalec. *exordium est, mensura et alia meatus.* ED.

45. *A Castulonis.* A Castulone oppido, inquit, qui Bæticæ finis ac limes nunc statuitur, usque Gades, CCL. M. quod paulum a vero aberrat. Castulonem Bæticæ finem statutum fuisse, auctor est etiam Strabo, lib. III, pag. 166. Nunc, ut diximus, *Cazlona,* in confinio Castellæ Novæ, et regni Granatensis. — Ita MSS. omnes R. 1, 2, Colb. 1, 2, Chiffl. Parm. quoque editio, et Martianus ipse lib. VI, cap. de Hispania, pag. 203, a quo Hermolaus incaute citerioris Hispaniæ mensuram mutuatus transtulit in ulteriorem, atque hoc loco Plinii textum inde corrupit, scribens CCCCLXX. M. H. — Legebat Dalec. *a Castulonis oppidi finibus ad Gades.* ED.

46. *XXV M.* Hæc lectio e Chiffl. desumpta non cum Dalec. et Elz. consonat, in quibus XXII, quod ego mallem; nam vix CCLXX M. pass. est Gades inter et fluvium *Almanzora,* quem Bæticæ limitem fuisse arbitramur, juxta *Mujacar,* intervallum. ED.

47. *Amplior.* Vet. apud Dalec. *amplius.* ED.

48. *CCXXXVI M. pass.* Dalec. et Elz. CCXXIV. Chiffl. CCXXVII. Martianus lib. VI, cap. de Hispan. pag. 203, CCXXIV. Hæc omnia vero proxima sunt; CCXXIV enim M. pass. a promontorio *Punta de Europa* dicto ad maxime septemtrionalem Anæ fluminis flexum, ubi rivum *Estena* recipit, numerantur in quibusdam mappis, CCXXXVI in aliis. ED.

49. *Viri.* Maluisset Dalec. *virium.* ED.

50. *Orbi spectandum.* Orbi reposuimus, admonitu codicum Reg. 1, 2, Colb. 1, 2, et Paris. quum prius *urbi* legeretur in libris impressis: orbi, inquam, hoc est universis terrarum gentibus Ro-

propositurus[51] esset, errasse quis credat, et cum eo Divum Augustum? Is namque complexam eum porticum ex destinatione[52] et commentariis M. Agrippæ a sorore[53] ejus inchoatam peregit.

IV. (III.) Citerioris Hispaniæ, sicut complurium provinciarum, aliquantum vetus forma mutata est : utpote quum Pompeius Magnus trophæis suis, quæ statuebat in Pyrenæo, DCCCLXXVI[1] oppida ab Alpibus ad fines Hispaniæ ulterioris in ditionem a se[2] redacta testatus sit. Nunc universa[3] provincia dividitur in conventus septem : Carthaginiensem, Tarraconensem, Cæsaraugustanum, Cluniensem, Asturum, Lucensem[4], Bracarum. Accedunt insulæ, quarum mentione seposita[5], præter civitates contributas aliis CCXCIV, provincia ipsa continet oppida[6] CLXXIX. In

mam confluentibus. Periret enim alioqui, cum insigni illo Romanæ urbis præconio loci, ipsius etiam ex ejusdem verbi repetitione venustas. Sic paulo post, *Porticum cum complexam* scripsimus, ubi *eam* habent libri editi perperam, quum ad *orbem* id referatur quem porticus ea complectebatur. HARD.

51. *Propositurus esset, errasse*, etc. Legebat Dalec. *proponeret, cœce errasse*, etc. ED.

52. *Destinatione*. Proponebat Dalec. *designatione*. ED.

53. *A sorore ejus inchoatam*. Bene MS. Reg. 1, et editio princeps *u sorore sua inchoatam*. Octavia, soror Augusti. BROT.

IV. 1. *DCCCLXXVI*. Sic MSS. omnes, Reg. Colb. Paris. Chiffl. De Pompeii trophæis in Pyrenæo positis, Strabo, lib. III, pag. 156. Tamen vetustæ editiones tantum habent DCCCXLVI. HARD.

2. *A se*. Vet. ap. Dal. *abs se*. ED.

3. *Nunc universa*. Hæc Martianus iisdem verbis, lib. VI, cap. de Hispania, pag. 203. Horum conventuum mentio fere omnium in Inscript. Gruteri. Lucensis, apud Ambr. Morales, lib. VI, fol. 69. H. — Conventus illi sunt Carthaginiensis, *Carthagène*; Tarraconensis, *Tarragone*; Cæsaraugustanus, *Sarragose*; Cluniensis, *Coruña*; Asturum, *Astorga*; Lucensis, *Lugo*, Bracarum, *Braga*. BROT.

4. *Lucensem*. Cod. Chiffl. *Lucrensem*. ED.

5. *Seposita*, ... *oppida* CLXXIX. Chiffl. *seposita civitatis provincia ipsa, præter contributas aliis* CCXCIII, *continet oppida* CLXXIX. ED.

6. *Oppida CLXXIX*. Ita Reg. 2, Tolet. Chiffl. etc. Exactissime certe huic summæ respondet, qui subjicitur numerus oppidorum citerioris Hispaniæ, seu Tarraconensis. Contributæ civitates eæ sunt, quæ majorum jurisdictioni ac foro parent. H.

iis colonias[7] XII, oppida civium Romanorum XIII, Latinorum veterum XVIII[8], fœderatorum unum, stipendiaria CXXXV[9].

2   Primi in ora Bastuli[10] : post eos, quo dicetur ordine, intus recedentes Mentesani, Oretani, et ad Tagum Carpetani : juxta eos Vaccæi, Vectones, et Celtiberi Arevaci[11]. Oppida oræ proxima : Urci[12], adscriptumque Bæticæ Barea[13] : regio Mavitania[14], mox Deitania, dein Contestania : Carthago[15] nova, colonia : cujus a promontorio quod Saturni[16] vocatur, Cæsaream, Mauritaniæ urbem, CLXXXVII M. pass. trajectus. Reliqua in ora : flumen Tader[17] : colonia immunis Illici[18], unde Illicitanus sinus. In eam contribuun-

7. *Colonias.* Vet. ap. Dalec. *coloniæ.* ED.

8. *XVIII.* Ita ex Chiffl.; ap. Dalec. et Elz. legitur XVII. ED.

9. *CXXXV.* Ita ex Chiffl.; ap. Dal. et Elz. legitur CXXXVI. In quibusdam CXXXVII. ED.

10. *Bastuli.* Qui et Bastitani Plinio, ut diximus sup. cap. HARD.

11. *Arevaci.* Dalec. et Elz. *Arrebaci.* ED.

12. *Urci.* Οὔρκη Ptolemæo, lib. II, cap. 6, in Bastitanorum ora. De ea jam diximus sup. cap. ad ea verba, *Mox a fine Urgitano.* HARD.

13. *Barea.* Barca etiam oppidum, inquit, Tarraconensis provinciæ, adscribitur a nonnullis Bæticæ. Nunc *Vera*, prope *Muxacra*, quæ Veterum Murgis, ut diximus. Βάρεια in Bastulis ad Ibericum pelagus, Ptolemæo, lib. II, cap. 6. ED.

14. *Mavitania.* Ita libri omnes : non *Mauritania*, ut editi, aut *Batestania*, ut nonnulli volunt. Minor ea regio, ut et Deitania, quæ sequitur, Bastitaniæ finibus, quæ major fuit multis partibus, continebatur. H.

15. *Carthago. Cartagena* incolis : quam dux Pœnorum Asdrubal condidit, inquit Mela, lib. II, c. 6. H.

16. *Saturni*, etc. Ptolemæo, Σκομβραρία ἄκρα. Nunc *Cabo de Palos.* Non autem, CLXXXVII, ut Noster ait, sed CLXX M. pass. tantum distat ab hoc promontorio Cæsarea, quam portum *Vacur* esse hodie putat D'ANVILLE. ED.

17. *Tader. Segura*, ut sup. cap. diximus. Τάδερ Ptolemæo dici videtur, lib. II, cap. 6. HARD.

18. *Illici.* Mela, loc. cit. « Illicitanus sinus, inquit, habet Alonem, et Lucentiam : et unde ei nomen est, Illicen. » Nunc, ut recte Escolanus, Hist. Valent. lib. IV, cap. 19. aliique *Elche* : aut id certe oppidum ex Illicis ruinis, quod propius a mari fuisse videtur, est excitatum. Sinui Illicitano tamen hodie nomen est *Golfo de Alicante*, a vicino, de quo mox dicemus, oppido. Colonia porro immunis quum dicitur, Italico jure donata significatur, et immunitate ab omni censu, non modo capitis, sed et soli. De eo jure mul-

tur Icositani [19]. Mox Latinorum [20] Lucentum, Dianium [21] stipendiarium : Sucro [22] fluvius, et quondam oppidum, Contestaniæ finis. Regio Edetania [23] amœno prætendente se stagno, ad Celtiberos recedens. Valentia [24] colonia, III M. pass. a mari remota : flumen Turium, et tantumdem a mari Saguntum, civium Romanorum oppidum, fide [25]

ta pererudite Gothofredus, in Cod. Theod. lib. IV, tit. 13, de jure Italico, etc. pag. 221. HARD.

19. *Icositani.* Ita libri omnes. Hi, inquit, Illicitanæ coloniæ foro ac jurisdictioni subduntur.—Ignoratur eorum situs. H. et ED.

20. *Latinorum.* Hoc est, Latii jure donatum. Lucentum Arabes præfixo articulo *Alicante* dixere, celeberrimum hodie emporium in *Reyno de Valencia.* HARD.

21. *Dianium.* Straboni, lib. III, pag. 159. Δiάνιον. Nunc *Denia.* Isidoro, Zanium, ut pro Diæta, Zæta dixere antiquitus. HARD.

22. *Sucro.* Σούκρωνος, hodie *Xucar,* meminit Strabo, loc. cit. Oppidi, Antoninus. Hic Sucronensis pugna, inter Pompeium et Sertorium : de qua Plutarch. in Sertorio, pag. 578. Amnem hunc Contestaniæ finem facit etiam Ptolemæus, lib. II, cap. 6, cujus a Carthagine nova, quod et Plinius fecit, ducit initium. Oppidum hodie *Alcira.* HARD.

23. *Edetania.* Ἠδητανῶν regio Ptolemæo, loc. cit. Ad Iberum usque et Cæsaraugustum ea pertinuit. Apud Gruterum, pag. 481 : EDITANI. — Stagnum hodie *Albufera* vocatur. ED.

24. *Valentia.* Hodie *Valencia* caput regni *de Valencia* dicti. Hanc Turium flumen præterfluit, quod et Mela Turium appellat, Sallustius autem *Turiam,* quem sequitur vetus apud Dalecamp. hic *Turia* legens : apud quosdam etiam *Durias* reperitur. Vocatur autem hodie *Guadalaviar.* ED.

25. *Fide nobile.* Florus, lib. II, cap. 6 : « In causam belli Saguntus delecta est ab Hannibale, vetus Hispaniæ civitas, et opulenta : fideique erga Romanos magnum quidem, sed triste monumentum... Jam novem mensibus fessi fame, machinis, ferro, versa denique in rabiem fide, immanem in foro excitant rogum : tum desuper se suosque, cum omnibus opibus suis, ferro et igni corrumpunt. » Vide August. de Civit. Dei, lib. III, cap. 20, Appian. in Iber. pag. 261, et Livium, lib. XXI, cap. 7, seqq. et lib. XXVIII, cap. 39, ubi hoc oppidum jussu senatus restitutum fuisse narrat « fidei socialis utrinque servatæ documentum omnibus gentibus. » Indigenæ locum esse putant, ubi nunc est *Murviedro,* quarto vel quinto lapide a Valentia ad Boream, ubi veteris Sagunti rudera fuisse ostensa Regi Catholico Philippo V, octava die Maii, anni 1719, nuncii publici typis impressi prodiderunt. *Murviedro* dicunt patria lingua esse *murum veterem.* H. — Maluisset Dalec. *civium Romanorum oppidum fide nobile,* deleta post *oppidum* virgula. ED.

nobile: flumen Uduba[26]: regio Ilergaonum[27]. Iberus[28] amnis navigabili commercio dives, ortus in Cantabris, haud procul oppido Juliobrica[29], per[30] CCCCL M. pass.[31] fluens: navium per CCLX M. a Varia oppido capax: quem propter universam Hispaniam Græci appellavere Iberiam. Regio Cossetania[32], flumen Subi[33]: colonia Tarraco[34], Scipionum

26. *Flumen Uduba.* Sic Reg. et Colb. non *Idubeda*, quod montis est nomen Ptolemæo ac Straboni. HARD.—Nunc *Murviedro*, quo alluuntur urbs cognominis et Segobriga hodie *Segorbe*, vel *Segorre*, in *Reyno de Valencia.* ED.

27. *Ilergaonum.* Ab Uduba ad Iberum Ἰλεργάονας Ptolemæus, lib. VI, cap. 6, et Livius, lib. XXII, cap. 21. *Illurgavonenses, qui flumen Iberum attingunt*, Cæsar appellat, de Bell. Civ. lib. I, cap. 60. Tamen ultra Iberum Ilergaonas promovet Ptolemæus: et in nummis Dertosa hodie *Tortosa*, in sinistra fluvii ripa, Ilergaonum genti adscribitur. HARD. Vid. Ind. geogr. nost. edit. tom. IV, pag. 283. ED.

28. *Iberus.* Accolis *Ebro*: nobis *l'Ebre.* HARD.

29. *Juliobrica.* Ἰουλιόβριγα Ptolemæo, loc. cit. quam sub eadem cæli parte locat, ac Iberi fontes, qui hodie in valle reperiuntur cui nomen est *Val de Vieso*: nomen autem oppidi, quod *Fuente de Ivero* esse dicit Hard. in mappis non reperi. Inscriptio apud Ambr. Morales, fol. 67: JULIOBRIGENSI. EX. GENTE. CANTABRORUM. ED.

30. *Per.* Hæc vox ap. Dalec. et Elz. deest. ED.

31. *CCCCL M. pass. fluens, navium per CCLX M. a Varia oppido capax.* Non per CCCCL M. pass.

sed vix per CCCC fluit Iberus: navium nunc per CCXVI M. pass. tantum, ab urbe *Tudela* capax est; non immerito autem Noster ætate sua per CCLX M. pass. istud flumen navium capax fuisse contendit, si Varia oppidum, quæ Οὐαρία Ptolemæo est in Beronibus, lib. II, cap. 6, et Straboni, lib. III, p. 162, hodie *Logrono* est, ut D'ANVILLE, nonnullique alii volunt. Qui autem Iberum non superius, Plinii ætate quam nostra, navigabilem fuisse putant, libentius ut opinor, Variam in *Valtierra*, juxta *Tudela*, CCXVII M. pass. ab Iberi ostiis, agnoscent. ED.

32. *Cossetania.* Sic libri omnes. Ptolemæo, lib. II, cap. 6, Κοσσητανοί, in quibus Tarraconem locat. Apud Gruter. pag. 499: TARRAC. VRBS. COSITANOR. Ab Ibero ea regio incipit, Tarracone clauditur. HARD.

33. *Subi.* Hodie *Francoli*, qui in Tarraconis portum influit. ED.

34. *Colonia*, etc. Hæc Solinus, cap. 23, pag. 44. et Martianus, lib. VI, pag. 202. Hodie *Tarragona* dicitur, in ora regionis, hodie *Principado de Cataluña* dictæ. Hanc a Phœnicibus, ut aiunt, Tarconis nomine conditam, in sequentibusque temporibus bello vastatam, Scipiones reædificarunt, eamque tandem Romana colonia auxit, ut putant, Julius Cæsar. Gruteri Inscriptio pag. 362: COL. TARRAC. ED.

LIBER III.

opus, sicut [35] Carthago Pœnorum. Regio Ilergetum [36], oppidum Subur [37]: flumen Rubricatum [38], a quo Laletani [39] et Indigetes [40]. Post [41] eos, quo dicetur ordine, intus rece-

35. *Sicut Carthago Pœnorum.* Interpretes omnes hic de veteri Carthagine meminisse Nostrum volunt, quam D'ANVILLE hodie *Cantavieja*, in *Reyno de Aragon* leucis circiter xv a mari, esse dicit, Harduinus autem *Villa franca de Panades*, in *principado de Cataluña*, leucis duobus a mari esse contendit: Mannertus tandem haud longe a *Lerida* sitam fuisse ait; unde hujus urbis ignorari locum confitendum est. Hanc Carthaginem veterem a Pœnis, duce Hamilcare, conditam fuisse addit Harduinus, nescio qua fretus auctoritate. Obscurior autem videtur mihi fuisse hæc Carthago, quam ut hic a Nostro Tarraconi opponatur, uni inter clarissimas Hispaniæ veteris urbes, atque quodam modo totius regionis capiti sub Romanis. Non aliam igitur Carthaginem hic Nostrum designasse puto quam Carthaginem novam ab Asdrubale, Amilcaris cognomine Barcæ filio, conditam, et totius Hispaniæ, quandiu sub Pœnorum ditione fuit, præcipuam urbem: quem quidem dignitatis gradum Tarraconi cessit, Romanis imperantibus. Quid autem de ista Carthagine dixerimus vide superius pag. 34, not. 15. ED.

36. *Ilergetum.* Regionem omnem tenuisse videntur quæ a Subi amne, quem, superiore nota 33, hodie *Francoli* vocari diximus, ad Rubricatum, quod flumen hodie *Llobregat* dici nos modo, insequenti nota 39, docebit Harduinus. De Ilerge-tibus pluribus locis meminit Livius, nempe lib. XXI, cap. 23, ubi de Hannibale: « Ilergetes inde, Bargusiosque, et Ausetanos, et Lacetaniam, quæ subjecta Pyrenæis montibus est, subegit; » et lib. XXI, cap. 61, ubi hujus Ilergetum gentis caput fuisse nos docet Athanagiam urbem, quæ in Indibilis defectione a Scipione obsessa est. Gruteri Inscript. pag. 519: CONTRA. ILERGETAS. ED.

37. *Subur.* Σούβουρ Ptolemæo, lib. II, cap. 6. Nunc *Villa nova*, ad mare. Gruteri Inscriptio, juxta Tarraconem eruta, pag. 414: SVBVRITANI. HARD.

38. *Rubricatum.* Ρουβρίκατος Ptolemæo, loc. cit. hodie *Llobregat*. Ab hoc amne ait jam Laletanos appellari incolas: et proximos iis deinde, ubi nunc Emporiæ sunt, Indigetes, quorum regio Pyrenææ Veneris promontorio clauderetur. Sic etiam Ptolemæus loc. cit. HARD.

39. *Laletani.* Sic libri omnes. Hinc Laletana vina magis copia quam bonitate laudata Plinio, lib. XIV, cap. 8. Laletana sapa, Martiali lib. VII, epigr. 52. Gruteri Inscript. pag. 490: PRÆFECTO. ORÆ. MARITIMÆ. LALETANÆ. Ptolemæo, lib. II, cap. 6. Λαιητανοί, Straboni, lib. III, pag. 159, Λαιητανοί. HARD.

40. *Indigetes.* Ἰνδιγῆται Ptolemæo, loc. cit. Ἰνδικήται Straboni, lib. III, pag. 160. HARD.

41. *Post eos.* Retro versus occasum Solis æstivum, in mediterraneo. HARD.

dentes radice Pyrenæi, Ausetani [42], Lacetani [43] : perque Pyrenæum Cerretani [44], dein Vascones. In ora autem colonia Barcino [45], cognomine Faventia. Oppida civium Romano-

42. *Ausetani.* Hactenus, *Ausitani, Itani, Lacetani.* F. Ursinus, *Jaccetani* legit ex Strabone et Ptolemæo. Nos *Itani* expunximus, de quibus in hoc tractu nihil usquam compertum, ex quo mutila quædam præcedentis vocis repetitio possit haberi. Nam quum hos, quos recenset Plinius, redditurum se promittat inferius, Ausetani quidem, aliique, suis locis apparent, Itani nusquam, At ne Lacetas cum Ursino, Pelicerioque in notis MSS. mutem, vetat Livius, qui Lacetanos sæpe laudat, lib. XXVIII, cap. 24, lib. XXXIV, cap. 20, multoque expressius situm eorum indicat, lib. XXI, cap. 60 : « Cn. Scipio, inquit, in Hispaniam cum classe et exercitu missus, quum ab ostio Rhodani profectus, Pyrenæosque montes circumvectus, Emporiis appulisset classem, exposito ibi exercitu, orsus a Lacetanis omnem oram usque ad Iberum, partim renovandis societatibus, partim novis instituendis, romanæ ditionis fecit. » et cap. 61 : « Ilergetes, in jus ditionemque recepit. Inde in Ausetanos prope Iberum, procedit : atque, urbe eorum obsessa, Lacetanos auxilium finitimis ferentes nocte, haud procul jam urbe, quum intrare vellent, excepit insidiis. » Λακηταυίαν Dio, lib. XLV, p. 274. Et Λακκευτανῶν ἔθνος Plutarchus agnoscit, tum alibi, tum in Catone majore, pag. 342. Lacetanos denique Cæsar Bell. Civ. lib. I, pag. 143, cum Ausetanis et Tarraconensibus jungit. Adeo placuere Jaccetani Cujacio, ut non modo hoc loco, sed ubi minime omnium oportuit, obtruserit. Nam Dig. lib. L, tit. 15, de censibus, ubi Ulpianus, « jus Italicum Valentini et Licitani habent » : ipse *Jaccetani* legi censet oportere, Observ. lib. X, cap. 35. alii *Lacetani* : neutri recte. Nos *Illicitani* ab Illici, de quo paulo ante Valentiam egimus, quod oppidum Latinorum seu juris Latini esse Plinius monet, restituimus. Ausetanorum Livius meminit loc. cit. Αὐσητανοὶ Ptolemæo lib. II, cap. 6. Oppidum Ausa et Vicus Ausæ, *Vic d'Osona* et frequentius *Vich*, inter *Gerona* et *Manresa*. Hard. et Ed.

43. *Lacetani.* Supra *Gerona*, in Pyrenæi radicibus. Hard.

44. *Cerretani.* Κερρητανοὶ Ptolemæo, lib. II, cap. 6; Straboni, lib. III, pag. 162, Κερρητανοί. Κερρητανοὶ ἐν Ἰβηρίᾳ Dioni, lib. XXVIII, pag. 382. Vascones, non in Aquitania, sed in Hispania collocat etiam Ptolemæus loc. cit. Vascones, ea ætate erant, qui hodie Navarri : ut egregie probat Oihenartus, lib. II, cap. 1, pag. 75. Hard.

45. *Barcino.* In Lætanis, seu Laletanis teste Ptolemæo, loco citato. Nunc *Barcelona* vocatur. Gruteri Inscriptio, pag. 419 : Col. F. I. A. P. Barcin. hoc est, *Colonia Flavia Julia Augusta Pia* (non *Paterna*) *Barcino*. Ibi enim F. Flavia est. Nam eadem pag. legitur, Col. Flav. P. Barc. At in Thes. Goltzii, Galbæ nummus, sed fictus, ut Goltziani plerique : Col. Barcino. Faventia. Hard.

rum : Bætulo[46], Iluro : flumen, Larnum[47] : Blandæ : flumen Alba[48] : Emporiæ[49] : geminum hoc, veterum incolarum, et Græcorum, qui Phocæensium fuere soboles. Flumen Tichis[50]. Ab eo Pyrenæa[51] Venus in latere promontorii altero, XL M.

Nunc per singulos conventus reddentur insignia præter supradicta. Tarracone[52] disceptant populi XLIII[53], quo-

46. *Bætulo, Iluro* Chiffl. *Bætulo, Irulo.* Mela, lib. II, cap. 6, *Eluro, Bætullo.* Bætulam habet Livius, lib. XXVII, cap. 18 et 20. Bætulo, hodie *Badalona*, in ora Catalauniæ, leucis duobus a *Barcelona*. — Iluro, Αἰλουρῶν Ptolemæo (pro Αἰλουρῶν) in Laletanis, nunc *Pineda*, leucis X a *Badalona*, ad mare. Est et alia Iluro in Novempopulania, Galliæ veteris provincia, hodieque dicta *Oleron*, Hispanorum commercio dives. HARD. et ED.

47. *Larnum.* Tordera hodie dictum, juxta urbem Blandas, hodie, *Blanos.* ED.

48. *Flumen Alba.* Hodie *Ter* seu *Tet.* Harduinus illud idem esse ait cum illo quod Mela, lib. II, cap. 6, *Clodianum*, juxta urbem Emporias ; ad hanc autem urbem alius reperitur amnis hodie *Fluvia* vocatus, qui fortasse Melæ Clodianum fuit. ED.

49. *Emporiæ.* Strabo, lib. III, pag. 159, Ἐμπόρειον vocat, et Δίπολιν, hoc est, geminam urbem, Græcos advenas a veteribus incolis medio dirimente muro, dividi testatus cum Plinio. Idem a Massiliensibus conditam, cum Stephano docet, et Scylace in Periplo, pag. 2. Fuere autem Massilienses orti a Phocæensibus, ut dicetur cap. seq. Nunc *Ampurias* vocant. Ptolemæo Ἐμπορίαι in Indigetibus, lib. II, cap. 6. HARD.

50. *Flumen Tichis.* Ticer vocatus Melæ qui loc. cit. *Ticer flumen ad Rhodam;* hujus autem fluvii, qui in Rhodanum sinum, hodie *Golfo de Roses*, influit, nomen in mappis non reperi. Errat certe Harduinus qui eum *Ter* accolis vocatum dicit: qui enim fluvius hodie *Ter* vocatur VI leucis a Rhoda urbe, hodie *Roses*, distat, et Nostro ab austro ad septemtrionem procedenti ante urbem Emporias occurrere debuit. Hunc cumdem esse cum illo quem Albam vocat superius diximus. ED.

51. *Pyrenæa Venus.* Elz. *Pyrene Venus*, cujus in locum proponebat Dalec. *Pyrene Veneris.* Mela, lib. II, cap. 5. « Tum inter Pyrenæi promontoria, portus Veneris insignis fano, etc. » Huic promontorio, inquit Mariana, Hist. Hispan. lib. I, cap. 2, olim a Veneris templo, nunc religione mutata, a Cruce facta est appellatio : *Capo de Cruz.* Non autem XL M. pass. ut Noster ait, sed XVIII tantum a fluvio, quem Tichim esse putamus, distat. ED.

52. *Tarracone.* Hoc est, fuere hi Tarraconensis fori : hinc jura petere coacti. HARD.

53. *XLIII.* Sic apud Chiffl. legitur; in Dalecampio et Elzevirian. *populi XLIV.* ED.

rum celeberrimi, civium Romanorum Dertusani[54], Bisgargitani[55]: Latinorum, Ausetani[56], Cerretani[57], qui Juliani[58] cognominantur, et qui Augustani: Edetani[59], Gerundenses[60], Gessorienses[61]: Teari[62], qui Julienses[63]. Stipendiariorum: Aquicaldenses[64], Onenses[65], Bæculonenses[66].

7   Cæsaraugusta[67] colonia immunis, amne Ibero affusa,

54. *Dertusani.* Qui civium Romanorum jure potiebantur, ut et Bisgargitani. Oppidum Ptolemæo, lib. II, cap. 5, Δέρτωσα in Ilergaonum gente. Tiberii nummus apud Suritam, in Anton. Itin. pag. 548: DERT. ILERGAONIA. Apud Reinesium, pag. 316, vetus inscriptio Dertosæ reperta: ORDO. D. C. D. *Ordo Decurionum Coloniæ Dertosæ.* Nunc est *Tortosa* ad Iberum. HARD.

55. *Bisgargitani.* Et hi ab oppido rursum Ilergaonum mediterraneo, quod Βισσαργὶς Ptolemæo loc. cit. Germanici nummus, in Thesauro Golt. pag. 242: MVN. BISCARGIS. H.

56. *Ausetani.* Ab Ausa oppido, de quo supra. HARD.

57. *Cerretani.* Gentis hujus ait oppida duo fuisse, unde cognomen incolæ tulerunt: Juliani, ab oppido Julia Libyca, Ἰούλια Λίβυκα, cujus Ptolemæus meminit, lib. II, cap. 6, Augustani ab Augusta. H.

58. *Juliani.* Elz. *Suliani* ED.

59. *Edetani.* Prius *Sedetani* legebatur. Atqui Sedetanos hic locum habere litterarum series non patitur, quam in populis recensendis Plinius sequitur: *Ausetani, Cerretani, Edetani, Gerundenses,* etc. Ab Ἔδητα oppido nomen hi sortiti videntur, quod ubi demum id fuerit, cis Iberum fuit: inter amnem eum et Pyrenæa juga. Cave enim credas ab Edeta oppido Edetaniæ sive Sedetaniæ regionis, ubi Saguntum, Valentia et Cæsaraugusta fuere, hos Sedetanos fuisse appellatos: quum ii Cæsaraugustani fuerint, ut statim Plinius admonet, non Tarraconensis fori. Quid si *Deciani* scribas, a Δεκιανα Indigetum Mediterraneo oppido apud Ptol. lib. II, cap. 6. H.

60. *Gerundenses.* Ab oppido Gerunda in Ausetanis, Ptolem. loc. cit. Nunc *Girona* incolis. HARD.

61. *Gessorienses,* quos mendose *Cessorienses* Pinetus vocat, nusquam nisi apud Nostrum nominati reperiuntur. HARD.

62. *Teari.* Quorum oppidum Tiara Julia, Τιαριουλία in Ilergaonum mediterraneis civitatibus apud Ptolem. loc. cit. qui Ilergaonas, ut monuimus, ultra Iberum, in Catalauniamque promovet. HARD.

63. *Julienses.* Elz. *Sulienses.* ED.

64. *Aquicaldenses.* Ab Aquis calidis, quæ Ὕδατα θερμὰ Ptolemæo, lib. II, cap. 6, in Ausetanis, nunc *Caldes,* leucis IV a Barcinone. H.

65. *Onenses.* Ita libri omnes, etsi potius *Aunenses* ex litterarum serie legendum videatur. ED.

66. *Bæculonenses.* Ita MSS. Reg. etc. non *Bætulonenses,* a Bætulone oppido superius memorato: Sed a Βαικούλα Ptolemæi, in Ausetanis inter Ausam et Gerundam. HARD.

67. *Cæsaraugusta.* Nummos hujus coloniæ indices multos refert

LIBER III.

ubi oppidum antea vocabatur Salduba[68], regionis Edetaniæ[69], recipit populos CLII. Ex his civium Romanorum Belitanos[70], Celsenses[71], ex colonia : Calaguritanos[72], qui Nassici cognominantur : Ilerdenses[73], Surdaonum gentis; juxta quos Sicoris fluvius : Oscenses[74], regionis Vescitaniæ[75] : Turiasonenses[76]. Latinorum veterum : Cascanten-

Patinus, pag. 33, seq. Nunc incolis Zaragoza, Gallis *Saragosse*, una inter maxime inclitas Hispaniæ urbes provinciæ *Reyno de Aragon* dictæ præcipua. ED.

68. *Salduba*. MSS. Reg. et Colb, 1, 2, *Salduvia*. At vetus inscriptio apud Goltzium, pag. 238 : COL. CÆSARRA. AVG. SALDVBA. In nummis Sexti Magni Pii : SAL. hoc est, *Salduba*. HARD.

69. *Edetaniæ*. Ptolemæus quoque, lib. II, cap. 6, Edetanis, sive Hedetanis, seu denique, aspiratione, ut fit, in sibilum versa, Sedetanis Cæsaraugustam assignat. Σηδητανια Appiano, in Iber. pag. 298. HARD.

70. *Belitanos*. Ab oppido Βέλεια, in Edetanis, haud procul Cæsaraugusta, apud Ptolem. lib. I, cap. 6. Hodie *Belchite*, leucis VIII a *Zaragoza* meridiem versus. Indulget conjecturæ Reinesius, Variar. lect. lib. I, c. 25, contra omnium librorum fidem, quum Bilbilitanos, a Bilbili, quæ Martialis patria, scribi jubet. HARD.

71. *Celsenses*. Oppidum Κέλσα in Ilergetibus, Ptolem. lib. II, cap. 6. Nunc *Xelsa*, ad Iberum. Nummus Tiberii, in Thesauro Goltzii, pag. 242 : COL. VIC. IUL. CELSA. Anton. August. ait esse *Velilla*, quæ ad Iberum pariter leucæ unius intervallo a Celsa distat. Vide librum, quem de Nummis antiquis Populorum et Urbium nuper in lucem edidimus. HARD.

72. *Calaguritanos*. Ambr. Morales, ex vetere inscript. MUN. CALAGURIS. JULIA. NASSICA. Nunc *Loarre*, ab Huesca leucis V dissita. Sic Andrez, pag. 33. HARD.

73. *Ilerdenses*. Ἰλέρδα in Ilergetibus a Ptolemæo collocatur, lib. II, cap. 6. Nunc *Lerida*, juxta *Rio Segre*, qui Sicoris, etiam Lucano, lib. IV, vers. 14, ubi Ilerdæ situm describit :

Placidis præiabitur undis
Hesperios inter Sicoris non ultimus amnes, etc

HARD.

74. *Oscenses*. Osca eorum oppidum, Floro, lib. III, cap. 22, in Ilergetibus quoque statuitur, (quorum pars Vescitani, et Surdaones fuere), apud Ptolemæum, lib. II, cap. 6, nunc *Huesca*, in *Reyno de Aragon*. Nummus Germanici, in Thes. Goltzii, pag. 242, COL. V. T. T. OSCA. Hic etiam vide librum nuper a nobis de Nummis antiquis Populorum Urbiumque editum. HARD.

75. *Vescitaniæ*. Vet. ap. Dalec. *Bessetaniæ*. ED.

76. *Turiasonenses*. Τουριαζὼ in Celtiberis, Ptolem. lib. II, cap. 6. In nummis antiquis, MUN. TURIASO, et MUN. TUR. Nunc *Tarazona*, urbs Hispaniæ, leucis V a *Tudela*, meridiem versus. ED.

ses [77], Ergavicenses [78] : Graccuritanos [79], Leonicenses [80], Ossigerdenses [81]. Fœderatos, Tarragenses [82]. Stipendiarios : Arcobricenses [83], Andologenses [84], Arocelitanos [85], Bursao-

77. *Cascantenses.* Chiffl. *Cascantes.* Nummus Tiberii apud Patin. pag. 616, MUNICIP. CASCANTUM. Κάσκαντον Ptolemæo, lib. II, cap. 6, in Vasconibus, hoc est, Navarris. Nunc oppidum Navarræ, *Cascante*, leucis tribus a *Tarazona*, septemtrionem versus. In decretis Hilarii Papæ, 252 : *Tyriassonensium, Ascantensium, Calaguritanorum* : lege, *Turiasonensium, Cascantensium*, etc. H. et ED.

78. *Ergavicenses.* Ἐργαούϊκα in Celtiberis, Ptolemæo loc. cit. Apud Gruter. pag. 381 : EX. CONVEN. CÆSAR. ERGAVIC. Hoc est, Ex Conventu Cæsaraugustano Ercavicenses. Apud Patinum, pag. 34, nummus antiquus : MUN. ERGAVICA. In Conc. Tolet. x, *Balduigius Arcavicensis episcopus*, pro *Ercavicensis*. Hodie *Fraga*, ad fluvium *Cinca*, qui in Iberum influit, leucis quinque a *Lerida*. ED.

79. *Graccuritanos.* A Ti. Gracco nomen Graccuris accepit. Vide Livii Epit. lib. XLI. « Gracchus monumentum virtutis operumque suorum Gracchurim urbem suo nomine insignem esse voluit, quæ antea Illurcis nominabatur. » Nunc *Agreda* in Aragoniæ confinio, leucis IV a *Tarazona*. Hinc Martyres Graccuritani in Martyrol. *Martyres de Agreda*. Γρακουρις Ptolemæo, in Vasconibus. H. et ED.

80. *Leonicenses.* Oppidum Λεονικα in Edetanis, Ptolemæo, lib. II, cap. 6, in quibus est ipsa Cæsaraugusta, cujus foro Leonicenses disceptabant. Nunc est *Alcaniz*, in *Reyno de Aragon*, ad annem *Guadalope*, qui in Iberum influit. Edetanos a Valentia usque Cæsaraugustam pertinuisse jam monuimus. Nummus C. Cæsaris, in Thes. Goltzii, p. 244 : MUN. LEONICA. H.

81. *Ossigerdenses*, vel ut vult Brot. *Osicerdenses* : Ptolemæus enim, loc. cit. Ὀσικέρδα scribit, quod etiam in nummis veteribus reperitur. Creditur esse *Xerta*, ad Iberum, leucis tribus supra *Tortosa*. ED.

82. *Tarragenses.* Municipium Τάρραγα Ptolemæo, in Vasconibus. Hodieque *Tarrega*, leucis novem a *Lerida*, orientem versus, in *principado de Cataluña*. ED.

83. *Arcobricenses.* Chiffl. *Arcobrienses.* Ἀρκόβριγα Ptolem. loc. cit. in gente Celtiberorum. Hodie *Los Arcos*, in *Reyno de Navarra*, leucis quinque ab *Estella*, meridiem versus. ED.

84. *Andologenses.* Ab *Andosilla*, Navarræ oppidulo, leucis XIII a *Pamplona*, meridiem versus, Prud. Sandoval, apud Oihenartum, pag. 90, hos suspicatur nomen habuisse. H. et ED.

85. *Arocelitanos.* Ita MSS. omnes. Antoninus in Itinere ab Asturica Burdigalam, habet Aracelim, vel Arocelim, a Pompelone XXIV. M. P. Nunc *Huarte Araquil*, sex circiter leucis a *Pamplona*, versus solis occasum, ut recte Oihenartus vidit, in Notit. Vascon. pag. 90. HARD. et ED.

LIBER III. 43

nenses[86], Calaguritanos[87] qui Fibularenses cognominantur, Complutenses[88], Carenses[89], Cincenses[90], Cortonenses[91], Damanitanos[92], Larnenses[93], Lursenses[94], Lumberitanos[95], Lacetanos[96], Lubienses[97], Pompelonenses[98], Segienses[99].

86. *Bursaonenses*. Vel *Bursavolenses*, de quibus Hirtius in Bello Hisp. pag. 158, vel *Bursadenses* ab oppido Βούρσαδα, de quo Ptolem. lib. II, cap. 6, in Celtiberis. HARD.

87. *Calaguritanos*. Calaguris Quintiliani rhetoris natalibus clara, hodie *Calahorra* est, ad Iberum, leucis circiter octo supra *Tudela*. In Gaza Regia, nummus Augusti, MVN. CALAG. IVL. HARD. et ED.

88. *Complutenses*. Complutum, ut Harduinus et GIBRAT. volunt, hodie est *Alcala de Henarez*, ad rivum *Henarez*, sex leucis a *Madrid*, orientem versus. ED.

89. *Carenses*. Vetus oppidum nomen retinet *Cares*: novum, *Puente la Reyna*, leucis IV a *Pamplona*, meridiem versus. Inscriptio apud Ambros. Morales, fol. 68: Ex CÆSARAUG. KARENSI. hoc est, ex conventu Cæsaraugustano, oppido seu municipio Carensi: non, ut Scaliger interpretatur, in Gruterii indice, *Carenses Cæsaraugustani*. HARD.

90. *Cincenses*. Ita libri omnes, præter Elzev. apud quem *Cicenses*. Forte *Cinnenses* ab oppido Κίννα in Jaccetania Ptolemæi, lib. II, c. 6. H. et ED.

91. *Cortonenses*. MSS. omnes *Cotonenses*. HARD.

92. *Damanitanos*. In Edetanorum gente, in quibus ipsa Cæsaraugusta fuit, Δαμανία, Ptolemæo, loc. cit. fortasse *Mediana*, ad Iberum, sex leucis infra *Zaragoza*. ED.

93. *Larnenses*. Ab oppido, Larno amni, de quo supra, cognomine.

Fortasse *Torderas* ad flumen *Tordera*. HARD. et ED.

94. *Lursenses*, etc. Quum hoc loco populorum nomina disponi per elementa debeant, mire omnia perturbata, permixtaque sunt in libris ad hunc diem vulgatis: sic enim habent: *Larnenses, Iturienses, Ispalenses, Lumberitanos*. In MSS. Reg. etc. *Larnenses, Lursenses, Lumberitanos*. De Ispalensibus nihil: unde huc irrepserint, incompertum adhuc. Hermolaus *Ilursenses* ab Ilurone jam antea memorato oppido, neque revocando amplius: *Iturienses* Dalec. ab Ιτούρισα, Vasconum civitate, reposuit. HARD.

95. *Lumberitanos*. Dalec et Elzev. *Ilumberitanos*. Ab oppido quod Galli *Lumbier*, in Navarra: incolæ Vasconice, *Irumberri* vocant, teste Oihenarto, pag. 90, leucis VII a Pompelone. H.

96. *Lacetanos*. De his egimus in nota superiore 42. HARD.

97. *Lubienses*. De Lubiensibus nihil adhuc compertum, nisi ii sunt qui *Levienses* corrupte forsan nominantur, cum Cascantensibus et Calaguritanis proxime hoc tractu appellatis, in decretis Hilarii Papæ, pag. 252. Male Dalecamp. et Elz. *Vibienses*, Chifflet. *Subienses*, legere volunt, neglecto elementorum ordine. HARD. et ED.

98. *Pompelonenses*. Ita Gruteri quoque inscriptio, pag. 325 et 455. Hodie *Pamplona*, Gallis *Pampelune* vocatur. ED.

99. *Segienses*. Segienses, vel Se-

Carthaginem[100] conveniunt populi[101] LXV, exceptis 9 insularum incolis. Ex colonia Accitana Gemellenses[102], et Libisosona[103] cognomine Foroaugustana, quibus duabus jus Italiæ datum : ex colonia Salariense[104] oppidani Latii veteris Castulonenses, qui Cæsari Venales appellantur : Setabitani[105], qui Augustani : Valerienses[106]. Stipendiario-

gisenses (ut recte Parm. edit.), a Σέγισα in Bastinis oppido, apud Ptolem. lib. II, cap. 6. HARD.

100. *Carthaginem.* Carthaginem novam, quæ hodie in Murciæ regno, *Cartagena.* « Carthagine nova conventum agebat Galba, » inquit Suetonius in ejus vita, cap. 9. l'ARD.

101. *Populi LXV.* Sic in Chiffl. Dalecamp. autem et Elzevir. *populi* LXII. ED.

102. *Gemellenses.* Sic Accitaniæ coloniæ cives vocabantur : ipsa, *Colonia Julia Gemella Accitana*, COL. IVL. GEM. ACCITANA, apud Gruter. pag. 271. Accis hodie *Guadix*, in Granatensi regno. De Gemellæ cognomine superius diximus. In nummis antiquis : C. I. G. ACCT. et COL. GEM. ACCI. HARD.

103. *Libisosona.* Et hæc colonia fuit, apud Grut. pag. 260, ex Ant. Augustino, COLONIA LIBISOSANORVM. Estque Plinii calculo, qui XII colonias in citeriore Hispania recenset. Vide librum de Nummis antiquis, verbo CELSA. Antonino, Libisosa est : Λιβισόκα Ptolemæo in Oretanis, lib. II, cap. 6. Unde *Libisoca*, quod in vetustis codicibus reperitur, legere vult Dalecampius, quem secutus est Elz. Aiunt exstare hujus oppidi rudera ad *Lebazuza*, sive *Lezuza* in *Provincia de Cuença*, haud procul ab ipso oppido *Cuença*. HARD. et ED.

104. *Salariense.* Nunc *Cazorla* dicitur in regno Granatensi : ævo sequiore *Saliotis*, ut auctor est Julian. Archipresb. Adversar. numm. 356. Salatiam et Castulonem diversa duo Oretanorum oppida, perperam, ut sæpe solet, Ptolem. facit. Vetus inscriptio in Thes. Goltzii. p. 40 : COL. JVL. AVG. SALARIENSIS. *Cæsaris Venales* dicuntur, quod agros eorum Cæsar emit. Sic Triumpilini inferius, cap. 24, *renalis cum agris suis populus* appellatur. In concil. Tolet. X, *Marcus Castellonensis episcopus*, pro *Castulonensis*. HARD.

105. *Setabitani.* Σαιταβίς Ptolemæo, in Contestania, de qua supra. Straboni Σαιταβίς, lib. III, p. 160. Nunc *Xativa*, recens dicta *S. Felipe*, in *Reyno de Valencia*, ad amnem *Xativa*, qui in flumen *Xucar* fluit. Hinc sudaria Setaba de quibus diximus in Præfat. ad Titum, p. 2. In Conc. Tolet. X, *Athanasius Setabitanus.* H. et ED.

106. *Valerienses.* Vasæus ipsam Concham, *Cuença*, Coloniam olim Juliam Valeriam appellatam esse : Ambrosius Morales, non Concham ipsam, sed pagum leucis octo a *Cuença* dissitum, meridiem versus putat, cui nomen hodie *Valera la vieja*, antiquam Valeriam esse contendit. In Conc. Tolet. X, *Stephanus Valeriensis episcopus*. HARD.

LIBER III.

rum autem celeberrimi : Alabanenses[107], Bastitani[108], Consaburenses[109], Dianenses[110], Egelestani[111], Ilorcitani, Laminitani, Mentesani[112] qui et Oritani, Mentesani[113] qui et Bastuli, Oretani[114] qui et Germani cognominantur : caputque Celtiberiæ Segobrigenses[115] : Carpetaniæ[116], To-

107. *Alabanenses.* Sic MSS. omnes : non, ut editi hactenus, *Babanenses*, aut ut Vet. apud Dalecamp. *Labanenses.* Ab Ἀλαβα, ut Valerienses ab Οὐαλερία, Celtiberorum oppidis, apud Ptolem. lib. II, cap. 6, haud procul Ergavica, meridiem inter et ortum solis, ut vult Mannertus. H. et ED.

108. *Bastitani.* Veteres apud Dalec. *Bastiani.* A Basti oppido, hodie *Baza*, in *Reyno de Granada*, ad *Rio Guadalentin.* Dedit id Bastitaniæ regioni nomen. H. et ED.

109. *Consaburenses.* Apud Grut. p. 402, MVNIS. CONSABVRON. Apud Ambros. Morales, fol. 19, CONSABVRENSIS. Nunc ut videtur, *Consuegra*, in *Provincia de Toledo*, duodecim leucis ab hac urbe. ED.

110. *Dianenses.* A Diano, de quo supra. Sic Ilorcitani, et Laminitani, ab Ilorci, et Laminio, de quibus hoc capite diximus. HARD.

111. *Egelestani.* Chiffl. *Gelestani.* Ἐγελάσται Straboni, l. III, p. 160. Nunc *Yniesta.* Egelastæ Plinius rursum meminit, l. XXXI, cap. 39. Apud Ptolem. l. II, c. 6, Ἐγέλεστα in Carpetanis, pro Ἐγέλεστα. Non potest esse *Medina Celi*, ut quibusdam visum : nam Medina in Celtiberis fuit. H. et ED.

112. *Mentesani.* Gemina fuit olim Mentesa : altera in Oritanis, Ptolemæo teste, libro II, cap. 6, unde cives Oritani cognominati : in Bastitanis Bastulisve altera, de qua jam diximus, cap. 3. Mentesam Bastiam vocat Antoninus : Bastuli incolæ eam ob rem cognominati. Utriusque vestigium, ut videtur, exstat in Conc. Tolet. X. Prioris quidem, sive Mentesæ Oritanæ, quod subscripsisse ibi legitur *Daniel Diaconi Marcelli Episcopi Ecclesiæ Uritanæ.* Posterioris item : *Martianus Abbas Valdefredi Episcopo Ecclesiæ Mentesanæ.* HARD. et ED.

113. *Mentesani.* Chiffl. *Metesani.* ED.

114. *Oretani qui et Germani cognominantur.* In Oretanis oppidum fuit Ὀρητὸν Γερμανῶν apud Ptolem. lib. II, cap. 6. Lud. Nonius in sua Hisp. cap. 62, putat esse *Calatrava*, ad flumen Anam, leucis quinque a *Ciudad-Real.* H. et ED.

115. *Segobrigenses.* Procul hi a Segobriga Valentini regni. Numantiæ proximos in Celtiberia facit Ptolemæus lib. II, cap. 6; Bilbili, quæ ibi fuit, ubi fere nunc *Calatajud*, Strabo, lib. III, pag. 162, in Celtiberis pariter cum Numantinis. HARD.

116. *Carpetaniæ* Chifflet. *Carpetani.* Subintellige, caput Toletum, ut Segobriga Celtiberiæ. Καρπητανοὶ Appiano in Iber. pag. 283. Καρπακιτανοὺς ὑπὲρ τὸν Τάγον, apud Plutarchum in Sertorio, pag. 576, male, pro Καρπητανούς. Toletum hodie *Toledo* vocatur. H. et ED.

letani Tago flumini impositi: dein Viatienses [117], et Virgilienses.

In conventum [118] Cluniensem Varduli ducunt populos XIV. ex quibus Albanenses [119] tantum nominare libeat [120]: Turmodigi [121] quatuor, in quibus Segisamonenses [122], et Segisamejulienses [123]. In eumdem conventum Carietes [124] et Vennenses quinque civitatibus vadunt, quarum [125] sunt Velienses. Eodem [126] Pelendones Celtibero-

---

117. *Viatienses.* Dalec. et Elzev. *Viacienses.* Oppidum Βιατία in Oretanis, apud Ptolemæum, lib. II, cap. 6. Et Virgilienses ab Οὐεργιλία in Bastitanis juxta Oretanos. Apud Gruter. pag. 324: VERGILIENSIS. Hæc hodie *Murcia*, regni cognominis caput existimatur. H. et ED.

118. *In conventum.* Ambr. Morales, fol. 70: EX CLVNIENSI. Subintellige, conventu. De Clunia mox dicemus. HARD.

119. *Albanenses.* Albam urbem etiam in Vardulis habet Ptolemæus, lib. II, cap. 6. *Alava* regio hodieque appellatur, ad Iberum, infra *Guipuzcoa*: ejus regionis primaria civitas *Vittoria* appellatur. Ibi oppidulum hodie *Alvaña*. HARD.

120. *Libeat.* Maluisset Dalecamp. *libet.* ED.

121. *Turmodigi.* Ant ut dat Broterius ex MS. Reg. 1, *Turmogridi.* Nusquam autem auditæ voces illæ. Quid si Murbogi potius, ex Ptolemæo, loc. cit. Μούρβογα, Pelendonibus, Vaccæisque finitimi? Vardulorum pars ii Turmodigi fuere. H. et ED.

122. *Segisamonenses.* A Segisama, de qua Florus, l. IV, c. 12, p. 198. Σέγισα Ptolem. loc. cit. in Bastitanorum oppidis Mediterraneis. Itiner. Anton. *Segesamon.* illam Mariana, Hist. Hisp. lib. III, cap. 25, pag. 130. *Veyzama*, in *Guipuzcoa* provincia, esse dixit: sed rectius fortasse Mannertus *Sasamon* leucis VIII a *Burgos*, septemtrionem inter et occidentem. ED.

123. *Segisamejulienses.* Legunt alii *Segisemejulienses*: Broter. ex MS. Reg. 1, *Segisamajulienses*, quod confirmare videtur Ptolemæus, apud quem l. II, cap. 6, Σεγίσαμα Ἰουλία reperitur, in Vaccæis quidem, dum a Nostro Turmodigis tribuitur. ED.

124. *Carietes.* Hos Ptolemæus Καρισίους vocat, quorum oppidum Οὐελία Velia fuit: cives Plinio Velienses. HARD.

125. *Quarum sunt.* Quarum e numero præcipue insignis Velia, de qua plane modo diximus. HARD.

126. *Eodem Pelendones.* Vet. apud Dalec. *iidem.* Chiffl. *Pelentones.* — In eumdem conventum, inquit Noster, disceptaturi vadunt Pelendones, quorum populi quatuor, e Celtiberorum gente universi. Nam Celtiberia Pelendones, Arevacosque complectitur. Gruteri Inscriptio pag. 111: PELLENDONES. AREVACON. In Pelendonibus oriri Durium amnem auctor est Plinius, lib. IV, cap. 34. HARD. et ED.

LIBER III.   47

rum [127], quatuor populis : quorum Numantini [128] fuere clari : sicut in Vaccæorum XVIII [129] civitatibus, Intercatienses, Pallantini [130], Lacobricenses [131], Caucenses [132]. Nam in Cantabricis VII [133] populis, Juliobrica [134] sola memoratur. In II Autrigonum [135] decem civitatibus, Tritium, et Virovesca.

127. *Celtiberorum.* Volebat Pint. *Celtiberi.* ED.

128. *Numantini.* Fuit urbs Numantia haud procul a fontibus Durii amnis, ut testatur Florus, l. II, cap. 18, pag. 92, et Plinius, l. IV, cap. 34. Rudera etiamnum visuntur, quibus nomen est *Puente Garray*, prope urbem *Soria.* HARD.

129. *Vaccæorum... Intercatienses.* Οὐακκαῖοι Ptolemæo, lib. II, c. 6, et Polybio in Fragm. l. III, p. 1503, qui eorum urbem Ἰντερκατίαν laudant, et apud Gruter. p. 324 : MODESTVS. INTERCATIENSIS. EX. GENTE. VACCÆORVM. Vaccæi autem, qui a L. Lucullo et Cl. Marcello, anno U. C. DCII, domiti sunt, hanc regionem tenuisse videntur, quam interfluit amnis Pisoraca, nunc *Pisuerga*, in Durium influens et quæ hodie *Provincia de Valladolid* vocatur, cum exigua vicinarum provinciarum parte. — Intercatiæ autem meminerunt, ut modo diximus, Ptolemæus, Polybiusque, et Antoninus, qui eam inter Asturicam hodie *Astorga*, et Cæsaraugustam, *Zaragoza* ponit, LX M. pass. ab Asturica. Quo autem loco sita fuerit non satis constat ; quamvis eam ob flumen *Esla* ponat D'ANVILLE, loco hodie dicto *Villanueva de Azuague*, XL M. pass. ab *Astorga*, non vero LX, ut vult Antoninus. ED.

130. *Pallantini.* Pallantiam in Vaccæis quoque locat Ptolem. l. II,

cap. 6, et Appianus in Iber. p. 300. Nunc *Palencia*, in *provincia de Palencia*, ad amnem *Carion*, qui in Pisoracam influit. ED.

131. *Lacobricenses.* Lacobrigæ in hoc tractu meminit Antoninus, XLVI M. pass. a Pallantia in itinere ab Asturica Tarraconem, et Burdigalam. Λαγγοβρίτας vocat Plutarchus in Sertorio, pag. 574. « Lacobrigæ nomen, inquit Festus, a lacu et briga, Hispaniæ oppido. » Vox *briga* oppidum sonat. HARD.

132. *Caucenses.* Καῦκα in Vaccæis quoque Ptolemæo, loco citato, et Appiano in Iber. pag. 283. Ubi nunc *Coca* oppidum, ut recte Mariana, Hist. Hisp. lib. III, cap. 2, pag. 93, inter *Segovia* et *Valladolid*, ad fluvium *Eresma.* H. et ED.

133. *VII Populis.* Sic in Chiffl. Dalec. et Elz. *quatuor populis.* ED.

134. *Juliobrica.* Diximus de ea superius, hoc cap. HARD.

135. *Autrigonum.* Αὐτρίγονες sunt Ptolemæo, loc. cit. oppida, Τρίτιον et Οὐίροουεσκα. In decretis Hilarii Papæ, pag. 252 : *Veroviscensium et Tritensium civitas*, pro *Tritiensium.* Vetus inscr. apud Ambr. Morales, fol. 65 : TRITIENSI. Antoninus in itinere ab Asturica Tarraconem, Tritium a Virovesca distare ait XI M. pass. Quod si itaque Virovesca *Briviesca* est, inter *Burgos*, et Iberum, Tritium, quod XI M. pass. Asturicæ vicinius esse debuit, ubi nunc

Arevacis[136] nomen dedit fluvius Areva. Horum sex oppida: Saguntia[137], et Uxama[138], quæ nomina crebro aliis[139] in locis usurpantur : præterea Segovia[140], et nova[141] Augusta; Termes[142], ipsaque Clunia[143] Celtiberiæ finis. Ad Oceanum reliqua[144] vergunt, Vardulique ex prædictis, et Cantabri.

Najara est, prope *Logrono* et Iberum amnem, esse certe non potuit : quam tamen sententiam placuisse video Suritæ in Anton. pag. 541. aliisque. H. et Ed.

136. *Arevacis*. Ptolemæo, lib. II, cap. 6. Ἀρεουάκαι. Straboni, lib. III, pag. 162. Ἀρουάκοι. Arevam amnem nunc *Arlanzon* vocant, qui in Pisoracam influit, supra *Valladolid*. H. et Ed.

137. *Saguntia*. Vel Seguntia. Seguntiæ Celtiberorum Livius meminit, lib. XXXIV, cap. 19. Antoninus item Segontiam vocat, quæ nunc *Siguenza* dicitur, decem leucis a fontibus amnis *Henares*, in provincia *de Guadalaxara*. H. et Ed.

138. *Uxama*. Uxama quoque Antonino, in itinere ab Asturica Cæsaraugustam : a Numantia L M. pass. Nunc *el Burgo d'Osma*, ad Durium amnem, in *provincia de Soria*, viginti circiter leucis a *Siguenza*, septemtrionem versus. H. et Ed.

139. *Aliis in locis*. Nam et Segontiam alteram a Cæsaraugusta XIV M. pass. habet Antoninus, nunc *Epila* dicitur, ut recte vidit Jo. Francisc. Andrez, cap. 2, pag. 39. Et alteram Uxamam prope Corugnam in Gallæciæ littore agnoscit Mariana, Hist. lib. III, cap. 18, pag. 118. Sunt et aliæ, quas referre non est otii nostri. Hard.

140. *Segovia*. Σηγουβία in Arevacis quoque Ptolemæo, lib. II, c. 6.

Non ea est quæ inter *Valladolid* et *Madrid* hodie *Segovia* dicitur : sed altera ejusdem nominis urbecula, quæ sub eadem fere cæli parte, atque ipsa Numantia, eodemque situ a Ptolemæo collocatur. H. et Ed.

141. *Nova Augusta*. Et in Arevacis Ptolemæo Νεοουαυγούστα, prope Segobiam. Hard.

142. *Termes*. Τέρμης in Arevacis Ptolemæo. Τερμισὸν πόλιν vocat Appianus in Iber. pag. 311. Hinc Termestini populi, apud Livium in Epitome, lib. LIV, et natio Termestina apud Tacit. Annal. l. IV, cap. 45. Nunc *Lerma*, ad amnem *Arlanza*, qui in fluvium *Arlanzon*, de quo supra diximus, influit. H. et Ed.

143. *Clunia*. Et hæc in Arevacis Ptolemæo. Dioni quoque Κλουνία, lib. XXXIX, pag. 115. Inter Raudam ad Durium, *Aranda de Duero*, et Uxamam, *Osma*, medio fere intervallo ab Antonino collocatur. Nunc pagus *Coruña del Conde*, septem leucis ab utraque. Ibi conventus Cluniensis repertum esse sigillum aiunt, et a loci domino asservari. Celtiberiæ finis is dicitur, quoniam ad occasum æquinoctialem sunt Vettones, ad æstivum Astures, quos a Vettonibus Durius amnis disterminat : Arevacæ denique ad Boream. H.

144. *Reliqua vergunt*. Reliqua, inquit, quæ pertinent ad conventum Cluniensem : ut Vardulorum

LIBER III.

Junguntur[145] his Asturum XXII populi, divisi in Augustanos[146], et Transmontanos, Asturica urbe magnifica. In his sunt Cigurri[147], Paesici, Lancienses[148], Zoelae[149]. Numerus omnis multitudinis ad CCXL M. liberorum capitum.

Lucensis[150] conventus populorum est XVI praeter Celticos[151], et Lebunos, ignobilium[152], ac barbarae appellationis, sed liberorum capitum ferme CLXVI M.

Simili modo Bracarum[153] XXIV civitates CLXXV M. capitum[154]: ex quibus praeter ipsos Bracaros, Bibali[155] Coe-

regio jam superius dicta: et mox Cantabrorum, dicenda, l. IV, cap. 34. HARD.

145. *Junguntur his.* Cantabris. Inscriptio Gruteri, pag. 110: CONVENTVS ASTVRICENSIS. HARD.

146. *Augustanos.* Ab urbe metropoli, quae in Augusti nummo apud Goltzium, p. 237, COL. ASTVRICA. AVGVSTA scribitur, Ἀστούρικα Αὐγούστα Ptolemaeo, lib. II, cap. 6. Hodie *Astorga*, in *provincia de Leon*. H. et ED.

147. *Cigurri.* Ita MSS. omnes. Dalec. et Elz. *Giguri.* Egurri forte scribendum ex Ptolemaeo, non longe ab Asturica Augusta Forum Egurrorum locante. De Paesicis, dicemus lib. IV, cap. 34. H. et ED.

148. *Lancienses.* Λαγκία maximum Asturum oppidum a Dione dicitur, lib. LV, pag. 514. A Mariana, Hist. Hisp. lib. III, cap. 25, pag. 132, iis locis situm, ubi nunc Ovetum cernitur, *Oviedo*. Plumbum Ovetanum laudatur a Plinio, l. XXXIV, cap. 49. HARD.

149. *Zoelae.* Chiffl. *Zoeli*. A quibus Zoelicum linum nomen traxit. Plinius, lib. XIX, cap. 2: « Non dudum ex Hispania Zoelicum venit

in Italiam, plagis utilissimum. Civitas ea Gallaeciae, et Oceano propinqua. » H. et ED.

150. *Lucensis.* Lucensis conventus mentio apud Ambros. Morales, fol. 69. Urbs primaria Lucus Asturum, Λοῦκος Ἀστούρων, Ptolemaeo, Dioni Ἀστύρων: hodie *Lugo* in *Reyno de Galicia*. H. et ED.

151. *Celticos.* Cognominibus Nerias et Praesamarcos, de quibus lib. IV, cap. 34. Lebuni simili modo ii esse videntur Hermolao, qui Leuni rursum eodem libro appellantur: at ii Bracarensis conventus esse ibi dicuntur, hi nunc Lucensis. In MSS. legitur *Levanios*. HARD.

152. *Ignobilium.* Vet. apud Dalec. *ignominiosae*. ED.

153. *Bracarum.* Subintellige, conventus, ut prius Asturum. Gruter. p. 411: CONVENTVS BRACARI. Horum caput Bracara Augusta, hodie *Braga*, in *Reyno de Portugal*. ED.

154. *CLXXV M. capitum.* Sic in Chifflet. — Dalecamp. et Elzev. *CCLXXV M. capitum*. ED.

155. *Bibali, etc.* Βίβαλοι, quorum oppidum Φόρον Βιβαλῶν Ptolemaeo, lib. II, cap. 6. Κοιλερινοί, eidem. Gallaeci omnibus noti. Hequa-

lerini, Gallæci, Hequæsi, Limici, Querquerni, citra fastidium nominentur.

Longitudo[156] citerioris Hispaniæ est, ad finem Castulonis a Pyrenæo, sexcenta septem M. pass., et ora paulo amplius. Latitudo[157] a Tarracone ad littus Olarsonis, CCCVII. E radicibus[158] Pyrenæi, ubi cuneatur angustiis inter duo maria, paulatim deinde se pandens, qua contingit ulteriorem Hispaniam, tantumdem[159] et amplius latitudini adjicit. Metallis plumbi, ferri, æris, argenti, auri, tota ferme Hispania scatet : Citerior et specularibus[160] lapidibus : Bætica et minio. Sunt et marmorum lapicidinæ. Universæ Hispaniæ Vespasianus Imperator Augustus[161] jactatus

si, in inscript. mox citanda. Αιμικοί Ptolemæo rursum appellati, cum oppido quod Φόρον Αιμικῶν vocat. Inscriptio vetus apud Gruter. pag. 245 : BIBALI COELERNI. EQVÆSI. INTERAMICI. LIMICI. ÆBISOC. QVARQVERNI. Prius legebatur in Plinio, *Vibali*, et voce unica e duabus conflata *Æquesilici.* Nos litterarum ordine admoniti, et vetustorum monumentorum fide, locum correximus. Aquas Querquennas a Bracara distare ait Antoninus, LIII M. pass. Κουακερνοί sunt Ptolemæo, et Ὕδατα Κουακερνῶν. HARD.

156. *Longitudo...... sexcenta septem M. pass.* Martianus, lib. VI, cap. de Hispania, pag. 203. HARD. —Hic autem multum a vero aberrat Noster ; maximum enim inter Castulonis fines et Pyrenæi juga intervallum vix CCCCLXX M. pass. est. Recte autem addit *et ora paulo amplius*, nam a finibus Murgis ad Pyrenæum promontorium numerantur circiter DCXX M. pass. ED.

157. *Latitudo.... CCCVII.* Hic etiam errat Noster : recto enim cursu Tarraco, hodie *Tarragona*, a littore Olarsonis, hodie *Oyarzun*, de qua urbe, lib. IV, cap. 34, dicturi sumus, vix CCX M. pass. distat. ED.

158. *E radicibus.* Sic in Chiffl. Dalec. et Elz. *Et radicibus.* ED.

159. *Tantumdem et amplius.* Hæc rectius Noster : nam a Dianio promontorio ad Minii ostia circiter DLX M. pass. numerantur. ED.

160. *Specularibus lapidibus* Vet. ap. Dalec. *Specularis lapidis : Bætica et minio et marmorum lapidicinis*— De his dicemus opportunius, lib. XXXV, cap. 45. ED.

161. *Jactatus.* Vi ac necessitate quadam expressam esse eam liberalitatem innuit, ut Hispanos sibi devinciret : quum jactaretur ipse Reipublicæ procellis, hoc est, civili bello Vitellii, ut levamen id quoddam eorum damnorum fuerit, quæ ob civilia Imperatorum bella perpessa esset Hispania. Immunitatem a tributis, sive Claudius Imp. sive anteriorum aliquis iisdem concesserat, uti ex Seneca colligimus, de Benef. lib. VI, cap. 19. H.

LIBER III.

procellis Reipublicæ Latii jus tribuit. Pyrenæi montes Hispanias Galliasque disterminant, promontoriis in duo diversa maria projectis.

V. (IV.) Narbonensis provincia appellatur pars Galliarum, quæ interno[1] mari alluitur, Braccata[2] ante dicta, amne Varo[3] ab Italia discreta, Alpiumque vel[4] saluberrimis romano imperio jugis[5]. A reliqua vero Gallia latere[6]

V. 1. *Quæ interno.* Illa scilicet Interni maris, hodie *Méditerranée*, parte quæ nunc *Golfe du Lion*, aut ut quidam volunt *Golfe de Lyon* dicitur. Hæc Martianus a Plinio, lib. VI, cap. de monte Pyrenæo. HARD. et ED.

2. *Braccata.* A braccis, sive femoralibus lineis, *des brayes ou hauts de chausses*: quod vestimenti genus Romanis veteribus inusitatum, ab iis in Gallia Narbonensi primo deprehensum est: quæ inde ab iis Braccata est cognominata, inquit Alcuinus, lib. de Divinis Offic. H.

3. *Amne Varo.* « Finis et Hesperiæ promoto limite Varus. » Luc. Phars. I, 404. Hodie *le Var*, qui etiam nunc Galliam a Nicæensi comitatu, *Comté de Nice*, provincia Sardiniæ regi subjecta, discernit. D'ANVILLE tamen Nicæam, cujus possessionem, auctore Strabone, retinuerant Massilienses, Galliæ assignat, Alpesque naturales Galliam inter et Italiam limites agnoscit; quam opinionem et nos amplecti non dubitamus. ED.

4. *Vel.* Hæc vox quæ in Chiffl. legitur, ap. Dalecamp. et Elzevir. deest. ED.

5. *Saluberrimis romano imperio jugis.* Ut pote quæ diu barbarorum in imperium romanum irruentium impetum morata sunt. ED.

6. *Latere septemtrionali.* Hæc minus recte, ut mihi videtur; nam Gebenna mons, hodie *les Cévennes*, occidentali non minus latere quam septemtrionali Narbonensem provinciam a reliqua Gallia discernit et inter hæc juga et Juram montem, hodie *le Jura*, Narbonensis provincia limites habuisse videtur rivum qui hodie *Rive de Gier* vocatur et in Rhodanum influit, tum Rhodanum ipsum usque ad urbem nunc *St. Sorlin* vocatam, et inde vergebat ad eam Juræ montis partem, cui hodie nomen est *le grand Credo*, tum rursum Rhodanum, atque, ut nos docet Mela lib. II, cap. 5, Lemannum lacum limitem habuit. His autem terminis includuntur provinciæ, quæ Gallis, ante annum 1789, *Comté de Foix, Roussillon, Languedoc, Dauphiné, Comtat Venaissin et Provence* vocabantur; nunc autem *Départemens de l'Arriège, part. orient., des Pyrénées-Orientales, de la Haute-Garonne, part. orient., du Tarn, part. mérid., de l'Aude, de l'Hérault, du Gard, de l'Ardèche, de l'Ain, part. orient., de l'Isère, de la Drome, des Hautes-Alpes, de Vaucluse, des Basses-Alpes, des Bouches-du-Rhône et du Var*, et insuper provinciæ nunc dictæ *la Savoie*, Sardiniæ regi subjecta, *le canton de Genève et le Valais*, Helveticæ reipublicæ partes. ED.

septemtrionali, montibus Gebenna et Jura : agrorum cultu[7], virorum, morumque dignatione, amplitudine opum, nulli[8] provinciarum postferenda, breviterque Italia verius quam provincia. In ora[9] regio Sardonum, intusque[10] Consuaranorum. Flumina[11] : Tecum, Vernodubrum. Oppida: Illiberis[12], magnæ quondam urbis tenue vestigium: Rusci-

7. *Agrorum cultu.* Non minus eleganter Salvianus patriam suam, hoc est, Provinciam describens, lib. VII: « Illic omnis admodum regio, inquit, aut intertexta vineis, aut florulenta pratis, aut distincta culturis, aut consita pomis, aut amœnata lucis, aut irrigata fontibus, aut interfusa fluminibus, aut crinita messibus, etc. » HARD.

8. *Nulli provinciarum postferenda.* Vet. ap. Dalec. *Nulla provinciarum ei præferenda.* ED.

9. *In ora regio Sardonum.* Post Pyreneæ Veneris promontorium, in quo hæsimus cap. sup. incipit Sardonum regio, quos Avienus *Sordos* appellat; in MSS. reperitur *Sordonum.* Dalec. autem *Surdaonum,* ut cap. sup. *Ilerdenses, Surdaonum gentis,* legere jubebat. Cum Nostro convenit Mela, lib. II, cap. 5. *Inde est ora Sardoñum,* etc. Fuit autem regio hæc *le comté de Roussillon;* nunc *le département des Pyrénées-Orientales.* ED.

10. *Intusque Consuaranorum.* Sardones, inquit, littus maris, Consuarani interiorem regionis partem incolunt. Hos diversos esse a Consorannis, quos in Aquitania Noster infra, lib. IV, cap. 19, nominat, nonnulli putaverunt; sed minime isti opinioni assentiunt Valesius præsertimque D'ANVILLE, *Notice de la Gaule,* pag. 241, qui Consuaranos Consorannosque eumdem fuisse populum censet, nunc Narbonensi, nunc Aquitaniæ addictum. Quamobrem illos in sua Galliæ veteris mappa in utriusque provinciæ limitibus ponit. Haud dubium est quin regionem ex eorum nomine *Conserans* dictam, et quæ hodie provinciæ Aurigeræ, *Département de l'Arriège,* pars est occidentalis, tenuerint. ED.

11. *Flumina : Tecum, Vernodubrum.* Tecum Flumen, quod Mela, lib. II, cap. 5, *Tichis* vocat, hodie est *le Tech,* quod juxta urbem *Elne* fluit: Vernodubrum nominis similitudine ductus nostrum esse fluvium *Verdouble* puto, qui in alium influens, cui nomen est *la Gly,* amittit nomen proprium, quod antea usque ad mare servabat. Quod autem flumen *Telis* vocatur a Mela loc. cit. id mihi videtur esse *la Tet,* quod urbem *Perpignan,* antiquamque Ruscinonem præfluit. ED.

12. *Illiberis.* Chiffl. et Vet. ap. Dalec. *Illiliberæ,* alii *Illybyrtis.* Mela, lib. II, cap. 5. « Vicus Eliberri, magnæ quondam urbis et magnarum opum tenue vestigium. » Hard. pluresque alii hanc urbem nunc esse *Colioure;* D'ANVILLE et GIBRAT eam a Constantino magno sub Helenæ matris nomine restitutam, hodie *Elne,* rectius, ut opinor, contendunt. ED.

LIBER III. 53

no [13], Latinorum. Flumen [14] Atax e Pyrenæo Rubrensem [2] permeans [15] lacum : Narbo [16] Martius, Decumanorum colonia, XII M. pass. a mari distans; Flumina : Arauris [17],

13. *Ruscino Latinorum*. Non modo jure Latii donatam, sed et coloniam vocat Mela, lib. II, cap. 5. Nomen provinciæ dedit *le Roussillon*, ut sup. diximus. Nunc castellum est ab oppido *Perpignan*, quod Ruscinonem vicinitate sua exhausit, una circiter leuca dissitum, et cui nomen est *Castel Roussillon*. ED.

14. *Flumen Atax e Pyrenæo*. Hodie *l'Aude*, quod non e Cemeno, seu Gebenna monte defluit, ut docet, lib. IV, pag. 182, Strabo, qui, ut ait Harduinus, haud satis peritum se locorum eorum fuisse prodit. Rectius Mela, a quo non ineleganter describitur, lib. II, cap. 5 : « Atax ex Pyrenæo monte digressus, qua sui fontis aquis venit exiguus, vadusque est, et ingentis alioqui alvei tenens, nisi ubi Narbonem attigit, nusquam navigabilis : sed quum hibernis intumuit imbribus, usque eo solitus assurgere, ut se ipsum non capiat. » Ab 'eo amne Narbonenses olim Atacini dicti fuisse videntur. ED.

15. *Rubrensem permeans lacum.* Vet. *Rubrosum.* Strab. lib. IV, *Narbonensem*, *Rubresum* Mela vocat, lib. III, cap. 5, « qua Atacem accipit, ore spatioso admodum : qua mare admittit, aditu tenuem. » Tribus autem ostiis nunc Atax in mare influit, quorum primum, de quo hic Noster, non naturale videtur fuisse, sed fossa a Romanis manu facta, et cujus ripæ lapidibus magnis inducebantur : fossa hæc, cui nomen hodie est, *Robine de Narbonne*, Rubrensem lacum, hodie *Etangs de Bages et de Sigean*, ingreditur loco, cui nomen, *le Pli de l'ardillon*, mox e lacu egreditur, nomenque *canal de St. Lucie* accipit et in mare, juxta castellum dictum *fort de la Nouvelle*, influit. Per hanc fossam naves a mari Narbonem pervenire poterant, quæ urbs sic portus celebratissimus commercioque dives facta est. Cætera duo ostia sunt : *le Grau de Vendres*, inter stagna *Etangs de Vendres et de Fleury* vocata, et postremum, quod naturale videtur fuisse, per stagnum quondam *Helice palus*, hodie *Etang de Vendres* dictum, in mare influit. ED.

16. *Narbo.* Atacinorum, Decumanorumque colonia, Melæ, loc. cit. Martius, a Marte, ut Sirmondus noster putat in Notis ad Sidon. vel a Martia legione : Decumanorum a militibus decimæ. HARD.—ASTRUC, *Mémoires pour l'Histoire Naturelle du Languedoc* dicit Narbonem Celticum fuisse urbis nomen, illamque cognomen Martium duxisse a Quinto Martio, quo Galliarum proconsule, romana colonia Narbonem occupavit anno U. C. 636. Hodie *Narbonne*, quæ XII M. pass., ut ait Noster, a mari distat, si Atacis brachium, quod *Robine de Narbonne* vocatur, ut modo diximus, sequaris ; breviori autem intervallo IX tantum M. passuum. ED.

17. *Arauris.* Ita recte, non vero *Araris*, ut Dalec. et Elz. aut *Rauraris*, ut Strabo. Mela, lib. II, cap. 5 : « Tum ex Gebennis demissus Arauris

Liria[18]. Oppida de cætero rara, præjacentibus[19] stagnis: Agatha[20] quondam Massiliensium, et regio Volcarum Tectosagum[21]: atque ubi[22] Rhoda Rhodiorum fuit: unde

juxta Agatham fluit.» Ptolem. lib. II, cap. 10. Ἀραύριος. Gallis, *Hérault*, quod nomen provinciæ dedit. ED.

18. *Liria.* MSS. omnes, *Libria.* Nunc *Lez* accolæ vocant; juxta urbem *Montpellier;* non autem mediam secat, ut ait Hard. ED.

19. *Præjacentibus Stagnis.* Nunc *Étangs de Leucate, de Sigean, de Gruissan, de Vendres, de Thau, de Maguelonne, de Perols, de Mauguio, du Repausset; Marais d'Escamandre, de Lermitane et de la Souteyrane; Étangs de Valcares, de Journelé, de Beauduc et de Giraud,* inter Rhodani ostia; *de Berre, de Marignane,* multaque alia minora, quorum nomina referre supervacuum est. ED.

20. *Agatha.* Juxta quam Arauris fluit, ut Mela admonet loco cit. nunc *Agde:* non, ut subtilioribus quibusdam visum est, *Maguelone*, quæ procul est ab Arauri dissita. A Massiliensibus conditum esse oppidum Strabo auctor est, lib. IV, pag. 182. HARD.

21. *Volcarum Tectosagum.* Volcarum gens Romanorum ditioni, anno U. C. 633, a Q. Fabio Maximo et C. Domitio Ahenobardo subjecta universam fere provinciam, quæ postea Narbonensis Prima dicta est, occupavit. Hoc autem nomen duobus populis commune fuit quorum alter, *Tectosages,* occidentalem, alter vero, *Arecomici,* orientalem provinciæ partem tenuisse videntur. Quibus autem limitibus inter se distinguerentur apud veteres minime constat. Tectosages si Plinium, et Ptolemæum sequamur, hanc regionem occuparunt, quæ gallico sermone vocatur *l'Est des départemens de l'Arriége et de la Haute-Garonne, celui de l'Aude, le Sud de celui du Tarn et celui de l'Hérault, moins l'arrondissement de Montpellier.* Arecomici, de quibus nullo modo meminit Plinius, reliquam obtinuisse videntur Narbonensis Primæ partem, quam a Viennensi Rhodanus disterminabat. ED.

22. *Ubi Rhoda... fuit.* Familiari ea loquendi formula, *fuit,* excidisse id oppidum, cui vox ea adnectitur, jam ævo suo innuit. Hæc Rhodanusia a Scymno Chio, sive, ut alii vocant, a Marciano Heracleota, pag. 6, dicitur: alteramque Rhoden, quæ in Hispania est, (nunc *Roses* incolæ Catalani vocant) a Rhodiis quoque conditam scribit. Hieronymus, in prolog. epist. ad Galat. « Oppidum Rhoda, inquit, coloni Rhodiorum locaverunt, unde amnis Rhodanus nomen accepit. H. — Minime probanda mihi videtur Dalecampii opinio, qui illud loco hodie dicto *Foz les Martigues* situm fuisse credit; quum non naturale sed manu factum sit Rhodani ostium, quod hunc locum attingit. In omni autem ora, quæ inter fluvii ostia jacet, unus tantum vicus hodie habitatus reperitur, qui *les Saintes-Maries,* seu *les trois Maries* vocatur, juxta ostium Hispaniense, de quo mox, nota 27. An vero ibi Rhoda, aut de qua fusius dicturi sumus, nota 28, *Heraclea*

LIBER III. 55

dictus multo Galliarum fertilissimus Rhodanus amnis, ex [23] Alpibus se rapiens per Lemannum lacum segnemque deferens [24] Ararim, nec minus seipso torrentes [25] Isaram, et Druentiam. Libyca [26] appellantur duo ejus ora modica : 3 ex [27] his alterum Hispaniense, alterum Metapinum : ter-

ponenda sit, dubium esse potest; neutra fortasse. ED.

23. *Ex Alpibus*, ex imo monte qui hodie dicitur *le mont de la Fourche*. ED.

24. *Segnemque deferens Ararim.* Unde Claudiano dicitur, *Lentus Arar.* Sauconam posterior ætas appellavit, teste Ammiano, lib. XV, pag. 55, hodieque, *la Saone.* HARD. — Quidam ap. Dalec. *Aurarim.* ED.

25. *Torrentes.* Non *torrentem*, ut prius, sed *torrentes* multitudinis numero reposuimus, tum codicum omnium MSS. fide, Reg. 1, 2, Colb. 1, 2, Chiffl. et Paris. etc. tum ex re ipsa : namque ea vis torrenti similis etiam Druentiæ propria est, communisque cum Isara et Rhodano. Unde Silius Ital. lib. III, 467 et sqq.

Turbidus hic truncis, saxisque Druentia lætum
Ductoris vastavit iter : namque Alpibus ortus
Avulsas ornos, et adesi fragmina montis
Cum sonitu volvens fertur latrantibus undis :
Ac vada translato mutat fallacia cursu.

Livius quoque lib. XXI, cap 31 : « Is (Druentia) et ipse Alpinus amnis longe omnium Galliæ fluminum difficillimus transitu est : nam quum aquæ vim vehat ingentem, non tamen navium patiens est : quia nullis coercitus ripis, etc. » Hodie *l'Isère et la Durance*, in latus uterque Rhodani orientale influit. HARD. et ED.

26. *Libyca.* Universam autem oram illam a Rhodano Emporium usque, Hispaniæ oppidum, Διγυστικὴν Veteres appellarunt, quod eam Ligures tenuere. Scylax. pag. 2 : Παράπλους Λιγύων ἀπὸ Ἐμπορίου μέχρι Ῥοδανοῦ, etc. HARD. — Bene editio princeps *libica.* Ora illa Rhodani appellantur Libica, ob Libem, seu Africum ventum, *le Sud-Ouest*, cui erant obversa. BROT.

27. *Ex his*, etc. Quatuor nunc sunt Rhodani ostia, ex quibus minimum, quod et maxime occidentale, vocatur *le Rhône mort*, Rhodanus mortuus ; secundum, *le Petit Rhône*, Rhodanus minor ; tertium *le vieux Rhône*, Rhodanus vetus ; quartum tandem *le Rhône*, quod et ipsum tribus ostiis in mare irruit. Sæpe sæpius etiam diebus nostris immutavit ostiorum statum aquarum violentia, ita ut omnino impossibile dictu sit, quæ fuerint pro certo tria Rhodani ostia hic a Plinio memorata ; D'ANVILLE tamen haud immerito, ut mihi videtur, Hispaniense ostium id, quod hodie vocatur *le Petit Rhône*, Metapinum, quod CASSINI *le Vieux Rhône* appellat, et Massalioticum id, quod tribus ostiis dictis *Gras du Midi*, *Gras de Sainte-Anne* et *Gras de Sansé*, in mare incurrit. Variant autem antiqui de Rhodani ostiorum numero, ut ait idem D'ANVILLE, qui rem fusius tractat. Vid. *Notice de la Gaule*, pag. 550. ED.

tium, idemque amplissimum, Massalioticum. Sunt auctores, et Heracleam [28] oppidum in ostio Rhodani fuisse.

4 Ultra [29], fossæ ex Rhodano C. Marii opere, et nomine [30]

28. *Et Heracleam.* Hæc Ἡράκλεια Κελτικῆς Stephano. In agro san-Remigiano, prope oppidum *S. Remy*, ostiumque Rhodani Hispaniense, reperta inscriptio, principatu Caroli V, Francorum regis, electam docet ab Ataulpho principe *Heracleam in Regiæ majestatis sedem.* Ibi igitur fuisse olim Heracleam putat, qui recitat inscriptionem eam totam Honor. bouche, Hist. Prov. lib. II, Ic. 5, p. 158. Verum distat ager ille San-Remigianus ab *ostio Rhodani*, in quo fuisse Heracleam auctores, teste Plinio, prodidere. H. — Vide notam 22. Ed.

29. *Ultra, fossæ ex Rhodano,* etc. Vet. ap. Dalec. *ultra fossam ex Rhodano.* Ptolem. lib. II, cap. 10, Φόσσαι Μαριάναι, quas quidem male ad Rhodani occidentem ponit, quum certe ad orientem ponendæ sint. Solinus, cap. II, pag. 17: «C. Marius, bello Cimbrico, factis manu fossis invitavit mare : perniciosamque ferventis Rhodani navigationem temperavit.» Maxime variæ de Marianis fossis doctorum fuere opiniones, quibus referendis locus deest; Harduinum tamen non reprehendere non possum, qui eas duo orientalia fuisse Rhodani ostia contendit, posteaque ei, quod magis orientale est, impositum fuisse Arelate Sextanorum; sed, si hæc ostia a Mario manu facta fuerunt, quid antea, ut ait d'Anville, Rhodanus fuit? Cuilibet autem doctissimi viri Cassini Galliæ mappam consideranti agnoscere fossas Marianas facile erit in fossa cui nomen est *Canal de navigation d'Arles au port de Bouc*, quæ quidem fossa a Rhodano, juxta Arelate, profecta flumini vicina primum, deinde paulum ab eo recedens, per stagnum, cui nomen est *Etang de Galéjon*, producitur, ex eoque egressa maris littus ambit, tandemque in sinum pervenit gallice *Port de Bouc* vocatum et cum stagno Mastramela, hodie *Etang de Berre et de Martigues*, per stagnum aliud, cui *Etang de Caronte* nomen est, conjunctum. Quod autem stagnum *Etang de Galéjon* vocatum superius diximus, ipsum cum mari meridiem versus jungitur, et septemtrionem versus cum stagno alio, cui nomen *Etang des Landes*. Hoc autem stagnum *des Landes* duplicem fossam, quæ ipsa cum Rhodano conjungitur juxta oppidum Arelate recipit. Haud dubium esse mihi videtur quin sint fossæ omnes istæ, si non ipsæ Marianæ, at saltem Marianarum vestigia. Nomen ipsum *Port de Bouc* fossæ ostium indicare videtur; verbum enim gallicum *Bouc* seu *Bouche* latine *ostium*, est. Ex supra dictis etiam cur plurali numero *fossæ Marianæ*, non autem *fossa Mariana*, a Nostro vocatæ sint, agnosci facile potest. Ed.

30. *Nomine insignes : Stagnum Mastramela : oppidum.* Sic legebat Ortelius; apud Dalec. vero et Elz. *Nomine insigne stagnum : Astromela oppidum*, etc. Efflagitabat Dalec. ut reponeretur, *Nomine Latera insigne*

LIBER III. 57

insignes : Stagnum[31] Mastramela : oppidum Maritima Avaticorum[32] : superque campi[33] lapidei, Herculis præliorum memoria : Regio Anatiliorum[34] : et intus Desuviatium[35], Cavarumque. Rursus[36] a mari Tricorium : et

stagnum, etc. Male, ut opinor, nam hoc Latera stagnum a Nostro in agro Nemausiensi ponitur, qui in occidentali Rhodani ora situs erat, hodieque, ut infra lib. IX, cap. 8, dicetur, *Etang de Maguelone*, vel *de Pérols*. Ed.

31. *Stagnum Mastramela : oppidum Maritima.* Prius *Astromela* legebatur. At Stephanus, pag. 448, Μαστραμέλλη, inquit, πόλις καὶ λίμνη τῆς Κελτικῆς. Unde et illud effici videtur geminum oppido adjacenti fuisse nomen, alterum cum stagno commune, proprium alterum. At dum Geographorum vulgus id oppidum putat esse *Martigues*, merito reprehenditur ab Honor. Bouche, Hist. Provinc. lib. III, cap. 6, pag. 172, quod recentissime conditum id esse constat, hoc est non ante annos quingentos, loco antea inculto ac deserto. Veri multo similius statuit esse *Marignane*, ad stagni latus orientale. « Maritima Avaticorum, inquit, Mela, lib. II, cap. 5, stagnum obtinet. » H. — Harduino tamen et Honorato Bouche minime assentitur doctissimus d'Anville, Maritimamque hodie *Martigues* esse contendit. Broterius illam in loco hodie dicto *le cap d'OEil*, juxta urbem *Saint-Chamas*, situm fuisse dicit; stagnum autem Mastramela haud dubie est *l'étang de Berre*, vel *de Martigues*. Ad hæc vide d'Anville, *Notice de la Gaule*, pag. 434 et 441. Ed.

32. *Avaticorum.* Sic Mela, lib. II, cap. 5, et MSS. Id nomen agro ei fuit, qui Maritimæ circumjectus erat, et contributus, in Anatiliorum regione, quæ latius multo patuit : quare eadem Maritima in Anatiliorum agro posita dicitur a Ptolemæo, lib. II, cap. 10. Hard.

33. *Campi.* Vulgo, *la Crau.* Mela, lib. II, cap. 5 : « Lapideus, inquit, ut vocant, campus, in quo Herculem contra Albionem et Geryona Neptuni liberos, dimicantem, quum tela defecissent, ab invocato Jove adjutum imbre lapidum ferunt. Credas pluisse, adeo multi passim et late jacent. » Vide Hygin. in Poet. Astronom. lib. II, cap. Engonasin. fol. 61. Hard.

34. *Anatilicrum.* Male Vet. ap. Dalec. *Natiliorum.* In inscriptione San-Remigiana proxime laudata, Anatilii. Hi Arelatensem agrum tenuere : Desuviates, quorum interior regio fuit, Tarasconensem : Cavares denique, a confluente Isaræ in Rhodanum, ubi fere Avenio est, ad Druentiam usque, quam late patet, oram omnem, quæ Rhodano alluitur. H. et Ed.

35. *Desuviatium.* Chiffl. *Desuviaticum.* Ed.

36. *Rursus a mari.* Rursus, inquit, in ora est Tricoriorum regio : Τριχορίους appellat Strabo, lib. IV, p. 185; ubi nunc Massiliensis ager, Aquisextiensis, et supra Druentiam Aptensis. In Aptensi fuere saltus Tricorii, quos Hannibal, dum peteret Italiam, superavit. Vide Am-

intus[37] Tricollorum, Vocontiorum[38], et Segovellaunorum[39]: mox Allobrogum[40]. At in ora Massilia Græcorum Phocæensium[41], fœderata[42]. Promontorium[43] Zao : Citharista

mian. lib. XV, pag. 53, et Livium, lib. XXI, cap. 31. H. — Fusius autem de istius populi situ disputat D'Anville, *Notice de la Gaule*, ostenditque eum non maris littus occupasse, sed interiorem regionem, ad orientem Vocontiorum, de quibus mox Noster, idque etiam ex Hannibalis itinere constare. Quem vide, pag. 657, seqq. Ed.

37. *Et intus.* Intus recedunt a mari longius Tricolli, qui nunc Sisteronenses : quorum caput fuisse olim creditur *Alarante*, de quo Tabula Peutingeri. Hodie *Talard* in provincia Alpium superiorum, *Département des Hautes-Alpes*, via quæ Sisterone Vapincum ducit. Ita Nic. Bouche, Hist. Prov. lib. III, cap. 7, pag. 178. Hard.

38. *Vocontiorum.* Hi orientalem provinciarum partem nunc dictarum *Départemens de la Drôme et de Vaucluse*, ut Cavares occiduam partem tenuere. Oppida eis fuere Dea, *Die*, et Vasio, *Vaison*, ut mox dicemus. Hard. et Ed.

39. *Segovellaunorum.* Chiffl. *Segovellaronum* legit. *Segalauni* Ptolemæo, lib. II, cap. 8, dicuntur, qui illis urbem Valentiam adjudicat, quam Cavaribus dat Plinius. Unde Segovellaunos, aut Segalaunos Cavarum partem fuisse putat Hard. cui ego assentior. Ed.

40. *Allobrogum.* Inter Isaram, Rhodanumque, ut recte Polybius, lib. III, pag. 282, et qui Polybium sequitur Livius, lib. XXI, cap. 31, apud quem pro *Arar* qui *Isara* reponunt, sincerum vas incrustant, nec scriptoris mentem assequuntur. H. — Allobroges etiam terras trans Rhodanum ad septemtrionem habuisse ex Cæsare patet, lib. I, cap. 2. Hodie *Partie sud du département de l'Ain*, cui addenda sunt : *le département de l'Isère, le canton de Genève et une partie de la Savoie.* Ed.

41. *Phocæensium.* Strabo, lib. IV, pag. 179, κτίσμα δ' ἐστὶ Φωκαιέων ἡ Μασσαλία, a Phocæa, urbe Asiæ, de qua dicemus in Ionia, lib. V. A Phocide Græciæ regione profectos Massiliæ conditores non semel affirmat Lucanus, lib. III, magno, ut puto, errore. H. — Quem quidem errorem secutus videtur Dalec. qui *Phocensium* mavult. Ed.

42. *Fœderata.* Fœderis causam docet Justinus, lib. XLIII, cap. 5, 8 : « Massiliensium legati, inquit, a Delphis revertentes, audierunt urbem Romanam a Gallis captam, incensamque. Quam rem domi nuntiatam publico funere Massilienses prosecuti sunt : aurumque, et argentum publicum, privatumque contulerunt, ad explendum pondus Gallis, a quibus redemptam pacem cognoverant. Ob quod meritum, et immunitas illis decreta, et locus spectaculorum in senatu datus, et fœdus æquo jure percussum. » Hard.

43. *Promontorium Zao : Citharista portus*, etc. Ita MSS. omnes. Promontorium tamen eodem nomine fuisse nos docet Ptolem. lib. II, cap. 6, ὁ Κιθαριστὴς τὸ ἄκρον,

LIBER III.   59

portus. Regio [44] Camatullicorum. Dein Suelteri [45], supraque Verrucini [46]. In ora autem Athenopolis [47] Massiliensium, Forum [48] Julii Octavanorum colonia, quæ Pacensis appellatur, et Classica : amnis in ea Argenteus [49]. Regio,

quem secuti videntur Dalec. et Elz. qui *Promontorium Citharista*, *portus*, *regio Camatullicorum* scribunt. Chiffl. *Zaozita : ista portus* ; alii *Zaoportus* dant; nos autem Hard. secuti sumus, Zao promontorium diversum esse a Citharista putantes. Citharistam portum hodie esse *Le port de la Ciotat* putat d'Anville, cui libenter assentimur; unde promontorium Zao idem esse, quod nunc vocatur *Cap de l'Aigle*, conjicere possumus; quamvis Mannertus illud hodie *Cap de la Croisette* vocari dicat. Citharistes autem promontorium esse *Le cap Cicier* haud longe ab urbe *Toulon* ait idem d'Anville. Vid. *Notice de la Gaule*, pag. 227 et 228. Ed.

44. *Regio Camatullicorum*. Hodie, ut nobis videtur, *La partie sud-est du département du Var*, qua in provincia haud longe a Samblacitano sinu, *Golfe de Grimaud*, vicus est nomine *Ramatuelle*, qui ut ait Harduinus, vetusti nominis vestigium servat haud obscurum. Ed.

45. *Suelteri*. Nunc est Forojuliensis ager, citra amnem Argenteum : *Brignole*, et *Draguignan*, *Département du Var*, in medio. Sic Honor. Bouche, lib. VII, cap. 7, pag. 182. Favet situs quem in Tab. Peuting. *Selteri* obtinent. H. et Ed.

46. *Verrucini*. Vet. ap. Dalec. *Verticini*. Suelteris ad Borcam adsiti : ubi nunc *Verignon*, et *Barjols*, *Département du Var*, *partie septentrionale*. Ed.

47. *Athenopolis*. Quum in ora po-situm id oppidum dicatur, inter portum Citharistam, et Forum Julii, ipsum esse Telonem Martium non temere suspicamur. Hard. — Illud autem hodie loco dicto *Agaï*, inter *Frejus* et *la Napoule* situm fuisse putat d'Anville, qui ordini a Plinio dato minime adhærendum censet. Vid. *Notice de la Gaule*, pag. 109. Ed.

48. *Forum Julii Octavanorum*. *Frejus*. Octavanorum colonia dicitur, quoniam octavæ legionis militibus ea constaret. In Thesauro Goltzii, pag. 240, nummus Augusti : Col. Ivlia. Octavianorum. Et alter Neronis, pag. 241 : Col. Pacens. Class. Pacensis a Pace dicta est : Classica, ab Augusti classe fortassis, cujus ea navale fuit. Unde Strabo, lib. IV, pag. 184 : Τὸ ναυσταθμὸν τὸ Καίσαρος τοῦ Σεϐαστοῦ, ὃ καλοῦσι Φόρον Ἰούλιον. Vide Tacitum, lib. III. Suessam tamen, quæ mediterranea civitas est, coloniam pariter Classicam dicemus appellatam, cap. 9, a militibus forte classiariis eo deductis. Inscriptio apud Jo. Poldo, lib. de Antiq. Nemaus. pag. 165 : Militvm. Leg. viii. Avg. Civitas. Foroivliensivm. Hard. — Vet. ap. Dalec. *Octavianorum*. Ed.

49. *Argenteus*. Accolis dictus hodieque *Argens*, a colore aquæ argenteo. Arenam devehit, qua portum jam illum opplevit, Augusti navium receptorem, de quo modo diximus. Hard.

Oxubiorum[50], Ligaunorumque[51] : super quos Suetri[52], Quariates[63], Adunicates. At in ora oppidum[54] Latinum Antipolis. Regio Deciatium : amnis Varus, ex Alpium monte Cema[55] profusus.

6   In mediterraneo coloniæ : Arelate[56] Sextanorum, Be-

50. *Oxubiorum.* Quorum caput non Forum Julii, ut ait Hard. sed *Ægitna* videtur fuisse, auctore D'Anville. Hic λιμὴν Ὀξύβιος apud Strab. lib. IV, pag. 185. Ed.

51. *Ligaunorumque.* Sic libri omnes. Ingaunos, qui ultra Varum sedes habent, frustra Dalecampius inculcare hic nititur pro Ligaunis, qui ante Varum Antipolimque ipsam a Plinio appellantur, et junguntur Oxubiis. Grassensem, ut aiunt, tenuisse agrum videntur. *Partie sud-est du département du Var.* H. et Ed.

52. *Suetri.* Ptolemæus, lib. III, cap. 1, meminit Σουητρίων in maritimis Alpibus, quorum oppidum Σαλίνας vocat. Id esse *Seillans* Holstenius putat vicum provinciæ Alpium inferiorum, *Département des Basses-Alpes*, quatuor leucis a *Draguignan;* quam opinionem sequitur D'Anville, quamvis Harduino anteponenda videatur, male, ut opinor, Honor. Bouche, Hist. Prov. l. III, c. 2, p. 119, sententia, qui Salinas urbem, *Castellane*, Verdoni amni, qui in Druentiam labitur, impositam fuisse dicit. Errant autem certe geographi, qui eam *Saluces* esse putant. Ed.

53. *Quariates, Adunicates.* Quariatum nomen reperit D'Anville in valle quadam dicta *vallée de Queyras, département des Hautes-Alpes*, cum vico cognomine, leucis quin-

que a *Briançon*, meridiem inter et orientem. — Adunicates autem, si Harduino credimus, in provincia dicta *Département des Basses-Alpes*, inter urbes *Senez* et *Digne*, habitaverunt. Minus certa autem nobis videtur hæc opinio quam ut eorum nomen in mappis recte positum putemus. Ed.

54. *Latinum.* Hoc est, Latii jure donatum, ut superius diximus. Nunc *Antibes*. Ptolemæo, l. II, cap. 10, Ἀντίπολις in agro Δεκιατίων, quem Varus amnis claudit, *le Var*. Melæ, lib. II, cap. 5, *Oppidum Deciatum Antipolis:* sic enim legendum. H.

55. *Cema.* Dalec. et Elz. *Acema*, hodie *Monte-Cemelione*. Ed.

56. *Arelate. Arles.* Sextanorum dicta, quod esset colonia militum sextæ legionis. Sic Primanos primæ, Unaetvicesimanos vigesimæ primæ, Tacitus vocat, Ann. lib. I, cap. 37, Tertianos tertiæ, Hist. l. III, c. 24, Quintanos, Ann. lib. I, cap. 37, etc. Nummus Caii Cæsaris in Thes. Goltzii, Col. Arelat. Sextan ; et apud Gruter., pag. 257, Sextani. Arelatenses. Sed ficta illa : genuinus, inter cæteros Arelate percussos, nummus iste insignis est, in Cimelio Mediceo, et Gaza Reginæ Christinæ, ex ære maximo. Caput laureatum exhibet Fl. Julii Constantii Aug. qui frater Fl. Julii Constantis. D. N. CONSTANTIVS. AVG. .)(. LARGITIO. Sedet Augustus ; hinc Urbe Are-

LIBER III. 61

terræ[57] Septimanorum, Arausio[58] Secundanorum. In[59] agro Cavarum Valentia; Vienna Allobrogum. Oppida[60] Latina: Aquæ[61] Sextiæ Salluviorum[62], Avenio[63] Cavarum, Apta Julia Vulgientium, Alebece[64] Reiorum Apollinarium, Alba

latensi turrita porrigente dextram Constantio, instar offerentis ei aliquid: inde hastato milite Imperatorem complectente. Delineatur hic nummus a Spanhemio, in editione priore, pag. 823. HARD.

57. *Beterræ.* Sic MSS. omnes, Reg. Colb. et Thuan. lib. XIV, non *Bliteræ:* etsi ita id Melæ ac Straboni nomen scribitur. Vet. apud Dalec. *Bilteræ.* Septimanorum nomen habet a septima legione. Hinc circumjecta regio Septimania appellata, a Sidonio, qui aliis Beterrensis ager. Mox Septimaniæ nomen a Gothis ad universum Languedocium translatum. Nunc est oppidum *Beziers.* (*Département de l'Hérault.*) Inscriptio apud Gruterum, pag. 270, SEP. BÆTER. hoc est, *Septimani Bæterrenses.* Stephano Βαιταρρους dicitur. In Gaza Regia nummus est inscriptus, BHTHPPATΩN: at ex oppido Syriæ aliquo, ut videtur, nunc situs ignoti : non ex Beterris certe provinciæ Narbonensis. H. et ED.

58. *Arausio Secundanorum.* Nummus Neronis, in Thes. Goltzii, p. 237: COL. ARAVSIO. SECVNDANOR. COH. XXXIII. VOLVNT. Deducti nempe eo milites ex cohorte XXXIII secundæ legionis. Hodie *Orange*, in provincia, *Département de Vaucluse* dicta. H. et ED.

59. *In agro, etc.* Et hæ quoque in coloniarum numerum reponendæ. Οὐαλεντία κολωνία Ptolemæo, lib. II, c. 10. Etiamnunc *Valence*, (*Dép. de la Drôme.*) Et in Thes. Goltzii, pag. 242, nummus Neronis: COL. VIENNA. LEG. VII. CLAVDIANA. PIA. Etiamnunc *Vienne* (*Dép. de l'Isère*). Cavarum, Allobrogumque situs antea descripsimus. HARD.

60. *Oppida Latina.* Latii jure donata a senatu, vel a principe. H.

61. *Aquæ Sextiæ. Aix.* (*Dép. des Bouches du Rhône.*) Coloniam Ptolemæus vocat, et inscriptio apud Gruter. pag. 413. Unde Aquis Sextiis nomen, vide in Epitom. Livii, lib. LXI. HARD. et ED.

62. *Salluviorum.* Ita MSS omnes Reg. 1, 2, Colb. 1, 2, Paris. Chiffl. non *Salyorum.* Inscriptio Gruteri, pag. 298: DE LIGVRIB. VOCONTICIS SALLVVICISQ. Σάλικας vocat Ptolem. pro Σάλυας, lib. II, cap. 10. Hi sunt Falanii Galli (lege *Salluvii Galli*) de quibus Fulvius triumphasse dicitur in Epitome Liv. lib. LX, ut docet inscriptio vetus in Fastis Triumphorum: M. FVLVIVS. M. F. Q. N. FLACCVS. PROCOS. DE LIGVRIBVS. VOCONTICIS. ET. SALLVVICIS. HARD.

63. *Avenio, etc.* In Cavaris quoque Ptolemæo, lib. II, cap. 10, sed colonia est. Sic Apta Julia in Inscr. P. Sirmondi, in notis ad ep. 9, lib. IX, Sidonii, COL. APT. IVL. Nunc *Avignon* et *Apt.* (*Dép. de Vaucluse*). Vulgientes Tricoriorum pars fuere, ut superius monuimus. Gruteri inscriptio, p. 296, VVLCIENTES, sed hos Italiæ populos habet. HARD.

64. *Alebece Reiorum.* Hactenus legebatur *Alebecceriorum Apollina-*

Helvorum[65], Augusta[66] Tricastinorum : Anatilia[67], Aeria[68],

rium. At MSS. Reg. Colb. et Paris. totidem apicibus id nomen exhibent, quot repræsentamus. Accedit et vetus Inscriptio apud Gruter. p. 468: Col. Reior. Apollinar. et Tabula Peuting. Reis. Apollinaris, Reiis Apollinaribus, a cultu, ut videtur, Apollinis. Quid quod nec Alebece satisfacit ipsa, libentiusque *Albiæce* agnoverim, si MS. ullus codex suffragetur. Nam Albiœcos Ἀλϐιοίκους Salyibus, sive Salluviis, Vocontiisque confines Strabo facit, lib. IV, pag. 203, plane ut ipsius oppidi Ἀλϐίοικοι nomen esse potuerit, qua forma, et Σόλοι Solœ Cilicii appellantur. Urbs autem hodie est *Riez*, in Alpium inferiorum provincia, *Département des Basses-Alpes*. H. et Ed.

65. *Alba Helvorum.* Maluisset Dalec. *Alba Helucocuorum*; ego autem cur immutaretur aliquid minime video, quum Plinius iterum de hac meminerit, l. XIV, c. 4, *Narbonensis provinciæ Alba Helvia.* Non vero, ut quidam putaverunt, hodie *Albi* est, quæ urbs *Albiga*, non *Alba*, semper appellata est. Supersunt innumera illius urbis, ut videtur, rudera, juxta vicum *Alps*, ad amnem *Scoutay*, leucis duobus ab urbe *Viviers*, ad Rhodanum, in quam translata est Albæ sedes episcopalis. Hinc Albenses promiscue et Vivarienses episcopi cognominati. Ptolemæo Ἀλϐαυγούστα. Cæsar, de Bello Gallic. lib. VII, cap. 56, « Mons Cebenna, qui Arvernos ab Helviis discludit. » Helvorum ager prius *Vivarais* dictus, hodie est *le sud de l'arrondissement de Privas, département de l'Ardèche.* Ed.

66. *Augusta Tricastinorum.* Chiffl. *Tricastemorum.* Hodie *Saint-Paul-Trois-Chateaux* (*département de la Drôme*). Ptolemæus, lib. II, c. 10, Tricastinis *Nœomagum* urbem assignat, quam nonnulli hodie *Nions* volunt esse; d'Anville autem illam unam eamdemque esse cum Augusta contendit. Ed.

67. *Anatilia.* In MSS. *Avatilia.* Hanc urbem ab Anatiliis, de quibus supra, nomen duxisse plerique volunt; d'Anville, qui illos sequitur, falsam tamen eorum esse opinionem ait, qui eam hodie esse *Mornas* ad Rhodanum credunt; qui locus haud dubie Cavarum fuit, non vero Anatiliorum qui mari viciniores fuere. Incertior est situs quam ut ulla in mappa vere inscriptum fuisse putemus. Ed.

68. *Aeria.* Hujus urbis, in medio Cavarum agro, meminit Strabo, l. IV, pag. 185 : Εἰσὶ δὲ ἐν τῷ μεταξὺ πόλεις Ἀυενιῶν, καὶ Ἀραυσίων, καὶ Ἀερία · τῷ ὄντι, φησὶν Ἀρτεμίδωρος, ἀερία, διὰ τὸ ἐφ' ὕψους ἱδρύσθαι μεγάλου. Ἡ μὲν οὖν ἄλλη πᾶσα, ἐστι πεδιὰς καὶ εὔϐοτος · ἡ δ' ἐκ τῆς Ἀερίας εἰς τὴν Δουρίωνα, ὑπερθέσεις ἔχει στενὰς καὶ ὑλώδεις. Quibus ex verbis conjicit d'Anville Aeriæ locum hodie esse *le mont Ventoux*, juxta limites provinciarum nunc dictarum *Départemens de la Drôme et de Vaucluse*. Locus enim editissimus, regio campestris et pascuis idonea, nisi quod ab Aeria ad Druentiam, quam Strabo Δουρίωνα vocat, transitus per excelsa est angustus atque silvestris, omnia denique cum Strabonis verbis concordare videntur; quidam tamen Aeria loco dicto *La Croix haute*, haud procul ab urbe *Avignon*, sitam fuisse volunt. Ed.

LIBER III.

Bormanni[69], Comacina, Cabellio[70], Carcasum[71] Volcarum Tectosagum : Cessero[72], Carpentoracte[73] Meminorum : Cenicenses[74], Cambolectri[75], qui Atlantici[76] cognominan-

69. *Bormanni, Comacina.* Ita legendum esse, non *Bormannico, Marcina,* neque, ut Chiffl. pro Aeria, Bormanni, Comacina, *Arearbonia, Nocomannia;* tum MSS. tum series ipsa elementorum admonet, quam in Latinis hisce urbibus recensendis Plinius sequitur. Hic quidem ordo nos earum situm requirentes minime adjuvat, nominum tamen similitudine ductus D'ANVILLE, Bormannos in provincia, quæ nunc vocatur *Département du Var,* habitasse credit, ubi reperitur vicus nomine *Bormes,* sex leucis ab oppido *Toulon* dissitus, orientem versus.— Comacina autem ignoratur. Fictitia sunt, nec usquam terrarum audita nomina quæ Dalecampius hoc loco affert. ED.

70. *Cabellio.* Inter oppida Cavarum a Ptolemæo, lib. II, cap. 10, Καβελλιῶν Κολωνία, et a Strabone, lib. IV, pag. 185, qui eam Καβαλιῶνα πόλιν vocat, quod nomen plane idem est cum præsenti *Cavaillon* (*Département de Vaucluse*), ad Druentiam. ED.

71. *Carcasum.* Καρκασὼ in Volcis quoque Tectosagibus, Ptolemæo, loco citato. Nunc est *Carcassone,* (*Département de l'Aude*), ad fluvium Atacem. ED.

72. *Cessero.* Non *Cisteron,* aut *Castres,* ut quibusdam eruditis visum, sed S. Tiberii pagus, *Saint-Tubéry,*(*Département de l'Hérault*),ad Araurim qui Agatham præfluit, leucis fere quatuor a Beterris. Κεσσερὼ est Ptolemæo, lib. II, cap 10, in Volcis Tectosagibus. Antonino in Itiner. *Cesero,* a Beterris M. P. XII. Ado in Martyrol. 10 Novembr. « In territorio Agathensi in Cessarione, SS. Martyrum Tiberii, Modesti, et Florentiæ, qui tempore Diocletiani martyrium compleverunt. » Et in vita S. Tiberii : « Et subito apparuerunt juxta fluvium qui dicitur Araur, in vico qui vocatur Ceseri, etc. » HARD.

73. *Carpentoracte. Carpentras,* cujus incolæ, cæterique ex agro circumjecto contributi, Memini appellati sunt, Cavarum regionis; Μεμηνοὶ Ptolemæo, lib. II, cap. 10, sub Tricastinis. Notitia Civitatum Galliæ : *Civitas Carpentoratensium, nunc Vindausca.* In Concil. Cabilonensi, anno 650, *Licerius Vindauscensis,* id est, Carpentoratensis, ab oppido vicino Vindausca. HARD.

74. *Cenicenses.* Forte *Cœnienses,* inquit Harduinus, amnis Cœni accolæ, cujus inter Maritimam Massiliamque meminit Ptolemæus, loco citato. POINSINET *Cercinenses* legere jubet quos fuisse dicit in loco quem vocat *Cencerni,* VII M. pass. a Carpentoracte. Minus autem certus est istius populi sequentiumque situs quam ut in mappa ulla recte describi possit. ED.

75. *Cambolectri.* Dalec. et Elzev. *Cambolecti.* ED.

76. *Qui Atlantici.* Eo cognomine a Cambolectris Agesinatibus discriminantur, quos junctos esse Pictonibus dicemus, lib. IV, capit. 33. H.— Ignoratur autem eorum situs;

tur : Forum [77] Voconii, Glanum [78] Livii, Lutevani [79], qui et Foroneronienses : Nemausum [80] Arecomicorum, Piscenæ [81], Ruteni [82], Sanagenses [83], Tolosani [84] Tectosagum, Aquitaniæ contermini : Tasconi [85], Tarusconienses, Um-

in mappis igitur eorum nomen inscriptum non sine dubitatione legas. ED.

77. *Forum*. Forum, inquit Festus, negotiationis locus est; ut Forum Flaminium, Forum Julium ab eorum nominibus, qui ea fora constituenda curarunt. Quod Voconii modo dicitur, vicus nunc esse *le Canet*, ad amnem Argenteum, diœcesi Forojuliensi, contendit Honor. BOUCHE, Histor. Prov. lib III, cap. 4, p. 150. Antoninus in Itiner. distare a Foro Julii dicit, XII M. pass. pro XXII. Plancus ad Ciceronem, Epist. Fam. lib. X, 17, XXIV M. pass. D'ANVILLE autem *Voconii Forum* in loco dicto *Gonfaron* pro *Voconfaron* agnoscere vult. H. et ED.

78. *Glanum*. A Cabellione XVI M. pass. in Itiner. Antonin. vel potius VII M. pass. ut in tabula provinc. invenitur. Γλάνον in Salyibus, apud Ptolemæum, lib. I, cap. 10. Nunc S. Remigii oppidum, *S. Remy*, inter Arelate et Cabellionem : ut egregie probat idem auctor Hist. Prov. lib. III, cap. 3, pag. 136. HARD.

79. *Lutevani*. Oppidum Luteva, *Lodève*, (*département de l'Hérault*) : quibus et Foroneroniensium cognomen additum, quod alterius oppidi sub Tricastinis peculiare est apud Ptolem. loc. cit. HARD.

80. *Nemausum*. Colonia dicitur Volcarum Arecomicorum Ptolem. loc. cit. et nummi frequentes occurrunt, COL. NEM. *Nismes*, (*département du Gard*). Multa servat veteris magnificentiæ vestigia. H. et ED.

81. *Piscenæ*. Nunc *Pézenas*, (*département de l'Hérault*), prope Araurim amnem. HARD.

82. *Ruteni*. Non ei sunt quos infra, l. IV, c. 33, Noster *provinciæ conterminos* ait, ut vult Harduinus, sed illi quos Cæsar, de Bell. Gall. lib. VII, cap. 7, *Provinciales* vocat, et quibus oppidum fuit Albiga, hodie *Albi*, (*département du Tarn*), auctore D'ANVILLE, quem videas, *Notice de la Gaule*, pag. 562. ED.

83. *Sanagenses*. Qui Sanicienses ævo posteriore appellati, a Sanicio Alpinæ oræ oppido, cujus meminit Ptolemæus, lib. III, cap. 1. Nunc *Senez*, (*dép. des Basses-Alpes*). H.

84. *Tolosani Tectosagum*. Mendose apud quosdam *Tolosani*, *Tectosagii*, hodie *Toulouse*, provinciæ caput, cui nomen *Département de la Haute-Garonne*. ED.

85. *Tasconi*, *Tarusconienses*. Priores incolæ sunt, ut arbitramur, Montis Aureoli, cui nunc Monti Albano factum nomen est, *Montauban*, oppido celebri, provinciæ dictæ *Département de Tarn et Garonne*, præcipuo; quod amnis alluit *Tesco* appellatus : inde *Tesconi* accolæ nuncupati, sive *Tasconi*. Auctor vitæ S. Theodardi Archiepiscopi Narbonensis, die 1 Maii, cap. 6 : « In Caturcensi territorio, in monte qui Aureolus nuncupatur, ad cujus montis radicem fluvius quidam decurrit, quem indigenæ regionis ipsius *Tesconem* vocant. Hic suo decursu confinia Tolosani Caturcensis ruris liquido

LIBER III.

branici[86] : Vocontiorum civitatis[87] fœderatæ duo capita, Vasio[88], et Lucus[89] Augusti. Oppida vero ignobilia xix; sicut xxiv Nemausiensibus attributa. Adjecit formulæ[90] Galba Imperator ex Inalpinis Avanticos[91], atque Bodion-

dirimit patenter influxu : qui a prædicto monte recedens post modicum terræ spatium Tarno immergitur flumini. » Nondum erat Mons Albanus Episcopatus titulo insignitus; postea Caturcensi diœcesi est avulsus. — Posteriores a Taruscone Salyum oppido nomen habuere, Ταρουσκῶν Ptolemæo, lib. II, cap. 10, nunc *Tarascon*, ad Rhodanum. In MSS. Reg. 1, 2, Colbert. 1, 2, et Paris, *Tasconi*, *Taracunonienses*. Libri vulgati, *Tuscodunitari*, *Cononienses*, omnino mendose, ut vel ex ipsa serie elementorum liquet. Adeo non placet conjectura eruditi viri, scribi ita jubentis : *Taruscoduni*, *Tarni*, *Tononienses :* ut si Tasconos ipsos expungere cuipiam libuerit, ceu ineptam vocis subsequentis repetitionem, ac solos retinere Taruscononienses, haud gravate sim assensurus. Nam Tarnos ab amne Tarne comminisci, otiosorum hominum videtur esse : Tononienses a Sabaudia in provinciam Narbonensem, accersere, quam solam Plinius modo perlustrat, ἀγεωγραφήτων. H.

86. *Umbranici.* In Tab. Peuting. Segm. 1, *Umbranicia* legitur prope Volcas Tectosagas et Nemausum. Unde putat Poinsinet illos provinciæ, nunc *Département de l'Aveyron* vocatæ, australem tenuisse partem, quo loco situm est oppidum *Vabres*.

87. *Civitatis.* Hoc est, regionis, sive gentis, non oppidi. Hard.

88. *Vasio.* Sic in Ptolemæo : apud Dalec. et Elz. *Vasco.* Hodie *Vaison*, *département de Vaucluse*, leucis quatuor ab *Orange*. En.

89. *Lucus Augusti.* Oppidum olim submersum lacu, quem Druma fluvius effecerat, quum vicini montis ruina aquarum cursus impeditus esset. Etiamnunc oppidi reliquiæ visuntur intra Lucensem lacum, prope quem posterius exstructus fuit pagus, hodie *Le Luc* dictus, teste N. Chorier in Histor. Delphinatus. Luci Vocontiorum municipii meminit Tacit. Hist. I, 66. Vid. tom. III, pag. 97, edit. nostr. En.

90. *Formulæ.* Hoc est, Tabulæ et indici, sive syllabo provinciarum Galliæ, adjecit Galba ex gentibus Inalpinis, Avanticos atque Bodionticos. Hard.

91. *Avanticos atque Bodionticos : quorum oppidum Dinia.* Sic libri omnes tum editi, tum manu exarati ante Hermolaum, qui pro *Bodionticis*, *Ebroduntios* fidenter inculcavit, quemque secuti sunt Dalec. et Elzev. Nos autem Harduinum qui priorem lectionem restituit, sequi non dubitavimus.—Ebroduni enim, quod Caturigum est oppidum, cap. 24, meminit Noster, qui certe bis eamdem gentem sub diversis nominibus signare sic non potuit. At non levior ejusdem Hermolai lapsus, et Guillimanni, qui Hermolaum secutus est, quum Avanticis oppidum fuisse Aventicum, hodie *Avenche*, credit; quod quidem oppidum situm est longe supra Lemannum lacum, quo tamen lacu claudi pro-

ticos, quorum oppidum Dinia. Longitudinem provinciæ Narbonensis CCLXX[92] M. pass. Agrippa tradit, latitudinem CCXLVIII.

VI. (v.) Italia[1] dehinc, primique ejus Ligures : mox Etruria, Umbria, Latium, ubi Tiberina[2] ostia, et Roma terrarum caput, XVI M. pass. intervallo a mari. Volscorum postea littus, et Campaniæ : Picentinum inde, ac Lucanum, Brutiumque, quo longissime in meridiem, ab Alpium[3] fine, lunatis jugis in maria excurrit Italia. Ab eo Græciæ ora, mox Salentini, Pediculi[4], Apuli, Peligni, Frentani[5], Marrucini, Vestini, Sabini, Picentes, Galli, Umbri, Etrusci[6], Veneti, Carni, Iapides, Istri, Liburni. Nec

vinciam Narbonensem superius monuimus. Avanticorum locum reperire credit Honor. BOUCHE in pago dicto *Avançon*, inter *Chorges* et *Gap*, *département des Hautes-Alpes*; D'ANVILLE autem illos ejusdem provinciæ partem tenuisse putat, quæ trans Druentiam est, meridiem versus. H. Dinia hodie est *Digne*, oppidum haud ignobile, provinciæ caput, cui nomen est *Département des Basses-Alpes*. ED.

92. *CCLXX*. Martianus, l. VI, p. 203, CCCLXX. De latitudine ambo concinunt. Missi Theodosii: «Juxta Plinium Secundum, longitudinem Provinciæ Narbonensis, CCCLXX M. passuum Agrippa tradidit: latitudinem, CCCXLVIII.» H. — Nihil certi habere possunt istæ mensuræ, quum ignorentur loci ex quibus sumantur. Longitudinem CCLXX M. passuum invenies, si eam a Pyrenæis Lugdunum sumas; latitudinem autem CCCXLVIII nusquam reperi. Mihi rectius videtur longitudinem maximam CCCLXX M. pass. a Pyrenæis finibusque Consuaranorum ad Genevam sumere; latitudinemque CCCXLVIII a finibus Tolosatum ad Varum, ut volunt haud immerito Missi Theodosii. ED.

VI. 1. *Italia dehinc*. Transcripsit hunc locum Martianus, lib. VI, de Italia, pag. 203, iisdem plane verbis. HARD.

2. *Tiberina ostia*. Hoc est, littus illud maris in quod Tiberis effunditur: non urbs ipsa Ostia, quanquam et ipsa Tiberina Ostia appellata est. HARD.

3. *Ab Alpium fine*. Dalec. et Elz. *Ab Alpium pene lunatis jugis*. ED. — A primis Alpibus, inquit Martianus, loc. citat. Plinius ipse paulo inferius hoc cap. *Patet longitudine Italia ab Alpino fine*. Lunata autem juga Apennini montis intellige, cujus dextrum cornu, ut ait Mela, lib. II, cap. 4 Siculum pelagus : alterum, Ionium respicit. HARD.

4. *Pediculi*. Chiffl. *Peduculi*. ED.

5. *Frentani*. Vet. apud Dalecamp. *Ferentani*. ED.

6. *Etrusci*. Dalecamp. et Elzev. *Thusci*. ED.

LIBER III.

ignoro, ingrati ac segnis animi existimari posse merito, si breviter atque in transcursu ad[7] hunc modum dicatur terra, omnium terrarum alumna, eadem et parens: numine Deum electa, quæ[8] cælum ipsum clarius faceret, sparsa congregaret imperia, ritusque molliret, et tot populorum discordes ferasque linguas, sermonis commercio contraheret[9]: colloquia, et humanitatem homini daret: breviterque, una cunctarum gentium in toto orbe patria fieret. Sed[10] quid agam? Tanta nobilitas omnium 3 locorum (quos[11] quis attigerit?), tanta rerum singularum populorumque claritas tenet. Urbs Roma, vel sola in ea, et digna tam[12] festa cervice facies, quo tandem narrari debet opere? Qualiter Campaniæ[13] ora per[14] se, felixque illa ac beata amœnitas? ut palam sit, uno[15] in loco gaudentis opus esse naturæ. Jam vero tanta[16] ea vitalis ac perennis salubritatis cæli[17] temperies[18], tam fertiles campi,

---

7. *Ad hunc.* Vet. apud Dalec. *in hunc.* ED.

8. *Quæ cælum ipsum, etc.* Imperatoribus suis ornaret, divis factis scilicet. Sic ad Plinii marginem interpretabatur Menagius. ED.

9. *Contraheret: colloquia, et humanitatem.* Dalec. et Elz. *Contraheret ad colloquia, et humanitatem.* ED.

10. *Sed quid agam?* Vet. apud Dalec. *Sed ne id agam.* ED.

11. *Quos quis attigerit?* Quod non copiose, inquit, pro meritis nunc de Italia agam, retineor impediorque multiplici nobilitate locorum (quos quidem nemo attingere, nedum satis prosequi valeat), ingentique singularum rerum ejus, ac gentium claritate. H. — Dalecamp. et Elz. *quos quis attigerit.* Sine ullo interrogationis signo. Pro τῷ *quos* volebat Dalec. *quæ.* ED.

12. *Tam festa cervice.* Hoc est, læta, eximia, ut dictum est lib. II, cap. 46, diceturque iterum lib. IV, cap. 1. Roma, inquit, quæ veluti pro facie est Italiæ, quæ ipsa totius imperii cervix, seu caput est, eam habet dignitatem, vix ut possit diffuso opere explicari. HARD.

13. *Campaniæ ora per se, felixque illa, etc.* Vet. apud Dalecamp. *Campaniæ ora per se felix, illa, etc.* Proponebat Menagius, *Campaniæ ora, felixque illa per se, ac beata amœnitas.* ED.

14. *Per se.* Vel si sola ea spectetur. HARD.

15. *Uno in loco.* Volebat Dalec. *uno hoc in loco.* ED.

16. *Tanta.* Dalecamp. et Elzevir. *tota.* ED.

17. *Cæli.* Chiffl. *talis cæli.* ED.

18. *Temperies.* Dalec. et Elzev. *temperies est*, contra Toletan. fidem in quo deest vox *est*. ED.

tam aprici colles, tam innoxii saltus, tam opaca nemora, tam munifica silvarum genera, tot montium[19] afflatus, tanta frugum et vitium, olearumque fertilitas, tam nobilia pecori[20] vellera, tot[21] opima tauris colla, tot lacus, tot amnium fontiumque ubertas, totam eam perfundens, tot maria, portus, gremiumque terrarum commercio patens[22] undique: et tanquam ad juvandos mortales, ipsa 4 avide in maria procurrens. Neque ingenia, ritusque, ac viros[23], et lingua manuque superatas commemoro gentes. Ipsi de ea judicavere Græci, genus in gloriam suam[24] effusissimum, quotam partem ex ea appellando Græciam magnam. Nimirum id, quod in mentione cæli fecimus, hac quoque in parte faciendum est, ut quasdam notas[25] ac[26] pauca sidera attingamus. Legentes tantum, quæso, meminerint, ad singula toto orbe edisserenda festinari.

5 Est[27] ergo folio maxime querno assimilata, multo proceritate amplior, quam latitudine : in læva[28] se flectens

19. *Montium afflatus.* Venti, spirationesque emissæ e montibus, aura illa odorata, quæ per montium latera, ex omni frugum florumque genere descendens, totum inficit ac perfundit aerem. Sic Plinius noster de Polypo, lib. IX, cap. 48, 4 : « Afflatu terribli canes agebat. » Et Junior, lib. V, Ep. 6, « Triclinium saluberimum afflatum ex Apenninis vallibus. » Salmasius tamen, *marium afflatus* emendat: perinde ac si maris afflatus aut salubris semper, aut jucundus sit. Hard.

20. *Pecori.* Chiffl. *pecudi.* Ed.

21. *Tot opima.* Vet. apud Dalec. *tam opima.* Ed.

22. *Commercio patens undique.* Solini paraphrasis, cap. II, pag. 12 : « Latera portuosa, orasque habet patentibus gremiis, commer-

cio orbis accommodatas. Hard.

23. *Ac viros.* Rectius forsan *vires* agnoscas, ex sequentibus illis, *et lingua manuque superatas gentes.* Hard.

24. *Suam.* Chiffl. *sui.* Ed.

25. *Notas ac pauca.* Vet. apud Dalecamp. *Notas stellas ac pauca sidera.* Ed.

26. *Ac pauca.* Chiffl. *et pauca.* Ed.

27. *Est ergo.* Solinus hæc a Plinio mutuatus, cap. II, pag. 13. H.

28. *In læva.* Vet. apud Dalec. *in lævo.* Ed. — Qua tendit ad promontorium Iapygium, et Hydrunticum agrum, nunc *Terra d'Otranto*, Italiæ, versus Ionium mare, et Epirum, ultimum cacumen. Capella quoque, lib. VI, p. 205, hæc ipsa Plinii repetens, *Lævorsum se flectit*, inquit. Hard.

cacumine, et Amazonicæ[29] figura desinens parmæ, ubi a medio excursu Cocinthos[30] vocatur, per sinus lunatos duo cornua emittens, Leucopetram dextera, Lacinium sinistra. Patet[31] longitudine ab Alpino fine Prætoriæ Augustæ, per Urbem Capuamque cursu meante, Rhegium oppidum in humero ejus situm, a quo veluti cervicis incipit flexus, decies centena et viginti millia passuum : multoque amplior mensura fieret Lacinium[32] usque, ni talis obliquitas in latus digredi videretur. Latitudo ejus varia est : CCCCX millium[33] inter duo maria, inferum[34] et superum, amnesque Varum[35] atque Arsiam : mediæ[36], atque ferme circa

---

29. *Amazonicæ.* Martianus, loco citato : « Duobus promontoriis peltæ Amazonicæ formam reddit : dextro cornu Leucopetram tendens, lævo Lacinium. » Pelta, auctore Servio in Æneid. I, v. 494, scutum est brevissimum in modum Lunæ jam mediæ. Confer. ad lib. XII, cap. 11. HARD.

30. *Cocinthos.* Tria, inquit, promontoria duos sinus lunatos efficiunt : ex iis duo extrema, seu cornua quædam porrectiora, emittuntur in mare : Leucopetra dextrum, ad fretum Siculum, *Capo dell' Armi* : sinistrum Lacinium appellatur in Crotoniensi agro, *Capo delle Colonne.* Medium inter hæc Cocinthos, *Capo di Stilo.* HARD.

31. *Patet*, etc. Hæc iisdem fere verbis Solinus et Capella, locis cit. et Missi Theodosii. De Augusta Prætoria, dicemus cap. 21. H. — Multum autem a vero discrepat hæc mensura; nam Italia non, ut ait Noster, decies centena et viginti millia passuum patet ab Alpino fine Rhegium, sed tantum octies centena millia passuum, per Urbem Capuamque cursu meante, recto quidem, quantum fieri potest. ED.

32. *Lacinium usque.* Ducta rursum eo usque a Rhegio oppido mensura. H. — Certe, si quo modo vult Harduinus, intelligatur locus iste, mensura centum et quindecim M. pass. amplior fieret; si autem ab Alpino fine Lacinium usque sumatur, quinquaginta M. pass. brevior. ED.

33. *CCCCX mill.* Ita Solinus, cap. II, pag. 14. Missi Theodosii : *Latitudo Italiæ*, CCCXX ..... *juxta Plinium Secundum.* H. — Vet. CCXC. Paulum autem a vero aberrat CCCCX M. pass. mensura, inter Varum et Arsiam. ED.

34. *Inferum, et superum.* Tuscum illud, istud Adriaticum vulgo nuncupatur. HARD.

35. *Varum*, etc. Varus Narbonensis Galliæ, ut dictum est cap. sup. finis; Arsia finis Italiæ, ut dicetur cap. 23, in Istria. HARD.

36. *Mediæ.* Dicta proxime est Italiæ summæ, qua cingitur Alpibus, latitudo : nunc ejusdem mediæ, ubi fere Roma est, latitudo signatur; postremo, reliquæ. H. — Scrib.

urbem Romam, ab ostio [37] Aterni amnis in Adriaticum mare influentis, ad Tiberina ostia, CXXXVI et paulo minus a Castro novo Adriatici maris Alsium ad Tuscum æquor, haud [38] ullo inde loco CCC in latitudinem excedens. Universæ autem ambitus a Varo ad Arsiam $\overline{\text{xxx}}$ pass.[39] LVIIII efficit.

media autem ferme, ut mediam latitudinem intelligas, non mediam Italiam. Chiffl. *mediam autem ferme*. Dalec.

37. *Ab ostio Aterni*. Hunc locum Plinii accuratissimis recentissimisque observationibus eximie congruere, et errare Geographos recentes, qui mensuram Italiæ secus definiunt, docet D. Delisle, in Commentariis Academiæ Regiæ Scientiarum, anni 1714, pag. 181. H.—Ex probatissimis tamen Italiæ mappis apparet, non, ut ait Noster CXXXVI, sed vix CXXV M. pass. esse Italiæ latitudinem inter Tiberina ostia et ostium Aterni amnis, hodie *Pescara*. Ed.

38. *Haud ullo inde loco* CCC. Reliqua, inquit, Italia ab Alsio Tiberinisque ostiis ad Rhegium usque, nusquam excedit CCC millia pass. —In MSS. Reg. Colb. Paris., etc. *haud ullo in loco*. Parm. edit. *haud ullo in loco* CC. Nos *haud ullo inde loco*, ex conjectura, et Martiano, lib. VI, cap. de Italia, pag. 205. CCC. rescripsimus : *Nusquam*, inquit, *trecenta latitudo ejus excedit*. Sed Plinii mentem idem Martianus haud assecutus sane videtur, quæ nostra interpretatione, feliciter, ut quidem opinamur, illustrata est. H.— Bene MSS. Reg. 2, 5, et editio princeps CC. Perperam eruditus Harduinus e MSS. et Martiano emendavit, CCC.

Patet enim cuivis Italiam inspicienti ab Alsio, usque ad Rhegium, *Reggio*, eam CC millia passuum in latitudinem non excedere. Brot. —Sic quidem isti, et quamvis haud absurda videatur Broterii sententia, nihil tamen in Harduino immutandum putavi, quum inter promontorium Leucopetra et Brundisium CCL circiter millia pass. sit intervallum. Ed.

39. $\overline{XXX}$ *pass*. *LVIIII*. Hoc est, tricies centena, et quinquaginta novem millia passuum. Sic MSS. omnes. In Solino, cap. II, pag. 14, et Capella, lib. VI, cap. de Italia, pag. 205, male nunc hic idem universæ Italiæ ambitus colligit vicies centena et XLIX millia pass. hoc est, $\overline{\text{xx}}$ XLVIIII, quum utrobique, ut in Plinio, scribendum sit, $\overline{\text{xxx}}$ LVIIII nullis additis detractisve : sed tertia tantum denarii nota, quam prava librarii distinctio sequenti summæ tribuit, reddita restitutaque priori. Quamobrem immerito Salmasius in Solin. pag. 83, ex eodem Solino Martianoque Plinium emendandum pronuntiat, quum e contrario ii sint ex auctore suo Plinio refingendi. Nam si decies centena et XX millia passuum apud eosdem colligit longitudo Italiæ, haud sane pauciora tricies centenis passuum millibus patere ejus ambitum res ipsa pervincit. Superpo-

LIBER III.

Abest[40] a circumdatis terris, Istria ac Liburnia qui- 7 busdam[41] locis centena[42] M. pass. Ab Epiro et Illyrico quinquaginta. Ab Africa minus[43] CC, ut auctor[44] est M. Varro. Ab Sardinia CXX[45] M. Ab Sicilia M. CCCCC. A Corsica[46] minus LXX. Ab Issa[47] quinquaginta. Incedit per maria[48] cæli[49] regione ad meridiem quidem : sed si[50] quis id diligenti subtilitate exigat, inter[51] sextam horam primamque brumalem. Nunc ambitum ejus, urbesque enu- 8 merabimus. Qua in re præfari necessarium est, auctorem nos Divum Augustum secuturos, descriptionemque ab

sita numeralibus notis lineola, centena toties signari admonet. H. — Vera autem mensura, a qua omnes pariter aberraverunt, circiter XX D M. pass. esse videtur. ED.

40. *Abest.* Hæc Martianus iisdem verbis, lib. VI, pag. 205. HARD.

41. *Quibusdam locis.* Nempe a Pola ad Ravennam et ab Iadera ad Anconam. ED.

42. *Centena.* Dalec. et Elz. *centum.* ED.

43. *Minus CC.* Libri scripti et editi sic habent; emendandum est *minus CCC.* Nec in distantia Italiæ ab Africa tantum errare potuerunt aut Varro, aut Plinius. BROT.

44. *Ut auctor est.* Dalec. et Elz. *ut auctor affirmat.* ED.

45. *CXX M.* Sic libri omnes : nullo tamen loco brevius est quam CXL millia passuum Sardiniam inter et proximum Italiæ littus intervallum. ED.

46. *A Corsica minus LXX.* Reg. 2, *A Corcyra minus* LXX. Parm. edit. *A Corsica.* Martianus, lib. VI, cap. de Italia, pag. 105, ex optimis exemplaribus, *A Corsica, minus* LXX : id quod libentius amplexi sumus. Omitti sane non debuit major insula, aut longe minor anteponi. Deinde longiusculum est Italiæ a Corcyra intervallum, ut minimum C. M. P. At Corsicam a Vadis Volaterranis LXII. M. P. abesse Plinius diserte testatus, ut quidem præ se ferunt exemplaria omnia, lectionem quam defendimus, egregie tuetur. H. — Reg. cod. 2, lectionem secuti sunt Dalec. et Elz. sed male, ut demonstrat Harduinus. ED.

47. *Ab Issa quinquaginta.* Proximo intervallo Issa, Dalmatiæ insula, LXXX M. pass. a quolibet Italiæ littore distat. ED.

48. *Per maria.* Inter Adriaticum et Tyrrhenum, quibus latera Italiæ gemina alluuntur. HARD.

49. *Cæli . . . . . quidem.* Volebat Dalec. *Ad cæli quidem meridionalem regionem.* ED.

50. *Si quis id . . . . . exigat.* Codex Chifflet. *Si quis hoc exigat diligenti subtilitate.* ED.

51. *Inter sextam.* Hoc est, inter meridiem, quæ hora sexta Veteribus dicta est, et exortum solis brumalem, quæ prima. Quod Galli vocant *Sud-Est.* Vide etiam quæ dicturi sumus in notis ad librum VI, cap. 37. HARD.

eo factam Italiæ totius in regiones xi sed ordine eo, qui littorum[52] tractu fiet : urbium quidem vicinitates oratione[53] utique præpropera servari non posse : itaque interiori in parte digestionem in litteras ejusdem nos secuturos, coloniarum mentione signata, quas ille in eo prodidit numero. Nec situs originesque persequi facile est, Ingaunis[54] Liguribus, ut cæteri omittantur, agro tricies dato.

VII. Igitur ab amne[1] Varo Nicæa oppidum a Massiliensibus conditum : fluvius Palo[2] : Alpes, populique Inalpini multis[3] nominibus, sed maxime Capillati[4] : oppidum Vediantiorum[5] civitatis Cemelion : portus Herculis[6] Monœci, Ligustica ora. Ligurum celeberrimi ultra

---

52. *Qui littorum tractu.* Chiffl. *qui in littorum tractu.* Ed.

53. *Oratione.* Toletan. codex *ordinatione.* Ed.

54. *Ingaunis.* Quorum oppidum Albium Ingaunum, de quo mox. H. — Super. cap. legitur *Ligaunis.* Dalec.

VII. 1. *Ab amne Varo.* Hic noua incipit Italiæ regio, a Narbonensi, ut diximus, Varo amne discreta. Sic Italiæ adscribitur Nicæa, quæ tamen Massiliensium colonia fuit. Stephano, Νίκαια Κελτικῆς Μασσαλιωτῶν ἄποικος. Et nunc *Nizza* vocatur incolis, Gallis *Nice*, in Pedemontii regno. Ed.

2. *Fluvius Palo.* Sic MSS. quos vidit Vossius, ut quidem ait in Melam, pag. 170. Melæ ipsi, lib. II, cap. 4 *Paulon flumen*; Hard. In MSS. suis *Pado* legit, quod Chiffl. admisit Dalec. et Elz. *Padus.* Cl. Rezzonicus et Brot. *Paulo.* Hodie *Paglione* vocatur; juxta Nicæam in mare influit. Ed.

3. *Multis nominibus.* A Livio hæc Ligurum nomina produntur. Celelates, et Cerdiciates, lib. XXXII, cap. 29. Apuani, et Friniates, lib. XXXIX, cap. 28, etc. Hard.

4. *Capillati.* Qui Liguriam tennere. Λιγύων τῶν Κομητῶν καλουμένων meminit Dio, lib. LIV, pag. 538. De his Lucanus, Phars. lib. I, 442.

Et nunc tonse Ligur, quondam per colla decora
Crinibus effusis toti prælate Comatæ. Hard

5. *Oppidum Vediantiorum civitatis Cemelion.* Hoc est Cemelion oppidum gentis Vediantiorum, qui Capillatorum Ligurum pars fuere. Cemenelion legunt Cl. Rezzonicus et Broterius a MSS. Palmerii, et ex inscriptionibus; apud Ptolemæum quoque Κεμενέλιον Οὐεσδιαντίων legitur, lib. III, cap. 1, in maritimis Alpibus. Videntur ejus rudera templumque sub invoc. Mariæ Virg. in loco dicto *Cimiez*, haud procul a Nicæa. — Vet. ap. Dalec. *Vendiatiorum civitas Cemelion.* Ed.

6. *Herculis.* Hodieque *Monaco*. Fallitur Ptolemæus, qui Herculis et Monœci portus diversos putat. Ammianus, lib. XV, pag. 53, de

LIBER III. 73

Alpes[7] Salluvii[8], Deciates[9], Oxybii[10]: citra[11], Veneni[12], et Caturigibus[13] orti Vagienni[14], Statyelli[15], Vibelli[16], Magelli[17],

Hercule Thebæo, qui Geryonem exstinxit: « Monœci similiter, inquit, arcem et portum ad perennem sui memoriam consecravit. » Tacito quoque, Hist. lib. III, cap. 42. « Portus Herculis Monœci. » H. — Vet. ap. Dalec. qui supra, citati Ptolomæi mentem amplecti videtur: *Portus Herculis et Monachus*. ED.

7. *Ultra Alpes.* In Narbonensi provincia. Salluviorum ibi oppidum, ut diximus sup. cap. Aquæ Sextiæ: Deciatum, Antipolis: Oxubiorum denique, Ægitna. HARD. et ED.

8. *Salluvii.* Dalec. et Elzev. *Sallyi.* De his vide quid superiore cap. 5, notis 61 et 62, dixerimus. ED.

9. *Deciates.* Dalec. et Elz. *Deceates:* in Chiffl. vero *Deciates.* De his superiorem vide, cap. 5, notam 54. ED.

10. *Oxybii.* Dalecamp. et Elzevir. *Oxubii.* Vide supra, cap. 5, notam 51. ED.

11. *Citra.* Qui Cisalpini Ligures Romanis appellati sunt, nobis iidem sunt Transalpini. Horum fere omnium obscura nomina, situs omnino inexploratus. HARD.

12. *Veneni.* Quo loco hodie est *Vinadio*, leucis novem ab oppido quod *Coni* vocant, in Pedemontio provincia; non autem, ut scribit Broterius, *Vinay*, vico provinciæ Isaræ (*département de l'Isère*), quod ultra fuisset. ED.

13. *Et Caturigibus.* Ita quidem reposuit Hermolaus: at MSS. omnes, *et Turris*, forte pro *et Thurris:* vel *ex Tungris.* Caturiges autem oppidum *Chorges*, ut supra diximus, tenuisse videntur. H. et ED.

14. *Vagienni. Bagienni* sunt Varroni de Re Rust. lib. I, cap. 51. In Tab. Peuting. *Bagitenni*, supra Cemenellum et Albintemelium, segm. 2. Noster, quum hoc eodem libro, cap. 20, 3, Padum illorum finibus proflui dicit, eos provinciæ, quam nunc *Marquisat de Saluces* Galli vocant, occidentalem partem tenuisse indicat. De eorum oppido notata in fine hujus capitis nonnulla reperies. ED.

15. *Statyelli.* Haud longe a Vagiennis habitasse videntur, orientem versus, in australi provinciæ parte, quam Galli vocant *le Montferrat*. De eorum oppido vide in fine hujus cap. ED.

16. *Vibelli.* MSS. Reg. Vat. Riccardius et Cl. Rezzonicus *Simbelli* legunt. Quidam illos in ea provinciæ Pedemontii parte habitasse volunt, qua reperitur oppidum *Biela*, octo leucis a Vercellis, *Verceil*, septemtrionem inter et occidentem; cui quidem opinioni minime assentiri possum, quum istos omnes populos Cispadanam Galliam incoluisse e Nostri verbis pateat. ED.

17. *Magelli.* Eos ponit POINSINET DE SIVRY in ea provinciæ Ticini parte quæ *Val Maggia* vocatur, in Helvetica republica; sed minus recte; sic enim in transpadana Gallia transferrentur, dum certe singulos cispadanæ populos hic perlustrat Noster, ut jam modo superiori nota diximus. ED.

Euburiates[18], Casmonates[19], Veliates, et quorum oppida
2 in ora proxima dicemus[20]. Flumen Rutuba[21], oppidum
Albium[22] Intemelium : flumen Merula, oppidum Albium
Ingaunum : portus Vadum[23] Sabatium : flumen Porcifera[24], oppidum Genua, fluvius Feritor, portus Delphini : Tigullia[25] intus : Segesta Tigulliorum : flumen

18. *Euburiates.* Horum meminit Florus, lib. II, cap. 3 : «Salyi, Deccates, Oxybii, Euburiates, Ingauni.» Eos Poinsinet cum Magellis in valle, quæ *Val Maggia* dicitur, inconsulto, ut diximus, ponit, juxta pagum *Vegurio.* Certe juxta Alpes maritimas quærendi sunt, sed minus certus est eorum situs, quam ut locum quem tenuerunt certiore modo designare possimus. Ed.

19. *Casmonates, Veliates.* Omnino ignorantur ; nihil enim confirmat eorum conjecturam, qui Casmonates juxta urbem *Casale,* provinciæ Montisferrati, *le Montferrat*, caput, incoluisse dicunt et Veliates, juxta *Cortemiglia,* quinque ab oppido *Alba* leucis. Ed.

20. *Dicemus.* Chiffl. *edicemus.* Igitur de quibus dictum est hactenus, intus in montibus, non in ora sedes habuere. Hard. et Ed.

21. *Rutuba. Rutubamque cavum* appellat Lucanus, lib. II, vers. 422. Vibus Seq. p. 337, *Rutuba ex Apennino fluit.* Nunc *la Roja.* Ed.

22. *Albium Intemelium,* etc. Chiffl. *Album Intemelium.... Album Ingaunum.* Ed. — *Albintemelio* in Tab. Peuting. Straboni, lib. IV, pag. 202, Ἄλϐιον Ἰντεμέλιον. Ligurum enim alii, inquit, Intemelii, Ingauni alii appellati. Inde gemino oppido nomen. Intemelium hodie *Vintimiglia ;* Ingaunum, Al-

benga : Merula flumen, quo Ingaunum alluitur, *Aroscia.* Albingaunos appellat Livius, l. XXIX, c. 5. H.

23. *Vadum.* Hoc est, portus Vadorum Sabatiorum, nunc *Vai*, et *Ve.* Ipsa Vada Sabatia *Savona* nunc appellantur. Ed.

24. *Porcifera.* Nunc *Bisagna* Genuam, hodie *Genova*, Gallis *Gênes* latere orientali alluit : Feritor, *Lavagna*, in partem pariter exortivam influit ejus sinus, qui portum Delphini efficit, *Porto Fino :* etsi aliter alii statuunt. Hard. et Ed.

25. *Tigullia intus : Segesta Tigulliorum.* Male Broterius *Tigullia : intus et Segesta Tigulliorum*, quum ex Itinerario maritimo pateat portum fuisse Segestam. Tigullia autem *intus*, ut ait Noster, id est longius a mari sita fuit, in via Aurelia, ut ex Itinerario Antonini discimus, in quo *Tegulata* vocatur. Ejus etiam meminerunt Mela, lib. II, cap. 4, et Ptolomæus, lib. III, cap. 1, qui eam Τιγουλλίαν, *Tigulliam*, vocat, unde nos quoque, pro *Tigulia*, *Tigullia* cum Cl. Rezzonico et Broterio restituimus. Segesta hodie, annuentibus omnibus, *Sestri di Levante* vocatur, a quo, trium fere m. passuum intervallo, rudera multa inveniuntur quæ *Tregesa*, sive *Trigoso* nominantur et quæ Tigulliæ locum occupare putant Harduinus et Mannertus. Ed.

Macra [26], Liguriæ finis. A tergo autem supradictorum 3 omnium Apenninus mons Italiæ amplissimus, perpetuis jugis ab Alpibus tendens ad Siculum fretum. Ab [27] altero ejus latere ad Padum amnem Italiæ ditissimum, omnia nobilibus oppidis nitent : Libarna [28], Dertona [29] colonia, Iria [30], Barderate [31], Industria [32], Pollentia [33], Carrea quod Potentia cognominatur : Forofulvi, quod Valentinum [34]:

26. *Macra.* Vibius Sequest. pag. 225, edit. Bip. « Macra Liguriæ, secundum Lunam urbem.» Straboni, lib. V, pag. 222 : Μεταξὺ δὲ Λούνης καὶ Πίσης ὁ Μάκρης... Ptolem. lib. III, cap. 1 : Μακράλλα. Vide quoque Livium lib. XXXIX, cap. 32, et lib. XL, cap 41. Etruriam a Liguria, ut ait Noster, Galliamque Cisalpinam ab Italia proprie dicta occidentem versus disterminabat flumen illud, et in capacissimum Lunæ portum influebat. Incolis hodie *la Magra* vocatur. Ed.

27. *Ab altero.* Orientali Apennini latere, qùa Padum prospectat. H.

28. *Libarna.* Λιβάρνα Ptolem. lib. III, cap. 1. In Itiner. Anton. *Libanum* mendose, a Dertona, M. P. XXXV. In Tab. Peuting. *Libarnum*, a Genua XXXVI. Hodie, ut vult D'Anville, *Castel Arqua*. Ed.

29. *Dertona.* In Thes. Goltzii, vetus inscript. Col. Julia. Dertona. Nunc *Tortona*. Hard.

30. *Iria.* Vet. ap. Dalec. *Trita*. Ptolem. lib. III, cap. 1. Εἰρία. In Itiner. Anton. via Clodia, a Dertona X M. P. Iriatum meminisse Livium lib. XXXI, cap. 10, nonnulli volunt, plures tamen hic, pro *Iriatibus*, *Ilvatibus* legunt; quam opinionem nos in editione nostra secuti sumus. Hodie dicitur *Voghera*, ad amnem *Staffora*. Ed.

31. *Barderate.* Hodie, ut ait Mannertus, *Verrua*, ad confluentes Duriæ majoris et Padi; quo quidem loco Bodincomagum, de quo mox dicemus, ponere videtur D'Anville, quod hic detecta fuerint antiquæ urbis rudera quæ, ut opinor, Barderate oppidi, non Bodincomagi, sunt vestigia. Ed.

32. *Industria.* Ita Romanis cognominatum oppidum, qui Liguribus incolis Bodincomagus fuit, ut dicetur cap. 20, ad Padum, qui ab incolis Bodincus vocabatur. Eam D'Anville, loco, quo situm fuisse Barderate oppidum diximus, ponit; Harduinus eam *Casale* esse dicit; Mannertus diversas fuisse urbes Industriam et Bodincomagum putat, prioremque juxta *Casale*, posterioremque ad Sessitis et Padi confluentes sitas fuisse opinatur. Ed.

33. *Pollentia.* Lego *Pollentia, Carrea.* Bene distinxit Cl. Rezzonicus. Pollentia, nunc *Pollenza*. Carrea, nunc *Carrava*; ab indigenis dicitur *Carru.* Brot. — Has ne confundas cum Pollentia seu Potentia, Piceni oppido, de quo Livium vide, lib. XXXIX, cap. 44, et lib. XLI, cap. 27. Ed.

34. *Valentinum.* Et nunc *Valenza*, haud procul Tanari Padique confluentibus. Ab Asta Forum Fulvii distat M. P. XXII. in Tab. Peuting. H.

Augusta Vagiennorum[35], Alba[36] Pompeia, Asta[37], Aquis Statyellorum. Hæc regio ex descriptione Augusti nona[38] est. Patet ora Liguriæ inter amnes Varum et Macram, CCXI[39] M. passuum.

VIII. Adnectitur septimæ[1], in qua Etruria est, ab amne Macra, ipsa mutatis sæpe nominibus. Umbros[2] inde exegere antiquitus Pelasgi : hos Lydi, a quorum[3] rege Tyrrheni; mox a sacrifico ritu, lingua Græcorum[4] Thusci sunt cognominati. Primum Etruriæ oppidum Luna[5] portu nobile. Colonia Luca[6] a mari recedens, propiorque[7] Pisæ

35. *Augusta Vagiennorum*. Ptolemæo lib. III, cap. 1 : Αὐγούστα Βαγιεννῶν. Illam hodie esse *Carmagnola* putat Cluverius, lib. I, Antiq. Ital. cap. 10; Alii *Saluzzo*. D'ANVILLE autem, quem sequimur, illius locum hodie *Vico* appellari dicit, haud longe a *Mondovi*. Vagiennorum autem nomen etiam nunc exstare addit in *Viozenna*, obscuro quodam loco ejusdem regionis. ED.

36. *Alba*. Meminere Ptolemæus, lib. III, cap. 1, Tabula Peuting. aliique. Nomen etiamnum retinet, ad Tanarum, infra Pollentiam. Apud Gruter. pag. 484 : R. P. ALB. POMPEIANORUM. Albenses Pompeiani dicti. lib. XVII, cap. 3. II.

37. *Asta*, etc. Illam *Asti* Itali : istam *Acqui* vocant, quæ Straboni, lib. V, pag. 217, Ἀκουαιστατέλλαι. Hos Ligures Statiellates appellat Livius, l. XLII, cap. 7, seqq. HARD.

38. *Nona*. Vet. ap. Dalec. *undecima*. ED.

39. *CCXI M. passuum*. Paulum a vero aberrat hæc mensura. ED.

VIII. 1. *Septimæ*. MSS. plerique, *septima*. HARD.

2. *Umbros inde*. Hæc omnia græco carmine Scymnus Chius expressit, pag. 9; prolixa oratione Dionys. Halic. lib. I Antiq. Rom. pag. 21 et 22. HARD.

3. *A quorum rege*. Rex Lydorum in Asia Atys colonos ablegavit in Italiam duce Tyrrheno filio; Herod. lib. I. Clio, n. 94, pag. 41; Tertull. lib. de spectac. cap. 5, ex Timæo; Tacitus, Annal. lib. IV, cap. 55; Velleius, lib. I, pag. 3. HARD.

4. *Græcorum*. Ἀπὸ τοῦ θύειν, hoc est, a frequenti sacrificio, inquit Servius, in lib. X Æneid. Quare et olim exactiore vocabulo Θυόσκοι appellati, inquit Dionys. Halic. lib. I Antiq. Rom. pag. 24. HARD.

5. *Luna*. Ingentes visuntur ruinæ hujus civitatis a Normannis deletæ ad ripam Macræ fluvii : circumjacenti agro nomen est, *il Lunegiano*: Portui, seu verius sinui, *Golfo della Spezzia*, ab oppido quod intimo ejus recessui appositum est. HARD.

6. *Luca*. Hodie *Lucca*, quam Auser alluit, Straboni, lib. V, pag. 222. Αἴσαρ, accolis *Serchio* appellatus. Deductos eo colonos anno fere U. C. 572 Velleius est auctor, lib. II. HARD.

7. *Propiorque*. Subintellige, co-

inter amnes Auserem[8] et Arnum[9], ortæ a Pelope Pisisque[10], sive a Teutanis[11], græca gente. Vada[12] Volaterrana: fluvius Cecinna, Populonium[13] Etruscorum quondam hoc[14] tantum in littore. Hinc amnes Prille[15], mox Umbro[16] navigiorum capax, et ab eo tractus Umbriæ, portusque Telamon[17]: Cossa[18] Volcientium a populo roma-

Ionia. Anno Urbis 574, postulantibus Pisanis, agrosque pollicentibus, quo Latina colonia deduceretur, ad eam rem Triumviros creatos Livius prodidit, lib. XL. In Cenotaphio Lucii Cæsaris Augusti F. *Coloni Julienses* appellantur, *Coloniæ Obsequentis Juliæ Pisanæ*. H.

8. *Auserem.* Vet. ap. Dalec. *Auxerem.* Strab. *Exarem.* Ed.

9. *Arnum.* Ἄρνον Strabo, Itali *l'Arno* vocant. Pisam Florentiamque præfluit. Hard.

10. *Pisisque.* Elidis oppido, in Peloponneso, de quo l. IV, c. 6. Rutilius in Itiner. lib. I, vs. 573, sq. vid. Poet. Lat. M. nost. ed. T. IV, p. 155.
Elide deductas suscepit Etruria Pisas,
Nominis indicio testificata genus.
Consentit et Strabo, loc. cit. et Solinus, cap. II, pag. 12. Ante hos ipse Maro, Æneid. lib. X. v. 179:
Hos parere jubent Alpheæ ab origine Pisæ,
Urbs Etrusca solo. Hard.

11. *A Teutanis.* Ita libri probatiores, non *Atintanis;* sive, ut Vet. ap. Dalec. *Teucanis.* Sicyoniæ regionis in Peloponneso Teutanion ager fuit. Stephanus: Τίτανα χωρίον τῆς Σικυονίας· νῦν δὲ Τευτάνιον καλεῖται. Sive igitur Teutani, sive Pisatæ, Pisas condiderunt, a Pelope ortæ recte dicuntur. Ἀτιντανία juxta Apolloniam Epiri, Molossosque est, Thucyd. lib. II, pag. 153, et auctori libri de Mirab. Auscult. pag.

1153. Macedoniæ adscripta a Stephano. Sed si hos Plinius spectasset, Atintanibus dicere debuisset, vel Atintaniis. H. et Ed.

12. *Vada.* Nunc *Vadi*, vicus cum portu, in agro Pisano, a Volaterris xx m. p. Hic amnis Cecinna decurrit in mare, et nomen antiquum retinet. Hard.

13. *Populonium.* Ptolem. lib. III, cap. 1: Ποπλώνιον πόλις. Ex ejus ruinis juxta crevit Plumbinum, *Piombino.* Ed.

14. *Hoc tantum.* Id Strabo explicat, lib. V, pag. 223, solum hoc ex priscis Etruscorum oppidis situm fuisse in littore asseverans: quoniam ora importuosa esset. H.
— Supervacua igitur est conjectura Dalecampii qui pro *tantum*, proponebat *situm*. Ed.

15. *Prille.* Lacum Aprilem vocat Anton. in Itiner. Marit. Qui nunc ab oppido, *Lago di Castiglione.* Delabitur in eum lacum amnis, quem lacui cognominem Plinius facit: incolæ *Bruno* vocitant. Hard.

16. *Umbro.* Et nunc *Ombrone*: mediam fere, Arnum inter Tiberimque, secat Etruriam. Inde ad Tiberim Umbria proprie appellata, quæ patuit quondam latius. Hard.

17. *Telamon.* Meminit ejus Mela, lib. II, cap. 4. Hodie *Telamone Vecchio*, haud procul a novo. Ed.

18. *Cossa.* Ex ejus ruinis crevit

no deducta : Graviscæ [19], Castrum novum, Pyrgi. Cæretanus.[20] amnis, et ipsum Cære intus M. pass. quatuor, Agylla a Pelasgis conditoribus dictum : Alsium [21], Fregenæ. Tiberis amnis a Macra CCLXXXIV[22] M. pass. Intus coloniæ : Falisca[23] Argis orta, ut auctor est Cato[24], quæ cognominatur[25] Etruscorum[26], Lucus Feroniæ[27], Rusella-

Ansedonia : ipsa postmodum in vicum redacta. « Et desolatæ mænia fœda Cosæ, » cecinit Rutil. in Itiner. 286, (ubi vid. not. Poet. Lat. Min. nost. edit. T. IV, p. 119. ED.) Erat urbs Etruriæ Volci, cujus incolæ Volcientes. HARD. — Cosa nomen retinet prope lacum *Orbitello*. BROT.

19. *Graviscæ, etc.* Mela, lib. II, cap. 4. *Pyrgi, Castrum novum, Graviscæ, Cosa.* Ptolem. lib. III, cap. 1 : Κόσσαι, Γραυίσκαι, Κάστρον νέον, Πύργοι. Fuere igitur oppida quatuor. Graviscis excisis successit, auctore D'ANVILLE, *Eremo di Sant-Agostino*; Castro novo, *Torre Chiaruccia*; Pyrgis vero, *Torre di santa Severa*. ED.

20. *Cæretanus.* Nunc *Eri*, ut recte Leander, et Holsten. contra Cluverium. Cære, nunc *Cer-vetere*, oppidum Patrimonii S. Petri. Agyllam primum a Pelasgis dictum prodidere etiam Dionys. Halic. lib. I, pag. 16, et lib. III, pag. 193, et Stephanus. Cato in Excerptis Orig. pag. 139, etc. Καίρητα Dionysio dicitur. Καῖρε Straboni, lib. V, pag. 220. HARD.

21. *Alsium.* Ἄλσιον, καὶ Φρεγηνία Straboni, lib. V, pag. 225. Illud nunc *Palo* est, castrum gentis Ursinæ, in Ducatu Bracciani, ab urbe Roma XVIII M. P. si Harduinus audiatur; *Statua*, si GIBRAT; *Palo*, si Mannertus. Istud *la Macarese*, seu *Macaresi*, villa Ducis Mathei, haud procul ostiis Tiberinis, si audiantur Harduinus et GIBRAT. Fregenas ab Alsio IX M. pass. distare ait Antoninus. ED.

22. *CCLXXXIV M. passuum.* Hæc longe a vero distat mensura, nam CCXXX circiter M. pass. est Macram inter et Tiberim intervallum. ED.

23. *Falisca.* Colonia Junonia, quæ appellatur Faliscos, inquit Frontinus, lib. de Coloniis, pag. 95. Ab Haleso Argivo condita, ut ait Solinus, cap. II, pag. 13. Nunc est civitas *Castellana* ad Tiberim, *Orta* inter et Romam : aut hæc certe ex illius ruinis crevit, quæ prope visuntur, nomenque retinet *Falari*. H.

24. *Cato.* In libris Originum, qui interierunt. HARD.

25. *Cognominatur, etc.* Ut ab altera Falisca, quæ Æquorum dicitur, eo cognomine dirimatur. *Æquosque Faliscos* Virgilius appellat, Æneid. VII, 695. HARD.

26. *Etruscorum, lucus Feroniæ, Rusellana.* Vet. apud Dalec. *Hetruscorum lucus, Feroniæ, colonia Russellana*. ED.

27. *Feroniæ.* Cui Deæ a ferendis fructibus nomen fuit, lucum hunc et locum sacravere in Capenate agro, juxta Viterbium. Unde *Lucosque Capenos*, Maro cecinit. Sub oppido *S. Oreste* etiamnum visuntur Fero-

na [28], Senensis [29], Sutrina [30]. De cætero [31] Aretini [32] veteres, 3 Aretini [33] Fidentes, Aretini Juliensses, Amitinenses [34], Aquenses [35] cognomine Taurini, Blerani [36], Cortonenses [37], Capenates [38], Clusini [39] novi, Clusini veteres, Fluenti-

niarum vestigia, loco quem d'Anville *Petra santa* vocat. Silius XIII, 84:

Dives ubi ante omnes colitur Feronia luco,
Et sacer humectat fluvialia rura Capenas.
H. et Ed.

28. *Rusellana.* Sive *Rusellæ.* Apud Gregor. VII, lib. III, epist. *Ecclesia Rosellana.* Liv. l. XXVIII, cap. 45, incolæ Russellani, Inscriptio vetus apud Holsten. in Ital. antiq. p. 39, Col. Rus. Hard.

29. *Senensis.* In MSS. *Senienses.* Scribit Brot. ex editione principe *Seniensis;* vocabatur quoque Sena Julia. Hodie *Siena,* in *Toscana.* Ed.

30. *Sutrina.* Colonia Sutrium, Frontino, lib. de Colon. pag. 95. Vetus inscript. in Thes. Goltzii, Col. Julia Sutrina. Nunc *Sutri,* ad amnem *Pozollo.* Deductam coloniam post annos septem, quam Galli Urbem ceperunt, auctor est Vell. lib. I, pag. 5. Hard.

31. *De cætero.* Hoc est, reliqui generis oppida, nec jam coloniæ, sed municipia, oppidave Latina. H.

32. *Aretini veteres.* Inscriptio ab Hermolao jam citata: Decuriones. Arretinorum. veterum. Oppidum *Arezzo,* Florentiam inter Perusiamque. Hard.

33. *Aretini Fidentes, Aretini Julienses.* Chiffl. *Arutini Fidentiores;* alii *Aretini Fidenates.* Eorum urbem loco dicto hodie *Castiglione Aretino,* Juliensium autem loco *Giovi* vocato sitam fuisse putat d'Anville. Mannertus autem Aretinum vetus bis romanis coloniis auctum fuisse ait et inde incolis triplex nomen Veteres, Fidentes, Julienses datum fuisse. Ed.

34. *Amitinenses.* Forte *Aniciences:* unde lapicidinæ Anicianæ, de quibus Plinius, lib. XXXVI, cap. 49. Ignorantur. Hard.

35. *Aquenses.* Vet. ap. Dalec. *Aqualentes.* Ab Aquis, Thermisve Taurinis. Aquenses dicti sunt. Hariolantur, qui *Aquapendente* in Etruria oppidum signari hoc loco putant. A Centumcellis, hoc est, *Civita Vecchia,* prope hæ Aquensium Thermæ abfuerunt. Testis Rutilius in Itiner. I, 237 et sq.

Ad Centumcellas forti deflexímus Austro:
Tranquilla puppes in statione sedent.

Et mox, ibid. 249 et sq.

Nosse juvat Tauri dictas de nomine Thermas,
Nec mora difficilis millibus ire tribus, etc.
H. et Ed.

36. *Blerani.* Oppidum Βλήρα Ptolemæo, lib. III, cap. 1. Nunc *Bieda,* in Patrimonio S. Petri. Hard.

37. *Cortonenses.* Vet. ap. Dalec. *Cortonienses.* Oppidum Cortona Livio, lib. IX, cap. 37, nunc retinet nomen in Etruria. Hard. et Ed.

38. *Capenates.* Ibi fuere, ubi nunc est *Morluppo;* juxta Feroniæ lucum, de quo supra. Sic Holstenius in Ital. Antiq. pag. 52, post Ligorium. H. — Capenam juxta urbem *Siano* sitam fuisse aiunt d'Anville et Mannertus; additque prior loco dicto *Civitella.* Ed.

39. *Clusini.* Novorum oppidum

ni[40] præfluenti Arno appositi, Fesulæ[41], Ferentinum, Fescennia, Hortanum, Herbanum[42], Nepet[43], Novem[44] pagi, Præfectura[45] Claudia Foroclodii, Pistorium[46], Perusia,

Chiusi, prope Tiberis fontes. Veterum, nunc fere desertum, ob insalubritatem aeris, in regione cui nomen est *Val de Chiana*; a Clani palude proxima. Hos non re ac loco, sed nomine solum invicem discrepare censet Holstenius in Notis ad Ital. Antiq. p. 75. At non ita sane Veteres censuerunt : nam in fragmento Itinerarii Antonini, itinere Tiberino, legitur, « Clusio vetere olim Comersolo : Clusio novo, a quo dictus Clusentinus transitus Hannibalis. » De vetere Livius, lib. X, 25, «Clusium, quod Camars olim appellabant. » De novo, lib. V, cap. 33. Hard. et Ed.

40. *Fluentini.* Ita MSS. plerique, librique editi. At Chiffl. et Paris. *Florentini*, ut in codicibus quos vidit, legisse se, si credimus, testatur Gelenius. Frontinus l. de Colon. pag. 93, Coloniam Florentinam deductam a Triumviris prodidit : et Tacitus, Annal. lib. I, cap. 79, orasse ait Florentinos, ne Clanis solito alveo demotus, in amnem Arnum transferretur, idque ipsis perniciem afferret. Tamen in decreto Desiderii Regis Italiæ, apud Gruter. p. 220 : « Palantes Fluentinos collegimus : » quod de Florentinis accipiendum est. Hodie incolis *Firenze* vocata, Gallis *Florence*. Hard. et Ed.

41. *Fesulæ*, etc. *Fiesoli*. Ferentini oppidi ruinæ jacent inter Viterbium et *Monte Fiascone* : nomen superest, *Ferenti*. Fescennia nunc *Galese*, ad Tiberim, in Patrimonio S. Petri : nec procul inde Hortanum *Orta*. Hard.

42. *Herbanum*. Idem Urbis veteris nomine insignitum, *Orvieto*. Hard.

43. *Nepet. Nepi*, juxta amnem *Pozzolo*, inter Romam et Viterbium. Νέπετα Ptolemæo, lib. III, cap. 1. In decretis Hilarii Papæ, *Projectus Nepesinus episcopus*. Hard.

44. *Novem pagi.* Supra Centumcellas, hoc est, *Civita Vecchia*, ad fontes Minionis amnis, *il Mignone*, positi : præfecturæ Claudiæ attributi. Hard.

45. *Præfectura Claudia Foroclodii* in quibusdam *Præfectura Claudia, Forum Claudii;* ap. alios *Forum Cassii*. Ed. — Nunc est *Oriolo*, in Ducatu Bracciani. Apud Optatum, *Domitianus a Foro Claudii*, inter Episcopos qui sederunt judices in causa Donati. Cæterum præfecturæ a coloniis municipiisque omnino diversæ. Ex pluribus constare videntur vicis oppidisque minoribus, eodem ad petenda jura convenientibus. Sic novem pagi Claudiæ adscribuntur. In Ægypto Præfecturas oppidorum Nomos vocabant, ut dicemus lib. V. « Præfecturæ, inquit Festus, hæ appellantur in Italia, in quibus et jus dicebatur, et nundinæ agebantur, etc. » Hard.

46. *Pistorium*, etc. Nunc *Pistoia*, *Perugia*, *Sovana*, et *Saturnia distrutta*. Ptolemæo, lib. III, cap. 1, Πιστωρία, Περουσία, Σουάνα, Σατουρνάνα κολωνία. Hard.

LIBER III. 81

Suanenses, Saturnini qui antea [47] Aurinini vocabantur, Subertani [48], Statones [49], Tarquinienses [50], Tuscanienses [51], Vetulonienses [52], Veientani [53], Vesentini [54], Volaterrani [55], Volcentini cognomine Etrusci, Volsinienses [56]. In eadem parte oppidorum veterum nomina retinent [57] agri, Crustuminus, Caletranus.

47. *Antea.* Sic Chiffl. codex ; legitur *ante* ap. Dalec. et Elz. ED.

48. *Subertani.* Sic MSS. omnes, impressique libri ante Hermolaum, qui a Suderno Ptolemæi lib. III, cap. 1, *Sudertani* scripsit. Nos *Subertani* anteponimus, quoniam id ei oppido, quod *Sovretto* hodie appellatur, peraccommodatum nomen est a subere, quo circumjectus ager abundat. Situm est autem oppidum *Sovretto*, prope *Sovana*, haud procul amne *Flore*. H. et ED.

49. *Statones.* Oppidum Στατωνία, Statoniensis lacus accolæ, de quo Plinius, lib. II, cap. 96, in Ducatu Castrensi, *le duché de Castro.* Ex eo lacu Olpita fluvius manat. H.

50. *Tarquinienses. La Tarquinia,* et corrupte *la Turchina.* Ptolemæo, lib. III, cap. 3, Ταρκουΐνα. In Patrimonio S. Petri, infra Viterbium. In decretis Hilarii Papæ, *Apuleius Tarquiniensis.* HARD.

51. *Tuscanienses.* Hodie *Toscanella*, in Ducatu Castrensi. In Conc. Pontigonensi, in Gallia, *Ioannes Toscanensis*, tom. VII Conc. anno 876, pag. 281. HARD.

52. *Vetulonienses.* Horum oppidi rudera nomen priscum retinent, *Vetulia*, supra Plumbinum. Οὐετυλωνιᾶται Dionysio Halic. lib. III Antiq. Rom. pag. 189. HARD.

53. *Veientani.* A Verento oppido, nunc *Varentano* et *Valentano*, in Ducatu Castrensi. Frobenius, aliique post eum, *Veientani* pro Veretanis scripsere. HARD.

54. *Vesentini.* Vet. apud Dalec. *Vasentini.* ED. — Haud procul a Veientanis. Oppidum hodie *Bisontia*, ad ripam Volsiniensis lacus, *Lago di Bolsena.* H. et ED.

55. *Volaterrani.* Oppido nomen *Volterra* : olim Volaterræ, in Etruria. — In libris editis, *Volaterrani cognomine Etrusci*, Volcentinis prætermissis : at eosdem ex Chiffl. codicis fide restituimus, probe gnari, præter Etruscos Volaterranos esse nullos uspiam : neque eo proinde cognomine discerni ab aliis necesse fuisse. Volcentinos autem, seu Volcentanos, et in Lucanis Plinius commemorat, cap. 15. Iidem haud dubie sunt Volcentini isti, quorum urbi apud Ptolem. lib. III, nomen est Οὐόλκοι, quod quidem ad lacum Aprilem situm fuisse putant, hodieque *Grosseto* vocatur. H.

56. *Volsinienses.* Flor. libro I, cap. 21, *Volsini.* Valer. Max. lib. IX, cap. 1, 2, *Volsinenses.* DALEC.

57. *Retinent agri.* Ambo nunc incerti situs. H. — Cave autem ne Crustuminum istum Etruriæ agrum cum alio cognomine agro confundas in Latio sito Crustumerioque urbi circumjecto, et de quo mox insequenti capite dicemus, nota 9. ED.

IX. Tiberis, antea Tybris appellatus, et prius Albula[1], e media fere longitudine Apennini, finibus Aretinorum profluit: tenuis primo, nec nisi piscinis corrivatus emissusque, navigabilis, sicuti Tinia[2] et Glanis influentes in eum, novenorum[3] ita conceptu dierum, si non adjuvent imbres. 2 Sed Tiberis propter aspera et confragosa, ne sic[4] quidem, præterquam trabibus verius quam ratibus, longe[5] meatibus fertur, per centum quinquaginta millia passuum non procul Tiferno, Perusiaque, et Ocriculo[6], Etruriam ab Umbris ac Sabinis: mox[7] citra tredecim millia passuum Urbis, Veientem[8] agrum a Crustumino[9], dein Fidenatem

IX. 1. *Albula.* Varro, lib. IV, de Ling. Lat. pag. 13: « Sunt qui Tiberis priscum nomen Latinum Albulam vocitatum litteris tradant: posterius propter Tiberinum regem Latinorum mutatum, quod ibi interierit: nam hoc ejus, ut aiunt, sepulcrum. » Idem prodidit et Livius, lib. I, cap. 3; Ovid. lib. III Fastor. etc. HARD.

2. *Tinia et Glanis.* Vet. ap. Dalec. *Tinia et Glanius.* ED. — Tinia Τενέας; Straboni, lib. V pag. 227. H. — Male editio princeps, *Trima*; aliæ, *Tinia*. Recte emendavit Cl. Rezzonicus, *Timia*. Servat nomen, et dicitur *Timia*. In fluvium *Topino* influit prope oppidum *Cannara*. Glanis, *La Chiana*. BROT.

3. *Novenorum.* Postquam diebus novem cohibitæ fuerint eorum amnium aquæ in piscinis, in quas deducti et corrivati fuerunt, ut inde emissi largius fluant. H. — Unde patet, ut animadvertit Broterius, antiquis notam fuisse artem aliquam molium, gallice, *les écluses.* ED.

4. *Ne sic quidem.* Subintellige, navigabilis. HARD.

5. *Longe meatibus.* Scrib. *longe meabilis*, ex MS. Reg. 2, editione principe, et Cl. Rezzonico. BROT. — Vet. apud Dalecamp. *longis meatibus.* ED.

6. *Ocriculo.* Vet. ap. Dalec. *Otriculo.* Item Chiffl. ED.

7. *Mox citra.* Antequam Tiberis ad sextum decimum lapidem ab Urbe perveniat. H. — In MS. Reg. et editione principe, « citra XVI millia », quod mallem. BROT.

8. *Veientem.* Elz. *Veientum agrum.* ED. — Is ager in Etruria fuit, cis Tiberim, in ea regione, in qua nunc insula, *Isola*, est, Farnesiarum pagus: ut recte vidit Holstenius, in Ital. Antiquit. pag. 53 et 55. A Veiis nomen Veiens ager accepit. H.

9. *A Crustumino.* Fuit hic ager ultra Tiberim, a Crustumino Etruriæ agro, qui cis Tiberim fuit, de quo in fine sup. cap. diversus. Nomen habet a Crustumerio, de quo mox. HARD. — Huic enim urbi circumjectus fuit ager ille, ad flumen Alliam, hodie *Alia* vocatum, et imperio tam funesta Gallorum victoria clarum. ED.

Latinumque a Vaticano [10] dirimens : sed infra [11] Aretinum Glanim duobus et quadraginta fluviis auctus, præcipuis autem Nare et Aniene, qui et ipse navigabilis Latium includit a tergo : nec minus tamen aquis [12] ac tot fontibus in Urbem perductis : et ideo [13] quamlibet magnarum navium ex Italo mari capax, rerum in toto orbe nascentium mercator placidissimus, pluribus prope solus, quam cæteri in omnibus terris amnes, accolitur, aspiciturque villis. Nullique fluviorum minus licet, inclusis utrimque lateribus : nec tamen ipse pugnat, quanquam creber ac [14] subitus incrementis, et nusquam magis aquis quam in ipsa [15] Urbe stagnantibus. Quin immo vates intelligitur potius ac monitor, auctu semper religiosus verius [16], quam sævus.

Latium [17] antiquum a Tiberi Circeios [18] servatum [19] est, 4

10. *A Vaticano.* Qui cis Tiberim fuit, ab Roma versus septemtrionem, et in vetere Etruria. Liv. lib. X, cap. 26. HARD.

11. *Sed infra Aretinum*, etc. Vet. *Intra Tiniam et Glanim.* Lego, *ultra Tiniam item Glanim e duobus quadraginta*, etc. DALEC. — Sed a confluente Glanis, qui in finibus Aretinorum oritur, ad mare usque, Tiberis duo et XL excipit flumina : quorum præcipui sunt Nar, ipseque Anio, qui item navigabilis includit a tergo Latium. Quin nec minora incrementa Tiberis adeptus ex tot aquis ac fontibus Romam deductis : ideoque mercator rerum toto orbe nascentium placidissimus, ut qui quamlibet magnarum navium sit capax, pluribus prope solus accolitur aspiciturque villis. HARD.

12. *Aquis ac tot fontibus.* Emendabat Menagius, *tot aquis ac fontibus.* ED.

13. *Et ideo.* Scribendum censebat Menagius *est ideo.* ED.

14. *Ac subitus.* Legimus cum eruditissimo viro Broterio *subitus incrementis* ex MS. Reg. 5, et edit. principe. Male emendatum in recentioribus, *subitis.* Malebat etiam *subitus* Harduinus ; illud autem reponere non ausus fuerat ; legebat autem Dalec. *crebris ac subitis.* ED.

15. *In ipsa urbe.* Anno U. C. 565, duodecies Campum Martium, et plana urbis inundavit. Liv. lib. XXXVIII, cap. 28. HARD.

16. *Religiosus.* Quoniam non tam mala infert per se, quam ea præsagit, quæ sacris averti, ac religionibus expiari oporteat. HARD.

17. *Latium antiquum.* Nunc primam Italiæ regionem describere instituit. Latium fuit et antiquum, et novum. Antiquum, ad Circeios : ad Sinuessam usque pertinuit novum. Ita cum Plinio Strabo, lib. V, pag. 231. HARD.

18. *Circeios.* Chiffl. *Cerceios.* ED.

19. *Servatum.* Vet. apud Dalec. *usque observatum.* ED.

mille[20] passuum quinquaginta longitudine. Tam tenues primordio imperii fuere radices. Colonis sæpe mutatis, tenuere alii aliis temporibus, Aborigines[21], Pelasgi, Arcades, Siculi, Aurunci, Rutuli. Et ultra Circeios[22] Volsci, Osci, Ausones, unde nomen[23] Latii processit ad Lirim amnem. In principio est Ostia, colonia a romano[24] rege deducta. Oppidum Laurentum[25], lucus Jovis[26] Indigetis, amnis. Numicius, Ardea a Danae Persei matre condita.
5 Dein quondam Aphrodisium[27], Antium colonia[28], Astura[29]

20. *Mille passuum quinquaginta longitudine.* Scribo *L. M. pass. longitudine.* Male MS. Reg. 2, *M. P. L. longitudine*: unde in editione principe *mille p.* et in recentioribus, *mille passuum quinquaginta longitudine.* Emendandum fuit *L. M. passuum.* Immo mallem, *sexaginta millia passuum longitudine.* Tot enim sunt locorum millia; si loca ipsa inspicias, tabulamque geographicam Cl. Boscovich accuratissimam dimetiaris inter Tiberis ostia et Circeios, nunc *S. Felice*, ad radices Circeii montis, *monte Circello.* Brot.

21. *Aborigines*, etc. Et hæc Solinus, cap. II, pag. 12. De ea porro voce, Sex. Aurel. Victor. in Orig. Gentis Rom. pag. 26: « Aborigines appellati, inquit, Græca scilicet appellatione, a cacuminibus montium, quæ illi ὄρη vocant: alii volunt eos, quod errantes illo venerint, primo Aberrigines: post mutata littera, altera adempta, Aborigines cognominatos. » Hausit hoc a Dionys. Halic. lib. I, Antiq. Rom. pag. 9. Hard.

22. *Circeios.* Chiffl. *Cerceios.* Ed.

23. *Nomen Latii.* Sic in Chiffl. Legitur ap. Dalec. et Elz. *nomen modo Latii.* Pro voce *modo* proponebat Menagius *demum.* Ed.

24. *A Romano Rege.* Anco Marcio, ut Livius docet, lib. I, cap. 33. Festus item, verbo *Ostia.* H.

25. *Laurentum.* Λώρεντον Dionys. Halic. lib. I, pag. 51. *S. Lorenzo*, medio inter Ostiam Antiumque intervallo. Holsten. Hæc *Laurentia Maronis arva.* Hard.

26. *Lucus Jovis.* Ubi sacellum fuit, cujus inscriptio, « Patri Deo Indigeti, qui Numicii amnis undas temperat: Πατρὸς Θεοῦ χθονίου ὃς ποταμοῦ Νομικίου ῥεῦμα διέπει. » Auctor Dionys. Halic. lib. I, pag. 52. Ardeam is amnis alluit, quod nunc Castrum Cæsarinæ gentis, cum vetere appellatione *Ardea.* Virgilius, Æneid. lib. VII, vs. 410, Plinio præivit, et Solino, cap. II, pag. 12. Hard.

27. *Aphrodisium.* Hoc est, Veneris templum olim, nunc vestigia tantum. Hard.

28. *Antium.* Nunc quoniam sola supersunt rudera, *Anzio rovinato* Itali accolæ vocant. Hard.

29. *Astura.* Et insulæ nomen hodie, et amni manet. Festus: « Stura flumen in agro Laurenti est, quod quidam Asturam vocant. » H.

LIBER III. 85

flumen et insula. Fluvius Nymphæus[30], Clostra[31] Romana. Circeii[32] quondam insula immenso quidem mari circumdata, (ut creditur Homero[33]) at nunc planitie. Mirum est, quod hac de re tradere hominum notitiæ possumus. Theophrastus[34], qui primus externorum aliqua de Romanis diligentius scripsit : (nam Theopompus, ante quem nemo mentionem habuit, Urbem duntaxat a Gallis captam dixit : Clitarchus ab eo proximus, legationem tantum ad Alexandrum missam :) hic jam plusquam[35] et fama[36], Circeiorum[37] insulæ mensuram[38] posuit stadia octoginta, in eo volumine, quod scripsit Nicodoro Athe-

— Sic quidem Harduinus; ego autem in mappis probatissimis flumen hodie *Canal di Conca* dictum reperi, insulamque inter ejus brachia sitam nullo nomine designatam. Ed.

30. *Nymphæus.* Nunc *La Ninfa* dicitur : cujus verum ostium inter Circeios et Terracinam : altero quod Plinii ætate fuit, ad fauces lacus *Fogliani*, arena oppleto. Holsten. H.

31. *Clostra.* Latii veteris limes, et claustra antiqui Imperii, ad coercendos Volscos. Vel claustra forsan ostio Nymphæi amnis opposita, ut Holstenius conjicit, contra vim Oceani, ne oppleretur arena : quod postea nihilominus effectum est. Hard.

32. *Circeii.* Oppidum Volscorum fuit, Κιρκαία πόλις Dionysio Halic. lib. VIII, pag. 490, cujus in ruderibus nunc pagus est *S. Felicita*, in radicibus Circeii montis, *Monte Circello*. Hic Circe Solis filia creditur habitasse. Dionys. lib. IV, pag. 260. Hard.

33. *Homero.* Odyss. κ, v. 194. Non intellexit Homerum hoc loco Plinius. Circes insula, ipsa Tellus est, Oceano magno circumdata quam Αἰαίαν vocat, versu 135, et λ., 70. Ipsa est, inquam, quæ φυσίζωος Αἶα ab eodem vocatur, λ, versu 300, quoniam gignit quidquid opus est alendis mortalibus. Fratrem Circæ dedit Homerus, μ., versu 137, quem *Æeten*, Αἰήτην, hoc est, terrestrem, vocat. Ambos fingit ex Sole genitos, et Nympha Persa, Oceani filia. Hic Circes, sive Telluris frater, vigor est telluri insitus, ex Sole inprimis, quem ali finxere aquis Oceani. Hard.

34. *Theophrastus.* Libro V, Hist. plant. cap. 9. Hard.

35. *Hic jam plusquam.* Theophrastus, inquit, Circeiorum insulæ mensuram tradendo, certius quam e fama incertoque rumore, prodidit de ea. Hard.

36. *Et fama.* Volebat Menagius ad auctoris marginem, *ex fama*. Ed.

37. *Circeiorum.* Chiffl. *Cerceiorum.* Ed.

38. *Mensuram posuit stadia octoginta.* Hoc est, x. m. p. Nam vulgo viii stadia in milliario romano computantur. Ed.

niensium magistratu[39]; qui fuit Urbis nostræ CCCCXL anno[40]. Quidquid est ergo terrarum, præter decem millia passuum prope ambitus[41], adnexum insulæ, post eum annum accessit Italiæ.

6 Aliud [1] miraculum : A Circeiis[2] palus Pomptina[3] est, quem locum XXXIII[4] urbium fuisse Mucianus ter Consul prodidit. Dein flumen Ufens[5], supra quod Ter-

39. *Magistratu.* Magistratum gerente. Tres simul fuisse Atheniensium Magistratus annuos, nisi quis eorum intra annum e vita decederet, nummi antiqui testari videntur, in quibus plerumque tres appellant. Ejusmodi est ille, quem Goltzius in Græcia refert, Tab. XIV, in quo hic ipse *Nicodorus* videtur notari. Sic enim habet: A ΘE. hoc est, Ἀθηναίων Θεά, *Atheniensium Dea;* Minerva scilicet. Deinde magistratuum nomina: ΔΩΡΟΘΕ. ΝΙΚΟΔΩ. ΔΙΟ. *Dorotheus, Nicodorus, Diogenes.* Hard.

40. *CCCCXL anno.* Ita MSS. omnes, Reg. Colb. Paris. et Chiffl. Quin ipse Plinius, lib. XIII, cap. 30, et lib. XV, cap. 1, hunc ipsum annum signat. Hoc uno in loco permutatis numeris libri impressi, quos inter Dalec. et Elz. habent CCCC. LX. Quin et illud paulo ante, *quod scripsit Nicodoro Magistratui* mutare ausi non sumus, quum sic habeant libri omnes manuscripti, et editi: tametsi neque inscripsisse cuiquam librum suum de plantarum historia Theophrastus videtur. H. et Ed.

41. *Prope ambitus.* Vet. ap. Dalec. *propinqui ambitus.* Hard.

1. *Aliud miraculum.* Glossema hæ voces sapiunt: videnturque ex ora libri in textum irrepsisse. Nisi quis referri hæc malit ad illa priora,

Mirum est quod de re, etc. quibus ista modo respondeant, *Aliud miraculum.* Nam quod *accessisse Italiæ* proxime ante hæc verba dicitur, spatium illud terrarum intelligendum est, quod retrogresso mari eo, quo Circeii olim circumdabantur, accessit Italiæ, sive continenti: quum mox, vice versa, locum XXXIII Urbium Pomptina palus obtineat. H.—In Dalec. et Elz. sequuntur superiorem periodum, nullo interjacente intervallo, verba hæc *aliud miraculum*: ita ut legatur: *Accessit Italiæ aliud miraculum.* Ed.

2. *Circeiis.* Chiffl. *Cerceiis.* Ed.

3. *Pomptina.* Vel, ut alibi, ipsique Festo, *Pontina.* Nomen suum servat. In agro Pometino, ἐν τῷ Πομεντίνων πεδίῳ fuit, inquit Dionys. loc. cit. cui nomen a Suessa Pometia, Volscorum urbe mediterranea. De hac palude dicemus iterum, lib. XXVI, cap. 9. Hard.

4. *XXXIII.* Sic in Chiffl. Apud Dalec. et Elz. *viginti trium.* Ed.

5. *Ufens.* Vibius Seq. pag. 338, *Ufens Terracinæ proximus.* Sil. Ital. VIII, v. 381: « Liventes cano per squalida turbidus arva Cogit aquas Ufens, atque inficit æquora limo. » In MSS. *flumen Ufentum.* Amni nomen *il Portatore*: Terracina suum retinet. De vetusta Anxuris appellatione Festus Liviusque. Hinc Ju-

racina oppidum, lingua Volscorum Anxur dictum : et ubi⁶ fuere Amyclæ⁷, a serpentibus deletæ. Dein locus speluncæ⁸, lacus Fundanus⁹, Caieta portus. Oppidum Formiæ¹⁰, Hormiæ¹¹ prius olim dictum : ut¹² existimavere, antiqua Læstrygonum sedes. Ultra¹³ fuit oppidum Pyræ: colonia Minturnæ¹⁴, Liri¹⁵ amne divisa, Glani appellato.

piter Anxurus, apud Maronem, Æneid. lib. VII, versu 799. HARD.

6. *Ubi.* Volebat Dalec. *ibi*, e margine Variorum. ED.

7. *Amyclæ.* Hæc rursum Plinius, l. VIII, cap. 43. Vide Servium in illud Maronis, *Tacitis regnavit Amyclis:* Æneid. lib. X, vs. 564. HARD.

8. *Speluncæ.* Amyclææ, in littore positæ, hodie *Sperlonga :* unde sinui Amyclano nomen, *Mare di Sperlonga.* HARD.

9. *Fundanus.* Il Lago di Fondi, ab oppido cognomine, quod v. M. P. a mari distat. HARD.

10. *Formis.* Ubi nunc oppidum *Mola,* in intimo Caietani, seu Formiani sinus recessu. Caieta, hodie *Gaeta.* HARD.

11. *Hormiæ prius olim dictum.* Desunt in Dalec et Elz. verba *prius* et *olim.* ED.

12. *Ut existimavere.* Homerus Odyss. x ; Ovid. lib. XIV Metam. Solinus cap. II, pag. 14, Plinium secutus. Læstrygonas ab Homero ex Sicilia, in qua tantum fuere, translatos fuisse ait Harduinus, ut Ulyssem doceat tam ab his qui continentem incolerent, quam ab his qui degerent in insulis, aspera multa pertulisse. Parum arridet mihi ista interpretatio et præferenda videtur conjectura quam proponit POINSINET DE SIVRY, Læstrygonas nempe

qui postea Siciliam incoluerunt, in eam venisse ex Italia, quam antiquitus tenuerant. Sic enim Siculos ex Italia transisse in Siciliam, quam a Sicanis, Hispanica gente, habitatam invenerunt, nos docet Dionys. Halicarnass. ED.

13. *Ultra fuit oppidum Pyræ.* Chiffletii codex, *Ultra fuit oppidum Pylo.* Dirutum jam tum ævo suo innuit: et de eo sane ceteri scriptores silent. Unde ignoratur omnino situs ejus. ED.

14. *Minturnæ.* Ubi nunc Liris scapha trajicitur, fere in ejus ostiis: unde loco nomen, *La barca del Garigliano.* Idem Glanis sive Clanis olim appellatus. Strabo, lib. V, pag. 233. Λειρὶς ποταμὸς, Κλάνις δ᾽ ἐκαλεῖτο πρότερον. Unde hic *Clani* legere vult Broterius. Alius ab amne Glani, quem propterea Aretinum Plinius cognominavit paulo superius ; hoc cap. ut ea nota ab isto Clani, qui Liris est, sejungeret. Minturnas deductam coloniam auctor est etiam Livius, lib. X, cap. 21, et Ptolem. lib. III, cap. 1. Velleius, lib. I : « Q. Fabio quintum, Decio Mure quartum Coss. quo anno Pyrrhus regnare cœpit, Sinuessam Minturnasque missi coloni. » HARD.

15. *Liri amne divisa, Glani appellato.* Dalec et Elz. *Glanico appellato.* Alias *Clanio.* ED.

Oppidum Sinuessa [16], extremum in adjecto [17] Latio, quam quidam Sinopen dixere vocitatam.

7 Hinc felix illa Campania est. Ab hoc [1] sinu incipiunt vitiferi colles, et temulentia nobilis [2] succo per omnes terras inclyto, atque (ut veteres dixere) summum Liberi Patris cum Cerere certamen. Hinc Setini [3] et Cæcubi protenduntur [4] agri. His junguntur Falerni [5], Caleni. Dein consurgunt Massici [6], Gaurani [7], Surrentinique [8] montes.

16. *Sinuessa.* Supersunt ingentis oppidi rudera, prope castellum *Rocca di Mondragone*: medio ferme intervallo inter ostia Liris, et Savonis. Livius loc. cit. « Placuit, ut duæ coloniæ deducerentur: una ad ostium Liris fluvii, quæ Minturnæ appellata: altera in saltu Vestino Falernum contingente agrum, ubi Sinope dicitur Græca urbs fuisse, Sinuessa deinde ab colonis Romanis appellata. » Ed.

17. *In adjecto.* In novo Latio, quod veteri adjunctum est. Sinuessa alioqui in confinio Latii Campaniæque posita, alterutri, ut fit, adjudicatur: nunc quidem Latio; Campaniæ, lib. XXXI, cap. 4. H.

1. *Ab hoc sinu.* Ab hoc terrarum tractu, quo Latium novum diximus contineri. Hunc locum non intellexit Camillus Peregr. qui mox legendum censuit, *Hinc Vescini, et Cæditii*, pro *Setini, et Cæcubi*, pag. 129 et 143. Hard.

2. *Nobilis succo.* Elz. *nobiles, succo.* Ed.

3. *Setini, et Cæcubi.* Ab oppido Latii novi, quod Σηπία Ptolemæo, lib. III, cap. 1, dicitur, nunc *Sezza*, Setinus ager: Cæcubus, a Cæcubo oppido, quod τὸ Καικούβον Straboni, lib. V, p. 233, inter Caietanum sinum, oppidumque Fundanum. Hinc vina Setina et Cæcuba, de quibus lib. XIV, cap. 8. Setiæ situm Martialis edocet, lib. XIII, Epigr. 109. « Pendula Pomptinos quæ spectat Setia campos. » Hard.

4. *Protenduntur.* Sic in Chiffl. codice; apud Dalecamp. et Elzev. *obtenduntur.* Ed.

5. *Falerni, Caleni.* Falernus ager a Massici montis radicibus, de quo mox, in latam planitiem: Calenus a Caleno oppido, nunc *Calvi*, citra Capuam, versus septemtrionem protendebatur. Hard.

6. *Massici.* Nunc *Monte Marsico*, vino suo nobilis, quod *Muscatellam* incolæ vocant. Pars illius montis extrema, *Rocca di Mondragone*, de qua paulo antea. II. — Hæc loca et Falernus ager, nunc maxima ex parte sterilia sunt, ibi tamen fit adhuc vinum non insuave, si sit vetus. Ed.

7. *Gaurani.* Vibius Seq. pag. 343: *Gaurus mons Campaniæ.* Sic etiam Liv. libro VII, capite 32. Nunc *Monte Barbaro*, inter Puteolos, et Lucrinum lacum. Camill. Peregr. pag. 231. Hard.

8. *Surrentini.* Qui Surrento oppido imminent, de quo mox. Hinc vina Surrentina, de quibus Plin.

Ibi Laborini[9] campi sternuntur, et in delicias alicæ[10] populatur messis. Hæc littora fontibus[11] calidis rigantur: præterque cætera in toto mari conchylio et pisce[12] nobili adnotantur[13]. Nusquam generosior oleæ liquor: Et[14] hoc quoque certamen humanæ voluptatis tenuere Osci, Græci, Umbri, Thusci, Campani.

In ora Savo[1] fluvius: Vulturnum[2] oppidum cum amne, Liternum[3], Cumæ Chalcidensium[4], Misenum[5],

lib. XIV, cap. 8, ubi et de Gauranis. Hard.

9. *Laborini*. MSS. *Leburini*. — Chiffl. *Leborini*. De his dicemus uberius, lib. XVIII, cap. 29. Ed.

10. *Alicæ populatur*. Sic MSS. Chiffl. In Reg. *populitur*. Dalec. et Elz. *politur*. Vet. ap. Dalec. *politura*. Herm. *poliuntur messes;* proponebat Dalec. *colligitur messis;* maluisset Menagius *colitur,* qui cæterum affirmat apud Ennium reperiri *arva polire;* id est *arva colere.* Quid alica sit, dicemus lib. XVII, cap. 29. Ad alicam faciendam messis populatur, hoc est, avide rapitur ob ejus existimationem, a Laborinorum camporum incolis. Ed.

11. *Fontibus*. Baianas aquas intelligit, et Puteolanas, et Stabianas. Hard.

12. *Pisce nobili*. Scaro. Vide quæ dicturi sumus lib. IX, cap. 29. Ostrea quoque, credo, Baiana et Lucrina intelligit, de quibus lib. IX, cap. 79. Hard.

13. *Adnotantur*. Celebrantur, nobilitantur. Sic libri omnes: nec conjectura placet eruditi viri, legentis *adnatantur:* qua forma dictum ab Ovidio est, « Novit quæ multo pisce natantur aquæ. » Adnatari enim conchylio littora dure admodum dici nobis videtur. Hard.

14. *Et hoc quoque*. Felicem hunc soli tractum, in quo humanæ voluptati explendæ Liber pater cum Cerere certat et Pallade, tenuere varii subinde populi: primum Opici Ausonesque, inquit Strabo ex Polybio, lib. V, pag. 242. Deinde Osci, etc. Hard.

1. *Savo*. Latium hic a Campania disterminat. Hodie *Saone.* Camill. Peregr. pag. 151. Hard.

2. *Vulturnum*. Amnis Campaniæ maximus, *Voltorno,* dedit oppido nomen, quod nunc castellum tenue est in ora, *Castel del Voltorno.* H.

3. *Liternum*. Nunc vicus, *Torre di Patria,* ab amne cognomine, quem Virg. Georg. lib. II, Clanium vocat, ut recte Camill. Peregr. pag. 189. In Synodo Palmari, sub Symmacho, *Aprilis Liternensis.* Hard.

4. *Chalcidensium*. Hoc est, a Chalcidensibus conditæ, sive ut Solinus ait, cap. 11, ab Eubœensibus. Est enim oppidum Eubœæ Chalcis. Livius, lib. VIII, cap. 22: « Cumani ab Chalcide Euboica originem trahunt. » Sic et Eustath. in Iliad. β, pag. 279. Nunc solum superest nomen, *Cuma.* Hard.

5. *Misenum. Capo di Miseno:* ubi oppidi rudera. Sic Baiis solum restat castellum, *Castel di Baia.*

portus Baiarum, Bauli, lacus Lucrinus[6] et Avernus[7], juxta quem Cimmerium oppidum quondam. Dein Puteoli[8], colonia Dicæarchia dicti : postque Phlegræi[9] campi, Acherusia[10] palus Cumis vicina. Littore autem Neapolis Chalcidensium[11] et ipsa, Parthenope a[12] tumulo

Bauli retinet nomen : *Bauli* et *Bagola.* Hortensii villa quæ est ad Baulos, inquit Cicero, lib. IV, Acad. pag. 28. HARD.

6. *Lucrinus.* Fuit prope recessum intimum sinus Puteolani. Nunc est palus lutosa, cum arundineto. Olim Averno conjunctus, tunc quum portus esset, qualis a Virgilio describitur, Georg. libro II, versu 361: «An memorem portus, Lucrinoque addita claustra, Atque indignatum magnis stridoribus æquor; Julia qua ponto longe sonat unda refuso, Tyrrhenusque fretis immittitur æstus Avernis? » HARD.

7. *Avernus.* Antro Sibyllæ celebratissimus: hodie *Lago d'Averno*, et *Lago di Tripergola.* Quæ de Cimmeriis hoc terrarum tractu sunt olim prodita, fabulis accenset Strabo, lib. V, pag. 245. Nihil præter verum Festus : « Cimmerii dicuntur homines, qui frigoribus occupatas terras incolunt, quales fuerunt inter Baias et Cumas, in ea regione, in qua convallis satis eminenti jugo circumdata est, quæ neque matutino, neque vespertino tempore Sole contegitur. » Et populi pariter et oppidi hujus Cimmerii meminit Homerus Odyss. λ : « Ἔνθα δὲ Κιμμερίων ἀνδρῶν δῆμός τε, πόλις τε. » HARD.

8. *Puteoli.* Italis *Pozzuolo* : nostris, *Pouzzol.* Prius Δικαιαρχία Straboni, loc. cit. ubi de Puteolorum nominis origine disputat. Tacitus, lib. XIV, Annal. « Vetus oppidum Puteoli jus coloniæ, et cognomentum a Nerone adipiscuntur.» Frontinus tamen, lib. de Colon, pag. 87 : « Puteolis colonia Augusta. Augustus deduxit. » Vide quæ dicturi sumus, lib. XXXI, cap. 2. HARD.

9. *Phlegræi.* Iidem et Leborini seu Laborini dicti : nunc *campo Quarto*, ut egregie adversus Cluverium disputat Camill. Peregr. pag. 261. H. — Hi sunt *Phlegræi campi* quos egregio opere nuper illustravit Cl. HAMILTON. BROT.

10. *Acherusia.* Ἀχερουσία λίμνη, Straboni loc. cit. *Lago della Colluccia.* HARD.

11. *Chalcidensium et ipsa.* Perinde atque Cumæ. Livius enim, l. VIII, cap. 22 : « Palæpolis fuit haud procul inde, ubi nunc Neapolis sita est; duabus urbibus populus idem habitabat. Cumis erant oriundi : Cumani ab Chalcide Euboica originem trahunt. Classe qua advecti ab domo fuerant, multum in ora maris ejus, quod accolunt, potuere : primo in insulas Ænariam et Pithecusas egressi, deinde in continentem ausi sedes transferre. » Vide quoque Velleium, lib. I. ED.

12. *A tumulo Sirenis.* Cui Parthenope nomen fuit. Strabo, lib. V, pag. 246. Stephanus : Martianus, lib. VI, cap. de conditoribus urb. pag. 206. Solinus, cap. II, pag. 13. Sirenum trium hæc nomina apud

LIBER III.

Sirenis appellata : Herculanium [13] : Pompeii [14], haud [15] procul spectante monte Vesuvio, alluente vero Sarno amne : ager [16] Nucerinus : et novem millia passuum a mari, ipsa Nuceria [17]. Surrentum [18] cum promontorio Minervæ, Sirenum quondam sede. Navigatio [19] a Circeiis duodeoctoginta millia passuum patet. Regio ea a Tiberi prima Italiæ servatur, ex descriptione Augusti.

Tzetz. Chiliad. VI, vers. 719 : Λευκοσία, Λίγεια, Παρθενόπη. HARD.

13. *Herculanium*. Ἡράκλειον Straboni, loc. cit. Anno 79, Vesuvii eruptione destructa atque sepulta, annoque 1711 reperta, juxta urbem *Portici*, ab agricola puteum fodiente. ED.

14. *Pompeii*. Urbs illa cum Herculanio Vesuvii eruptione sepulta hodie magna ex parte luci reddita est, innumeraque ejus etiam nunc stantia admirantur ædificia. Romanorum quoque domesticos usus multos nos docuerunt omnia, quæ ex ea et superiore urbe extrahuntur quotidie. Leucis quinque a *Napoli* distat, meridiem inter et orientem. Sarno amne, qui nomen suum servat, alluebatur, ut auctores sunt, præter Plinium, Strabo, pag. 247, et Stat. Sylv. lib. II, carm. 2, v. 265 : « Nec Pompeiani placeant magis otia Sarni. » ED.

15. *Haud procul aspectante monte Vesuvio*. Hoc et Mela Pomponius lib. II, cap. 4 : *Herculaneum, Vesuvii montis aspectus, Pompeii*. Hic animadvertit POINSINET DE SIVRY, erravisse multos viros cæteroquin doctos, qui eruptionem, qua sepultæ sunt supra dictæ civitates et suffocatus Plinius noster, ut diximus, primam fuisse putaverunt, quum Diodorus Siculus, qui imperante Augusto scripsit, lib. V. Antiq. Hist. dicat : « Campus quoque ipse dictus Phlegræus, a colle, qui olim plurimum ignis, instar Ætnæ siculi, evomens, nunc Vesuvius vocatur, multa servans ignis antiqui vestigia. » ED.

16. *Ager Nucerinus*. Vet. apud Dalec. *ager Nucerinus est*. ED.

17. *Nuceria*. Nocera. Cognomen huic Alfaterna fuit, ad discrimen Nuceriæ Umbricæ, quæ Camellaria dicebatur. Auctor Diodorus Sic. lib. XIX, pag. 707. HARD. — Non autem IX M. pass. ut ait Noster, a mari distat, sed tantum VII, ut dant mappæ probatissimæ. ED.

18. *Surrentum*. Sorrento. Ibi ἀκρωτήριον Ἀθήναιον Straboni, lib. V, pag. 247, nunc quoque *Capo della Minerva*: Sirenianos montes Frontinus vocat, lib. de Colon. pag. 125. Ab ea regione Sirenum nomen accepit Homerus, Odyss. μ, versu 44. Sed eas virgines facit, quæ cantando permulcerent aures. H. — Pro *Sirenum... sede* legit Chiffl. *Sirenum....sedes*, quod Cl. Salmas. placebat. ED.

19. *Navigatio a Circeiis duodeoctoginta*, etc. Paulo longior est navigatio ista, quam Noster eam facit : nam LXXXV M. pass. in probatissimis mappis, recto quidem cursu, reperitur. ED.

11 Intus coloniæ : Capua[1] ab campo dicta, Aquinum[2], Suessa[3], Venafrum[4], Sora[5], Teanum[6] Sidicinum cognomine, Nola[7]. Oppida : Abellinum[8], Aricia[9], Alba lon-

1. *Capua ab campo.* Livius, lib. IV, cap. 37 : « Capua ab duce eorum Capye, vel (quod propius vero est) a campestri agro appellata. » Livium Festus exscripsit. Sic Diodorus a circumjacentium camporum planitie dictam esse vult. Strabo a capite, quod caput esset duodecim urbium, inditum nomen putavit, pag. 248. Nunc vicus est, *S. Maria di Capua :* a nova Capua millia passuum dissitus, Camillo Peregr. pag. 381, idemque recte admonet, pag. 347, in MSS. legi, *Capua ab* xi *campo*, hoc est, *ab undecimo campo*, sic enim et nostri habent, et favere Strabo proxime laudatus videtur, perinde ac si e duodecim urbibus, ipsa reliquis undecim præstaret. Plinius, lib. XVIII, cap. 29 : « Capua colonia ab Augusto deducta. » Hard.

2. *Aquinum.* Volscorum oppidum olim vino suo nobile, Livio quoque lib. XXVI, cap. 9, memoratum. Haud procul amne Liri, situm fuit, atque etiam nunc *Aquino* vocatur, in provincia *Terra di Lavoro* dicta. Ed.

3. *Suessa.* Apud Gruter. pag. 1093 : Colonia. Julia. Classica. Hæc Aurunca olim cognominata, ad discrimen Suessæ Pometiæ, quæ in Volscis fuit. Sæpe etiam sine cognomine, quod Suessa Pometia eversa jam inde a Tarquinii temporibus foret. Hæc nunc *Sessa* dicitur, inter Lirim et Teanum, de quo mox. Hard.

4. *Venafrum.* Cujus oleum Noster, lib. XV, cap. 2, celebrat his verbis : « Principatum in hoc quoque bono (oleo silicet) obtinuit Italia toto orbe, maxime agro Venafrano, etc. » Venafri meminit Livius, lib. LXXIII, cap. 21. Ad Vulturnum amnem, situm fuit, quo loco ad orientem flectitur, una circiter leuca ab urbe hodie *Venafro* dicta, quæ illi successit. Ed.

5. *Sora.* Gruter. pag. 409 : Colonia Sorana. Ad Lirim amnem, Arpino proxima, *Sora.* Ptolemæo, Σῶρα, lib. III, cap. 1. Illam montibus scopulisque munitam fuisse nos docet, lib. IX, cap. 24, Livius, qui Soræ pluribus aliis locis meminit, v. g. lib. VII, cap. 28 ; X, 1, et XXIX, 15. Ed.

6. *Teanum.* Τέανον Σιδικηνὸν Straboni, lib. V, pag. 249, ad fontes fluvii Savonis. Hodie *Teano.* Sidicinum autem cognominatum est ad discrimen Teani Apuli, hodie *Civita in Capitanata.* Ed.

7. *Nola.* Gruterus ex Sirmondo, pag. 1085 : Col. Fel. Aug. Nol. Frontinus, lib. de Coloniis, pag. 87 : *Nola Colonia Augusta.* Nomen suum servat. H. et Ed.

8. *Abellinum.* Ab hoc Campaniæ Abellino diversum illud quod in Hirpinis fuisse videbimus, cap. 16. Hujus meminit Frontinus, pag. 82. Hard.

9. *Aricia.* Nunc *l'Ariccia*, ubi lucus Aricinus Dianæ sacer, prope Velitras. Ἀρικία, Ptolemæo, lib. III, cap. 1. Frontino, lib. de Colon. p. 82, *Arina*, pro *Aricia.* H.

ga[10], Acerrani[11], Allifani[12], Atinates[13], Aletrinates[14], Anagnini[15], Atellani[16], Affilani[17], Arpinates[18], Auximates[19], Avellani[20], Alfaterni[21] : et[22] qui ex agro La-

10. *Alba longa.* Solo æquata a Romanis, Tulli Hostilii principatu. Dionys. lib. I, pag. 53. Ex ejus ruderibus oppidum excitatum cui nomen vetus *Albano* est, XII fere M. pass. ab urbe Roma. HARD.

11. *Acerrani.* Ab Acerris, oppido ad Liternum amnem, seu Clanium, hodie *Acerra.* De his Virgilius, Georg. lib. II, vers. 225: « Talem dives arat Capua, et vicina Vesuvo Ora jugo, et vacuis Clanius non æquus Acerris. » Vide Servium in eum locum. Sunt et Acerræ aliæ, de quibus dicemus cap. 19. HARD.

12. *Allifani.* Oppidum Straboni, lib. V, pag. 238, Ἀλιφαί. Livio, lib. IX, cap. 42, *Allifæ :* incolæ, eodem cap. *Allifates.* Frontino, lib. de Colon. pag. 83, *Allifæ.* Nunc ruderibus nomen est *Alifi,* prope Vulturni ripam. HARD.

13. *Atinates.* Ἄτινα Ptolemæo, lib. III, cap. 1, prope Fidenas, in oppidis Latinorum mediterraneis : nunc vicus *Atino,* a Cassino IV M. pass. in radicibus Apennini montis. HARD.

14. *Aletrinates.* Alatrinates Hernici nominis populos vocat Livius, liv. IX, cap. 43. Nunc *Alatri,* inter Anagniam, et Soram. Frontino, lib. de Colon. pag. 82, *Alatrum.* H.

15. *Anagnini. Dives Anagnia* Maroni dicitur, nunc *Anagni,* in Campania, ut vocant, Romana. H.

16. *Atellam.* Ἄτελλα Straboni, lib. V, pag. 249. In ejus ruinis nunc est *S. Arpino,* sive *S. Alpidio,* duobus mill. pass. ab Aversa. Aversanus Episcopus, etiam et Atellanus olim, et Cumanus dicebatur. Holsten. HARD.

17. *Affilani.* Ab oppido, *Affile.* — In MSS. *Afulani.* In edit. Parm. *Vefulani,* perperam : exigente elementorum serie, ut ab *a* gentis ejus nomen incipiat. Frobenius, et alii post eum, *Asulani.* Nos *Affilani :* quod apud Frontinum legitur, lib. LXXXIII, *Affile oppidum lege Sempronia.* H. — Vet. ap. Dalec. *Asulani.* Ut nomen, ita situs incertus est. ED.

18. *Arpinates.* Arpinum, natale Ciceronis solum. *Arpino,* mill. pass. IX a monte Cassino. HARD.

19. *Auximates.* Vet. apud Dalec. *Auximares.* Horum situs adhuc obscurus. Cave enim cum Auximatibus aliis confundas, de quibus in quinta Italiæ regione dicemus inferius, cap. 18. ED.

20. *Avellani.* Vet. apud Dalec. *Auxellani.* Ἄβελλα Straboni, lib. V, pag. 249, et nunc *Avella,* haud longe a Nola. ED.

21. *Alfaterni.* A Nuceria Alfaterna, de qua superius, hi nomen habent. Νουκερίαν τὴν Ἀλφατέρνην vocat Diodorus, lib. XIX, Bibl. pag. 707; situs ignoratur. HARD.

22. *Et qui ex agro.* Alfaterni, ut servetur locorum per litterarum seriem digestio, in Latinis, Hernicis, Labicanisque sunt repetendi. Λαβικανοὶ Dionys. Halic. lib. V, pag. 326, Livius Labicos, seu Lavicos et Lavicum urbem nominat,

tino, item Hernico, item Labicano cognominati : Bovillæ[23], Calatiæ[24], Casinum[25], Calenum[26], Capitulum[27] Hernicum, Cereatini qui Mariani[28] cognominantur : Corani[29] a Dardano Trojano orti : Cubulterini, [30]Castrimo-

lib. II, cap. 39, et IV, 47, incolas Labicanos, sive Lavicanos lib. IV, cap. 45 et 46, et VI, 21, agrum Labicanum, seu Lavicanum, lib. III, cap. 25; IV, 49, et XXVI, 9, et viam quæ inde Romam ducebat viam Lavicanam lib. IV, cap. 41. Hanc urbem a dictatore Q. Servilio Prisco captam dirutamque Romani deducta colonia recreaverunt. Nunc esse oppidum *Colonna*, Holstenio credit Fabrettus, dissert. 1, de Aquæd. pag. 13. ED.

23. *Bovillæ*. Bovilla oppidum Frontino, lib. de Colon. pag. 83, tab. Peut. *Bobellæ*, decem M. pass. a Roma, in via Appia inter vicos hodie dictos *ostium Fratocchio* et *capo di Leva*, ut vult Mannertus. ED.

24. *Calatiæ*. Livio, *Calatia*, lib. IX, cap. 2. Nunc vicus ignobilis, in Appia via, *Cajazzo*, inter Capuam et Beneventum. HOLSTEN. HARD.

25. *Casinum*. Nunc *Monte Cassino*. HARD.

26. *Calenum*. Non est *Carinola*, prope Massicum montem, ut visum est eruditis : sed *Calvi*, citra Capuam fere IV mill. pass. Cales et Calenum idem oppidum est. Calenum municipium Cicero vocat, orat. II, in Rull. Horat. lib. I, Ode 20: « Cæcubum, et prælo domitam Caleno Tu bibes uvam. » Et lib. IV, Ode 12: « Sed pressum Calibus ducere Liberum Si gestis. » Plura de eo argumento Ca-

mill. Peregr. pag. 436. HARD.

27. *Capitulum*. Frontino, lib. de Colon. pag. 123 : *Capitolum oppidum lege Syllana est deductum*. In edit. Parm. *Capitulum Hernetum, Cernetani*. Frobenius, aliique deinceps, *Capitulum, Cernetum, Cernetani*. Emendationis nostræ auctor fuit partim Strabo, lib. V, pag. 238, partim Frontinus : sic enim ille : Ἐν τοῖς ὄρεσι τοῖς ὑπὲρ Πραίνεστον, ἅ τε τῶν Ἐρνίκων πόλιχνη Καπίτουλον, καὶ Ἀναγνία πόλις ἀξιόλογος, καὶ Κερεαταὶ, etc. « In montibus supra Præneste urbs Hernicorum sita est, Capitulum, et Anagnia urbs insignis, et Cereatæ. » Itaque erit *Hernicum* pro *Hernicorum*, et a Cereate Cereatini. Frontinus vero, lib. de Colon. pag. 85: « Cereate Mariana (non *Marina*) municipium familia C. Marii obsidebat. » Et pag. 118 : « Ceretium (lege *Cereatium*) municipium familia Marii obsidebant. » H. — Capitulum forte hodie *Paliano*, ut vult Mannertus, qui Cereatinos ignorari fatetur. ED.

28. *Qui Mariani*. Ob familiam C. Marii. HARD.

29. *Corani*. « Coram Dardanus condidit, » inquit Martianus, lib. VI, pag. 206, et Solin. cap. II, pag. 13. Lucan. lib. VII, vers. 393, vere admodum, « ... Gabios, Veiosque, Coramque Pulvere vix tectæ poterunt monstrare ruinæ. » Etiamnunc *Core*. HARD.

30. *Castrimonienses*. Frontino,

LIBER III.   95

nienses, Cingulani[31] : Fabienses[32], in monte Albano : Foropopulienses[33], ex Falerno : Frusinates[34], Ferentinates, Freginates[35], Fabraterni veteres, Fabraterni novi, Ficolenses[36], Foroappii[37], Forentani, Gabini[38]; In-

lib. de Colon. pag. 85 : « Castrimonium oppidum lege Syllana est municipium. » H. — Ignoratur situs ejus, nec non Cubulterinorum urbis. Ed.

31. *Cingulani.* Cave eos confundas cum Cingulanis Piceni, de quibus cap. 18 dicemus. Hi et alii populi ante illos memorati, multique de insequentibus omnino ignorantur. Ed.

32. *Fabienses.* Chiffl. *Gabienses.* Ed. — Fabiæ gentis oppidulum in Albano monte prope Albam longam, de qua, antea dictum est. II.

33. *Foropopul.* Legunt Dalec. et Elz. *Foropopulienses. Ex Falerno Frusinates : Ferentinates*, etc. Ed. Camill. Peregr. pag. 460 : Foropopiliensium. Forum Populi, vel Popilii, Φόρος Ποπλίου apud Ptolemæum, lib. III, cap. 1, juxta Capuam, cui finitimus ager Falernus fuit. Ex male distincto hoc Plinii loco, Foropopulienses Cluverius e Falerno agro transtulit in Albanum montem. Ibi Forum Populi fuit, ubi nunc *Rocca di Papa.* Ex Frontino, pag. 85, *Forum Populi* dicitur : at rectius, pag. 119, *Popilii.* Ἀγορὰ Ποπλία, Dionys. Halic. lib. I, pag. 17. Hard.

34. *Frusinates.* Vet. ap. Dalec. *Fuscinates.* Ed. — A Frusinone oppido, cujus Frontinus meminit, lib. de Colon. pag. 85, cum Ferentino, a quo Ferentinates, et Fabrateria, unde Fabraterni. Fabrateria hodie *Falvatera*, prope

Lirim amnem. Ferentinates Hernici nominis populos appellat Livius, lib. IX, cap. 43. Frusinatum idem meminit, lib. X, cap. 1. Φρουσίνωνος oppidi, Diod. Sic. lib. XX, Bibl. pag. 809, quod hodieque nomen durat, haud procul a fontibus Liris amnis. Juvenalis quoque, Satyr. 3, vers. 224 : « Aut Fabrateriæ domus, aut Frusinone paratur. » Gruter. pag. 1095 : Frabaterni. Novani. et alibi, Frabaterni. Novi. prave. Tab. Peuting. segm. iv, *Anagnino* viii, *Ferentinum* vii, *Febrateriæ* iv. Hard.

35. *Freginates.* Ab alio, quam Fregenis, septimæ regionis, et Etruriæ oppido, de quo diximus cap. sup. Hard.

36. *Ficolenses. Ficulnea* est vetus oppidum, apud Liv. lib. I, cap. 38, prope Corniculum. Incolæ Φικόλνεσι Dionys. lib. I, pag. 13. Nunc fanum *S. Vasile*, tribus pass. mill. a Fidenis. H. — Post *Ficolenses* legitur in Elz. *Fregellani.* Ed.

37. *Foroappii.* Dalec. et Elzev. *Foroappi.*Vet. apud Dalecamp. *Foro Appiani.* Ed. — Mira nominis conformatio a Foro Appii : saltem *Foroappienses* diceret, ut Foropopulienses. Nunc est *Casarillo di S. Maria*, infra Setiam, ad Pomptinam paludem, ut ait Vibius Seq. pag. 341; a Terracina, m. p. xviii, ut Antoninus, sive, ut volunt, Æthicus. Hard.

38. *Gabini.* Γάβιοι oppidum in Prænestina via, inquit Strabo, lib.

teramnates [39] Succasini, qui et Lirinates vocantur: Ilionenses [40], Lavinii, Norbani [41], Nomentani [42], Præneprivernates [43], urbe quondam Stephane dicta, Privernates [44],

V, p. 258, a Præneste Romam euntibus. Hodie dirutum omnino. Ed.

39. *Interamnates Succasini.* Succasini, et Lirinates, non nomina sunt, sed horum Interamnatium cognomina. Sunt enim alii rursus Interamnates in quarta sextaque regione nominandi. Hanc Interamnam, quæ ab amne Liri in Latio nomen habet, Holstenius ibi sitam esse putat, ubi nunc est *Torre di Termine*: alii ubi Castrum *l'Isoletta*. Hæc conjunctim ut legerentur, effecimus: non uti prius, *Interamnates*, *Succasani*, *qui et Lirinates*. Nam præter elementorum seriem, quæ nunc alioqui abrumperetur, docet id vetus inscriptio apud Gruterum, pag. 431, quæ Casino in monte reperta est: in qua REIP. INTERAMNAT. LIRIN. mentio habetur. Sic porro appellati sunt, quod ad Lirim amnem sedes haberent: Succasini autem (sic enim emendo, pro *Succasani*), quod sub Casino monte. Auctor emendandi Livius, lib. XXVI, cap. 9: « Sub Casinum biduo stativa habita: Inde præter Interamnam, Aquinumque, in Fregellanum agrum ad Lirim fluvium ventum. » Hard.

40. *Ilionenses*, *Lavinii*. Forte hæc conjunctim legenda, ut Ilionenses dicti sint, quod ab Ilio primi ejus oppidi incolæ cum Ænea venerunt, cui oppido nomen Lavinio fuerit. In eo colle situm fuisse videtur, qui nunc vulgo *Monte di Levano*, M. D. pass. supra Patricam. Holsten. *Lanuvii* reposuit Hermolaus ex Ptolemæo, ob vetus municipium Lanuvium, qui pagus est hodie *Indovina*, haud procul Velitris. At major longe dignitas Lavinii fuit, ut vetustas major: nam ut Varro ait de Ling. Lat. lib. IV, pag. 35: « Oppidum, quod primum conditum in Latio stirpis Romanæ Lavinium fuit: hoc a Latini filia, quæ conjuncta Æneæ, Lavinia appellata, etc. » Frontino, pag. 86, et 124, *Lauro-Lavinium* dicitur. Dionysius Halic. Antiquit. lib. V, pag. 287: Λαουΐνιον μητρόπολις τοῦ Λατίνων γένους. Incolæ Λαβινιᾶται, pag. 326. H. — Legendum *Ilionenses Lavinii*, sine commate; et ita habet editio princeps. Livius lib. I, c. 1: « Trojani oppidum condunt. Æneas ab nomine uxoris Lavinium appellat. » Brot.

41. *Norbani.* Norba olim Volscorum oppidum, hodie *Norma rovinata*, Signiam inter, paludesque Pomptinas. Liv. lib. XXXII, cap. 2. Hard.

42. *Nomentani.* Nomentum oppidum Livio, lib. I, cap. 28. Hodie *La Mentana.* Baccius, lib. V, pag. 271, in Terra Sabina. Hard.

43. *Prænestini.* Urbs Præneste, Πραίνεστος Straboni, lib. V p. 238, ubi et Πολυστέφανον quondam appellatam scribit, quo nomine coronarum multitudo exprimitur. Hodie *Pilastrina*, et *Palestrina* dicta. Olim summo montis attollebatur jugo. A Bonifacio VIII diruta, in vallem deinde dejecta est. Hard.

44. *Privernates.* Πριουέρνιον Pto-

LIBER III.

Setini [45], Signini, Suessulani, Telini [46], Trebulani, cognomine [47] Balinienses, Trebani [48], Tusculani [49], Verulani [50], Veliterni [51], Ulubrenses [52], Ulvernates [53]: superque Roma ipsa, cujus [54] nomen alterum dicere, arcanis cærimoniarum nefas habetur, optimaque et salutari fide abolitum enunciavit Valerius Soranus, luitque [55] mox pœnas. Non alienum videtur inserere hoc loco exemplum

lemæo in Latio, lib. III, cap. 1. Privernum oppidum Frontino dictum, p. 125. Nunc *Piperno vecchio*, ad Amasenum fluvium et Pomptinas paludes. HARD.

45. *Setini*, etc. Setini a Setia, de qua supra. Hodie *Sezze*. Signini a Signia colonia (adhuc *Segni*), Livio, libro II, capite 21. *Segni*, in Campania, ut vocant, Romana. Suessulani ab oppido Σουέσσουλα, cujus meminit Strabo, lib. V, pag. 249, nunc *Castel di Sessola*, prope dirutum: olim colonia Suessula Frontino, pag. 88. H.

46. *Telini*. Forte *Telesini*, a Telesia colonia, apud Front. pag. 89. Τελεσία Ptolem. lib. III, cap. 1, prope Beneventum; etiam nunc *Telese*, leucis septem a *Capua*. ED.

47. *Cognomine*. Ad discrimen Trebulanorum in Samnio, de quibus cap. 17. Horum oppidum ἡ Τριβόλα, Dionys. Halic. lib. I, pag. xi. Illud haud longe a *Maddaloni* situm fuisse probat Mannertus. ED.

48. *Trebani*. Τρήβα urbs Ptolemæo dicta, lib. III, cap. 1. Latii oppidum, nunc *Trevi*, in Campania Romana. HARD.

49. *Tusculani*. Tusculum ibi fuit, ubi nunc *Frascati*. HARD.

50. *Verulani*. Oppidum *Verulæ* Frontino, lib. de Colon. pag. 90 et 127. Nunc *Veroli*, infra Ala-

trium, in Hernicis, auctore Livio, lib. IX, cap. 42. HARD.

51. *Veliterni*. Sub monte Algido hodie *monte Artemisio*, Velitræ oppidum Livio lib. II, cap. 30, hodie *Velletri*. ED.

52. *Ulubrenses*. Ab Ulubris, oppido ad Pomptinas paludes sito, ut ex Ciceronis epist. 18, lib. VII, apparet: « Ulubris, honoris mei causa, vim maximam ranunculorum se commosse constabat. » Desertum videtur fuisse tempore Juvenalis, qui de illo sic, sat. 10, v. 102: « pannosus vacuis ædilis Ulubris. » Conf. Juvenal. tom. II edit. nost. ED.

53. *Ulvernates*. MSS. Reg. etc. *Uruanates*, ab urbe fortassis extorta appellatione, ut ait Hard. *Urbinates* autem, quorum nomen legit Chiffl. habere hic locum nequeunt, quum in regione sexta appellandi sint. Porro supervacuum videtur recens nomen quærere, quum vetus non satis constet. ED.

54. *Cujus nomen*. Hæc deinceps totidem verbis Solinus, cap. 1, pag. 31. Nomen id alterum fuisse Valentiam tradunt. Vide quæ in eam rem dicturi sumus, lib. XXVIII, cap. 4. HARD.

55. *Luitque mox*. Necem ei allatam ait Solinus. Vide etiam Plutarch. in Quæst. Rom. p. 278. H.

II.

religionis antiquæ, ob hoc maxime silentium institutæ. Namque Diva Angerona, cui sacrificatur, a. d.[56] XII Calend. Januarii, ore obligato obsignatoque simulacrum habet[57].

13 Urbem tres portas[58] habentem Romulus reliquit, aut (ut plurimas[59] tradentibus credamus) quatuor. Mœnia ejus collegere ambitu imperatoribus censoribusque Vespasianis anno conditæ DCCCXXVI[60] pass. XIII[61] M. CC. Complexa montes[62] septem, ipsa dividitur in regiones

56. *A. d. XII.* Hoc est, ante diem duodecimum Calendas, seu ipso die duodecimo ante Calendas. Solinus, loc. cit. Vide quæ de hac forma loquendi dicturi sumus, lib. VIII, cap. 70. H. — Dalec. et Elz. *ad diem*, etc. ED.

57. *Simulacrum habet.* In ara Volupiæ collocatum, ut docet Macrobius, Saturn. lib. I, cap. 10, pag. 229, qui quamvis eo loco dissidere a Plinio videatur, affert tamen auctores alios, qui eidem suffragentur, Saturn. lib. III, cap. 9, pag. 405. HARD.

58. *Tres portas.* Carmentalem, Romanam, et Pandanam, quæ dicta olim Saturnina est, teste Varrone: mox Pandana, auctore Festo, quod pateret omnibus. Hallucinantur porro, qui Quadratam Romam apud vetustos scriptores rerum Romanarum, de ipsa Urbe accipiunt, Solinum secuti scilicet, quadratamque urbem, et suam cuique lateri angulove portam fuisse somniant: quum Quadrata Roma locus in Palatio fuerit, structus a Romulo, priusquam Urbi condendæ sulcum duceret, qui locus Romæ fuit, etiam P. Victoris ævo, a quo in regione Urbis decima locatur, hoc est, in Palatio. Vide et Plutarchum in Romulo: et Festum, verbo (*Quadrata Roma.* HARD.

59. *Plurimas.* Vet. apud Dalec. *plurimis.* ED.

60. *DCCCXXVI.* Dalecamp. et Elz. DCCCXXVIII, Chiffl. DCCCXX. De anno hujus Censuræ dicemus, lib. VII, cap. 50. Porro Imperatores Vespasianos, patrem et filium ex æquo vocat, quod sane est animadversione dignum. Vide lib. II, cap. 10. H. et ED.

61. *XIII. M. CC.* Minore tum aliquanto, quam nunc est passuum mensura: emensisque extrinsecus mœnibus, et castris Prætoriis, turribusque circuitis. Hodiernam murorum amplitudinem vetere illa decem stadiis, hoc est, MCCL pass. contractiorem esse, auctor est Marlianus, lib. I, cap. 1, Topogr. Urbis. Non credimus. HARD.

62. *Montes septem.* Palatinum, Capitolinum, Cælium, seu Querquetulanum, ubi nunc ædes Lateranensis, Exquilinum, cum Viminali, nunc S. Mariæ ad Nives: Quirinalem, nunc *Monte Cavallo*, ab equis duobus marmoreis, quos gigantes tenent, Phidiæ opere, et Praxitelis: Aventinum, nunc S. Sa-

LIBER III.

quatuordecim, compita[63] Larium CCLXV. Ejusdem[64] spatium, mensura currente a milliario[65], in capite Romani fori statuto, ad singulas portas, quæ sunt hodie numero triginta septem[66], ita ut[67] duodecim semel numeren-

binæ : et trans Tiberim, Janiculum, quod Urbi Ancus addidit, et fuit, ut mox dicetur a Plinio, in parte Romæ : nunc est *Montorio*, ubi regio quarta decima fuit. HARD.

63. *Compita Larium.* Vetus apud Dal. *compita earum.* ED.—Non quævis compita Urbis, sive quoslibet exitus vicorum, sed quadrivia tantummodo, ubi Lares, sive ædes, ex quatuor angulis sibi opponuntur : ubi quatuor viæ concurrunt, eo numero colligi intelligimus. In compitis Lares olim coli solitos Festus testatur, et præter Festum nonnulli ex Veteribus; quos inter Ovidius, Fastor. lib. II, vers. 615 : « ... qui compita servant, Et vigilant nostra semper in urbe, Lares. » Et de Augusto Tranquillus, XXXI: « Compitales Lares, inquit, ornare bis in anno instituit, vernis floribus, et æstivis. » Hinc Tertulliani locum obiter emendamus, lib. de Spectaculis, lib. V, ubi vetus hæc aræ inscriptio legitur : CONSVS. CONSILIO. MARS. DVELLO. LARES. COMITIO. POTENTES. Rigaltius edidit, *Coillo potentes.* Grammaticus nescio quis COLIO, idque pro æde jubet accipi : domicoliumque quondam dictum esse pro domicilio, hoc uno ductus argumento, suspicatur. Ego libentius, LARES. COMPITO. POTENTES. agnoverim. Laribus dicata compita, et sub Larium tutela præsidioque ea esse : ludos idcirco compitalitios appellatos, ex compitis in quibus agitabantur, docet Macro-

bius, Saturn. lib. II, cap. 7, pag. 221 : « Compitalia, inquit Varro, lib. V, de Ling. Lat. pag. 45, dies attributus Laribus.... ideo ubi viæ competunt, tum in compitis sacrificatur. Quotannis is dies concipitur. » Apud Servium non semel: Lares viales. HARD.

64. *Ejusdem... currente a milliario.* Dalec. et Elz. *Ejusdem spatii mensura currente a milliario.* ED.

65. *A Milliario.* Columna fuit aurea, χρυσοῦν μίλιον, inquit Dio, lib. LIV, pag. 526, ab Augusto in fori capite constituta, octava regione Urbis, in quam omnes Italiæ viæ desinebant. Id ei nomen inditum, quod ab ea milliariorum numerus, quibus itinera metiebantur, duci primum solebat. Constituta ea ab Augusto est, anno U. C. DCCXXXIV, nempe M. Aguleio, P. Silio Nerva coss. HARD.

66. *Triginta septem.* Totidem pariter numerat Urbis portas Auctor Descriptionis Urbis Romæ sub finem, pag. 147, sed Plinio scilicet præeunte. HARD.

67. *Ita ut duodecim semel.* Dalec. et Elz. *d. portæ s.* ED.—Ad duodecim ex illis, inquit, itur via duplici; per directum, et per obliquum. At hæ semel a nobis numerantur, quia ad eas itur per directum. Sunt etiam aliæ septem, quæ sunt ex veteribus; omnino autem a nobis non numerantur, quia perviæ esse desierunt. Significat ætate sua legitimas fuisse Romæ portas triginta.

tur, prætereanturque ex veteribus septem, quæ esse desierunt, efficit passuum per directum xxx^{68} M. DCCLXV.
14 Ad extrema^{69} vero tectorum cum castris^{70} Prætoriis ab eodem milliario per vicos^{71} omnium viarum mensura colligit paulo amplius septuaginta^{72} millia passuum. Quo

H. — Urbis Romæ duodecim portæ erant geminæ : sed semel numerantur, quum triginta septem a Plinio recensentur. Aliter quadraginta novem forent numerandæ. Portarum geminarum vestigia adhuc manent in Portis Majore et Sancti Pauli. De urbis Romæ magnitudine et populi multitudine dixi in Notis ad Tacitum, Annal. XII, 23. Brot.

68. *XXX M. DCCLXV.* Igitur a milliario ad portas singulas, si omnes adæquentur mensuræ, passus fuere omnino DCCCXXXI, cum semisse. Sic enim ab eodem milliario ad universas triginta septem, mensura colliget XXX M. DCCLXV, pass. A milliario, si ita mavis, ad portas singulas mille passuum plus minus spatium erat; ad omnes, XXX millia, DCC LXV. Hard.

69. *Ad extrema vero tectorum.* Eorum scilicet quæ mœnium ipsorum ambitu continentur, non quæ extra mœnia posita in suburbio forent : nam de his postea. Miror sensisse aliter eruditos viros, ut olim Lipsium, in Admirandis, lib. III, cap. 2, ac plane nuper Raph. Fabrettum, lib. de Aquis et Aquæduct. Dissert. III, pag. 158. H.

70. *Castris Prætoriis.* Castra Urbi Tiberius Cæsar adjecit, Sejani monitu, Prætoriis cohortibus Præfecti. Nam de eo Tacit. Annal. lib. IV : « Vim Præfecturæ modicam intendit : dispersas per Urbem cohortes una in Castra conducendo..... Prætendebat lascivire militem diductum : si quid subitum ingruat, majore auxilio pariter subveniri, etc. » Quadrata fuere ea, muris, propugnaculis, turribusque munita : instructa templo, armamentario, balneis, fontibusque, ad portam Viminalem : ut fuse demonstrat Alexand. Donatus, lib. I, de Urbe Romana, cap. 15, p. 42. H.

71. *Per vicos.* Non jam per directum, inquit, currente mensura, ut prius, per vias quasque majores, a milliario ad singulas portas : sed ab eodem milliario per omnes omnium viarum majorum vicos et angiportus, castris etiam Prætoriis, et vicis qui inibi erant, emensis. Viæ omnino in urbe fuerunt novem et triginta, quot fere portæ : vici quadringenti et viginti quatuor, ut quidem proditum est in Descriptione Urbis Romæ. Sed quotcumque Romæ vici essent, qui eos omnes, inquit Plinius, facto profectionis initio a milliario in capite fori Romani statuto, percurreret, is septuaginta millia passuum, et eo amplius, ambularet. Eo sensu in prophetia Jonæ, cap. 113, 3. *Ninive erat civitas magna itinere trium dierum;* quoniam ejus vicos omnes pererrare nemo posset, nisi itinere trium dierum : ut iterum dicemus ad librum VI, cap. 16. Hard.

72. *Septuaginta.* In Descriptione

si quis altitudinem tectorum addat, dignam[73] profecto æstimationem concipiat, fateaturque nullius urbis magnitudinem in toto orbe potuisse ei comparari. Clauditur ab oriente aggere Tarquinii[74] Superbi, inter prima opere mirabili. Namque cum muris æquavit, qua maxime patebat[75] aditu plano. Cætero munita erat præcelsis muris, aut abruptis montibus[76], nisi quod[77] exspatiantia tecta multas addidere[78] urbes.

In prima regione præterea fuere[1] : in Latio clara oppida, Satricum[2], Pometia, Scaptia, Pitulum, Politorium[3], Tellene, Tifata[4], Cænina, Ficana, Crustume-

---

Urbis modo laudata, regiones Urbis XIV pedes dicuntur continere CCCCXIX M. DCCCCXXIV. Passus ea mensura efficit, si pedem unum adjeceris, LXXXIII M. DCCCCLXXV. Sed multo certior auctor ac testis Plinius. HARD.

73. *Dignam.* Debitam, convenientem. H. — Volebat Dalec. *dignationis.* ED.

74. *Tarquinii.* Vide quæ dicturi sumus libro XXXVI, capite 24, num. 2. HARD.

75. *Patebat.* Urbs nimirum. H.

76. *Montibus.* Aventino, Cælio, Quirinali. HARD.

77. *Nisi quod.* Maluisset Dalec. *Nisi qua.* ED.

78. *Addidere urbes.* Suburbia scilicet, quæ producta longius, ad vicinas fere urbes pertinebant, Ocriculum, Tibur, Ariciam, etc. H.

1. *Fuere in Latio.* Defecerunt, inquit, in prima regione præterea, primumque in Latio oppida, etc. Infra enim, *In Campano autem agro*, etc. Ex his nec situs plerorumque, nec nomina ipsa constant. H.

2. *Satricum*, etc. Ad viam Appiam, lævo latere Romam euntibus. Locus hodie ignoratur. De Satrico, Livius pluribus locis, scilicet lib. VI, cap. 33, ubi illud a Latinis concrematum narrat : nec aliud tectum ejus superfuisse urbis, quam Matris Matutæ templum. Illam, anno U. C. 407, ab Antiatibus deducta colonia restitutam, tertioque post anno, iterum a Romanis dirutam atque incensam addit lib. VII, cap. 27. Non tamen ex hoc tempore omnino nulla facit, quum non semel posthac illius meminerit Livius, qui lib. IX, c. 16, a Papirio consule, anno U. C. 435, Satricanis, qui cives romani post Caudinam cladem ad Samnites defecerant, arma adempta nos docet. Incolæ Σατρικανοὶ Dionysio Halic. lib. V, pag. 326. Pometia Suessa, de qua nos superius egimus. A Scaptia Σκαπτηνοὶ apud Dionys. loc. cit. HARD. et ED.

3. *Politorium*, etc. Πολιτώριον Dionysio Halic. lib. III, pag. 179, et Livio, lib. I, cap. 13 ; Τελλήνη Dionysio, Livio Tellenæ, l. c. H.

4. *Tifata. Tifata* imminentes

rium, Ameriola, Medullia[5], Corniculum[6], Saturnia[7], ubi nunc Roma est : Antipolis[8], quod nunc Janiculum in parte Romæ : Antemnæ[9], Camerium, Collatia, Amitinum, Norbe, Sulmo[10] : et cum his carnem[11] in monte Albano soliti accipere populi Albenses[12], Albani, Æso-

Capuæ colles vocat Livius, lib. VII, pag. 150, sed hi extra fines antiqui Latii, Καινίνη et Κρουστομέριον Dionysio, lib. II, pag. 101, et 104. Livio, lib. I, pag. 14. « Corniculum, Cameria, Crustumerium, Ameriola, Medullia, Nomentum, » in Latio. Medulliam ab Albanis conditam ait Dionys. lib. III, pag. 136. Ficanæ denique Livius meminit, lib. I, pag. 13. Harum omnium situs hodie ignoratur. Cœninam tamen nunc *Sant'Angelo*, seu *Monticelli* esse putat Holstenius. E<small>D</small>.

5. *Medullia*. Chiffletii cod. *Medullum*. E<small>D</small>.

6. *Corniculum*. Tarquinio prisco regnante deletum, postea restitutum fuisse constat, quo autem loco situm fuerit ignoratur. E<small>D</small>.

7. *Saturnia*. Ovidius, Fastor. lib. VI : « A patre dicta meo quondam Saturnia Roma est. » Virgilius, lib. VIII Æneid. « Hanc Janus pater, hanc Saturnus condidit urbem : Janiculum huic, illi fuerat Saturnia nomen. » Vide et Aug. de Civit. lib. VII, cap. 4; Dionys. Halic. Antiq. Rom. lib. I, pag. 36, et Varron. de Lat. Ling. lib. IV, pag. 13. H<small>ARD</small>.

8. *Antipolis*. Quod ex adverso Saturniæ urbis, quæ ultra Tiberim erat, ubi nunc Roma est, condita esset in Janiculo, a Jano, ut diximus : ab Ænea, ut Hermolaus credidit. H. — Unde vetus cod. apud Dalec. *Æneipolis*, hoc loco pro vulgata exhibet. E<small>D</small>.

9. *Antemnæ*, etc. Vetus apud Dalec. *Antenna*. Unde Antemnas Liv. lib. I, capite 9, et Dionys. lib. I, pag. 13. Ad Tiberis et Anienis confluentem sitæ fuerunt, sed nullum earum exstat vestigium. — *Camerium*. Dionys. lib. V, pag. 307, Καμερία dictum. *Collatia* Livio, loc. cit. Κολλατία Dionys. lib. III, pag. 187; Festo *Conlatia*, a conlatis eo opibus : et porta Urbis inde dicta Conlatina; ad sinistram Anienis ripam sita fuit. — *Amitinum*, sic ap. Chiffl. Dalec. et Elzev. *Amiternum* non confundendum cum Amiterno Sabinorum ; hujus vestigia exstare ait D'A<small>NVILLE</small> juxta *San-Vittorino*. Nonnulli putant *Aquila*. — A *Norbe* Norbani sunt supradicti. H. et E<small>D</small>.

10. *Sulmo*. Hæc non confundenda est cum Sulmone Piceni, Ovidii natalibus clara; ista hodie ut D'A<small>NVILLE</small> et Mannertus volunt, *Sermoneta* vocatur, leucis quinque a *Velletri*, ad meridiem. E<small>D</small>.

11. *Carnem..... accipere*. Meminit moris hujusce Livius, lib. XXXII, cap. 1 : « Legati ab Ardea, inquit, questi in Senatu, sibi in monte Albano Latinis carnem, ut assolet, datam non esse. » H.

12. *Albenses*. *Albani* dicuntur ab *Albano*, inquit Charisius, lib. I, pag. 81, *Albenses autem ab Alba Fucente*. Sed ab his diversi sunt

LIBER III.

lani[13], Acienses, Abolani[14], Bubetani[15], Bolani, Cusvetani, Coriolani, Fidenates[16], Foretii[17], Hortenses, Latinienses, Longulani[18], Manates, Macrales, Mutucumenses, Municnses, Numinienses, Olliculani, Octulani, Pedani[19], Pollustini[20], Querquetulani, Sicani, Sisolenses, Tolerienses, Tutienses, Vimitellarii[21], Velienses, Venetulani, Vitellenses[22]. Ita ex antiquo Latio LIII populi inte-

---

Albenses, qui nunc a Plinio appellantur. HARD.

13. *Æsolani.* Vet. apud Dalec. *Solani.* Recte autem ait Hard. eos Æsolanos ab Æsola sive Æsula dictos fuisse, de qua Horat. lib. III, Ode 29: « Ne semper udum Tibur, et Æsulæ Declive contempleris arvum. » Æsulam juxta urbem nunc *Poli* dictam sitam fuisse vult Mannertus. ED.

14. *Abolani*, quorum urbs Abola; hod. *Aula Antica* esse ait D'ANVILLE. Nonnulli *Vola* ducunt. ED.

15. *Bubetani.* Chiffl. *Nubetani.* Dionysio Halic. lib. V, pag. 326, Βουβεντανοί. Qui Plinio Bolani, hos Livius Volanos, lib. IV, cap. 49, oppidum *Bolas* vocat, lib. IV, cap. 5. Κοριολανῶν πόλιν habet Dionys. lib. VIII, pag. 495. Coriolos Livius, lib. II, cap. 33. Hinc Marcio Coriolano nomen. H. et ED.

16. *Fidenates.* Fidenæ oppidum, Livio, lib. I, cap. 27, XVIII milliario ab urbe Roma, inquit Eutropius, lib. I, pag. 728. Fidenas, a Mamerco Dictatore direptas narrat Livius, lib. IV, cap. 17. Nunc *Castello Giubileo*, sex ab urbe mill. passuum, ut ait Holstenius in Ital. pag. 127. HARD.

17. *Foretii.* Vetus apud Dalec. *Foresi.* Strab. apud eumdem *Foruli.*

ED. — Forte iidem sunt ac Forienses, de quibus Festus verbo *Novæ Curiæ.* HARD.

18. *Longulani*, etc. Chiffl. *Longani.* Horum oppidum Longulam Livius, lib. II, cap. 33, appellat: Λογγόλαν πόλιν Dionys. lib. VIII, pag. 551. Cæteri deinceps fere incogniti. H. et ED.

19. *Pedani.* Pedanos quoque vocat Livius, lib. VIII, cap. 14, oppidumque Pedum, lib. II, cap. 39. Πέδα, πόλις Αὐσονικὴ Stephano. Romam inter et Labicum Pedum situm fuisse ait Mannertus, II M. pass. ab Urbe. De regione Pedana vide Horatium lib. I, epistol. 4. HARD. et ED.

20. *Pollustini.* Chifflet. *Poletaurini.* Oppidum Poluscam Livius appellat, lib. II, cap. 33 et 34. Κερκετουλανοὺς, Dionys. lib. V, pag. 326. Τολερινοὺς, Plutarchus, in Coriolano, pag. 227. HARD.

21. *Vimitellarii.* Vetus apud Dalecamp. *Vimiterali.* Chiffl. *Vinuctellarii.* ED.

22. *Vitellenses.* Dalec. et Elzev. *Vicellenses.* Velienses a Velia, Livius, libro II, cap. 7. Vitellenses (sic enim reposui, pro *Vicellenses*), a Vitellia, de qua idem Livius, lib. II, cap. 39, quam Stephanus Βιτέλλαν vocat. H. et ED.

17 riere sine vestigiis[23]. In Campano autem agro Stabiæ[24] oppidum fuere[25] usque ad Cn. Pompeium[26] et L. Catonem Consules, pridie Kalend. Maii, quo die L. Sylla legatus bello sociali id delevit, quod nunc in villam[27] abiit. Intercidit ibi et Taurania[28]. Sunt et morientis Casilini[29] reliquiæ. Præterea auctor[30] est Antias, oppidum Latinorum Apiolas captum a L. Tarquinio rege, ex cujus præda Capitolium[31] is inchoaverit[32] : a Surrento ad[33] Silarum amnem triginta millia passuum ager Picentinus[34] fuit Tu-

23. *Interiere sine vestigiis.* Minime mirum ergo lectori videbitur quod de istis populis, qui jam Plinii tempore sine vestigiis interierant, nos tam pauca retulerimus. ED.

24. *Stabiæ.* Etiamnum inter ostia Sarni amnis, et Surrentum, loco nomen est *Castell' a mare di Stabia.* De Stabiano lacte, Galenus, Meth. med. lib. V. Symmachus, lib. VI, epistol. 17 : « Stabias ire desiderant, ut reliquias longæ ægritudinis armentali lacte depellant. » HARD.

25. *Fuere usque*, etc. Vet. apud Dalecamp. *fuit.* ED.

26. *Ad Cn. Pompeium, et L. Catonem.* Ita libri omnes tum impressi, tum manu exarati, ante Hermolaum, qui *L. Carbonem* importune obtrusit, quem bello Marsico, sive Sociali nullum fuisse consulem scimus. Fuit vero L. Porcius Cato anno secundo ejus belli, U. C. 665, cum Cn. Pompeio Strabone, Cn. Pompeii Magni patre. HARD.

27. *Villam.* Sic in Chiffl. ap. Dalec. et Elz. *villas.* ED.

28. *Taurania.* Forte quæ est Stephano Ταυρανίη, πόλις Ἰταλίας.

Apud Melam, lib. II, cap. 4, Taurinum est : apud Strabonem, lib. VI, pag. 254, regio Tauriana : sed ad Plinii Taurianam nihil ista pertinent, etsi pertinere Casaubonus existimavit, in notis ad Strabonem, quum ista sint in Brutio, Plinii vero Taurania in Campano agro. HARD.

29. *Casilini.* Fuit illud oppidum, ubi nunc est Capua nova, et quidem ad utramque ripam Vulturni amnis, qui et Casilinus inde dictus. De Casilino multa Livius, lib. XXII, XXIII, XXIV, XXV et CXXVII. HARD.

30. *Auctor est Antias.* Etiam et Dionys. Halicarn. Rom. Antiq. lib. III, pag. 186, Ἀπιολάνων πόλιν a Tarquinio Prisco captam prodit. HARD.

31. *Capitolium.* Lego *Capitolinum.* DALEC.

32. *Inchoaverit.* Livius, lib. I, cap. 35. HARD. — De Capitolio vide quæ in nostra Taciti editione, tom. V, pag. 37, ex Broterio. ED.

33. *Ad Silarum.* Σίλαρις Straboni, lib. V, in fine : nunc *Sele*, in sinum Salernitanum influit. H.

34. *Picent....* Tuscorum. Cl. Salm. *Oscorum.* LÆT.—Dal. *Tuscorum tem-*

scorum, templo Junonis Argivæ ab Jasone condito insignis. Intus[35] oppidum Salerni, Picentia.

X. A Silaro regio tertia, et ager Lucanus[1] Brutiusque incipit : nec ibi rara incolarum mutatione[2]. Tenuerunt eam Pelasgi[3], OEnotrii, Itali, Morgetes, Siculi, Græciæ maxime[4] populi : novissime Lucani a Samnitibus orti duce Lucio. Oppidum Pæstum[5], Græcis Posidonia appellatum : sinus Pæstanus[6] : oppidum Helia, quæ nunc Velia[7].

plo. ED. — Tuscos hanc oram olim tenuisse auctor est etiam Strabo loc. cit. Idem, lib. VI, pag. 252, templum ibi conditum ab Iasone tradit : Diodorus Sic. Bibl. lib. IV, pag. 859, portum de navis suæ nomine Ἀργῶον appellatum : unde *Argoæ* forte potius quam *Argivæ*, legendum hic fuerit. Habet hæc quoque Solinus, cap. II, pag. 12. Nunc *Gifoni* vocant, quasi Junonis fanum : templum hodieque durat, Assumptæ Virgini sacrum. Confer. Holsten. HARD.

35. *Intus oppidum Salerni, Picentia.* Ita Colb. 3, librique omnes editi. In mediterraneo procul a mari fuisse tum Picentiam innuit, Picentini agri metropolim. Salernum autem, quod in ora fuit, uti nunc est, non oppidi tum nomen obtinuisse, sed præsidii tantum a Romanis ibi constituti : quod et Strabo diserte docet, lib. V, pag. 251. HARD.

1. *Lucanus.* Nunc Principatum vocant : Brutium agrum, Calabriam. HARD.

2. *Mutatione.* Proponebat Dalec. *mutatio.* ED.

3. *Pelasgi,* etc. Hæc totidem verbis Antiochus Syracusanus, apud Dionys. lib. I, Antiq. Rom. pag.

10. A Pelasgo primum, mox ab OEnotro Pelasgi F. tum ab Italo : mox a Morgete, deinde a Siculo Morgetis hospite, populis nomina subinde commutata. Strabo pariter, lib. VI, 257. Idem, p. 254, ortos a Samnitibus Lucanos docet. H.

4. *Maxime.* Ap. Dal. *maxima.* ED.

5. *Pæstum.* Chiffl. *Præstum.* ED. —Παῖστον Ptolemæo, lib. III, cap. I, in Lucanis. Eadem Ποσειδωνία Straboni, lib. V, pag. 251, a Ποσειδῶν, hoc est, a Neptuno, Neptunia Velleio dicitur. Nunc vicus in ora, *Pesti.* Sinui Pæstano nunc a Salerno, vicino oppido, nomen est. H. — Ibi manent egregia antiquitatis monumenta, quæ optime descripsit Cl. Major, *les Ruines de Pæstum ou de Posidonie dans la Grande-Grèce.* BROT.—Alias quoque sub eodem titulo ea edidit C. M. DE LA GARDETTE, in-f. ann. 11 Gallic. Rep. ED.

6. *Pæstanus.* Ch. *Præstanus.* ED.

7. *Velia.* Ἐλέα, ἡ νῦν Βελέα Stephano, et Straboni, lib. VI, pag. 252, ad amnem cognominem, quem accolæ vocant *Halente;* vicum *Castell'a mare della Brucca.* Ptolem. lib. III, cap. I. Οὐελια. Ὕελην dictam esse aliquando Strabo loc. cit. admonet, et nummus Cimelii nostri

Promontorium Palinurum[8] : a quo sinu[9] recedente trajectus ad columnam[10] Rhegiam centum M. pass. Proximum[11] autem huic flumen Melpes[12] : oppidum Buxentum, græce Pyxus[13] : Laus[14] amnis : fuit et oppidum 2 eodem nomine. Ab eo Brutium littus : oppidum Blanda[15], flumen Batum[16] : portus Parthenius Phocensium[17] : sinus Vibonensis[18], locus[19] Clampetiæ[20] : oppidum Temsa[21], a

Parisiensis, ΥΕΛΗΤΩΝ, ex argento, et alter ex ære. H.—Brot. legit *Elea*, ut in MS. Reg. 1, et editione principe. ED.

8. *Palinurum*. Nomen servat, *Capo di Palinuro*. Mela, lib. II, 4 : « Palinurus olim Phrygii gubernatoris, nunc loci nomen ». Vide Virgilium, lib. VI, vers. 381. H.

9. *Sinu recedente*. Quem nunc sinum vocant *Golfo di Policastro*, ab oppido Buxento. De quo mox. H.

10. *Ad columnam*. MS. vet. *coloniam* : sed Plinius repetit paulo post *columna Rhegia*. LÆTIUS. — Hæc in ipso freto Rhegio constituta erat, unde τὴν Ῥηγίνων στηλίδα τοῦ πορθμοῦ appellat Strabo, lib. VI, pag. 256, et 268. Ad columnam Rhegiam, Antoninus, Mela, lib. II, cap. 4, aliique. H. — Non autem centum, ut Noster ait, sed CXLV M. pass. est trajectus. ED.

11. *Proximum autem huic*. Palinuro. HARD.

12. *Melpes*. Dalec. et Elz. *Melphes*, hodie *Faraone*. ED.

13. *Pyxus*. Πυξοῦς Straboni, lib. VI, pag. 253, nunc *Policastro*. H.

14. *Laus*. Ποταμὸς Λᾶος, καὶ πόλις Straboni loc. et Stephano pariter, in Lucanis. Amnis meminit etiam Ptolem. lib. III, cap. 1, in eodem tractu. Nunc oppido nomen *Laino*, amni autem *Lao*, Lu-

caniæ finis : Brutii inde agri initium. H. et ED.

15. *Blanda*. Blandæ in Lucanis, Livio, lib. XXIV, cap. 20. Hodie *Maratea*, ut vult D'ANVILLE, aut, ut Mannertus ait, *S. Biasio*, qui vicus a *Maratea* vix D passibus distat, a *Policastro* autem leucis circiter quinque, meridiem inter et ortum. Fatendum tamen est hunc situm pugnare cum ordine quem sequitur Noster, qui Blandam post flumen Laum nominat; verum, ut modo rursus videbimus, de ea Italiæ parte in pluribus errat Plinius. ED.

16. *Batum*. In MSS. *Baletum*. H. —Vet. ap. Dal. et Chiffl. *Balcetum*. Hodie, ut ait D'ANVILLE, *Bato*. ED.

17. *Phocensium*. Chiffl. et *Phocensium*. ED. — A Phocensibus conditur, inquit Solin. cap. 11, pag. 12. HARD.

18. *Vibonensis*. Straboni, lib. VI, pag. 353, a vicino fluvio oppidoque, κόλπος Λᾶος. HARD.

19. *Locus*. Maluissent Dalec. et Menagius *Lucus*. ED.

20. *Clampetiæ*. Livio, lib. XXX, cap. 19, *Lampetia*. Dum Plinius locum appellat, excisum ævo suo innuit. Rursum deinde excitatum est : hodie *Amantea*, in ora Calabriæ citerioris. HARD.

21. *Temsa*. Τεμέση et Τέμψα in

LIBER III.   107

Græcis Temese dictum : et Crotoniensium[22] Terina, sinusque ingens Terinæus. Oppidum Consentia[23] intus[24]. In peninsula[25] fluvius Acheron, a quo oppidani Acherontini[26]. Hippo[27], quod nunc Vibonem Valentiam appellamus : Portus Herculis[28], Metaurus[29] amnis, Tauroentum[30] oppidum, Portus Orestis, et Medma[31]. Oppidum Scyllæum[32], 3 Cratais[33] fluvius, mater[34], ut dixere, Scyllæ. Dein columna[35]

Brutiis, Straboni, lib. VI, pag. 255. Rudera visuntur, ubi *Torre di Lupo* in Calabriæ citerioris, ulteriorisque confinio. Hard.

22. *Crotoniensium.* Hoc est, a Crotoniensibus condita, ut ait Solinus, cap. 11, pag. 13. Terinæo sinui nomen, *Golfo di S. Eufemia,* a vico S. Eufemia dicto et juxta quem videntur rudera, quæ haud dubie Terinæ locum occupant, quamvis eum *Nocera* esse dicat Harduinus, qui vicus ad septemtrionem remotior est, ad flumen *Savuto.* Ed.

23. *Consentia.* Hodieque *Cosenza*, in citeriore Calabria. H.

24. *Intus. In peninsula.* Dalec. et Elz. *Intus in peninsula.* Ed.

25. *In peninsula.* Peninsulam vocat Brutiorum partem eam, quæ maxime tendit in Siculum fretum, instar longæ cervicis : nunc Calabriam ulteriorem vocant. Dicemus de ea, cap. 15. Hard.

26. *Acherontini.* Exstat hujus oppidi memoria in nummis, AXEPΩNTAN. Non est *Cirenza*, in Basilicata : etsi hanc quoque Acherontiam vocant. Hard.

27. *Hippo.* Iisdem verbis Stephanus : Ἱππώνιον, πόλις Βρεττίων, ἣ μετωνομάσθη ὑπὸ Ῥωμαίων Οὐίβων καὶ Οὐαλεντία. Hausit a Strabone, ib. VI, pag. 256. Nunc *Bivona*, quod oppidi navale est, cui nomen *Monte Leone.* Hard.

28. *Herculis.* Ἡρακλέους λιμὴν Straboni, loc. cit. Nunc *Tropea.* H.

29. *Metaurus.* Μέταυρος Straboni loc. cit. Nunc *Marro.* Hard.

30. *Tauroentum.* Melæ, lib. II, cap. 4. Taurianum : cujus exstant rudera, prope vicum *Palmi* : ubi et Orestis portus, qui quidem mihi videtur agnosci posse in parvo sinu qui infra vicum *Bagnara* reperitur. Ed.

31. *Medma.* Dalec. et Elz. *Medua.* Vet. ap. Dalec. *Medina.* Ed.
— Μέδμα et Μέσμα Stephano: Melæ, lib. II, cap. 4, *Medama*, et Straboni Μέδαμα, lib. V, pag. 25. H. — Fortasse hodie *Melia*, una circiter leuca a *Seicha*, meridiem inter et ortum. Ed.

32. *Scyllæum.* Τὸ Σκύλλαιον Strab. l. c. Scyllæum, nunc *Sciglio*, in ipso Siculo freto, contra Pelorum promontorium, hod. *cap Faro.* Ed.

33. *Cratais.* Vet. apud Dalec. *Cratis.* Elz. *Cratais.* Nunc *Conide* vocatur, qui in mare influit juxta vicum *Catona*, leucis duabus a *Reggio*, septemtrionem versus. Ed.

34. *Mater.* Sic libri omnes. Alii, *pater.* Sit penes fabulas fides. H

35. *Columna.* Nunc vicus *Catona*: cujus superiori nota 10 modo meminimus. Ed.

Rhegia : Siculum fretum, ac duo adversa promontoria : ex Italia Cænys[36], ex Sicilia Pelorum, duodecim stadiorum intervallo. Unde[37] Rhegium duodecim M. D. pass. Inde Apennini silva[38] Sila[39], promontorium Leucopetra[40], XII[41] M. pass. Ab ea Locri[42] cognominati a promontorio Zephyrio, absunt a Silaro CCCIII M. pass.

4   Et includitur[43] Europæ sinus primus, in eoque maria nuncupantur : unde irrumpit[44], Atlanticum, ab aliis magnum : qua intrat, Porthmos[45] a Græcis, a nobis Gaditanum fretum : quum intravit, Hispanum[46], quatenus Hispanias illuit[47] : ab aliis Ibericum, aut Balearicum[48] : mox

---

36. *Cænys.* Elz. *Cænis.* ED. — *Capo di Cavallo*, duobus pass. mill. a Scyllæo. Καινὺς Straboni, p. 257. Proxime abest a Peloro : utriusque promontorii speculæ campana invicem sibi dant signum. HARD.

37. *Unde Rhegium duodecim M. D. pass.* Chiffl. *unde Rhegium XX. M. pass.* Non a Columna scilicet, ut vult Harduinus, quum Columnam Rhegiam inter et Rhegium VI M. pass. tantum sit intervallum, sed a Cæni promontorio quæ distantia revera XII M. D. pass. est, si sequantur littoris anfractus. Oppido nomen hodie *Reggio.* ED.

38. *Apennini silva.* Vet. ap. Dal. *Insula.* ED.

39. *Sila.* Inde pix Brutia. Vibius Seq. pag. 341. *Sila Brutiorum nemus.* Σίλαν Strabo vocat, lib. VI, pag. 261. HARD.

40. *Leucopetra. Capo dell' Armi*, in quo desinit alterum montis Apennini cornu. HARD.

41. *XII.* Chiffl. *XXV.* ED.

42. *Locri cogn.* Epizephyrii, a Zephyrio promontorio, quod obsidebant, nunc *Capo di Bruzzano*.

Urbem autem sitam fuisse ait D'ANVILLE loco hodie *Motta* ou *Motticella di Bruzzano* vocato; nonnulli tamen, quos inter BACLER D'ALBE, in probatissima sua Italiæ mappa, ejus ruinas monstrari dicunt quinque aut sex leucis inde septemtrionem versus, haud longe a *Gierace*. ED.

43. *Et includitur.* Hoc est, finitur. Sic lib. IV, cap. 18 : *Tertius Europæ sinus ad hunc modum clauditur.* — Chiffl. *His includitur Europæ sinus primus, in eoque maria diversa nuncupantur.* ED.

44. *Irrumpit.* Alii apud Dalec. *irrumpunt.* Alii *unde Oceanus irrumpit.* ED.

45. *Porthmos*, Chiffl. *Astmos.* — Πορθμὸς fretum sonat. H. — Hodie, ut jam diximus, *détroit de Gibraltar.* ED.

46. *Hispanum*, etc. Hæc deinceps Solinus iisdem verbis, cap. 23, pag. 44. HARD.

47. *Hispanias illuit.* Vet. apud Dalec. *alluit.* ED.

48. *Balearicum.* Hodie *Canal des Baléares.* ED.

Gallicum[49] ante Narbonensem provinciam: hinc Ligusticum[50]. Ab eo ad Siciliam insulam Tuscum[51]: quod ex Græcis alii Notium[52], alii Tyrrhenum, e nostris plurimi Inferum vocant. Ultra Siciliam[53] ad Salentinos, Ausonium[54] Polybius appellat. Eratosthenes autem inter ostium Oceani et Sardiniam quidquid est, Sardoum[55]. Inde ad Siciliam Tyrrhenum. Ab hac Cretam usque Siculum[56]: ab ea Creticum[57].

XI. Insulæ[1] per hæc maria primæ omnium Pityusæ a Græcis dictæ, a frutice pineo[2]: nunc Ebusus[3] vocatur utraque, civitate fœderata, angusto freto interfluente;

49. *Gallicum.* Quatenus Galliæ Narbonensis oras alluit, a Pyrenæo scilicet promontorio, de quo supra, ad Stœchades insulas. Illa est maris mediterranei pars quam hodie vocant pessime *Golfe de Lyon*, sive, ut nonnulli volunt optime, *Golfe du Lion*. ED.

50. *Ligusticum.* A Stœchadibus insulis ad portum Veneris; quam quidem oram Galli Ligures tenuere. Etiam nunc *Mer de Ligurie*, vel *Golfe de Gènes*. ED.

51. *Tuscum.* Hujus maris partem, quæ inter Corsicam insulam est et Tusciæ oram, nunc plerique *Canal de Corse* vocant; quidquid autem infra est ad Siciliam insulam, *Mer de Sicile*, quo quidem nomine Strabo, lib. II, pag. 123, hanc ævo suo designatam fuisse maris mediterranei partem nos docet quæ Siciliam inter et Africæ oram jacet, et illam quæ olim Ausonium mare vocatum fuerat. ED.

52. *Notium.* Solinus, cap. XXIII, pag. 44, *Ionium*, male. Νότιον hoc mare dixere, quod Romanis spectare ad austrum videretur, ut Adriaticum e contrario, ad septemtrionem. HARD. — Inferum autem sæpius a Romanis vocabatur, quod infra Italiam jacere eis videbatur; contraque Adriaticum superum mare vocabant, quasi supra Italiam positum. ED.

53. *Siciliam ad Salentinos.* Chiffl. *Siciliam quod est ad Salentinos.* ED.

54. *Aus.* Hodie *golfe de Tarente.*

55. *Sardoum.* Etiam nunc, ut plurimi volunt, *mer de Sardaigne*, sed inter Baleares insulas tantum et Sardiniam. ED.

56. *Siculum.* Hodie, ut modo diximus, *golfe de Tarente*, et ab eo *mer Ionienne*. ED.

57. *Creticum.* Etiam nunc *mer de Crète*, circa Cretam insulam. ED.

1. *Insulæ.* Martianus hic Plinium de more transcribit, lib. VI, cap. de insulis, etc. pag. 206. HARD.

2. *A f. pineo.* Græcis πίτυς, pinus.

3. *Nunc Eb. v. utraque, civitate fœderata,* etc. Dalec. *Nunc Ebusus vocatur, utraque civitate,* etc.—Hodie *Iviza* et *Formentera*, duarum minus leucarum freto separatæ, quod etiam plurimis insulis coarctatur. ED.

patent[4] XLVI.[5] M. pass. Absunt[6] a Dianio septingentis stadiis: totidem Dianium per continentem a Carthagine nova. Tantumdem[7] a Pityusis in altum, Baleares[8] duæ, et Sucronem[9] versus Colubraria. Baleares funda bellicosas, Græci Gymnasias dixere. Major[10] centum M. pass. longitudine,

4. *Patent XLVI.* Ebuso uni, quæ gemina, a Plinio proditur, tantam amplitudinem, atque adeo majorem, Strabo adjudicat, lib. III, pag. 167; nempe stadiorum cccc hoc est, L. M. pass. Agathemerus, Geograph. lib. I, cap. 5, geminam, ut Plinius, Ebusum novit: majorem trecentis, minorem stadiis centum porrectam: id quod eodem recidit. HARD. — Re autem vera XXXIV M. pass. sive CCLXXII stadiis, patent insulæ istæ, a promontorio septemtrionali Ebusi, *Punta de Serra* dicto, ad australe Formenteræ promontorium, *Punta de la Anguila* vocato; nempe Ebusus XXII M. pass. seu CLXXVI stadiis; fretum V M. pass. seu XL stadiis, et Formentera VII M. pass. seu LVI stadiis. ED.

5. *XLVI.* Sic apud Chiffl. Dalec. et Elz. *XLIII.* ED.

6. *Absunt a Dianio septingentis stadiis.* Dalec. et Elz. *Dianeo.* Hodie *Denia*, Hispaniæ oppidum, in ora quæ Pityusis opponitur, septingentorum stadiorum, ut Noster ait, seu unius gradus intervallo, sive XXV leucis gallicis. Errat autem Plinius, quum addit *totidem Dianium per continentem a Carthagine nova;* nam XIII leucis non amplius est intervallum istud. ED.

7. *Tantumdem a Pityusis in altum.* Errat etiam hic Noster; nam XIX leucis, sive DXXII stadiis tantum, Baleares a Pityusis distant, proximo quidem intervallo. ED.

8. *Baleares.* Eam vocem Carthaginensium lingua, fundas bellicosas significare, auctor est Agathemerus loc. cit. Diod. Sic. 5, Bibl. p. 297, Baleares dictas putat ἀπὸ τοῦ Βάλλειν, a jaculando: Γυμνσίαι, quod corpore nudo incolæ incederent per æstatem. Livius, in Epit. libri LX, vel a teli missu, vel a Baleo Herculis comite ibi relicto, quum Hercules ad Geryonem navigaret. Vide etiam Tzetzen, in Lycophronem, pag. 94. HARD.

9. *Sucronem versus Colubraria.* Colubraria hodie, ut diximus, non una tantum, sed plures insulæ eodem nomine, quod paulum a veteri diversum hodie *Columbrete* est. Non autem, ut ait Noster, Sucronem versus; ab ostio enim Sucronis fluminis, de qua Noster cap. 4 meminit, XXII circiter leucis distat Colubraria, parique intervallo ab Ebuso. ED.

10. *Major centum M. pass. longitudine.* Lego *C. M. pass. est longitudine*, ex MS. Reg. 1, editione principe et Cl. Rezzonico. BROT. — Artemidorus apud Agathem. loco citato, stadia mille et ducenta ait continere, quæ sunt passuum CL millia; quæ quidem mensuræ verum excedunt: non enim amplior LXX M. pass. est Balearis majoris, quam recentiores Hispani vocant *Mallorca*, longitudo. ED.

circuitu vero CCCLXXV[11] M. Oppida habet civium romanorum Palmam[12] et Pollentiam : Latina[13], Cinium, et Cunici[14]: et fœderatum, Bocchorum[15] fuit. Ab ea XXX M.[16] pass. distat minor : longitudine[17], XL M. circuitu CL M. pass. Civitates habet, Iamnonem[18], Saniseram, Magonem. A majore XII M. pass. in altum abest Capraria[19]:

11. *CCCLXXV.* Dalec. et Elz. *CCCLXXX.* Chiffl. *CCCCLXXV.* Verum autem et istæ excedunt mensuræ; nam vix CCL M. pass. est totius insulæ circuitus. ED.

12. *Palmam.* Πάλμαν, καὶ Πολλεντίαν Straboni, lib. III, pag. 167, utramque civitatis Romanæ jure donatam. Colonias appellat Mela, lib. II, cap. 7. HARD.—Etiam nunc *Palma* ad sinum cognominem, meridiem inter et occidentem, et *Pollenza*, ad sinum etiam cognominem, septemtrionem versus. ED.

13. *Latina.* Quæ Latii jus haberent. In MSS. Reg. etc. *Latina, civium, et Tucim.* HARD.— Vet. apud Dalec. *Latinorum civium et Tuscium quod fœderatum Bocchorum fuit.* Chif. *Latina Cinium et fœderatum Bocchorum. Cinium* fortasse hodie, ut ait Mannertus, est *Sineu* vel *Sinen*, in interiori insula; alia ignorantur omnino, nisi tamen Bocchorum ad flumen situm fuerit, quod etiam nunc *Borga* vocatur, et in mare septemtrionem inter et orientem influit. ED.

14. *Cunici.* Leg. *Tucim:* ita MS. Reg. 1 et 2. Sine auctoritate emendatum in recentioribus editionibus, *Cunici.* BROT.

15. *Bocchorum.* Dalec. *Bochri.* Bocchori nomen ei oppido erat, quod jam tum intercidisse innuit, olim fœdere junctum Romanis.

Cave enim existimes Bocchos Mauritaniæ reges hic imperitasse: quod fere sensit Solinus, cap. XXIII, pag. 44. HARD.

16. *Ab ea XXX M.* Strabo, loco citato, LXX tantum stad. hoc est, VIII M. DCCI pass. HARD. — Non multum autem a vero abest Noster; nam IX saltem leucarum intervallo, seu XXVII M. pass. distat *Menorca a Mallorca.* ED.

17. *Longitudine XL M. circuitu CL. M. pass.* Sic MSS. omnes et Chiffl. Dalec. et Elz. Longitudine LX. Agathemerus hanc patere ait stadiis trecentis, hoc est, XXXVII M. D. quod paulum a vero distat: circuitus vero circiter CX M. pass. est. ED.

18. *Jamnonem, Saniseram, Magonem.* Vet. apud Dalec. *Lamnonem.* Chiffl. *Labonem.* Proponebat Dalec. *Hannonem.* Mela, lib. II, cap. 7, *Castella sunt in Minoribus, Lamno et Mago.* Jamno hodie est, auctore Mannerto, *Ciudadela.* — *Mago*, ut fert nomen, *Puerto-Mahon.*— Ignoratur Sanisera, quæ fortasse in regione promontorii *Cabateria* sita fuit. ED.

19. *Capraria, etc.* Martian. l. VI, pag. 206. Nunc *Caprara*, vel *Cabrera.* Majori Balearium subest, ad austrum, non XII, ut Noster ait, sed IX mill. passuum intervallo. HARD. et ED.

insidiosa naufragiis : et e regione Palmæ urbis, Mænariæ[20], ac Tiquadra, et parva Hannibalis. Ebusi terra[21] serpentes fugat, Colubrariæ parit. Ideo infesta omnibus, nisi Ebusitanam terram inferentibus. Græci Ophiusam dixere. Cuniculos[22] Ebusus gignit, populantes[23] Balearium[24] messes. Sunt aliæ xx ferme parvæ mari vadoso.

3 Galliæ[25] autem ora, in Rhodani ostio, Metina[26] : mox quæ Blascon[27] vocatur: tres Stœchades[28] a vicinis Massiliensibus dictæ propter ordinem[29], quas item nominant

20. *Mænariæ, ac Tiquadra et parva Hannibalis.* Pro *Tiquadra*, vet. apud Dalec. *Tiquetra* legit ; pro *et parva Hannibalis, et patria Hannibalis*, perperam, ut vix dici necesse est. Errat, ut puto, Mannertus, qui eas in Palmæ sinu sitas ait, multoque magis etiam Harduin. qui eas mari demersas putat ; ad occidentem enim sinus Palmensis reperiuntur, Mænariæ nempe, hodie *Malgrates* dictæ, Tiquadra, *Dragonera*, supra Mænarias septemtrionem inter et occidentem, et Parva Hannibalis, hodie *El Torre* vocata, infra Mænarias, austrum inter et orientem. Ed.

21. *Ebusi terra.* Solin. cap. xxiii, pag. 44. Hard.

22. *Cuniculos.* Dalec. et Elz. *Nec cuniculos*, addita vocula *nec*, quæ in vett. deest. Ed.

23. *Populantes.* Vide quæ dicturi sumus, lib. VIII, cap. 81. Hard.

24. *Balearium.* Vet. apud Dalec. *Brassocorum.* Ed.

25. *Gallia autem ora.* Vet. apud Dalec. *Galliæ hinc ora.* Martianus, loco citato, *in Galliæ quoque ora, in Rhodani ostio*, etc. Ed.

26. *Metina.* In MSS. *Metania.* Forte ab ostio Rhodani, in quo olim fuit *Metapina.* Hard. — Harduino assentiri videtur d'Anville, *Notice de l'ancienne Gaule*, aliam tamen opinionem referens, quam edidit Astruc, *Hist. nat. de Languedoc*, p. 48, qui depressas quasdam insulas, in Massiliensi Rhodani ostio sitas, hodieque dictas *Les Tignes*, Metinæ nomen repræsentare credit. Ed.

27. *Blascon.* Festo Avieno, in Ora marit. v. 599 : « Blasco propter insula est, teretique forma cæspes editur salo. » Hujus insulæ meminere etiam Strabo, qui eam ad montem Sigiam, aut potius Sitium, hodie *Cette*, ponit, et Ptolemæus qui ei præponit insulam quamdam Agatham, cujus non exstant vestigia ; Blascon autem hodie *Brescon* vocari ait d'Anville. Ed.

28. *Stœchades. Les îles d'Hières*, a vicino in continente oppido appellatæ, quod Massiliensium olim ditionis fuit : quare Massiliensibus hæ vicinæ dicuntur. Hard.

29. *Dictæ propter ordinem, quas item nominant singulis.* In MSS. *quas iterum*. Forte ita rectius, cum Toletano Pintiani : *Propter ordinem quo Sitæ : a quo iterum nomina singulis, Rote et Mese.* Ab ordine, inquit, quem certis intervallis dispositæ hæ

LIBER III.

singulis vocabulis, Proten[30], et Mesen, quæ et[31] Pomponiana vocatur : tertia Hypæa. Ab his Sturium[32], Phœnice, Phila : Lero[33], et Lerina[34] adversum Antipolim, in qua Vergoani oppidi memoria.

servant insulæ, in universum Stœchades dictæ sunt : rursusque ab eodem ordine singulatim sibi quæque nomen adscivit : priore earum Prima, altera mox, Media, demumque tertia, Ultima appellata. Porro vernacula Stœchadum nomina Pinetus et Dalecampius ea comminiscuntur, quæ nec exteris, nec indigenis nota sint. Honor. Bouche, Hist. Prov. lib. I, cap. 7, a Pomponiana Mesen perperam distinguit, alii aliter peccant. Hard. — Ordinem Græci dixere στοῖχον. Inde Stœchades appellatæ. Brot.

30. *Proten.* Πρώτην, hoc est, Primam : hodie *Porqueroles* : Μέσην, Mediam, nunc *Port-croz*, quæ anno 1200 Mediana vocabatur, ut docet Hon. Bouche, Hist. Prov. lib. I, cap. 7, pag. 43. Ὑπαίαν denique, hoc est, Postremam, nunc *l'île du Levant, ou du Titan,* quæ maxime omnium in ortum vergit. Hard.

31. *Quæ et Pomponiana vocatur.* Hic errare Plinium et cum eo Marcianum Capellam ait d'Anville, Pomponianamque non insulam, sed Chersonesum fuisse contendit ex Itiner. Maritim. in quo reperitur Pomponiana, aut, ut in nonnullis MSS. legitur, *Pompeiana,* inter Telonem Martium, *Toulon,* et Heracleam Caccabariam, *St.-Tropez,* xvi m. pass. a priore. Pomponianam istam firmissimis argumentis probat d'Anville in hunc locum sitam fuisse, qui hodie *Calle de Giens* vocatur, quæ terra, Stœchadum pri-

mæ opposita, ita in mare procedit, ut undique fluctibus cincta videatur, quod Plinium in errorem induxit. Ed.

32. *Ab his Sturium,* etc. Nunc sunt *Ribaudas, Langoustier, Baqueou,* ut recte vidit idem auctor historiæ Provinciæ, loc. citat. Sunt eæ inter Stœchadas minimæ, in quibus exstructæ arces Ludovici XIII principatu. Hard. — D'Anville, qui in opere suo *Notice de l'ancienne Gaule,* Harduini sequitur opinionem de Stœchadibus, tres insulas, quarum hic meminit Noster, obscuriores esse ait, quam ut distingui possint. A communi auctorum fere omnium opinione, qui Stœchades hodie *les îles d'Hyères* esse contendunt, recedere non audeam ; hic tamen doctissimi viri Valesii opinionem, in Notitia Galliæ veteris, non referre non possum, qui insulas Stœchadas hodie esse *Ratoneau, Pomègue* et *If* arbitratur ; unde conjici posset Sturium esse hodie *Porqueroles,* Phœnicen, *Port-Croz,* et Philam, *l'île du Levant* seu *du Titan.* Hæc videat lector sagax et eruditus. Ed.

33. *Lero.* Hæc Antipoli propior, quam Lerina, est. Nunc a sacello ei Divæ sacro, *l'île Ste-Marguerite de Lérins.* Hard.

34. *Lerina.* A Lerone freto passuum DC dispicitur. Strabo, lib. IV, pag. 185, Πλανασίαν vocat, a planitie. Unde Sidonius in Euchar. ad Faustum : « Quantos illa insula

XII. (VI.) In Ligustico mari est Corsica, quam Græci Cyrnon[1] appellavere, sed Tusco propior : a septemtrione in meridiem projecta[2], longa passuum CL millia[3] : lata majore ex parte quinquaginta : circuitu CCCXXV[4] M. Abest[5] a vadis Volaterranis LXII M. pass. Civitates habet[6] XXXIII, et colonias, Marianam[7], a C. Mario deductam : Aleriam[8], a dictatore Sylla. Citra[9] est Oglasa[10] : intra

plana, Miserit in cælum montes : » viros sanctos intelligit, seu Monachos Lerinenses. Nunc *St.-Honorat de Lérins*. Antoninus in Itiner. Maritim. « Ab Antipoli Lero et Lerina insulæ, M. P. XI. » HARD.

XII. 1. *Cyrnon*. A Græcis Κύρνος, a Pœnis Κορσική, inquit Pausanias in Phoc. lib. X, pag. 639. HARD.

2. *Projecta*. Maluisset Dalecamp. *porrecta*. ED.

3. *CL millia*. Strabo, lib. V, pag. 224, ex Chorographo nescio quo, CLX millia longitudine, latitudine LXX, porrigi ait. Plinium, ut solet, sequitur Martianus, lib. VI, pag. 207. HARD.

4. *CCCXXV*. Sic libri omnes MSS. cum Martiano. HARD. — Dalec. et Elzev. *CCCXXII*, contra Tolet. et Chiffl. fidem. ED.

5. *Abest a vadis Volaterranis, LXII M*. Corruptus haud dubie numerus, quum XC circiter M. pass. inter utraque loca nunc supputentur. Nota fortassis centenarii in quingenarium deflexa ab amanuensibus est, scriptumque *LXII* pro *CXII*. Quin si Artemidoro credimus, apud Agathemer. Geogr. lib. I, cap. 5, gemina centenarii nota librariis excidit, scribique necesse est CCLXXV. Trajectum enim ait esse stadiorum bis mille ducentorum. Sed coarguit Artemidorum Strabo, lib. V. ED.

6. *Habet XXXIII*. Sic Martianus, loc. cit. HARD.

7. *Marianam*, etc. Utriusque coloniæ, et a Maria, et a Sylla deductæ Seneca meminit, lib. de Consol. ad Helv. cap. 8, pag. 808; Aleriæ Mela lib. II, cap. 7; Florus, lib. II, cap. 2, et Antoninus. Utriusque rudera hodieque visuntur, latere insulæ eo, quod Italiam spectat. H. — Mariana quidem ad stagnum cui nomen *Stagno di Bigaglia*, auctore Mannerto ; non autem ad ostium Tavolæ fluminis, hodie *Golo*, ubi etiam veteris cujusdam oppidi monstrari a quibusdam vestigia ait : Aleria autem juxta ostium Rhotani fluminis, hodie *Sarignano*, ad Austrum ; quantum, ut ait idem Mannertus, ex Ptolemæo situs ejus conjici potest. In Conc. Lateranensi sub Martino *Donatus Marianensis episc*. ED.

8. *Aleriam*. Vet. cod. apud Dalec. *alteram*. ED.

9. *Citra est Oglasa*. Martianus : *Scipa autem citra est, Oglosa infra*. ED.

10. *Citra est*, etc. *Oglasa*. Alii, *Oglosa*. Apparet ex situ esse *Monte Cristo* : ubi Monachi olim degebant, ad quos litteras scribit S. Gregor. lib. I, epistol. 9. HARD.

LIBER III.

vero sexaginta millia passuum a Corsica, Planaria[11] a specie dicta; æqualis freto, ideoque navigiis fallax. Amplior 2 Urgo[12], et Capraria[13], quam Græci Ægilon[14] dixere: item Ægilium[15]: et Dianium, quam Artemisiam[16]: ambæ contra Cosanum[17] littus: et Barpana[18], Mænaria, Columbaria,

11. *Intra vero sexaginta millia pass. a Corsica Planaria.* Errat haud dubio Hard. qui eamdem insulam esse arbitratur Planariam istam et Planasiam, cujus paulo infra meminit Plinius. Planasia, ut mox dicam, hodie *Pianosa* est; Planaria vero ad austrum ejus sita, v circiter leucis, a Corsica vero xi, sive xxxiii m. pass. non autem lx, ut Noster ait, hodie vocatur *Formicole*, non una tantum insula, sed plures maxime exiguæ æquales freto, ut ait, et sicut Formicæ ut ita dicam, coacervatæ. Cave tamen eas confundas cum aliis eodem nomine *Formiche*, seu *Formicole di Grossetto*, quæ multo magis ad orientem jacent, ad Tuscum littus, contra urbem *Grossetto*. Proponebat Dal. *Planataria*. Ed.

12. *Urgo.* Sic MSS. omnes, sic etiam Mela, lib. II, cap. 7, et Martianus loc. citat. Rutilio in Itiner. pag. 315, *Gorgon :* « Assurgit ponti medio circumflua Gorgon, Inter Pisanum, Cyrnaicumque latus. » Greg. M. lib. I, ep. 50 : « Gorgonis insulæ monasteria » laudat. Steph. Ὀργῶν, νῆσος Τυῤῥηνίας. Hodie *la Gorgona.* Hard.

13. *Capraria.* Αἴγιλον Græci dixere, ἀπὸ αἰγῶν, hoc est, a capris silvestribus, ut ait Varro, de Re rust. lib. II, cap. 3, qui Caprasiam vocat. Hodie *Capraia* nomen retinet. Hard.

14. *Ægilon.* Vet. apud Dalecamp. *Ægilium.* Ed.

15. *Item Ægilium.* Diversa hæc insula a superiore: Antoninus in Itiner. Maritim. « Insula Ægilium a Cosa stadia XC. » Melæ, lib. II, c. 7, et Martiano, lib. VI, p. 207, *Igilium.* Laudat hanc Rutilius eximie in Itiner. lib. I, p. 308 : « Eminus Igilii silvosa cacumina miror, etc. » Nunc *Giglio.* Hard.

16. *Artemisiam.* Subintellige, dixere Græci : est enim Ἄρτεμις græce Diana. Ἀρτέμιταν hanc insulam Stephanus vocat. Nunc *Gianuto*, contra *Monte Argentaro*, quod promontorium in continente Italiæ est. H.

17. *Cosanum.* De Cosa diximus cap. 8. Hard.

18. *Barpana, Mænaria, Columbaria, Venaria.* Sic MSS. omnes. Dal. et Elzev. *et parvæ Mænaria*, etc. Pro *Barpana*, Mannertus dixit se etiam reperisse *Harponæ.* Eadem haud dubie est, auct. Hard. quæ Melæ, lib. II, cap. 7, Carbania dicitur. Columbariam ab avium genere dictam Solinus autumat. Veneriam, non Venariam habet Martianus, loc. cit. Sunt autem hodie, ut vult Mannertus, Barpana, sive, ut ait, Harponæ, *Formiche di Grosseto*, de quibus nos jam supra. Mænaria, *Troja*, contra promontorium ejusdem nominis ad septemtrionem Harponarum. Denique Columbaria et Venaria, *Palmajola* et *Cervoli*

Venaria. Ilva [19] cum ferri metallis, circuitu centum mill. a Populonio decem, a Graecis Æthalia dicta. Ab ea Planasia [20], XXXVIII [21] M. Ab his ultra Tiberina ostia in [22] Antiano Astura, mox Palmaria [23], Sinonia, et adversum Formias Pontiæ. In Puteolano autem sinu Pandataria [24], Prochyta [25]: non ab Æneæ [26] nutrice, sed quia profusa [27] ab Ænaria

insulæ parvæ, Ilvam inter et *Piombino*. Harduinus Mænariam nominis quadam similitudine ductus *Meloria* esse credit, quæ portui Liburno objacet; sed, ut ait Mannertus, hæc tantum rupes est, cui nullum nomen certe fuit, ante exstructam satis recentem in ea turrim, quæ nocturno navium Liburnum portum petentium cursui ignes ostendit. ED.

19. *Ilva.* Rutilius in Itiner. lib. I, pag. 309 : « Occurrit Chalybum memorabilis Ilva metallis. » Nunc *Elba* dicitur, contra Plumbinum. Eadem Αἰθαλία cur nuncupata sit, disce ex Stephano. Ilvam ab Æthalia perperam sejungit Ptolemæus, et mox Ænariam rursum a Pithecusa. HARD.

20. *Planasia.* Non autem C M. pass. ut ait Noster, sed circiter LXX circuitu. Insula M. Pisonis Planasia a Varrone dicitur, de Re rust. lib. III, cap. 6. Hodie ut diximus, *Pianosa*. ED.

21. *XXXVIII.* Sic apud Chifflet. Dalec. et Elz. *XXXIX.* Hic autem graviter errare videtur Noster, *Pianosa* enim vix VII M. pass. ab *Elba* distat. ED.

22. *In Antiano Astura.* Ubi colonia Antium, Astura flumen et insula, ut diximus, cap. 9. HARD. — Insula maxime exigua vetus nomen, ut videtur, servat. ED.

23. *Palmaria*, etc. Palmaria hodie *Palmarola*. Sinonia, *Sennone*, Caietam versus. Cæteris major Pontia, *Isola di Ponza* : universæ fere communi vocabulo Pontiæ appellatæ. Unica Straboni Ποντία, lib. II, pag. 123. Pontiæ multitudinis numero, Livio, lib. IX, cap. 28: « Volsci Pontias, insulam sitam in conspectu littoris sui, incoluerant.» Fortasse Pontiæ, quod uno nomine appellantur cum Pontia ipsa, tum exiguæ insulæ, nunc *la Botte*, *Vendotena*, etc. dicuntur. ED.

24. *Pandataria.* Chiffl. *Pandateria*, quod legitur etiam in plerisque Taciti editionibus, Annal. lib. I, cap. 53; quamvis lib. XIV, cap. 63, *Pandataria* legatur. Straboni lib. V, p. 233, Πανδαταρία. Melæ lib. II, cap. 7, et Dioni, LV, 10, *Pantaderia*. Nunc *Ventotiene*. ED.

25. *Prochyta.* Προχύτη Stephano, hodie *Procida*, contra promontorium Misenum. HARD.

26. *Non ab Æneæ nutrice.* Ut existimavit Dionys. Antiq. Rom. lib. I, p. 43. HARD.

27. *Quia profusa ab Ænaria erat.* Quia motu terræ avulsa, ac veluti in altum projecta ab Ænaria, seu Pithecusa, foret. Strabo, lib. V, p. 247. Ex his Plinii verbis Martianus ridicule Abænariam insulam finxit. HARD. — Quidam *Ænearia* ubique hic scribunt. DALEC.

erat. Ænaria ipsa a statione [28] navium Æneæ, Homero [29] Inarime dicta, Græcis Pithecusa, non a simiarum [30] multitudine (ut aliqui existimavere), sed a figlinis [31] doliorum. Inter Pausilypum [32] et Neapolim Megaris [33]: mox a Surrento

28. *A statione.* Festus : « Ænaria appellavere locum, ubi Æneas classem a Trojanis veniens appulit.» Plinius non Æneam cum navibus, sed Æneæ naves dumtaxat, quas ille Tithono in Italiam proficiscenti ad transvehendos colonos locaverat vel commodarat, usque ad hanc insulam pervenisse refert, nec ultra progressas ibi substitisse in tutissima statione, donec in Troadem ante Græcorum adventum remigrarent; Tithono interim (qui missus, non a Laomedonte, ut suspicati nuper in Apologia Homeri sumus, sed a Priamo fratre fuerat, ad transvehendos, quos diximus, colonos, scilicet valetudine, ætate, vel sexu inutiles bello Trojano sustinendo, quod imminebat a Græcis), ad Lirim amnem usque ad Circeios naves suas peragente. Naves enim Æneas, quibuscum in Italiam venire ipse potuisset, easdem agnato suo Tithono potuit in publicam patriæ utilitatem commodare : aut si venit ipse ductor navium suarum, id quod minus esse verisimile arbitramur ; ante Trojanam certe obsidionem, Homero teste idoneo ac locuplete, Trojam rediit, Tithono in Italia remanente. Fortasse etiam ab aheno ærisque metallis, Ænaria dicta est, quasi Ahenaria. Αἰναρίαν scripsere cum diphthongo antiqui omnes : unus instar sit omnium Appianus, Bell. Civil. lib. V, p. 711, qui νῆσον τὰς Πιθηκούσσας vocat, ἢ

νῦν ἐστιν Αἰναρία. Nam quod suadere Salmasius nititur, in Solin. pag. 97 et 321, et Bochartus, de Animal. lib. III, cap. 31, pag. 994, scribi *Enaria* oportere, ut ab Enaribus, hoc est, sine naribus, simiis videlicet, nomen insulæ deflexum videatur, valde vereor ut quisquam vir naris emunctæ probet. Hodie appellatur *Ischia.* Hard.

29. *Homero.* In Catalogo Navium, vers. 290 : εἰν Ἀρίμοις : unde Virgilius, Æneid. IX; Ovidius, Metam. lib. XIV, vers. 89, aliique *Inarimen* finxere. Hard.

30. *Non a simiarum.* Volebat Dalecamp. *non a simiarum multitudine.* Ed.— Quas Græci πιθήκους vocant. Ita nihilominus visum Ovidio, Met. lib. IV, vers. 90. Xenagoræ et Æschini apud Harpocrat. pag. 168, atque e recentioribus, Salmasio, et Bocharto, de Animal. lib. III, cap. 31, pag. 994. Sane ἄριμος Hesychio πίθηκος est, hoc est, simia. Hard.

31. *A figlinis doliorum.* Officinis, in quibus dolia fiunt figlina : ἀπὸ τῶν πιθήκων, hoc est, κεραμέων πίθων. A πίθος fit πίθακον, πίθηκον, πιθηκόεις, πιθηκόεσσαι, et πιθηκοῦσαι, id est, figlinæ. Hard.

32. *Pausilypum.* Hodieque *Posilipo,* in Campania, prisca incolarum Græcorum appellatione, ab abigendis curis, tristitiæve cessatione, Παυσίλυπον. Mons enim mare prospectans, consitus arboribus, villisque refertus, omnium ejus oræ

octo millibus passuum distantes, Tiberii principis arce nobiles Capreæ[34], circuitu XI millium[35] passuum.

XIII. Mox[1] Leucothea[2] : extraque conspectum[3], pelagus Africum attingens, Sardinia, minus octo[4] millibus passuum a Corsicæ extremis, etiamnum angustias eas arctantibus insulis parvis, quæ Cuniculariæ[5] appellantur: itemque[6] Phintonis, et Fossæ : a quibus fretum ipsum Taphros nominatur. (VII.) Sardinia ab oriente[7] patens, CLXXXVIII millia passuum : ab occidente, CLXXV[8] millia :

amœnissimus est : Virgilii quoque cineribus inclytus. HARD.

33. *Megaris.* Μεγαρίς, nunc *Castel dell' Ovo.* HARD.

34. *Capreæ.* Eleganter describuntur a Tacito Annal, lib. IV, cap. 67, qui quidem rectius quam Noster, hanc insulam « trium millium freto ab extremis Surrentini promontorii disjunctam» ait. Vide etiam Sueton. in Tiberio, cap. XL, et Dionem, lib. LII, p. 495. Nunc *Capri* vocatur. ED.

35. *XI millium*, etc. Male MSS. Reg. et editio princeps aliæque, atque etiam Harduinus, *LX M*. Optime emendavit Cl. Rezzonicus, *XI M*. errorem monstrante Josepho Maria Secundo, Caprearum præfecto, in erudita insulæ descriptione. BROT.

XIII. 1. *Mox.* Sunt qui hanc vocem non legant. DAL.

2. *Leucothea.* Meminit hujus Mela, lib. II, cap. 7 ; sed in mappis non reperitur. ED.

3. *Extraque conspectum.* Vet. ap. Dalec. et Chiffl. *extra quem*. ED. — Sic in altum recedens, ut a continente prospici non possit, nisi ægre admodum. Strabo, lib. V, p. 223 : Κατοπτεύεται δ' ἀπὸ τῆς πόλεως πόρ-

ρωθεν μὲν καὶ μόλις ἡ Σαρδών, ἐγγυτέρα δὲ ἡ Κύρνος, etc. HARD.

4. *Minus octo.* Apud Chiffl. *minus novem*. ED. — « In octavo milliario a Corsica Sardinia est, » inquit Martianus, lib. VI, pag. 207. Stadiorum fere LX intervallum esse ait Strabo, lib. V, pag. 223, hoc est, VII M. D. pass. HARD. — Vix V M. pass. est verum intervallum. ED.

5. *Cuniculariæ.* Hodie sine nomine, scopulis, quam insulis, propiores. HARD.

6. *Itemque.* Id est : Angustiæ illæ arctantur, non modo Cuniculariis insulis, sed illa etiam insula, quæ Phintonis (Ptolemæo, lib. III, cap. 3, Φίντωνος νῆσος), et his quæ Τάφρος, seu Fossæ vocantur. Illa nunc *Isola di Figo* : altera *Isola Rossa*, Cluverio, lib. de Corsica antiqua, pag. 502. HARD. — Aut potius, ut vult Mannertus, *Caprera* et *Santa Maddalena*, extra fretum, orientem inter et austrum. Vet. apud Dalec. *Phitonis.* Tolet. *Pintonis.* ED.

7. *Ab oriente.* Latere orientali. Hæc Martianus iisdem verbis, lib. VI, cap. de Sardin. pag. 207. H.

8. *CLXXV.* Sic apud Chifflet. et Tolet. Dalec. et Elzev. *CLXX*. Alii ap. Dalec. *CLXXII*. ED.

a meridie, LXXVII[9] millia : a septemtrione, CXXV[10], circuitu DLXV[11] millia : abest ab Africa Caralitano[12] promontorio ducenta millia, a Gadibus quatuordecies centena. Habet et a Gorditano[13] promontorio duas insulas, quæ vocantur Herculis[14] : a Sulcensi[15], Enosin[16] : a Caralitano, Ficariam[17]. Quidam haud procul ab ea etiam Berelidas ponunt[18], et Collodem, et quam vocant Heras lutra[19]. Celeberrimi in ea populorum, Ilienses[20], Balari,

9. *LXXVII.* Sic ap. Chiffl. Dal. et Elz. *LXXIV.* ED.

10. *CXXV.* Sic ap. Chiffl. Dalec. et Elz. *CXXII.* ED.

11. *DLXV.* Sic ap. Chiffl. Dalec. et Elz. *DLX.* Omnes istæ mensuræ non multum a vero aberrant. ED.

12. *Caralitano.* Vet. apud Dalec. *Calaritano.* Hodie, ut omnes aiunt, *Carbonara*, a quo quidem promontorio non CC M. ut Noster ait, sed CXXI tantum M. pass. distat proximum Africæ littus; Gadesque non quatuordecies centena, sed circiter DCCCCLXXX M. pass. ED.

13. *Et a Gorditano.* Γορδίτανον ἄκρον Ptolemæo, lib. III, cap. 3, ab occidentali insulæ latere : Nunc *Capo Falcone*. Habet hæc quoque Martianus iisdem verbis, loc. supra citat. HARD.

14. *Herculis.* Ἡρακλέους νῆσον unicam Ptolemæus agnoscit, lib. III, c. 3. Sunt tamen geminæ : major, *Asinara*, sive *Zavara* : minor, *Isola piana* dicitur. HARD.

15. *A Sulcensi.* Quod meridionali insulæ latere, vulgo *la Punta dell' Ulga*, nomen olim habuit a Sulcensi oppido, de quo mox. HARD. —Vet. apud. Dalec. *Sulcensi.* ED.

16. *Enosin.* Ἔνοσιν. Hodie a *S. Antiocho* nomen habet. HARD.

17. *Ficariam.* Φικαρία νῆσος Ptolemæo, lib. III, cap. 3. Cluverio, *Coltelazo.* HARD.

18. *Berelidas.* An *Balaridas* ex Martiano rectius ? scilicet a Balaris Sardinia gente, de qua mox Plinius. An potius *Boaridas*, ex Tab. Penting. ut scopuli intelligantur duo, qui S. Antiochi insulam obsident, *il Toro*, et *la Vacca?* an denique *Banauridas* ex Stephano, Tyrrhenicas insulas sic nominante? Et Beleridas, et Κολλώδη, et Ἥρας λοῦτρα, seu Junonis thermas, inter insulas quæ Sardiniæ adjaceant, ab auctoribus haud satis probatæ fidei afferri, haud obscure prodit ea loquendi formula, *Quidam ponunt*, etc. HARD.

19. *Heras lutra.* Vet. ap. Dalec. *Hieraca.* Chiffl. *Heralytra.* ED.

20. *Ilienses.* Ἰλιεῖς, qui Ilio everso huc confugere, Iolao duce, ut Pausanias refert, Phocic. lib. X, p. 639, unde et Ἰολάειοι a Diodoro appellati, Bibl. lib. V, p. 296. Ilienses quoque et Mela, lib. II, cap. 7, et Livius vocat, lib. XLI, cap. 6, quibus iste adjuncta Balarorum auxilia scribit. Quare Plinium haud merito Salmas. arguit, in Sol. p. 29 et 99, quasi *Ilienses* pro *Iolenses* dixerit. Βαλαρῶν et Κορσῶν appella-

Corsi. Oppidorum[21] XVIII[22] Sulcitani[23], Valentini[24], Neapolitani[25], Bosenses[26], Caralitani civium romanorum, et Norenses[27]. Colonia autem una, quae vocatur ad turrim[28]

tio unde sit deducta, Pausanias aperit, loc. cit. HARD.

21. *Oppidorum XVIII.* Ita MSS. omnes. Dalec. tamen et Elz. *XIV* egunt. Subintellige celeberrima. ED.

22. *Sulcitani.* Strabo, lib. VI, pag. 224 : Πόλεις ἀξιόλογοι Κάραλις καὶ Σουλχοί. Ptolem. loc. cit. μεσημ-βρινώτατοι Σολκηταυοί et Σύλκοι λιμήν. Mela, lib. II, cap. 7 : « Urbium antiquissimae Caralis et Sulci. » Steph. Byz. Σύλκοι πόλις ἐν Σαρδοῖ, Καρχηδονίων κτίσμα. Anton. *Sulci.* Vide quoque Pausaniam lib. X, cap. 17. Hujus urbis situm indicari ait Mannertus ruderibus exiguoque vico, cui nomen etiam nunc est *Sulci*, haud longe a portu, cui nomen *Palma di Solo*, contra insulam hodie *S. Antioco* vocatam. ED.

23. *Valentini.* Οὐαλεντῖνοι Ptolemaeo, lib. III, cap. 3, ab oppido cognomine, quod perperam in libris editis Οὐαλερία pro Οὐαλεντία scribitur. HARD. — Illam hodie *Iglesias* esse ait Mannertus. ED.

24. *Neapolitani.* Ptolemaeo, loc. cit. Νεαπολῖται et ὕδατα Νεαπολιτάνα. Oppidum hoc Aquae Neapolitanae, cujus meminit etiam Antoninus, sive Æthicus, unum fuisse huic populo innuit Harduinus : nonnulli tamen duo agnoscunt, quorum unum in littore fuit, quondam Neapolis, hodieque etiam *Napoli* dicta, aliud autem in Mediterraneo, Aquae Neapolitanae quondam, hodieque si Mannerto credimus, *Acqua di Corsari* vocata. ED.

25. *Bosenses.* Bosam urbem nomen suum retinere aiunt D'ANVILLE, nonnullique alii ; Ptolemaeus tamen loc. cit. illam inter oppida Sardiniae mediterranea nominat ; unde diversa ab hodierna urbe *Bosa*, ad ostium fluminis *Tyrsix*, contra insulam cognominem sita, esse videtur. Anteponenda igitur fortasse est Mannerti opinio, qui antiquae Bosae rudera ad antiquum fluminis, hodie *Gavino* dicti, alveum monstrari ait, unde fortasse in hodiernam urbem migrarunt incolae, quum Bosa episcopalis sedes facta est. ED.

26. *Caralitani.* Quibus jus civium Roman. concessum. Sive Caralim, seu Calarim legas, nihil interest. Variant enim libri vetusti. Livius urbem *Carales* vocat, lib. XXIII, cap. 40 et 41, et lib. XXX, c. 39 ; Florus, lib. II, cap. 6, urbem urbium *Caralin*, quia jam tum, ut hodieque, metropolis insulae fuit : incolis *Cagliari*. HARD.

27. *Norenses.* Antonino *Nora* ; Ptolemaeo Νῶρα, meridionali insulae latere. Hanc Pausanias, lib. X, cap. 17, antiquissimam fuisse Sardiniae urbem nos docet, ab Iberis, duce quodam Norace, Mercurii filio, conditam. Domorum usum Libycis caeterisque antiquis insulae incolis monstrarunt. Noram locum, ubi hodie est *Torre Forcadizo*, tenuisse probat Mannertus. ED.

28. *Ad Turrim.* Nunc *Porto di Torre.* In Notitia Episcop. apud Victorem Vitens. inter Episcopos Sardiniae, *Felix de Turribus.* Antonino, *Ad Turrem*, oppidum Sardiniae

LIBER III.

Libysonis. Sardiniam [29] ipsam Timæus Sandaliotim [30] appellavit ab effigie soleæ, Myrsilus Ichnusam a similitudine vestigii. Contra Pæstanum sinum Leucasia [31] est, a Sirene ibi sepulta appellata. Contra Veliam, Pontia, et Iscia [32], utræque [33] uno nomine OEnotrides [34], argumentum possessæ ab OEnotriis [35] Italiæ. Contra [36] Vibonem parvæ, quæ vocantur Ithacesiæ [37], ab Ulyssis [38] specula [39].

XIV. (VIII.) Verum ante omnes claritate Sicilia, Sicania Thucydidi [1] dicta, Trinacria [2] pluribus, aut Triquetra [3],

est. Ptolemæo, libro III, cap 3 : Πύργος Βίσσωνος πόλις, pro Λιβύσσωνος. HARD.

29. *Sardiniam.* Hæc totidem verbis Solinus, cap. IV, pag. 18, et Martianus, lib. VI, cap. de Sardinia, pag. 207. Præivit auctor libri Mirab. Auscult. p. 1159. HARD.

30. *Sandaliotin.* Σανδαλιῶτιν, et ἰχνοῦσαν. Claudianus, de bello Gildon. « Humanæ speciem plantæ sinuosa figurat Insula : Sardiniam veteres dixere coloni. » Vide etiam Pausaniam in Phocic. lib. X, pag. 638. HARD.

31. *Leucasia.* Apud Strabonem, lib. II, pag. 123, Λευκασία : at sæpius Λευκωσία, ut Stephanus habet: et auctor libri Mirab. Auscult. pag. 1190, quo nomine Sirenen etiam esse vocitatam diximus, cap. 9. Hodie *la Licosa*, petra verius quam insula. Ab Æneæ consobrina ibi defuncta, Λευκασίαν nominatam scribit Dionys. Halic. lib. I, pag. 43. HARD.

32. *Iscia.* Proponebat Dalecamp. *Isacia.* ED.

33. *Utræque.* Vet. ap. Dalec. *utraque.* ED.

34. *OEnotrides.* Οἰνωτρίδες νῆσοι Straboni, lib. VI, pag. 252. De Velia diximus cap. 10, et de Pæstano sinu, et de Vibone. HARD.

35. *Ab OEnotriis.* Quos in Italia rerum potitos olim Strabo etiam prodidit, pag. 253. HARD.

36. *Contra.* Dalec. et Elz. *et contra.* ED.

37. *Ithacesiæ.* Ἰθακησίαι. Meminere Solinus, et Martianus. Nunc *Torricella*, *Praca*, *Brace* : scopulique alii sine nomine. HARD.

38. *Ulyssis.* Vet. ap. Dalec. et Chiffl. *ob Ulyssis.* ED.

39. *Specula.* Vet. ap. Dalec. Tolet. et Chiffl. *spectacula.* ED.

XIV. 1. *Thucydidi.* Edit. princeps *a Thucydide.* BROT. — Libro VI, pag. 411. HARD.

2. *Trinacria.* Thucyd. loc. cit. Diodoro, Bib. lib. V, pag. 286, et aliis. Homero, Odyss. Λ, 106, et M, 127. Τρινακίη νῆσος, alia longe a Trinacria est. Hæc partim latina vox est ab adjectivo *trinus*, partim græca, ex voce ἄκρα, *promontorium*. Illa ad quamdam prioris similitudinem ficta est, et Solis insula appellatur, quoniam in ea sol perpetuo lucet. Est enim ea insula in Odyssea, ipsum hoc terræ hemisphærium, quod certe semper lucet a sole. H.

3. *Triquetra. Prædia Triquetra,*

a triangula specie : circuitu patens, ut auctor est Agrippa[4], DCXVIII M. pass. quondam[5] Brutio agro cohærens, mox interfuso mari avulsa XV[6] M. in longitudinem freto, in latitudinem autem M. D. pass. juxta[7] columnam Rhegiam. Ab hoc dehiscendi[8] argumento, Rhegium Græci nomen dedere oppido, in margine Italiæ sito. In eo freto est scopulus Scylla : item Charybdis[9] mare vorticosum : ambo clara[10] sævitia. Ipsius Triquetræ, ut diximus[11], promontorium Pelorus vocatur, adversus Scyllam vergens in Italiam : Pachynum[12] in Græciam, CCCCXL M. ab eo

hoc est, Sicula, dixit Horatius, lib. II, satir. VI. HARD.

4. *Agrippa.* At Posidonius apud Strabonem, lib. VI, pag. 266, habet tantum stadia quater mille et CCCC, hoc est, DL mill. pass. Timosthenes vero apud Agathemerum, lib. I, cap. 5, stadiis 4746 ambitum Siciliæ definit, hoc est, DXCIII mill. CCL pass. HARD.

5. *Quondam.* Vide quæ diximus, lib. II, cap. 90. HARD.

6. *XV.* Sic ap. Chiffl. Dalec. et Elz. XII. ED.

7. *M. D pass. juxta.* Ita Timosthenes apud Agathem. duodecim stadia patere hoc fretum latitudine prodidit, lib. I, cap. 3. HARD.

8. *Ab hoc dehiscendi.* Ita Solinus, cap. V, pag. 19. Ἀπὸ τοῦ ῥαγῆναι Rhegium dictum volunt, quod ibi terra dehiscat interfuso tenui maris euripo. Alii Regium sine aspiratione scripsere, quasi Regiam, hoc est, Βασίλειον. Conf. Strabonem lib. VI, p. 258. HARD.

9. *Charybdis mare vorticosum.* Vel summa fuit olim navigandi imperitia, vel valde mutata est locorum facies. Charybdis enim, antiquis

adeo formidata, adhuc videtur prope arcem Messanæ, *Messine*, et ab incolis dicitur *Garofalo*. Vel minimæ cymbæ eam sine periculo trajiciunt. Nec ibi aliud est quam vortex ortus a variis aquarum intercursationibus, quæ colliduntur in iis angustiis Phari Messanæ. Altitudo aquæ ibi est tantum palmorum 30. Vide *Voyage en Sicile et dans la grande Grèce, adressé à M. Winkelmann*, page 161. BROT.

10. *Ambo clara.* De his satis apposite Ovidius, Metam. lib. VII, vers. 62 : « Quid quod nescio qui mediis concurrere in undis Dicuntur montes ? ratibusque inimica Charybdis Nunc sorbere fretum, nunc reddere : cinctaque sævis Scylla rapax canibus Siculo latrare profundo ? » At apud Homerum, Odyss. M, 61, Scylla et Charybdis petræ sunt duæ fabulosæ, cum scopulis totidem ; quibus imaginibus poetice describit adulteriorum, discordiæ, et luxuriæ mala. HARD.

11. *Ut diximus.* Cap. 10, Πέλωρος ἄκρα Ptolemæo, lib. III, cap. 4. Nunc *Capo di Faro.* HARD.

12. *Pachynum.* Malebat Dalec.

LIBER III.

distante Peloponneso [13] : Lilybæum [14] in Africam CLXXX M. intervallo a Mercurii [15] promontorio : et a Caralitano Sardiniæ CXC [16] M. Inter se autem hæc promontoria ac latera distant his spatiis. Terreno itinere a Peloro Pachynum [17] CLXXXXI M. pass. Inde Lilybæum, CC M. inde Pelorum, CLXX. Coloniæ [18] ibi quinque : urbes ac civitates LXIII. A Peloro mare Ionium ora spectante, oppidum Messana ci-

Pachynus. ED. — Παχύνος ἄκρα Ptolemæo, nunc *Capo di Passaro.* H.

13. *CCCCXL M. ab eo distante Peloponneso.* Ita rescripsimus, admonitu codicum Reg. 1, 2, Colb. 1, 2, Paris. etc. quum in editis perperam legatur, CXLIV, hoc est, centena quadraginta quatuor, pro *quater centena et quadraginta.* Suffragatur præter Capellam, qui hunc plane numerum habet, lib. VI, cap. de Sicilia, p. 208, etiam Strabo, dum Alphei fluminis ostium quatuor millia stadium, hoc est, D millia passuum a Pachyno abesse testatur, lib. VI, pag. 266. HARD.—Proxima vero reipsa est hæc Pachynum inter et Tenarium promontorium CCCCXL M. pass. distantia. ED.

14. *Lilybæum.* Λιλυβαίων ἄκρα Ptolem. *Capo di Boco, Marsala.* HARD.

15. *A Mercurii.* Hodie *cap Bon*, in Africa. De eo lib. V, cap. 3. Hoc intervallum Timosthenes loc. citat. ait esse fere CC M. pass. sed graviter errat, nam vix LXXVIII M. pass. est; unde etiam non CLXXX, sed tantum LXXX hic legendum puto. ED.

16. *CXC.* Sic ap. Chiffl. Dalec. et Elz. *CXX.* Ego autem *CCX* legere mallem, quod vero multo vicinius esset. ED.

17. *Pachynum CLXXXVI.* Ita MSS. omnes, Dalec. et Elz. *CLXVI.* Capella, pag. 208, *CLXXVI.* Terreno itinere hæc mensura instituitur, atque adeo brevior insulæ circuitus ex triplici hoc intervallo colligetur, quam quem Agrippa efficit, ora sinubusque lustratis. HARD. — Hæc Harduinus : ego autem corruptos quoque numeros insequentes arbitror : nam ex probatissimis mappis intervalla terreno itinere desumpta mihi dederunt circiter CL M. pass. inter Pelorum et Pachynum; CCX, inter Pachynum et Lilybæum, et CCXXX, inter Lilybæum et Pelorum. ED.

18. *Coloniæ ibi quinque : urbes ac civitates LXIII.* Locum hunc restituimus, tum ex Martiano Capella, lib. VI, cap. de Sicilia, pag. 208, tum ex eorumdem codicum fide, in quibus *civitates LXIII*, nullis adjectis aut detractis leguntur. Coloniarum numerum, quem nos etiam reposuimus, ex Martiano, subsequentis voculæ, *urbes*, littera prior absorbuerat. Porro totidem infra coloniæ redduntur : Tauromenium, Catina, Syracusæ, Thermæ, Tyndaris. In Excerptis Legationum e Diodori libro XXIII, urbes in Sicilia LXVIII omnino numerantur : qui numerus e quinque coloniis, urbibusque tribus et sexaginta recte conflatur. HARD. — Dalec. et Elz. *LXXII.* ED.

3 vium[19] romanorum, qui Mamertini vocantur. Promontorium Drepanum[20] : colonia Tauromenium[21], quæ antea Naxos[22], flumen Asines[23] : mons Ætna[24] nocturnis mirus

19. *Civium Rom.* Jure civitatis a senatu donatum. *Messine.* Incolis, *Messina città nobile.* Nummi Veteres sub Augusto cusi, MESSENION, latinis scripti characteribus, ut se cives romanos incolæ testarentur; seque a Messeniis Peloponnesi discriminarent. Cuniculus in ea nummi parte sculptus, cuniculosam eam fuisse, vel esse regionem docet. Fuit hic nummus argenteus apud D. DE BOZE. HARD.

20. *Drepanum.* Nunc, ut vult Harduinus, et confirmat Mannertus, *capo di S. Alessio* a proximo S. Alexii castello. Non vero, ut Harduinus addit, idem quod Ptolemæo Ἄργεννον ἄκρον, hodie, ut ait Mannertus, *capo Grosso* dictum. ED.

21. *Colonia Tauromenium.* Nunc *Taormini.* Ibi adhuc visitur antiquum ejus theatrum, in quo scena, quæ in cæteris omnibus deest, exstat integra. Inde patet quam curiosum sit hujus antiquitatis monumentum. BROT.

22. *Antea Naxos.* Solin. cap. v, pag. 19. Etiam Antoninus in Itiner. Tauromenium Naxon vocat. Nempe Naxo excisa, Tauromenium successit, quo deducti sunt Naxii, ut auctor est Diod. Sic. Bibl. lib. XIV, pag. 282, et lib. XVI, pag. 411. Græcis Ταυρομένιον. Nummus Græcus e Museo nostro Parisiensi, ΤΑΥΡΟΜΕΝΙΤΑΝ. HARD.

23. *Asines.* Fluvius ille, quem Tauromenium inter et Ætnam ponit Noster, idem esse videtur, qui ab aliis Onobala, hodie *Alcantara* vocatur; nisi tamen illum confundat Noster cum flumine Aci, quod Catanæ multo vicinius fuit. Certe longe alius fluvius hic Asines ac ille, quem Ἀσίναρον ποταμὸν vocant Thucyd. lib. VII, pag. 554, et Plut. in Nicia, pag. 541, et quocum male confunditur ab Harduino: hic enim Asinarus flumen hodie *fiume di Noto* est, haud longe ab urbe *Noto*, auctore Mannerto. ED.

24. *Ætna. Mont Gibel.* HARD. — Cl. HAMILTON die 26 mensis junii, anno 1769, Ætnam conscendit, craterem ejus diligenter inspexit, ejusque ambitum æstimavit quoque duobus millibus et quingentis passibus. Conus est concavus inversus, intus crusta salina et sulphurea vestitus, qui sensim decrescit, et ferme in punctum desinit. Audivit a Cl. REMPRO, qui Ætnæ historiam scribebat, montis altitudinem perpendiculum esse trium millium Italicorum. Die illa 26 junii in summo cratere barometrum notabat gradus 18, lineas 10; in imo monte gradus 27, lineas 4. Thermometrum vero, in summo cratere gradus 26, in imo monte gradus 24. Vidit ibi ortum solis et patentissimum prospectum. Vidit maximam partem Calabriæ, totam insulam Siciliæ, insulas *Lipari* et *Stromboli*, licet amplius septuaginta millibus distent. In accuratissima tabula geographica dimensus spatium, quod suis oculis tum obversabatur, reperit hujus prospectus ambitum esse nongentorum millium passuum,

incendiis. Crater[25] ejus patet ambitu stad. xx. Favilla[26] Tauromenium et Catinam[27] usque pervenit fervens : fragor vero ad Maronem[28] et Gemellos colles. Scopuli[29] tres Cyclopum, portus Ulyssis[30], colonia Catina[31]. Flumina :

900 *milles*. Pyramidalis umbra montis totam insulam percurrebat, et mare attingebat. Quadraginta quatuor montes numeravit in latere Ætnæ, quod Catanam spectat, et multos alios in adverso latere. Singuli illi montes sunt, conica forma, et craterem habent, qui in multis intra et extra magnis arboribus est tectus. C. HAMILTON, *Voyage du mont Etna*, pag. 354. BROT.

25. *Crater*. Qui in summo vertice aperit se hiatus. HARD.

26. *Favilla*. Ita etiam Strabo, lib. VI, pag. 269; August. de Civit. lib. III, cap. 31, aliique. HARD.

27. *Catinam*. Dalec et Elz. *Catanam*, de qua infra. ED.

28. *Ad Maronem*, etc. Chifflet. *Maroneum*. In martyrologio Maurolyci, Maronis pariter montis fit mentio, Gemellorumque collium. Maro nunc *Madonia* dicitur : Gemelli, *monte di Mele :* utrique uno nomine Mons Nebrodes Solino, c. v, p. 19, et aliis. HARD.

29. *Scopuli tres*. In ora, citra Catinam *i Fariglioni*. Qua parte Sicilia spectat Eurum, Cyclopas Plinius collocat, cum portu Ulyssis, recte. At Homerus ad septemtrionem fere; quoniam sic poscit descriptio itinerum Ulyssis in ea fabula. Venisse constabat Ulyssem in Siciliam ex fama publica, atque ibi tunc Cyclopas exstitisse. Cætera invenit, immutavit, disposuit vates, ex artis licentia et legibus. Cyclops, græce Κύκλωψ, non hominem significat, cui lumen sit unicum ; sed qui rotundos oculos habet, sive orbiculares. Unoculum Cyclopa finxit Homerus, tum ut monstrosior esset : tum quia si oculos duos haberet, uno effosso satis ei alter esset ad animadvertendos percussores : id quod fabula prohibebat. Docet enim illa, juste pœnas ab eo exigi, qui sacrosancta hospitii jura violet : quod Cyclopis facinus fuisse finxit Homerus. HARD.

30. *Portus Ulyssis*. Idem de quo meminit Virgilius, Æn. III, vers. 570 : « Portus ab accessu ventorum immotus et ingens; » auctore Mannerto. Nunc *Lognina statione* vocari, prope Catinam, ait Harduinus. ED.

31. *Catina*. Sic omnes MSS. Dalec. et Elz. ut supra, *Catanam*. Quam Græci Κάταναν, Catinam Latini dixere : ut illi Μασσαλίαν, Massiliam isti. Catanam tamen legimus in nostra T. Livii editione, lib. XXVII, cap. 8. Nummus in Museo nostro, ΚΑΤΑΝΑΙΩΝ. Nobis *Catane :* incolis, *Catania*. In vetere instrumento apud Parutam, pag. 14, *Catana città clarissima*. Catana Naxiorum colonia fuit, auctore Strabone, libro VI, pag. 268; illam Ætnam nominari voluit Hiero Syracusarum tyrannus ; quo quidem mortuo, antiquum nomen recuperavit. Colonos postea Romanos accepit. Urbi superne imminet mons Ætna, ita ut ignis, qui ex eo evomitur, sæpe in Catanæum agrum devolvatur. HARD. et ED.

Symæthum[32], Terias. Intus Læstrygonii[33] campi. Oppida: Leontini[34], Megaris[35] : amnis Pantagies[36]. Colonia Syracusæ[37], cum fonte Arethusa[38]. Quamquam et Temenitis[39],

32. *Symæthum.* Σύμαιθος Straboni, lib. VI, pag. 272. Hodie *Zaretta*, ultra Catinam. Τηρίας Diodoro in Eclog. pag. 868, et Hesychio. Illum nunc *fiume di S. Leonardo*, Harduinus, *Lentini* Mannertus vocari volunt : fortasse idem fuit, qui hodie *Guarna Lunga* dicitur. ED.

33. *Læstrygonii.* Λαιστρυγόνες appellati, qui Leontinos campos incoluere, οἱ τὸ Λεοντίνων πεδίον οἰκήσαντες, inquit Polybius in Excerptis, pag. 22. Silius, lib. XIV : « Prima Leontinos vastarunt prælia campos, Regnatam duro quondam Læstrygone terram. » HARD.

34. *Leontini.* In nummis Musei nostri, ΛΕΟΝΤΙΝΩΝ. Melæ quoque, lib. II, cap. 7, *Leontini*. Λεόντιον Ptolemæo, lib. III, cap. 4. Leontini Livio, lib. XIII, cap. 50; XIV, 3, et XXIV, 7, 23 et 30. Nunc *Lentini.* In vetere instrumento, apud Parutam, pag. 14, *Lentini città fecondissima.* HARD.

35. *Megaris.* In nummis apud Parutam, ΜΕΓΑΡΑ. Et apud Ptolem. Μέγαρα. Stephano Μεγαρὶς ἐν Σικελίᾳ, ἡ πρότερον Ὕβλα. HARD. — Cic. in Verrem, V, 25 : « Megaris, qui locus est, non longe a Syracusis. » Illam a consule Marcello M. dirutam nos docet Livius, lib. XXIV, cap. 35. Monstrari ejus rudera ait Mannertus. ED.

36. *Pantagies.* Vet. ap. Dalec. *Pantagia.* ED. — Vibio Seq. *Pantagias* : Silio quoque, libro XIV. Πaντάκιος Thucydidi, lib. VI, pag.

413. Ptolemæo, Παντάγας. Nunc *Porcaro.* HARD.

37. *Syracúsæ.* Incolis *Siracosa città fedelissima* : nobis *Syracuse.* Coloniam eo deductam ab Augusto, anno U. C. 733, M. Lollio, Q. Lepido coss. auctor est Dio, lib. LIV, pag. 527, et Strabo, lib. VI, pag. 270. HARD.

38. *Arethusa.* Cic. in Verrem, orat. VI, num. 18 : « In hac insula extrema est fons aquæ dulcis, cui nomen Arethusa est, incredibili magnitudine, plenissimus piscium : qui fluctu totus operiretur, nisi munimine ac mole lapidum a mari disjunctus esset. » Nunc fons est sine nomine. Falcandus, in hist. Sic. motu terræ lutulentum hunc fontem ait effectum, multa maris admixtione saporem salsum contraxisse. Vide quæ de eo fonte et Alpheo amne dicturi sumus libro XXXI, cap. 30. HARD.

39. *Temenitis*, etc. Vinc. Mirabella, Syracusanus, in erudito opere de patria sua, ait hos hodieque fontes exstare. Temenitum, quæ *Pismotta* hodie est auctore Cluverio, nunc dici, *Fonte di Canali.* Archidemiam, *Cefalino.* Magæam, *Fontana della Maddalena.* Cyanen, *Fonte Ciane.* Milichien Μειλιχίην, cujus aqua suavissima, et nomini suo maxime conveniens, *Lampismotta.* De Cyane in primis Ovidius, Fastor. lib. IV, vers. 469, et Metam. lib. V, vers. 412. Vibius Seq. pag. 340, lacum vocat. HARD.

LIBER III. 127

et Archidemia[40], et Magæa, et Cyane, et Milichie[41] fontes in Syracuso potantur[42] agro. Portus Naustathmus[43], 4 flumen Elorum, promontorium Pachynum : a qua[44] fronte Siciliæ flumen Hirminium[45], oppidum Camarina[46], fluvius Gelas[47], oppidum Acragas[48], quod Agrigentum nostri dixere. Thermæ[49] colonia : amnes Achates[50], Mazara,

40. *Archidemia et Magæa.* Vet. ap. Dal. *Archidemisa et Margæa.* ED.

41. *Milichie.* Vet. ap. Dalec. *Milinoe.* ED.

42. *Potantur.* Vet. ap. Dalecamp. *ponantur;* alii *putantur.* ED.

43. *Naustathmus.* Ναύσταθμος, quæ vox navium stationem sonat. Ptolemæo, lib. III, cap. 4 : Φοινικοῦς λιμήν. Nunc *Fontane bianche,* inter Syracusas, et Elorum amnem, cui nomen hodie *Acellaro* auctore Harduino, *Abisso* Mannerto : quondam Ἕλωρος, apud Stephan. et Vibium Seq. ED.

44. *A qua fronte.* Meridionali. H.

45. *Hirminium.* Nunc *Maulo*, et *Mauli*, et *fiume di Ragusa.* HARD.

46. *Camarina.* Καμαρίνα Stephano. Virgil. Æneid. libro III : « Et fatis numquam concessa moveri Apparet Camarina procul. » Hodie *Camarana* dicitur, latere Siciliæ meridionali : in nummis apud Parutam , KAMAPINAIΩN. HARD.—Vet. apud Dalec. *Camerina.* ED.

47. *Gelas. Gela* Vibio. In nummis apud eumdem Parutam, ΓΕΛΑΣ. Caput virile, cum auribus et dimidio corpore bubulo, docet agricolas, qui flumen illud accolunt, esse perferentes laboris : in aversa autem parte equus, vel eques, vel bigæ pictæ generosos in eo tractu equos esse. HARD. — Hunc hodie accolis esse *fiume Salso* ait Harduinus, D'ANVILLE autem, Mannertusque, multique alii Gelam fluvium et urbem cognominem hodie esse *fiume Ghiozzo* et urbem *Terra Nova*, quæ tamen antiqua paulo inferior reperitur ad ostium fluminis. ED.

48. *Acragas.* In nummis Musei nostri, et apud Parutam, ΑΚΡΑΓΑΝΤΙΝΩΝ. Hodie *Girgenti;* incolis, *Agrigento città magnifica.* HARD.

49. *Thermæ.* Antonino Aquæ Larodæ, ab Agrigento, XL M. P. Nunc sunt cæ prope urbem *Sciacca*, vel *Xacca*, ut recte Fazellus, cujus opinionem sequitur et Mannertus. HARD. et ED.

50. *Amnes Achates, Mazara, Hypsa.* Ἀχάτης, nunc *Belice*, qui primus post Thermas occurrit : Μαζάρας, *Mazara*, ad oppidum ejusdem nominis : latere uterque meridionali. Ὕψας, *Marsala*, prope Lilybæum. HARD. — In edit. Parm. *amnes Agathe, Mathehypsa.* In Reg. et Colb. *Agathe mater Hypsa,* pro qua lectione, Barbarus *Acis et Hypsa* reposuit : pluribus sane quam par fuerat, extritis litteris. Sed Acin quoque, de quo Schol. Theocriti, ad vers. 69, idyll. 1, et Vibius Seq. pag. 329, ab Ætna, Solino quoque auctore, fluentem, e cujus ripis saxa in Ulyssem Polyphemum jecisse quidam dixere, ad oram quam nunc percurrit Plinius, non pertinere, docebit subjecta oculis de-

Hypsa. Selinus[51] oppidum. Lilybæum ab eo promontorium, Drepana[52], mons[53] Eryx[54]. Oppida : Panhormum[55], Solus[56], Himera[57] cum fluvio, Cephalœdis[58], Aluntium[59],

scriptio insulæ. Quapropter priscis litterarum vestigiis insistendo, locum nos ita legimus : « amnes : Achates, Mazara, Hypsa. » De Achate Siciliæ fluvio, Vibius Seq. pag. 328 : « Achates Siciliæ, ubi pari nomine lapillos generat, unde gemmæ fiunt. » Plinius ipse, libro XXXVII, c. 54. Ejusdem meminit etiam Ptolemæus, lib. III, cap. 4, ubi corrupta voce Ἀχίθων vocat : ac Selinuntis ab eo, et Mazaræ fluminum ostia refert. De Mazara Antoninus quoque, xii m. p. a Lilybæo. Stephano quoque castellum est et propugnaculum Selinuntiorum Mazara, a præfluente, ut credimus, amne dictum. Servat adhuc in hoc ipso tractu oppidum Mazaræ nomen : a quo tertia Siciliæ pars *val di Mazara* nuncupatur. Hard. — Vet. ap. Dalec. *Atya* et *Hypsa*. Ed.

51. *Selinus*. Σελινοῦς Græcis, ab apii, quod σέλινον vocant, ubertate dictum. Hard. — Urbis hujus a Pœnis anno U. C. 504, ante Christum 249, dirutæ etiamnunc exstant vestigia *Selenti* vocata, in latere insulæ meridionali. Ed.

52. *Drepana*. Incolis, *Trapani città invitta*. Stephano, Δρέπανα, Δρέπανον Ptolemæo. Hard.

53. *Mons*. Vet. ap. Dalecamp. *mox*. Ed.

54. *Eryx*. Vibius Seq. pag. 343 : « Eryx mons Siciliæ. » Solinus, cap. v, pag. 19 : « Eminet *Sicilia* montibus Ætna et Eryce : Vulcano Ætna sacer est : Eryx Veneri. » Mela quoque, libro VI, capite 7 :

« Montium Eryx maxime memoratus, ob delubrum Veneris ab Ænea conditum. » Nunc *monte S. Juliano* dicitur. Hard.

55. *Panhormum*. Bene editio princeps *Panormum*. Brot. — Incolis, *Palermo città felice*. Hard.

56. *Solus*. Antonino Soluntum dicitur : ut quod Romanis Hydruntum, Græcis Hydrus fuit. In nummis apud Parutam, ΣΟΛΟΝΤΙΝΩΝ, Nunc *Solunto*. Hard.

57. *Himera*. Schol. Pind. p. 110. Θερμὰ λουτρὰ τῆς Ἱμέρας πόλεως Ptolemæo, lib. III, cap. 4. Sunt Thermæ Himerenses, Θέρμαι Ἱμέραι πόλις. Coloniam deinde factam, testatur vetus inscriptio apud Gruter. pag. 433, sed falsi suspecta, ut pleraque apud eumdem : Col. Avg. Himeraeorum. Thermit. In nummis antiquis est ΙΜΕΡΑΙΟΝ, et aspirata interdum priore littera more latino, ob commercium Romanorum, post Siciliam captam, ΗΙΜΕ-ΡΑΙΟΝ. Nunc oppido nomen *Termini città splendidissima* : amni, *fiume di Termini*. Hard.

58. *Cephalœdis*. Κεφαλοιδὶς Ptolemæo, loc. cit. Incolis *Cefalù città placentissima*. Hard.

59. *Aluntium*. Vet. ap. Dalec. *Aleuntium*. Ἀλόντιον Ptolem. loc. cit. Dionys. Halic. libro I, pag. 41, Ἀλούντιον. In nummis, ΑΛΟΝΤΙΝΩΝ. Fazellus, decad. I, lib. IX, c. 4 : « In colle edito et mari prominenti, infra *S. Philadelphi* oppidum, Aluntium vetusta urbs jacet, Alontio. » Hard.— Fazellum citat Mannertus,

LIBER III.   129

Agathyrnum[60], Tyndaris[61] colonia, oppidum Mylæ[62], et unde cœpimus, Pelorus.

Intus, latinæ[1] conditionis, Centuripini[2], Netini[3], 5

additque in mappis novis non reperiri *S. Philadelphi* oppidi nomen, quod neque mihi contigit; requirendum igitur est Aluntium, ut ait idem Mannertus, ad orientem fluvii *Furiano.* ED.

60. *Agathyrnum.* Alias *Agathyrsum.* DALEC. — Straboni, lib. VI, pag. 266, Ἀγάθυρσον. Polybio apud Steph. Ἀγάθυρσα. Diodoro, libro V, pag. 991, Ἀγάθυρνον, ab Agathyrno rege. HARD. — Livius lib. XXVI, cap. 40, et lib. XXVII, cap. 12, illam *Agathyrnam* vocat, indeque a Lævino consule inconditam multitudinem hominum per latrocinia ac rapinam tolerantium vitam, in Italiam transvectam fuisse nos docet, anno U. C. 542. Ex Peutingeri tabula conjici haud immerito potest illam oppidi hodie *S. Agata* vocati situm occupavisse XII M. pass. a *Calata.* ED.

61. *Tyndaris colonia.* In nummis ΤΥΝΔΑΡΙΤΑΝ. Polybio, lib. I, pag. 35, Τυνδαρίς. A Dionysio majore primo olympiadis 96 anno condita fuit, eoque perfugerunt multi Messenii, Methymnæique ex insula Lesbo, qui legibus suis diu vixerunt. Sic cum Himera sola vere libera respublica Græca facta est in Sicilia, permansitque usque ad Sexti Pompeii Octaviique belli tempora. Tyndaritani pluribus locis a Cicerone in Verrem citantur: Τυνδαρίδα citat Strabo, lib. VI, pag. 266 et 272, XXV M. pass. a Mylis, XXX ab Agathyrno, quod Ἀγάθυρσον vocat, ut modo diximus. Antonini Itinerarium Peutingerique tabula illam XXVIII M. pass. ab Agathyrna, ortum solis versus, XXXVI a Messana ponunt: unde conjicit Mannertus eam juxta promontorium hodie *capo di Mongioio*, antiquis promontorium Tyndaris dictum, sitam fuisse, ad orientem fluminis *Patti*. Illius ruderibus insidet virginis Mariæ templum, cujus claustrum, auctore Mannerto, in prærupto monte, qui nomen *Tindari* servat, cernitur. Extremo sinu situm erat oppidum, cujus dimidiam partem fluctibus abruptam narrat Noster lib. II, c. 94. Male addit Mannertus Tyndarim perperam a Nostro coloniam citari, quum sic pro quinque, sex colonias interserat; non enim sex, sed quinque tantum in Nostro reperio, Tauromenium scilicet, Catinam, Syracusas, Thermas et Tyndarim. ED.

62. *Mylæ.* A Zanclæis conditæ, si audiantur Scymnus Chius, v. 287, et Strabo, lib. VI, pag. 266. Hodie *Melazzo* vocatur. ED.

1. *Latinæ.* Jure veteris Latii donata, de quo diximus supra in nota 5, cap. 3. ED.

2. *Centuripini.* Oppidum τὰ Κεντόριπα Straboni, lib. VI, pag. 272, supra Catinam, juxta Ætnæos montes : in nummis Parutæ ΚΕΝΤΟΠΙΠΙΝΩΝ. Vide etiam Tullium in Verrem, lib. III, cap. 45 ; lib. II, cap. 68, et libro IV, cap. 50. Hodie *Centorbi* dicitur. HARD et ED.

3. *Netini.* Chiffl. *Nepini.* Netinos quoque Tullius vocat, in Verr. lib.

II.   9

Segestani [4]. Stipendiarii, Assorini [5], Ætnenses [6], Agyrini [7], Acestæi [8], Acrenses [9], Bidini [10], Cetarini [11], Cacyrini, Dre-

VII, cap. 55. Oppidum Ptolemæus Νέητον. Hard. — Hodie *Noto antiquo*, ut ait Mannertus, haud longe, occidentem versus, ab ea urbe quæ incolis *Noto, città ingeniosa* dicitur, prope Pachynum. Ed.

4. *Segestani.* Vet. ap. Dalecamp. *Ægestani.* A Segesta dicti, vel Egesta, præposita ei littera S a romanis scriptoribus, inquit Festus, ne obsceno nomine appellaretur. In nummis Parutæ, ΣΕΓΕΣΤΑΙΩΝ et ΕΓΕΣΤΑΙΩΝ. Hard. — Videntur ejus reliquiæ, præsertimque templum immensum in colle, ad rivulum quemdam *S. Bartolomeo* flumini vicinum, ad occidentem urbis *Alcamo*, duorum milliarium geographicorum intervallo, ut ait Mannertus. Ed.

5. *Assorini.* Ἄσσωρον urbi nomen apud Stephan. nunc *Asaro.* Chrysa amne alluitur, nunc *Battaino*, sive *Dittaino*, ut vult Mannertus. In nummo apud Parutam, ΑΣΟΡΥ. ΧΡΥΣΑΣ. Ed.

6. *Ætnenses.* Vet. apud Dalec. *Echetienses;* alii *Escletienses.* Αἴτνη Straboni, lib. VI, pag. 273. Ptolemæo Αἴτναι. In montis Ætnæ radicibus olim fuit, stadiis a Catina LXXX, loco dicto *Nicolosi*, auctore D'Anville. Oppidum illud condiderunt, ut nos docet Strabo lib. VI, pag. 268, coloni quos Hieron, Syracusanorum tyrannus, Catinam occupare jusserat, pulsis pristinis incolis, qui quidem sub mortem Hieronis postliminio reversi inquilinos expulerunt. At illi cedentes loco Ætnæ montis radices occuparunt, locoque nomen Ætnæ imposuerunt. Nummi ΑΙΤΝΑΙΩΝ. Ed.

7. *Agyrini.* Agyrium et Agyrinenses apud Cicer. Verr. libro V, cap. 62. In nummis, ΑΓΥΡΙΝΑΙΩΝ. Nunc *San Filippo d'Argyro*, ut aiunt D'Anville et Mannertus. Ed.

8. *Acestæi.* Ab Acesta, de qua Virgilius, Æneid. lib. V: « Urbem appellabunt permisso nomine Acestam. » Hard.—Ignoratur omnino situs. Ed.

9. *Acrenses.* Ἀκραῖοι Stephano. Oppidum *Acrus* Antoninus, et Thucyd. lib. VI, pag. 414. Ptolemæus Ἀκραίας vocat. Hard. — XXIV M. pass. a Syracusis, x stadiis ab Anapo flumine, ad veteremque ejusdem fluminis alveum, juxta vicum *Pallazola*, hujus rudera reperiri ait Mannertus, vicinusque mons, si ei creditur, etiamnunc *Acremons* dicitur. Male Cluverius a distantia vera recedens hanc urbem ad meridiem Syracusarum reperire vult. Ed.

10. *Bidini.* Cic. Verr. libro IV, cap. 54 : « Bidis oppidum est tenue sane non longe a Syracusis. » Incolæ Βιδῖνοι Stephano. Superest modo templum, *S. Giovanni di Bidini*, teste Cluverio, Sicil. Antiq. lib. II, cap. 10. Hard. — XV M. pass. a Syracusis; hoc autem nomen in probatissimis mappis reperiri negat Mannertus, sed tantum montem cui nomen *Bibino* esse dicit. Ed.

11. *Cetarini, Cacyrini.* Dalec. et Elz. *Citarii.* Κυταρία et Κάκυρον, duo Siciliæ oppida, apud Ptolem. lib. III, cap. 4. Illud in mediterraneis, nunc vulgo *Cassaro*, inter Herbes-

panitani [12], Ergetini [13], Echetlienses [14], Erycini [15], Entellini [16], Etini [17], Enguini [18], Gelani [19], Galatini [20], Halesum et Syracusas : illud in ora occidentali; situs vero ignoratur. HARD. et ED.

12. *Drepanitani.* A Drepano proxime antea memorato. HARD.

13. *Ergetini.* Ἐργέτιον Philisto apud Stephan. Ptolemæo, addito, ut sæpe alias, sibilo, Σεργέντιον. Nomen ruderibus *Cittadella*, ad Chrysam amnem, ut ait Hard. quamvis situm ignorari dicat Mannertus. ED.

14. *Echetlienses.* Prius *Ecestienses* legebant, quos perspicuum est vel ab Acestæis, vel a Segestanis minime diversos esse. In MSS. *Echestienses* : nos ex certissima conjectura, *Echetlienses*, ab Ἐχέτλα oppido, cujus meminere Polybius, libro I, pag. 20, et Diodorus. Sic. lib. XIX, ac Stephanus. Illud ipsum forte quod Ptolemæo, lib. III, cap. 4, Ἐλχέθιον pro Ἐχέθλιον dicitur. HARD. — Hodie *Ochula*, si Harduino credimus ; Mannertus autem illam juxta oppidulum *Vizini* sitam ait. HARD. et ED.

15. *Erycini.* Steph. Ἐρυκῖνοι : in nummis apud Parutam ΕΡΥΚΕΙΝΩΝ. Eorum urbi nomen fuit ab Eryce monte, hodie *S. Juliano*, cui insidebat, et in quo nulla, teste Mannerto, neque templi Veneris Erycinæ, quod celeberrimum fuit, neque urbis supersunt rudera. Est et alia Eryce haud longe a *Sentini*, occidentem versus, cujus rudera monstrari ait Fazellus, in monte *Catalfano* hodie dicto haud longe ab urbe *Calatagirone*. Stephanus hanc a fluvio cognomine appellatam fuisse ait, qui quidem fluvius hodie *Palagonia* vocatur et in flumen *Paolo* influit. ED.

16. *Entellini.* Stephano Ἐντελλῖνοι; oppidum Ἔντελλα Diodoro, lib. XVI, pag. 491. Videntur ejus rudera etiamnunc Entellæ nomen servantia, in monte prærupto ad antiquum fluminis *Balici* alveum, haud longe a *Poggio Reale*, ortum solis versus. ED.

17. *Etini.* MSS. *Edini.* HARD. — Leg. *Netini, Edini, Getini,* etc. DAL. —Etinorum, atque Edinorum situs pariter ignoratur. ED.

18. *Enguini.* De his sæpius Cicero in Verr. Ἐγγύϊον, oppidum : incolæ Ἐγγυῖνοι, Stephano. Diodorus Sic. lib. V, abfuisse ab Agyro patria sua, stadiis centum ait. HARD. — Illius rudera ad montem ex quo defluit flumen *Salso* reperiri ait Mannertus, juxta oppidulum *Gangi*, quam quidem opinionem sequitur et D'ANVILLE. ED.

19. *Gelani.* Iidem Gelenses Cic. in Verr. lib. VI, cap. 73. Γελῶοι Pausaniæ, lib. VI, pag. 380, aliisque dicti. In nummis, ΓΕΛΑ, quod oppidi nomen est Scylaci in Periplo, pag. 4. HARD. — Urbes duæ recentes inclyti oppidi Gela situm occupandi honorem sibi vindicant, *Alicato* scilicet ad ostium fluminis *Salso*, et *Terra Nova* ad parvum flumen *di Ghiozzo*. Exhibet prior nummum in vicinio repertum, posteriori vero magis favent veterum historicorum narrationes, auctore Mannerto. ED.

20. *Galatini.* Qui Ciceroni passim *Calatini*, Verr. lib. VI, c. 101,

sini [21], Hennenses [22], Hyblenses [23], Herbitenses [24], Herbessenses [25], Herbulenses [26], Halicyenses [27], Hadranitani [28],

etc. Diodoro Sic. Bib. lib. XII, pag. 89, Καλλατῖνοι. Oppidum Antonino, *Galeate*. Nunc *Galati*, in monte situm, ad occidentem fluminis *Fittalia* et oppidi *Tortorici*. Ed.

21. *Halesini*. Antonino, *Alesa* : in Tab. Peuting. *Halesa*. Ἀλέσα πόλις, Diodoro, Bibl. lib. XIV, pag. 246. Hard. — Ἀλαίσα Straboni lib. VI, pag. 272. Octo stadiis a littore distabat, ibique ab Archonide quodam, Herbitæ principe, condita fuerat, qui Archonidion illam vocaverat. Hujus rudera reperiri ait Mannertus haud longe a fluminis *Pettineo* ostio, et vico *Tysa*, septemtrionem inter et ortum solis|; xviii m. pass. a Cephaledo distabat; quamvis in Antonini Itinerario xxviii m. pass. legatur librariorum negligentia, qui litteram x interseruerunt. Ed.

22. *Hennenses*. Ab Enna urbe, de qua Strabo, lib. VI, pag. 272 : Ἔν δὲ μεσογαίᾳ, τὴν μὲν Ἔνναν, ἐν ᾗ τὸ ἱερὸν τῆς Δήμητρος, ἔχουσιν ὀλίγοι, κειμένην ἐπὶ λόφῳ περιειλημμένην πλάτεσιν ὀροπεδίοις ἀροσίμοις πᾶσαν. Vocem hanc Latini sæpius aspirarunt : non item Græci, quibus Ἔννα scribitur. Sic nos Hannonem dicimus : Græci Ἄννωνα. Et apud Jul. Firmic. lib. de Errore Prof. Relig. pag. 24, *Ceres Hennensis mulier*. Hodie *Castro Giovanni*, *città inespugnabile*. Hard.

23. *Hyblenses*. Præter cæteras urbes ejus nominis, fuit in Sicilia Hybla major, in Catinensium agro, cujus incolæ Ὑβλαῖοι apud Stephan. nunc *Paterno*, ut quidem Cluverio videtur, Sicil. lib. II, cap. 8. In nummis apud Parutam, ΥΒΛΑΣ ΜΕΓΑΛΑΣ. Hard.

24. *Herbitenses*. Ἐρβιταῖοι Stephano, et Diodoro Sic. lib. XIV, pag. 296. Gens Ciceroni in Verr. libro IV et V, sæpius memorata. Illam super omnes siculas urbes, ad septemtrionem Nebrodum montium sitas dominatam esse putat Mannert. Oppidum id esse hodie creditur, quod *Nicosia città costantissima* Siculi vocant, et cujus ruinis crevit *Sperlinga*, in Siculis vesperis celeberrima. Ed.

25. *Herbessenses*. Herbessum Livius inter Syracusas et Leontinum agrum collocat, libro XXIV, cap. 30, ubi nunc Cryptæ, *le Grotte*, ut quidem Fazellus existimat, decad. I, lib. X. Situm ignorari ait Mannertus. Ed.

26. *Herbulenses*. Forte *Harbelenses*. Nam Stephano urbs Siciliæ Ἀρβέλη, ex Philisto, lib. VIII Rerum Sicular. Situs ignoratur. Ed.

27. *Halicyenses*. Sic appellantur a Cicer. in Verr. lib. IV, cap. 68, qui eos liberos et tributi immunes dicit. Ἀλικυαῖοι, a Thucyd. lib. VII, pag. 511. Inter Entellam et Lilybæum Ἀλικύαι a Stephano collocantur. Nunc *Saleme* oppidum haud ignobile, antiquum illud nomen refert vulgari sermone. Sal quippe Græcis ἅλς dicitur : unde ἁλικὸς *salsus*. Hard. et Ed.

28. *Hadranitani*. Diod. lib. XIV, pag. 265, Ἄδρανον. Silio, *Hadranum*. Herbitæ dominationi subjectum. In nummis ΑΔΡΑΝΙΤΑΝ, apud Parutam. Nunc *Aderno* vocatur. Ed.

LIBER III. 133

Imacarenses [29], Ichanenses [30], Ietenses [31], Mutustratini [32], Magellini [33], Murgentini [34], Mutycenses [35], Menanini [36],

29. *Imacarenses.* Ita libri omnes. At elementorum series nobilius paulo oppidum appellandum hoc loco fuisse forte admonet, nempe Hyccarensium, quod Stephano Ὕκκαρον, Hiccara Antonino, a Panhormo XVI M. P. In nummis apud Parutam, IKAP. Nunc quoque *Carini*, et *Muro d'Yccarini*, teste Fazello, decad. I, lib. VII, cap. 7. HARD. — Lego *Hyccarenses* ab oppido Hyccaro : unde autem hoc nomen acceperit vide apud Athenæum sub finem libri VII. DALEC. — Ager Imacarensis Cicer. in Verr. lib. V, cap 47. Ἰμαχάρα Ptolemæo, in oppidis Siciliæ mediterraneis. Imacaram hodie esse *Traina* putat Mannertus. ED.

30. *Ichanenses.* Ἴχανα urbs est Siciliæ, apud Steph. Situs autem ignoratur. ED.

31. *Ietenses.* Vet. ap. Dalecamp. *Letenses.* Ex Philisto Steph. Siciliæ urbem Ἰετὰς vocat, incolas Ἰεταίους. In nummis, apud Parutam, ΙΑΙΤΙΝΩΝ. Diodoro, in Eclog. pag. 876, Ἰετῖνοι. HARD. — Nunc *Iato* dici, ad veterem *Belici* fluvii alveum, supra Entellam auctor est Fazellus : sed in mappis novis non reperitur nomen istud. ED.

32. *Mutustratini.* Chiffl. *Mutustrani* Vet. ap. Dalec. *Mytistratini.* Μυττίστρατον enim oppido ei nomen est apud Polyb. lib. I, pag. 34. Μύστρατον apud Diod. Sic. in Eclog. pag. 876. HARD. — Ἀμέστρατος apud Stephan. Byz. et incolæ *Amestratini* apud Cic. Hodie *Mistretta* est, ad rivulum *Seravelli*, atque etiamnunc antiquæ arcis cerni vestigia ait Mannertus. ED.

33. *Magellini.* Macellam oppidum Siculum a Romanis, a quibus defecerat, in ditionem redactum narrat Livius, lib. XXVI, cap. 21. Μάκελλαν κώμην vocat Diodorus in Eclog. pag. 895 ; πόλιν Polyb. lib. I, pag. 233. Situs omnino ignoratur. ED.

34. *Murgentini.* Ager Murgentinus, Cic. Verr. lib. V, cap. 47. Hos cum Magellinis defecisse ad Pœnos auctor est Livius, loc. cit. Stephan. Μοργεντῖνοι. Urbs Thucyd. lib. IV, pag. 295, Μοργαντίνη. Et in nummis, ΜΟΡΓΑΝ. HARD. — Hanc in mediterraneo sitam fuisse, et fere haud dubie vicum *Mandri Bianchi*, in colle situm, ad flumen *Dittaino* esse probat Mannertus ; quamvis vehementer huic sententiæ repugnet Livius, qui lib. XXIV, cap 27, hic centum navium classem habuisse Romanos ait ; sed dubium eidem Mannerto non videtur quin a Livio non Murgantiæ nomen, sed Megaræ scribendum fuerit. ED.

35. *Mutycenses.* Ita MSS. omnes, et Parm. edit. Dalec. et Elz. *Mutyenses.* Cicero quoque, in Verr. lib. V, cap. 101, *Mutycenses;* ab urbe mediterranea Siciliæ, Μότουκα Ptolemæo, lib. III, cap. 4 ; nunc *Modica*, inter Pachynum et Syracusas. Diversa videtur ab ea Μοτύη fuisse, de qua Thucyd. libro VI, pag. 412, et Diod. lib. VI, p. 69. HARD. et ED.

36. *Menanini.* In nummis apud Parutam, ΜΕΝΑΝΙΝΩΝ, et ΜΗΝΑ-

Naxii [37], Noæni [38] Petrini [39], Paropini [40], Phtinthienses [41], Semellitani [42], Scherini [43], Selinuntii [44], Symæthii, Ta-

ΝΙΝΩΝ. Ciceroni in Verr. libro V, cap. 102, *Meneni.* Hodie *Mineo.* H.

37. *Naxii.* Quorum oppidum Pausaniæ ævo plane excisum ac deletum, ut ipse testatur, 106. Eliac. poster. pag. 367 et 368. HARD. — Illud oppidum idem fuisse cum Tauromenio conjici posset ex supradictis Nostri verbis « Colonia Tauromenium quæ antea Naxos »; præclare autem demonstrat Mannertus Tauromenium portum fuisse et Naxon vicino monti stetisse. ED.

38. *Noæni.* Stephano, Suidæ, Phavorino, Νέαι urbs Siciliæ est: incolæ Νοξίοι. Hodie *Noara*, in montibus ad veterem fluminis *Grangotta* alveum, auctore Mannerto. ED.

39. *Petrini.* Urbs Πέτρα Ptolemæo, in mediterraneis Siciliæ oppidis. Πετρῖνοι quoque Diodoro memorati in Eclog. pag. 876. HARD.— Petrinas quoque habet Antoninus in itinere ab Agrigento Lilybæum, IV M. pass. septemtrionem inter et occasum solis, a Comiciano, cujus rudera juxta *Castro Novo* videntur, auctore Mannerto. ED.

40. *Paropini.* Πάρωπος juxta Thermas Himerenses a Polybio statuitur, lib. I. Nunc *Colisano*, ut quidem Fazellus existimat. HARD. — Situm ignorari ait Mannertus. ED.

41. *Phtinthienses.* Ptolemæo, in mediterraneis Siciliæ oppidis, Φθινθία. Etiam in Sicilia Φιντιάδα Diodorus agnoscit, Eclog. p. 880, sed in littore positam. In nummis, ΦΙΝΤΙΑ. HARD.—Hæc urbs a tyranno cognomine, qui in eam dirutæ

Gelæ incolas transtulit, condita fuit. Ejus rudera ad orientem Gelæ et ostii fluminis *Dirillo* requirenda putat Mannertus. ED.

42. *Semellitani.* An *Sementiani?* nam Σμένταιον Siciliæ oppidum, καὶ Μοργεντῖνον, legere me memini apud Diod. Sic. Bibl. lib. XIV, p. 297. HARD. — Sminthei autem nomen, quod quidem cognomen Apollinis est, multis in locis exstare nos monet Strabo lib. XIII, p. 605. Nempe apud Hamaxitum præter templum quoddam Sminthium, cujus jam superius lib. X, pag. 473, meminerat, duo alia loca Sminthia usurpari nos docet, et alia in Larissæo agro et in Pariano, quæ etiam Sminthia dicebantur, itemque in Rhodio et Lindo, tandemque addit καὶ ἄλλοθι δὲ πολλαχοῦ; in Sicilia ergo hujus nominis oppidum exstitisse minime mirum videri potest, quod quidem non Σμένταιον, ut Diodorus ait, sed fortasse Σμίνθιον, ut in Strabone, loc. citato, legimus, vocari debuit. Situs autem ejus omnino ignoratur. ED.

43. *Scherini.* Dalecamp. et Elz. *Scherrini.* Σχῆρα oppido nomen fuit, apud Ptolem. Apud Cicer. Verr. lib. V, p. 103, *Acherini*, pro *Scherini*. HARD. — Situs ignoratur. ED.

44. *Selinuntii*, etc. Hi ab oppido Selinunte, de quo supra, nomen habuere. Symæthii, qui *Symæthia circum flumina*, ut Maro canit, lib. IX Æneid. quo de amne jam diximus. HARD. — Urbis autem eorum situs omnino ignoratur. ED.

larenses[45], Tissinenses[46], Triocalini [47], Tyracienses[48], Zanclæi[49] Messeniorum in Siculo freto.

Insulæ sunt in Africam versæ: Gaulos[1], Melita[2] a Camerina LXXXIV[3] M. pass. a Lilybæo CXIII, Cosyra[4], Hieronesos[5], 6

45. *Talarenses.* Vel Talarienses, ab oppido Ταλαρία, de quo Steph. in Syracusanorum agro, LXX stad. a Syracusis. Apud Diod. in Eclog. pag. 875, Ἴλαρον credo mendose, pro Ταλαρόν. HARD. et ED.

46. *Tissinenses.* Τίσσα Ptolemæo, libro III. Τίσσαι Stephano, nunc *Randazzo* in Ætnæ radicibus, ad septemtrionem. Cluv. Sicil. Antiq. libro II, cap. 6. Incolæ *Tissenses*, Ciceroni, orat. V in Verr. « A Tissensibus, præparva, et tenui civitate, et aratoribus laboriosissimis, frugalissimisque hominibus. » HARD. et ED.

47. *Triocalini.* Oppidum Τριόκαλα, ex Diod. in Eclog. pag. 913. Τρίοκλα Ptolemæo, lib. III, cap. 4; Cicer. Verr. lib. VII, cap. 10, Tricalinum. In nummis apud Parutam, ΤΡΙΑΚΑΛΑ. Nunc *Troccoli*, juxta *Calata Bellota*. HARD. et ED.

48. *Tyracienses.* An *Tyracinenses*, ab oppido quod Τυρακῖναι Stephano dicitur? At in MSS. et edit. Parm. *Triracienses.* Forte pro *Trinacienses*: nam Τριναχίην πόλιν et Τριναχίους oppidanos in Sicilia laudat Diodorus, Bibl. lib. XII, pag. 89 et 90. An denique *Tyrittenses?* nam Τυριττὸν in Sicilia idem Diodorus agnoscit, in Eclogis, p. 875. HARD. — Brot. *Tyracinenses.* Incertius est nomen quam ut quidquam de situ conjicere possimus. ED.

49. *Zanclæi.* Vet. apud Dalec. *Zanclæi Messeniorum.* Horum in sicu- lo freto insulæ. ED. — Urbs olim Ζάγκλη fuit, inquit Herod. Polym. lib. VII, pag. 438. A Messeniis Peloponnesiis condita; unde Messana dicta est, quod nomen etiamnunc servat; Gallis *Messine.* ED.

1. *Gaulos.* Scylaci, pag. 48, cæterisque, Γαῦλος. Nunc *Gozo.* PLEBS GAULITANA, apud Gruter. pag. 415. HARD.

2. *Melita. Malte.* De ejus intervallo a Camerina Siciliæ oppido subscribit Martianus, libro VI, pag. 208. HARD.

3. *LXXXIV.* Chiffl. *LXXXVII.* A vero aberrat uterque numerus; nam reipsa LXI M. pass. est brevissimum Camerinum inter et Melitam intervallum. A Lilybæo autem CLXXVIII M. pass. abest. ED.

4. *Cosyra*, etc. Κόσυρα Stephano: de ea dicemus lib. V, cap. 7. Medio intervallo ponitur Lilybæum inter et Africæ Clupeam, a Strabone, lib. VI, pag. 277. Nunc *Pantalarea.* HARD.

5. *Hieronesos.* Ἱερόννησος. Hanc in itinerario maritimo, pag. 492, Maretimam vocari, sed CCC stadiis remotiorem a Lilybæo, quam æquum est, hodieque vix immutato nomine *Maretimo* appellari auctor est Mannertus. Illam quoque cum Æthusa, sive Ægusa et Bucinna, inter tres insulas Ægates Livii, lib. XXI, cap 10; lib. XXII, cap. 54, etc. ad quas anno U. C. 510 Pœnos navali prælio fudit Lutatius consul, re-

Cæne[6], Galata[7], Lopadusa, Æthusa, quam alii Ægusam scripserunt : Bucinna[8] : et a Solunte[9] LXXX[10] M. Osteodes[11] : contraque Paropinos Ustica. Citra[12] vero Siciliam ex adverso Metauri amnis, XXV[13] millibus ferme pass. ab Italia, VII[14] Æoliæ appellatæ. Eædem Liparæo-

censitam fuisse, satis compertum est. ED.

6. *Cæne.* Καινή. Ita libri omnes, ipseque Martianus, libro VI, pag. 208. Cave tamen credas *Cæny* Stephani insulam nunc signari a Plinio. Locorum enim is vicinitate deceptus, promontorium Italiæ Cæni Peloro adversum, perperam haud dubie, insulam putavit : quum non modo præter eum nemo ejus insulæ meminerit, sed nec ulla usquam circa Pelorum sit, unquamve, cujus quidem mentio exstet, fuerit insula. H. — Hodie, ut puto, *Limosa*, cujus nomen fortasse ab antiquo venit, quod recentiores *Cæne* pro *Cæne* scripserunt, sicque a *cæno* seu *limo*, Limosam vocarunt. ED.

7. *Galata*, etc. Hæc priscum nomen retinet. Ptolemæo, lib. IV, cap. 3, Καλάθη : altera Ασπαδοῦσα, Λαμπὰς Scylaci, pag. 48, nunc *Lampedosa*. Αἴθουσα eidem Ptolemæo, qui Ægusam ab Æthusa diversam insulam facit, quæ ei hallucinatio frequens admodum est. HARD. — Hodie appellatur *Favignana*, ut vult Mannertus. ED.

8. *Bucinna*. Hæc Ptolemæi, lib. III, cap. 4, Φορβαντία creditur. Italis *Levanzo*. Stephano : Βούκιννα, πόλις Σικελίας : aut falso, aut Siculæ ditionis urbem et insulam dicere voluit. HARD.

9. *Solunte.* Proponebat Dalec. *Selinsite.* ED.

10. *LXXX.* Dalec. et Elz. *LXXV.* Non autem V tantum, sed XX M. pass. detrahenda sunt, ut verum habeatur inter Osteodem, quam nunc *Alicur* esse modo dicemus, et Solunta intervallum. ED.

11. *Osteodes*, etc. Chiffl. *Osteades*. Ὀστεώδης pariter, et Οὐστίκα a Ptolemæo memorantur, inter insulas eas, quæ Siciliæ adjacent. De hac Horatius quoque, lib. I, ode 17, locutus a Bocharto creditur : sed perperam : quum de parte aliqua agri Sabini ibi sermo sit. *Osteodes* hodie, ut probat Mannertus, *Alicur* est, ad occidentem Æoliarum insularum, hodie *îles de Lipari*, de quibus mox, posita; Ustica nomen suum retinet. HARD. et ED.

12. *Citra vero Siciliam.* Hæc iisdem verbis Martianus, lib. VI, pag. 208. HARD.

13. *XXV.* Dalec. et Elz. *XII.* Chiffl. *XV.* Hæc autem omnia falsa : nam XLV M. pass. est minimum inter Metauri ostium et Æolias insulas intervallum. ED.

14. *VII Æoliæ.* Omnes illæ insulæ ignium subterraneorum vi ex eruptione sunt enatæ, ut evidenter agnovit Cl. HAMILTON, qui hæc loca diligentissime exploravit. Vide et Cl. BRYDONE, *Voyage de Sicile et de Malte*, tom. I, pag. 36. Ibi autem a Plinii temporibus novæ insulæ prodiere : nunc enim XI numerantur. BROT.

rum, et Hephæstiades a Græcis, a nostris Vulcaniæ[15] : Æoliæ, quod Æolus Iliacis temporibus ibi regnavit[16]. (IX.) Lipara[17] cum civium Rom. oppido, dicta a Liparo rege, qui successit[18] Æolo : antea Melogonis, vel Meligunis[19], vocitata : abest[20] XXV M. pass. ab Italia, ipsa circuitu paulo minori[21]. Inter hanc et Siciliam altera, antea Therasia appellata, nunc Hiera : quia sacra[22] Vulcano est, colle in ea nocturnas evomente flammas. Tertia Strongyle[23],

15. *Vulcaniæ.* Æoliæ insulæ dictæ sunt a Romanis Vulcaniæ, quod ignes evomerent; nunc fumum tantum reddunt. Una Strongyle *Stromboli,* semper ardet; tot abhinc sæculis inexhausta. Brot. — Dalec. *Vulcani.* Elz. *Vulcanium.* Ed.

16. *Regnavit.* Sic ap. Chiffl. Dal. et Elz. *regnabat.* Ed.

17. *Lipara.* Nomen servat, *Lipari*, omnium maxima. Ed.

18. *Qui successit Æolo.* Ita libri omnes ; at rectius, credo, cum Solino, cap. VI, p. 21, *cui successit Æolus,* ex Diodoro Sicul. lib. V, pag. 291. Hard.

19. *Meligunis.* Μελιγουνίς, a felice, ut apparet, mellis proventu, non vero ovium, τῶν μήλων, ut vult Dalecampius, in quem reclamant vetusti scriptores omnes, a quibus non Μηλιγουνίς, sed Μελιγουνίς vocatur. Strabo, lib. VI, pag. 275. Stephanus, Hesychius, cæterisque antiquior Callimachus, hym. in Dianam, pag. 14, vers. 47 : Νήσῳ ἐνὶ Λιπάρῃ· Λιπάρη νέον, ἀλλὰ τότ' ἔσκεν Οὔνομα οἱ Μελιγουνίς. Hard. — Legitur in Chiffl. *Milogenis* pro τῷ *Melogonis.* Ed.

20. *Abest XXV.* Ita Solinus, et Martianus, loc. cit. Hard.—Dalec. et Elz. *XII.* Chiffl. *XV.* Sed hi omnes numeri a vero aberrant : nam XLVI M. pass. est brevissimum Liparam inter et Italiæ oram intervallum. Ed.

21. *Paulo minori.* Lego *paulo minor,* ex MS. Reg. I, et edit. principe. Brot.

22. *Quia sacra.* Ἱερὰν Ἡφαίστου vocat Strabo, lib. VI, pag. 275. Ptolemæus pro more in duas distrahit insulas, Ἱερὰν et Ἡφαίστου νῆσον. Hodie *Volcano* nuncupant. Therasiam quidem in insulis Ægæi maris agnovimus : hanc vero Hieram qui Therasiam quoque appellarit, adhuc auctorem quærimus. *Thermissa* haud dubie scribi satius fuerit, si exemplaria ulla faverint : quum id quoque ei nomen fuisse, Θέρμισσαν, Strabo fateatur, lib. VI, pag. 275 et 276. Hard.

23. *Strongyle.* Στρογγύλη, quod ei nomen a rotunditate factum, ut Strabo admonet, pag. 276. Nunc *Strongoli,* et *Stromboli.* Hard.—Hujus insulæ semper ardens mons ignivomus in eo differt ab Ætna et Vesuvio, quod continuo ignem, et rarissime materias, *la lave,* ejaculetur. Vidit tamen eum Cl. Hamilton, anno 1769, ignitos lapides frequenter e suo cratere ejaculantem. Vidit quoque materias e montis latere erumpentes, et in mare decidentes. Inter continuas illas eruptiones, pars insulæ adhuc ha-

a Lipara [24] M. pass. ad exortum Solis vergens, in qua regnavit Æolus ; quæ a Lipara liquidiore flamma tantum differt : e cujus fumo, quinam flaturi sint venti, in triduum [25] prædicere incolæ traduntur : unde ventos Æolo paruisse existimatum. Quarta Didyme [26], minor quam Lipara. Quinta Ericusa. Sexta Phœnicusa [27], pabulo proximarum relicta: novissima eademque minima, Evonymos [28]. Hactenus de primo Europæ sinu.

XV. (x.) A Locris ' Italiæ frons incipit, Magna Græcia

bitatur a quinquaginta familiis. Fertur nautas sereno tempore montem illum viginti quinque leucarum intervallo dissitum observare posse, ejus vero flammam multo longius noctu videri. Quod prodit horizontem ejus visibilem non esse minorem 500 millibus passuum, ac proinde maximam esse ejus altitudinem. Cl. BRYDONE, loc. cit. p. 40. BROT.

24. *A Lipara.* Hæc iisdem verbis Strabo, loc. cit. quod mirum videri debet : nam XX M. pass. a Liparo abest Strongyle, septemtrionem inter et ortum solis. ED.

25. *In triduum.* Quis tertio post die ventus spiraturus sit. Strabo, loc. cit. HARD.

26. *Didyme.* Διδύμη, quasi gemella, inquit Harduinus ; verius fortasse, quasi Δύμη, seu occidentalis, quod sola ad occidentem Liparæ sita sit ; si tamen, ut Harduinus et D'ANVILLE, quibuscum ego consentio, volunt, Didyme *Saline* est, non *Panaria*, ut ait Mannertus. ED.

27. *Ericusa..... Phœnicusa.* Illas *Alicur* et *Felicur* hodie esse ait Harduinus ; D'ANVILLE Ericusam *Varcusa*, et Phœnicusam quam Phœnicodem nominat, *Felicudi* vocat ;

Mannerto, qui *Panaria* Didymen esse putat, Ericusa *Lisca Bianca* est, et Phœnicusa *Dattolo*. Quum autem minime dubium mihi videatur quin Didyme *Saline* sit, Ericusa *Panaria* esse debet, et Phœnicusa, ut vult Mannertus, *Dattolo*. ED.

28. *Evonimos.* Εὐώνυμος, hoc est, sinistra, quod a Lipara in Siciliam navigantibus maxime est ad lævam. Auctor Strabo, loc. cit. Hodie *Lisca Bianca*. HARD.

X. 1. *A Locris.* Unde cap. 10, ad describendas insulas defluxit oratio, Italia paulisper relicta. Nunc eo redit. Pertinent vero hæc ad tertiam Italiæ regionem. Magna Græcia, inquit Plinius, hæc Italiæ pars ab his appellata est, a quibus et Hellas dicta Græcia est. « Hellas, inquit libro IV, cap. 11, nostris Græcia appellata. » Hæc igitur Italiæ pars, quæ et græce loqueretur, et amplitudine Helladem longe superaret (nam Hellas Atticam dumtaxat, Bœotiam, Locros, Doridem, et Argos Pelasgicum complectebatur, quas regiones Plinius describit, loc. cit. cap. 11, 12, 13, 14); idcirco Magna Græcia a Romanis est appellata. Vide etiam librum XXV, cap. 45. H.—Eodem nomini Festus

LIBER III.

appellata, in tres sinus² recedens Ausonii³ maris: quoniam Ausones tenuere primi : patet⁴ octoginta sex M. pass. ut auctor est Varro. Plerique LXXV⁵ M. fecere. In ea ora flumina innumera, sed memoratu digna a Locris⁶ Sagra, et vestigia oppidi Caulonis⁷, Mystia⁸, Consilinum⁹ castrum, Cocinthum, quod esse longissimum Italiae promon-

alteram dat originem, v. M. Gr. « Major Graecia dicta est, quod in ea multae *magnaeque* civitates fuerunt ex Graecia profectae. » ED.

2. *In tres sinus.* Primus Locros circumdat : alter est Scyllacius : tertius Tarentinus. Ita Mela, libro II, cap. 4, pag. 37. HARD.

3. *Ausonii.* Sic mare id vocatur, quod a Sicilia ad Salentinos pertinet, ut dictum est, cap. 10. In hanc Italiae partem, non in Latium, duce Tithono Priami fratre, non Aenea, nec profugi, sed missi venere primum coloni e Troja, ante ipsum bellum Trojanum. Sic Virg. Georg. lib. II, versu 385 : « Necnon Ausonii, Troja gens missa, coloni. » Et lib. III, versu 46 : « Mox tamen ardentes accingar dicere pugnas Caesaris, et nomen fama tot ferre per annos, Tithoni prima quot abest ab origine Caesar. » Hoc est, per annos innumeros. Nam prima origo Tithoni longe supra atavum Dardanum fuit, qui Jovis filius, διογενής, hoc est, vir nobilis fuit, at stirpis ignotae. Sed venere postea Ausones in Latium, ut dictum est supra cap. 9. Quae causa est, quamobrem hic Tithoni, et alibi Laomedontis, qui pater Tithoni fuit, veluti parentum coloniae, ex qua prodiere Romani, mentio fiat a Virgilio. HARD.

4. *Patet LXXXVI.* Ita MSS. et Martianus, lib. VI, pag. 208. H.— Dalec. et Elz. *octoginta duo.* ED.

5. *Plerique LXXV.* Dalec. et Elz. *LXXII.* Istud LXXV M. passuum intervallum, quo determinatur Italiae frons, a Locris ad promontorium Lacinium sumendum videtur, quod spatium reipsa LXXV fere mill. passuum est. ED.

6. *A Locris Sagra.* Digna memoratu Sagra, genere femineo, etsi id nomen amnis est. Strabo ita recte dici monet, lib. VI, pag. 261 : Μετὰ δὲ Λοκροὺς, Σάγρας, ὃν θηλυκῶς ὀνομάζουσιν, etc. At Cicer. de Nat. Deorum : « Quum ad fluvium Sagram Crotonitas Locri maximo praelio devicissent. » Et l. III : « De Sagra Graecorum etiam vulgare proverbium, quum quae affirmant, certiora esse dicunt, quam illa quae apud Sagram. » Nunc *Sagriano.* H.

7. *Caulonis.* Καυλωνίαν vocat Diodor. Sic. Bibl. lib. XIV, pag. 315. Idem, pag. 316. A Dionysio Syracusano deletam prodit Virgilius, Aen. lib. III, vers. 553 : « Caulonisque arces, et navifragum Scylaceum. » Nunc est *Castel Vetere,* in ulterioris Calabriae peninsula. HARD.

8. *Mystia. Mystiae* Melae Pomponio, lib. II, cap. 4. Nunc *Monasteraci,* vel ut alii efferunt, *Monte Araci.* HARD.

9. *Consilinum.* De eo multa Cassiodor. Variar. lib. VIII, cap. 33.

torium aliqui existimant. Dein[10] sinus Scyllaceus : et Scylacium[11], Scylletium Atheniensibus, quum conderent, dictum : quem locum occurrens[12] Terinæus sinus peninsulam efficit : et in ea[13] portus, qui vocatur Castra Hannibalis, nusquam angustiore Italia : xx[14] M. passuum latitudo est. Itaque Dionysius major intercisam[15] eo loco adjicere Siciliæ voluit. Amnes ibi navigabiles : Carcines[16], Crota-

Nunc *Stilo*, unde Cocintho promontorio nomen, *Capo di Stilo*. Hard.

10. *Dein sinus Scyllaceus : et Scylacium*. Dal. *Dein sinus, et Scylacium*, Elzev. *Dein sinus Scylacius*, etc. Ed.

11. *Scylacium*. Subintellige, oppidum. Iidem verbis Strabo, lib. VI, pag. 261 : Σκυλλήτιον ἄποικος Ἀθηναίων νῦν δὲ Σκυλάκιον καλεῖται. Nunc *Squillace*, in medio fere sinu, cui suum nomen impertit, *Golfo di Squillace*. Cave porro cum Scyllaceo confundas Scyllæum, in Vibonensi sinu situm, et de quo diximus cap. 10. Hard. et Ed.

12. *Occurrens*. Ex adverso mari Tyrrheno Terinæus sinus terras cum Scyllaceo coarctans in breves angustias, peninsulam efficiunt, Brutiorum olim appellatam, ut diximus cap. 10. Hard.

13. *Et in ea portus*, etc. Martianus, lib. VI, pag. 208. Hard. — Sita fuerunt auctore d'Anville, loco dicto, hodie *Roccellata*, ad flumen Carcinitem, hodie *Corace*, haud longe ab ostio. Mannertus autem illius oppidi rudera monstrari ait juxta vicum *Soverato*, ad fluvium *Vetrano*, haud longe a ruinis oppidi *Fortino di Paliporto* ad parvum sinum, qui revera angustissimo peninsulæ loco reperitur. Ed.

14. *XX M. pass.* Sic Martianus : sic Strabo, lib. VI, p. 255, quum stadia habere ait CLX. At non sic Solinus, qui XL M. pass. cum Chiffl. cod. In Reg. et Colb. 1, 2, 3, *XL M. pass.* Hard. — Certe non XL, sed XX legendum est, quum re vera XXI circiter M. pass. sit minima latitudo. Ed.

15. *Intercisam*. Non fossa peracta, si Straboni fides, lib. VI, pag. 261, sed muro ducto, qui peninsulam a reliqua Italia dirimeret, defenderetque. Hard.

16. *Carcines*, etc. Carcines, hodie *Corace*, Scyllacium alluit : Crotalus, nunc *Alli* : Semirus, *Simari* : Arocha, *Crocchio* : Targines, *Tacina* : eo plane ordine a Scyllacio versus Lacinium promontorium in eum sinum influunt. Hard. — Verum hujus amnis nomen, ex fide codicum Reg. 1, 2, Colb. 1, 2, 3, Paris. et Chiffl. restituimus : subdititiumque *Cæcinos* expunximus, quod Hermolaus inculcarat, neglecta vetere editione Parmensis etiam editionis : quoniam Cæcina amne apud Ælianum et Pausaniam, Eliac. lib. VI, post. pag. 354, dirimi Locros a Rhegino legerat : at procul ab hoc sinu, quem Plinius modo percurrit, Locri, Rheginique, in ipso ferme Siculo freto collocati. Ed.

lus, Semirus, Arocha, Targines. Oppidum intus Petilia[17]: mons Clibanus[18], promontorium Lacinium[19]: cujus ante oram insula x. m. a terra Dioscoron[20]: altera Calypsus, quam Ogygiam appellasse Homerus[21] existimatur: præ-

17. *Petilia.* In Brutiis a Livio collocatur, lib. XXVII, cap. 26. In Magna Græcia Πετηλία Ptolemæo, lib. III, cap. 1. Eadem Straboni, lib. VI, pag. 254. Lucanorum urbs primaria. In nummo Musei nostri Parisiensis, ΠΕΤΗΛΙΑΙΩΝ. Est oppidum *Belcastro*, ut Cluverius censuit, Sicil. Antiq. lib. I, cap. 6; non *Strongolo*, ut ex monumentis ibi repertis colligit Gulterus, p. 145; hæc enim citra Crotonem est, et Neæthum amnem, de quibus mox dicetur; Petilia longe ultra in Calabria ulteriore. A Philoctete conditam ait Strabo, et Virgilius, Æn. lib. III, v, 402 : «Parva Philoctetæ subnixa Petilia muro.» HARD. — Gualteri tamen opinionem sequitur D'ANVILLE, quam confirmat etiam Mannertus, qui argumentum ex supra citato Livii loco sumens Thurium inter et Crotonam sitam fuisse Petiliam comprobat. ED.

18. *Clibanus.* Dalec. et Elz. *Alibanus*; sed ex MSS. *Clibanus* restituit Harduinus. Sic subsequenti proxime capite, *Alitennia* editi, ubi manu exarati *Cliternia* exhibent. Inter montes, qui Clibani locum occupant, sunt *Monte Monacello, Monte Fuscaldo*, etc. ED.

19. *Lacinium. Capo delle Colonne,* ut diximus : Clibani montis pars ea quæ maxime prorumpit in mare. Scylaci, pag. 5, Διοσκούρων. HARD.

20. *Dioscoron.* Scylaci, pag. 5, Διοσκούρων vocatur. H.—Διοσκούρων, hoc est, Castoris et Pollucis. Altera Καλυψοῦς, ἐν ᾗ Ὀδυσσεὺς ᾤκει παρὰ Καλυψοῖ, inquit Scylax, loc. cit. HARD. — Ibi nunc sunt tantum scopuli, ubi olim insula Dioscoron, et insula Calypsus', Homeri et illustrissimi FÉNÉLON ingeniis clarissima. Inde patet quantum ab Homeri et Plinii temporibus immutata fuerit in his locis naturæ facies. Sic quoque inter scopulos latent Tiris, Eranusa et Meloessa. BROT.

21. *Homerus.* Odyss. VII, v. 244, quem in locum Eustath. Ὠγυγία, ὄνομα τῆς νήσου Καλυψοῦς. Sic aperte docet Homerus : tum alibi, tum Odyss. M, 448 : Νῆσον εἰς Ὠγυγίην πέλασαν θεοί· ἔνθα Καλυψὼ Ναίει ἐϋπλόκαμος, δεινὴ θεὸς αὐδήεσσα. At Ogygia insula Homerica, ipsa est habitabilis tellus in hoc hemisphærio, quod Oceano circumcinctum Veteres credidere; ac propterea insula ea dicitur Oceani umbilicus : ὅθι τ' ὀμφαλός ἐστι θαλάσσης, Odyss. A. versu 50. Atlantis ibi filia Calypso dicitur, illius qui profunda maris pernovit, et molem sustinet cæli ac terræ, columnis immensis. Natura ipsa est, qualis in hemisphærio isto apparet, quam Homerus de nomine feminæ tunc celebratæ vocat : quoniam Natura multa habet, quæ tegit, græce καλύπτει. Deinde pro philosophia ipsa accepit, sive naturæ studio : et quemadmodum Herodotus Clio et Erato Musas, sic ipse Calypso Nympham fecit. HARD.

terea Tiris, Eranusa [22], Meloessa. Ipsum [23] a Caulone abesse LXX M. pass. prodidit Agrippa. (XI.) A Lacinio promontorio secundus [24] Europæ sinus incipit, magno ambitu flexus, et Acroceraunio Epiri finitus [25] promontorio, a quo abest LXXV [26] M. pass. Oppidum Croto [27], amnis Neæthus [28]. Oppidum Thurii [29], inter duos amnes [30] Crathin et Sybarin, ubi fuit urbs eodem nomine. Similiter est inter [31] Sirin et Acirin Heraclia [32], aliquando Siris vo-

22. *Tiris, Eranusa, Meloessa.* Sic totidem plane apicibus MSS. omnes. Et Meloessa quidem a proventu pecoris haud dubie nomen accepit, ἀπὸ τῶν μήλων. Verum loco priorum duarum infeliciter admodum Hermolaus, *tres Sirenusæ* rescripsit, quas ab ora Pæstana, adversoque plane maris tractu, in Lacinium usque promontorium transtulit. Ibi enim Sirenusas insulas, hoc est, ut Virgilius ait, Sirenum scopulos, Strabo, lib. I, pag. 22, aliique collocant. ED.

23. *Ipsum.* Lacinium promontorium. Parum a vero aberrat distantia, quam LXVII M. pass. in probatissimis mappis reperi. ED.

24. *Secundus Europæ.* Tarentinum sinum, et Adriaticum mare complexus. HARD.

25. *Finitus.* Dalecamp. et Elzev. *finitur.* ED.

26. *Abest LXXV M. pass.* Lacinium scilicet, non oppidum Croto, quod sequitur, et quod male, Strab. lib. VI, pag. 262, CL stadiis, id est, fere XIX M. pass. a Lacinio distare ait, quum VIII tantum recto quidem cursu distet. Non autem LXXV, ut ait Noster, nec ut emendat Martianus, LXXXV M. pass. abest ab Acroceraunio promontorio, hodie *Capo Linguetta*, Lacinium, sed CLIII. ED.

27. *Croto.* Κρότων Straboni, loco cit. Nunc *Cotrone*, in ostio amnis, quem *Esaro* accolæ vocant. HARD.

28. *Neæthus.* Νήαιθος Straboni loc. cit. hodie *Neto.* ED.

29. *Thurii.* Dalec. et Elz. *Thurium.* Chiffl. *Tauri.* ED. — Θούριοι et Σύβαρις Stephano cognita: Scylaci, pag. 5, etiam Κρᾶθις. HARD.

30. *Amnes Crathin et Sybarin.* Amnes illi nunc dicuntur *Crati* et *Roccanello.* Hos inter fuit urbs Sybaris, olim voluptatibus insignita, nunc ob uliginosa loca sordet terra, et pestilens est æstate. Distabat tribus millibus passuum ab oppido *Corigliano.* Oppidum autem Thurii, quod Sybari a Crotoniensibus destructo successit, nunc *Terra Nuova* est, ibi inventi eorum nummi. BROT. et ED.

31. *Inter Sirin et Acirin.* Vet. ap. Dalec. *inter Sirin et Achrin.* Chiffl. *Sirin et Acrin.* Ἄχιρις καὶ Σίρις. Strab. lib. VI, pag. 264: hodie *Sinno* et *Agri* vocantur. ED.

32. *Heraclia, aliquando Siris vocitata.* Siri ad ostium amnis cognominis sitæ successit Heraclia, III circiter M. pass. in mediterraneo, salubriorique loco posita, auctore Strabone qui, lib. VI, pag. 264,

citata. Flumina : Acalandrum [33], Casventum [34] : oppidum Metapontum [35], quo tertia Italiæ regio finitur. Mediterranei Brutiorum, Aprustani [36] tantum : Lucanorum [37] autem, Atenates [38], Bantini [39], Eburini [40], Grumentini [41], Potentini [42],

illam 354 stadiis a Thuriis distare ait, quod confirmat Antonini Itin. in quo XLIV M. pass. est idem intervallum, quod quidem paulo brevius esse contendit Mannertus, qui nonnulla urbis vestigia reperiri ait, juxta castellum *Policoro*. Harduinus autem illam loco *Torre di S. Basilio* sitam fuisse putat, quæ turris non Heracliæ, sed Siris fortasse locum tenet. ED.

33. *Acalandrum*. Chiffl. *Thalandrum*. Ἀκάλανδρος Straboni, lib. VI, pag. 280. Hodie *Salandra* sive *Salandrella*, non vero *Roccanello*, ut ait Mannertus, quod nomen nemo præter eum dat. ED.

34. *Casventum*. Dalec. et Elz. *Mansuetum*, hod. *Basiento*, non autem, ut ait Mannertus, *Cavone*. ED.

35. *Metapontum*. Μεταπόντιον Straboni, lib. VI, pag. 264, a Samnitibus deletum : ibi fuit, ubi nunc *Torre di Mare*, juxta Casventi amnis ostia, ut ait Mannertus. ED.

36. *Aprustani*. Quorum oppidum forte Ἄβυστρον fuit, quod cum Petilia Magnæ Græciæ Ptolemæus adjudicat, lib. III, cap. 1, nisi id Lucanorum potius fuisse videatur. Hodie *Aprigliano*, ut vult D'ANVILLE. ED.

37. *Lucanorum*. Qui horum fines olim fuerint, diximus supra, cap. 10. HARD.

38. *Atenates*. Dalec. et Elz. *Atinates*. Vet. apud Dalec. hinc *Atinates*. ED. — Ab Atena, principatus,

ut vocant, Citerioris oppido : *Ateno* : ad ripam Tanagrii amnis, *Negro*. Frontinus, lib. de Colon. pag. 90, in Prov. Lucania : *Præfecturæ, Ulciana, Pæstana, Potentina, Atenas, et Grumentina*. HARD.

39. *Bantini*. Legebat Dalec. *Buxentini*. ED. — Bantia Livio, lib. XXVII, c. 25, ubi situm oppidi edocet: «Itaque in Apuliam, inquit, ex Brutiis reditum, et inter Venusiam, Bantiamque, minus trium millium passuum intervallo consules binis castris consederant.» Vestigia oppidi manent ad locum *S. Maria di Vanze* dictum, in Basilicata circa Venusiam. Holsten. pag. 282. HARD. — Nonnulli quidem *Policastro* putant. ED.

40. *Eburini*. Quibusdam *Evoli* creditur, quod IV millibus pass. citra Silarum amnem est. Perperam : quum a Silaro versus Siciliam Lucanus ager incipiat, ut dictum est, cap. 10. HARD. — D'ANVILLE tamen Eburi, nunc *Evoli*, esse opinatur. ED.

41. *Grumentini*. Γρούμεντον Ptolemæo, in mediterraneis Lucanorum oppidis, lib. III, c. 1, et Straboni, lib. VI, pag. 254. Nunc *Agromento*, seu, ut D'ANVILLE vocat, *Armento*, ad dextram Aciris fluvii, de quo supra, ut recte Holsten. in Ortel. pag. 89. HARD. et ED.

42. *Potentini*. Potentia, *Potenza*, in Basilicata, prope fontes amnis Casventi. HARD.

Sontini, Sirini[43], Tergilani, Ursentini, Volcentani[44], quibus Numestrani[45] junguntur. Præterea interiisse Thebas[46] Lucanas Cato[47] auctor est. Et Pandosiam[48] Lucanorum urbem fuisse Theopompus, in qua Alexander[49] Epirotes occubuerit.

43. *Sirini.* Ab oppido Siri, cujus navale Heraclia Siris supra dicta fuerit. *Sontini* forte a Sontia, vulgo *Sanza*, inter *Policastro* et Silarum fl. Denique Tergilani videntur ii esse, quorum præfectura Tegenensis (forte pro *Tergilensis*), dicitur a Frontino, in Lucania ad Casventum flumen, lib. de Colon. pag. 90. Ursentini omnino ignorantur. HARD. et ED.

44. *Volcentani.* Inter mediterranea Lucaniæ oppida fuere Vulci, Οὔλκοι, Ptolem. lib. III, c. 1, ad Silarum amnem : nunc *Bulcino* et *Bucino*. Hinc Volcentani, qui apud Gruter. p. 209, *Volceiani*, et p. 393, *Vulceiani* dicuntur. Livius, lib. XXVII, cap. 15, Volcentes vocat. Frontino, pag. 90, Ulciana præfectura. HARD.

45. *Numestrani.* Oppidum his Numistro. Frontinus, Strat. lib. II, cap. 2 : « Hannibal apud Numistronem contra Marcellum pugnaturus, etc. » Livius quoque, lib. XXVII, cap. 2. H. — Situs ignoratur. ED.

46. *Thebas.* Quæ Θήβη Ἰταλίας Stephano. HARD.

47. *Cato.* In libris Originum deperditis. HARD.

48. *Pandosiam.* Subintellige, interiisse : id enim *fuisse* istud sonat. HARD. — MSS. omnes librique vulgati ante Hermolaum, *Mardoniam* constantissime retinent : *Pandosiam* Barbarus rescripsit : quod in Pandosia obiisse Alexandrum scriptores omnes consentiant. Et Livius quidem, qui unus esse potest instar omnium : « Alexandrum Epiri regem, *ait*, ab exsule affirmasse. Accito ab Tarentinis in Italiam data dictio erat, caveret Acherusiam aquam, Pandosiamque urbem : ibi fatis ejus terminum dari : eoque ocyus transmisit in Italiam, ut quam maxime procul abesset ab urbe Pandosia in Epiro, et Acheronte amni... Cæterum (ut ferme fugiendo in media fata ruitur)... haud procul Pandosia urbe imminentes Lucanis ac Brutiis finibus tres tumulos insedit... Pervenit ad amnem... quem quum incerto vado transiret agmen, fessus metu ac labore miles, increpans nomen abominandum fluminis, jure Acheron vocaris, inquit, etc. » Sic Acherontem fluvium, et Pandosiam in Lucanis diserte appellat Strabo quoque, lib. V, pag. 256. Suidas, verbo Τόνον, aliique. Verum quum circa Pandosiam, περὶ Πανδοσίαν, interiisse Alexandrum Strabo affirmet non in ipsa : circa Pandosiam lethali vulnere affectus, concedere Mardoniam potuit, ubi ex vulnere obierit : et hanc urbem interiisse deinde Theopompus est auctor, quum staret interim Pandosia, quam hodie *Castro Franco* vocant. HARD.

49. *Alexander.* Epiri rex. Obiit anno U. C. 428. HARD.

LIBER III.

XVI. Connectitur secunda regio, amplexa Hirpinos, Calabriam, Apuliam, Salentinos CCL[1] M. sinu, qui Tarentinus appellatur, ab oppido Laconum[2], in recessu hoc intimo sito, contributa eo maritima colonia quæ ibi fuerat. Abest[3] CXXXVI M. pass. a Lacinio promontorio, adversam ei Calabriam[4] in peninsulam emittens. Græci[5] Messapiam a duce appellavere : et ante Peucetia[6], a Peucetio OEnotri[7] fratre, in Salentino agro. Inter[8] promontoria C M. pass. intersunt : latitudo peninsulæ a Tarento Brundisium terreno itinere XXXV[9] M. pass. patet, multoque brevius a portu Sasina. Oppida per continentem a Tarento, Varia[10],

XVI. 1. *CCL M. sinu.* Tot millia passuum, inquit, hic sinus ambitu colligit; et id quidem a vero haud multum abest. ED.

2. *Laconum.* Florus, lib. I, cap. 18, pag. 36, Tarentum vocat semigræcam ex Lacedæmoniis conditoribus civitatem. Dionys. quoque Perieg. vers. 377; Scymnus, pag. 14; Hesychius, verbo Τάρας, a Lacedæmoniis conditum Tarentum produnt. Hodie *Taranto*. H. et ED.

3. *Abest.* Subintellige, Tarentinus sinus. HARD. — Quid sibi velint hæc verba minime liquet : nam a Lacinio promontorio distare Tarentinum sinum, qui ab eo incipit, quis dicat? Fortasse CXXXVI M. pass. a Lacinio distare remotissimum istius sinus anfractum Noster significare voluit, qui quidem non CXXXVI, sed CXVII M. pass. recto cursu et CLX terreno itinere a Lacinio abest. ED.

4. *Calabriam.* Quæ nunc *Terra d'Otranto*, ab Hydrunte oppido appellatur. HARD.

5. *Græci.* Strab. lib. V, p. 277. H.

6. *Peucetia*, etc. Sic etiam Dion. Halic. Antiq. Rom. I, p. 9. HARD.
— Elz. *Peucetiam.* ED.

7. *OEnotri fratre... Inter promontoria.* Dalec. et Elz. *OEnotri fratre. In Salentino agro inter promontoria.* ED.

8. *Inter promontoria.* Inter ea duo promontoria, quibus sinus Tarentinus clauditur : Lacinium scilicet, et Acran Iapygian, de qua mox. H.
— XX autem, non C M. pass. numeranda videntur. ED.

9. *XXXV M. pass.* Sic ap. Chiffl. Dalec. *XXXVII.* Elz. *XXXII.* Vera autem latitudo XL M. pass. esse videtur. Hanc Strabo, lib. VI, p. 282, itinere unius diei emensus est. Sasina autem portus hodie *Porto Cesareo* est auctore Mannerto : hic XXI tantum M. pass. est peninsulæ latitudo. ED.

10. *Varia, cui nomen Apulæ.* Ita libri omnes. Apud Antonin. Vania (lego *Varia*) a Tarento, M. P. LX. Varnum, ut quidem reor, Frontinus agrum hunc vocat, quem cum

cui cognomen Apulæ, Messapia [11], Aletium [12]. In ora vero, Senum [13], Callipolis, quæ nunc est Anxa, LXXV [14] M. pass. a Tarento. Inde XXXII M. promontorium, quod Acran [15] Iapygian vocant, quo longissime in maria excurrit Italia. Ab eo [16] Basta oppidum, et Hydruntum [17] decem [18]

Tarentino junxit, lib. de Colon. pag. CXI, pro *Varinum :* aut potius *Varium*, ut pag. 92. HARD. — Eadem est, ut opinor, quam Strabo, lib. VI, p. 282 et 283, vocat Οὐρίαν, inter Tarentum et Brundisium. Hodie, ut aiunt D'ANVILLE et Mannertus, *Oria*. ED.

11. *Messapia.* Dalec. et Elz. *Cessapia.* Hodie *Mesagna*, inter Uriam et Brundusium. In Martyrologio, *Messana Apuliæ* nuncupatur, 18 april. HARD.

12. *Aletium.* Aletium hoc loco nulli MSS. codd. exhibent: omnes pro ea voce, *Sarmadium.* Atque huc forte spectat Armadillus, sive Sarmadillus ager, de quo Frontinus, lib. de Colon. p. 115. H. — Aletium, hodie *Santa Maria dell' Alizza* est, auctore D'ANVILLE. ED.

13. *In ora vero, Senum*, etc. Sic MSS. omnes, non ut hactenus editum, *Senonum*, perinde ac si a Gallis Senonibus, qui nulli umquam in hoc terrarum tractu fuerunt, condita Callipolis foret: quæ Græcos habuit auctores. Mela, lib. II, cap. 4 : « Salentina littora, inquit, et urbs Graia Callipolis. » Ea nunc *Gallipoli* dicitur. In Museo P. CHAMILLART, nummus didrachmus argenteus virum in equo decurrentem exhibet: infra ΚΑΛ. Ex parte altera, alium insidentem delphino: infra similiter ΚΑΛ latere dextro, ΤΑΡΑΣ : Tarenti conditor et dominus;

quem et Καλλιπολῖται ad oram sinus Tarentini positi colunt. Ad equitis dextrum latus est littera A : sinistro N : Ἄνξα est ΚΑΛλιπολιτῶν. At Senum quoque oppidi nomen fuit. HARD. — Nullum in ora locum reperi, quo situm fuisse Senum dicere possimus ; nisi forte idem sit oppidum Senum et Sasina portus, de quo supra. ED.

14. *LXXV.* Sic apud Chiffl. Dal. et Elz. *LXII*, quod malim ut vero multo vicinius, si tamen littoris ambitus sequaris. ED.

15. *Acran Iapygian.* Ἄκραν Ἰαπυγίαν ἢ καὶ Σαλεντίνην, inquit Ptolemæus, lib. III, cap. 1, promontorium Iapygium, sive Salentinum : nunc a vicino oppido, *capo di S. Maria di Leuca.* HARD.

16. *Ab eo Basta.* Proponebat Dalec. *Hasta.* Nunc *Vaste* oppidulum, inter *Castro* et *Otranto*. ED.

17. *Hydruntum*, etc. Ptolemæo, loc. cit. Ὑδροῦς. Nunc *Otranto*. H.

18. *Decem ac novem.* Ait Bastam oppidum, Hydruntumque ei proximum, distare ab Acra Iapygia, XIX M. P. HARD. — Ita libri omnes. At locum hunc Martianus perperam interpretatus, lib. V, p. 209, quod esset angustiarum ejusce freti, qua Ionium mare in Adriaticum irrumpit, intervallum, signari a Plinio credidit : « Hydruntum urbem, inquit, ubi superum inferumque mare decem et novem millibus dispa-

ac novem M. passuum, ad discrimen[19] Ionii et Adriatici maris, qua in Græciam brevissimus transitus, ex adverso Apolloniatum[20] oppidum : latitudine intercurrentis freti, quinquaginta[21] M. non amplius. Hoc intervallum pe- 3 destri continuare transitu pontibus jactis[22] primum Pyrrhus Epiri rex cogitavit[23] : post eum M. Varro, quum

ratur." HARD.— Male certe Martianus, sed non multo felicior in explanando loco videtur mihi fuisse Harduinus, quum non XIX, sed XXX M. pass. ab Acra Iapygia distet Hydruntum. Fortasse XIX M. pass. a Basta distare Hydruntum Noster innuit. ED.

19. *Ad discrimen.* Ubi discriminatur Ionium ab Adriatico mari. H.

20. *Apolloniatum.* Ita MSS. Reg. Colbert. 1, 2, 3, etc. Dalec. et Elz. *Apolloniæ oppidi.* Vet. apud Dalec. et Tolet. *Apolloniæ oppidum.* Hoc est, brevissimus transitus ab Hydrunte in Apolloniatarum oppidum, quod ex adverso est. HARD. et ED.

21. *Quinquaginta.* Centum reposuit Barbarus : oblitus eumdem Plinium, in describendo Italiæ situ, supra dixisse, cap. 6 : « Abest a circumdatis terris, Istria ac Liburnia, quibusdam locis centum millia pass. ab Epiro et Illyrico, quinquaginta.» Satis enim superque constat, *centum* ibi etiam agnosci non posse, quum *totidem*, *tantumdemve* scripturus fuisset. Nec dubitare licet quin ad frontem hanc Salentinorum Hydruntinam id ipsum pertineat : quum non alia Italiæ ora magis Epiro vicina sit : atque hoc tempore etiam ab Hydrunte, vel ab ipso potius prope sito Leucarum (ut appellant) capite, ad oppositum Epiri littus tot fere millia passuum computentur : in quibus angustiis pontes ipsos jacere Pyrrhum, Varronemque, cogitasse, credere par est. Ad hæc, Epiri Oricum ab Italiæ Salentino, LXXX tantum, aut etiam LXX pass. millibus discrevit Plinius, c. 26 libri hujus, qui brevissimum in Græciam transitum ab Hydrunte, non a Salentino, nunc esse testatur. Ex quo exploratum est ac certum, lectionem vulgatam, non modo vetustiorum codicum fide, verum etiam indubitato Plinii testimonio confirmatam, quibusvis aliis reclamantibus, esse custodiendam. Quam sint enim erratis obnoxiæ Ptolemæi mensuræ, quam vitiosa Antonini et Strabonis editio, viri norunt eruditi. HARD.

22. *Jactis.* Vet. apud Dalec. *junctis.* ED.

23. *Cogitavit.* Futili plane consilio : quod effectum dare nulla ars potuisset, ut recte demonstrat Furnerius noster, in Hydrogr. lib. II, cap. 18, pag. 59. Tamen angustius mare esse, quod Italiam a Græcia dirimit, quam hactenus creditum est, observavit D. DELISLE, in Commentariis Academiæ Regiæ Scientiarum anni 1714, pag. 83; unde ibi concludit, saltem minus debere Pyrrhi regis consilium absurdum videri. HARD.

classibus Pompeii piratico bello præesset. Utrumque aliæ impedivere[24] curæ. Ab Hydrunte, Soletum[25] desertum, dein Fratuertium : portus Tarentinus, statio[26] Miltopæ : Lupia[27] Balesium[28], Cœlium[29], Brundisium[30] L M. passuum ab Hydrunte, in primis Italiæ portu nobile, ac velut certiore transitu, sic utique[31] longiore, excipiente Illyrica urbe Dyrrachio CCXXV[32] M. trajectu. Brundisio conter-

24. *Impedivere.* Sic apud Chiffl. Dalec. et Elz. *impediere.* Ed.

25. *Soletum.* Quæ et Salentia : unde Salentini populi, et Salentinus ager, et promontorium Salentinum. Nummi in thesauro Goltzii, ΣΑΛΑΝΤΙΝΩΝ. Nunc quoque *Solito,* supra Hydruntum. Hard. — Fratuertium omnino ignoratur, nisi sit *Francone Castro,* in via quæ Lupiis Hydruntum ducit. Ed.

26. *Statio Miltopæ.* Scio in libris vulgatis legi, *Statio militum Lupia.* At MSS. omnes, Reg. 1, 2, Colb. 1, 2, 3, Paris. *StatioMiltopæ, Lupia :* ut proprium sit stationis navium nomen *Miltopæ,* sequaturque deinde seorsim Lupia, utrumque in ora positum, quæ nunc lustratur a Plinio. Sic Virgilius de Tenedo, *Statio malefida carinis.* Sic Plinius ipse in fine libri hujus : «Salonis piratica statione nota.» H.—Nihil autem in hoc paludoso littore, quod contra *Lecce* reperitur, locum ubi fuerit hæc statio indicare videtur. Ed.

27. *Lupia.* Chiffl. *Sessupia.* Λουπίαι Ptolemæo, inter Hydruntem et Brundisium. Nunc *Lecce.* Gruter. pag. 374, Col. Lupiensivm. Apud Frontin. lib. de Colon. pag. 111, Lyppiensis ager. Hard. et Ed.

28. *Balesium.* Oppidum in ora positum, uti et reliqua quæ modo recensentur. Mela, lib. II, cap. 4 : «In Calabria, Brundisium, Valetium, Lupiæ, Hydrus. » Hard. — Hodie *Torre S. Gennaro,* ut vult Mannertus. Ed.

29. *Cœlium.* Frontino, lib. de Colon. pag. 111, Cœlinus ager in Calabria. Hinc Cœlii appellati, qui a Gargano monte ad Brundisium coluere, inquit Cato, in Excerptis Orig. pag. 136. Hard. — Hoc oppidum hodie esse vicum *Cavallo* ad promontorium ejusdem nominis, juxta Brundisium, ait Mannertus, cui minime assentiri possum, quum intus, quatuor a mari leucis, reperiatur vicus *Cellino,* qui ob nominis similitudinem mihi haud dubie Cœlii locum tenere videtur. Ed.

30. *Brundisium.* Ita MSS. Alii Brundusium dicunt. Incolis *Brindisi.* De ejus portu Strabo, lib. VI, pag. 282. Hard.

31. *Sic utique.* Dalecamp. et Elz. *sicuti.* Proponebat Dalec. *sed utique.* Ed.

32. *CCXXV M. trajectu.* Ita MSS. omnes, Reg. 1, 2, Colbert. 1, 2, 3, Paris. Chifflet. non, ut in editis, ccxx. Subscribit Strabo, lib. II, pag. 283, stadia MDCCC Brundisium a Dyrrachio abesse testatus. H. — Vitiosæ haud dubio sunt omnes istæ lectiones; nam non amplius

minus Pediculorum³³ ager. ix adolescentes, totidemque virgines ab Illyriis, tredecim populos genuere. Pediculorum oppida, Rudiæ³⁴, Egnatia³⁵, Barium³⁶. Amnes³⁷: Iapyx a Dædali filio rege, a quo et Iapygia: Pactius³⁸, Aufidus³⁹, ex Hirpinis⁴⁰ montibus Canusium præfluens.

Hinc Apulia¹ Dauniorum cognomine, a duce² Diome- 4

c M. pass. est intervallum: quis vero credat tantum in tam noto trajectu erravisse Plinium? ED.

33. *Pediculorum*. Ποίδικλοι appellantur a Strabone, qui eos etiam Peucetios vocari ait, lib. V, p. 277 et 282. Partem ii maximam tenuere Bariensis agri, *Terra di Bari*. Horum oppida non in ora modo, sed et in mediterraneo posita carptim a Plinio perstringuntur. H. et ED.

34. *Rudiæ*. Dalec. et Elz. *Rhudia*. Mela, lib. II, c. 4. Post: «Barium, Egnatia, et Ennio cive nobiles Rudiæ.» Strabo, lib. VI, pag. 282: ἐν δὲ τῇ μεσογείᾳ Ῥωδαῖοι. Ptolemæus, lib. III, cap. 1, in Salentinorum mediterraneis, Ῥωδία. HARD. — Stephano *Rhodæ*. Illam mendose *Carouigna* pro *Carovigni* hodie nominari Harduinus ait: Mannertus vero eam *Ruvo* esse contendit, quæ urbs mihi septemtrionalior esse videtur, quam ut Rudiarum infra Barium sitarum, ut apparet ex Plinio, locum teneat. Harduino ergo libenter assentimur. ED.

35. *Egnatia*. Sic Anton. Itiner. Straboni quoque loc. citat. Ἐγνατία πόλις. Horat. Sat. 5, lib. I, *Gnatia*. Ignatium agrum Frontinus vocat, loc. citat. et cum Rodino jungit. Nunc *Torre d'Egnasia*, inter Brundisium Bariumque. HARD.

36. *Barium*. Dalec. et Elz. *Barion*. ED.

37. *Amnes: Iapyx a Dædali filio rege*. Hæc sincera codicum proxime laudatorum scriptura est, quam sic vitiose interpolarant: *Barion*, ante *Iapyx*: ut Barii oppidi cognomen Iapyx esse putaretur. HARD. — Haud facile autem dictu est qui sint nunc isti amnes, quum exigui tantum rivuli, quorum nomina ignorantur, hodie reperiantur inter urbem *Brindisi* et flumen *Ofanto*. ED.

38. *Pactius*. Dalec. et Elz. *Amnes, Pactius*, etc. Hodie *Canale di Terzo*, ut vult Mannertus. ED.

39. *Aufidus*. Unde Horatius, «Longe sonantem natus ad Aufidum,» de se ipse prædicat, lib. VI, ode 9. Nunc *Ofanto*: Capitanatam, ut vocant, a Bariensi agro disterminat. HARD.

40. *Ex Hirpinis*. A gente indigena nomen accepit hæc Apennini portio, prope Compsam. HARD.

1. *Hinc Apulia*. Quæ nunc *Capitanata* nuncupatur. HARD.

2. *A duce*. Dauno. Festus: «Daunia Apulia appellatur a Dauno Illyricæ gentis claro viro, qui propter domesticam seditionem excedens patria occupavit.» Tzetzes in Lycophr. pag. 60, ait eum imperitasse Dauniis, quum Diomedes in Italiam appulit: hunc Dauno adversus hostes tulisse suppetias: filiam Dauno fuisse Euhippam nomine, etc. HARD.

dis socero. In qua oppidum Salapia[3], Hannibalis meretricio amore inclytum : Sipontum[4], Uria[5] : amnis[6] Cerbalus, Dauniorum finis : portus Agasus[7], promontorium[8] montis Gargani, a Salentino sive Iapygio CCXXXIV[9] M. pass. ambitu[10] Gargani : portus Garnæ[11], lacus Panta-

3. *Salapia.* Rudera nomen servant, *Salpi.* Ptolem. lib. III, cap. 1, in Apulia Dauniæ ora littorali, Σαλαπίαι. De Hannibale, quod modo narratur, vide Appian. in Hannibal. pag. 338. Hard.

4. *Sipontum.* Σιποῦς Ptolem. loc. citat. et Strab. lib. VI, pag. 184. Hodie vicus *S. Maria di Siponto* dictus. At ex ejus ruinis crevit *Manfredonia*, quod Sipontum novum merito dixeris, haud procul Gargano monte. Hard.

5. *Uria.* Huc pertinet, opinor, Uritanus ager, quem cum Rubustino, et Genusino, de quibus mox, Frontinus copulat, lib. de Colon. p. 111. Ptolem. lib. III, cap. 1, Ὕριον in ora sinus Adriatici, Apuliæ Dauniæ pariter adjudicat. Hard. — Uria hodie *Manfredonia* est, si audiatur d'Anville, et Urias sinus, *Golfo di Manfredonia*. Ed.

6. *Cerbalus.* Hunc *Candelaro*, esse vult Harduinus; ego tamen vicinum isti *Cervaro* flumen, Cerbalo similius nomine libentius credam. Ed.

7. *Portus Agasus.* Nunc *Porto Greco.* Hard.

8. *Promontorium montis Gargani.* Hic mons etiamnunc *Gargano* dictus, provinciæ, cujus maximam partem tegit, nomen suum impertit; in australi tamen parte reperitur mons hodie *S. Angelo* dictus, cui oppidum cognomen imponitur.

Promontorium hic a nostro memoratum hodie esse *Punta Saracina*, septemtrionem versus, putat Mannertus. Ed.

9. *CCXXXIV.* Elz. *CCXXXIII.* Utrumque a vero non multum abest. Ed.

10. *Ambitu Gargani.* Gargano monte circuito, qui oram hanc universam ambit. Hard.

11. *Garnæ.* Ex περίπλου, seu circumnavigationis ordine, apparet esse oppidum *Rodi*, ut recte Holstenius conjecit, pag. 269. Hard.— Mannertus hanc urbem, cujus nomen, ut putat, a librariis corruptum est, eamdem fuisse æstimat ac Strabonis Οὔρειον, Ptolemæique Ὕριον, et portum ejus lacum fuisse mari conjunctum, cui hodie nomen *Lago di Varano*; oppidumque hic situm fuisse, ubi etiamnunc turris cernitur *Torre di Varano* vocata haud longe a vico *Rodi* ab Harduino memorato. A Mannerto autem dissentit d'Anville, qui has urbes diversas facit; quam opinionem confirmare videtur Noster, qui modo Hyrinos nominat, qui certe Ptolemæi Strabonisque Ὕριον, sive Οὔρειον incoluerunt. Mihi autem lacus hodie *Varano* dictus portus fuisse videtur oppidi Garnarum, quod inter hunc lacum et mare situm fuit, sive ubi est *Torre di Varano*, sive ubi vicus *Rodi*, duorum vix M. passuum intervallo a lacu separatus, et

nus[12]. Flumen portuosum Frento[13], Teanum[14] Apulorum. Itemque Larinatum[15] Cliternia: Tifernus[16] amnis. Inde[17] regio Frentana. Ita Apulorum genera tria[18]: Teani[19], duce 5 e Graiis: Lucani, subacti a Calchante, quæ loca nunc tenent Atinates. Dauniorum præter supra dicta coloniæ, Luceria[20], Venusia[21]. Oppida: Canusium[22], Arpi[23], aliquando[24] Argos Hippium Diomede condente, mox Argy-

Ptolemæi, nostrique Hyrium oppidi *Peschici*, ut infra dicemus, locum tenuisse. ED.

12. *Lacus Pantanus.* Nunc *Lago di Lesina*, a vicino oppido. HARD.

13. *Frento.* Nunc *Fortore*. HARD.

14. *Teanum.* Ad discrimen Teanorum Sidicinorum, de quibus cap. 9, Apuli isti cognominati sunt. Locus nunc non, ut Harduinus ait, *Civitate* dicitur, sed *Chiati Vecchio*, haud longe a ripa Frentonis amnis, in Capitanata. Frequens mentio Civitatensis episcopi in actis Beneventanæ Ecclesiæ, cui ille suberat. Sic Holsten. pag. 279. ED.

15. *Larinatum Cliternia.* Dalec. et Elzev. *Larinum*, *Aliternia*. Ut Apulorum, inquit, oppidum in ora fuit: sic Larinatum in mediterraneo quidem Larinum, ut dicetur inferius: in ora Cliternia; quæ etiamnunc *Antica Cliternia* dicitur, duobus leucis a fluminis *Biferno* ostio. HARD. et ED.

16. *Tifernus.* Permutatis litteris apud Ptolem. lib. III, cap. Φιτερνος, pro Τιφερνος. HARD. — Hodie *Biferno*. ED.

17. *Inde.* A Tiferno amne, ut dicetur cap. seq. HARD.

18. *Genera tria.* Dauni, Teani, Lucani. HARD.

19. *Teani, duce.* Elz. *Teani a duce*

e *Graiis*. Vet. apud Dalec. *Teani a duce*, *Gaces*, etc. ED. — Teanum hunc esse appellatum innuit. Teates Apuli et ex Apulia Teanenses, ap. Liv. lib. IX, c. 20. Calchantem in his oris aliquando consedisse, etiam ex Strabone colligimus, lib. VI, pag. 284. HARD.

20. *Luceria.* Hanc quoque Luceriam appellat Livius, lib. IX, c. 2 et 12; Λουχερίαν Strabo, lib. VI, p. 284; Νουχερίαν Ἀπουλῶν Ptolem. lib. III, cap. 1. Nunc *Lucera*, in Capitanata. HARD.

21. *Venusia.* Horatii vatis natalibus clara. Nunc *Venosa*, in Basilicata: aliquot ultra Aufidum amnem millibus. Horatius, libro II, Sat. 1, vers. 34: « sequor hunc Lucanus an Appulus, anceps: Nam Venusinus erat finem sub utrumque colonus Missus ad hoc, pulsis (vetus est ut fama) Sabellis. » HARD.

22. *Canusium.* Κανούσιαν Ptolem. lib. III, cap. 1, in Apulia Dauniorum, nunc *Canosa*, ad amnem Aufidum. HARD.

23. *Arpi.* Sic quoque Livio, lib. IX, cap. 3. Jacet in ruinis, retento tamen nomine *Arpi*, in Capitanata, juxta amnem *Candelaro*. HARD.

24. *Aliquando Argos*, etc. Hæc totidem verbis Strabo, lib. VI, pag. 283. HARD.

rippa dictum. Diomedes ibi delevit gentes Monadorum, Dardorumque, et urbes duas, quæ in proverbii [25] ludicrum vertere [26], Apinam et Tricam.

6 Cætero [1] intus in secunda regione, Hirpinorum colonia [2] una Beneventum, auspicatius mutato nomine, quæ quondam appellata Maleventum [3] : Æculani [4], Aquiloni [5], Abellinates [6] cognomine Protropi, Compsani [7], Caudini [8]:

25. *In proverbii.* Erasmus, Chil. 1, Cent. 2, adag. 43 : « Tricæ, Apinæ. Tricas et Apinas, vulgo res futiles et nugatorias dicebant, etc.» Martialis, lib. I, Epigram. 114 : « Quæcumque lusi juvenis, et puer quondam, Apinasque nostras, quas nec ipse jam novi, etc. » HARD.

26. *Vertere.* Alii, *venere.* HARD.

1. *Cætero.* Dalecamp. et Elzev. *cætera.* ED.

2. *Colonia una Beneventum.* Dal. *colonia : una Beneventum.* Elz. *colonia una, Beneventum.* ED.

3. *Maleventum.* Ita Livius, lib. IX, cap. 27, et Stephan. pag. 158. In Hirpinis, quorum hodie regio Principatus ulterior appellatur, *Benevento.* Coloniæ Beneventanæ mentio apud Frontin. lib. de Colon. pag. 84 et 122. HARD.

4. *Æculani.* Hard. *Auseculani* ex Frontino, qui pag. 110, Ausculini agri meminit ; sed Ptolemæus, lib. I, cap. 3, Αἰκουλᾶνον, *Aculanum*, inter *Irpinorum*, ut eos vocat, *mediterraneas civitates* nominat et Anton. Itiner. bis *Æclanum* citat, xxv M. pass. a Benevento in via quæ per Aufideni pontem Venusiam ducit ; hic ergo certe *Æclani*, aut, ut in libris omnibus, præter Harduinum, *Æculani* legendum est. Frontinus autem, pag. 91 et 210,

Æclanensem, sive *Eclanensem agrum,* in Apulia, non in Hirpinis nominat; unde Æculanos inferius post Viscellanos, inter Apuliæ gentes, reposuit Harduinus, parum feliciter, ut mihi videtur, quum Itinerarii Ptolemæique auctoritas Frontino haud dubie anteponenda sit. Æculanum autem, si Mannerto credimus, quem in opinione nostra ducem habemus, non longe a *Mirabella* situm fuit, austrum inter et orientem. ED.

5. *Aquiloni.* Ab Aquilonia, de qua Livius, lib. X, cap. 38, 39, 41 et 44. Ptolemæo, lib. III, cap. 1, mediterraneis Hirpinorum, Ἀκουλωνία, cum Abellino. Nunc est *la Cedogna*, in Principatu ulteriore, ut ex Itinerariis liquido conficitur. HARD.

6. *Abellinates.* Chiffl. *Apellinates,* Ἀβέλλινον in Hirpinis, prope Aquiloniam, apud Ptolem. loc. cit. HARD. — Hodie *Avellino.* ED.

7. *Compsani.* Nunc *Conza*, in eodem principatu, Ptolemæo, loc. citat. In Lucanis, quibus Hirpini confines fuere. HARD.

8. *Caudini.* Caudium oppidum, et Furcæ Caudinæ, ubi interceptus rom. exercitus, consules a Samnitibus sub jugum missi. Vide Liv. lib. IX, cap. 2, et Florum, lib. I, cap. 16. Caudinum oppidum Be-

Ligures [9], qui cognominantur Corneliani, et qui [10] Bebiani: Vescellani. Æculani [11], Aletrini, Abellinates cognominati [12] Marsi [13], Atrani [14], Æcani, Alfellani [15], Attinates, Arpani [16],

neventanæ coloniæ cum suo territorio adjudicatum scribit Frontinus, lib. de Colon. pag. 84. Hard. — Manet adhuc cladis istius memoria in loco, qui etiamnunc dicitur *Forchie*. Brot.

9. *Ligures.* Hinc apud Frontinum, lib. de Colon. p. 125 : «Ager Liguris Vevianus, et Cornelianus, muro ductus triumvirali lege. H. — Nos docet Livius, lib. XL, cap. 38, a consulibus P. Cornelio et M. Bebio quadraginta millia Apuanorum Ligurum cum feminis puerisque, ut finem Ligustino bello facerent, in agrum publicum populi romani in Samnitibus, qui Taurasinorum fuerat, transducta fuisse. Inde Corneliani et Bebiani dicti sunt. Taurasium autem quod præcipua Taurasinorum sedes fuerat, hodie pagus *Taurasie* est, haud longe a *Mirabella*, austrum inter et ortum solis. Ed.

10. *Qui.* Hæc vox in vet. apud Dalec. deest. Ed.

11. *Æculani.* Hi deinceps qui nova elementorum serie instituta recensentur, Apuliæ sunt contributi, ut ait Harduinus, non Hirpinis; Æculani autem isti, si tamen hoc nomen pro Dalec. et Elz. *Deculanis,* reponendum sit, ut vult Harduinus, cum Æculanis supradictis, n. 4, non sunt confundendi; sed ad hos pertinebit Frontini *Ager Æclanensis,* in Apulia, de quo supra. Eorum ignoratur situs, nisi ad illos referenda sit urbs quam d'Anville *Asculum Apulum* vocat, hodie *Ascoli*

di Satriano, haud longe a fluvio *Carapella.* Ed.

12. *Cognominati.* Elzev. *cognomine.* Ed.

13. *Marsi.* Oppido nomen Abellinum, Marsicum cognomine, ut ab altero, quod in Hirpinis fuit, distingueretur : oppidum nunc episcopale, in confinio Basilicatæ et Principatus citerioris : *Marsico vetere.* Frontino, lib. de Colon. p. 106, *Marsus municipium :* Balbo item, pag. 318. Hard.

14. *Atrani, Æcani.* De Atranis nihil reperi : corruptum etiam nomen interrupta elementorum series indicat. Æcanorum oppidum Æcæ, Æthico, p. 16 : nunc *Troja,* in Capitanata. De hoc oppido vide Holsten. pag. 19. Gruter. pag. 444, Reip. Æcanorvm. Ed.

15. *Alfellani, Attinates.* Forte *Affilani,* ab Affile oppido, de quo Frontinus, lib. de Colon. p. 38, cujusque situs ignoratur. Attinatibus oppidum fuit Atinum, hodie *Diano,* auctore Mannerto, qui et *Atinatem campum* de quo supra Noster, lib. II, cap. 106, *Vallone di Diano* vocat. Ed.

16. *Arpani,* etc. Ap. Frontinum, Arpanus ager, et Conlatinus, in Prov. Apulia, pag. 91. Ab Arpis oppido, de quo supra. Vetus Pignorii nummus apud Holsten. p. 280, ΑΡΠΑΝΩΝ. Hard. — Collatia haud longe a Roma, ad flumen Anienem, hodie *Teverone,* sita fuisse videtur. Borcani et Corinenses omnino ignorantur. Ed.

Borcani, Collatini, Corinenses, et nobiles clade romana Cannenses[17], Dirini, Forentani[18], Genusini[19], Herdonienses[20], Hyrini[21], Larinates, cognomine Frentani[22], Merinates[23], ex Gargano : Mateolani, Netini[24], Ru-

17. *Cannenses*, etc. Cannæ æternum imperii vulnus : rudera modo, *Canne*, ad ripam Aufidi amnis, quem Romanorum cæde aiunt ibi decolorem factum. Livius, lib. XXII, cap. 44. HARD. — Dirini ignorantur. ED.

18. *Forentani*. Oppidum illis Forentum fuit, ut patet ex Livio, qui lib. IX, cap. 20 : « Apulia perdomita (nam Forento quoque valido oppido Junius potitus erat) ». Idem Livius istorum Forentanorum meminit cap. 16 ejusdem libri, ut in nostra editione monuimus, not. 2, quam confer. Forentum autem nunc *Forenza* vocatur in Basilicata, supra Acherontiam, quæ *Cirenza* dicitur. HARD.

19. *Genusini*. In provincia Calabriæ Genusinus ager, apud Front. lib. de Colon. pag. 111. HARD. — Etiamnunc vicus *Ginosa*, haud longe a flumine *Brandano*, orientem versus, auctore Mannerto. ED.

20. *Herdonienses*. Ἐρδωνία Ptolemæo, lib. III, cap. 1, in Apulis Dauniis. Erdonias habet Antoninus prope Canusium, M. P. XXVI. Ardonam Frontinus, in Apulia, p. 110. Et nunc *Ordona* dicitur, ad fluvium *Carapella*, qui in Cerbalum, *Cervaro*, influit. HARD.

21. *Hyrini*. Vide quid de illis modo supra diximus, nota 51, ubi Hyrium hodie esse *Peschici* demonstravimus. ED.

22. *Frentani*. A Frentone amne, a quo non longe habitarunt, Tiferno tamen adhuc viciniores : unde et urbs primaria Frentanorum Larinum dicitur ap. Caton. in Excerpt. Orig. pag. 136. Nunc *Larino*, in Comitatu Molisii, confinioque Capitanatæ. HARD. et ED.

23. *Merinates*. Ad extremum Gargani montis promontorium civitas episcopalis sita est, vulgo *Viesti* dicta. Crevit ea ex ruinis oppidi Merini, episcopali dignitate olim quoque clari, et cujus rudera etiamnunc *S. Maria di Merino* vocantur. Ita fere Holsten. pag. 278. Præpostera interpunctio, non Merinates, sed Mateolanos Gargano in libris ante nos editis affigebat; nempe Dalec. et Elz. *qui Merinates, ex Gargano Meteolani*, etc. legunt. De Mateolanis autem, sive Meteolanis, nihil reperi. HARD. et ED.

24. *Netini*. Chiffl. *Neratini*. Dal. et Elz. *Neritini, Matini, Rubustini*. Nerentinos, quos hic libri quidam addunt, expunximus, inquit Harduinus, quum inferius Salentinis, ut sane oportuit, reddantur. Matini, quos hic in Nerentinorum locum afferunt Dalec. et Elz. expungendi quoque videntur; quamvis *Matinos campos* non semel nominet Horatius, natali urbi, Venusiæ scilicet, conterminos, atque etiam *Matinum littus*, quod fortasse parvo lacui, ex quo exit flumen *Brandano* objacebat. Netinis oppidum fuit Netium, Νήτιον Straboni lib. VI, p. 182, prope

LIBER III.

bustini [25], Silvini [26] : Strabellini [27], Turmentini, Vibinates [28], Venusini [29], Ulurtini. Calabrorum mediterranei : Ægetini [30], 7 Apamestini [31], Argentini, Butuntinenses [32], Deciani, Grumbestini [33], Norbanenses, Paltonenses [34], Sturnini [35], Tutini.

Canusium, Herdoniamque, et hodie *Noja*, si Mannerto credimus : sed in mappis mihi non occurrit nomen istud. ED.

25. *Rubustini*. Ita MSS. non *Robustini*. Et certe Rubustinus ager, Frontino, lib. de Colon. p. 111, a Rubis prope Canusium Antonino, Horatioque, lib. I. Satir. 5 : « Inde Rubos fessi pervenimus. » Nunc *Ruvo*, in agro Bariensi. HARD.

26. *Silvini*. Ab oppido Apulorum Peucetiorum, quod Strabo, lib. VI, pag. 283, Σιλούϊον vocat : nunc dicitur *il Gorgoglione*, teste Holsten. in Ortel. pag. 178. HARD. — *Garagnone*, teste Mannerto. Sed errare mihi uterque videtur, quum x M. pass. a *Garagnone*, septemtrionem versus, reperiatur vicus *Savigliano*, quem Silvio successisse indicare videtur nominis similitudo. ED.

27. *Strabellini*. Elzev. *Strapellini*, quam lectionem sequi videtur D'ANVILLE, qui eorum urbem Strabellum hodie *Rapolla* vocari ait. *Turmentini* omnino ignorantur. ED.

28. *Vibinates*. Vet. apud Dalec. *Vibarnates*. Sic veteres Inscription. Holstenio teste. Nunc oppidum *Bovino* dicitur, in Capitanata, inter Trojam et Herdonam, in Samnii Apuliæque confinio. Polybius Ἰώνιον vocat. HARD. et ED.

29. *Venusini*. A Venusia superius laudata. HARD. — *Mactini* ignorantur. ED.

30. *Ægetini*. Elz. *Ægitini*. Ægetium medio itinere inter Butuntum et Egnatiam ponendum videtur haud longe a vico *Noia*. ED.

31. *Apamestini*. Hæc vox in vet. apud Dalec. deletur. Ex Ἀπενέσται Ptolem. lib. III, cap. 1, Hermolaus, et Pelicerius in notis MSS. *Apenestini* reponunt. At est illud oppidum et in Apulia Daunia prope Garganum montem, et in ora positum : hic Plinius Calabrorum oppida persequitur, et ea quidem quæ sint a mari longiuscule semota. Fatendum est igitur istius populi ignorari sedes. Item de Argentinis. ED.

32. *Butuntinenses*. In Tab. Peut. *Butunti*. Frontino, lib. de Colon. pag. 111, Botontinus ager, in Calabria. HARD. — Eorum oppidum Butuntus, sive Butuntum, hodie *Bitonto* vocatur, sex leucis a *Bari* et ab Adriatico mari tribus. Deciani ignorantur. ED.

33. *Grumbestini*. Ita plane ordo litterarum exigit : non *Brumbestini*. HARD. — Ignorantur, et cum eis insequentes. ED.

34. *Paltonenses*. Dalec. et Elz. *Palionenses*. Hi omnes ignorantur. ED.

35. *Sturnini*, *Tutini*. Aberrant a vero qui Sturninos ibi fuisse arbitrantur, ubi nunc *Sternaccio* oppidulum Hydruntini agri, haud procul Hydrunte : in eam scilicet adducti hæresim, affinitate quadam ac similitudine nominis. Verum id oppidum, ut planissime vel ex

Salentinorum [36] : Aletini [37], Basterbini [38], Neretini [39], Valentini [40], Veretini [41].

XVII. (xii.) Sequitur regio quarta gentium vel fortis-

ipsis tabulis constat, quum Salentinorum ditionis fuerit, quorum oppida populique suo mox ordine digeruntur, in Calabrorum oppidis, quæ nunc Plinius percurrit, locum habere non potest. Nec felicior in conjiciendo Pelicerius in notis MSS. qui pro Tutinis, Tuticanos reponi putat oportere, ab Equo Tutico, quod non procul Benevento fuit : haud exigua terrarum intercapedine, populorumque interjacentium frequentia, divisa a Benevento Calabria. HARD.— Maxime probanda autem videtur eruditi D'ANVILLE opinio, qui in mappa sua *Sturni* eo loco reposuit, ubi nunc est *Ostuni*, haud longe ab Adriatico mari, leucis xiv a Tarento. Tutini ignorantur. ED.

36. *Salentinorum.* Subintellige, mediterranei. Quorum primi Aletini. HARD.

37. *Aletini.* Chiffl. *Alentani.* Ab Aletio, quod Ἀλήτιον Salentinorum mediterraneum oppidum Ptolemæus appellat, lib. III, cap. 1, ut ait Harduinus ; non vero, ut affirmat idem, hodie *Lecce*, quam urbem Lupiarum locum occupare diximus, sed, ut ait D'ANVILLE, *Santa Maria dell'Alizza*, haud longe a Tarentino sinu. ED.

38. *Basterbini.* Non a Basta superius memorato oppido, id enim littorale fuit, sed ab obscuriore aliquo : a Βαῦστα fortassis, quod in Salentinorum oppidis mediterraneis Ptolemæus recenset loc. cit.

HARD. — Et quod fortasse hodie vicus est *Veste*, haud longe a *Castro*, occidentem versus ; quam quidem opinionem sequi videtur Mannertus. ED.

39. *Neretini.* Νήριτον Ptolem. in mediterraneis Salentinorum oppidis : hodie *Nardo*. HARD.

40. *Valentini.* Sic in libris omnibus ante Harduinum vulgatis, atque etiam in vet. apud Dalec. *Valetini* legitur : at MSS. R. 1, 2, Colb. 1, 2, 3, etc. *Vlentini* dant ; Ptolemæusque lib. III, cap. 1, in Salentinorum mediterraneo, haud procul Acra Iapygia, oppidum Οὔξεντον locat : unde Harduinus indubitata, ut ait, conjectura, *Uxentini* se restituisse dicit ; quod tamen verbum in notis tantum ejus reperitur, nam in ipso opere, typographorum fortasse errore, *Valentini* remansit ; in cujus locum *Uxentini* ex Harduini ipsius auctoritate restituendum putabamus, quum nos morata est Mannerti opinio, qui Plinii Valentinos incolas fuisse putat Balesii oppidi supra memorati, quodque, ut diximus, a Mela *Valetium*, et in itinerario Hierosolymitano *Valentia* vocatur. *Valentini* ergo servavimus, fatentes tamen fortasse *Uxentini* legendum esse ; cujus quidem populi oppidum Οὔξεντον, ut modo retulimus, Ptolemæo vocatum, hodie *Ogento* vocatur. ED.

41. *Veretini.* Nunc *S. Verato*, ab oppido Οὐέρητον, apud Ptolemæum loc. cit. ED.

simarum¹ Italiæ. In ora, Frentanorum², a Tiferno : flumen Trinium³ portuosum. Oppida : Histonium⁴, Buca⁵, Ortona : Aternus⁶ amnis. Intus Anxani cognomine⁷ Frentani. Carentini⁸ supernates, et infernates, Lanuenses : Marrucinorum⁹ Teatini¹⁰ : Pelignorum Corfinienses¹¹,

XVII. 1. *Fortissimarum.* Multis adversus Romanos fortitudo est explorata bellis, quæ quidem Florus recitat, lib. I, et Strabo, lib. V, pag. 241. HARD.

2. *Frentanorum.* Vet. apud Dalec. *Ferentinorum.* ED. — Subintellige, regio, quæ a Tiferno amne ad Aternum porrigitur. Nunc *Abruzzo citeriore* vocant. HARD.

3. *Trinium.* Nunc *Trigno.* HARD.

4. *Histonium.* In Thes. Goltzii, MUNICIPES HISTONIENSES. Ἰστόνιον Ptolem. in Frentanis, lib. III, cap. 1. Et apud Frontin. pag. 109, *Istoniis colonia*, in Samnio. At apud Gruter. pag. 332, HISCONIENSES, bis. Nunc *Vasto di Ammone* dicitur. HARD.

5. *Buca, Ortona.* Ὄρτων, καὶ Βοῦκα Straboni, lib. V, pag. 242. Frentanorum quoque oppida : et Ὄρτων quidem ἐπίνειον navale : nunc *Ortona a mare*, inter amnes Sagrum et Aternum. Bucæ et Mela meminit, lib. II, cap. 4. HARD. — Illam *Termoli* hodie esse ait D'ANVILLE, quod confirmat Mannertus, qui optime ex Ptolemæo et Strabone, locis citatis, demonstrat hic urbium ordinem turbari a Plinio, cui ante Histonium nominanda fuisset Buca. ED.

6. *Aternus.* Ἄτερνος Straboni loco citat. Nunc *Pescara.* HARD.

7. *Cognomine.* Ut ab Anxa, quæ Callipolis in Salentinis, eo cognomine discriminentur. Oppidum Anxanum, Ἄγξανον Ptolem. lib. III, c. 1, in Frentanis. HARD. — Hodie *Lanciano vecchio*, juxta inclytam urbem *Lanciano*, septemtrionem versus; haud procul ostiis amnis Sagri, quem nunc *Sangro* incolæ vocant. ED.

8. *Carentini.* In MSS. *Carelini.* Ptolemæus, lib. III, cap. 1, Καρακηνοὺς, Caracenos, locat inter Frentanos et Samnitas. H. — Carentinorum Supernatum oppidum loco dicto *Civita Burella* situm fuisse ait D'ANVILLE, et Infernatum ubi hodie reperitur *Civita del Conte.* Lanuenses omnino ignorantur. ED.

9. *Marrucinorum.* Vet. apud Dal. *Murcinorum.* ED.

10. *Teatini.* Τεατέα Μαρρουκινῶν μεσόγειος, Ptolemæo, loc. cit. Frontino, pag. 108, *Teate, qui Aternus*, quoniam haud procul ab eo amne situs erat : nunc *Chieti.* ED.

11. *Corfinienses.* Κορφίνιον, πόλις Πελιγνῶν μεσόγειος, Ptolem. loc. cit. nunc *Pentinia* vicus in Abrutio citeriore. Ager Corfinius Frontino, lib. de Colon. pag. 104. Vulgo *Campi de S. Perino* : Pelignus, nunc *Valva* dicitur ; et episcopus Sulmonensis, quum subjectum habeat agrum integrum Pelignorum, propterea *Valvensis* episcopus vulgo appellatur. HARD.

Superequani [12], Sulmonenses [13] : Marsorum [14] Anxantini [15], Atinates [16], Fucentes [17], Lucenses [18], Maruvii [19] : Albensium [20] Alba ad Fucinum lacum : Æquiculanorum [21], Cliternini, Car-

12. *Superequani.* Dalec. et Elz. *Superæquani.* Ed. — Front. p. 170, Superequum : et Balbo, pag. 318, Colonia Superæquana. Nunc *Castel Vecchio Subequo*, haud procul Aterno amne, ut recte Holsten. in Ital. pag. 144. Hard.

13. *Sulmonenses.* Oppidum Pelignorum Σουλμῶν, Sulmo, Ptolem. loc. cit. Frontino, p. 109, Solmona: hodie *Sulmona.* Tertio loco a Plinio nominatur, quoniam in appellandis oppidorum nominibus servat elementorum ordinem. Ovidius patriam hanc suam esse gloriatur, lib. IV Trist. eleg. x, v. 4 et 5 : « Sulmo mihi patria est, gelidis uberrimus undis, Millia qui novies distat ab urbe decem. » Alibi idem Ovidius : « Pars me Sulmo tenet Peligni tertia ruris : Parva, sed irriguis ora salubris aquis. » Hard.

14. *Marsorum.* Juxta lacum Fucinum, hodie *lago di Celano*, nomen servat adhuc regiuncula, *Ducato di Marsi*, gentis Columnæ. Hard. et Ed.

15. *Anxantini.* In MSS. *Anxatini.* Chiffl. *Anaxatini.* Non illis, ut vult Harduinus, sed Atinatibus, ut d'Anville et Mannertus aiunt, tribuenda videtur civitas, hodie *Civita d'Antino* dicta, in valle *di Roveto* posita, inter Fucinum lacum et Lirim flumen. Anxantini autem, si Mannerto credimus, ad veterem Liris fluminis alveum requirendi sunt. Ed.

16. *Atinates.* Atinatem agrum locat in Samnio Livius, lib. X, cap. 39, quum Samnites scilicet rerum potirentur. Hard.

17. *Fucentes.* Male vet. apud Dalec. *Socentes,* nam certe a Fucino lacu hi nomen habuerunt, aut ab eis lacus. Ed.

18. *Lucenses.* Dalec. et Elz. *Lucentes,* a *Luco* oppido, quod Fucino lacui objacet, occasum inter et austrum. De hoc luco seu nemore Virgilius, lib. VII, vers. 759 : « Te nemus Angitiæ, vitrea te Fucinus unda, etc. » Ed.

19. *Maruvii.* Elz. *Marruvii.* Μαρούϊον Straboni, lib. V, pag. 241. Hinc *Marrubia de gente sacerdos*, apud Virgil. lib. VII, vers. 750. Hæc præcipua Marsorum civitas videtur fuisse. Oppidi etiamnunc videntur rudera *Muria* vocata, ad orientalem Fucini ripam. Ed.

20. *Albensium.* Oppidum Alba Fucentis dicta. Apud Gruter. pag. 404, Alb. Fvc. Albensis ager, Frontino, lib. de Colon. pag. 102. Nunc *Albi,* Columnæ gentis. Hard.

21. *Æquiculanorum.* Αἰκούκολοι Ptolem. lib. III, cap. 1, quorum oppida ut Plinio, Κλείτερνον, et Καρσίολοι. Hic *duris Æquicola glebis,* ut cecinit Maro, lib. VII, vs. 747. Cliterninæ, sic enim vocat Mela, lib. II, cap. 4, quis fuerit situs, incompertum. Carseolorum vestigia in valle Torana, seu Carseolana planitie, *Piano di Carsoli,* ubi oppidum Cellæ, vulgo *le Celle Carsoli,* monstrari ait Fabrettus, dissert. 2, de Aquæd. pag. 89, Holstenium secutus. Hard.

scolani : Vestinorum [22], Angulani, Pinnenses [23], Peltuinates [24], quibus junguntur Aufinates [25] Cismontani : Samnitium, quos Sabellos, et Græci Saunitas [26] dixere, colonia, Bovianum [27] vetus, et alterum cognomine Undecumanorum [28]. Aufidenates [29], Esernini [30], Fagifulani [31], Ficolenses [32], Sæ-

22. *Vestinorum.* Utramque Aterni amnis ripam hi tenuere, haud procul fontibus, in Abrutii ulterioris umbilico. Horum oppida duo, ex Plinianis quatuor, Ἄγγολος et Πίννα apud Ptolem. Diodoro in Excerp. pag. 398. Nunc *Civita di Penna*, in Abrutio Ulteriore. Pinnam Vestinam vocat Vitruv. lib. VIII, cap. 3. HARD. — Angelos hodie *civita S. Angelo* est, auctore Mannerto. ED.

23. *Pinnenses.* Chifflet. *Pennienses.* ED.

24. *Peltuinates.* Apud Gruter. pag. 443, PELTVINI; Balbo, p. 318, *colonia Peltinorum.* HARD. — Situs omnino ignoratur. ED.

25. *Aufinates.* Vulgo *Ofena* oppidi nomen est, in Abrutio ulteriore, ad fluvium *Busceo*, haud procul oppido *Popoli*, septemtrionem versus. Gaudentium Aufiniensis Ecclesiæ episcopum laudat Simplicius Papa, ep. 2. Apennino monte horum ager utrimque clauditur : ideo Romanis Cismontani dicti : quoniam ultra eos editissima Vestinorum juga attollerentur. HARD. et ED.

26. *Saunitas.* Σαυνῖται Dionysio Perieg. v. 375, et Scylaci, pag. 3; Sabellos vero vocitatos, quod proles Sabinorum essent, Cato est auctor in Excerpt. Orig. pag. 137. HARD.

27. *Bovianum.* Chiffl. *Bovianium.* ED. — Bobianus Samnii oppidum apud Frontin. pag. 109. Βοϋιανον Ptolemæo, lib. III, cap. 1, in Samnitibus. Nunc *Bojano*, in comitatu Molisii. De Boviano vetere Livius, lib. XIX, cap. 28. HARD.

28. *Undecumanorum.* Ab undecima legione, ex qua eo milites coloni deducti. HARD.

29. *Aufidenates.* Oppidum Aufidena, Livio, lib. X, cap. 12. Nunc *Alfidena*, ad Sagrum amnem, in Abrutio citeriore. HARD.

30. *Esernini.* Straboni, lib. V, p. 250, Ἐσερνία. Frontino, in Samnio, pag. 109, Esernia oppidum. At Ptolemæo Αἰσερνία. Nunc *Isernia*, in comitatu Molisii. HARD.

31. *Fagifulani.* MSS. omnes, *Fagifugali*, quod dant vet. apud Dal. et Chiffl. omnino ignorantur. H. et ED.

32. *Ficolenses.* Unde Ficiliensis ager, Frontino, lib. de Colon. pag. 105, etsi is in Piceno locet. HARD. — Ficuleam, aut, ut alii legunt, Ficulneam a Tarquinio Prisco captam narrat, lib. I, cap. 38, Livius, qui etiam, lib. III, cap. 52, Ficulensem, sive Ficulnensem viam, quæ postea Nomentana vocata est, nominat. Hanc urbem Fidenis conterminam fuisse probat senatus decretum, quo jussus est Appius Claudius, teste Dionysio Halicarn. lib. V, pag. 308, querelas Fidenatum et Ficulensium de agrorum terminis dirimere; sed certus igno-

pinates[33], Treventinates[34] : Sabinorum, Amiternini[35], Curenses[36], Forum[37] Decii, Forum novum, Fidenates[38], Interamnates[39], Nursini[40], Nomentani[41], Reatini[42], Tre-

ratur urbis locus, quam tamen ubi hodie est fanum *S. Basile* nonnulli stetisse volunt. ED.

33. *Sæpinates.* Dalec. et Elz. *Sepinates.* Σαίπινον in Samnitibus, Ptolem. lib. III, cap. 1; Frontino, lib. de Colon. pag. 88 : « Sæpinum oppidum Colonia ab Impp. Nerone et Claudio est deducta. » Gruter. pag. 441, MVNICIPES SÆPINATES. Livio, lib. X, cap. 44 et 45, est Sepinum, sive Sæpinum. Nunc *Supino*, quod *Sipicciano* vocat Mannertus, in Comitatu Molisii. HARD. et ED.

34. *Treventinates.* Vet. apud Dal. *Treventiates.* ED. —Frontino, p. 89, Tereventum oppidum. HARD.

35. *Amiternini.* Ἀμίτερνον Ptolemæus, lib. III, cap. 1, Vestinis attribuit. HARD. — Quod unam hanc urbem Sabini trans Apenninum possiderent. Illam hodie *S. Vittorino* esse, v M. pass. ab *Aquila*, in feraci Aterni amnis valle testantur innumera templorum, turrium et theatri rudera. ED.

36. *Curenses.* Aliis dicti Cures : ex græco sermone, *Curites :* mox ore italico Quirites. Nunc est oppidum *Correse*, et Curensis fluvius in Tiberim defluens, in Terra Sabina : etsi aliter visum Cluverio. Vide Holsten. p. 107. HARD.

37. *Forum Decii, Forum novum.* Forum Decii idem oppidum esse, quod Peuting. Tab. *Forumecri* vocat, XII M. pass. ab Interocrio, hodie *Antrodoco*, putat Mannertus qui illud haud longe a vico *S. Croce* situm fuisse opinatur. Forum novum, quod Peuting. Tab. *ad Novas* vocat, XVI M. pass. a Reate, meridiem versus, in Salaria via, XXX M. pass. ab Roma situm fuisse ait idem Mannertus, loco hodie *Osteria nova* dicto. ED. — Fori novi superest, exciso oppido, Episcopium Sabinense, *Vescovio*, in Terra Sabina. Ibi repertam inscriptionem testatur Holsten. in Ital. pag. 107, FORONOVARII. Grut. pag. 492, FORONOVANOR, et Frontino, pag. 104, Foronovanus ager. HARD.

38. *Fidenates.* Fidenæ Balbo, pag. 105, in Prov. Piceni. Diversi forte a Fidenatibus primæ regionis, de quibus cap. 9. Et sunt illæ Fidenæ tamen in Terra Sabina, V mill. pass. ab urbe Roma, ut diximus. H. — Nonnulla reperiuntur urbis hujus vestigia juxta *Giubileo*, aut potius, ut vult Mannertus, juxta villam *Serpentina* sive *Serpentana*, quæ paulo ad meridiem sita est. ED.

39. *Interamnates.* Interamne oppidum Frontino, pag. 86. HARD. — Diversa est hæc Interamna a duobus aliis cognominibus civitatibus, nempe ab Interamna Succasina, sive Lirinate, de qua supra, cap. 9 et ab Interamna Narte de qua infra, cap. 19; in Piceno, aut potius ex docti D'ANVILLE mappa in Prætutiis sita fuisse videtur, hodieque, si Mannerto credimus, urbs *Teramo* est in colle sita, haud longe a confluentibus amnis *Viziole* et *Trontino* fluminis. ED.

bulani, qui cognominantur Mutuscæi[43], et qui Suffenates[44], Tiburtes[45], Tarinates. In hoc situ ex Æquiculis[46] interiere Comini[47], Tadiates, Cædici, Alfaterni. Gellianus auctor est, lacu Fucino haustum Marsorum oppidum Archippe[48], conditum a Marsya duce Lydorum : item Viticinorum[49] in Piceno deletum a Romanis, Valerianus. Sabini (ut qui- 3 dam[50] existimavere, a religione et deorum cultu Sevini appellati) Velinos[51] accolunt lacus, roscidis[52] collibus.

40. *Nursini.* Νουρσία Ptolemæo, in Sabinis, lib. III, cap. 1. Et nunc *Norsia*, in Ducatu Spoletino. HARD.

41. *Nomentani.* A Nomentanis primæ regionis diversi. HARD. — Eorum urbs hodie *Mentana* est, auctore Mannerto, aut, ut vult D'ANVILLE, *Lamentana.* ED.

42. *Reatini.* A Reate, nunc *Rieti*, infra Nursiam. HARD.

43. *Mutuscæi.* Vet. apud Dalec. *Mutustæi.* Chifflet. *Mutusci.* ED. — Gruter. pag. 19, IVVENT. TREBVL. MVTVSC. Item pag. 487. Trebulæ Mutuscæ frequens mentio apud Jul. Obseq. cap. CII, CIII, etc. Hæ Virgilio, Æneid. lib. VII, *oliviferæ Mutuscæ*. Nunc est *Monte Leone della Sabina*, infra Reate, in Sabinis. H.

44. *Suffenates.* Quorum oppidum Trebula Suffena, nunc *Montorio di Romagna*, in Sabinis supra Nerulam, ad Curensem fluvium. HARD.

45. *Tiburtes.* A Tibure, *Tivoli*. Tarinates, quorum oppidum hodie *Tarano*, supra Manlianum, quod *Mangliano* vocant. HARD.

46. *Æquiculis.* Quos Æquiculanos superius appellavit. HARD.

47. *Comini.* A Cominio oppido, de quo Liv. lib. X, cap. 39 seqq. et lib. XI, cap. 15 et 16, rectius *Cominii*. Mox ubi *Acedici* habent libri editi, nos *Cædici* reposuimus, ex MSS. Omnium situs ignoratur. HARD. et ED.

48. *Archippe.* Solinus, cap. II, c. XII : « Archippen a Marsya rege Lydorum, quod hiatu terræ haustum, dissolutum est in lacum Fucinum. » Hinc regem Archippum in hoc tractu imperitasse finxit Maro, Æn. VII. Exstare hujus oppidi vestigia ad ripam lacus, prope *Transaco*, quæ obtegantur excrescente eo, affirmant Marsi. HARD.

49. *Viticinorum.* Elz. *Vidicinorum*. Utrique ignorantur. ED.

50. *Ut quidam.* Varronem notat, de quo Festus : « Sabini dicti, ut ait Varro, quod ea gens præcipue colat deos : ἀπὸ τοῦ σέβεσθαι. » A Sabino Sangi filio, Sabinos appellatos affirmat Cato, apud Dionys. Halic. lib. II, pag. 113. HARD.

51. *Velinos.* Alter Velinus, nunc *Lago de Pié de Luco*, ab oppido finitimo dicitur, in Ducatu Spoletino : Reatinus alter : *Lago di S. Susanna*. Utrumque præterfluit amnis etiamnunc *Velino* dictus, qui in Narem influit. ED.

52. *Roscidis collibus.* Qui Roseæ campos in coronam cingunt : Roseæ vocantur, ut Festus ait, quod in eis arva rore humida semper serantur.

Nar[53] amnis exhaurit[54] illos sulphureis[55] aquis. Tiberim ex his petens replet, e monte Fiscello[56] labens, juxta Vacunæ[57] nemora et Reate in eosdem conditus. At ex alia parte Anio[58], in monte Trebanorum ortus, lacus tres[59] amœnitate nobiles, qui nomen dedere Sublaqueo[60], defert in Tiberim. In agro Reatino Cutiliæ[61] lacum, in quo fluctuet insula, Italiæ umbilicum esse M. Varro[62] tradit. Infra Sabinos Latium est, a latere Picenum, a tergo Umbria, Apennini jugis Sabinos utrimque vallantibus[63].

1 XVIII. Quinta regio Piceni[1] est, quondam[2] uberrimæ

Ex his collibus, uno interciso emissus in Narem fluvium Velinus lacus. Cicer. lib. IV, ad Attic. ep. 14: «Reatini me ad sua τέμπη duxerunt, ut agerem contra Interamnates (cognomine Nartes), quod lacus Velinus a L. Curio emissus, interciso monte in Nar defluit: ex quo est illa siccata, et modice tamen humida Rosea.» HARD.

53. *Nar amnis.* Nunc *Nera:* in Tiberim influit. ED.

54. *Exhaurit illos.* Lacus corrumpit, in quos conditur. HARD.

55. *Sulphureis.* Spectat eo Virgilius, Æneid. lib. VII, vs. 517: «Sulphurea Nar albus aqua: fontesque Velini.» HARD.

56. *Fiscello.* Silius Ital. lib. VIII: «Quæ, Fiscelle, tuas arces, etc.» Nunc quoque *Monte Fiscello*, in confinio Abrutii ulterioris, ad oppidum *Civita Reale.* HARD.

57. *Vacunæ.* In monte Fiscello Deæ Vacunæ nemus, quam vacantibus et otiosis præesse dicebant. De ea Ovid. Fast. lib. VI, v. 307. H.

58. *Anio.* Nunc *Teverone.* Oritur juxta oppidum quod Τρέβα dicitur Ptolemæo, in Latio, lib. III, cap. 1; nunc in Campania Romana, ut vocant, *Tervi* vel *Trevi*, ut diximus in prima regione. HARD.

59. *Tres.* Elz. *Treis.* Legebat Dal. ex vet. *Tris.* ED.

60. *Sublaqueo.* Villa Neronis, cui Sublaqueum nomen est, inquit Tacit. Annal. lib. XIV, cap. 22. Oppidum fuit etiam ante Neronis tempora, cujus villa Sublacensis dicta est ab oppido: oppidum enim juxta lacus positum, unde nomen: villa in editiore loco: nunc *Subiaquo*, ad Anienem. HARD.

61. *Cutiliæ.* Chifflet. *Cutiniæ.* ED. — Nunc *Lago di Contigliano*, ab oppido vicino. De insulis Cutiliensium lacus multa Macrobius, Saturn. lib. I, c. 7. Fluitantes Seneca vidisse se testatur, ut diximus lib. II, cap. 96. Meminit et Dionys. Halic. lib. I, pag. 15. HARD.

62. *M. Varro.* Et Martianus, lib. VI, cap. de Ital. pag. 205. HARD.

63. *Vallantibus.* Vet. apud Dalec. *velantibus.* ED.

XVIII. 1. *Piceni.* Nunc Abrutium ulterius dicitur, cum parte aliqua Marchiæ, ut vocant, Anconitanæ: sed qua mari fere utrumque alluitur. HARD.

2. *Est, q.* Chiffl. *et quondam.* ED.

LIBER III. 163

multitudinis. Trecenta LX millia Picentium in fidem populi[3] romani venere. Orti sunt[4] a Sabinis voto vere[5] sacro. Tenuere ab Aterno amne, ubi nunc ager Adrianus, et Adria colonia[6] a mari VII M. pass. Flumen Vomanum[7]: ager Prætutianus[8], Palmensisque. Item Castrum[9] no-

3. *Populi romani.* Dalec. *populo romano.* ED.

4. *Orti sunt.* Strabo, lib. V, pag. 228. HARD.

5. *Voto vere sacro.* Emissa a parentibus juventute e finibus patriis, ut abirent in coloniam, voto Diis ante concepto, pro felici rei eventu. HARD. — Prius *vero sacro* legebatur. At MSS. omnes, *vere*. Veris sacri gemina apud antiquos acceptio fuit. Primum enim, ut Festus ait: « Ver sacrum vovendi mos fuit Italis : magnis enim periculis adducti vovebant, quæcumque proximo vere nata essent apud se animalia, immolaturos. » Nempe ex caprino, suillo, ovillo, bovilloque grege, ut docet Plutarch. in Fabio, pag. 170. Quod natum esset inter kalendas martias et inter kalendas maias, auctore Livio, lib. XXIV, c. 44. De Sabinis ipsis Nonius, c. XII, n. 18 : « Ver sacrum, religiosum, Sisenna historiarum libro quarto: Quondam Sabini feruntur vovisse, si res communis melioribus locis constitisset, se ver sacrum facturos. » At ver sacrum vovere, non solum erat proventum unius anni consecrare, ut pecudes quidem immolarentur diis : quorsum enim hoc loco hujusce moris ritusque sacri mentio, si re nulla alia continetur? sed juventutem etiam diis consecratam in colonias mittere. Hunc morem edocet egregie Plinius, quum ait Picentes ortos a Sabinis, voto vere sacro : sed multo expressius Dion. Halicarn. lib. I, pag. 13, et lib. III, pag. 77, statim initio. Justinus quoque, lib. XXIV, cap. 4 : « Namque Galli abundanti multitudine, quum eos non caperent terræ quæ genuerant, trecenta millia hominum ad sedes novas quærendas velut ver sacrum miserunt. » Hieronym. denique in Chron. ad Olymp. 89, an. 4 : « Lacedæmonii ver sacrum Heracliam destinantes urbem condunt. » Ver sacrum illi sacram juventutem vocant, e finibus suis pulsam a parentibus, ubi alimenta domi non suppeterent, crescente in dies multitudine : voto diis ante concepto, pro felici rei eventu: inde illi in coloniam abeuntes, quidquid terrarum armis pararent, habebant pro patria. HARD.

6. *Adria colonia. Atri*, in Abrutio ulteriore. HARD.

7. *Vomanum. Vomano.* Meminit ejus Silius, lib. VIII : « Statque humectata Vomano Adria. » HARD.

8. *Prætutianus.* De eo Livio, lib. XXII, cap. 9, et XXVII, 43. Nos de utroque dicemus, lib. XIV, cap. 8. HARD.

9. *Castrum novum.* Ager Castranus in Piceno, Balbo, pag. 129. Nunc rudera, in ora sinus Adriatici, in ulteriore Abrutio, *Calveno.* HARD. — Aut potius, ut D'ANVILLE Mannertusque volunt, *Giulia nova.* ED.

vum, flumen Batinum [10], Truentum [11] cum amne : quod solum Liburnorum [12] in Italia reliquum est. Flumen Albula [13] : Tervium, quo finitur Prætutiana regio, et Picentium incipit. Cupra [14] oppidum, Castellum Firmanorum [15] : et supra id colonia Asculum [16], Piceni nobilissima [17]; in-

10. *Batinum.* Hodie *Salinello.* Idem qui Ματρῖνος Straboni dicitur, lib. V, pag. 241. In MSS. Reg. 1, 2, *Vibatinum.* Hard.

11. *Truentum.* Mela, lib. II, cap. 4 : « Piceni littora excipiunt : in quibus Numana, Potentia, Cluana, Cupra, urbes : castra autem, Firmum, Adria, Truentinum : id et fluvio qui præterit, nomen est. » Nunc amnem, *Tronto : Porto di Martin Scuro* locum vocant, ubi oppidum fuit. Castrum Truentinum Cicero vocat, ad Attic. lib. VIII, ep. 18. Hard. et Ed.

12. *Quod salum Liburnorum.* Qui ex adversa continente, hoc est, Illyrico, huc transgressi, oram hanc tenuere, ut iterum dicetur cap. seq. Hard.

13. *Flumen Albula : Tervium quo finitur Prætutiana regio.* Ita plane totidem apicibus servatis, nec detracto uno, nec adjecto, MSS. Reg. 1, 2, Colbert. 1, 2, Paris. Chiffl. et Tolet. At Colb. 3, et Salmant. pro *Tervium* habent *Tessunium.* Ut ut est, oppidi id nomen fuit, ut ex ipsa Plinii oratione exploratum est. Unde Plinii editores hæc nomina hauserint, quæ hoc loco obstruserunt, *Flumina, Albulates, Suinum, Helvinum, quo finitur,* etc. non vacat inquirere. Hard. — Albulam hodie non ut ait Harduinus *Ragnola,* sed, ut vult Mannertus, *Tesino* incolæ vocant : in ejus ostio Tervium oppidum fuit, quod *Grotte a mare* nunc dicitur, si eidem Mannerto credimus. D'Anville autem *Grotte a mare* Cupræ maritimæ locum occupare putat. Ed.

14. *Cupra.* Gruter. pag. 108, Cvpramar, hoc est, maritima, ad discrimen alterius quæ montana dicitur. Κούπρα μαριτίμα Ptolem. lib. III, cap. 1. Hard. — Illam d'Anville hodie *Grotte a mare* esse, ut modo diximus, putat : si tamen Tervio, ut vult Mannertus, assignandus est locus iste, fortasse ad ostium fluminis *Aso,* sive *Asone,* juxta *Pedaso* requirenda sunt Cupræ maritimæ vestigia. Ed.

15. *Firmanorum.* Nunc paulum a mari semotum oppidum Firmanorum, *Fermo,* Grut. pag. 533, Fir. Piceno. Hard.

16. *Asculum.* Hodie vocatur *Ascoli.* Gruter. pag. 565, Coloniæ Asculanorvm. Hard.

17. *Nobilissima; intus : Novana in ora Cluana,* etc. Bene MS. Reg. 1, et editio princeps, *intus Novana: in ora Cluana.* Brot. — Dalec. et Elzev. *Nobilissima. Intus Novana. In ora Cluana,* etc. Harduinus male, ut opinor, *nobilissima, intus : Novana in ora : Cluana,* etc. Non enim in ora, ut modo proxime insequenti nota dicemus, sita fuit Novana, quamvis id velit Hard. Ed.

LIBER III. 165

tus Novana[18] : in ora Cluana[19], Potentia[20], Numana[21], a Siculis condita. Ab iisdem[22] colonia Ancona, apposita promontorio Cumero, in ipso flectentis se oræ cubito[23] : a Gargano CLXXXIII[24] M. pass. Intus Auximates[25], Beregrani[26], Cingulani[28], Cuprenses[28] cognomine Montani, Fala-

18. *Novana.* Non *Città Nuova* in ora maris Adriatici, ut vult Harduinus : sed longius a mari, ut ait Cluver. Ital. Antiq. lib. II, p. 741, quamvis eum reprehendat Harduinus. Illam hodie *Monte Novano* esse dicunt D'ANVILLE et Broterius : hoc autem nomen in mappis mihi non occurrit. De hoc agro Foronovano Piceni Balbum vide, apud Frontinum de Colon. p. 104. ED.

19. *Cluana.* Fuit in ipso ostio fluvii quem *Chienti* vocant, quique Maceratam præterit : ubi nunc *Piano di S. Giacomo.* Meminit Mela loc. cit. HARD. — Flumen *Chicati* et oppidum *Civita Nuova* Mannertus vocat. ED.

20. *Potentia.* Ποτεντία in Piceno, Ptolem. lib. III, cap. 1, et Melæ loc. citat. Supersunt vestigia haud procul a *Porto di Recanati*, ubi Abbatia retinet nomen B. Mariæ ad pedem Potentiæ, ad amnem *Potenza*. H.

21. *Numana.* Gruter. pag. 446, MVNICIP. NVMANAT. Νούμανα Ptolemæo et Melæ. Nunc *Umana*, ubi reperiuntur fanum et rudera multa haud longe, septemtrionem versus, a parvo flumine *Cusone* sive *Cuscione*. HARD. et ED.

22. *Ab iisdem.* Hoc est, a Siculis, ut ait Solinus, cap. XII, p. 12, sive ut ait Strabo, lib. V, pag. 241, a Syracusanis, qui Dionysii tyrannidem fugerant, condita Ancona est. ApudGruter. pag. 465, COLON. ANCONITANOR. Promontorium cui assi-

det, Crumerum. Etiamnunc *Monte Comero*, sive *d'Ancona* vocatur. HARD. et ED.

23. *Oræ cubito.* Id eleganter Mela, lib. II, cap. 4 : « Exin illa in angusto duorum promontoriorum ex diverso coeuntium inflexu, cubiti imagine sedens, ac ideo a Græcis dicta Ἀγκών, inter gallicas italicasque gentes quasi terminus interest. » HARD.

24. *CLXXXIII. CLXXXIIII*, ex MS. Reg. 1, et editione principe, legit Broterius; quod et ego mallem, ut vero omnino consentaneum. ED.

25. *Auximates.* Auximatis ager, in Piceno, Frontin. de Colon. pag. 102. Auximum oppidum, nunc *Osimo.* Ab Ancona XII M. pass. recedit in austrum. HARD.

26. *Beregrani.* In Prætutiis apud Ptolemæum, Βερέτρα, pro Βερέγρα. In Piceno, apud Frontin. p. 108, Veragranus ager. HARD. — Locus ignoratur. ED.

27. *Cingulani.* A Cingulanis primæ regionis diversi. Horum Cingulanus ager in Piceno, apud Balbum, pag. 104, qui eadem lege teneri dicitur, qua Potentinus. Cingulum id oppidum appellatum Ciceroni, ad Attic. lib. VII, ep. 13, p. 212. Nunc quoque *Cingoli*, aut, ut vult Mannertus,*Cingulo*, in Marchia Anconitata. HARD. et ED.

28. *Cuprenses.* Oppidum Χοῦπρα μοντάνα Ptolem. in Piceni me-

11 3

rienses [29], Pausulani, Pleninenses [30], Ricinenses [31], Septempedani [32], Tollentinates [33], Treienses [34], Urbesalvia [35] Pollentini.

XIX. (XIV.) Jungitur [1] his sexta regio, Umbriam complexa, agrumque Gallicum circa Ariminum. Ab Ancona Gallica ora incipit Togatæ [2] Galliæ cognomine. Siculi et Liburni

diterraneis urbibus, prope *Ripa Transone*, ut testatur hujus loci episcopus D. Azolinus, apud Holsten. in Ital. pag. 137. HARD.

29. *Falarienses*. Falerionensis et Pausulensis ager in Piceno apud Balbum, pag. 105 et 106. Prioris oppidi rudera nomen servant, *Faleroni*, haud procul Tennæ fluvii fontibus. Alterius, quod Pausulæ in Itiner. Anton. dicitur, in *Monte dell' Olmo*, ex adverso Maceratæ, exstant ruinæ : in Marchia Anconitana utrumque. HARD. — Pausulas in Monte *Elpana*, ad flumen *Aso* sitas fuisse vult Mannertus. ED.

30. *Pleninenses*. Elzev. *Plenienses*. Vet. apud Dalec. *Plynienses*. Chiffl. *Planienses*. Omnes pariter ignorantur. ED.

31. *Ricinenses*. Ager Recinensis et Ricinensis apud Frontin. p. 107. Oppidi nomen servantia vestigia ad ripam Potentiæ fluvii visuntur, millibus passuum duobus a Macerata. In vet. lapide apud Holsten. p. 137, RICINIENSES. HARD. et ED.

32. *Septempedani*. Oppidum Σεπτέμπεδα Ptolemæo et Frontino, pag. 107. Septempeda, in Piceno. Id nunc *San Severino*, ad amnem Potentiam, Cluverio, Ital. lib. II, pag. 738, comprobantibus Holstenio, in Ital. pag. 136, et Mannerto. HARD. et ED.

33. *Tollentinates*. Chiffl. *Tolenses*. ED. — Tolentinus ager, in Piceno,

apud Frontin. pag. 108. In veteri inscript. apud Cluver. p. 739, MVNICIP. TOLLENTIN. Et nunc *Tolentino*. HARD.

34. *Treienses*. Dalec. et Elzev. *Triacenses*. ED. — Treensis ager, Frontino, in Piceno, p. 108, apud Gruter. pag. 446, COL. AVXIM. ET MVNICIP. NVMANAT. ORDO ET PLEBS TREIENSES. Oppidi vestigia exstare manifesta ad ripam Potentiæ amnis, infra *S. Severino*, sub *Montecchio*, auctor est Holsten. pag. 739. HARD.

35. *Urbesalvia Pollentini*. Dalec. et Elz. *Urbs Salvia*, *Pollentini*. Vet. apud Dalec. *cum urbe*, etc. ED. — Jungenda hæc simul, aut alphabeti ordo perturbabitur : intelligendumque Urbesalviæ, sive Urbis Salviæ oppidanos cognominari Pollentinos : sicuti ipsam Urbem Salviam, Pollentiam quoque dictam. Citatur enim a Liv. lib. XXXIX, c. 44, colonia Pollentia in Picenum deducta; Ptolem. lib. III, cap. 1, Οὔρβα Σαλουΐα; Balbo, in Piceno, pag. 347, Ager Urbis Salviensis. Nunc est *Urbisaglia*, ad ripam amnis *Chiento*, seu *Cluenti*. HARD.

XIX. 1. *Jungitur his*. Picentibus. Vel forte rectius *huic*, sextæ videlicet regioni. HARD. — Lego *jungetur hic* ex MSS. Reg. et edit. principe. BROT.

2. *Togatæ*. Vet. ap. Dalec. *Togata Gallia* : Cisalpina quoque dicta est. ED.

plurima ejus tractus tenuere, in primis Palmensem, Prætutianum, Adrianumque agrum. Umbri eos expulere, hos Etruria, hanc Galli[3]. Umbrorum gens antiquissima Italiæ existimatur, ut quos Ombrios[4] a Græcis putent dictos, quod inundatione terrarum imbribus superfuissent. Trecenta[5] eorum oppida Thusci debellasse reperiuntur. Nunc 2 in ora flumen, Æsis[6] : Senogallia[7]. Metaurus[8] fluvius : coloniæ[9], Fanum[10] Fortunæ, Pisaurum[11] cum amne. Et intus[12] Hispellum, Tuder. De cætero[13] Amerini, Atti-

3. *Hanc Galli.* Boii Lingonesque, Etruscos atque Umbros agro pepulere, Liv. lib. V, cap. 35. Vide et Strab. lib. V, pag. 216. Hard.

4. *Quos Ombrios.* Ita Solinus, c. 11, pag. 13, ex M. Antonio, quem laudat. Stephano Ὄμβρικοι et Ὄμβροι. Herodoto, Clio, Ὄμβρικοι. H. et Ed.

5. *CCC eorum oppida.* Cato in Excerptis Orig. pag. 136 (si tamen verus est is fetus Catonis, et non subdititius), habet hæc totidem verbis. Hard.

6. *Æsis.* Αἶσις ποταμός, μεταξὺ Ἀγκῶνος, καὶ Σηνογαλλίας, inquit Strabo, lib. V, pag. 227, inter oppida duo, Anconam, et Senogalliam: nunc *Esino.* Æsinatem ex Umbria caseum commendat in primis Plinius, lib. XI, cap. 97. Hard.

7. *Senogallia.* Σήνα Γάλλικα Ptolem. lib. III, cap. 1, in Semnonibus. Silius, lib. VIII : « et Senonum de nomine Sena, Gallorum a populis traxit per sæcula nomen. » Senones Gallos Alpes transgressos habuit conditores : nunc *Sinigaglia,* in ducatu Urbini. Hard.

8. *Metaurus.* Melæ, lib. II, c. 4, flumen Metaurus. Nunc etiam *Metauro :* Urbini ducatum præterfluit, in Adriamque devolvitur. Hard.

9. *Coloniæ.* Ita scripsi, ex MSS. pro *Colonia :* ut sequentibus tribus oppidis vox eadem præterea communicetur. Hard.

10. *Fanum.* Melæ, loc. cit. *Colonia Fanestris.* Gruter. pag. 475, Orivndvs. Colonia. Ivlia. Fano Fortvnae. Nunc *Fano,* in ducatu Urbinate, ad Metauri ostium. H. et Ed.

11. *Pisaurum.* Gruter. pag. 433, Coloniarvm. Pisavr. et Fanest. Deducta colonia est ab Antonio, ut Plutarchus docet in ejus vita, pag. 943. Nunc oppido *Pesaro :* amni *Foglia* nomen est, in ducatu Urbinate. Hard.

12. *Et intus.* Chiffl. *et intus Pellum.* Ed. — Subintellige, coloniæ intus : ut superiores duæ in ora. Gruter. pag. 351 : Col. Ivl. Hispelli. Et pag. 19 : Coloniae Tvdertis, reperta inscriptio Tuderti, quod vulgus nunc *Todi* vocat, ad Tiberim. Apud Frontin. pag. 93, Colonia Fida Tuder. Hispellum nunc castrum est prope Fulginium, *Foligno, Ispello* et *Spello.* Hard.

13. *De cætero.* Alterius generis, inquit, oppida : nec jam coloniæ, sed municipia, vel libera, vel stipendiaria. Hard. — *Amerini,* etc.

diates[14], Asirinates[15], Arnates[16], Æsinates[17], Camertes[18], Casuentillani[19], Carsulani[20], Dolates cognomine Salentini, Fulginates[21], Foroflaminienses[22], Forojulienses[23], cognomine Concubienses: Forobrentani[24], Forosempronienses[25], Iguvini[26], Interamnates, cognomine Nartes[27]: Mevana-

Ab Ameria, quæ nunc *Amelia*, in ducatu Spoletino. HARD.

14. *Attidiates*. In Marchia Anconitana, ad fontes amnis Æsis, oppidum est *Fabriano*: cujus in agro Attidiatium pagus est, *Attigio*. Vetus Inscript. apud Holsten. p. 83: R. P. ATTIDIAT. HARD.

15. *Asirinates*. Ita MSS. omnes, pro *Asisinates*, quod bene Cl. Rezzonicus ex inscriptionibus veteribus restituit, ab Asisio oppido, de quo etiam Ptolemæus in Umbria. Grut. quoque pag. 21, MVNICIP. ASILINATIVM. Hodie incolis *Assisi*, vulgo nobis *Assise* D. Francisci cultu ac religione oppidum satis clarum. ED.

16. *Arnates*. Ab Ἄρνα oppido Vilumbrorum, apud Ptolem. lib. III, cap. 1. Nunc *Civitella d'Arno*, trans Tiberim, ex adverso Perusiæ. H.

17. *Æsinates*. Oppidum Ptolem. Αἶσις. Apud Gruter. pag. 446, COL. AESIS, ad amnem cognominem de quo supra, in Marchia Anconitana: nunc *Iesi*. HARD.

18. *Camertes*. Oppidum Camerinum: nunc quoque *Camerino*, in Marchia Anconitana. HARD.

19. *Casuentillani*. Vet. ap. Dalec. *Casuentini*. ED. — Casentinum oppidum, apud Frontin. pag. 83, pro *Casuentinum*. Gruter. p. 411, MVNICIPI. CASVENTINORVM. Situs omnino ignoratur. HARD et ED.

20. *Carsulani*. Oppidum Carsulæ: Tacito, Hist. lib. III, cap. 60, ager Carsulanus. Apud Plin. Jun. lib. I, ep. IV: « Quantum copiarum in Ocriculano, in Narniensi, in Carsulano, in Perusino tuo? » Nunc jacet: rudera in ducatu Spoletino, in itinere a Narnia Perusium, paulo infra locum ubi amnem *Chiascio* Tiberis recipit. Dolates Salentini omnino ignorantur. HARD. et ED.

21. *Fulginates*. Fulginium, *Foligno*, in ducatu Spoletino. Gruter. pag. 347, FVLGINIA. HARD.

22. *Foroflaminienses*. Φόρος Φλαμινίου, Ptolem. lib. III, c. 1, Grut. pag. 347, CIVITAT. FORO. FLA. H. — Nunc est *la Vescia*, duobus circiter pass. millibus a Fulginio, quod forum Flaminii vicinitate sua exhausit. ED.

23. *Forojulienses, cognomine Concubienses*. Lego: *Forotulienses, Cognomine Concupienses*: ita MSS. Reg. et editio princeps. Sine auctoritate in recentioribus editionibus emendatum, *Forojulienses*, etc. BROT.— Utrique ignorantur. ED.

24. *Forobrentani*. Sic ap. Chiffl. Dalec. et Elz. *Forobremitiani*. Utrique pariter ignorantur. ED.

25. *Forosempronienses*. Φόρος Σημπρωνίου, Ptolem. loc. cit. nunc *Fossombrone*, in ducatu Urbinate. H.

26. *Iguvini*. Lego *Iguini*. Ita MS. Reg. 1, editio princeps, et vetus inscriptio ap. Cl. Rezzonicum. Dicti quoque sunt Iguvini. BROT.—*Ligunini* ex inscripto vetusto lapide.

tes[28], Mevanionenses[29], Matilicates[30] : Narnienses, quod oppidum Nequinum[31] antea vocatum est : Nucerini[32], cognomine Favonienses, et Camelani [33] : Ocriculani [34], Ostrani [35], Pitulani [36], cognomine Pisuertes, et alii Mer-

Aldus in Comment. Cæs. *Inginini.* Dalec.—Dalec. et Elz. *Iguini.* Ed. — Inscriptio apud Gruter. p. 347, Civitat. Igvvinorvm. Nunc *Gubbio,* in Urbini ducatu. Iguvium Ciceroni, ad Attic. lib. VII, ep. xiii, p. 212, et Nonio, verbo *Apisci :* et in *Projicere,* Iguvini. Vide Tractatum singularem Augustini Steuchi Eugubini, de nomine urbis suæ. H.

27. *Nartes.* Gruter. pag. 422 : Civitas. Interamnativm. Nartivm. Ab amne Nare, cui appositum oppidum, quod nunc *Terni* vocant. Hard.

28. *Mevanates.* A Mevania oppido, *Bevagna,* in ducatu Spoletino, ad amnem Clitumnum, hodie *Timia.* Μηουανία Ptolem. lib. III, cap. 1 ; Mevania Lucano, lib. I, v. 474. H.

29. *Mevanionenses.* A Mevanione, seu minore Mevania. In libris vulgatis post Frobenium, *Mevanienses.* At iidem sunt ii qui Mevanates proxime antea memorati, ut recte animadversum est ab Holstenio, in Ital. pag. 92. In MSS. Reg. Colb. Paris. Chiffl. et in edit. Parm. aliisque vetustis, *Mevanionenses.* Nos vetustam inscriptionem sequi non ausi sumus, quæ exstat apud Grut. pag. 483, Decvrioni Mevaniolae. Cluverius in Ital. Antiq. lib. II, pag. 630. Mevaniolam putat esse *Galeata,* qui vicus Romaniæ est, in valle Bedesis amnis. Hard.

30. *Matilicates.* Matilica oppidum, Frontino, p. 106, hodieque hujus nominis, *Matelica,* in Marchia Anconitana. In decret. Felicis Papæ, pag. 255, *Equitio Matellicati.* H.

31. *Nequinum.* Apud Gruter. pag. 196, de Samnitibvs. Neqvinatibvsqve. A Nare fluvio, quo alluitur, alterum nomen habet : *Narni:* teste Livio, lib. X, c. 9 et 10. H.

32. *Nucerini.* Νουκερία colonia Ptolemæo, lib. III, c. 1 , in Olumbris : hodie *Nocera,* inter Asisium et Camerinum. Hard.

33. *Camelani.* Brot. *Camellani,* ex ed. principe et MSS. Reg. Ed.—Id cognomen Nuceriæ alterius fuit, quæ Favoniæ vicina fuit. Camiliani prope Nuceriam fieri mentionem in vetere quodam instrumento, scribit Holsten. in Ital. pag. 92. Hard.

34. *Ocriculani.* Legendum *Ocriculani,* ab Ocriculo Vilumbrorum oppido : cujus meminit et Ptolemæus, lib. III, cap. 1. Dalec. — Editio Dalecampiana *Otriculani.* Ed. — Sic MSS. et Gruter. p. 422 ; Straboni, lib. V, pag. 227, Ὀκρίκλοι. Nunc *Otricoli,* in limite ducatus Spoletini, infra Narniam, ab Otriculo vetere, ubi Ecclesia S. Victoris, aliquantum dissitum. Hard.

35. *Ostrani.* Oppidum Ὄστρα Ptolemæo, in Semnonibus mediterraneum. Nunc exstant vestigia sub *Monte Nuovo,* ad ripam Misæ fluvii, qui juxta Senogalliam in mare influit. Vinc. Mar. Camarelli, Hist. Gall. Senon. lib. II, cap. 4. Hard. — Sive ubi *Corinaldo* est, ut vult d'Anville. Ed.

36. *Pitulani.* Et Pitulum ab his

gentini : Pelestini[37], Sentinates[38], Sarsinates[39], Spoletini[40], Suasani[41], Sestinates[42], Suillates[43], Tadinates[44], Trebiates[45], Tuficani[46], Tifernates[47] cognomine Tiberini[48], et

diversum, jam in prima regione vidimus. Hæc ignoratur omnino, haud secus ac Pelestini. H. et Ed.

37. *Pelestini.* Vet. ap. Dalecamp. *Pestini.* Ed.

38. *Sentinates.* Frontino, lib. de Col. pag. 107, *Sentis oppidum.* Apud Gruter. pag. 467, Ordo. et. Plebs. Sentinati. Σεντινάτων meminit Dio, lib. XLVIII, pag. 364. Juxta oppidum *Sasso Ferrato* sita fuit, ut volunt d'Anville et Mannertus. H. et Ed.

39. *Sarsinates.* Elz. *Sersinates.* Ed. — Apud Gruter. pag. 1091, Sarsinativm. Iidem Sassinates dicti, apud Martial. lib. III, epig. lviii, et apud ipsum Gruterum, pag. 322, 474, 923, aliasque. Nunc etiam *Sassina*, in limite Romaniolæ, ad Sapim flumen, *Savio.* Hard.

40. *Spoletini.* Chiffl. *Spolentini.* Ed. — Spoletum, *Spoleto.* Hard.

41. *Suasani.* Ut prius Asirinates, pro *Asisinates* dicti : sic modo Suarani, in MSS. pro *Suasani.* Dalec. et Elz. *Suarrani.* Fuit in Senogalliensi agro ducatus Urbini. Situm oppidi ac vestigia describit accurate Cimarell. lib. II, c. 5. H.—Ad orientem oppiduli *S. Lorenzo* situm fuit, auctore Mannerto, loco dicto *Castel Leone*, si audiatur quem sequi videtur d'Anville. Ed.

42. *Sestinates.* Prope fontes Pesauri fluminis, Monasterium esse ait Cluverius, Ital. lib. II, p. 622, cui *Sestino* nomen. Apud Gruter. pag. 108, Sestino. Hard.

43. *Suillates.* Nunc *Sigillo*, in limite Marchiæ Anconitanæ, haud procul Iguvio. Cluver. Ital. lib. II, pag. 617. Hard.

44. *Tadinates.* Tadinarum mentio apud D. Gregor. referente Holsten. in Ital. p. 85. Vestigia inter Noceram et Gualdum, in confinio ducatus Spoletini et Marchiæ Anconitanæ conspici etiamnum ait. Hard.

45. *Trebiates.* Ab oppido Trebia, nunc *Trevi*, inter Fulginium et Spoletum. Itiner. Hierosol. Spoleto *Trevis*, xii; *Fulginis*, v. Hard.

46. *Tuficani.* Ptolemæo, lib. III, cap. 1, Ἰούφικον in Olumbris, pro Τούφικον. Frontino, pag. 108, Tuficum oppidum. Fuit, auctore Holsten. in Ital. pag. 91, inter Matelicam et Fabrianum, prope Attidium, ad amnem *Cesena*. H. et Ed.

47. *Tifernates.* Chifflet. *Tibernates.* Ed.

48. *Tiberini.* Sic ap. Chiffl. Dalec. et Elz. *Tibertini.* Vet. ap. Dalec. *Tiburini.* Ed.—Hi ab amne Tiberi, isti a Metauro fluvio, quem accoluere, nomen sortiti sunt. Tifernum Tiberinum : *città di Castello* : Metaurense, *S. Angelo in Vado*, in ducatu Urbinate. In decretis Hilari Papæ, pag. 250, subscribit *Lucifer Tifernis Metauris.* Et in decretis Symmachi, pag. 265 : « Innocentius Direntium Tiberinorum : » credo, pro *Tifernatium*, *Tiberinorum.* Plinius Junior, lib. IV, ep. 1 : « Oppidum est prædiis nostris vicinum. Nomen est Tiferni Tiberini. » Hard.

alii Metaurenses [49] : Vesionicates [50], Urbanates [51] cognomine Metaurenses [52], et alii [53] Hortenses [54] : Vettonenses [55], Vindinates [56], Viventani. In hoc situ interiere Feliginates, 3 et qui Clusiolum tenuere supra Interamnam : et Sarranates, cum oppidis, Acerris [57], quæ Vatriæ [58] cognominabantur, Turocelo, quod Netriolum [59]. Item Solinates, Curiates [60], Fallienates, Apiennates. Interiere et Arienates cum Crinovolo, et Usidicani, et Plangenses, Pisinates [61], Cælestini. Ameriam suprascriptam Cato [62] ante Persei bellum conditam annis DCCCCLXIV prodidit.

49. *Et alii Metaurenses.* Elz. *et alii : Metaurenses.* ED.

50. *Vesionicates.* Chiffl. *Vesinicates.* Utrique omnino ignorantur. ED.

51. *Urbanates.* Dalec. et Elz. *Urbinates.* ED.

52. *Metaurenses.* A Metauro rursum Urbinatibus his cognomen : nunc *Castel Durante.* Cimarell. lib. II, cap. 2. HARD. — Aut potius, ut D'ANVILLE Mannertusque volunt *Urbania,* ad Metaurum amnem, duobus ab *Urbino* leucis, meridiem inter et occidentem. ED.

53. *Et alii Hortenses.* Elz. *et alii : Hortenses.* ED.

54. *Hortenses.* Horum oppidum Urbinum, incolis *Urbino,* ducatus titulo nobile. HARD.

55. *Vettonenses.* Dalec. et Elz. *Vettionenses.* Chiffl. *Mettionenses.* Legebat Brot. *Vindenates,* ex editione principe et veteribus inscriptionibus. ED.—Antonino, Vetona, XIV M. P. a Perusio. Nunc *Bettona,* infra Asisium. Apud Gruter. pag. 487, R. P. VETTONENSIVM. HARD.

56. *Vindinates.* Apud Gruter. pag. 411 : MVNICIP. CASVENTINORVM. VINDENATIVM. V. B. ET. QVIDQVID, etc. Scriptum haud dubie voluit artifex, VIB. hoc est, Vibentanorum quos cum Vindenatibus conjungit Plinius. Vibentani enim, pro Viventanis scribi posse censuit. Utrique ignorantur. HARD.

57. *Acerris.* Diversæ sunt Acerræ istæ ab Acerris primæ regionis, de quibus Livius, lib. XXIII, c. 17; et ab Acerris Galliæ Cisalpinæ, de quibus Polyb. lib. III, cap. 34, et Stephanus Ἀχέρραι μεταξὺ τοῦ Πάδου καὶ τῶν Ἄλπεων. Illas de quibus hic Noster ad austrum Padi sitas fuisse constat, sed locus earum ignoratur et pariter omnium civitatum hic a Plinio memoratarum; quod quidem minime mirum videri potest, utpote quæ ejus ævo jam interierant. ED.

58. *Vatriæ.* Dal. et Elz. *Vafriæ.* ED.

59. *Netriolum.* Dalec. et Elz. *Vetriolum.* ED.

60. *Curiates.* Sic ap. Chiffl. Dal. et Elz. *Suriates.* ED.

61. *Pisinates.* Iidem videntur esse quorum oppidum Pitinum vocat Ptolemæus, quod haud longe ab amne *Foglio* situm fuisse videtur, loco non satis certo. ED.

62. *Cato.* Sic Annius quidem Viterbiensis in falsis Excerptis Origi-

XX. (xv.) Octava regio determinatur Arimino, Pado, Apennino. In ora fluvius Crustumium[1], Ariminum[2] colonia cum amnibus[3] Arimino et Aprusa. Fluvius hinc Rubico[4], quondam finis[5] Italiæ. Ab eo Sapis[6], et Vitis, et Anemo : Ravenna Sabinorum[7] oppidum, cum amne Bedese[8], ab Ancona cv[9] M. pass. Nec procul a mari, Umbrorum[10] Butrium. Intus coloniæ : Bononia, Felsina

num, quæ Catoni adscripsit, pag. 141. Bellum Persei cœpit anno Urbis conditæ 583, ante Christum 171. Ergo Ameria condita est 1035 annis ante Christum. Pro DCCCCLXIV, Chifflet. DCCCCLXIII legit. ED.

XX. 1. *Crustumium.* Rapax Crustumium Lucano, lib. II, v. 406, cum oppido cognomine, non procul Arimino, inquit Schol. Lucani Sulpicius. Nunc *Conca* dicitur, inter Pisaurum (ubi oræ lustrandæ cap. sup. Plinius finem fecit), et Ariminum, in Adriam labens. HARD.

2. *Ariminum.* Nunc *Rimini.* Grut. pag. 481, COLON. ARIM. Hanc amnes duo alluunt : latere meridiano, *Ausa* : septemtrionali, *Marecchia.* Hic Plinio, Ariminum : ille Aprusa, dicti. Vide Raph. Adimari, lib. de situ Arimin. pag. 49. HARD.

3. *Amnibus Arimino,* etc. Lego, *amnibus Arimino et Prusa.* Ita MSS. Reg. Ambros. et editio princeps. BROT.

4. *Rubico.* Magna inter doctos de illo flumine in historia tam celebrato orta est controversia, et adhuc «sub judice lis est», quamquam decreto Papæ, anno 1756, flumini *Lusa* adjudicata sit, contra vulgi opinionem, quæ in flumine *Pisatello* antiquum Rubiconem vult agnoscere, haud immerito, ut Rezzonicus et nonnulli recentiores putant, et

egregie demonstrat Mannertus, ex tabulis Peuting. quæ Rubiconem ab Arimino XII M. pass. distare aiunt, quod intervallum non multum a vero abest, si Rubiconem *Pisatello* esse confiteamur, multo prolixius autem est, si *Lusa.* ED.

5. *Quondam finis.* Ante divisionem Italiæ ab Augusto factam. Vide Lucan. lib. I, v. 215. HARD.

6. *Ab eo Sapis.* Hæc fluviorum nomina : Sapis Cæsanam alluit : unde *Savio*, et *Rio di Cesena* dicitur a Baccio, de vinis Ital. lib. V, pag. 263. Vitis est *Bevano* : Anemo deinde sequitur, quem *Roncone* vocant. Ex his prioris tantum fluvii mentio in vetusto lapide apud Reinesium, p. 479, INTER. PONTEM. SAPIS. etc. H.

7. *Sabinorum.* A Sabinis conditum. Sed prius a Thessalis, ut auctores sunt Strabo, lib. V, pag. 214, et Zosim. V, 27. Etiamnunc *Ravenna* dicitur. HARD. et ED.

8. *Bedese.* Nunc *Montone* vocant : Ravennam fere cingit a meridie. H.

9. CV M. Dal. et Elz. CII M. ED.

10. *Umbrorum.* Chiffl. *Umbrorum Brutium.* ED. — Subintellige oppidum, ab Umbris conditum. Βούτριος τῆς Ῥαουέννης πόλισμα, Straboni, lib. V, p. 214, et Stephano. Ptolemæo, lib. III, cap. 1, in Cenomanis, male. Juxta *S. Alberto* situm fuisse videtur, auctore D'ANVILLE : juxta

LIBER III. 173

vocitata, quum princeps Etruriæ[11] esset : Brixillum[12], Mutina[13], Parma, Placentia. Oppida : Cæsena[14] Claterna, Forum[15] Clodii, Livii[16], Popilii[17], Truentinorum, Cornelii[18] : Faventini[19], Fidentini, Otesini[20], Padinates, Re-

Palazzuolo, auctore Mannerto. H. et Ed.—*Bononia.* Mela, lib. II, c. 4: « Mutina et Bononia coloniæ Romanorum. » A quibus deducta colonia fuerit diversis temporibus, colligit Cluverius, Ital. lib. I, pag. 283. Adde Dionem, lib. L, pag. 422. De *Felsinæ* cognomine Pseudo-Cato, in Excerptis, pag. 135. Hodie *Bologna* dicitur. Hard et Ed.

11. *Etruriæ.* Rebus Thuscorum florentibus, quum universa quoque Italia *Tyrrhenia* nuncuparetur. H.

12. *Brixillum.* Malebat Pintian. *Brixella.* Vel Βριξελλον, ut Ptolem. lib. III, cap. 1, in Gallia Togata. Nunc *Bresello*, ad Padum, in limite ducatus Mantuani. Hard.

13. *Mutina.* Chiffl. *Mutina Parva.* Nunc *Modena.* Colonia Livio, lib. XXXIX, c. 55, et Parma quoque : de qua speciatim apud Gruter. inscriptio, pag. 492, Col. Ivl. Avg. Parm. Placentiam coloniam esse factam belli secundi Punici anno primo, scribit Ascon. Pedian. ad orat. Cic. in Pison. pag. 2. Nomen servat *Parma :* Placentia incolis hodie *Piacenza* dicitur. H. et Ed.

14. *Cæsena.* Nunc quoque *Cesena*, ad amnem *Savio.* Claternam prope Bononiam, ad vicum *Quaderna* qui nomen ejus quodammodo repræsentat, jam tum D. Ambrosii ævo in ruinis jacuisse, vidit Holsten. in Ital. pag. 14. Hard et Ed.

15. *Forum.* Quid *Fora* essent, diximus cap. 5. Forum porro, ne turbetur series elementorum, singillatim in his omnibus repetendum: ut sit Forum Clodii, Forum Livii, Forum Popilii, vel Populi : Forum Truentinorum, Forum Cornelii. Hard. — Forum Clodii hodie *Fornocchia* esse ait d'Anville. Ed.

16. *Livii*, etc. Livii, apud Anton. male *Iulii :* nunc *Forli*, in Romaniola. Popilii, quatuor a Foro Julio mill. pass. *Forlimpopoli :* sæpius, *Forli piccolo*, seu Forum Julii minus vocitatum. Truentinorum, in vet. inscript. apud Gruter. pag. 492, Forodrvent. Hodie *Bertinoro*, haud procul Arimino. Hard.

17. *Popilii.* Vet. ap. Dal. *Pompilii.*

18. *Cornelii.* Hoc loco libri vulgati *Cornelii, Laccini* fere exhibent, Chiffl. *Cornelii, Licinii :* sed posteriorem vocem, quum nec ulli eam MSS. codices agnoscant, nec oppido ulli eo nomine Geographorum quisquam adjudicet, intrepide induximus. De Foro Cornelii, quod hodie *Imola* est, ut recte Cluverius probat, lib. I, pag. 290, vide Prudentium περὶ στεφάνων, Hymn. IX, in S. Cassianum : « Sulla Forum statuit Cornelius : hoc Itali urbem vocitant ab ipso conditoris nomine. » Hard. et Ed.

19. *Faventini. Faenza*, in Romaniola. Fidentini, a Fidentia, de qua Ptolem. lib. III, cap. 1, in Togata Gallia : ubi nunc *Borgo di S. Donnino*, ultra Cremonam, Padumque, in limite ditionis Mediolanensis, ut recte Cluver. indicat l. I, p. 268. H.

20. *Otesini.* Vetus inscript. apud

gienses[21] a Lepido, Solonates[22], Saltesque[23] Galliani qui cognominantur Aquinates : Tanetani [24], Veliates[25] cognomine Vecteri[26] : Regiates : Urbanates[27]. In hoc tractu interierunt Boii, quorum tribus CXII fuisse auctor est Cato: item Senones, qui ceperant [28] Romam.

3 (XVI.) Padus e gremio[1] Vesuli montis, celsissimum in

Cluver. libro I, pag. 282, REIP. OTESINORVM. Padinates, ubi nunc castellum *Bondeno*, ad Panari Padique confluentes, ut Cluverius conjicit, loc. cit. HARD.

21. *Regienses*. Regium Lepidum colonia dicitur a Ptolem. loc. cit. Nomen ab Æmilio Lepido habet : nunc *Reggio:* in ducatu Mutinensi. H.

22. *Solonates*. Gruter. pag. 1095, SOLONATIVM. ARIMINENSIVM. HARD. — Nunc *città di Sole*, aut exactius etiam *torre di Sole*, quæ turris Solonæ veteris locum occupat, IV M. pass. supra Forum Livii. ED.

23. *Saltesque*. Non *Saltusque* : ut prius : neque enim nemorum, sed populorum nomina nunc quæruntur. HARD. — Lego, *Saltusque Galliani*. Ita MSS. Reg. Vatic. Riccardian. et Medicæi. Nec aliter editio princeps. Illi Gallorum Saltus, juxta Cl. Rezzonicum tenebant aspera Apennini cacumina supra Mutinam, Regium et Parmam, ubi adhuc amplissimæ silvæ. BROT.

24. *Tanetani*. In MSS. Reg. Chiffl. Riccardian. et Medic. *Tannitani*. BROT.—Dalec. et Elz. *Tanetani*. ED. — Antonino, Tannetum, octavo a Parma lapide. Τάννητον Ptolem. lib. III, cap. 1, in Togata Gallia. Nunc *Tenedo*. HARD.—Aut potius *Tenero*; nam in mappis non reperitur *Tanedo*. ED.

25. *Veliates*. Rectius forte legeretur, « Veliates, cognomine veteri Regiates: » id enim ordo litterarum exigit, ne interturbetur. HARD. — Bene Cl. Rezzonicus *Veleiates*, ex tabula Trajana, de qua jam dixi supra. BROT. — Haud longe a Placentia, austrum versus, ad fluvium *Nura*, reperitur vicus *Villœ*, quem Veliæ, seu Velleiæ locum occupare putat Mannertus. ED.

26. *Vecteri, Regiates*. Lego, *veteri Reginates*. Bene Cl. Rezzonicus. Ibi adhuc *Terra, e case di monte Regio*; et parum distans amniculus Regius. BROT.—Pinet. *Vegiates*. ED.

27. *Urbanates*. Sic ap. Chifflet. Dalec. et Elz. *Umbranates*, quæ posterior lectio Gelenio placebat, non oblito *Urbinates* in VI regione recenseri. ED. — *Umbranates*. MS. Barberin. et Cl. Rezzonicus. Nunc *città d'Ombria :* ubi multa adhuc manent antiquitatis vestigia. BROT.

28. *Ceperant Romam*. Brenno duce. Vide Liv. lib. V, cap. 34 et 35; Polyb. lib. II, pag. 150; Paul. Diac. rerum Longobard. lib. XI, c. 24. Id vero contigit anno Urbis 364, XIV kal. sextiles, ut ait Tacitus, Annal. lib. XV, cap. 41. De Boiorum excidio, vide Polyb. libro II. De Senonum clade, Florum, lib. I, cap. 13. HARD.

1. *E gremio Vesuli*. Monte Viso, in Sabaudia. Hæc verbis totidem Martianus, lib. VI, cap. de Italia,

LIBER III.

cacumen[2] Alpium elati, finibus Ligurum Vagiennorum[3], visendo[4] fonte profluens, condensque sese cuniculo, et in Forovibiensium[5] agro iterum exoriens, nulli amnium claritate inferior : Græcis[6] dictus Eridanus, ac pœna Phaethontis illustratus : augetur ad Canis ortus[7] liquatis nivibus : agris[8] quamvis torrentior, nihil tamen ex rapto sibi vindicans; atque ubi liquit agros, ubertate largior : trecentis M. pass. a fonte addens meatu duodenonaginta; nec amnes tantum Apenninos Alpinosque navigabiles capiens, sed lacus quoque immensos in eum sese exonerantes, omni numero xxx[9] flumina in mare Adriaticum defert. Celeberrima ex iis, Apennini latere jactum Tanarum[10] : Trebiam[11] Placentinum : Tarum[12], Inciam, Ga-

pag. 205, et Mela, lib. II, c. 4. H.

2. *Cacumen Alpium.* Ita MSS. et Martianus. Deest in Dalec. vox *Alpium.* Hoc est, qui plurimum inter Alpinos montes assurgat. H. et ED.

3. *Vagiennorum.* Vet. ap. Dalec. *Gabiennorum.* De his egimus c. 7. ED.

4. *Visendo fonte.* Singulari, mirabili, conspicuo : quoniam videlicet mediis diebus æstivis velut interquiescens semper aret, ut dictum est lib. II, cap. 106. Sic idem Plinius, lib. II, c. 44, upupam dixit *crista visendum plicatili.* HARD.

5. *Forovibiensium.* In parte Vibiani agri, inquit Martianus, quod idem est. De Foro Vibii, cap. seq. HARD.

6. *Græcis.* Vet. ap. Dalec. *a Græcis.* ED.

7. *Ortus.* Chiffl. *Ortum.* ED.

8. *Agris quamvis torrentior, nil tamen ex rapto sibi vindicans.* Ita restituimus ex MSS. codd. Reg. 1, 2, Colb. 1, 2, 3, Chiffl. Paris. In libris editis perperam, « agris quam navigiis torrentior. » Salm. in Solin. pag. 84, « nil tamen ex rapto adjudicans. » Frustra. Mox vero ubi legitur, « atque ubi liquit agros, » ex eorumdem MSS. fide delenda vox ea *agros* videtur, ceu spuria, a superioribus *agris* mutuanda. Proponit Pintianus « atque ubi liquitur nix. » Quamvis auctus, inquit, in adjacentes agros Padus irruat, fecundiores illos reddit humectando, et ubertatem eis largiendo : non exhauriendo vastat, aut depopulatur. HARD.

9. *XXX flumina.* Martianus, loc. cit. et Solinus, cap. 11, pag. 4. At XL hodie Geographi numerant, quorum XV læva recipit ripa, reliqua dextera. HARD.

10. *Tanarum.* Etiamnunc *Tanaro.* In Padum influit ex adverso oppidi *Cambio*, tribus infra Alexandriam leucis. ED.

11. *Trebiam Placent.* Trebia, clade Romanorum insignis, Placentinos irrigat campos, unde ei legitimum Placentini cognomen. Vulgo *Trebbia.* HARD.

12. *Tarum, Inciam*, etc. Sic cum

bellum, Scultennam[13], Rhenum[14]: Alpium vero Sturam[15], Orgum, Durias[16] duas, Sessiten[17], Ticinum[18], Lambrum, Adduam, Ollium[19], Mincium. Nec alius amnium tam brevi spatio majoris incrementi est. Urgetur quippe aquarum mole, et in profundum agitur, gravis terræ, quamquam[20] deductus in flumina et fossas inter Ravennam Altinumque per CXX[21] M. pass. tamen qua[22] largius vomit, septem maria dictus facere.

Broterio legimus ex MSS. Reg. 1 et 2; quamvis *Tarum*, *Niciam* servet Harduinus. Tarus, hodie *Taro* per agrum Parmensem decurrit. Inciam nunc *Enza* sive *Lenza* vocant accolæ Brixellenses; Gabellum, *la Secchia*, Mantuani, quorum in agro ex adverso Mincii confluentis in Padum delabitur. ED.

13. *Scultennam*. Elz. *Sultennam*. Hodie *Panaro* dicitur a Ferrariensibus, quorum in extrema ditione Padum subit. ED.

14. *Rhenum*. Elz. *Renum*. ED. — Hunc Silius lib. VIII, non Rhenum absolute, sed parvum Rhenum appellavit, ut a Germanico eum Rheno distingueret: *Parvique Bononia Rheni*, inquit: nam Bononiam Rhenus præfluit, quem accolæ *Reno* vocitant. HARD.

15. *Sturam*, etc. Sic MSS. proxime laudati. Libri vulgati mendose *Morgum*. Ennodius in carmine quo iter per Cottias Alpes describit: « Duria nam, Sessis, torrens vel Stura, vel Orgus. » Stura nomen hodieque retinet, haud procul Augusta Taurinorum. Orgum *Orco* vocant accolæ. HARD.

16. *Durias duas*. Ita libri omnes: etsi ex Grammaticorum legibus *duos* rectius videatur. Duria minor *Doria riparia* Taurinensem agrum: major, *Doria Baltea*, Montisferrati partem alluit, quæ Boream spectat. HARD. et ED.

17. *Sessiten*. Qui Sessis Ennodio dicitur: Vercellensibus accolis, *la Sesia*. HARD.

18. *Ticinum. Tesino*. Papiam alluit, *Pavie*, cui et suum nomen impertit. Lambrum *Lambro* vocant, et *fiume di Marignano*: inter Ticinum et Placentiam: mox Addua, hodie *Adda*, supra Cremonam, Pado excipitur: Ollius, *Oglio*, inter Cremonam et Mantuam. Hanc denique Mincius alluit, *Menzo*. Ulvosum Lambrum, cæruleum Adduam, pigrum Mincium appellat Sidonius, lib. I, epist. v. De amne Addua multa Cassiodorus pereleganter, lib. XI, epist. xiv. HARD.

19. *Ollium*. Dalecamp. et Elz. *Olium*. ED.

20. *Quamquam deductus*. Elz. *diductus*. ED. — Divisus, distractusque plurimis, inquit, manu factis fossis fluminibusque, inter Altinum et Ravennam, CXX M. passuum spatio Padus attenuatur exhauriturque: nihilominus qua parte majorem evomit vim aquarum, non stagna sive paludes, sed maria septem facere dicitur. HARD.

21. *Per CXX*. Deest ap. Dalec. et Elz. vox *per*. ED.

22. *Qua*. Sic ap. Chiffl. Dalec. *quia*. ED.

Augusta[1] fossa Ravennam trahitur, ubi Padusa[2] vocatur, quondam Messanicus[3] appellatus. Proximum[4] inde ostium magnitudinem portus habet, qui Vatreni[5] dicitur, quo Claudius[6] Cæsar e Britannia triumphans, prægrandi illa domo verius quam nave intravit Adriam[7]. Hoc ante Eridanum ostium dictum est, aliis Spineticum[8], ab urbe Spina, quæ fuit[9] juxta prævalens, ut Delphicis[10] creditum est thesauris, condita a Diomede. Auget ibi Padum Vatrenus[11] amnis, ex Forocorneliensi agro.

Proximum inde ostium Caprasiæ[1], dein Sagis : dein

1. *Augusta fossa.* Lego, *Augusta fossa.* Bene MSS. Reg. 1, 2. Sic quoque esse emendandum recte viderunt Cluverius et Cl. Rezzonicus. Brot.—Male, ut puto, *Angusta* legit Harduinus. Ed.

2. *Ubi Padusa.* Virgil. Æneid. lib. XI, vers. 457 : « Piscosove amne Padusæ. » Quem in locum Servius : « Padusa, inquit, pars est Padi, quæ quibusdam locis facit paludem, quæ plena est cygnorum. » Loci hujus intellectus est; Padum ea parte, qua Ravennam fossa trahitur, Padusam vocari, quondam etiam ibi Messanicum appellatum. Hard.

3. *Quondam Messanicus.* Nunc Po di Primaro. Brot.

4. *Proximum inde.* Padusæ, seu Padi ostium, nunc *Porto di Primaro*. Hard.

5. *Qui Vatreni.* Ab amne Vatreno, de quo mox, in Padum influente. Hard.

6. *Claudius.* Anno U. C. 797, C. Crispo II, T. Statilio coss. Dio, lib. LX, pag. 680. Hard.

7. *Adriam.* Mare Adriaticum. Sic Horat. lib. I, ode xxxiii : « Fretis acrior Adriæ. » Hard.

8. *Spineticum.* Vet. ap. Dalec. *Spireticum.* Ed.

9. *Quæ fuit.* Interiisse jam ævo suo significat. Ab ea ostium Σπινῆτα vocat Dionys. lib. I, p. 15. Hard.
— Hæc lectio, quam sensu carere ait Lætius, explosa est ap. Elz. repositumque est ex Chiffl. « quæ fuit juxta Prævalens, Delphicis (ut creditum est) thesauris, condita a Diomede. » Ed.

10. *Ut Delphicis.* Spinetarum thesaurum Delphis ostendi solitum auctor est Strabo, lib. V, p. 214. Oppidum a Diomede conditum, Pseudo-Cato in Excerpt. Orig. p. 135. Hard.

11. *Vatrenus.* Idem Saternus vocitatus, modo *Santerno*, qui forum Cornelii alluit, hodie, ut diximus, Imola. Martialis, lib. III, Epigr. 67, *de pigris nautis :* « Cessatis, pueri, nihilque mostis, Vatreno, Eridanoque pigriores, Quorum per vada tarda navigantes, etc. » Hard.

1. *Caprasiæ.* Caprasiæ, et Sagis, quæ Padi ostia fuerunt, nunc obscurior investigatio est, locorum facie immutata stagnis Comaclensibus, *Stagni di Comacchio*. Superest majus ibi ostium unum, quod ho-

Volane², quod ante Olane vocabatur. Omnia ea flumina, fossasque, primi a Sagi³ fecere Thusci : egesto amnis impetu per transversum in Atrianorum paludes, quae septem maria appellantur, nobili portu oppidi Thuscorum Atriae⁴, a quo Atriaticum mare ante appellabatur, quod nunc Adriaticum.

7 Inde ostia¹ plena : Carbonaria, ac fossiones² Philistinae, quod alii Tartarum³ vocant : omnia ex Philistinae fossae abundatione nascentia⁴ : accedentibus Athesi⁵ ex Tridentinis⁶ Alpibus, et Togisono⁷ ex Patavinorum agris. Pars eorum et proximum portum fecit Brundulum⁸, sicut Edronem⁹ Medoaci¹⁰ duo, ac Fossa Clodia. His se Padus

die *Porto di Magnavacca* nominant: quod sive Caprasias, sive Sagin, possis interpretari, HARD.

2. *Volane.* Chiffl. *Alana.* ED. — Ab oppido, quod huic Eridani alveo impositum est, hodieque ei ostio nomen, *Porto di Volana*: amni ipsi, a Ferraria usque ad ostium, *il Po di Volana.* HARD.

3. *A Sagi.* Chiffl. *Asagi.* ED.— Ita libri omnes. Oppidi id nomen videtur fuisse de quo Pseudo-Cato in Excerpt. Orig. p. 136 : « post Padi ostia Ravenna... Interiit Saga, oppidum Etruscorum : ubi et Atria, a quo mare Atriaticum, quod nunc Adriaticum. » HARD.

4. *Atriae.* Longe haec diversa ab Adria colonia quintae regionis, sive Piceni, de qua, cap. 18. Retinet nomen *Adria* tenue magnae urbis vestigium : episcopali tamen titulo nobile, inter Padi et Athesis ostia. HARD.

1. *Inde ostia.* Quae magis in Boream vergunt. HARD.—Bene MSS. Ambrosian. et editio princeps : « ostia plena Carbonaria. » Ostia illa sunt *Po di Ariano*, *Porto Goro*, et *Bocca del Camello.* BROT.

2. *Fossiones Philistinae.* Fossiones illae Philistinae, ut et Philistina fossa nomen trahunt a Philistaeis, qui eas regiones tenuere. Nunc *Bocca della Gnoca; Bocca della Scovetta, Busa delle Tole, Sbocco dell' Asinino*, etc. BROT.

3. *Tartarum.* Elz. *Turtharum.* Hodieque *Tartaro.* Meminit hujus Tacitus, Histor. lib. III, cap. 9. ED.

4. *Nascentia.* Vet. ap. Dalec. *enascentia.* ED.

5. *Athesi.* MSS. Reg. editio princeps et Cl. Rezzonicus, *Atesi.* Hodie *Adige.* BROT.

6. *Tridentinis.* Eaedem Rhaeticae appellantur, a capite Rhaetiae Tridento. Comitatum Tirolensem a Venetis, ab Insubribus Rhaetos determinant. HARD.

7. *Togisono.* Vet. ap. Dalec. *Vigisono.* Hodie *Bacchiglione.* ED.

8. *Brundulum.* Nunc quoque *Brondolo.* HARD.

9. *Edronem.* Nunc *Chioggia.* H.

10. *Medoaci duo.* MSS. Reg. editio

miscet, ac per hæc effunditur : plerisque, ut in Ægypto Nilus, quod vocant Delta, triquetram figuram inter Alpes atque oram maris facere proditus, stad. duum M. circuitu. Pudet a Græcis Italiæ rationem[11] mutuari. Metrodorus[12] 8 tamen Scepsius dicit, quoniam circa fontem arbor multa sit picea, quales[13] gallice vocentur Padi, hoc nomen accepisse. Ligurum quidem lingua amnem ipsum Bodincum[14] vocari, quod significet fundo carentem. Cui argumento adest oppidum juxta Industria[15], vetusto nomine Bodincomagum, ubi præcipua altitudo[16] incipit.

XXI. (XVII.) Transpadana appellatur ab eo regio unde- 1 cima[1], tota in mediterraneo, cui maria cuncta fructuoso alveo[2] important. Oppida: Vibi[3] forum, Segusio[4]. Coloniæ

princeps et Cl. Rezzonicus, *Meduaci duo.* BROT. — *Brenta* et *Brentella*, accolæ vocant. Fossa Clodia ea mihi esse videtur, quam nunc Fossam Paltanam appellant. HARD.

11. *Rationem.* Proponebat Dalec. *narrationem.* ED.

12. *Metrodorus.* Et Pseudo-Cato in Excerpt. Orig. pag. 135 et 136. Scaliger, Exercit. 37, pag. 154, ab Syrorum voce *Pad*, quæ campum significet, Padum appellatum esse ait. Menagius in Origin. Ital. pag. 702, a græca voce Βάθος, quæ profundum sonat, Padi nuncupationem derivat. HARD.

13. *Quales..... accepisse.* Dalec. et Elz. « quæ pades gallice vocetur, Padum hoc nomen accepisse. » ED.

14. *Bodincum.* Malebat Dalec. *Bodingum.* Polybius, lib. II, ab accolis ait Βόδεγχον vocari. Nic. Chorier, lib. II Hist. Delphin. pag. 94, ait voculam *Inc*, sine; *Bod* (unde Gallis etiamnum *le Bout*) finem, fundum, sive extremum significare:

Bodincum proinde, voce ex utraque conflata, fundo carentem sonare. HARD.

15. *Industria.* Casal, de quo cap. 7, in regione Italiæ nona. HARD.

16. *Altitudo.* Padi fluminis. H.

XXI. 1. *Undecima.* Vet. ap. Dalec. *nona.* ED.

2. *Fructuoso alveo.* Bene MSS. Reg. 1, Ambrosian. et Cl. Rezzonicus, *fructuoso alveo importat.* Nec aliter Plinius, lib. XIX, cap. 1: « Ignoscat tamen aliquis Ægypto serenti ut Arabiæ Indiæque merces importet. » Padus autem maria cuncta seu cunctas maris opes transpadanæ regioni importabat. BROT.
— Placebat et Lætio ea lectio, quam forsan et ego mallem, quamvis cum Hard. legamus *important.*

3. *Vibi forum.* Bene MSS. Reg. 1 et editio princeps, *Vibiforum.* BROT.
— Vet. ap. Dalec. *Biviforum.* Hodie *Castel fiore* in Taurinorum finibus, si audiantur Harduin. et D'ANVILLE; *Revello*, si Broterius : situm

ab Alpium radicibus, Augusta[5] Taurinorum, antiqua Ligurum stirpe, inde[6] navigabili Pado. Dein Salassorum[7] Augusta Prætoria, juxta geminas Alpium fores[8], Graias[9] atque Pœninas. His Pœnos[10], Graiis Herculem transisse memorant. Oppidum Eporedia[11], Sibyllinis[12] a populo

ignorari merito confitetur Mannertus. ED.

4. *Segusio.* Nunc *Susa*, in Galliæ Italiæque confinio. ED.

5. *Augusta Taurin.* Nummus Neronis in Thes. Goltzii, pag. 240, COL. IVL. TAVRINOR. Hodie *Torino* incolis. HARD.

6. *Inde navigabili Pado.* Chiffl. « inde navigabili Pado, antiqua Ligurum stirpe. » ED.

7. *Salassorum.* Vet. ap. Dalec. *Salanorum.* Σαλασσίων Αὐγοῦςα Πραιτωρία κολωνία, apud Ptolem. lib. III, cap. 1, et in nummo Tiberii apud Goltz. pag. 237. Augusta, quod jussu et auspiciis Augusti condita. Prætoria, quod Prætorianorum colonia eo deducta, anno U. C. 729. Vide Dionem, lib. LIII, pag. 514. Nomen antiquum retinet, *Aosta* et *Augusta*, Italis: nobis *Aouste*. H.

8. *Fores.* Sic ap. Chiffl. Dalec. et Elz. *Fauces.* ED.

9. *Graias*, etc. Bene MSS. Reg. Ambrosian. et Cl. Rezzonicus, « Graias atque Peninas. » BROT.— Plura videas insequenti nota. ED. —Graiarum Alpium tractus a monte Ceniso, hoc est, ab Alpibus Cottiis usque ad Pœninas pertinet, quas vulgo vocant, *Monte di S. Bernardo maggiore.* Galli, *le grand St. Bernard.* HARD.

10. *His Pœnos.* Unde fortean Alpibus nomen. Nam Ptolemæus, lib. II, cap. 12, τὰς Ποινὰς vocat. Et apud Gruter. pag. 376, VALLIS. POENIN. Negat tamen Livius, lib. XXI, cap. 38, a transitu Hannibalis Pœni Alpes dictas esse Pœninas: sed Penninas potius ab eo quem summo sacrato vertice Penninum montani appellabant. Inscriptionem refert Sponius, lib. de ignotis Diis, pag. 22. DEO. PENINO. Penninus itaque verticem montis sonat, ut hodieque apud Aremoricos Galliæ populos, *Pen* caput et vertex est. Quid quod nihil de Pœnorum transitu Plinius asseverat, sed vulgarem solum famam refert: nec obscure innuit, sibi esse incompertum, quos fama illa Pœnos intelligat: num Hannibalem cum suo exercitu, num vero Hasdrubalem, qui duodecim post annis ex Hispania in Italiam venit. Illac transisse Hannibalem, ubi nunc est Pignerolium oppidum, putat Nic. Chorier, lib. III, pag. 145. Eruditam de eo argumento concertationem habet Honor. BOUCHE, lib. I, cap. 4, p. 396, etc. HARD. — Nostrum quoque videas de Alpibus ab Hannibale superatis excursum, auctore Ph. DE LARENAUDIÈRE, in IV Livii nostri tomo. ED.

11. *Eporedia.* Ἐπορεδία Ptolemæo, in Salassis, lib. III, cap. 1. Nunc *Lamporeggio*, et *Ivrea*, et *Ivrea*, ad Duriam majorem. HARD.

12. *Sibyllinis... jussis.* Dalec. et Elz. « Sibyllinis libris a populo

romano conditum jussis. Eporedias[13] Galli bonos equorum domitores vocant. Vercellæ Libicorum[14] ex Sallyis ortæ, Novaria[15] ex Vertacomacoris, Vocontiorum[16] hodieque pago, non (ut Cato[17] existimat) Ligurum: ex quibus[18] Levi et Marici condidere Ticinum[19], non procul a Pado: sicut Boii trans[20] Alpes provecti, Laudem Pompeiam[21], Insubres Mediolanum[22]. Orobiorum stirpis esse, Comum[23], atque Bergomum, et Licini[24] forum, et aliquot circa populos auctor est Cato: sed originem gentis ignorare se fatetur, quam docet Cornelius Alexander ortam a Græcia, interpretatione etiam nominis, vitam[25] in montibus degenti-

romano condi jussum. » Chiffl. « Sibyllinis... conditum. Jussisse Eporedicas. » Ed.

13. *Eporedias.* Dalec. et Elz. *Eporedicas.* Vet. ap. Dalec. *Iporedicos.* Alii ap. Lætium, *Puredias.* Ed.

14. *Libicorum.* Vet. ap. Dalec. *Libiciorum.* Ed. — Libicorum gentis, inquit, quæ ex Salluviis ortum traxit, caput Vercellæ fuit. Nunc quoque *Vercelli* incolis, nobis *Verceil*, ad Sessim, vel Sessiten amnem. Λιϐικοὶ apud Ptolem. lib. III, c. 1, genti nomen. De Salluviis diximus cap. 5. Hard.

15. *Novaria.* Ptolemæo Νουαρία, in Insubribus. Hodie *Novara*, in Ducatu Mediolanensi. Hard.

16. *Vocontiorum.* De his egimus cap. 5. Horum pars quædam Vertacomacori fuere: cujus nominis vestigium in eo agro servari, qui hodie *Vercors* appellatur in Delphinatu, auctor est Nic. Chorier, lib. I, pag. 11. Hard.

17. *Non ut Cato.* Vide Pseudo-Catonem, in Excerpt. Orig. pag. 135. Hard.

18. *Ex quibus Levi, etc.* — MS. Reg. 1, *Lævi.* Brot. — *Ex quibus.* Ex Liguribus. Liv. lib. V, c. 35, et lib. XXXIII, c. 37, antiquam gentem Lævos Ligures vocat, incolentes circa Ticinum amnem. Hard.

19. *Ticinum.* Pavie. Hard.

20. *Trans Alpes provecti.* Lego *transalpibus profecti.* Ita MSS. Reg. 1 et 3, editio princeps. Male in recentioribus emendatum, *trans Alpes provecti.* Brot. — Elz. *trans Alpes profecti.* Ed.

21. *Laudem.* Ad ripam Adduæ fluminis, *Lodi*, vel potius, *Lodi Vecchio*, vicus a *Lodi* dissitus 111 mill. pass. occidentem versus. Ed.

22. *Mediolanum.* Milano incolis, Gallis, *Milan.* Mediolanium habent inscriptiones veteres apud Mattium, lib. III Opinion. p. 162. H.

23. *Comum*, etc. Illud *Como*, istud *Bergamo.* Hard.

24. *Et Licini forum.* MSS. Reg. 1, 2, et editio princeps, *et Liciniforum.* Brot. — Sic legitur ap. Dalec. et Elz. Situs omnino ignoratur. Ed.

25. *Vitam in mont.* A vocibus Græcis ὄρος et βίος· παρὰ τὸ τὸν βίον ἐν ὄρεσι. Hard.

bus. In hoc situ interiit oppidum Orobiorum Barra, unde Bergomates Cato dixit ortos, etiamnum prodente se altius [26] quam fortunatius situm [27]. Interiere et Caturiges [28] Insubrum exsules, et Spina supra [29] dicta. Item Melpum opulentia præcipuum, quod ab Insubribus, et Boiis, et Senonibus deletum esse eo die, quo Camillus [30] Veios ceperit, Nepos Cornelius tradidit.

XXII. (XVIII.) Sequitur decima regio Italiæ, Adriatico [1] mari apposita: cujus Venetia: fluvius Silis [2] ex montibus Tarvisanis [3]. Oppidum Altinum [4], flumen Liquentia [5] ex

26. *Altius quam.* Quoniam id oppidum Barra appellatum, in editi montis vertice olim conditum, Catonis autem ætate jam deficiens atque caducum, et paulo post funditus interiturum fuit: vere is in historiis suis, altius quam fortunatius situm prodidit. HARD.

27. *Situm.* Dalec. et Elz. *sitos.* ED. — in Chiffl. et vetustis codicibus *situm*, non *sitos :* ut oppidum Orobiorum respiciat potius, quam Bergomates. DALEC.

28. *Caturiges.* Vet. ap. Dalec. *Caturgi.* Hos D'ANVILLE a Galliæ Caturigibus ortos putat, qui inter Ebrodunum, *Embrun*, et Vapincum, *Gap*, in ea Galliæ provincia quæ nobis dicitur *département des Hautes-Alpes*, loco hodie dicto *Chorges*, habitaverunt, et fortasse cum Belloveso in Italiam transierunt. Vid. inf. cap. 23. not. 23. ED.

29. *Supra dicta.* Sup. cap. HARD.

30. *Camillus.* De Veiis a Camillo dictatore expugnatis, vide Liv. lib. V, cap. 21. ED.

XXII. 1. *Adriatico mari apposita: cujus Venetia, fluvius Silis*, etc. Sic libri omnes MSS. editique ante Hermolaum, qui omnium codicum fide spreta legit, *mari apposita: Venetia, cujus fluvius*, etc. præpostere scilicet translata Venetia. Secus enim Venetia tantum hac decima regione continebitur: id quod falsum esse constat, ex Carnorum et Iapydum regionibus, extra Venetiam quidem sitis, veruntamen huic decimæ regioni Italiæ mox attributis. Venetia autem non est hoc loco nomen urbis Venetiarum, sed provinciæ nomen est, quæ olim in superiorem et inferiorem dividebatur: ex utraque autem postea confluentes populi, præcipue ex Patavio, Aquileia, Altino, urbem cognominem condidere, *Venezia*. Gallis *Venise*. HARD.

2. *Silis. Sile*, Tarvisium alluit, *Trevigio*, Gallis *Trévise*. ED.

3. *Tarvisanis.* Sic ap. Chiffl. Dalec. et Elz. *Taurisanis.* ED.

4. *Altinum.* Oppidi ruinæ *Altino* vocatæ, auctore D'ANVILLE, exstant haud longe a Silis ostio. Hunc ejus situm docent Tacitus, lib. III, et Martialis, lib. IV, Epigr. 25, cujus titulus, *De littoribus Altini.* HARD. et ED.

5. *Liquentia.* Nunc *Livenza*, cum portu cognomine. HARD.

montibus Opiterginis[6], et portus eodem nomine : colonia, Concordia[7] : flumina et portus, Romatinum[8] : Tilaventum[9] majus, minusque, Anassum[10], in quod Varramus defluit : Alsa[11], Natiso[12] cum Turro, præfluentes Aquileiam[13] coloniam xv[14] M. pass. a mari sitam. Carnorum[15] hæc regio, junctaque[16] Iapydum : amnis Timavus, castel-

6. *Opiterginis.* Juxta oppidum Opitergium, nunc *Oderzo*, ad amnem *Montegano*, qui in Liquentiam influit. Incolæ Opitergini Floro, lib. IV, c. 2. HARD. et ED.

7. *Concordia.* Nomen hodieque retinet, ad dextram Romatini amnis ripam. Ptolemæo, lib. III, cap. 1, in Carnis, Κονκορδία κολωνία. HARD.

8. *Romatinum.* Nunc *Lemene* : Concordiam, ut diximus, præfluit, duobusque ostiis in Adriaticum mare influit, quorum ad dextrum reperitur hodie portus *S. Margherita*, qui fortasse portus Romatinum fuit. ED.

9. *Tilaventum.* Lego *Tiliaventum majus minusque*, ex MSS. Reg. Ambrosian. et Cl. Rezzonico. BROT. — Τιλαούεμπτος Ptolemæo : accolis *Tagliamento.* In ostio portum efficit sibi cognominem. Inter Romatinum, et hoc Tilaventum majus, fluviolus labitur, cui nomen est *Lugugnana.* Id Tilaventum minus dici a Plinio suspicamur. HARD.

10. *Anassum.* Lego *Anaxum* : ita MSS. Reg. Ambrosian. editio princeps, et Cl. Rezzonicus. BROT. — Vet. ap. Dalec. *Anassus.* In MSS. Reg. Colb. etc. *Varianus* alter amnis dicitur; in MS. Reg. 2, *Varamus*, quod nomen et in Dalec. legitur. Anassum nunc *Stella* est, quocum in paludibus miscetur Varramus, accolis nunc *Revonchi* dictus, ut nobis quidem videtur. ED.

11. *Alsa.* Nunc *Ansa:* haud procul Aquileia labitur. HARD.

12. *Natiso.* Νατίσων Ptolemæo, lib. III, cap. 1. De hoc Jornandes, lib. de Rebus Geticis : « Aquileiæ muros, inquit, ab oriente Natiso amnis elambit. » In quo erravit, ut puto ; namque Natiso hodie *Natisa* dictus ab occidente Aquileiam præfluit, Turrusque hodie *Thier* vocatus, ab oriente. Pro *Turro* MSS. Reg. Colb. etc. habent *Tarro.* ED.

13. *Aquileia. Aquileia* nunc quoque Italis; Gallis *Aquilée.* Oppidum quondam inclytum, nunc pæne dirutum, vix domos xxxv complectitur. HARD.

14. *XV M.* Dal. et Elz. *XII M.* Nunc duobus tantum pass. millibus a mari abest. ED.

15. *Carnorum hæc regio.* In qua Concordia, Aquileiaque, coloniæ continentur, teste Ptolemæo, lib. III, cap. 1. HARD.

16. *Junctaque.* Vet. ap. Dalec. *juncta Iapydum regioni.* ED. — Quæ Carnis, inquit, conjungitur regio, Iapydum est : a Timavo incipit. A Strabone, lib. VII, p. 314, Ἰάποδες nominantur : Ἰάπυδες Ptolemæo, lib. II, cap. 17. HARD.

lum nobile vino Pucinum [17] : Tergestinus [18] sinus, colonia Tergeste, XXIII [19] M. pass. ab Aquileia. Ultra quam VI M. pass. [20] Formio amnis, ab Ravenna CLXXXIX M. pass. antiquus [21] auctæ Italiæ terminus, nunc vero Istriæ: quam cognominatam [22] a flumine Istro, in Adriam effluente e Danubio amne, eodemque [23] Istro, adversum Padi fauces [24], contrario eorum percussu mari interjecto dulcescente, plerique [25] dixere falso, et Nepos [26] etiam Padi accola. 3 Nullus enim ex Danubio amnis in mare Adriaticum effunditur. Deceptos credo, quoniam Argo navis flumine in mare Adriaticum descendit, non procul Tergeste, nec jam constat quo flumine. Humeris travectam Alpes, diligentiores [27] tradunt. Subiisse autem Istro [28], dein

17. *Pucinum.* Πούκινον Ptolemæo: incolis *Castel Duino*, prope Timavum, etiam nunc *Timavo* dictum. De Pucino inde cognominato, dicetur lib. XIV, cap. 8. HARD.

18. *Tergestinus. Golfo di Trieste*, id enim ei nunc quoque oppido nomen; Τέργηςον κολωνία Ptolemæo loc. cit. HARD.

19. *XXIII M.* Antoninus XXIV M. pass. Strabo, lib. V, pag. 215, stadiis 180, hoc est, XXII. M. D. pass. HARD. — Lego *XXXIII M.* Ita MSS. Reg. Landinian. Ambr. et editio princeps. Male in recentioribus emendatum, *XXIII.* Inter Aquileiam et Tergestem sunt passus amplius *XXX M.* BROT.

20. *Formio.* Nunc *Risano.* Ptolemæo, Φορμίων. HARD.

21. *Antiquus.* Dalec. « antiquus Italiæ auctus terminus. » ED. — Ante divisionem Italiæ ab Augusto institutam. HARD.

22. *Cognominatam a flumine Istro.* Dalec. et Elz. « cognominatam tradunt a flumine Istro. » Sed vocem *tradunt* abundare, neque in Vet. exempl. neque in Chiffl. esse Dalecampius fatetur. ED.

23. *Eodemque..... fauces.* Dalec. « eidemque Istro ex adverso Padi fauces. » ED.

24. *Fauces.* Vet. ap. Dalec. *faucibus.* ED.

25. *Plerique dixere.* Auctor libri mirab. Auscult. pag. 1190. Auctor Peripli Ponti Euxini, pag. 10. Timagetes, ἐν τῷ πρώτῳ περὶ λιμένων, apud Schol. Apollon. ad lib. IV, v. 250. Theopompus apud Strabon. lib. VII, p. 317, aliique. H.

26. *Et Nepos.* Sic ap. Chiffl. Dalec. et Elz. « et Nepos Cornelius. » ED.

27. *Diligentiores.* Propius tamen a vero Scymnus abesse videtur, qui quemadmodum refert Apollonii Schol. ad lib. IV Argon. v. 284, ait a Tanai amne in mediterraneum mare, atque inde in Adriaticum descendisse. HARD.

28. *Istro.* A Tanai primum, Pontoque Euxino in Danubium,

Savo [29], dein Nauporto [30], cui nomen ex ea [31] causa est, inter Æmonam [32] Alpesque exorienti.

XXIII. (XIX.) Istria [1], ut peninsula, excurrit. Latitudinem ejus XL M. pass. circuitum vero CXXV [2] M. prodidere quidam. Item adhærentis Liburniæ et Flanatici [3] sinus. Alii Liburniæ CLXXX M. pass. Nonnulli [4] in Flanaticum [5] sinum Iapydiam promovere, a tergo Istriæ, CXXX M. pass. Dein Liburniam CL M. fecere. Tuditanus, qui domuit Istros, in statua sua ibi inscripsit [6] : « Ab Aquileia ad Titium flumen stad. M. [7] » Oppida Istriæ civium rom.

sive Istrum, ii tradidere Argon navim primum descendisse, mox amnem Savum subiisse, qui in Danubium influit : denique ex Savo in Nauportum fluvium esse transvectam : mox humeris per Alpes sublatam in Tergestinum usque sinum. HARD.

29. *Savo.* Dalec. et Elz. *Sao*, hodie *Save.* Carniolam Croatiamque perlabitur. ED.

30. *Nauporto.* Vet. ap. Dalec. *Nauponto.* Hodie *Laybach* dicitur : Nauportum urbem, hodie *Ober-Laybach*, Gallis, *le Haut-Laybach*, et Æmonam, hodie *Laybach*, Carniolæ metropolim, de qua mox, alluebat. ED.

31. *Ex ea causa.* Quod navem tulerit. HARD.

32. *Æmonam.* Vet. ap. Dalec. *Eumoniam.* ED.

XXIII. 1. *Istria.* Et ipsa quoque decimæ Italiæ regioni contributa. H.

2. *CXXV.* Dal. *CXXII.* Utraque mensura parum a vero abest. ED.

3. *Flanatici.* Vet. ap. Dalec. *Fanatici.* De eo sinu dicetur cap. 25. ED.

4. *Nonnulli.* Censeri in horum numero Strabo potest, oram Iapydum inter Istros ac Liburnos stadiis mille constare testatus, lib. VII, pag. 314, hoc est, CXXV M. pass. HARD. — Si isti mensuræ fides adhibenda sit, Iapydia ab extremo sinu Flanatico, hodie *Golfo di Quarnaro*, ad flumen Tedanium, hodie *Zermagna*, patebat; ad Liburniamque pertinebat reliquum inter hoc flumen et Titium, hodie *Kerka*, spatium, quod quidem vix CL M. D. pass. est, lectis omnibus littoris ambitibus. ED.

5. *Flanaticum.* Vet. ap. Dalec. *Fanaticum.* ED.

6. *Ibi inscripsit.* Subintellige, regionis quam domuit, latitudinem inscripsisse : stadiorum mille ab Aquileia ad Titium amnem, qui Liburniæ finis, ut dicetur cap. 25. Rem gestam narrant Florus in Epit. Livii, lib. LIX, et Appianus in sexto bello Illyrico. Fragmentum quoque Fastorum Triumphalium : C. SEMPRONIVS. C. F. C. N. TVDITANVS. COS. DE. IAPVDIBVS. KAL. OCT. A. DCXXVI. HARD.

7. *Stad. M.* Dalec. *Stad. CC.* Vet. ap. Dalec. *Stad. M.M.* Proxima au-

Ægida[8], Parentium[9] : colonia, Pola[10], quæ nunc Pietas Julia, quondam a Colchis condita. Abest a Tergeste c m. pass. Mox oppidum Nesactium[11] : et nunc finis[12] Italiæ fluvius Arsia[13]. Polam ab Ancona trajectus cxxx[14] m. pass. est.

3   In mediterraneo regionis decimæ, coloniæ : Cremona[15], Brixia[16], Cenomanorum agro : Venetorum[17] autem, Ateste[18] : et oppida Acelum[19], Patavium[20], Opitergium, Belunum, Vicetia : Mantua Thuscorum trans Padum sola[21] reliqua.

tem vero est m stadium mensura, quam dant plerique. Ed.

8. *Ægida.* Mox Justinopolis appellata, nunc *Capo d'Istria.* Vide inscriptionem vet. apud Cluver. lib. I Ital. pag. 210. Hard.

9. *Parentium.* Nunc *Parenzo*, cum portu celebri. Παρέντιον, πόλις καὶ λιμὴν Ἰστρίας, Stephano. Hard.

10. *Pola.* Mela, lib. II, cap. 3 : « sinus Polaticus, inquit, et Pola quondam a Colchis, ut ferunt, habitata, in quantum res transeunt : nunc Romana colonia. » Hodie *Pola.* Hard.

11. *Nesactium.* Vet. ap. Dalec. *Nexantium.* Ed. —Ptolem. lib. III, cap. 1, Νέσακτον τέλος Ἰταλίας. Hujus oppidi moenia amne præterflui Livius prodidit, lib. XLI, cap. 11, haud dubie Arsia fluvio, qui finis Italiæ mox dicitur. Quamobrem non aliud id fuit, quam quod hodie *Castel Nuovo* dicitur, in ipso Arsiæ ostio positum, *Arsa.* Hard.

12. *Finis Italiæ.* Et decimæ regionis. Hard.

13. *Arsia.* Chiffl. *Myrsia.* Ed.

14. *CXXX.* Dal. *CXX.* Vix c. m. pass. est recto cursu. Ed.

15. *Cremona*, etc. Ptolemæo, lib. III, cap. 1, Κρέμωνα κολωνία,

in Cenomanis. Deductam eo coloniam, anno U. C. 536, P. Corn. Scipione, T. Sempron. Longo coss. auctor est Livius, lib. XXI, c. 25, et epitomator ejus in fine libri XX. Hodieque *Cremona*. Hard.

16. *Brixia. Brescia*, Cenomanorum gentis caput Brixia appellatur a Livio, lib. XXXII, cap. 30, et apud Ptolem. loc. cit. Κενομάνων Βριξία. Coloniam vocat inscriptio vetus apud Cluver. lib. I Ital. antiq. pag. 252. Hard.

17. *Venetorum autem, Ateste : et oppida*, etc. Vet. ap. Dalec. : « Venetorum autem Adria. Ateste et oppidum, etc. » Ed.

18. *Ateste.* Nunc voce diminuta, *Este.* Hard.

19. *Acelum.* Ptolemæo, Ἄκελον, non Ἀκεδόν. Hodie *Azolo*, supra Tarvisium. Hard.

20. *Patavium.* Nunc *Padova* incolis, Gallis *Padoue*. Ὀπιτέργιον deinde Ptolemæo, lib. III, cap. 1, in mediterraneis Venetorum oppidis, nunc *Oderzo*, in Marchia Tarvisana. Βέλουνον quoque ibidem, *Belluno*. Vicetia, *Vicenza*, inter Veronam et Patavium. Hard.

21. *Sola reliqua.* Ex iis urbibus quas Tusci trans Padum condide-

LIBER III. 187

Venetos Trojana[22] stirpe ortos, auctor est Cato : Cenomanos juxta Massiliam habitasse in Volcis[23]. Fertini[24], et Tridentini[25], et Berunenses[26], Rhætica oppida : Rhætorum et Euganeorum Verona[27], Julienses[28] Carnorum. Dein quos scrupulose dicere non attineat, Alutrenses[29], Asseriates, Flamonienses[30] Vanienses, et alii cognomine Culici : Forojulienses[31] cognomine Transpadani, Foretani, Nedi-

runt, quum rerum tota fere Italia potirentur. Idcirco Virgilio, lib. X Æneid. *Mantua dives avis* dicitur, et *Tusco ei de sanguine vires.* H.

22. *Trojana stirpe.* Antenore duce, si Livio credimus, initio l. I. H.

23. *In Volcis.* Utramque Rhodani ripam Volcæ quondam tenuere. Auctor Livius, lib. XXI, cap. 26. Finibus suis egressos e Gallia Cenomanos, cum Belloveso, Ambigati Biturigum et totius Celticæ regis nepote, docet Livius, lib. V, cap. 35, ubi Cenomanos Aulercos vocat. Consedere ii porro apud Volcas primum : mox per Taurinos saltus in Italiam prorupere, Brixiamque, Veronam, Cremonam, et Mantuam construxere. Vide P. Ægid. LACCARY, lib. II de Colon. Gallor. cap. 6, p. 94. H.

24. *Fertini.* Ita libri omnes, præter Vet. ap. Dalec. qui *Feletrini*, haud dubie pro *Feltrini*, ut habet Cassiodorus. Antonino quoque *Feltria*, in Rhætia oppidi nomen est, a Tridento M. pass. LIV: nunc *Feltre*, supra Tarvisium. H.

25. *Tridentini.* Tridentum, *Trento*, ad amnem Athesim. HARD.

26. *Berunenses.* In MSS. ubique *Beruenses.* Male, ut puto, Harduinus Millerusque eos cum Belunensibus modo appellatis confundunt. ED.

27. *Verona. Verona*, quam Athesis hodie mediam secat. Cenomanis a Ptolemæo adscribitur. HARD.

28. *Julienses.* Quorum Ἰούλιον Κάρνικον Ptolemæo, lib. II, cap. 14. Exstare hujus vestigia aiunt circa Tilavempti amnis initia, loco dicto *Zuglio*, si audiatur D'ANVILLE. ED.

29. *Alutrenses.* Dalec. *Alutraenses.* Deinceps alphabeti ordine populi recensentur : in mediterraneo regionis decimæ omnes positi. Ita MSS. omnes. Cave porro hos putes ab Alvona, de qua cap. 25, cognominatos, aut ab Aloo oppido, de quo Stephanus verbo Φλάνων, quum id in ora sit positum : in mediterraneo, Alutrenses. Omnino hi et Asseriates ignorantur. H. et ED.

30. *Flamonienses.* Non a Flanona, de qua cap. 25, quæ urbs littoralis est, sed a Flamonia, quæ nunc *Flagogna*, haud procul ripa Tilavempti amnis. HARD.

31. *Forojulienses.* Transpadanorum cognomen his fuit, quod et alii Forojulienses Cispadani erant in Umbria, de quibus cap. 19. Provinciam occupaverunt, quam ex eorum nomine Itali *Friuli*, Germani *Friaul*, Galli *Frioul* vocant. Oppido eorum nomen hodie esse *Cividale* ait D'ANVILLE. Foretani omnino ignorantur. ED.

nates[32], Quarqueni[33], Taurisani[34], Togienses, Varbari[35].
4 In hoc situ interiere per oram Iramine, Pellaon, Palsatium[36] : ex Venetis Atia, et Cælina : Carnis, Segeste, et Ocra : Tauriscis Noreia. Et ab Aquileia ad duodecimum lapidem, deletum oppidum etiam invito senatu, a Claudio Marcello, L. Piso auctor est. In hac regione et XI[37] lacus inclyti sunt, amnesque eorum partus, aut alumni : si modo acceptos[38] reddunt, ut Adduam[39] Larius, Ticinum Verbanus, Mincium Benacus, Ollium Sebinus, Lambrum Eupilis, omnes incolas[40] Padi.

5 Alpes in longitudinem $\overline{x}$ pass.[41] patere a supero mari ad inferum, Cælius tradit: Timagenes XXII M. pass. deductis : in latitudinem autem Cornelius Nepos[42] centum M. T. Livius tria[43] M. stadiorum : uterque diversis in locis. Nam et centum millia excedunt aliquando, ubi Germa-

32. *Nedinates.* Ita MSS. non *Venidates*, ut scribit Dalec. atque ita sane series ipsa elementorum exigit. HARD. — Nomen a Nedino, Illyrici oppido, sortiti, quod alii *Nadin*, alii *Susied* ab incolis vocari perhibent. MILLER.

33. *Quarqueni.* Qui et *Querquani*, quorum oppidum *ad Quercum* dictum, nunc agri Tarvisini vicus est, nomine *Quero*, ad amnem *Piave*, infra Feltriam, qua Tarvisium itur. MILLER et ED.

34. *Taurisani.* Vel Tarvisani : oppidum Tarvisium, *Treviso* incolis, nobis *Trévise*.

35. *Varbari.* Dalec. *Varuani.* Hi et Togienses omnino ignorantur. ED.

36. *Palsatium.* Dalec. *Palsicium.* Omnes istæ urbes ignorantur. ED.

37. *Et XI.* Ita MSS. librique editi omnes, præter Dal. apud quem et *X* legitur. Hoc est, et in undecima regione : nam Ticinum, non decimæ, sed præcedentis undecimæ regionis amnis est. HARD. et ED.

38. *Acceptos.* Dalec. *exceptos.* ED.

39. *Ut Adduam*, etc. Larius lacus, *Lago di Como*; Verbanus, *Lago Maggiore*; Benacus, *Lago di Garda*; Sebinus, ab oppido Sevo, sive Sebo, *Lago di Seo*, mox *d'Iseo* appellatus. Eupilis denique, *Lago di Pusiano*. HARD.

40. *Incolas Padi.* In Padum denique confluere ait eos amnes. H.

41. $\overline{X}$ *pass.* Hoc est, decies centena millia passuum. Siquidem denarii notam, superducta linea, signare decies : atque in hujuscemodi, centena millia semper intelligi, sæpius ante admonuimus. HARD. —Vet. ap. Dalec. et Chiffl. *X. M. pass.* ED.

42. *Nepos centum M.* Tol. et Salm. *Nepos col. M.* ED.

43. *Tria millia stad.* Hoc est, CCCLXXV M. pass. HARD.

niam ab Italia submovent : nec LXX M. explent reliqua sui parte graciles, veluti naturæ providentia. Latitudo Italiæ, subter radices earum a Varo, per vada Sabatia, Taurinos, Comum, Brixiam, Veronam, Vicetiam[44], Opitergium[45], Arsiam, DCCXLV[46] millia passuum colligit.

XXIV. (xx.) Incolæ Alpium multi populi, sed illustres a Pola ad Tergestis regionem Secusses[1], Subocrini, Catali, Monocaleni, juxtaque Carnos quondam Taurusci appellati, nunc Norici[2]. His contermini Rhæti[3] et Vindelici, omnes in multas civitates divisi. Rhætos[4] Thuscorum prolem arbitrantur, a Gallis pulsos duce Rhæto. Verso[5] deinde Italiam[6] pectore Alpium, latini juris Euganeæ gentes, quarum oppida XXXIV enumerat Cato. Ex iis Triumpilini[7], venalis cum agris suis populus : dein Ca-

44. *Vicetiam.* Vet. ap. Dalec. *Vincentiam.* ED.

45. *Opitergium, Arsiam.* Dalec. *Opitergium, Aquileiam, Tergeste, Polam, Arsiam.* ED.

46. *DCCXLV millia.* Ducto itinere paulo longiore per diverticula oppidorum. HARD.—Tol. et Salm. *DCCXIII;* Dalec. *DCCII.* ED.

XXIV. 1. *Secusses.* In MSS. *Fecues;* Chiffl. *Fecusses.* Subocrini, ab Ocra fortassis oppido vetere cognominati, de quo cap. sup. Catali (sic enim MSS. habent Reg. Colb. etc. non *Catili,* quod dat Dalec.) in veteri inscriptione laudantur, Tergestæ reperta, quam Gruterus recitat, p. 408. H. et ED.

2. *Norici.* De his dicetur cap. 27. HARD.

3. *Rhæti.* Rhæti hodie, *pays des Grisons et Tyrol.* Vindelici, a Brigantino lacu ad Ænum amnem, qua in Danubium influit, tenuere, ubi nunc Bavaria. HARD.

4. *Rhætos Thuscorum.* Id quoque Justinus prodit, lib. XX, cap. 5, pag. 337 editionis nostræ: « Tusci quoque duce Rhæto, avitis sedibus amissis, Alpes occupavere, et ex ducis nomine gentes Rhætorum condiderunt. » ED.

5. *Verso deinde.* Qua deinde versus Italiam spectant Alpium juga, ibi Latii jure donatæ Euganeæ gentes. Ab Euganeis Veronam esse conditam, sup. cap. vidimus. Verum caput Euganearum gentium fuisse videtur oppidum nobile, quod adhuc vetustum retinet nomen, *Lugano,* ad lacum cognominem, *Lago di Lugano,* inter lacum Verbanum, *Lago Maggiore,* et lacum Larium, *Lago di Como.* HARD.

6. *Deinde Italiam.* Vet. ap. Dalec. *deinde in Italiam.* ED.

7. *Triumpilini.* Quorum ager nunc *Val Trompia* dicitur Mannerto. Vallis est, quam Mela amnis per XXV M. pass. secat, cujus fauces

muni[8], compluresque similes finitimis attributi municipiis. Lepontios[9], et Salassos[10], Tauriscæ[11] gentis idem Cato arbitratur. Cæteri fere Lepontios relictos ex comitatu Herculis, interpretatione[12] græci nominis credunt, præustis[13] in transitu Alpium nive membris : ejusdem exercitus et Graios fuisse, Graiarum Alpium incolas, præstantesque genere Euganeos, inde[14] tracto nomine. Caput eorum Stonos[15] : Rhætorum Vennonetes[16], Sarunetes-

ab urbe Brixia, v m. pass. distant. De his in Trophæo inferius. Hard. et Ed.

8. *Camuni*. Καμοῦνοι Straboni, lib. IV, pag. 206, quos cum Lepontiis copulat. Vallis est Rhætici juris, quæ a priscis cultoribus retinuit nomen, *Val Camonica*, supra Sevinum lacum. Ita Honor. Bouche, lib. III, cap. 1, p. 100. De his rursum inferius. Καμούνιον Dioni, lib. LIV, pag. 534. Hard.

9. *Lepontios*. Hi valles eas tenuere quæ sunt circa Verbanum lacum, *Lago Maggiore*: inter quas *Val d'Osula*, et ea quam Ticinus secat amnis: incolis *Val Leventina*, quasi Lepontina dicta. Ita Honor. Bouche, pag. 102. Hard.

10. *Salassos*. Quorum regio nunc *Valle d'Osta* : oppidum Augusta Prætoria, ut diximus cap. 21. H.

11. *Tauriscæ*. Dalec. *Tauricæ*. Ed.

12. *Interpretatione*. A Græca voce λείπω, linquo : quod ii relicti ibi ex comitatu seu exercitu Herculis forent, Lepontii appellati. Hard.

13. *Præustis*, etc. Chiffl. « perustis in transitu Alpium membris. Ejusdem exercitus et Graios fuisse, Graiarum Alpium et incolas, etc. » Dalec. « præustis intra sinus Alpium nive membris: ejusdem et Graios fuisse, positos in transitu, Graiarum Alpium incolas. » Nos Harduinum secuti sumus, qui locum hunc ad exemplarium MSS. Reg. Colb. Chiffl. et Paris. fidem accurate se refinxisse ait. Ed.

14. *Inde tracto*. Quasi εὐγένειαι, vel εὐγενεῖς ob generis præstantiam dicerentur. Hard.

15. *Stonos*. Sic Harduinus ; male autem, ut opinor, Broterius ex MS. Reg. 1. et ex fastis Capitolinis, de Liguribus Stoeneis, *Stœnos* restituit. Stœni enim isti Alpes non Rhæticas, sed maritimas, Liguriam versus, coluerunt, ut animadvertit Miller. inque Liguribus et ipsi censiti sunt, ut e Stephano patet : Στοῦνος πόλις Λιγύρων, et ex Epitome lib. LXII Livii: « Q. Marcius consul Stœnos gentem Alpinam expugnavit », et cap. 6: « cum Stœnis præcipua dimicatio fuit, quæ Ligurum Inalpinorum natio est. » Stoni autem, Straboni lib. IV, p. 104, Στονοί dicti, fuisse videntur in agro Tridentino, prope fontes amnis *Chiese*, ad pagum *Storo*, ut opinatur Mannertus. Ed.

16. *Vennonetes*. Chiffl. *Vennonenses*. Ptolemæo, lib. II, cap. 12, Οὐέννωνες ; Straboni, l. IV, p. 206, Οὐέννωνες. Hi regionem quæ nunc

LIBER III.

que[17],ortus Rheni amnis accolunt: Lepontiorum,qui Viberi vocantur, fontem Rhodani, eodem Alpium tractu. Sunt 3 præterea Latio donati incolæ, ut Octodurenses[18], et finitimi Centrones[19], Cottianæ[20] civitates: Caturiges[21], et[22] ex Caturigibus orti Vagienni Ligures, et qui Montani[23] vocantur:Capillatorumque plura genera ad confinium Ligustici maris..

Non alienum videtur hoc loco subjicere inscriptionem 4 e trophæo[24] Alpium, quæ talis est : IMPERATORI CAESARI

Valtellina Italis dicitur, videntur incoluisse. ED.

17. *Sarunetesque.* Ita libri omnes. At rectius forte Suanetes, de quibus mox iterum in Trophæo : nam et Ptolemæus, lib. II, cap. 12, in Rhætia Suanitas agnoscit. HARD.

18. *Octodurenses.* In Notit. Prov. civitas Valensium Octodurus: nunc *Martignac en Valais.* Agri circumjacentis incolæ, *les Vaudois.* HARD.

19. *Centrones.* Κέντρωνες Ptolemæo, in Graiis Alpibus, lib. III, cap. 1. In Notit. Gall. Civitas Centronum Tarantasia, *Tarantaise*, in Sabaudiæ ducatu. HARD.

20. *Cottianæ.* Cottii regis imperio subjectæ: a quo et Alpes Cottiæ nomen sortitæ, hodie *le mont Cenis.* HARD. — Postea a Nerone in provinciæ jus redactæ. ED.

21.*Caturiges.*Caturigum in Graiis Alpibus caput est Ebrodunum, *Embrun.* Ptolemæo, lib. III, cap. 1, aliisque. Haud procul Ebroduno vicus est *Chorges,* qui haud obscura quidem prisci nominis vestigia retinet.Vide Nic. CHORIER, lib. I, p. 12, et Honor. BOUCHE, lib. III, c. 2, pag. 117. HARD.

22. *Et ex Caturigibus.* In MSS. et vetustis editionibus pro *Caturigibus* et *ex Caturigibus orti*, legitur tantum, et (ut opinor) verius, *Eturi e Liguribus orti.* Deinde, *Vagienni, Ligures*, etc. De Vagiennis, et Capillatis Liguribus, diximus c. 7. De Montanis Silius, lib. VIII: « Tum pernix Ligur, et sparsi per saxa Vagenni. » HARD.

23. *Montani.* Quidam legunt *Appuani,* ab oppido *Appua,* hodie *Pontremoli.* DALEC.

24. *E trophæo.* Differt ab ipso trophæo arcus triumphalis, qui est Segusione, sive Susæ in Pedemontio, et alia ibi inscriptio est, cujus hæc tantum verba erui potuerunt ab oculato teste, anno 1671 : IMP. CÆSARI AVGVSTO DIVI F. PONTIFICI MAXIMO TRIBVNIC. POTESTATIS XV. IMP. XIIII... Hanc Plinianam oportet fuisse in Comitatu Nicæensi, in pago *Torbia*, prope Nicæam. Describit eam Gruterus, usque ad ea verba, *Gentes Alpinæ,* pag. CCXXVI, 7, sed ex editione Dalecampii. Addidit enim tribuniciæ potestatis annum XVII, quem nulli MSS. codices, nullæ ante Dalecampium editiones habent. HARD.

C. PLINII NAT. HIST.

Divi F. Avg. Pontifici maximo, Imp. XIIII, tribvniciae potestatis, S. P. Q. R. qvod eivs dvctv avspiciisqve gentes Alpinae omnes, qvae a mari svpero ad infervm pertinebant, svb imperivm Pop. Rom. svnt redactae [25]. Gentes Alpinae devictae: Trivmpilini [26], Camvni, Venostes, Vennonetes, Isarci [27], Brevni [28], Genavnes [29], Focvnates [30]: Vindelicorvm [31] gentes qvatvor, Consvanetes, Rvcinates [32], Licates, Catenates, Ambisvntes [33],

25. *Redactæ. Gentes.* Chiffl. *redactæ et gentes.* Ed.

26. *Camuni, Venestes, Vennonetes.* Chiffl. *Camuci, Vennestes, Vennonetes.* Dalec. *Camuci, Vennonetes.* De Triumpilinorum, Camunorum et Vennonetum situ paulo ante diximus. Venostes vallem tenuere, quæ nunc Italis *Val Venosco*, ut ait Hard. Germanis *Viestgau*, ut ait Mannertus, in qua Athesis amnis oritur. Ed.

27. *Isarci.* Hodie *Val de Sarra*, vel *de Sarcha*, prope *Val Camonica*, seu Camunos, et Ollium amnem: Rhæticæ ditionis. Vide Honor. Bouche, lib. III, cap. 1, p. 100. H.

28. *Breuni.* Horum meminit Tranquillus in Tiberio, cap. IX. Βρεῦνοι Ptolemæo, lib. II, cap. 13, in Vindelicis. Hodie *Val Brounia*, vel *Bregna*, ad fontem Ticini amnis, prope vallem Lepontinam. Ita Honor. Bouche, loc. cit. secutus Joan. Georg. Septaplam, in Tab. Duc. Mediol. Hard.

29. *Genaunes.* Ita MSS. omnes: in editis diminuta perperam voce, *Naunes.* Chiffl. *Gennanes.* De his et de Breunis pariter Horatius, lib. IV, Ode 14: « Drusus Genaunos, implacidum genus, Breunosque veloces, et arces Alpibus impositas tremendis Dejecit acer, etc. » Forte *Val Anagnia*, sive, ut ait d'Anville, *Val d'Agno*, inter lacum Comensem, Athesimque flumen, prope Tridentum. Ita ex Lazio Honor. Bouche, p. 101. H.

30. *Focunates.* Eorum nominis vestigia nonnulla reperiuntur, auctore d'Anville, in vico *Vogogna* dicto. Ed.

31. *Vindelicorum*, etc. Et in Vindelicia Κονσουάντας, et Ῥουνικάτας, pro Ῥουκινάτας, et Λικατίους Ptolemæus agnoscit, lib. II, c. 13. Κλαυτινατίους (qui Plinio Catenates, forte pro *Clatenates*), Strabo, lib. IV, pag. 206. Licates Licum amnem, *le Lech*, accoluere, primario oppido Δαμασία, teste Strab. loc. cit. quod postea Augusta Vindelicorum, *Augsbourg*, Honor. Bouche, loc. cit. Ceterorum situs incompertus. Hard.

32. *Rucinates.* Dalec. *Virucinates.* Ed.

33. *Ambisuntes.* Ita MSS. Chiffl. *Ambisones.* Dalec. *Abisontes.* Ἀμβισόντιοι Ptolemæo, lib. II, cap. 14, in Norico. Rugusci, eidem Ptolemæo, lib. II, cap. 12, Ῥυγοῦσκαι in Rhætia: ubi libri vulgati, perperam Ῥιγοῦσκαι exhibent. Situs ignoratur. Hard. et Ed.

LIBER III.

Rvgvsci, Svanetes[34], Calvcones[35], Brixentes, Lepontii, Viberi, Nantvates, Sedvni, Veragri, Salassi[36], Acitavones, Medvlli, Uceni[37], Catvriges[38], Brigiani[39], Sogiontii, Brodiontii[40], Nemaloni[41], Edenates[42], Esvbiani, Veamini, Gallitæ, Trivlatti, Ectini, Vergvnni, Egvitvri, Nementvri, Oratelli,

34. *Suanetes.* Forte qui Sarunetes proxime ante dicti, Rheni fontium accolæ. Hard.

35. *Calucones.* Chiffl. *Allucones.* Ptolemæo, lib. II, c. 12, Καλούκωνες inter Brixantas et Suanetas. Brixentum oppidum supra Tridentum est, in Comitatu Tyroli, hodieque *Brixen.* De Lepontiorum Viberorumque situ paulo ante hoc cap. diximus. Quibus Cæsarem addimus, scribentem, lib. III Bell. Gall. Rhenum oriri ex Lepontiis, et longo spatio per fines Nantuatium et Helvetiorum citatum ferri. Et hi quoque Ναντουᾶται Straboni, lib. IV, pag. 192, qui eos Rheni fontium accolas facit. Hard. — Sedunis oppidum hodie *Sion,* regionis totius caput, quam vocant *le Valais.* Veragri, ubi nunc *le Chablais,* pars Delphinatus. Hard.

36. *Salassi, Acitavones.* Chiffl. *Salassi, Centrones, Acitavones.* Dalec. *Salasi,* etc. De Salassis diximus superius; Acitavones ignorantur; Medulli, *la Maurienne,* ut egregie probat Honor. Bouche, p. 103. Pars Sabaudiæ est. Hard. et Ed.

37. *Uceni. Le bourg d'Oysans,* in parte Gratianopolitani agri quam vocant *le Graisivaudan.* Hard.

38. *Caturiges. Chorges,* ut diximus. Ed.

39. *Brigiani.* Vel Brigantii, ut quidem reor, a Brigantio Delphinatus oppido, *Briançon :* in Alpibus maritimis, ut et Caturiges positi. Pro *Sogiontii,* vetustæ editiones habent *Sontiontii.* Hard.

40. *Brodiontii.* Sic MSS. habent, non *Ebroduntii,* ut legit Dalec. et qui iidem sunt atque Caturiges, ut diximus cap. 5, ubi Bodionticorum caput Diniam esse vidimus. At ibi vetustæ editiones *Bodientios* habent. Hard. et Ed.

41. *Nemaloni.* Forte *Miolans,* pagus haud procul Ebroduno positus, in ditione Sabaudiæ. Honor. Bouche, pag. 104. Hard.

42. *Edenates. Edemnates* appellantur in vetustis editionibus. In diœcesi Ebrodunensi urbem Sedenam, *la ville de Seyne,* hos olim tenuisse, idem auctor probat loc. cit. Esubianos vero, p. 105, prope amnem *Hubaye,* in confinio Sabaudiæ, Provinciæque, in valle cui nomen, *Vallée de Barcelone.* Veaminos in diœcesi Sanitiensi, *Senez,* juxta *Toramenos :* item Triulattos, ad pagum *Alloz :* Ectinos in Glandevensi ad amnem *Tinea :* in Sanitiensi rursum, Vergunnos, in pago *Vergons.* In Glandevensi iterum, oppido *Guillaumes,* Eguituros: item Oratellos, ubi nunc *le Puget de Théniers :* denique Velaunos, ubi nunc pagus *Bueil,* cui Bellio vetus nomen fuit. Hard. — Gallitæ Nementurique omnino ignorantur. Ed.

5 NERVSI[43], VELAVNI, SVETRI. Non sunt adjectæ Cottianæ civitates[44] XII quæ non fuerunt[45] hostiles : item[46] attributæ municipiis lege Pompeia. Hæc est Italia diis sacra, hæ gentes ejus, hæc oppida populorum. Super hæc Italia, quæ L. Æmilio[47] Paulo, C. Atilio Regulo consulibus nunciato Gallico[48] tumultu, sola sine externis ullis auxiliis, atque etiam tunc sine transpadanis, equitum LXXX M. peditum DCC M. armavit. Metallorum omnium fertilitate nullis cedit terris. Sed interdictum id vetere consulto patrum, Italiæ parci jubentium.

1 XXV. (XXI.) Arsiæ' gens Liburnorum jungitur, usque ad

---

43. *Nerusi.* Ptolemæo, lib. III, cap. 13, Νερουσίων πόλις Οὐέντιον, hodie *Vence :* cui proximum est oppidum alterum, S. Pauli cognomine, *S. Paul de Vence.* De Suetris egimus, cap. 5. HARD.

44. *Civitates XII.* Chiffl. XV. ED. — Civitatum nomine cave oppida intelligas, quæ hodierno usu civitatis appellatione censentur : sed communitates quasdam, quæ pagos multos continerent. Ita Cæsar, lib. I: « omnis civitas Helvetiæ in quatuor pagos divisa est. » Has civitates recte conjicit Honor. BOUCHE, lib. III, pag. 110, esse populos, qui valles has Alpium tenuerunt, quibus hæc hodie nomina: *Val de Grana, Val de Vraite, Val de Gilde, Val d'Isase, Val de Pau, Val d'Angrogne, Val de Pragelas et de Luserne, Val de Perouse, Val de Suze, Val de Lans, Val de Melon, et Val de Pont.* HARD.

45. *Non fuerunt hostiles.* Quoniam qui has Alpes tenebat rex Cottius, in amicitiam Octaviani receptus est principis, inquit Ammianus, lib.

XV, pag. 52. *Octavii* debuit dicere. HARD.

46. *Item attributæ.* Vet. ap. Dalec. *sed item attributæ.* ED. — Nec sunt etiam adjectæ, inquit, eæ quæ sunt municipiis attributæ, ut eo jus peterent, sive ut eorum foro ac jurisdictioni parerent. HARD.— Lex autem Pompeia anno U. C. 664, ante Christum 88, lata fuit, uti putat Car. Sigon. de ant. jur. Ital. lib. III, cap. 2. DALEC.

47. *Æmilio Paulo.* In fastis legitur *Papo.* Sed reclamant Pliniani libri omnes, tum manu exarati, et in his etiam Noster, tum typis editi. Consulatum gessisse ponuntur ii anno U. C. 529, ante Christum 225. HARD.

48. *Gallico tumultu.* Bello Gallico Cisalpino, de quo vide Florum, lib. II, cap. 4. HARD.

XXV. 1. *Arsiæ.* Amni, de quo c. 23. De Liburniæ initio ac fine subscribit Flor. lib. II, c. 5 : « Illyrii, inquit, seu Liburni sub extremis Alpium radicibus agunt, inter Arsiam Titiumque flumen

flumen Titium. Pars ejus fuere Mentores[2], Hymani[3], Encheleæ[4], Buni[5], et quos Callimachus Peucetias appellat: nunc totum uno nomine Illyricum vocatur generatim, populorum pauca effatu digna, aut facilia[6] nomina. Conventum Scardonitanum[7] petunt Iapydes, et Liburnorum civitates XIV[8], e quibus Lacinienses, Stlupinos[9], Burnistas, Olbonenses[10] nominare non pigeat. Jus Italicum habent eo conventu Alutæ[11], Flanates[12], a quibus sinus nominatur: Lopsi, Varvarini[13], immunesque Assesiates, et ex insulis

longissime per totum Adriani maris littus effusi. » Hunc tractum hodie vocant *la Morlaquie*. HARD.

2. *Mentores.* Μέντορες Stephano. HARD.

3. *Hymani.* Ita libri omnes. An potius tamen *Ismeni* legendum? Nam supra Venetos et Istros, Scymnus Chius, pag. 16, Mentores locat et Ismenos: Ἐνετῶν ἔχονται Θρᾷκες Ἴστριοι λεγόμενοι, Ὑπὲρ δὲ τούτους Ἴσμενοι καὶ Μέντορες. HARD.

4. *Encheleæ.* Ἐγχελέαι Stephano: Scylaci, p. 9, Ἐγχελεῖς, inter Naronem et Drilonem amnes, qui diei unius navigatione invicem distant. HARD.

5. *Buni.* Ita MSS. omnes, Reg. Colb. etc. non *Dudini*, ut legit Dalec. ED.

6. *Aut facilia.* Effatu scilicet. HARD. — Vet. apud Dalec. *felicia*. ED.

7. *Scardonitanum.* Ab oppido Scardona, de quo cap. seq. HARD.

8. *XIV.* Chiffl. *XXIV.* ED.

9. *Stlupinos.* Non *Stulpinos*; Ptolemæo, lib. II, cap. 17, Στλοῦπι in oppidis Liburnorum mediterraneis: item Βούρνον, a quo Burnistæ apud Plinium. HARD.

10. *Olbonenses.* Ita MSS. omnes, Reg. 1, 2, Colb. 1, 2, 3, Parm. edit. Barbarus *Albonenses* reposuit, ab Aluona Ptolemæi, lib. II, cap. 17, de qua quum mox locuturus sit Plinius, qui eam Alvonam vocat, et littoralem recte cum Ptolemæo facit: sint autem hi Olbonenses in mediterraneo positi: aut a vetere lectione minime recedendum arbitrati sumus; aut Olbonenses ab Ὀλϐία, Illyridis urbe apud Stephanum, reponi posse: aut denique, quod cuipiam forte probabitur, *Arbonenses*: nam eidem Stephano Ἀρϐὼν πόλις Ἰλλυρίας dicitur. HARD.

11. *Alutæ.* Ab Aluo, sive Aloo, quo de oppido Artemidorus apud Steph. verbo Φλάνων. Μετὰ δὲ τὴν Ἄλωον λιμήν ἐστι Φλάνων καὶ πόλις, καὶ πᾶς ὁ κόλπος οὗτος Φλανωνικὸς καλεῖται. Plinio mox Alvona. H.

12. *Flanates.* A quibus sinus Flanaticus, nunc *Golfo di Quarnero*. Nomen habent a Flanona: ut Lopsi, a Lopsica, de quibus oppidis mox dicetur. HARD.

13. *Varvarini.* Non *Varubarini*, ut scribit Dalec. ab oppido Liburnorum mediterraneo Οὐαρουαρία, Ptolemæo, lib. II, cap. 17, uti et Ἀσισία, unde Plinio Assesiates mox appellati. HARD.

Fertinates [14], Curictæ. Cæterum per oram oppida a Nesactio [15], Alvona, Flanona [16], Tarsatica, Senia, Lopsica, Ortopula, Vegium, Argyruntum, Corinium, Ænona, civitas Pasini [17]: flumen Tedanium [18], quo finitur Iapydia. Insulæ ejus sinus [19] cum oppidis, præter supra significatas [20], Absyrtium [21], Arba [22], Crexa, Gissa, Portunata.

14. *Ex insulis Fertinates, Curictæ.* Constans hæc librorum omnium lectio est, tum vero etiam Parm. edit. aliarumque ante Hermolaum, qui *Fulsinates* reposuit, quoniam unius insulæ Curictæ oppida duo appellat Ptolemæus, lib. II, cap. 17, Φουλφίνιον et Κούρικον. At non unam modo signari a Plinio insulam, sed plures, tum ipse hoc loco prodit, quum ait *ex insulis*, tum paulo post, iterum repetens: « insulæ ejus sinus, præter supra significatas. » HARD. — Male quoque Dalec. *Fulsinates*. Fertina autem, auctore Mannerto, hodie *Berwitch*, sive, ut scribunt alii, *Parvich* est: Curicta, quæ Ptolemæo, lib. II, cap. 17, Κουρικτὰ est; Straboni, lib. VII, pag. 315, Κυρακτική; hodie *Veglia* dicitur. ED.

15. *A Nesactio.* De quo c. 23, in ostio fluminis Arsiæ, unde Liburnia incipit. Ἀλούωνα et Φλανώνα, apud Ptolem. lib. II, c. 17, hodie retinent nomen, *Albona* et *Fianona*. Apud Gruter. pag. 108, FLANONA. Sequuntur apud Ptolem. Ταρσατίκα, Σένια, Λοψίκα, Ὄρτοπλα, Οὐεγία, Ἀργυροῦτον, Κορίνιον, Αἰνώνα. Tersatica nunc *Tersact*, sive *Tersat*, prope urbem *Fiume*: Senia, *Segna*, *Lopsico*, *Ortopia*, *Veza*, *Carin*, etc. HARD. et ED.

16. *Flanona.* Chiffl. *Flamona.* Dalec. *Flavona.* ED.

17. *Civitas Pasini.* Sic MSS. omnes, quamvis legat Dalec. « Ænona civitas, Pausinus flumen, Tedanium, etc. » Cur porro ita cognominetur Ænona, incompertum. Hodie *Nona* vocatur. HARD. et ED.

18. *Tedanium.* Vet. ap. Dalec. *Telanium.* Ptolemæo loc. cit. Τηδάνιος. Hodie *Zermagna*, ut jam superius diximus. ED.

19. *Ejus sinus.* Flanatici. HARD.

20. *Significatas.* Fertinam et Curictam. HARD.

21. *Absyrtium.* Plurimi scriptores omnes insulas istas communi vocabulo Absyrtidas vocant a discerpto Absyrto Medeæ fratre, si fabulæ audiantur; insula autem Apsyrtis apud Melam, lib. II, c. 7, reperitur: quod autem nunc sit ei nomen non satis constat. ED.

22. *Arba, Crexa*, etc. Sic MSS. omnes et editi libri omnes præter Dalec. apud quem legitur *Arba, Tragurium, Issa, Pharos, Paros* ante, *Crexa*, etc. Arba autem insula, quæ cum Ἄρϐα oppido in insula Scardona contra Liburnos apud Ptolemæum confundenda non videtur, hodie, ut ait D'ANVILLE, *Arbe* est: Crexa, Κρέψα eidem, hodie est *Cherso*. Portunata non alterius insulæ nomen esse videtur, sed Gissæ epitheton, tuti opportunique portus ratione magis quam re alia insignis, ac cognitæ: Gissa

LIBER III.

Rursus in continente colonia Jadera[23], quæ a Pola CLX M. pass. abest : inde triginta M. Colentum[24] insula : XVIII ostium Titii[25] fluminis.

XXVI. (XXII.) Liburniæ finis, et initium Dalmatiæ Scardona[1], in amne eo, XII M. pass. a mari. Dein Tariotarum[2] antiqua regio, et castellum Tariona : promontorium[3] Diomedis; vel, ut alii, peninsula Hyllis[4], circuitu C M. pass. Tragurium civium romanorum, marmore notum : Sicum, in quem locum Divus Claudius veteranos misit. Salona[5] colonia, ab Jadera CXII[6] M. pass. Petunt in eam jura de-

vero ipsa nunc *Pago* vocatur. H. et ED.

23. *Iadera.* Nunc *Zara vecchia.* Nummus Domitiani apud Goltzium, COL. AVGVSTA. IADERA. Et apud Ptolem. Ἰάδερα κολωνία. H.

24. *Colentum.* Κόλλεντον insulæ Scardonæ oppidum Ptolemæo dicitur, lib. II, cap. 17. HARD. — Nunc, ut creditur, *ile Mortero.* Ibi rudera antiqua, quæ memorat Cl. FORTIS, *Viaggio in Dalmazia,* tom. I, Epist. ult. BROT.

25. *Titii fluminis.* Τίτος ποταμὸς Ptolem. loc. cit. Nunc *Kerka,* ut jam superius diximus, Scardonam præterluit. HARD.

XXVI. 1. *Scardona in amne eo.* In Titii fluminis ripa : nunc rudera, teste Jo. Lucio, lib. I, c. 4, *Scardona.* Σκαρδῶνα Ptolem. lib. II, c. 17. HARD.

2. *Tariotarum.* Quos Αὐταριάτας, Strabo, lib. VII, pag. 316, aliique appellant, ut quidem videtur. HARD.

3. *Promontorium.* Nunc *Cabo di S. Nicolo.* HARD.

4. *Hyllis.* Ab Hyllo Herculis filio, a quo Hylles gens hæc Illyrica Stephano. Χερσόνησος Ὑλλικὴ, Scymno Chio, pag. 17. — Hæc autem Hyllis peninsula eadem esse non potest, quæ hodie *Sabioncello* dicitur, et quæ inferius, post Naronam coloniam Nostro appellanda fuisset, sed ista peninsula, in qua situm erat oppidum Tragurium, hodie *Trau Vecchio* dictum ; at istius peninsulæ, si tamen peninsula vocanda sit, vix L M. pass. est circuitus, dum C M. pass. mensura peninsulæ *Sabioncello* apprime convenit, unde forte conjiciendum est peninsulam Hyllim hic auctoris aut librarii hallucinatione transpositam esse. Quod etiam de Sico dicendum est, si oppidum istud hodie *Sebenico* est, ut plerique volunt; citra Tragurium enim appellandum fuisset. ED.

5. *Salona.* Nunc excisa : ex ejus ruinis excitatum *Spalato.* Vetus inscriptio apud Gruter. p. 23 : COL. MARTIA. IVLIA. SALONA. Et Ptolemæo, Σαλῶναι κολωνία. HARD.

6. *CXII.* Male Dalec. *CCXXII*; nam verum Jaderam inter et Salonam intervallum excedunt CXII M. pass. a Nostro dati. ED.

scripti in decurias[7] CCCLXXXII[8]. Dalmatæ XXII. Decuni[9] CCXXXIX[10]. Ditiones LXIX[11]. Mazæi LII. Sardiates. In hoc tractu sunt, Burnum[12], Andetrium[13], Tribulium[14], nobilitata[15] populi romani præliis castella. Petunt et ex insulis, Issæi[16], Colentini, Separi, Epetini. Ab his castella, Piguntiæ[17], Rataneum[18] : Narona[19] colonia tertii conven-

7. *In decurias.* Salonitano, inquit, disceptant foro populi mox appellandi : ibique habent judicum decurias omnino CCCLXXXII. In MSS. « petunt in eam jura, juribus descriptis in decurias. » De judicum decuriis persæpe Cicero, aliique : ac Plinius in primis, lib. XXXIII, cap. 7. HARD.

8. *CCCLXXXII.* Ita MSS. Tol. et Salmant. At Reg. et Colb. Paris. et editio princeps *CCCXLII* quam lectionem secutus est Elz. ED.—*Dalmatæ.*Tolet. *Delmatæ.* ED.

9. *Decuni.* MSS. Reg. et Colb. *Decuri.* Forte Derrii, de quibus in hoc tractu Ptolemæus, lib. II, cap. 17, Δέρριοι, et mox Διτίωνες : item Μάζαιοι, gens Dalmatica etiam Dioni cognita, lib. LV, pag. 570. Tum Σαρδιῶται, apud eumdem Ptolem. HARD.

10. *CCXXXIX. Ditiones.* Chiffl. *CCCLXIX. Deditiones.* ED.

11. *LXIX. Mazæi.* MSS. Reg. 1, 2. Paris. editio princeps et Elz. *CCLXIX.* Dalec. *Mezæi.* ED.

12. *Burnum.* Castellum Dalmatiæ, a Liburniæ oppido cognomine : de quo sup. cap. ut apparet, diversum. HARD. — Hodie *Tain*, auctore D'ANVILLE. ED.

13. *Andetrium.* Hactenus in libris vulgatis *Mandetrium.* At Ptolemæo, lib. II, c. 17, est Ἀνδέκριον, pro Ἀνδέτριον, inter mediterraneas Dalmatiæ civitates. Dioni, lib. LVI, pag. 579, Ἀνδήτριον, pro Ἀνδήτριον, φρούριον ἐπ' αὐτῇ τῇ Σαλώνῃ, castellum Salonis adjacens. Straboni, lib. VII, pag. 315, Ἀνδήτριον ἐρυμνὸν χωρίον, castellum probe munitum : uti nunc quoque est, recenti nomine dictum *Clissa.* Vetus inscriptio allata a Sponio, pag. 79 : ITEM. VIAM. GABINIANAM. AB. SALONIS. ANDETRIVM. APERVIT. ET. MVNIT. HARD.

14. *Tribulium.* MSS. *Triburium;* fortasse *Ugliane.* ED.

15. *Nobilitata P. R. præliis.* Tiberio, et Germanico, illuc ab Augusto missis. Vide Dionem, lib. LVI, pag. 579. HARD.

16. *Issæi.* Issæi, ab Issa, de qua cap. 30. Colentini, a Colento, de qua sup. cap. Ἐπέτιον urbs est littoralis Dalmatiæ, prope Salonas, apud Ptolem. lib. II, c. 17, quam forte interdum circumfluus maris æstus ambiret, insulamque faceret. Hodie *Viscio*, prope urbem *Almissa.* HARD. et ED.

17. *Piguntiæ.* Elz. *Peguntium.* Πηγούντιον inter oppida Dalmatiæ juxta littus posita, apud Ptolem. loc. cit. Nunc *Almissa.* HARD.

18. *Rataneum.* Ῥαίτινον τῆς Δαλματίας πόλιν appellat Dio, lib. LVI, p. 578. Hodie *Mucarisca.* H.

19. *Narona.* Ptolemæo, lib. II, cap. 17, Ναρβονὰ pro Νάρωνα κολω-

LIBER III.   199

tus[20], a Salona LXXII M. pass. apposita cognominis[21] sui fluvio, a mari XX M. pass. M. Varro[22] LXXXIX civitates eo ventitasse auctor est. Nunc soli prope noscuntur Cerauni[23] decuriis XXIV, Daorizi XVII, Dæsitiates CIII[24], Docleatæ XXXIII, Deretini XIV, Deremistæ[25] XXX, Dindari[26] XXXIII, Glinditiones XLIV, Melcomani[27] XXIV, Naresii CII, Scirtari[28] LXXII, Siculotæ[29] XXIV, populatoresque quondam Italiæ Vardæi, non amplius quam XX decuriis. Præter 3 hos tenuere tractum eum Ozuæi[30], Partheni, Hemasini, Arthitæ, Armistæ[31]. A Narone amne C M. pass. abest Epi-

νία. Nummus Titi, apud Goltzium, COL. NARONA. Hodie *Narenta.* H.

20. *Tertii conventus.* Tergeminus in Dalmatia Liburniaque conventus fuit, seu Judiciarium forum: Scardonitanus, Salonitanus, et is in quo nunc versamur, Naronitanus. H.

21. *Cognominis sui.* Ita libri omnes. Rectius, *cognomini sibi*, vel *nominis sui.* Naronem amnem intelligit, Νάρωνα Ptolemæus vocat, hodie *Narenta.* HARD.

22. *M. Varro.* In MS. et vet. ap. Dalec. *M.* deletur. ED.

23. *Cerauni,* etc. Κεραύνιον Ptol. lib. II, cap. 17. Δαόριζοι deinde Straboni, lib. VII, pag. 315. Δαισιδιᾶται apud eumdem, pag. 314, qui Δυσιδιᾶται, ut arbitror, Dioni, lib. LV, pag. 568. Docleatæ, ab urbe Δοκλέα, in mediterraneo Dalmatiæ, apud Ptolem. quæ adhuc in ruinis nomen servat teste Holsten. pag. 32. Incolæ Ptolemæo, Δοκλεᾶται. HARD.

24. *CIII.* Chiffl. *CVIII.*

25. *Deremistæ.* Vet. ap. Dalec. *Derepistæ.* Omnium istorum populorum ignoratur situs. ED.

26. *Dindari.* Ptol. Δινδάριοι H.

27. *Melcomani.* Ptolem. lib. II, cap. 17, Κομένιοι, fortasse pro Μελκομένιοι, quod emendare vult Harduinus. Naresii, eidem sunt Ναρήσιοι. ED.

28. *Scirtari.* Forte *Seretii:* nam Σερέτιον in hoc tractu agnoscit Dio, lib. LVI, pag. 579. Vel sunt ii potius quos Σκίρτωνας appellat Ptolem. loc. cit. HARD.

29. *Siculotæ.* Σικουλῶται Ptolem. loc. cit. et Οὐάρδεοι, quos Ἀρδιαίους appellat Strabo, lib. VII, p. 315, contra insulam Pharon: Vardeos, Epitome Livii, lib. LVI. HARD.

30. *Ozuæi.* Ita libri omnes tum MSS. tum editi ante Hermolaum, qui *OEnei* sive *Onei* ex Ptolemæo reposuit, ab Oneo urbe inter Pignentium et Naronem amnem. Verum *Ozuæi* retinemus: siquidem non tunc exstantia oppida, quale fuisse Oneum satis constare potest, quum mentionem ejus fecerit Ptolemæus, qui Plinio est aliquanto recentior: sed gentes quæ jam defecissent, procul dubio nunc recensentur. HARD.

31. *Armistæ.* Chiffl. *Arenistæ.* Omnino ignorantur. ED.

daurum³² colonia. Ab Epidauro³³ sunt oppida civium rom. Rhizinium³⁴, Ascrivium³⁵, Butua³⁶, Olchinium³⁷, quod antea Colchinium dictum est, a Colchis conditum: amnis Drilo³⁸, superque eum oppidum civium romanorum Scodra³⁹, a mari XVII M. pass. Præterea multorum Græciæ oppidorum deficiens memoria, necnon et civitatum validarum. Eo namque tractu fuere Labeatæ⁴⁰, Enderoduni, Sassæi, Grabæi⁴¹, proprieque dicti Illyrii⁴², et

32. *Epidaurum.* Nunc *Ragusi vecchio :* cui Ragusa nova successit. Ἐπίδαυρος Ptolemæo, lib. II, c. 17. Vetus inscript. apud Goltzium : COL. EPIDAVRVM. LEG. IX. HARD.

33. *Ab Epidauro sunt.* Hæc verba, quæ dat Chiffl. desunt apud Dalecampium. ED.

34. *Rhizinium.* Straboni, lib. VII, p. 314, et Stephano, Ῥίζων. Ptolemæo Ῥίζινον. Hodie *Risine*, in intimo recessu Rhizonici sinus, *Golfo di Cattaro.* Oppidani, Rhizonitæ dicuntur Livio, lib. XLV, c. 26. HARD.

35. *Ascrivium.* Ἀσκρούϊον Ptolem. loc. cit. Hodie *Cattaro.* HARD.

36. *Butua.* Chiffl. *Butuanum.* Stephano, Βουθόη, Scylaci quoque pag. 9. Ptolemæo, loc. cit. Βουλούα, pro Βουτούα. Nunc *Budua.* HARD. et ED.

37. *Olchinium.* Οὐλκίνιον Ptolem. loc. cit. Nunc *Dulcigno*, in confinio Dalmatiæ, Albaniæque. Incolæ Livio Olciniatæ vocantur, l. XLV, c. 26. H.

38. *Drilo.* Δρείλων Ptolem. lib. II, c. 17. Nunc *Drino* et *Drin* dicitur. HARD.

39. *Scodra.* Dalec. *Scordra.* Ptolemæo loc. cit. Σκόδρα. Nunc *Scutari*, sive *Scodar*, provinciæ caput quam Turci *Sangiac de Scodar* vocant. Recte situm ejus describit Livius, lib. XLIV, cap. 31 : « Duo cingunt eam flumina, Clausala (hodie *Drinassi*) latere urbis, quod in orientem patet, præfluens; Barbano (hodie *Bojana*) ab regione occidentis ex Labeatide palude (hodie *Lac de Scutari*) oriens. » ED.

40. *Labeatæ, Enderoduni.* Chiffl. *Labeatæ Essænæ, Enderuni.* ED. — Labeatum genti Gentium regem imperitasse auctor est Livius, lib. XLIII, cap. 19, et idem Labeatidem terram vocat, lib. XLIV, cap. 23. Idem Gentius Lissi regnabat, ut ex Polybio, in excerptis liquet, cap. 96, quo de oppido mox dicemus. Enderodunis caput fuit Ἔνδηρον Ptolemæo, lib. II, cap. 17, inter mediterranea Dalmatiæ oppida : nunc *Endero*, in Albania, qua Serviam spectat. HARD.

41. *Grabæi.* Forte Γαλάβριοι, de quibus Strabo, lib. VII, p. 316. HARD. — Eorum nomen servat *Grabia*, auctore viro eruditissimo POUQUEVILLE, *Voyage de la Grèce*, lib. I, cap. 4, pag. 48. ED.

42. *Illyrii.* Inter Naronem et Drinum. HARD.

LIBER III.

Taulantii[43], et Pyræi[44]. Retinet[45] nomen in ora Nymphæum promontorium : Lissum[46] oppidum civium romanorum ab Epidauro c m. passuum. (xxiii.) A Lisso Macedoniæ[47] provincia : gentes Partheni[48], et a tergo eorum Dassaretæ[49]. Montes Candaviæ[50], a Dyrrachio lxxviii m.

43. *Taulantii.* De Taulantiis Illyrica gente Stephanus : Macedoniæ a Ptolemæo adscribitur, lib. III, cap. 13, atque eorum oppida fuisse Dyrrachium, Apolloniamque scribit. Sic etiam Thucyd. lib. I, pag. 17. Hard. — Regionem eos tenuisse, quæ hodie *Musaché* dicitur, nos docet Pouqueville, *Voyage de la Grèce*, lib. III, cap. 1, pag. 251. Ed.

44. *Pyræi.* De Pyræis Pomponius, lib. II, cap. 3 : « Tum Pyræi et Liburni, et Istria. » Hard.

45. *Retinet nomen.* Dalecampio hæc duo vocabula supposititia videntur. Nymphæum promontorium hodie *Cabo Rodoni* vocatur. Ed.

46. *Lissum.* Λισσὸς Ptolemæo, lib. II, cap. 17. Ab Anna Comnena, lib. XII Alexiad. oppidulum dicitur in edito colle situm, unde prospectus usque Dyrrachium pateat. Hard. — Nunc *Alessio*, ad sinistram Drilonis amnis ripam, iv m. pass. a mari. Ed.

47. *Macedoniæ.* Nunc Albania dicitur hæc regio, Macedoniæ provinciæ a Ptolemæo quoque attributa, lib. III, cap. 13. Hard.

48. *Partheni.* Vet. ap. Dalec. *Parthini.* Παρθινοὺς vocat Dio, lib. XLI, pag. 176. Stephano quoque Πάρθος , πόλις Ἰλλυρική· τὸ ἐθνικὸν, Παρθηνός. Parthenorum sive Parthinorum pluribus locis meminit Livius, tum lib. XXIX, cap. 12 :

« Nuntius regi venit Romanos Dyrrhachium venisse, Parthinosque et propinquas alias gentes motas esse ad spem novandi res, etc. » Vicini ergo Dyrrachio fuere, et fortasse non immerito conjicit Pouqueville, *Voyage de la Grèce*, lib. III, cap. 8, p. 372, eos habitasse circa vicum *Presa*, leucis vii a *Durazzo*, septemtrionem inter et ortum solis. Ed.

49. *Dassaretæ.* Vet. ap. Dalec. *Dissaretæ.* Δασσαρῆτιοι Ptolemæo, lib. III, cap. 13, et Livio, lib. XXVII, cap. 32. Regio ipsa Δασσαρῦτις, Polybio, lib. V, pag. 621. Horum oppidum Lychnidus, Ptolem. Unde apud Marcellin. Com. Lychnidensis Episcopus Illyrici laudatur. Hard. — Lychnidus non hodie est *Ochrida*, ut plerique dixerunt, sed situs fuit quatuor circiter leucis ab *Ochrida* meridiem versus, haud longe ab orientali ripa lacus qui hodie *lac d'Ochrida* dicitur, ubi in colle monstrari quem tenuit locum accipimus ab inclyto viro Pouqueville, apud quem plurima de Dassaretia reperias, *Voyage de la Grèce*, lib. VII, cap. 6, pag. 47 et seq. Ed.

50. *Candaviæ.* De his Strabo, lib. VII, pag. 323. Apud Ptolem. loc. cit. ΚΑΝΔΑΟΥΙΩΝ ὀρέων mentio, pro ΚΑΝΔΑΟΥΙΩΝ. Deserta Candaviæ Senecæ, ep. 21, p. 230. *Qua vastos aperit Candavia saltus,*

pass. In ora vero Denda [51] civium romanorum, Epidamnum [52] colonia, propter inauspicatum nomen a Romanis Dyrrachium appellata : flumen Aous [53], a [54] quibusdam Æas nominatum : Apollonia [55], quondam Corinthiorum [56] colonia, IV M. [57] passuum a mari recedens : cujus in finibus celebre Nymphæum [58] accolunt barbari, Aman-

inquit Lucan. lib. VI, vs. 331. Hard. — Hodie *Tomoros*, sive *de Caulonias*, auctore Pouqueville, *Voyage de la Grèce*, lib. I, cap. 5, pag. 76; lib. II, cap. 1, p. 132, et cap. 5, pag. 225. Ed.

51. *Denda civium rom. Epidamnum colonia.* Sic libri omnes, MSS. atque vulgati : quam lectionem probo, etsi ejus nominis oppidum prope Dyrrachium nondum invenerim : quum civium romanorum oppida differre a coloniis non uno in loco auctor indicaverit. Quod non animadvertens Pintianus, vocem *Denda*, ne sibi molestiam faceret, confidenter expunxit. Hard.

52. *Epidamnum.* Mela, lib. II, cap. 4 : « Romani nomen Epidamnum mutavere, quia velut in damnum ituris omen id visum est. » Vide et Dionem, lib. XLI, pag. 176. Nunc *Durazzo.* Hard.

53. *Aous.* Sic appellatur a Livio, lib. XXXII, c. 5. Hodie *Voioussa* vocatur. Mela, lib. II, cap. 3 : *Æas secundum Apolloniam.* Ed.

54. *A quibusdam Æas.* Sic etiam vocatur a Pomponio Mela, ut diximus. A Scylace quoque : Αἴας ποταμὸς ἀπὸ τοῦ Πίνδου ὄρους παρὰ τὴν Ἀπολλωνίαν παραῤῥεῖ. Lycophron, v. 1015 et 1019, Αἴας Αἴαντος inflexit, qua forma Græci ipsius Ajacis, ducis inter Græcos notissimi, nomen inflectunt. Unde Valerii Maximi locus illustratur, ita scribentis, lib. I, cap. 5, pag. 36 : « Atque illi flumen vicinum mœnibus nomine Æantem in adjutorium sese mittere dixissent. » Apolloniatæ scilicet ab Epidamniis suppetias postulabant : Responderunt illi : Habetis Αἴαντα : ab eo subsidium petite. Ludebant homines Græci in fluminis et Ajacis affini, atque adeo simili prorsus nomine. Hard.

55. *Apollonia.* Ad dextram Aoi fluminis ripam reperiuntur ejus rudera, inter quæ excitatum est celebre monasterium quod *Pollini* nomen servat. Ed.

56. *Corinthiorum.* Ita Thucyd. lib. I, pag. 19, et Dio, lib. XLI, pag. 174. A Corcyræis et Corinthiis conditam aiunt Strabo, lib. VII, pag. 316; Scymnus, p. 18, aliique. Hard. — Γυλάκεια primum a Gylace Corinthiorum coloniæ duce primum vocata fuit, auctore Steph. Byz. quem sequitur Raoul Rochette, *Hist. des colonies Grecques*, t. III, c. 20. Ed.

57. *IV M.* Sic Chiffl. et Hard. recte, male Dalec. *VII.* Ed.

58. *Nymphæum.* Livius, lib. XLII, cap. 49 : *Nymphæum in Apolloniati agro.* Egimus de eo, lib. II, cap. 110. Hard. — Locum ubi manant hi bituminis fontes IV M. pass. patere auctor est Doct. Henry Hol-

tes[59] et Buliones[60]. At in ora oppidum Oricum[61] a Colchis conditum. Inde initium Epiri, montes Acroceraunia[62], quibus hunc Europæ determinavimus[63] sinum. Oricum, a Salentino Italiæ promontorio distat LXXXV[64] M. passuum.

XXVII. (XXIV.) A tergo Carnorum et Iapydum, qua se fert magnus Ister[1], Rhætis junguntur Norici[2]. Oppida

LAND, *travels*, etc. vol. II, p. 339. Ab Aoo flumine et amne *Suchista*, qui in eum influit et Acrocerauniis montibus circumcingitur, auctore POUQUEVILLE, *Voyage de la Grèce*, lib. III, cap. 6, pag. 334. ED.

59. *Amantes.* Horum caput Amantia, quam XXX M. pass. ab Apollonia distare ait tab. Peut. 320 stad. Scylax. Illius meminerunt et Cic. Philipp. XI, et Cæsar, de Bell. Civ. lib. III, cap. 12 et 40. Reperiuntur ejus rudera, auctore POUQUEVILLE, *Voyage de la Grèce*, lib. III, cap. 6, pag. 337, juxta vicum *Nivitza*, ad dextram ripam amnis *Suchista*, de quo sup. not. ED.

60. *Buliones.* Straboni, lib. VII, pag. 326, Βυλλίονες. In nummis apud Goltzium, ΒΥΛΛΑΙΟΝΩΝ. Oppidum Βυλλὶς, Ptolem. lib. II, cap. 13, unde Bullidensis colonia Plinio, lib. IV, c. 17. H. — Hos Strabo circa Dyrrachium et Apolloniam usque ad Ceraunios montes habitare ait. Steph. Byzant. eorum urbem πόλιν παραθαλασσίαν vocat, quæ tamen non in maris littore sita fuit, nam ejus vestigia et inscriptionem, in qua Byllidis nomen agnoscitur, reperit POUQUEVILLE loco dicto *Gradista*, leucis quatuor a mari, ad dextram ripam Aoi fluminis quo ad eam navigabatur. Plura vide in *Voyage de la Grèce*, lib. III, cap. 6, pag. 340. ED.

61. *Oricum.* Ὤρικος Ptolemæo, lib. III, cap. 14. Ὤρεον eam vocat Strabo, lib. VII, pag. 316. Ὤρικον λιμένα, Herod. lib. IX, c. 93. Illius meminit Dionys. Perieg. v. 399: Ὠρικίην θ'ὑπὲρ αἶαν ἐρείδεται Ἑλλάδος ἀρχή. Illam ad OEneum sinum, hodie *golfe de la Vallona* sive *d'Avlona*, sitam fuisse et portum ejus a Græcis *Porto Raguseo*, a Turcis *Liman Padischa* vocari demonstrat POUQUEVILLE, *Voyage de la Grèce*, lib. III, c. 6, p. 324, seqq. ED.

62. *Acroceraunia.* Virgilio *Ceraunia*: nunc *Monti di Chimera*. Epirum ab Albania dirimunt. HARD.

63. *Determinavimus.* Cap. 15. H.

64. *LXXXV M.* Chiffl. *LXXX.* Straboni, lib. VI, pag. 281, abest a Cerauniis Salentinum, stadiis DCC, hoc est, millibus passuum LXXXVII, et quingentis pass. Verum intervallum circiter LXX M. pass. est. ED.

XXVII. 1. *Ister*, sive Danubius, accolis *Donau* dictus, nobis *Danube*. ED.

2. *Norici.* Australem tenuere Danubii ripam usque ad Alpes Carnicas, ab Æno amne, hodie *Inn*, ad Cetium montem, hodie *Kahlenberg*, juxta urbem Vindobonam, cum regionibus quæ nunc Carinthia, Styriaque dicuntur. Duplex provincia insequentibus sæculis factum est Noricum, Ripense ad

eorum, Virunum[3], Celeia[4], Teurnia[5], Aguntum[6], Vianiomina[7], Claudia[8], Flavium[9] Solvense. Noricis junguntur lacus[10] Peiso, deserta Boiorum[11]: jam tamen colonia Divi Claudii Sabaria[12], et oppido Scarabantia[13] Julia habitantur.

Danubium, Mediterraneum Alpes versus. ED.

3. *Virunum.* Apud Gruter. pag. 569, NORICUS. COL. C. VIRVNO. Apud Ptolem. lib. II, cap. 14, in Norico Οὐίρουνον. Nunc, ut ait D'ANVILLE, *Wolk-markt*, ad amnem Dravum, quem hodie *Drau* vocant incolæ, nos *la Drave*. HARD. et ED.

4. *Celeia.* Κέλεια Ptolem. loc. cit. Gruter pag. 130, CELEIÆ, reperta inscriptio in Carniolæ oppido, quod vetustum nomen retinet, *Cilley*. HARD.

5. *Teurnia.* Ptolem. loco citato, Τεουρνία. Nunc *Lurnfelde*, haud longe ab oppidulo *Spital*, auctore Mannerto. ED.

6. *Aguntum.* Ἄγουντον Ptolem. loc. cit. Fortun. Vit. S. Mart. lib. IV, v. 646 : « Per Dravum itur iter, qua se castella supinant. Hic montana sedens in colle superbit Aguntus. » Haud longe a Dravi fontibus situm fuit, juxta oppidulum *Innichen*, ut ait idem Mannertus. ED.

7. *Vianiomina.* MSS. omnes, Reg. Colb. etc. Parm. edit. *Vivana momnia*, Hermolaus ex Rhætia Ptolemæi, *Viana* primum, mox ex conjectura *Æmonia* adjecit, quam in hoc tractu agnovit nemo. Vianiomina Plinii est, quæ Antonino Vindobona, a Scarabantia, M. P. LIV, et alibi Vindomona dicitur, in itinere de Pannoniis in Gallias: apud Gruter. pag. 540, VIANNA. Incolis hodie *Wien*, nobis *Vienne* Austriæ caput. HARD. et ED.

8. *Claudia.* Κλαυδίουϊον Ptolem. in Norico, loc. cit. Nunc, si Cluverio fides, *Clausen* Bavariæ vicus. ED.

9. *Flavium Solvense.* Apud Gruter. inscriptio reperta Cibini in Hungaria, FL. SOLVA. Hodie, ut ait Mannertus, *Solfeld*, haud longe a *Klagenfurt*. ED.

10. *Lacus Peiso.* Rectius forte *lacu Speiso* : ut sit, lacu illo conjungi Noricis deserta Boiorum. H. —Plerique, quos inter D'ANVILLE, hunc lacum eum esse existimant quem incolæ hodie *Neusiedler See* vocant, haud longe a Vindobona : Mannertus autem, qui nomen ejus rectius Pelso scribi ait, eum esse vult quem hodie *Balaton* sive *Platten See* vocant, quem vide *Geog. der Griechen and Romer*. vol. III, pag. 565. ED.

11. *Deserta Boiorum.* Deserta hæc, quibus a Pannonia discernebatur Noricum, facile agnoscuntur in ea regione montibus et sylvis scatente qua circumdatur lacus *Balaton*. ED.

12. *Sabaria.* Hodie *Sarvar*, ad flumen *Raab*, in Hungariæ Austriæque confinio. Ibi reperta inscript. quam refert Gruterus, pag. 389, C. C. S. hoc est, Colonia Claudia Sabaria. Σαουαρία Ptolem. lib. II, cap. 15, in Pannonia superiore. Et apud Goltz. Claudii nummus, COL. SABAR. CLAVDIANA. AVGVSTA. H. et ED.

13. *Scarabantia.* A Sabaria, M.

LIBER III.

XXVIII. (xxv.) Inde¹ glandifera Pannoniæ, quæ mitescentia Alpium juga, per medium Illyricum a septemtrione ad meridiem versa molli in dextra ac læva devexitate considúnt. Quæ pars ad mare Adriaticum spectat, appellatur Dalmatia, et Illyricum supra dictum. Ad septemtriones Pannonia² vergit : finitur inde Danubio. In ea coloniæ, Æmona³, Siscia⁴. Amnes clari et navigabiles in Danubium defluunt, Dravus⁵ e Noricis violentior, Savus ex Alpibus Carnicis placidior, cxx⁶ M. pass. intervallo. Dravus per Serretes⁷, Serrapillos, Iasos⁸ Andizetes⁹ : Savus per Colapianos¹⁰, Breucosque¹¹. Populorum hæc capita. Præterea Arivates, Azali¹², Amantes, Belgites,

p. xxxiv, apud Antonin. Hodie *Sopron*, sive *OEdenburg*, in eodem tractu. Hard.

XXVIII. 1. *Inde glandifera.* Ita MSS. omnes, non *in glandifera.* Hoc est, post eas gentes, ac urbes, quas antea memoravit, glandifera sunt Pannoniæ. Apud Hygenum, lib. de Limitibus constit. p. 206, legimus in Pannonia sylvis glandiferis vectigal constitutum. Hard.

2. *Pannonia vergit.* Carniolæ partem, deinde Croatiam, Sclavoniam, Hungariamque complexa, Danubium usque. Hard.

3. *Æmona. Laybach*, ut diximus cap. 22. Carniolæ primarium oppidum. Ἤμωνα Ptolemæo, lib. II, cap. 15, sub Norico Pannoniæ. H.

4. *Siscia.* Σίσκια Ptolem. loc. cit. Vulgo *Sissek*, ad Savum amnem. H.

5. *Dravus... Savus.* Elz. hic et infra, *Draus...Saus.* Nomen retinent *Drau*, sive *Drave* et *Sau*, sive *Save.* Δράβος et Σαῦος dicuntur lib. VII, pag. 314, Straboni, qui perperam, ut animadvertit Hard. Savum in Dravum, Dravum in Noarum, et Noarum, accepto ex Iapydibus Colapi, in Danubium influere contendit, dum, ut tradit Noster, Savus et Dravus suo quisque alveo Danubium intrat. Ed.

6. *CXX.* Dalec. *CXV.* Ed.

7. *Serretes.* Hi et Serrapilli, Carinthiam tenuere, ripamque geminam Dravi amnis. Hard.

8. *Iasos.* Ἰασσίους appellat Ptolem. lib. II, cap. 15. Hard.

9. *Andizetes.* Chiffl. *Sandizetes.* Dalec. *Sandrizetes.* Andizetes restituit Hard. ex Strabone, lib. VII, pag. 314, in quo reperiuntur Ἀυδιζήτιοι. Ignoratur eorum situs. Ed.

10. *Colapianos.* A fluvio Colapi, cujus mox Plinius, aliique meminere. Hard.

11. *Breucosque.* Βρεῦκοι Ptolem. lib. II, cap. 16, et Straboni, lib. VII, pag. 314. Βρεῦκοι Dioni, lib. LV, pag. 568. Eorum, sequentiumque omnium populorum situs ignoratur. Hard. et Ed.

12. *Azali*, etc. Ἄζαλοι Ptolem. in Pannonia superiore, lib. II, c. 15. Ἀμαντηνοί, in inferiore, cap.

Catari[13], Cornacates, Eravisci[14], Hercuniates, Latovici, Oseriates, Varciani. Mons Claudius[15], cujus in fronte Scordisci[16], in tergo Taurisci. Insula in Savo Metubarris[17], amnicarum maxima. Præterea amnes memorandi, Colapis[18] in Savum influens juxta Sisciam, gemino alveo insulam ibi efficit[19], quæ Segestica appellatur. Alter[20] amnis Bacuntius[21] in Savum Sirmio[22] oppido influit: ubi[23] civitas Sirmiensium et Amantinorum. Inde XLV M. passuum Taurunum[24], ubi Danubio miscetur Savus. Supra[25] influunt Valdasus[26], Urpanus, et ipsi non ignobiles.

16. Catari, forte pro *Curtari:* nam in inferiore Pannonia Κούρτα oppidum apud Ptolem. Sic Cornacates (ita enim habent MSS. non *Corneates*, ut Dalec.), a Κόρνακον ejusdem Pannoniæ oppido apud Ptolem. HARD.

13. *Catari.* Vet. ap. Dalec. *Cartari.* ED.

14. *Eravisci*, sic enim alphabeti series exigit, non *Aravisci*, ut scribit Dalec. ii sunt qui Ptolemæo in inferiore Pannonia, lib. II, c. 17, Ἀράβισκοι. Idem ibi Ἐρκουνιάτας Amantenis subjicit. In superiore Λατοβίκους, Ὀσσεριάτας, et Οὐαρκιανοὺς locat, cap. 15. HARD.

15. *Claudius.* Tauriscos a Scordiscis, hoc est, Hungaros Sclavosque a Croatis determinans. HARD.

16. *Scordisci.* Chiffl. *Cordici.* ED.

17. *Metubarris.* Hodie *Zagrabia.* HARD.

18. *Colapis.* Dalec. *Calapis.* Hodie *Kulpa.* ED. — Κόλοψ Dioni, lib. XLIX, pag. 414, qui eum amnem ait Sisciæ urbis mœnia primum alluisse, post vero a Tiberio Cæsare ducta fossa, totam urbem circumambiisse, insulamque facere, mox redire in pristinum alveum. Σεγετικὴν vocat idem, lib. LI, pag. 461, insulam quæ Plinio Segestica dicitur. Strabo, lib. VII, pag. 314, Σεγεςικήν. H.

19. *Efficit.* Dalec. *efficiens.* ED.

20. *Alter amnis Bacuntius.* Ita MSS. Reg. et Colb. Quid si legas « alteram Bisacuntius in Savum Sirmio oppido influens. » Ut sit intellectus Bisacuntium amnem alteram efficere insulam, qua Sirmienses et Amantini continerentur. HARD.

21. *Bacuntius.* Chiffl. *Acuntius.* Hodie *Bossut* dicitur. ED.

22. *Sirmio.* Hodie *Sirmich.* ED.

23. *Ubi civitas.* Non oppidum, sed ditio, ager, communitas. H.

24. *Taurunum.* Ταυρούνος, ubi se Savus Istro immiscet, inquit etiam Arrianus in Indicis, pag. 517. H.
— Hodie *Tzeruinka*, ut volunt D'ANVILLE et Brot. ED.

25. *Supra influunt.* In Danubium scilicet, supra Savum Dravumque, intelligi vult Hard. in Savum supra Taurunum Brot. et Mannertus. ED.

26. *Valdasus.* Dalec. *Valdanus.*

LIBER III. 207

XXIX. (XXVI.) Pannoniæ jungitur provincia, quæ [1] Mœsia[1] appellatur, ad Pontum usque cum Danubio decurrens. Incipit[2] a confluente supra dicto. In ea[3] Dardani, Celegeri, Triballi, Timachi[4], Mœsi, Thraces, Pontoque contermini Scythæ. Flumina clara, e Dardanis Margis[5], Pingus[6], Timachus : ex Rhodope OEscus[7] : ex Hæmo, Utus[8], Escamus[9], Ieterus.

Illyrici latitudo, qua maxima est, CCCXXXV M. passuum [2] colligit. Longitudo[10] a flumine Arsia ad flumen Drinium DCCC[11] M. A Drinio ad promontorium Acroceraunium, CLXXII M. Agrippa prodidit universum hunc sinum

Hodie *Walpo* est, et Urpanus hodie *Sarroiez*, si audiatur Hard. Valdasus, *Bosna*, et Urpanus, *Verbas*, si Broterio Mannertoque fides. ED.

XXIX. 1. *Quæ Mœsia.* A Belgrada ad Pontum, ubi nunc Servia, et Bulgaria est. Τὴν Μυσίδα vocat Dio, lib. LI, pag. 461. HARD.

2. *Incipit a confluente.* Ubi Danubio Savus miscetur, ut dictum est. HARD.

3. *In ea Dardani*, etc. Hæc pariter Tzetzes, Chiliad. XI, Hist. 396. Δάρδανοι Ptolemæo, in Mysia superiore, lib. III, cap. 9. Ubi nunc Servia est. Τριβαλλοί in inferiore, cap. 10. Timachi ab oppido Τίμαχον Mysiæ superioris, apud eumdem Ptolem. HARD.

4. *Timachi.* Dalec. *Trimachi.* ED.

5. *Margis.* Hodie *Morava*, per Serviam in Danubium labens. Oppidum ei olim appositum fuit ejusdem nominis, Margum, cujus mentio in Notitia Imp. Rom. cap. 52, sub dispos. ducis Mœsiæ primæ. HARD.

6. *Pingus*, etc. Hodie fortasse *Bek*, in Danubium juxta *Gradistic*

influens. Timachus certe *Timok*, in idem flumen supra urbem *Widin* incidens. ED.

7. *OEscus.* Nunc *Iskar* in Bulgaria. Et OEscum oppidum ab amne cognomine, in Notitia Imp. cap. 31, pag. 54. Triballis adscribitur a Ptolem. lib. III, cap. 10. HARD.

8. *Utus*, etc. Et hi Bulgariam alluunt. Utus, hodie est *Vid*, Escamus, *Osma*, et Icterus *Jantra*. ED.

— Utum oppidum in Notitia Imp. cap. 31, p. 53. Sub dispos. ducis Daciæ Ripensis. HARD.

9. *Escamus.* Chiffl. *Æscamus.* ED.

10. *Longitudo.* Hæc Martianus totidem fere verbis, lib. VI, cap. de secundo Europæ sinu, p. 209. Tamen MSS. Reg. et Colb. DXXX. HARD.

11. *A flumine Arsia ad flum. Drinium DCCC.* Sic Hard. Broterius autem *DXXX* legit ex MSS. Reg. 1, 2, 5. Utrum anteponendum sit dubium esse potest, quum animadvertimus verum inter Arsiam flumen et Drinium intervallum circiter CCCXXX M. pass. esse, recto cursu quantum fieri potest, et cir-

Italiæ et Illyrici ambitu, $\overline{\text{xvii}}$. In eo duo maria (quo distinximus fine) : Ionium[12], in prima parte; interius Adriaticum, quod Superum vocant.

XXX. Insulæ in Ausonio mari præter jam dictas, memoratu dignæ, nullæ : in Ionio paucæ : Calabro littore ante Brundusium, quarum objectu portus efficitur : contra Apulum littus Diomedea[1], conspicua monumento Diomedis : et altera[2] eodem nomine, a quibusdam Teutria appellata.

Illyrici ora mille amplius insulis frequentatur, natura vadoso[3] mari, æstuariisque tenui alveo intercursantibus. Claræ : ante ostia Timavi, calidorum[4] fontium cum æstu maris crescentium : juxta Istrorum agrum, Cissa, Pullaria[5], et Absyrtides[6] Graiis dictæ, a fratre Medeæ ibi

citer DCC M. pass. per omnes littorum anfractus atque circuitus. — *A Drinio*, etc. Mallet Dalecamp. veterem lectionem, quæ sic habet : « a Drinio ad promontorium Acroceraunium CLXX M. Agrippa prodidit : universum autem hunc sinum Italiæ et Illyrici ambitu XIII. » Drinius amnis ille est quem Drilonem superius dixit, cap. 26. — *CLXXII.* Brot. ex MSS. Reg. et ed. princ. *CLXXV.* Chiffl. *CLX.* Vera autem longitudo a Drinio ad promontorium Acroceraunium, hodie *capo della Linguetta*, circiter CXL M. pass. est. ED. — $\overline{XVII}$. Sic cum Broterio legimus ex MSS. Reg. 1, 5, et edit. princ. non $\overline{XIII}$ cum Harduino, nec $\overline{XIV}$ cum Chifflet. nam $\overline{XVII}$ M. pass. id est, septies decies centenis millibus passuum; non minor est totius Adriatici maris ambitus. — *Quo distinximus*. In hoccine libro, cap. 16. H.

12. *Ionium.* In libris vulgatis hactenus *Inferum sive Ionium :* at has voces *Inferum sive* expungendas admonent MSS. Reg. 1, 2, Colb. 1, 2, 3, Paris. etc. a quibus absunt. Diversum enim Ionium mare ab Infero est : nihilque magis alienum a vero quam sinu hoc Europæ secundo mare Inferum contineri. H.

XXX. 1. *Diomedea.* Diomedis tumulo ac delubro nobilis, ut dicetur lib. X, cap. 61. Διομήδεια Stephano et Scymno, pag. 18. HARD.

2. *Et altera.* Sic Strabo, lib. VI, pag. 234. HARD.—Tres sunt contra urbem *Tremoli* insulæ, quas *isole di Tremiti* Itali vocant, scilicet *S. Domenico*, quæ videtur esse Diomedea, *S. Nicolo* et *Capraja*, e quibus utra sit Teutria incertum est. ED.

3. *Vadoso mari.* Dalec. *vadosi maris.* ED.

4. *Calidorum.* Meminit jam hujus insulæ, lib. II, cap. 106. HARD.

5. *Pullaria.* Dalec. *Pullariæ.* ED.

6. *Absyrtides.* Iisdem verbis Ste-

LIBER III.

interfecto[7] Absyrto. Juxta eas Electridas vocavere, in quibus proveniret succinum, quod illi electrum appellant, vanitatis[8] græcæ certissimum documentum : adeo ut quas earum designent, haud umquam constiterit. Contra[9] Iader 3 est Lissa : et[10] quæ appellatæ. Contra Liburnas[11] Grateæ[12] aliquot : nec pauciores[13] Liburnicæ, Celadussæ[14] contra

phanus : Ἀψυρτίδες, νῆσοι πρὸς τῷ Ἀδρία, ὑπὸ Ἀψύρτου παιδὸς Αἰήτου ἐν μίᾳ δολοφονηθέντος ὑπὸ τῆς ἀδελφῆς Μηδείας. Vide etiam Hygin. fab. 23; Apollod. de Diis, lib. I, pag. 63 et 65. HARD.

7. *Interfecto Absyrto.* Sic MSS. omnes; quidam tamen legunt *interfecto nomine Absyrto.* DAL.

8. *Vanitatis græcæ certissimum documentum.* Quum ea appellatione nec ullæ unquam ibi insulæ fuerint, et eadem alibi statuantur a Græcis, ut Plinius recte admonet, lib. XXXVII, cap. 11. Absyrtidibus sic junxit Electridas Scymnus Chius, pag. 16. HARD.

9. *Contra Jader.* Sic MSS. omnes librique editi, præter Chifflet. qui pro *Lissa*, *Basilissa* legit. Lissæ meminit Antoninus in Itiner. Marit. enumerans insulas quæ sunt inter Dalmatiam et Istriam : *Apsoros*, inquit, *Issa, Lissa,* etc. HARD.

10. *Et quæ appellatæ.* Hoc est, et aliæ quæ sunt a nobis supra dictæ, cap. 25. Crexa, Gissa, Colentum. HARD. — Harduino non assentitur Dalec. apud quem legitur *quæque appellatæ contra Liburnos Creteæ aliquot,* etc. ED.

11. *Liburnas.* Dalec. et Elzev. *Liburnos.* ED.

12. *Grateæ.* Ita MSS. Reg. et Colb. non *Creteæ*, ut Dalec. Scylaci Caryand. in Periplo, pag. 9, prope

Pharum et Issam Crateæ insulæ nominantur : Κραταιαὶ νῆσοι, κατὰ Φάρον καὶ Ἴσσαν. HARD.

13. *Nec pauciores.* Forte, *nec pauciores XL.* Totidem enim Liburnicas insulas agnoscit Strabo, VII, pag. 315. HARD. — Tolet. *nec non Trucones.* ED.

14. *Celadussæ.* Dal. « Celadussæ. Contra Surium, bubus et capris laudata Brattia. » Eruditus Harduinus, ex infelici conjectura, ut ait Brot. cum Pintiano, male emendavit : « Celadussæ. Contra Tragurium Bavo : et capris laudata Brattia. » Brot. « Celadussæ contra Surium : Bubua et capris laudata Brattia. » Nos *Celadussæ contra Surium* legimus cum MSS. Reg. 1, 5, et edit. princ. et *Bavo* cum MSS. Reg. 1, 2, Colb. 1, 2, 3, quamvis *Bubua* ex edit. princip. legat Broterius. Celadussæ autem insulæ, quarum et Mela meminit, lib. II, cap. 7, inter Surium insulam, hodie *Zuri*, et oram Sicensem, nunc *Sebenico*, sitæ sunt, ut ait Brot. præcipuæque inter illas *Kasvan, Capri, Smolan, Tihat, Sestre,* nonnullæque aliæ minores quas inter nominandæ sunt *Parvich, Zlarin,* etc. Bavo in tab. Peut. segm. 4, et in cod. Theodosian. leg. III, de Hæreticis, insula Boa dicta, sub imperatoribus romanis exsiliis fuit famosa. *Bua* hodie vocatur. ED.

Surium: Bavo, et capris laudata Brattia [15], Issa [16] civium romanorum, et cum oppido Pharia [17]. Ab his Corcyra [18], Melæna cognominata, cum Gnidiorum oppido, distat xxv [19] M. passuum, inter quam et Illyricum Melita [20], unde catulos Melitæos appellari Callimachus [21] auctor est: xv [22] millia passuum ab ea tres Elaphites [23]. In Ionio autem mari ab Orico [24] III millia passuum, Sasonis piratica statione nota.

15. *Brattia.* Meminit Anton. in Itiner. Marit. Nunc *Brazza.* In Tab. Peutinger. segm. 4, *insula Brattia: insula Pharia.* HARD. — Ibi capri agnique sunt adhuc exquisitissimi saporis, teste Cl. FORTIS, *Viaggio in Dalmazia*, tom. I, epist. ult. BROT.

16. *Issa civium romanorum.* Dalec. *Issa civium romanorum reliqua.* Ἴσσα Scymno, p. 17, Stephano aliisque. Hodie *Lissa.* ED.

17. *Pharia.* Straboni, lib. VII, pag. 315, Φάρος, olim Πάρος, Pariorum colonia. Nunc *Lesina.* H.

18. *Corcyra.* Nunc *Curzola*, teste Jo. Lucio. Oppidum a Cnidiis conditum testatur quoque Scymnus, p. 18. Μέλαινα seu Nigra cognominata est, ob umbrosam sylvarum proceritatem. HARD. et BROT.

19. *XXV M. passuum.* Dalec. *XXII.* ED.

20. *Melita.* Alia hæc est ab Africana Melita, vulgo *Malte* dicta; hæc *Meleda*, nonnunquamque *Zapuntello* dicitur. ED.

21. *Callimachus.* Et Stephanus et Auctor Etymolog. Hanc laudem alteri Melitæ alii adjudicant. Litem decidere haud proclive: quum in neutra hodie catelli similes reperiantur. HARD.

22. *XV.* Dalec. *XII.* ED.

23. *Tres Elaphites.* Elzevir. *IV Elaphites.* ED. — In MSS. Reg. 1, et editione principe, *VII Elaphites.* Quod verius crediderim. Plures enim ibi sunt insulæ quam quatuor. Ita autem sunt dictæ a cervorum copia. BROT.

24. *Ab Orico III millia passuum, Sasonis.* Sic editio princeps et Harduinus, exiliore fortasse numero. Male MSS. Reg. 1, 5, M. M. P. Male quoque Dalec. *M. millia passum.* Broterius *XII millia passuum* emendare vult, « Quod, inquit, satis indicat Scylax, pag. 10, quum ait ex insula Sasonis in Oricum navigationem esse tertiæ diei partis, εἰς Ὤρικον πόλιν ἐστὶ παράπλους ἡμέρας τρίτον μέρος. Paulo supra dixerat ab Orico ad mare stadia esse LXXX, στάδια π'. » Hæc insula, hodie *Sasino* dicta, X M. pass. distat a *Porto Raguseo*, quem Orici portum fuisse superius diximus. Multa de illa erudit. POUQUEVILLE, *Voyage de la Grèce*, lib. I, cap. 5, pag. 72 et seqq. ED.

C. PLINII SECUNDI
NATURALIS HISTORIÆ
LIBER IV.

I. TERTIUS Europæ sinus[1] Acrocerauniis[2] incipit montibus, finitur Hellesponto: amplectitur præter minores sinus XIX[3] XXV centena millia passuum. In eo Epirus, Acarnania, Ætolia, Phocis, Locris, Achaia, Messenia, Laconia[4], Argolis[5], Megaris, Attica, Bœotia: iterumque alio[6]

I. 1. *Tertius Europæ sinus.* Ionium mare, Ægæumque complectitur. HARD.

2. *Acrocerauniis.* De quibus dictum est, lib. sup. cap. 26, *Monti della Chimera*, prope Aulonem, *Vallona* sive *Avlona*. HARD.

3. *Minores sinus XIX.* Tertii sinus, inquit, universa adnavigatio colligit vicies quinquies centena millia passuum, minoribus sinubus, qui sunt numero undeviginti, non enumeratis. Prior enim numerus sinuum est minorum, quos auctor hic negat a se numerari: sequens vero, millium passuum, quæ universa ipsius tertii sinus adnavigatio colligat. Martianus quoque, lib. VI, cap. de tertio sinu Europæ, pag. 209, ex hoc Plinii loco: « Tertius hic, inquit, sinus Europæ sinus habet decem et novem, provinciasque complures. » Cui quidem sententiæ, præter conditivos codices, Reg. 1, 2, Colb. 1, 2, Paris. res ipsa per se suffragatur: totidem enim tertius hic major Europæ sinus complectitur, uti ex Plinio ipso intelligimus: quorum hæc nomina: Ambracius, Ionius, sive Leucadius, Corinthiacus, Crissæus, Cyllenius, Cyparissius, Asinæus, Coronæus, Laconicus, Ægilodes, Gytheates, Saronicus, Opuntinus, Pagasicus, Macedonicus, Mecybernæus, Melas, Gasthenes, Thermæus. Quibus addere et Strymonicum possis, de quo cap. 17, ut sint omnino XX, qui numerus in Chiffl. cod. legitur. HARD. — Chiffl. apud Dalecampium, *præter minores, sinus XX XXVI.* ED.

4. *Laconia.* Rectius puto, cum Mela, lib. II, cap. 3, pag. 32, *Laconice.* HARD.

5. *Argolis.* Argolis quoque Melæ, et Martiano, qui hæc habet a Plinio, lib. VI, cap. de tertio Europæ sinu, p. 209. Græcis Ἀργεία. HARD.

6. *Alio mari.* Dalec. *ab alio mari.* Ægeo scilicet, hodie *Archipel* dicto. ED.

mari eadem Phocis et Locris, Doris, Phthiotis, Thessalia, Magnesia, Macedonia, Thracia. Omnis Græciæ fabulositas, sicut et litterarum claritas, ex hoc primum sinu effulsit. Quapropter in eo paululum commorabimur.

2   Epiros[7] in universum appellata, Acroceraunis incipit montibus. In ea primi Chaones[8], a quibus Chaonia: dein Thesproti[9], Antigonenses[10] : locus Aornos[11], et pestifera

---

7. *Epiros.* Hæc Martianus iisdem verbis loco citato. Hodie *Sangiacs de Janina, de Delvino, de Chamouri et Vavodilik*, seu *Principauté d'Arta*, ut nos docet, tom. I, pag. 24, eruditissimus vir Pouqueville, cujus egregium opus, cui titulus est *Voyage en Grèce*, multa usque ad hunc diem vel doctissimis viris ignota atque penitus abscondita in vividum lumen protulit. Minime mirum ergo lectori videbitur, si sæpe sæpius nos hunc tam fidum testem invocemus, tam certum ducem sequi non dubitemus. Plurimum item nobis proderit in dispellendis quæ incumbunt veteri Græciæ tenebris, accuratissima et excellens mappa, quam nuper edidit inclytus vir le chevalier Lapie, inter regios geographos princeps. Hard. et Ed.

8. *Chaones.* Χάονες Straboni, lib. VII, pag. 323. Hos ait Epiro toti primum imperitasse, deinde Molossos. Chaonum fuit castellum Chimera, in Acroceraunis, de quo mox dicetur. Hard. — Hodie *cantons de Chimera, Iapourie, Arborie, Paracaloma et Philates*, ut ait Pouqueville, tom. I, Introduction, pag. xxiv. Ed.

9. *Thesproti.* Θεσπρωτοί Straboni, p. 324. Horum oppidum Buthrotum, de quo statim. Hard. — Hodie *Paramythia*, auctore Pouqueville, loco cit. Ed.

10. *Antigonenses.* Ab oppido, cujus meminit Ptolemæus, lib. III, cap. 14, in Chaoniæ mediterraneo, Ἀντιγόνεια. Stephanus quoque : Ἀντιγόνεια, πόλις Χαονίας ἐν Ἠπείρῳ : et Polyb. II, pag. 130. Hard. — Oppidum hoc et fauces Antigonias dictas m. passibus a *Tebelen*, meridiem versus se reperisse putat, haud immerito, ut videtur, erud. Pouqueville, op. cit. tom. II, lib. IV, cap. 1, p. 7 et 8. Ed.

11. *Locus Aornos.* Familiaris Plinio locutio est, ut *locum* vocet, ubi oppidi veteris ruinæ, ac vestigia supersint. Stephanus oppidi meminit, pag. 90, Ἄορνος, πόλις. Id porro loci nomen, quoniam tetrum ob halitum careret avibus, ex re factum. Sic Virgilius de Cumarum spelunca, Æn. lib. VI, vers. 239 : « Quam super haud ullæ poterant impune volantes Tendere iter pennis : talis sese halitus atris Faucibus effundens supera ad convexa ferebat : Unde locum Graii dixerunt nomine Aornon. » Hard. — Pluribus autem locis nomen istud indixere Græci, quorum celeberrimus in Thesprotia fuit. Ed.

LIBER IV. 213

avibus exhalatio : Cestrini[12], Perrhæbi[13], quorum mons Pindus, Cassiopæi[14], Dryopes[15], Selli[16], Hellopes[17], Mo-

12. *Cestrini.* Ab oppido Cestria, de quo mox dicetur, regio Cestrine nomen habuit, Chaoniæ portio : unde Cestrini boves apud Hesychium, pag. 522 : Κεϛρινικοὶ βόες, οἱ ἐν Χαονίᾳ, ἣ προτερον Κεϛρίνη προσηγορεύετο · ἔστι δὲ μοῖρα τῆς Ἠπείρου διαφόρους ἔχουσα βοῦς. A Cestrino Heleni F. nomen accepisse Κεϛρινὴν, auctor est Pausan. in Corinth. sive lib. II, pag. 127. HARD. — Nunc *Chamouri* sive *Cham-Sangiac* dicitur auctore POUQUEVILLE, lib. IV, cap. 6, t. II, p. 121. ED.

13. *Perrhæbi.* Περραιϐοὶ, Macedoniæ confines, Pindi montis incolæ, apud Strabon, lib. IX, pag. 440. HARD. — Perrhæbia, hodie *Zagori*, auctore POUQUEVILLE, tom. I, Introd. p. XXIV. Pindus, etiam nunc veteri nomine notus, *Grammos* quoque hac in parte dicitur. ED.

14. *Cassiopæi.* Κασσιοπαῖοι, quorum oppidum Κασσιόπη, apud Ptolem. lib. III, cap. 4, et Pandosia, teste Strabone, lib. VII, pag. 334, qui Κασσωπαίους vocat: Stephanus, verbo Χαονία, Καςωπούς. Scylax, pag. 11 : Μετὰ δὲ Θεσπρωτία Κασσωπία. Et p. 12, Κασσωπῶν χώρα. HARD. — Has tenuerunt regiones quæ nunc *Spiantza* et *Lamari* dicuntur auctore POUQUEVILLE.

15. *Dryopes.* Δρύοπες. His alias alii sedes attribuunt. In Peloponneso Strabo, lib. IX, pag. 434, alibique passim. Varias horum migrationes refert Pausan. in Messen. l. IV, p. 281. H. — Eorum etiamnunc nomen retinet regio, quam in Epiro incoluerunt, hodie *canton* de *Drynopolis* dicta, auctore POUQUEVILLE, loc. cit. ED.

16. *Selli.* Vet. apud Dalec. *Sellæ*. Ἐλλοὶ Pindaro, Homero Σελλοὶ, teste Strabone, lib. VII, p. 328, qui Dodonæi Jovis fanum apud eam gentem fuisse perhibet : a Pindaro tamen Dodonam Thesprotis adjudicari : post Molossorum ditionis cœptam haberi. Hesychius, Ἕλλοι, Ἕλληνες οἱ ἐν Δωδώνῃ. H. — Nunc *canton de Souli* dicitur eorum regio, auctore POUQUEVILLE, l. cit. et lib. IV, c. 5, tom. II, p. 91. ED.

17. *Hellopes.* Hos vero Stephanus eosdem cum Hellis, sive Sellis facit. Ἐλέγετο καὶ ἡ περὶ Δωδώνην χώρα Ἑλλοπαία, ἧς οἱ οἰκήτορες Ἕλλοι καὶ Σελλοί. Hesiodum sequitur, quem Strabo laudat, loco cit. HARD. — De his omnibus vide POUQUEVILLE, qui, tom. I, p. 125 seqq. demonstrare conatur Hellopes et Molossos has tenuisse regiones, quæ hodie dicuntur *canton de Janina, de Pogoniani, de Sarachovitzas* et *de Courendas*; templum Dodonæi Jovis situm fuisse loco etiamnunc vocato *Proskynisis*, juxta *Gardiki*; Dodonam urbem juxta *Castritza*, leucis duobus meridiem versus; Tomarum montem, collem vico *Gardiki* vicinum fuisse, et centum fontes quorum hic meminit Plinius illos esse, qui nunc prope vicum *Besdounopoulo* reperiuntur. Non dissimulare tamen possumus auctoritatem doct. viri POUQUEVILLE nuper (*Journal des Savants*, avril 1828) probabilibus argumentis impugnatam fuisse. ED.

lossi[18], apud quos [19] Dodonæi Jovis templum, oraculo illustre : Tomarus[20] mons, centum fontibus circa radices, Theopompo celebratus.

3 Epirus ipsa ad Magnesiam Macedoniamque tendens a tergo suo Dassaretas supra[21] dictos, liberam gentem; mox feram Dardanos habet : Dardanis lævo[22] Triballi prætenduntur latere, et Mœsicæ gentes : fronte[23] junguntur Medi[24] ac Denselatæ[25] : quibus Thraces, ad Pontum usque pertinentes. Ita[26] succincta Rhodopes, mox et Hæmi vallatur excelsitas.

4 In Epiri ora castellum in Acrocerauniis Chimera[27], sub

18. *Molossi.* Μολοττοὶ Straboni, lib. VI, pag. 326. Horum oppidum, præter Dodonen, Ambracia fuit, de qua mox dicemus. HARD.

19. *Apud quos.* Stephanus : Δωδώνη, πόλις τῆς Μολοσσαίδος ἐν Ἠπείρῳ, μεθ' ἣν Δωδωναῖος Ζεὺς ἐν Ἠπείρῳ. De quercu loquaci, quam Dodonæ fabulæ reponunt, et de ære Dodonæo, Mythologos consule. HARD.

20. *Tomarus,* etc. Hæc Solinus iisdem verbis, cap. VII. p. 22. In MSS. *Talarus.* Parm. edit. *Tomarus.* Stephano, Τόμαρος, ὄρος Δωδώνης, ὃ τινες Τομοῦρον, οἱ δὲ Τμάρος. Straboni, lib. VII, pag. 328, Τάμαρος. HARD.

21. *Supra dictos.* Libro sup. cap. 26. De Dardanis, Triballis, Mœsis, eodem libro, cap. 29. HARD.

22. *Lævo.* Ab ortu solstitiali. HARD.

23. *Fronte.* Dalec. *a fronte.* Ab australi parte. HARD. et ED.

24. *Medi, ac Denselatæ.* Μαιδῶν τινες, καὶ Δανθηλιτῶν, Straboni, lib. VII, pag. 318. Rectius fortassis Μαιδῶν, cum diphthongo scripseris, ut differant a Medis Asiæ. Sic enim Stephanus : Μαιδοὶ ἔθνος Θράκης, πλησίον Μακεδονίας. Sic Aristotel. Histor. Animal. lib. IX, cap. 45. Ptolemæo denique, lib. III, cap. 11, regio ipsa Μαιδικὴ appellatur. HARD.

25. *Denselatæ.* Vet. apud Dalec. *Denseleti,* alii *Denthelatæ.* Solinus, cap. X, pag. 27 : « Strymonem accolunt dextro latere Denselatæ.» Idem Denselatæ Tullio, in Pison. n. 84, quorum opera C. Sentius prætor reliquorum Thracum vires et arma elusit. Partem enim illi tenuere Thraciæ: quam τὴν Θράκην τὴν Δενθελητῶν appellat Dio, lib. LI, pag. 461; Ptolemæus, lib. III, cap. 11 : Δανθηλητικὴν ἐπαρχίαν, Dantheleticam præfecturam. Stephano, p. 221, Δανδαλῆται, ἔθνος Θρᾳκικόν. HARD. et ED.

26. *Ita succincta.* Tot gentes, inquit, primum Rhodopes, deinde Hæmi montis juga excelsa tenent, et a tergo, latere, fronte claudunt. Hoc Martianus, lib. VI, pag. 209, non intellexit. HARD.

27. *Chimera.* Χειμέριον est Pausaniæ, in Thesprotide, lib. VIII,

LIBER IV. 215

eo Aquæ[28] regiæ fons. Oppida: Mæandria[29], Cestria: flumen Thesprotiæ Thyamis[30] : colonia Buthrotum[31] : maximeque nobilitatus Ambracius sinus[32], D[33] pass. faucibus spatiosum æquor accipiens, longitudinis XXXIX M. pass.[34] latitu-

sive Arcad. p. 465, et Thucydidi, lib. I, p. 22 et 32. Straboni quoque ejus nominis promontorium est, lib. VII, pag. 324. In Novella Leonis, apud Leuncl. p. 99, inter Ætoliæ Episcopos, ὁ Χιμάρας legitur. HARD. — Etiamnunc *Chimara* vocatur. ED.

28. *Aquæ regiæ.* Ut Romani Aquas Sextias, Statiliasque, a Sextio Statilioque appellabant, qui balnea struxerant: sic Aquam regiam, βασιλικὰ ὕδατα dictum hunc fontem puto, quo rex Epiri aliquis usus fuerit, Thermas ibi ad publicos usus exstruxerit. HARD. — Fons iste, quem non vidit POUQUEVILLE, minime enim ei annuendum puto, quum illum juxta *Drimodez*, sive *Dermadez* reperisse conjicit, exhaustus hodie videtur. Illius meminit Anna Comnena Alexiad. lib. X, pag. 299, his verbis : ὁ δὲ Κοντοςέφανος ἐν τῷ πρὸς Χιμάραν ἀπιέναι βαλανείου χάριν. ED.

29. *Mæandria, Cestria.* De his duobus oppidis, cæteri scriptores Græci pariter ac Latini silent. Cestrinen tamen Thesprotidi vicinam Thucydides facit, lib. I, pag. 32. HARD. — Mæandria ignoratur. Cestria hodie *Palæo-Kistes* dicta, nonnulla servat nominis antiqui vestigia. ED.

30. *Thyamis.* Chifflet. *Thymias.* Pausaniæ quoque in Attic. lib. I, p. 19, Thucydidi loco citat. Athenæo, lib. III, pag. 73, et Straboni lib. VII, pag. 324, Θύαμις : hodie *Calama.* HARD. et ED.

31. *Buthrotum.* Βουθρωτὸν Straboni, loco citato, qui et colonos habuisse Romanos docet, ἐποίκους ἔχον Ῥωμαίους. Hodie *Butrinto.* Stephanus insulam vocat : sed familiare Græcis nimirum est peninsulas ipsas appellare νήσους, insulas. Sic Pelopis insulam dixere Peloponnesum, quam esse peninsulam constat, et per Isthmum continenti copulari. HARD.

32. *Ambracius.* Hodie *Golfe de Prévésa* et *d'Arta.* Actiaca Augusti victoria maxime nobilitatus. ED.

33. *D. passuum faucibus.* Martianus, qui hæc transcripsit, *angustis faucibus* indefinite scripsit. Angustiarum spatium, quo libri hactenus editi caruerunt, restituimus ex Reg. 2, aliisque codicibus MSS. quibus subscribit Strabo, lib. VII, pag. 324, ostium Ambracii sinus affirmans haud multo amplius patere stadiis quaternis, quæ passus omnino quingentos efficiunt. H.

34. *Longitudinis XXXIX M. pass. latitudinis XV.* In MSS. *latitudinis XII.* Vero vicinior videtur Polybius, qui lib. IV, pag. 455, hunc sinum latitudine centum stadiis, sive tribus leucis et 195 hexapod. et longitudine trecentis stadiis, seu undecim leucis et 850 hexapod. patere ait; recentiores enim nautæ, auctore POUQUEVILLE, *Voyage de la Grèce*, lib. V, cap. 6,

dinis xv m. In eum[35] defertur amnis Acheron, e lacu Thesprotiæ Acherusia[36] profluens xxxvi[37] m. pass. inde, et mille pedum ponte mirabilis omnia sua mirantibus. In sinu oppidum Ambracia[38]. Molossorum flumina, Aphas[39],

tom. II, pag. 311, cum Polybio omnino consentiunt. Ed.

35. *In eum defertur.* In Ambracium sinum. Ita Ptolemæus, lib. III, cap. 14. Martianus, lib. VI, cap. de tertio sinu Europæ, pag. 209 : « Ambracius sinus faucibus angustis æquor accipiens, in quod defertur amnis Acheron, infernæ fabulæ errore famosus. » Strabo nihilominus non hunc Acherontem vocat, sed eum qui in Thesprotium sinum, portumque cognomento Dulcem, γλυκὺν λιμένα, longe ab Ambracio sinu versus septemtrionem, ex eadem Acherusia palude delabitur, lib. VII, pag. 424. Pausaniæ lib. I, pag. 30, cæterisque, Ἀχερών. Hard. — Egregie demonstrat Pouqueville, *Voyage de la Grèce*, lib. IV, cap. 6, et lib. V, c. 2, hic in errorem inductum fuisse Plinium, Strabonique et Thucydidi et Polybio adhibendam esse fidem, qui Acherontem esse id flumen dicunt, quod hodie *Mavro-Potamos* vocatum, ex *Olytzika* monte egreditur, per Acherusia stagna diffunditur, et in mare influit juxta *Phanari*, portum efficiens qui ob aquæ dulcis ab eo invectæ abundantiam a Veteribus et Recentioribus *Glykys* est appellatus. Quod quidem testatur Dio, de Aug. lib. I, Καλεῖται οὕτως (Γλυκὺς) ρὸς τοῦ ποταμοῦ τοῦ ἐς αὐτὸν .... Διλοντος γλυκαίνεται. Ed.

36. *Acherusia.* Ἀχερουσία λίμνη

Straboni, loco citato, et Thucyd. lib. I, pag. 32. Hard. — Hodie lac *Tchouknida* et *marais de Valandoraco*, cujus partem arari oryzaque fertilem esse nos docet Pouqueville, lib. IV, cap. 6, tom. II, pag. 145. Ed.

37. *XXXVI... inde.* Hoc est, a sinu Ambracio, in quem defertur, ad Acherusium lacum, unde effluit. In MSS. *XXII.* Hard. — Omnia hæc falsa, nam præterquam Acheron in Ambracium sinum non influit, ut super. nota 35 diximus, vix xx m. passuum est hunc sinum inter et Acherusiam lacum intervallum. Ed.

38. *Ambracia.* In Acherontis ripa. Dicæarcho, p. 64, et Scymno, pag. 19, Ἀμβρακία. Cives, Ἀμπρακιῶται Æliano, Histor. Anim. lib. XII, cap. 40. Hard. — Nonnulla ejus rudera, arcemque adhuc stantem, loco dicto *Rogous*, circiter xiv m. pass. a mari reperit erudit. Pouqueville, qui Strabonis interpretis gallici errorem reprehendit, in Strabone pro ὀλίγων ςαδίων, ὀκτὼ ςαδίων legere volentis. Ed.

39. *Aphas.* Is est quem Stephanus Æantem vocat, et ex eodem monte, quo Arachthum, fluere ait, quam ob causam ambo a Plinio copulantur. Λάκμων, inquit Stephanus, ἄκρα τοῦ Πίνδου ὄρους, ἐξ ἧς ὁ Ἴναχος καὶ Αἴας ῥεῖ ποταμός. Cave tamen Palmerio credas, qui in Græcia antiqua, hunc Æantem cum

et Arachthus[40]. Civitas Anactoria[41] : locus[42] Pandosia.

II. Acarnaniæ, quæ[1] antea Curetis vocabatur, oppida: Heraclia[2], Echinus, et in ore ipso colonia Augusti Actium, cum templo Apollinis[3] nobili, ac civitate libera Nicopolitana[4]. Egressos sinu Ambracio in Ionium excipit

Aoo eumdem credidit, de quo libro sup. dictum est, cap. 26. H. — *Avas* vocatur ab erudit. D'ANVILLE in Græciæ veteris mappa; hodie *fl. d'Arta* dicitur. ED.

40. *Arachthus.* Ἄραχθος, Ambraciam urbem præterlabitur, teste Strabone, lib. VII, pag. 325, et Dicæarcho Messenio, pag. 164, qui Ἄρατθον nominat. Meminit Arachthi Livius, lib. XXXVIII, cap. 34. et lib. XLIII, c. 21, et Ptolem. lib. III, c. 14. Hodie *Lourcha*, sive *Rogous*. HARD. et ED.

41. *Anactoria*. MSS. Colb. 1, 2, Chifflet. *Anactorica*. Straboni lib. XVIII, pag. 455, et Thucyd. lib. I, pag. 37, Ἀνακτόριον, quam urbem prope Actium in Acarnania statuit. Stephano, Ἀνακτόρεια et Ἀνακτορία. HARD. — Hujus urbis reperiuntur rudera, XL stadiis ab Actio, ut ait Strabo, juxta vicum *Konidari*, extremo sinu *Golfe de Mavri* dicto: ex ejus ruinis IV M. pass. orientem inter et austrum excitatum est oppidum *Vonitza*. ED.

42. *Locus Pandosia*. Dalec. *lacus*, spreta Chiffl. cod. auctoritate. Locum appellat, quoniam exciso oppido, solum tum nomen exstabat. Hesychius : Πανδοσία, πόλις τῆς Ἠπείρου, καὶ Ἰταλίας. Cassiopæorum oppidum fuisse ait Strabo, lib. VII, pag. 324. Vide quæ de Pandosia diximus, lib. III, cap. 15. Ejus rudera reperit POUQUEVILLE, loco dicto *Turco Palaka*, VIII M. pass. a *Margariti*, ortum solis versus. ED.

II. 1. *Quæ antea Curetis*. Chiffl. *Curetes*. Scholiastes Pindari, p. 31: Αἰτωλὸς ἔφυγεν εἰς τὴν πρότερον Κουρῆτιν, Αἰτωλίαν δὲ ὕςερον ἀπ' αὐτοῦ κληθεῖσαν. Cur vero Curetis appellata sit, ex Strabone disces, lib. X, pag. 463. Demetrius apud Steph. pag. 29 : Τὴν γὰρ νῦν Ἀκαρνανίαν, Κουρῆτιν ὠνόμαζον. Ipseque Stephanus, p. 381 : Κούρης, ὁ Ἀκαρνανίας. Quam in rem adducit Homeri versum ex Iliad. lib. IX, vers. 425. Subscribit et Pausan. lib. VIII, sive Arcad. pag. 492. Hodie *Cantons de Vonitza et Xeromeros*. HARD. et ED.

2. *Heraclia*. Ἡράκλεια, quæ ex urbibus ejus nominis apud Stephanum, vigesima prima est, κά. Ἀκαρνανίας πόλις. Et apud eumdem, Ἔχινος, πόλις Ἀκαρνανίας. HARD. — Heracliæ situs ignoratur, Echini locum occupare *Vonitza* putat LAPIE, *carte de la Grèce*, Paris 1826. Echinus lacus hodie *lac Boulgari* dicitur, auctore POUQUEVILLE. ED.

3. *Actium cum templo Apollinis*. Strabonem vide lib. VII, pag. 325, et Suet. in Aug. cap. 18, multosque alios. Ejus rudera reperit POUQUEVILLE, loco dicto *Punta*, contra *Prévésa*, in altero freti littore sitam. ED.

4. *Nicopolitana*. Νικόπολις, Straboni loco citato. Ibi exstructa, ubi castra ad Actium Augustus habue-

218 C. PLINII NAT. HIST.

Leucadium littus: promontorium Leucates[5]. Dein[6] sinus, ac Leucadia ipsa peninsula[7], quondam Neritis[8] appellata, opere accolarum abscissa a continenti, ac reddita[9] ventorum flatu congeriem arenæ accumulantium : qui[10] locus
2 vocatur Dioryctos, stadiorum[11] longitudine trium. Oppidum in ea Leucas[12], quondam Neritum[13] dictum. Deinde Acarnanum urbes, Alyzea[14], Stratos[15], Argos[16] Amphilochi-

---

rat. Dio, lib. LI, pag. 443. Hard. — Reperiuntur ejus ruinæ leucæ unius intervallo a *Prévésa*, septemtrionem versus. Ed.

5. *Leucates*. Λευκάτας Straboni, lib. X, p. 452; Λευκὰς ἄκρα Ptolemæo, lib. III, cap. 14. Hard. — Livio, lib. XXVI, c. 26, XXXVI, cap. 15, et XLIV, cap. 1. Hodie *Capo Ducato*, sive *Capo tis Kiras*; dummodo hic de isto promontorio, quo insula finitur meridiem versus meminisse voluerit Plinius. Ed.

6. *Dein sinus*. Ionius, qui et Leucadius. Hard.

7. *Peninsula*. Vide quæ diximus lib. II, cap. 92. Ed.

8. *Neritis*. Νερῆτις. Hard.

9. *Ac reddita*. Vet. ap. Dal. *ac edita*. Continenti rursum adnexa. Ed.

10. *Qui locus... Dioryctos*. Dalec. *qui lacus*, contra Chiffl. fidem. Appellationis causam prodidit Strabo, lib. X, pag. 452, quum ait Corinthios διορύξαντας τὸν Ἰσθμὸν, perfodientes Isthmum, insulam fecisse Leucadem. Διορυκτὸς itaque fossam, fretumve hic sonat. Vide Dionys. Halicarn. Antiq. lib. I, pag. 40. Hard. et Ed.

11. *Stadiorum... trium*. Hoc est, passuum CCCLXXV. Hard.

12. *Leucas*. Λευκάς. Hodie *Amaxiki*, sive *Santa Maura*. Ed.

13. *Neritum*. Straboni, lib. X, p. 454, Νήρικος. Eustathio in Iliad. B, p. 306 : Τὴν δὲ ῥηθεῖσαν Λευκάδα, Νήρικον ἐν Ὀδυσσείᾳ καλεῖσθαί φασι. Stephano pag. 493, Νήρικος et Νήριτος. Hard.

14. *Alyzea*. Dalecampius *Halizea*. Ἀλυζία Thucydid. lib. VII, et Straboni, lib. X, pag. 450, quindecim a mari stadiorum intervallo, hoc est, pass. MDCCCLXXV; Ptolemæo, lib. III, cap. 14, syllabis permutatis Ἀζύλεια, pro Ἀλύζεια. H. — Juxta *Candili*, orientem versus, XVI M. pass. a *Vonitza* ad meridiem videntur rudera ejus, auctore Pouqueville, lib. X, cap. 2. H. et Ed.

15. *Stratos*. Στρατός, πόλις Ἀκαρνανίας, Stephano : Polybio quoque agnita, Histor. lib. V, cap. 496. Στράτος πόλις μεγίστη τῆς Ἀκαρνανίας, Thucyd. lib. II, p. 153. Meminit et XXXVI, c. 11, XXXVIII, 4, et XLIII, 21, 22, 23, Livius, qui male illam inter Ætoliæ urbes recenset. Reperiri integra hujus urbis mœnia, portasque et turres, juxta vicum *Lepenou* stadiis decem (945 hexapod.) ab Acheloi vado, nos monet Pouqueville, lib. X, cap. 3, pag. 491 seqq. Ed.

16. *Argos*. Ἄργος Ἀμφιλοχικὸν Ptolemæo, loco cit. in oppidis Amphilochorum mediterraneis. Hinc

LIBER IV.

cum cognominatum. Amnis Achelous[17] e Pindo fluens, atque Acarnaniam ab Ætolia dirimens, et Artemitam[18] insulam assiduo terræ invectu continenti annectens.

III. (II.) Ætolorum populi Athamanes[1], Tymphæi,

regioni nomen inventum, Ἀμφιλοχία apud Thucyd. lib. III, pag. 241 : « Argos Amphilochum XXII mill. ab Ambracia abest », inquit Livius, lib. XXXVIII, cap. 10. HARD. — Amphilochia hodie *Chazi*, sive Deliciæ vocatur, urbis autem reliquiæ semisepultæ fluctibus et a piscatoribus *Philochio* sive *Philo-Castron* dictæ, in Ambracio sinu, haud longe a fluminis *d'Arta* ostio, occidentem versus, conspiciuntur, auctore POUQUEVILLE, lib. IV, cap. 5, pag. 285. ED.

17. *Achelous*. Ἀχελῶος, ὁ ὁρίζων Ἀκαρνάνας καὶ Αἰτωλοὺς, inquit Strab. lib. VIII, pag. 335. Nunc *Aspropotamos*. Solinus, Plinii alioqui exscriptor perpetuus, ab auctore suo imprudenter descivit dum hæc prodidit, c. 7, p. 22 : « Acarnania Aracyntho eminet : hanc ab Ætolia Pindus dividit, qui Acheloum parit. » Scribendum enim fuit, si studuit veritati, « Hanc ab Ætolia Achelous dividit, quem Pindus parit. » Locum hunc Solini Salmasius intactum prætermisit. HARD.

18. *Artemitam*. Stephanus, ex Artemidoro, Chersonesum ait esse quamdam circa amnis Acheloi ostia, Ἀρτέμιταν λεγομένην. Ἀρτεμίαν Strab. vocat, lib. I, p. 59, unamque esse prodidit Echinadum insularum, aggestis arenarum cumulis continenti adnexam. HARD. — Exsiccato illo Acheloi brachio, quod in sinum hodie *Golfe d'Anatolico* dictum

tendebat, continenti adnexa est, *Anachaides* nunc vocatur. ED.

III. 1. *Athamanes*. Ἀθάμαντες Diodoro, Bibl. lib. XIX, pag. 595. Ἀθάμανες Ptolemæo, lib. III, cap. 14. Amphilochiis magis orientales. Τυμφαῖοι Stephano, pag. 671 et 715, a Τύμφη monte, hodie *Olytzika*, quem ille Thesprotis adjudicat. Ephyri item Ἔφυροι Homero dicti, apud Paus. lib. IX, in Bœot. pag. 597, ab urbe cognomine, quæ olim Thesprotorum fuit. Strabo, lib. VII, pag. 324 : Κίχυρος, ἡ πρότερον Ἐφύρα, πόλις Θεσπρωτῶν. Ænienses, ab Ænia oppido Perrhæborum. Stephanus : Αἰνία, πόλις Περραιβῶν... καὶ Αἰνιᾶνες οἱ οἰκοῦντες. Apud Herod. Polymn. lib. VII, p. 445, n. 185, Περραιβοὶ, καὶ Αἰνιῆνες, καὶ Δόλοπες. Περραιβία regio ap. Diod. Sicul. Bibl. lib. XIX, pag. 681. Menelaidem Dolopiæ civitatem ad Pindum montem Livius collocat, lib. XXXIX, cap. 26. Μαραχοὶ, καὶ Δόλοπες in Epiro simul copulantur a Xenophonte, Histor. Græc. lib. VI, pag. 580. HARD. — Vide quæ de Athamanta, hodie *Djoumerca* et *Radovitch*, disertissime disputat POUQUEVILLE, lib. V, cap. 5, p. 295 seqq. Idem Tymphææ urbis rudera reperiri nos monet juxta vicum *Paliouri* leucis quatuor ab *Ianina*, occidentem versus. Ænienses illam Perrhæbiæ, hodie *Zagori*, partem tenuerunt quæ hodie *canton de Nea Patra* dicitur. De

Ephyri, Ænienses, Perrhæbi, Dolopes, Maraces², Atraces³, a quibus Atrax amnis Ionio mari infunditur. Ætoliæ oppidum Calydon⁴ est septem⁵ millibus quingentis pass. a mari, juxta Evenum⁶ amnem. Dein Macynia⁷, Molycria : cujus⁸ a tergo⁹ Chalcis mons, et Taphiassus¹⁰. At in

illis vide Pouqueville, *Voyage de la Grèce, introd.* p. xxii. — Dolopia hodie *Anovlachie* vocatur. Hard. et Ed.

2. *Maraces.* Chiffl. *Marages.* Ed.
3. *Atraces.* Vet. apud Dalec. *Atrages.* Illos Harduinus ab oppido cognomine nomen traxisse opinatur, quo de oppido dicturi sumus, cap. 15, in Thessalia, cui id contributum fuit; cum Nostri autem verbis pugnare videtur hæc sententia, qui illos Atraci amni, qui *Ionio mari infunditur*, vicinos fuisse innuit. Atrax ille mihi quidem ignotus, certe diversus fuit ab illo, de quo meminerunt in Thessalia, Strabo lib. IX, p. 440 et 673; Ptolem. lib. III, cap. 13; Stephan. Byzant. et Livius lib. XXXII, cap. 15, et XXXVI, cap. 10 et 13. Nam hic hodie *Micro Tzygoto* dictus in Peneum, hodie *Salembria*, infunditur, nomenque traxit ab Atrace, Lapitharum rege, si Apollodoro § 11, cap. 7, 57, Diodoroque lib. IV, § 37, fides. Ed.

4. *Calydon.* Καλυδών Dicæarcho, in Ætolia, pag. 165, et Thucyd. lib. III, pag. 241. Hic silva, aperque Calydonius appellatus, vatum carminibus decantatus. Hard. — Ejus rudera agnovit Pouqueville Eveno vicina, septemque millibus quingentis pass. a mari, si flumen sequaris, juxta vicum *Mavromati*. Ed.

5. *Septem millibus quingentis pass.* Dalec. *septem millium quingentorum passuum.* Ed.

6. *Evenum.* Εὔηνος, qui prius Lycormas dicebatur. Strabo, lib. VII, pag. 327. De Calydone et Eveno, Lucanus lib. VI, cap. 365: « Et Meleagream maculatus sanguine Nessi Evenos Calydona secat. » E Pindo fluere admonet Dicæarchus, pag. 165, Ποταμός τ' Εὔηνος ἐκ Πίνδου ῥέων. Hard. — *Fidaris* hodie vocatur. Ed.

7. *Macynia.* Stephanus : Μακρύνεια, πόλις Αἰτωλίας : sed ipsa series litterarum suadet Μακύνεια legi oportere. Apud eumdem, et apud Diod. Bibl. lib. XII, pag. 112, est Μολυκρία, πόλις Αἰτωλίας. Apud Scylacem, pag. 14, Μολύκρεια. Alcæus in Anthol. lib. I, c. 5, epigr. 15, dixit Μακύνου τείχη. Hard. — Earum urbium locum tenere hodie vicos *Koukio Castron* leucæ unius intervallo a castello *de Roumélie*, et *Manaloudi* opinatur Pouqueville lib. X, cap. 6. Ed.

8. *Cujus a tergo Chalcis mons, et Taphiassus.* Sic emendamus, secuti vestigia codicum Reg. 1, 2, Colb. 1, 2, et Par. quibus suffragatur Eustathius in Dionys. vs. 496, p. 70, ubi *Chalcis* nomen esse montis apparet, Καλχίς, inquit (lege Χαλκίς, ex eodem Eustathio, in Iliad. B, p. 279), ὄρος ἐστὶν Αἰτωλίας, ἀφ' ἧς ὁ Ἀχελῶος ἔρπει. Vide etiam Strabo-

LIBER IV.

ora promontorium Antirrhium [11], ubi ostium Corinthiaci sinus, minus [12] mille passuum latitudine influentis, Ætolosque dirimentis a Peloponneso. Promontorium quod contra procedit, appellatur Rhion [13]. Sed in Corinthiaco sinu oppida Ætoliæ, Naupactum [14], Pylene [15]: et in mediterraneo Plevron, Halicyrna [16]. Montes clari: in Dodone, To-

---

nem, lib. X, p. 451 et 460. Fuit et montis radicibus apposita cognominis civitas, cujus Stephanus meminit: Ptolemæus item, lib. III, cap. 15, in oppidis Ætoliæ mediterraneis: et Strabo, lib. IX, pag. 427, ubi de Ætolia: Αὐτοῦ δὲ καὶ ἡ Χαλκὶς, ἧς μέμνηται καὶ ὁ ποιητὴς, ἐν τῷ Αἰτωλικῷ καταλόγῳ... αὐτοῦ δὲ καὶ ὁ Ταφίασσος λόφος, etc. Eadem ex re ipsa Ὑποχαλκὶς appellata ab Hesychio, διὰ τὸ κεῖσθαι ὑπὸ τὸ ὄρος. Libri prius editi, *cujus a tergo Chalcis, et mons est Taphiassus.* H. — Chalcis mons vocatur hodie *Varassova.* Ed.

9. *A tergo.* Versus septemtrionem. Hard.

10. *Taphiassus.* Vet. apud Dalec. *Præsus.* Ταφίασσος λόφος Straboni, lib. IX, pag. 427, Ταφίασσος lib. X, p. 460. Hodie *Clocovo* dicitur. Ed.

11. *Antirrhium.* Ἀντίῤῥιον ἄκρον Ptolemæo, lib. III, cap. 15. Hard. — Antirrhium et Rhium promontoria occupant hodie castella *Dardanelles de Lépante* dicta, faucibus Corinthiaci sinus utrimque apposita; alterum Antirrhio promontorio impositum *château de Roumélie* vocatur, alterum *château de Morée.* Ed.

12. *Minus mille.* Strabo, lib. VIII, pag. 335, Rhium et Antirrhium, quinque duntaxat stadiorum freto dispesci ait, hoc est, pass. DCXXV.

Septem stadia Thucydides habet, quæ mensura ad Plinianam accedit. Hard.

13. *Rhion.* Ῥίον ἄκρον τὸ καὶ Δρέπανον, Ptolemæo, lib. III, c. 16. H.

14. *Naupactum.* Chifflet. *Naupactos.* Ναύπακτος Ptolemæo, lib. III, cap. 15. Hodie *Enebatché,* sive *Lépante,* unde et sinui Corinthiaco nomen, *le Golfe de Lépante.* Ed.

15. *Pylene.* Stephano, Πυλήνη πόλις Αἰτωλίας. Πλευρὼν πόλις Αἰτωλίας. De utraque Papinius: « sensit scopulosa Pylene, Fletaque cognatis avibus Meleagrica Plevron.» Meminit et Πυλήνης Strabo, lib. X, pag. 451. Πλευρῶνος Pausanias in Achaic. lib. VII, pag. 417; Thucydid. lib. III, pag. 241. Strabo, lib. X, pag. 450. Plevronem monti Aracyntho applicat. Hard. — Pylene hodie omnino ignoratur; Plevron nunc *Kyra tis Irinis* dici videtur. Ed.

16. *Halicyrna.* In libris hactenus editis *Halysarna,* quam in hoc tractu Veterum nemo agnovit. Nos ex Stephano, qui Strabonem sequi se profitetur, *Halicyrna* rescripsimus: Ἀλίκυρνα, inquit, κώμη Ἀκαρνανίας· Στράβων· ὁ οἰκήτωρ Ἀλικυρναῖος. Acarnaniæ autem, non Ætoliæ, dici oppidum ne quis miretur: nulla enim alia Græciæ provincia est tam incertis notata limitibus: modo pres-

marus [17] : in Ambracia, Crania [18] : in Acarnania, Aracynthus [19] : in Ætolia, Acanthon [20], Panætolium [21], Macynium [22].

IV. (III.) Proximi[1] Ætolis Locri, qui cognominantur Ozolæ[2], immunes. Oppidum[3] OEanthe. Portus[4] Apollinis

sa angustius, modo laxius diffusa ut sunt fere regnorum fata. Hard. — Locus hodie ignoratur. Ed.

17. *Tomarus.* De quo cap. 1, notis 17 et 20. In MSS. hoc loco, *Tmarus.*Vet. apud Dalec. et Chiffl. *Talarus.* Ed.

18. *Crania.* Κράνεια. Atque ab eo monte regioni quoque inditum nomen videtur: qua de re Theopompus apud Stephanum : Κράνεια, χωρίον Ἀμβρακιωτῶν. Hodie, ut videtur, *Gribovo* dicitur. Ed.

19. *Aracynthus.* Solinus, cap. VII, p. 22 : « Acarnania Aracyntho eminet. » Martianus quoque, lib. VI, pag. 210, Ἀράκυνθος Dionysio, v. 431, et Straboni, lib. X, pag. 450. Bœotiæ Stephanus hunc montem adjudicat. Hard. — *Zygos* hodie vocatur. Ed.

20. *Acanthon.* Ἀκάνθων. Athamaniæ urbem sic vocatam esse auctor est Stephanus : a monte fortasse cognomine, qui hodie *Djourmerca* esset. Ed.

21. *Panætolium.* Crebra sane apud Livium, lib. XXXI, cap. 29, totoque passim opere de bello Macedonico, Panætolii mentio est: sed pro concilio, conventuque Ætoliæ populorum: non pro oppidi montisve, aut loci nomine. Hard. — Hodie *Plocapari* mons dicitur. Ed.

22. *Macynium.* A quo nomen duxit sita in eo monte Macynia urbs Ætolorum, sicut a Chalcide monte oppidum Chalcis, ut diximus. Hard. — Nomen istius montis non refert eruditi Lapie mappa. Ed.

IV. 1. *Proximi Ætolis.* Hæc totidem verbis Scylax, p. 14. Hard.

2. *Ozolæ.* Ὀζόλαι Straboni, lib. IX, pag. 416, qui et Occidui sive Hesperii cognominabantur: hos ab Opuntiis, et Epicnemidiis, Epizephyriisque Locris Parnasso monte dispescente: cujus occiduum latus Ozolæ obtinebant, hodie *cantons de Malandrino et de Salone.* H. et Ed.

3. *OEanthe.* Οἰάνθη, πόλις Λοκρῶν, Stephano. Capella Plinium de more transcribit. Scylax, pag. 14 : Μετὰ δὲ Αἰτωλοὺς Λοκροί εἰσιν ἔθνος, ἐν οἷς εἰσιν Ὀζόλαι καλούμενοι. Καὶ πόλεις αἵδε· Εὔανθις, Ἄμφισσα. OEanthem, Οἰάνθην voluit dicere. Sic Ptolemæum emendabis, apud quem lib. III, cap. 15, Εὐανθία pro Οἰάνθη legitur. H. — Ejus rudera se agnovisse putat Pouqueville, duobus circiter leucis ab urbe *Galaxidi,* quam quondam OEanthes portum fuisse suspicatur. Ed.

4. *Portus Apollinis.* Et ejus mentio apud Martianum, lib. VI, cap. de tertio sinu Europæ, pag. 210. Φαιςὸν alioqui in Achaia et Peloponneso Stephanus agnoscit. H. — Illum hodie *port d'Ianachi* Lapie vocat in sua supra citata Græciæ mappa. Ed.

Phæstii, sinus Crissæus[5]. Intus oppida : Argyna[6], Eupalia[7], Phæstum, Calamissus. Ultra Cirrhæi Phocidis[8] campi, oppidum Cirrha, portus Chalæon[9], a quo[10] VII M. pass. introrsus liberum oppidum Delphi[11], sub[12] monte Parnasso, clarissimum in terris oraculo Apollinis. Fons Castalius[13], amnis Cephissus[14] præfluens Delphos, ortus in Lilæa[15],

5. *Crissæus.* Κρίσσαιος κόλπος, Thucyd. lib. II, pag. 157, et Straboni, lib. VI, p. 259. Hodie *Baie de Salone ou de Castri.* E Corinthiaco sinu effluit, versus septemtrionem. HARD. et ED.

6. *Argyna.* Ἄργυνα, cujus incolæ Ἀργύννιοι, uti ex Stephano colligimus, verbo Ἄργεννος, eam regionem Bœotiæ adscribente. HARD. — Locus omnino ignoratur. ED.

7. *Eupalia.* Εὐπαλία, πόλις Λοκρίδος, Stephano, qui ab Artemidoro Εὐπάλιον ait appellari. Eupalium quoque Livio, lib. XVIII, cap. 8. Rudera ejus reperiri ait POUQUEVILLE, quo loco hodie est monasterium sancti Joannis, ad amnem Pindum, hodie *Morno*, haud longe a mari. De Phæsto in Locris, et Calamisso, cæteri scriptores silent, situsque omnino ignoratur. ED.

8. *Phocidis campi*, etc. Hic Martianus Plinium de more transcribit, loco citato. Sic Pausanias in Phoc. lib. X, pag. 684 : Τὸ δὲ πεδίον τὸ ἀπὸ τῆς Κίῤῥας. Fuit autem Cirrha Delphorum navale, inquit Pausanias, lib. X, pag. 609, et Strabo, lib. IX, pag. 418. Hodie *Asprospiti* vocant. HARD. — Infra vicum hodie *Xero-Pigadi* dictum sita fuisse videtur. ED.

9. *Chalæon.* Χάλαιον, πόλις Λοκρῶν, apud Steph. III, circiter mill.

pass. a Cirrha, orientem versus, ruinæ ejus reperiuntur. ED.

10. *A quo VII M.* Sic quoque Martianus. HARD. — Chiffl. *a quo IV M.* ED.

11. *Delphi.* Nunc *Castri*, ut ex inscriptionibus ibi repertis liquet. Martianus quoque ex hoc Plinii loco : « Oppidum Delphi, inquit, sub monte Parnasso, clarum oraculis Apollinis. » HARD.

12. *Sub monte... Apollinis.* Chiffl. « sub monte Parnassi, et clarissimi in terris oraculo Apollinis. » ED.

13. *Castalius.* Fatidicis aquis celebratus. Unde nomen acceperit, disce ex Pausania, lib. X, sive Phocid. pag. 623. HARD.

14. *Cephissus.* Hausit hoc Plinius ab Homero, Iliad. II, vers. 523, sive in Catal. vers. 30 : Οἵτε Λίλαιαν ἔχον πηγῇς ἔπι Κηφισσοῖο. « Cephisi ad fontes et qui Lilæan habebant. » Laudat hunc Homeri versiculum Strabo in Bœoticis, lib. IX, pag. 407. HARD. — *Mavro-Potamos* hodie vocatur. ED.

15. *Lilæa.* Chiffl. *Libæa.* Scholiastes Lycophr. pag. 145, Λίλαια πόλις Φωκίδος. Pausanias, loco citato, a Philippo deletam scribit, et cxx stadiis a Delphis dissitam ait. Agnoscuntur rudera ejus ad Cephissi fontem, paulo ampliore III leucarum intervallo a *Castri*. ED.

quondam urbe. Præterea oppidum Crissa [16], et cum Bulensibus [17] Anticyra [18], Naulochum [19], Pyrrha [20], Amphissa [21] immunis, Tithrone [22], Tritea, Ambry-

---

16. *Crissa.* Κρίσσα, unde Crissæo sinui nomen. Strabo, lib. IX, pag. 418. Nonnus, lib. XIII. Dionys. pag. 358, Κρῖσαν ἀειδομένην. Hard. —Etiamnunc *Crissa* sive *Crisso.* Ed.

17. *Bulensibus.* Ab oppido Phocidis mediterraneo Βούλεια, cujus meminit Ptolemæus, lib. III, cap. 15, hi nomen habent. Pausaniæ, lib. X, Phoc. pag. 683, Βοῦλις, et Stephano. Bullienses et Bullenses, eosdem esse falso credidit Hermolaus Barbarus : quum Bulenses signati nunc a Plinio, a Bulide sive Bulia fiant, Phocidis oppido, ut diximus : Bullienses, quorum meminit Cicero in Pison. gens sit circa Dyrrachium Apolloniamque, quos libro superiore Plinius, cap. 26, Straboque Bulliones nominarunt : Bullidenses sive Bullienses Cæsar. Hard. —Rudera urbis reperiuntur loco *Palæo-Castro* dicto, juxta portum Sancti Lucæ, qui Mychus quondam vocatus fuit. Ed.

18. *Anticyra.* Quoniam Cirrhæ opposita fuit, Ἀντίκιρρα, apud Strabonem, lib. IX, pag. 418, dicebatur : Ptolemæo, lib. III, cap. 15, Ἀντίκυρρα. Mox neglecta etymologiæ ratione, Ἀντίκυρα. Elleboro ibi nato percelebris, ut et altera Anticyra ad Maliacum sinum posita. Hard. — Juxta oppidum *Aspraspitia* sita fuisse videtur. Ed.

19. *Naulochum, Pyrrha.* Ναύλοχος, Πύρρα. Ναύλοχος navium stationem sonat. Hard. — Fortasse *port d'Agio-Sideri*, sive *Djesphina*. Ed.

20. *Pyrrha.* Vetus apud Dalec. *Pyrrhonea*. Situs omnino ignoratur. Ed.

21. *Amphissa.* Ἄμφισσα Ptolemæo, lib. III, cap. 15. Locrorum Ozolarum mediterraneum oppidum Harpocrationi quoque, pag. 21, et Stephano. H. — Hodie *Salone*. Ed.

22. *Tithrone, Tritea.* Τιθρώνη, Τριτέα, vel cum Stephano, Τρίτεια, μεταξὺ Φωκίδος, καὶ Λοκρῶν τῶν Ὀζολῶν. *Tithrone* maluimus quam *Trichone* scribere. Est enim Τριχώνιον, non Locridis, sed Ætoliæ oppidum, Stephano, et Pausaniæ, in Corinth. lib. II, pag. 155. Locrorum contra Τιθώνιον, apud eumdem, lib. X in Phocic. pag. 677, a Drymæa stadiis omnino viginti dissitum. Τεθρώνιον Herodoto dicitur, Uran. lib. VIII, pag. 473, n. 33, et cum Tritensibus copulat, quos Τριτέας vocat : Τριτειέας Thucydides cum OEanthensibus, lib. III, pag. 240. In Notitia Eccles. pag. 23, provinciæ Helladis Achaiæ, hæ sedes assignantur : Ἄμφισσα, Τιθώρα, Ἄμβρυσος, Ἀντίκυρα. Hæc sane Τιθώρα, Tithrone Pliniana est. In MSS. et in edit. Parm. locus hic insigniter vitiatus legitur : *Tricone, Tricorymbus, Myrænaque regio*. Est autem, ut id obiter dicamus, quoniam nunc primum mentio ejus occurrit, Notitia hæc Ecclesiastica opus Hieroclis grammatici, cui nomen ille fecit, Συνέκδημος Ἱεροκλέους Γραμματικοῦ, uti intelligimus ex Constantino Porphyrogenneta, Thematum lib. II, c. 1 :

sus [23], Drymæa [24] regio, Daulis appellata. Dein in intimo sinu angulus Bœotiæ alluitur cum oppidis, Siphis [25], Thebis, quæ Corsicæ [26] cognominatæ sunt, juxta Heliconem [27]. Tertium ab hoc mari Bœotiæ oppidum Pagæ [28], unde Peloponnesi prosilit cervix.

Μαρτυρεῖ δὲ τῷ λόγῳ καὶ Ἱεροκλῆς ὁ Γραμματικὸς, ὁ γράψας τὸν Συνέκδημον, τὸ τῶν Δολόγκων ἔθνος τῇ Θρᾴκῃ συναριθμούμενον, λέγων οὕτως. Εἰσὶν αἱ πᾶσαι ἐπαρχίαι καὶ πόλεις, αἱ ὑπὸ τὸν βασιλέα τῶν Ῥωμαίων διοικούμεναι τὸν ἐν Κωνσταντινουπόλει ἐπαρχίαι μὲν ξδ′ πόλεις δὲ πλέ. Quæ verba totidem plane syllabis huic Notitiæ præfiguntur in MS. nostro. HARD. — Tithrones ruinæ juxta *Moulki* reperiri, Triteæ autem quo loco hodie *Turcochorion* opinatur POUQUEVILLE, lib. XI, cap. 2, p. 147. ED.

23. *Ambrysus*. Vet. apud Dalec. *Amphrysus. Ambrysus* Livio, libro XXXII, cap. 18. Apud Pausaniam, Phocic. lib. X, pag. 681, Ἄμβρυσος et Ἄρυσος. Stephano quoque, Ἄμβρυσος πόλις Φωκίδος· τινὲς διὰ τοῦ β φασίν. Straboni denique, lib. IX, p. 423, Ἄμβρυσος. Permutant Græci sæpe has literas φ et β. Unde Bryges iidem qui postmodum Phryges appellati. H.—Nunc pagus est, cui nomen *Dystomo*. ED. — Huic oppido et Cyparissi prius nomen fuisse, auctores sunt Pausanias et Stephanus a nobis laudati: quibus et Dicæarchum adjunximus eo carmine, cujus mendum obiter sanare operæ pretium fuerit. Sic enim ille in descript. Græciæ, pag. 166 : Ἐν τῇ μεσογείᾳ δ᾽ ἐστὶ Κυπάρισσος πόλις. Λάρισσά τε μετ᾽ αὐτὴν δ᾽ Αὖλις· ἡ Βοιωτία, etc. Sic lego : Κρίσσα τε· μετ᾽ αὐτὴν Δαυλίς, etc. HARD.

24. *Drymæa*. Chiffl. *Mycænaque*. Oppidi nomen est Δρυμαία, Pausaniæ, Phocic. lib. X, cap. 677. Herodoto quoque, Uran. lib. VIII, pag. 473, n. 33. Daulis pariter Thucydidi, lib. II, pag. 118, circumjacentis regionis nomen fuisse videtur : ἐν Δαυλίᾳ, inquit, τῆς Φωκίδος. Oppidum tamen cæteris appellatur, Homerum secutis, Iliad. II : Κρῖσάν τε ζαθέην, καὶ Δαυλίδα, καὶ Πανοπῆα. HARD. —*Dadi* hodie vocatur ED.

25. *Siphis*. Vet. apud Dalecamp. *Gymnis*. Stephano, Σίφαι, ἐπίνειον τῆς Θεσπιακῆς, Thespiarum navale. De Thespiis Bœotiæ, cap. 12. Et Σῖφαι in Bœotia, apud Ptolemæum, lib. III, cap. 15. Apud Pausaniam, lib. IX, Bœot. pag. 690, Τίφαι. H. — Hodie *Palæo-Castro*, ad sinum qui hodie *port de Dobréna* vel *Polaca* vocatur. ED.

26. *Quæ Corsicæ*. Quoniam oppido ei nomen alterum Κόρσεια fuit, teste Pausania, loco citato, pag. 577, unde cives deinde Thebas transducti, primarium Bœotiæ oppidum, de quo cap. 12. Stephanus, Κορσιαί, πόλις Βοιωτίας. Scylax, p. 14 : Μετὰ δὲ Φωκεῖς Βοιωτοί εἰσιν ἔθνος· καὶ πόλεις αἵδε· Κορσιαὶ, etc.

27. *Heliconem*. Chiffl. *Heliconem montem*. Hodie *Palæo-Vouno*, sive *Zagora*. ED.

28. *Pagæ*. Πηγαὶ Thucyd. lib. I, pag. 67, et Ptolemæo, lib. III, cap. 15. H. — Hodie *Alepochori*. ED.

V. (IV.) Peloponnesus[1], Apia[2] ante appellata, et Pelasgia, peninsula[3] haud ulli terræ nobilitate postferenda, inter duo maria, Ægæum et Ionium, platani[4] folio similis, propter angulosos recessus[5], circuitu DLXIII[6] M. pass. colligit, auctore Isidoro. Eadem per sinus[7] pæne tantumdem adjicit. Angustiæ, unde procedit, Isthmos appellantur. In eo loco erumpentia e diverso, quæ dicta sunt[8], maria, a septemtrione et exortu[9], ejus omnem ibi latitudinem vorant: donec contrario incursu æquorum tantorum[10], in quinque[11] M. pass. intervallo exesis utrimque lateribus, angusta

V. 1. *Peloponnesus.* Nunc *la Morée.* BROT.

2. *Apia ante.* Scilicet ante Pelopis adventum, inquit Pausanias in Corinth. lib. II, pag. 94, ab Api Telchinis F. tota regio Ἀπία cognominata est. Vide etiam Stephanum, verbo Ἀπία. Nicolaus Damasc. in Excerptis, pag 492, trifariam pariter appellatam scribit: Api regnante, quem Phoronei filium facit, Apiam: Pelasgo indigena res tenente, Pelasgiam: sub Pelope, Peloponnesum, quo demum in nomine acquievit. Sic Eustathius quoque in Dionys. vers. 415. Didymus Schol. id Homeri Iliad. I, vers. 30. Æschylus denique in Supplicibus, versu 123, Ἀπίαν βοῦνιν vocat: et versu 784, Ἀπίαν χθόνα. HARD.

3. *Peninsula haud ulli.* Transcribit hæc Capella a Plinio, lib. VI, cap. de tertio sinu Europæ, p. 210. H.

4. *Platani folio.* Ita Strabo, lib. VIII, pag. 335, et Mela, lib. II, cap. 3, pag. 32. HARD.

5. *Recessus.* Vet. apud Dalecamp. *incessus.* Sinuum anfractus. HARD. et ED.

6. *DLXIII. M. pass.* Paululum ab Isidoro diversus abire videtur, loco citato, et Agathemerus, Geograph. lib. I, cap. 5. HARD.

7. *Per sinus.* Si omnium sinuum angulosorumque recessuum oram interiorem adnavigando legas. H.

8. *Quæ dicta sunt*, etc. Rhodig. citato ad verbum hoc loco, hæc verba, *quæ dicta sunt, a septemtrione et ortu,* non legit, lib. XXI, cap. 19. DALEC.

9. *A septemtrione et exortu.* Ionium a septemtrione: ab oriente, Myrtoum, sive Ægæum, Peloponnesi totam, quanta est, latitudinem vorant, lancinantque. Rursum de Peloponneso Plinius infra, cap. 9: « Tot sinus Peloponnesi oram lancinant, tot maria allatrant. Siquidem a septemtrione Ionium irrumpit: ab occidente, Siculo pulsatur: a meridie, Cretico urgetur: ab oriente brumali Ægæo: ab oriente solstitiali, Myrtoo. » HARD.

10. *Tantorum, in quinque.* Proponebat Dalec. *tantum quinque.* ED.

11. *In quinque M. pass.* Ita plane MSS. omnes. Solinus tamen, cap. VII, pag. 23, *quatuor non amplius mill. pass.* Totidem habet et Mela,

LIBER IV.

cervice Peloponnesum[12] contineat Hellas. Corinthiacus[13] hinc, illinc Saronicus[14] appellatur sinus: Lecheæ[15] hinc, Cenchreæ[16] illinc, angustiarum termini, longo et ancipiti navium ambitu, quas magnitudo plaustris transvehi prohibet: quam ob causam perfodere navigabili alveo angustias[17] eas tentavere, Demetrius[18] rex, Dictator Cæsar[19], Caius princeps[20], Domitius Nero[21], infausto[22] (ut

lib. II, cap. 3, pag. 34. Agathemerus tamen, Geograph. lib. I, cap. 5, xl stadiorum id esse intervallum ait, quæ omnino sunt quinque mill. pass. Hard. — Spatium illud hodie dicitur *Hexamili*, id est, sex millia passuum; quod recens milliarium græcum brevius sit romano. Brot.

12. *Contineat.* Barbarus, quem sequitur Dalec. imprudenter, ut Pelicerius admonet in notis MSS. *contingat* hoc loco reposuit, quum antea in impressis libris, et nunc ubique in MSS. Reg. 1, 2, Colb. 1, 2, et Paris. *contineat* legeretur. Quominus, inquit Plinius, totus abruptus a Græcia Peloponnesi tractus recedat ac dividatur, angusta illa cervice terrarum, quasi tenui vinculo tenetur, ac retinetur. Sic « angusto tramite Helladi Peloponnesum adnecti » Mela dixit, lib. II, cap. 3, pag. 34. Hard.

13. *Hellas.* Græcia proprie dicta, in qua Attica cæteræque regiones, describendæ cap. 11 et subsequentibus. Hard.

14. *Saronicus... sinus.* De quo cap. 9. Hard.

15. *Lecheæ.* Pausaniæ, Corinth. lib. II, p. 86, Λέχαιον. Item Straboni, lib. VIII pag. 380, et Ptolemæo, lib. III, cap. 16. Eidem Pausaniæ, pag. 88, Λέχη. Portus fuit, seu navale, ἐπίνειον Κορινθίων, nunc arenis obductus. Vide Hesychium, verbo Δίολκος. Hard.

16. *Cenchreæ.* Κεγχρεαὶ Diodoro Sic. Bibl. lib XIX, pag. 705, et Straboni, loco cit. Κεγχρειὰς Thucydides vocat, lib. VIII, p. 569. Corinthiorum emporium Livio, l. XXXII, cap. 17. Etiam hodie *Kechries* vocant. Hard.

17. *Angustias eas.* Sic ap. Chiffl. Deest vero apud Dalecamp. vocula *eas.* Ed.

18. *Demetrius rex.* Is, cui cognomen ab exitio urbium Poliorcetes fuit, ut ait Seneca, epist. ix, pag. 175. Asiæ rex, Antigoni F. qui Græciam fere totam suæ ditionis fecit. Vide etiam Strabonem, lib. I, pag. 54. Hard.

19. *Dictator Cæsar.* Ita Dio, lib. XLIV, pag. 242; Plutarchus in Cæsare, pag. 135; Sueton. in Julio, cap. xliv. Hard.

20. *Caius princeps.* Caius nempe, quem vocant Caligulam. Vide Suetonium in ejus vita, cap. xxi. H.

21. *Nero.* Suetonius in Nerone, cap. xix. Dio, lib. LXIII, pag. 722. Quousque perducta sit Isthmi perfossio a Nerone cœpta, docet Philostratus, lib. IV de vita Apoll. c. 8, pag. 181. Tentasse id etiam Alexandrum Macedonem, auctor est Pausanias, Corinth. II, 86. Hard.

22. *Infausto.* Chiffl. *nefasto.* Ed.

3 omnium patuit exitu²³) incepto. Medio²⁴ hoc intervallo, quod Isthmon appellavimus, applicata²⁵ colli habitatur colonia²⁶ Corinthus, antea Ephyra²⁷ dicta, sexagenis ab utroque littore stadiis²⁸, e summa sua arce, quæ vocatur Acrocorinthus²⁹, in qua fons Pirene, diversa duo maria³⁰ prospectans. LXXXVII³¹ mill. pass.³² ad Corinthiacum sinum trajectus est Patras a Leucade. Patræ³³ colo-

23. *Ut omnium patuit exitu.* Vet. apud Dalec. *omnium, ut patuit exitu, incœpto.* ED.—Nam Demetrius quidem, a Seleuco genero victus, in custodia periit, ut refert Plutarch. in Antonio, pag. 957. Dictator Cæsar, Caligula, Nero, illata per vim nece obiere. Animadvertimus hanc istius loci interpretationem displicuisse Spanhemio, de Usu Numismatum, tom. II, pag. 408, ibique eum contendere, *exitu* hic idem valere tantum, atque *irrito conatu*. Nescit *exitum* a Plinio poni pro exitio, sive exitiali fato: idque hujus in primis loci sententiam poscere, quum *infausto præcesserit*. Sic idem Plinius, lib. VIII, cap. 74, *usque ad Sejani exitum* dixit, pro exitiali clade. HARD.—Ego tamen Spanhemii magis quam Harduini interpretationem arridere mihi fatebor. ED.

24. *Medio hoc intervallo.* Martianus, qui hæc transcripsit, loc. cit. *in medio.* HARD.

25. *Applicata.* Vet. apud Dalec. *applicatu.* ED.

26. *Coloniæ Corinthus.* « Olim, inquit Mela, lib. II, cap. 3, p. 34, clara opibus, post clade notior, nunc romana colonia, ex summa arce, quam Acrocorinthon appellant, maria utraque contuens.» Missos eo a Cæsare Dictatore colonos libertini generis, ipso quintum, M. Antonio collega consule, auctor est Dio, lib. XLIII, pag. 239; Plutarchus in Cæsare, p. 734. Hinc nummi antiqui: COL. IVLI. CORIN. et LAVS. IVLI. CORINT. et C. I. C. A. *Colonia Julia Corinthus Augusta.* HARD.— Nomen hodieque servat. ED.

27. *Ephyra.* Ἐφύρα, usque ad Corinthum regem, a quo nomen accepit. Heraclid. de Polit. Corinth. Ἐφύρα Stephano, verbo Κόρινθος. H.

28. *Sexagenis ab utroque littore stadiis.* Sexagenis scilicet a Corinthiaci sinus littore, a Saronico autem sinu plus quam centum et viginti stadiis. ED.

29. *Acrocorinthus.* Montem editum fuisse auctor est Strabo, lib. VIII, pag. 379, cujus ascensus stadiorum esset omnino XXX. Sub ipso vertice fons Pirene, Πειρήνη. H.

30. *Duo maria.* Ionium et Ægæum. Quare *bimaris Corinthus*, ab Horatio appellatur, lib. I, Ode 7. HARD.

31. *LXXXVII mill. pass.* Chiffl. *LXXXIX.* ED.—Plinius, lib. II, cap. 112, addit passus quingentos. HARD.

32. *Ad Corinthiacum.* Vet. apud Dalec. *per Corinthiacum.* ED.

33. *Patræ colonia.* Hodie *Patras.* Primum Aroen vocatam, appellatione a terræ cultu petita, mox a Patreo Agenoris nepote Patras, auctor est Pausanias in Achaic. Colo-

LIBER IV.

nia, in longissimo promontorio Peloponnesi condita, ex adverso Ætoliæ et fluminis Eveni, minus mill. pass. (ut dictum est) intervallo ipsis faucibus, sinum Corinthiacum[34] LXXXV millia pass. in longitudinem usque ad Isthmon[35] transmittunt.

VI. (v.) Achaiæ nomen[1] provinciæ ab Isthmo incipit: antea Ægialos[2] vocabatur, propter urbes in littore[3] per ordinem dispositas. Primæ ibi, quas diximus, Lecheæ[4] Corinthiorum portus. Mox Oluros[5] Pellenæorum castellum. Oppida: Helice[6], Bura: in quæ refugere[7], haustis prio-

niam eo deductam ab Augusto, Strabo, lib. VIII, pag. 387. Atque id nummi testantur Claudio principe cusi, cujusmodi in Museo nostro Parisiensi asservantur. COL. PATR. et apud Erizzo, p. 88, COL. A. A. PATR. *Colonia prima Augusta Patrensis.* HARD.

34. *LXXV millia pass.* Vide quæ diximus de hac Corinthiaci sinus longitudine, lib. II, cap. 112. H.

35. *Transmittunt.* Tramittunt in Chiffl. exemp. perpetuo ita scribitur. DALEC.

VI. 1. *Achaiæ nomen.* Transcribit hæc Martianus, lib. VI, c. de tertio sinu Europæ, pag. 210. Achaia hæc porro proprie appellata, longe ab ea diversa est, quæ Hellas Ptolemæo cognominatur, hodie *Livadia*: qua Locrorum regio, Bœotia, Attica continentur. Αἰγιαλὸν quondam appellatam esse et Pausanias tradit, Eliac. prior, lib. V, pag. 287, et lib. VII, pag. 396. HARD.

2. *Antea.* Sic apud Chiffl. Dalec. ante. ED.

3. *Propter urbes in littore.* Est enim Græcis αἰγιαλὸς littus. HARD.

4. *Lecheæ.* Proponebat Dalecamp. *Lechæum.* Vix supersunt vestigia. ED.

5. *Oluros.* Chiffl. *Olyrus.* Stephano, Ὄλουρος, πολίχνιον τῆς Ἀχαΐας, οὐ πόῤῥω Πελλήνης. Fuit nimirum Oluros castellum, propugnaculumque quoddam in ora conditum, ab incolis Pellenes oppidi, LX stadiis intus recedentis a mari supra pagum *Ulogoca:* quo ipso in tractu Strabo, lib. VIII, pag. 386, Pellenen locavit. Vox Ὄλουρος Græcis idem quod Πάνορμος sonat, de quo mox. HARD. et ED.

6. *Helice, Bura.* Ἑλίκη, Βούρα, Ptolemæo, lib. III, cap. 16. De his egimus, lib. II, cap. 94. Biennio ante Leuctricum prælium absumptam mari Helicen, auctor est Strabo, lib. VIII, pag. 384. Contigit autem id prælium anno 2, Olymp. 102, Diodoro teste. HARD. — Nonnulli aliquot Helices vestigia placido mari emergere testantur, V circiter M. pass. a *Vostitza* ortum solis versus. Buræ Acropolis reliquiæ inde pari intervallo meridiem versus conspiciuntur, auctore POUQUEVILLE, lib. XII, cap. 8, pag. 419. ED.

7. *In quæ refugere.* Melius: *Et in quæ refugere.* DALEC. — Oppida deinde, in quæ incolæ priorum, quæ hausit mare, transmigrarunt, qui

ribus, Sicyon, Ægira, Ægion, Erineos. Intus Cleonæ[8], Hysiæ[9]. Panhormus[10] portus, demonstratumque jam Rhium : a quo promontorio quinque[11] M. pass. absunt Patræ, quas supra memoravimus : locus[12] Pheræ. In Achaia[13], IX montium Scioessa notissimus, fons Cymothoe.

tantæ cladi superstites esse potuerunt, fuere ista : Sicyon, Ægira, etc. Σικυών, Αἴγειρα, Αἴγιον, Ἐρινεὸς λιμήν, Herod. Clio, lib. I, n. 245, pag. 62, et Ptolem. lib. III, c. 16. Scylaci quoque, pag. 15. Ægii meminit Homerus in Catalogo, v. 81 : Πελλήνην τ' εἶχον, ἠδ' Αἴγιον ἀμφενέμοντο. Ἐρινεοῦ λιμένος Pausanias, Achaic. lib. VII, pag. 442, et Thucydid. lib. VII, pag. 513. Αἴγειρα etiam apud Pausaniam, pag. 440. HARD. — Sicyon hodie *Vasilica* dicitur, Ægira, *Palæo-Castron*, in fluminis *Chelo-Potamos* dicti valle, Ægion, ut jam diximus *Vostitza*; Erineos, *Artotina*. ED.

8. *Intus Cleonæ.* Κλεωναὶ Homero in Catal. vers. 77, a Corintho stadiis LXXX, ut scribit Eustathius p. 291. Notæ etiam Ptolemæo Κλεωναὶ, lib. III, cap. 16, et Straboni, lib. VIII, pag. 377, ubi situm ejus describit. HARD. — Monstrantur rudera ejus supra vicum *S. Basile*. ED.

9. *Hysiæ.* Ὑσιαὶ Argolicæ, quarum meminere Strabo, lib. IX, p. 404, et Pausanias in Arcad. lib. VIII, pag. 464 et 542. Incolæ Hysiatæ. HARD. — Fortasse hodie *Vromo-Limni*. ED.

10. *Panhormus.* Chiffl. *Palinhormos.* Græcis Πάνορμος portum significat omnibus navibus excipiendis aptum. Meminit illius Pausanias, Achaic. lib. VII, pag. 442. HARD. et ED.

11. *Quinque mill. pass.* Strabo, lib. VIII, pag. 387, stadiis XL, eadem prorsus mensura. At Pausanias, loco citato, stad. L. H. — Quod præsens confirmat locorum status. ED.

12. *Locus Pheræ.* Modus hic loquendi Plinio familiaris, oppidum plane deletum innuit : rudera modo ac vestigia superesse. Hæ sunt quæ Stephano Φαραὶ et Φηραὶ Ἀχαίας. At Straboni, lib. VIII, pag. 388, et Pausaniæ Achaic. lib. VII, pag. 440, Φάρα, Dymæ coloniæ contermina, de qua statim dicturi sumus. HARD.

13. *In Achaia IX montium.* Vet. apud Dalec. *Scioessa. Notissimus fons Cymothoe.* ED. — In Achaia, inquit, quæ regio montibus novem attollitur, Scioessa fons notissimus est. Solinus, cap. VII, pag. 22 : « Propter oppidum Patras, inquit, Scioessa locus novem collium opacitate umbrosus. » Male Plinium Solinus intellexit. Neque enim Scioessam locum esse voluit, qui montes haberet novem : sed e novem Achaiæ montibus Scioessam esse notissimum. Sic ipse Plinius paulo post cap. seq. Messeniam regionem esse duodeviginti montium. Σκιόεσσα (subintellige ὑπώρεια, vel ἀκρώρεια) umbrosum silvarum opacitate montem significat : Κυμοθόη, fontem aquarum incitato cursu rapidum. HARD.

LIBER IV.

Ultra Patras oppidum Olenum [14], colonia Dyme [15] : [2] loca [16], Buprasium, Hyrmine : promontorium Araxum [17], Cyllenes sinus, promontorium Chelonates [18] : unde Cyllenen [19] quinque [20] M. pass. Castellum Phlius [21] : quæ

14. *Olenum.* Ὤλενος πόλις Ἀχαΐας Stephano. Straboni quoque, lib. VIII, p. 386. Dymen inter et Patras. HARD. — Hodie *Cato Achaia* vocatur. ED.

15. *Dyme.* Δύμη Straboni, lib. VIII, pag. 341, et Ptolemæo, lib. III, cap. 16. Cives Δυμαῖοι. Regio ipsa Καυκωνίς, incolæ Καύκωνες appellati. Missos eo colonos a Pompeio Magno, idem Strabo admonet, p. 387 et 388. HARD. — Hodie *Palæo-Castron* una circiter leuca a *Cato Achaia* occasum solis versus. ED.

16. *Loca.* Deletis oppidis manent vestigia, inquit, Buprasii et Hyrmines. Meminit utriusque Homerus in Catalogo, Iliad. II, vers. 122, et ex eo Strabo, lib. VIII, p. 340. Stephanus quoque et Hesychius: Οἱ δ᾽ ἄρα Βουπράσιόν τε, καὶ Ἤλιδα δῖαν ἔναιον, Ὅσσον, ἐφ᾽ Ὑρμίνη, καὶ Μύρσινος ἐσχατόωσα. HARD. — Buprasium amnem ad cujus ripam stetisse videtur urbs cognominis, cujus situs omnino incertus, ille est qui hodie *Verga* dicitur, auctore POUQUEVILLE, hic qui vocatur *Risso* sive *Mana*, auctore LAPIE, qui promontorium Hyrmina, cui vicina esse debuit urbs Hyrmine, hodie *Capo Clarenza* esse opinatur. ED.

17. *Araxum.* Chiffletian. *Axarus.* Ἄραξος Straboni, lib. VIII, p. 337, cæterisque geographis : a Dyme, stadiis LX. Ex adverso Acarnaniæ respondere ait Agathemerus, Geog. lib. I, pag. 5, ἄκρον Ἄραξος, ἀντιπρόσωπον Ἀκαρνανίᾳ. Hodie *Capo Papa.* HARD. et ED.

18. *Chelonates.* Ὁ Χελωνάτας Agathemero, loco citato, et Straboni, lib. VIII, pag. 337. Dorica dialecto : communi, Χελωνίτης ἄκρα Ptolemæo, lib. III, c. 16. Hodie *Capo Clarentza,* sive *Tornèse.* HARD.

19. *Cyllenen.* Κυλλήνη Eleorum navale apud Thucyd. lib. I, p. 22. *Mercurium ibi natum arbitrantur,* inquit Mela, lib II, cap. 8. HARD. — De istius urbis situ inter eruditos minime convenit; nam CHANDLER eam *Clarentza* hodie esse opinatur; POUQUEVILLE, anglum viatorem reprehendens, Cyllenes locum occupare *Andravida* sive *Andravilla* contendit : LAPIE, in sua Græciæ mappa illam supra fluvium *Verga* ad maris littus ponit. Mannertus eam urbi *Clarentza* vicinam fuisse putat, quæ quidem opinio cum Plinii verbis magis concordare videtur, qui Cyllenem, quinque, aut, ut quidam legunt, duo M. pass. a promontorio Chelonate dissitam fuisse ait. ED.

20. *Quinque.* Sic apud Chifflet. Apud Dalec. *duo.* ED.

21. *Phlius.* Φλιοῦς Ptolemæo, in mediterraneæ Sicyoniæ oppidis, l. III, cap. 16, et Straboni, mox laudando. H. — Innumera oppidi templorumque ejus rudera ad Asopum amnem, leucis V a Corintho occasum solis versus, reperit POUQUEVILLE, *Voyage de la Grèce,* lib. XV, cap. 2, pag. 307. ED.

regio[22] ab Homero Aræthyrea dicta, postea Asopis[23].

3 Inde Eliorum ager[1], qui antea Epei vocabantur : ipsa Elis in mediterraneo, et a Pylo[2] XII M. passuum intus delubrum Olympii Jovis[3], ludorum claritate fastos Græciæ[4] complexum. Pisæorum[5] quondam oppidum, præfluente Alpheo amne. At in ora promontorium Ichthys[6]. Amnis Alpheus[7] navigatur VI pass. mill. prope oppida, Au-

22. *Quæ regio.* Phliasia dicta, Φλιασία Straboni, lib. VIII, pag. 382, quam et Aræthyræam prius appellatam scribit. Homeri locus est Iliad. II in Catalogo, v. 77, quem et Pausanias refert, Corinth. lib. II, pag. 107. HARD.

23. *Asopis.* Ἀσωπία, Pausaniæ, Corinth. lib. II, pag. 85. et Straboni, loco citato. *Asophis* prius perperam legebatur. HARD.

1. *Eliorum ager.* Strabo, lib. VIII, p. 340 : ὕςερον δ' ἀντ' Ἐπειῶν Ἠλεῖοι ἐκλήθησαν. Hesych. p. 348 : Ἐπειοί, οἱ Ἠλεῖοι, καὶ οἱ πλησιόχωροι. Ipsa urbs Ἦλις Ptolemæo, lib. III, cap. 16, cæterisque. HARD. — *Palæopolis* hodie dicitur, ad pagum *Calivia*, ad Peneum hodie *R. de Gastouni*. ED.

2. *A Pylo.* Hæc Pylos Eliaca, seu Thriphyliaca appellata Straboni, lib. VIII, pag. 351 : ὁ Πύλος Ἠλειακός, ἢ Τριφυλιακός. H. — Nonnulla reperiuntur ejus rudera juxta vicum *Tchelebi*, ad Ladonem, qui in Peneum influit. ED.

3. *Olympii Jovis.* Stadiis ab Elide trecentis, Strabo, lib. VIII, p. 353, hoc est, pass. mill. XXXVII, et quingentis pass. HARD. — Reperiuntur ejus rudera, nec non Pisæorum oppidi, quod rivulus ab Olympico campo sejungebat, ad dextram Alphei, hodie *Orphea*, sive *Rouphia*, ripam, juxta pagum *Antilalo*. ED.

4. *Fastos Græciæ.* Olympicorum enim ludorum beneficio, exacta postmodum notitia temporum observata : per Olympiadas deinceps, quod spatium annorum quatuor fuit, compositi ordinatique fasti, in quibus res gestæ et insignia quæque notari consueverunt. Ludorum Hercules auctor : instaurator Iphitus existimatus. Olympias prima cœpit annis quinque et triginta ante Romam conditam. HARD.

5. *Pisæorum.* Vet. apud Dalec. *Pisa eorum quondam.* Aliis : *Pisa OEnomani quondam.* ED. — Πίσα πόλις τῆς Ὀλυμπίας, Stephano. Ptolemæo, Ὀλυμπία Πίσα, lib. III, c. 16. Deletæ urbis situm causamque excidii describit Pausanias in Eliac. post lib. VI, p. 386. Regio Πισάτις Straboni, lib. VIII, pag. 356, qui urbis rudera inter duos montes, Ossam et Olympum exstare quibusdam creditum, Pisam ullam umquam exstitisse negatum ab aliis tradit. HARD.

6. *Ichthys.* Ἰχθὺς ἄκρα in Elide, juxta Alphei ostia, Ptolemæus, lib. III, cap. 16. Hodie *Cupo Catacolo*. ED.

7. *Alpheus.* Parmen. edit. « Alpheus navigatur prope sex oppida. » At oppida duo tantum enumerantur. Dalecampius, *navigatur in oppi-*

LIBER IV. 233

lona⁸, et Leprion. Promontorium Platanodes⁹: omnia hæc ad occasum versa.

VII. Ad meridien autem Cyparissius sinus cum urbe 1 Cyparissa¹ LXXII millium passuum circuitu. Oppida : Pylos², Methone³ : locus Helos⁴, promontorium Acri-

da. At MSS. reclamant, 1, 2, Colb. 1, 2, Paris. Chiffl. et vet. Dalec. in quibus legitur, *navigatur VI prope oppida*. Non videre priores scilicet, numero solo adnotato millia passuum significari in exemplaribus manu exaratis, in quibus hæ voculæ, *mill. pass.* nusquam fere occurrunt, sed subintelliguntur. Ἀλφειὸς Ptolemæo, loco citato, cæterisque. Navigatur Alpheus, inquit, procul a mari, juxta ipsa Arcadiæ, quæ pars mediterranea Achaiæ est, oppida duo, Aulona et Leprion, ad sex usque millia passuum ab iis oppidis. Αὐλὼν, πόλις Ἀρκαδίας, Stephano. De Leprio dicemus cap. 10. HARD. — Vet. apud Dalec. *navigabilis prope sex oppida*, *Aulos*, etc. ED.

8. *Aulona*. Dalec. *Aulos*. Situs ejus omnino ignoratur. ED.

9. *Platanodes*. Ita MSS. omnes, et Parm. edit. *Platanistus* nobis obtrusit Hermolaus, pro voce legitima Πλατανώδης, quæ et apud Strabonem exstat, lib. VIII, pag. 348, etsi mendose ibi Πλαταμώδης nunc legitur. Platanistus autem, Πλατανιςοῦς, sive Μάκυςος (habet enim geminam hanc appellationem apud eumdem Strabonem, pag. 345), regio intus est : oppidumque desertum, non in ora, sicuti præsens locus sibi exigit, promontorium. H. — Nomen hodie ignoratur. ED.

VII. 1. *Cyparissa*. Κυπαρισσαία Stephano : Ptolemæo, lib. III, cap. 16, Κυπάρισσαι, in Messenia. Eustathio, in Iliad. B, pag. 297, πόλις Μεσσηνίας. Hodie *Arcadia*. Incolæ, Straboni, lib. VIII, pag. 345, Κυπαρισσεῖς. Hic porro ager Messeniacus incipit, Ptolemæo, lib. III, c. 16, oppida quæ sequuntur, Messeniæ accensente. Cyparisso sinui ab oppido nomen, *Golfo d'Arcadia*. HARD.

2. *Pylos*. Πύλος in Messenia, prope Μεθώνην. Hæc Messeniaca Pylos, ab aliis diversa : fuit enim tergemina civitas ejus nominis, ut Strabo admonet, lib. VIII, pag. 351. Frustra Meursio Tylos hoc loco, vel OEtylos scribente, in Miscell. Lacon. lib. IV, pag. 274. HARD. — Hæc Messeniaca Pylos, non autem, ut ait Harduinus, Eliaca supra memorata, Nestoris patria fuit. Multi eam loco hodie *Zonchio* dicto stetisse volunt; sed POUQUEVILLE, *Voyage de la Grèce*, lib. XVIII, cap. 2, pag. 26, et cap. 5, pag. 72, illam nomen etiamnunc servare et *Pylo* sive *Pilo* dici. Vide quoque eruditi LAPIE mappam. ED.

3. *Methone*. Μεθώνην Messeniæ Ptolemæus, loco citato, et Strabo, lib. VIII, pag. 359. Laconiæ Stephanus adjudicat, Thucydiden secutus, lib. II, pag. 116. Hodie *Palæo Castro*, juxta *Modon*, ortum solis versus. ED.

4. *Locus Helos*. Seu loci id no-

tas[5] : sinus Asinæus[6], ab oppido Asine, Coronæus[7] a Corone. Finiuntur Tænaro[8] promontorio. Ibi[9] regio Messenia duodeviginti montium. Amnis Pamisus[10]. Intus autem ipsa Messene[11], Ithome, OEchalia, Arene,

men fuerit circa Alpheum, seu urbis jam dirutæ. Strabo, lib. VIII, pág. 350: Ἕλος δ' οἱ μὲν περὶ τὸν Ἀλφειὸν χώραν τινά φασιν· οἱ δὲ καὶ πόλιν. HARD. — Diversa certe fuit hæc Helos Messeniaca, ab illa quæ in Laconia fuit, haud longe ab Eurotæ ostiis, ortum solis versus, loco dicto *Tsyli*. ED.

5. *Acritas*. Ἀκρίτας ἄκρα Ptolem. lib. III, c. 16, et Paus. in Messen, lib. IV, pag. 282, juxta Methonem, Straboni, lib. VIII, pag. 359. Hodie *Capo Gallo*. ED.

6. *Asinæus*. Ἀσιναῖος ἀπὸ τῆς Μεσσηνιακῆς Ἀσίνης, Straboni loco citat. Exciderat hoc oppidum ætate Pausaniæ, ipso teste, Corinth. lib. II, pag. 154. Loco hodie *Jaratcha* dicto stetisse videtur. Sinui nomen alterum **Messeniaco**, a Messene fuit. Strabo, loco cit. HARD. et ED.

7. *Coronæus*. Ab oppido Κορώνη, quod oppidum Messenæ proximum est, apud Ptolem. lib. III, cap. 16. Hodie *Petalidi*. Sinus ipse Messeniaci pars quædam est, et recessus interior. H. et ED.

8. *Tænaro*. Ταίναρον, Pausaniæ in Lacon. lib. III, pag. 212; Ταιναρία ἄκρα Ptolem. loco citat. Asinæum sinum a Coronæo determinat: hodie *Cap Matapan*. HARD.

9. *Ibi regio*. Hæc quæ diximus oppida, inquit, regio Messeniaca complectitur, et simul montes XVIII. HARD.

10. *Pamisus*. Πάμισος, Pausaniæ in Messen. lib. IV, p. 280. Eidem Πάμεισος, pag. 221. Mela, lib. II, cap. 3 : « In Asinæo flumen Pamissum. » Hodie *Pirnatza* vocatur. HARD. et ED.

11. *Messene*. Μεσσήνη. Homero in Catalogo Iliad. B, vs. 89, Μέσση. Hodie *Mavromati*. In nummo ex ære mediocri, in Museo nostro, caput turritum, idemque velatum est, argumento liberæ civitatis : titulus, ΜΕΣΣΗΝΙΩΝ. Parte altera, Æsculapii stantis effigies est, sine epigraphe : latere sinistro corona laurea. Sequuntur deinde Ἰθώμη, Μεσσήνης Stephano, et Pausaniæ, in Mess. lib. IV, pag. 223. Arx ea Messenes fuit, ut Corinthi Acrocorinthus : auctor Strabo, lib. VIII, p. 361. Οἰχαλία Straboni, lib. VIII, p. 350, prope Messenen, unde Μεσσηνὶς Οἰχαλία Stephano. Stephanus Plinio suffragatur : geminam enim Arenen distinguit : Messeniacam alteram, alteram Triphyliacæ regionis, Ἀρῆναι δύο πόλεις, Μεσσήνης καὶ Τριφυλίας. Messeniacam Plinius modo appellat : Homerus Triphyliacam, Iliad. B, in Catalogo, v. 98 : Οἱ δὲ Πύλον τ' ἐνέμοντο, καὶ Ἀρήνην ἐρατεινήν. Strabo nihilominus, Ἐρανὰ hanc Messeniacam mavult appellari : Arenenque, quod nomen sit Pyliorum oppidi ab Homero proxime citati, male putasse quosdam hanc prius vocatam, non uno in loco testatur, lib. VIII, pag. 348 et 361. H. — Ithomes, quæ Messenes arx

Pteleon[12], Thryon, Doryon, Zancle, variis clara temporibus. Hujus sinus[13] circuitus LXXX M. pass. trajectus vero XXX M.

VIII. Dehinc a Tænaro ager Laconicus, liberæ[1] gen-

fuit, monti cognomini, hodie *Vourcano*, imposita, nulla supersunt vestigia; OEchaliæ locum monasterium occupat : Arene hodie *Sareni* vocatur. ED.

12. *Pteleon*, etc. Πτελεὸν, Θρύον Homero in Catalogo Iliad. B, vers. 99, Δώριον. Sola Zancle in hoc tractu cæteris scriptoribus neglecta : etsi variis singula temporibus, deinceps alia ex aliis, claruisse Plinius asseveret. Constans tamen hæc est consentiensque librorum omnium manu exaratorum, impressorumque lectio, quam vel leviter movere, nullo suffragante codice, religio est. Arridebat alioqui mihi meum commentum, quod deinde placuisse Hermolao animadverti : existimabam scilicet legi commode ita posse, quoniam de Zancle Messeniæ oppido cæteri scriptores silent : « Pteleon, Thryon, Dorion, Thamyræ vatis clara temporibus »; Homerus enim favere conjecturæ admodum videtur, Iliad. B, in Catalogo. vers. 101 : Καὶ Πτελεὸν, καὶ Ἕλος, καὶ Δώριον, ἔνθα τε Μοῦσαι Ἀντόμεναι Θάμυριν τὸν Θρῇκα παῦσαν ἀοιδῆς. Hunc Thamyram Plutarchus vocat, lib. advers. Epicur. p. 1093. Θάμυριν Apollodorus, de Diis, lib. I, pag. 11. Hunc Musæ cantu superatum et oculis et arte privarunt. Rem totam, et simul Homeri locum Statius expressit, Thebaid. lib. IX, vs. 181 : « Quos Helos et Pteleon, Getico quos flebile vati Dorion : hic fretus doctas anteire canendo Aonidas, multos Thamyris damnatus in annos Ore simul citharaque, etc. » Lucanus similiter, lib. VI, v. 352 : « Pteleosque et Dorion ira Flebile Pieridum. » Pellicerius in libris MSS. pro *Zancle, quondam*, supponit. Nos exemplarium vestigia religiose secuti, Zanclem retinemus : atque ut Messenios Siciliæ a Messeniis Græciæ ortos esse omnes confitentur, sic eorumdem Siculorum oppidum Zanclem ab oppido Messeniæ Græcæ cognomine traxisse appellationem credimus : quæ quidem Græca Zancle, cæteraque quæ hic recensentur, deserta tum loca, ac fere tantummodo nomina, floruisse olim omnia dicuntur, claraque fuisse, non eodem tamen simul tempore, ut fit, sed deinceps, atque alia ex aliis. H. — In vet. apud Dalec. legitur *Zande*, non *Zancle*. ED.

13. *Hujus sinus*. Messeniaci: hodie *Golfe de Coron*. HARD.

VIII. 1. *Liberæ gentis*. Strabo, de Spartanis seu Lacedæmoniis, lib. VIII, pag. 365, eos in eximio honore habitos a Romanis ait, libertatemque retinuisse : præter socias operas nihil quidquam Romanis pependisse : καὶ ἔμειναν ἐλεύθεροι, πλὴν τῶν φιλικῶν λειτουργιῶν ἄλλο συντελοῦντες οὐδέν. Hodie hujus tractus incolæ, *les Mainotes* vulgo appellantur : a Turcarum quoque tyrannide perpetuo liberi. HARD.

tis : et sinus² circuitu CVI mill.³ trajectu XXXIX mill. Oppida : Tænarum⁴, Amyclæ⁵, Pheræ⁶, Leuctra⁷ : et intus Sparta⁸, Theramne⁹ : atque ubi fuere Cardamyle¹⁰, Pithane, Anthane¹¹ : locus Thyrea¹², Gerania¹³. Mons Tay-

2. *Et sinus*. Laconicus : hodie *Golfo di Kolokythia*. ED.

3. *CVI mill.* Ita Reg. 1, 2, Colb. 1, 2, Paris. Tolet. etc. non *CCVI*. HARD.

4. *Tænarum.* Solin. cap. VII, p. 22 : « est et oppidum Tænaron, nobili vetustate. » Ταίναρον, a promontorio ejusdem nominis, stadiis XL dissitum, teste Pausan. in Lac. lib. III, pag. 212. Hodie *Kisternès*. HARD. et ED.

5. *Amyclæ.* Ἀμύκλαι Straboni, lib. VIII, p. 363. « Silentio quondam suo pessumdatæ, » inquit Solinus, loco cit. Hodie *Sclavo-Chorio*. HARD. et ED.

6. *Pheræ.* Φεραὶ Ptolemæo, in Messenia, lib. III, cap. 16; Φηραὶ Straboni, lib. VIII, pag. 367, et Hom. Iliad. B, Φαραὶ Messeniacæ Stephano, cujus oppidi civis Φαραίτης : apud Paus. in Lac. l. III, p. 261, Φαρείτης. Hodie *Chitries.* H. et ED.

7. *Leuctra.* Λεῦκτρον τὸ Λακωνικὸν, Straboni, lib. VIII, pag. 361, longe diversum oppidum a Leuctris Bœotiæ, Lacedæmoniorum clade nobilitatis. Hodie *Levtros*. HARD. et ED.

8. *Sparta.* Quæ et Λακεδαίμων. Quatuor circiter mill. pass. a ruderibus antiquæ Lacedæmonis excitatum est occasum solis versus, oppidum *Mistra;* facto ei nomine a minuto caseo, quem sic indigenæ vocant. Ruderibus nomen hodie est *Paleochori*, quasi παλαιὰ χώρα, *vetus ager*. HARD.

9. *Theramne.* Vet. apud Dalec.

Therennæ. ED. — Θεράμναι Stephano, pag. 303; Θεράπνη Pausaniæ, juxta Spartam, in Lacon. lib. III, pag. 187. Harpocrat. Θεράπνη τόπος ἐστὶν ἐν Λακεδαίμονι. Ruinæ tantum supersunt nullo nomine notæ. HARD. et ED.

10. *Cardamyle*. Καρδαμύλη Homero, Iliad. I, vers. 150. Πιτάνη, Pausaniæ in Lacon. lib. III, pag. 192. Pindaro quoque, Olymp. od. 6, juxta Eurotam amnem. HARD.

11. *Anthane.* In MSS. et edit. Parm. *Antiane. Anthia* ego anteposuerim, ex Homero, Iliad. I, vers. 150, quem sequi in primis Plinius videtur : Καρδαμύλην, Ἐνόπην τε, καὶ Ἱρὴν ποιήεσσαν Φηράς τε ζαθέας ἠδ' Ἄνθειαν βαθύλειμον, etc. quanquam Stephano Ἀνθάνα quoque, sive Ἀνθήνη, πόλις Λακωνικὴ dicitur, et Harpocrationi, pag. 28, Ἀνθήνη, πόλις τῆς Λακωνικῆς. Thucyd. quoque, prope Thyream Ἀνθήνη est, lib. V, pag. 573. Sed Anthiam habet Solinus Plinii simia, c. VII, p. 22. H. — Vet. apud Dalec. *Anxiane*. Strab. *Anteia*. ED.

12. *Locus Thyrea*. Θουρία Straboni, lib. VIII, pag. 360. Meminit Herodotus, Clio, lib. I, n. 12, p. 34, loci sive agri, qui Thyrea vocatur, χώρου καλεσμένου Θυρέης, in confinio Laconicæ Argolicæque, Diodoro teste in Bibl. lib. XII, p. 116. Vastatam incensamque urbem, docet Thucydid. lib. IV, pag. 289. Solin. cap. XII, XXII : « Ubi quondam fuere Thyreæ, nunc locus dicitur : in quo anno XVII regni

getus [14] : amnis Eurotas [15], sinus Ægilodes [16], oppidum Psammathus [17]. Sinus Gytheates [18] ab oppido : ex quo Cretam insulam certissimus [19] cursus. Omnes autem [20] Maleæ promontorio includuntur.

IX. Qui sequitur sinus ad Scyllæum [1], Argolicus [2] appellatur, trajectu quinquaginta M. pass. idem ambitu CLXII [3]

Romuli, inter Laconas et Argivos memorabile bellum fuit. » Statius, Thebaid. lib. IV, v. 47 : « Et Lacedæmonium Thyre lectura cruorem. » HARD.

13. *Gerania.* Γερηνία Pausaniæ, in Lacon. lib. III, pag. 204. Hanc ab Homero dictam esse Ἐνόπην, Iliad. I, vs. 150, tum ipse prodidit, pag. 214, tum etiam Strabo, lib. VIII, p. 360. Messeniæ a Stephano accensetur. HARD.

14. *Taygetus.* Ταΰγετον ὄρος Straboni, lib. VIII, pag. 562, *Pente Dactylon*, seu *Pente Dactyli* cognominatur. ED.

15. *Eurotas.* Εὐρώτας, hodie *Vasili Potamo.* Multa de eo Strabo, lib. VIII, pag. 343. ED.

16. *Ægilodes.* Αἰγιλώδης. Ita totidem plane apicibus MSS. Reg. 1, 2, Colb. 1, 2, Paris. aliique. Ab Ægila Laconicæ pago videtur id nomen factum ei sinus Laconici intimo recessui. Meminit ejus loci Pausanias, in Messen. lib. IV, p. 247: ἔστι καὶ Αἴγιλα τῆς Λακωνικῆς, ἔνθα ἱερὸν ἵδρυται ἱερὸν Δήμητρος. Non placet Pelicerii conjectura in notis MSS. *Helodes* legentis, ex Strabone, lib. VIII, p. 343, a vicina Spartæ ora palustri. H. — Sinus Ægilodes, hic mihi esse videtur, qui in eruditi LAPIE mappa *Port Poulithra* appellatur. ED.

17. *Psammathus.* Ψαμμαθοῦς, πόλις Λακωνική, Stephano. Portus est Scylaci, Ψαμαθοῦς, pag. 16. H.

18. *Gytheates.* Ab oppido quod Strabo Γύθιον, loco citato. Plinius ipse, lib. VI, cap. 39, Gythium vocat. Pausanias in Lacon. lib. III, pag. 273, Γύθειον. Stephanus quoque, cui gentile nomen est Γυθεάτης. Livius *Gytheum*, lib. XXXIV, cap. Hodie, ut videtur, *Porto Phinaki*; male autem nobis hunc sinum nominasse hic videtur Plinius, pro Bœate sinu, hodie *baie de Vatika*, unde in Cretam certissimus et brevissimus cursus. ED.

19. *Certissimus.* Proponebat Dal. *brevissimus*. ED.

20. *Omnes autem.* Sinus videlicet, Laconicus, Ægilodes, Gytheatesque. Μαλέα ἄκρα ei promontorio nomen est apud Scylacem, p. 16, et Ptolem. lib. III, cap. 16. Μαλέαι apud Strabon. lib. VIII, pag. 363, ἄκρα τῆς Μαλέας apud Pausan. loco citato, pag. 207. Hactenus perperam editum, *omnia* et mox *Maleo* pro *Maleæ*. Hodie est *Capo S. Angelo*, sive *Malio*. HARD.

IX. 1. *Scyllæum.* Σκύλλαιον Straboni, lib. VIII, pag. 368, et Scylaci, pag. 19; Σκύλλιον ἄκρον Ptolemæo, lib. III, cap. 16. Nunc *Cap Skylli.* HARD.

2. *Argolicus. Golfo di Napoli*, sive *di Nauplia*. ED.

3. *CLXII.* Ita MSS. Reg. 1, 2,

millium. Oppida : Bœa [4], Epidaurus Limera cognomine, Zarax, Cyphanta [5] portus. Amnes [6] : Inachus, Erasinus, inter quos Argos Hippium [7] cognominatum, supra locum Lernen [8], a mari duobus [9] M. pass. novemque additis millibus, Mycenæ [10] : et ubi fuisse [11] Tiryntha tradunt : et

Colbert. etc. non, ut editi, CLXXII. HARD. — Vet. apud Dalec. *CII mill.* ED.

4. *Bœa.* Dalec. *Boea.* Βοία πόλις Scylaci, p. 16. Apud Pausan. Lacon. lib. III, pag. 204, inter oppida Eleutherolaconum, ista numerantur : Βοιαὶ, Ζάραξ, Ἐπίδαυρος ἡ Λιμηρὰ, etc. Illius incolæ Βοιαταὶ appellati. Ζάρηξ Stephano, πόλις Λακωνική. Pausaniæ quoque, Attic. lib. I, pag. 72, a Zarece Musico. Epidauro id cognomen inditum, a commoditate portuum, ait Schol. Thucyd. διὰ τὸ πολλοὺς ἔχειν λιμένας· ἀντὶ τοῦ Λιμενηρά. H. — *Bœa,* hod. *Palæo Castron* vocatur; *Epidaurus Limera, Palæa Emvasia,* supra *Monembasia;* et *Zarax, Porto Kari.* ED.

5. *Cyphanta.* Κυφάντα λιμὴν in Argolico sinu, apud Ptolem. lib. III, cap. 16. Et Κυφάντων inde oppidum stadiis decem a mari, teste Pausan. in Lacon. lib. III, p. 206. Hodie *Porto Botte* sive *Stilo.* ED.

6. *Amnes.* Ἴναχος Argos Hippium alluit, apud Strabon. lib. VIII, p. 370, quamobrem et Inachium mox appellatur. Eodem Argiæ agro labi dicitur Ἐρασῖνος, pag. 361, ubi de ejus ortu, cursuque multa. HARD. — Inachus amnis hodie *Xera* dicitur. ED.

7. *Argos Hippium.* Sive quod idem est, Ἱππόβοτον, ut Homerus cecinit, Iliad. III, v. 75, quod pascendis equis campos haberet optimos. Vide Varron. de Re rust. lib. II, cap. 1, pag. 75. Hujus navale ac portus Nauplia fuit, ut ex iis Scylacis verbis confici potest, pag. 19 : Μετὰ δὲ Λακεδαίμονα πόλις ἐςὶν Ἄργος, καὶ ἐν αὐτῇ Ναυπλία πόλις καὶ λιμήν. Et Strabo, lib. VIII, p. 368 : ἡ Ναυπλία τὸ τῶν Ἀργείων ναύςαθμον. Hodie etiamnunc *Argos,* III leucis a *Nauplie de Romanie,* vel *Napoli:* unde sinui nomen. HARD.

8. *Locum Lernen.* Dalec. *lacum,* sed libri MSS. omnes *locum :* ut non de palude illa hæc accipienda sint, quam hydra, Herculisque labor nobilitavit; sed de loco, qui multo propior mari, amni paludique Lernæ, cognominis fuerit. Λέρνην oppidum in Laconica Ptolemæus locat, lib. III, c. 16, situ præpostero. Rectius Mela, lib. II, cap. 3, p. 34 : « In Argolico sinu sunt noti amnes, Erasinus atque Inachus : et notum oppidum Lerne. » H. — *Milos* hodie vocatur. ED.

9. *Duobus millibus.* Dalecamp. *M. M.* ED.

10. *Mycenæ.* Μυκῆναι. Negat has jam tum ævo suo superfuisse Strabo, lib. VIII, p. 177. H. — Hodie *Carvathi.* ED.

11. *Ubi fuisse.* Intercidisse innuit. Τίρυνθα Strabo quoque nominat, p. 372. Excisam ab Argivis docet Pausanias, Corinth. lib. II, p. 115 et 132. H. — Hodie *Palæa Nauplia* dicitur. ED.

locus Mantinea[12]. Montes[13] : Artemius, Apesantus, Asterion, Parparus, aliique[14] undecim numero. Fontes: Niobe[15], Amymone[16], Psamathe[17]. A Scyllæo ad Isthmum CLXXVII M. pass. Oppida : Hermione[18], Trœzen[19], Coryphasium[20]:

12. *Mantinea.* Diversa hæc est ab Arcadica, de qua cap. 10. Illam enim superstitem, hanc deletam, familiari illo suo Atticismo, *locus*, admonet. HARD.

13. *Montes.* Artemius est, qui Pausaniæ, Cor. l. II, p. 130, et Arcad. l. VIII, p. 464, Ἀρτεμίσιος dicitur, ab Ἀρτέμιδος, hoc est, Dianæ templo, istic dedicato. Apesantus, Ἀπέσας Pausaniæ eidem, Corinth. lib. II, pag. 211. Sic *elephas* et *elephantus* dicimus. Mons Nemeæ dicitur ex Pindaro, et Callimacho, apud Stephan. Ἀστερίων amni cognominis videtur, qui ex eo monte manat, quem in Argivo agro labi Pausanias prodidit, Corinth. lib. II. De Parparo cæteri scriptores silent. H. — Artemisius hodie *Megavouni*, sive *Malcyo* dicitur; cæteri ignorantur. ED.

14. *Aliique.* Ut Λυκώνη, ex quo Erasinum erumpere Pausanias ait, loco citato, p. 129. Et *Neris* apud Statium, Theb. lib. IV, vers. 46, quod montis Argivi nomen esse Placidus Lactantius ex Callimacho refert, etc. HARD.

15. *Niobe.* A Niobe Pelopis sorore, Amphionis conjuge, nomen habet. Vide Strabon. lib. VIII, p. 360. HARD.

16. *Amymone.* Ἀμυμώνη prope Lernen paludem, teste Strabone, pag. 371. Ovid. Metam. lib. II, vs. 239 : « Quærit Bœotia Dircen, Argos Amymonen. » Idem Amymonius, idem postea Lernæus fons appellatus, inquit Hygin. fabul. 169, fol. 37. A Danai filia nomen accepisse, auctor est Pausanias, Corinth. lib. II, p. 156. HARD.

17. *Psamathe.* Ψαμάθη. Meminit fontis hujus Valer. Argon. I, 364: « Qui tenet undisonum Psamathen. » HARD.

18. *Hermione.* Ἑρμιόνη Pausaniæ, Corinth. lib. II, pag. 149, et Straboni, lib. VIII, pag. 373. Ptolem. quoque lib. III, c. 16, prope Scyllæum. H. — *Castri* hodie vocatur. ED.

19. *Trœzen.* Τροιζήν. Mela, lib. II, cap. 3 : « Trœzenii fide societatis Atticæ illustres. » H. — Hodie *Demala*. ED.

20. *Coryphasium.* Id promontorio nomen est in hoc ipso tractu, apud Pausaniam in Messen. lib. IV, p. 284, Κορυφάσιον. HARD.

21. *Alias Inachium.* Et præter memorata proxime oppida, inquit, Argos etiam est Hippium cognominatum, appellatumque idem alias Inachium, ab Inacho amne quo alluitur: alias Dipsium, ab amœnitate. Argos Inachium, sive Dipsium, diversum ab Argo Hippio paulo antea citato, perperam credidisse Plinium, Pintianus existimavit, et eum secutus Pelicerius in notis MSS. quum Straboni, lib. VIII, p. 369 et 370, tria hæc ejusdem Argi nomina fuerint. Inachium sane ab amne Inacho non longe fluente, ut

appellatumque alias Inachium [21], alias Dipsium Argos. Portus Schœnitas [22], sinus Saronicus [23], olim querno nemore redimitus, unde nomen : ita Græcia [24] antiqua appellante quercum. In eo [25] Epidaurum oppidum, Æsculapii delubro

Plinius antea admonuit, est appellatum. A siti, δίψα, hoc est, desiderio, translatione poetica, ob agri amœnitatem, ut auctor est ibidem Strabo, nomen alterum invenit : vel ab aquarum penuria, ut quosdam existimasse videbimus lib. VII, cap. 17, quum sit irrigua maxime regio, et ἔνυδρος. Quod vero illud proxime antea Plinius jam obiter appellarit, in causa fuere amnes ii duo, Inachus et Erasinus, qui Argivum agrum perlabuntur, de quibus quum ageret, circumiri ambobus Argos significavit. Nunc vero oppidorum singulorum seriem, ordinemque contexens, iterum illud ipsum Argos appellat, variaque ejus nomina repræsentat. Quanquam si diversum istud a priore Argos statuere quis velit, Stephanum sententiæ suæ suffragatorem et auctorem forte non pœnitendum habuerit. Nam præter Hippium Argos, quod et Dipsion vocat, aliud prope Trœzenem agnoscit, sextum ejus nominis, ἕκτη, κατὰ Τροιζῆνα. Hard.

22. *Portus Schœnitas.* Σχοινίτης λιμήν. Secuti sumus vestigia veterum codicum, Reg. 1, 2, Colb. 1, 2, Paris. et Tolet. in quibus *portus Chœnitas* legitur, Melamque ipsum, lib. II, cap. 3, pag. 34, cujus hæc verba : «Portus Saronicus, et Schœnitas et Pogonus.» Πώγων Græcis Latinisque omnibus portus Trœzeniorum est. Quod vero in libris nunc editis, *portus Cœnites* legitur, factum ad Hermolai emendatione, a Cœnis

oppido, quod prope Tœnarum Ptolemæo, Pausaniæque memoratum procul ab hoc tractu abest, et Laconici sinus est, non Argolici, in quo describendo versamur. Neque tamen portus hic Schœnitas, in ipso aditu Saronici sinus positus, hodieque *porto Estemo* dictus, cum altero fere cognomine, Schœnunte scilicet, confundi debet, quod a Pintiano factitatum est, quum is in intimo ejusdem sinus recessu prope isthmum jaceat, ut dicturi sumus cap. 11. Hard.

23. *Saronicus.* Σαρωνικὸς κόλπος, Ptolem. lib. III, cap. 16. Hodie, *Golfo d'Egina*, ab insula Ægina in eo sinu posita, sive *Golfo d'Athina*. Ed.

24. *Ita Græcia.* Id confirmat Callimachi scholiastes, ad illum poetæ versum 22 hymni in Jovem: Ἡ πολλὰς ἐφύπερθε σαρωνίδας. Σαρωνίδας, inquit, δρῦς διὰ τὸ σεσηρότα, καὶ συνεστραμμένον τὸν φλοιὸν ἔχειν. Hesychius : Σαρωνίδες, αἱ διὰ παλαιότητα κεχηνυῖαι δρύες. Aliter tamen Pausanias, et Eustath. in Dionys. Hard.

25. *In eo.* Meridionali et occidentali sinus Saronici littore. Ἐπίδαυρος; Straboni, lib. VIII, p. 374, in medio sinu, contra Æginam insulam. De Æsculapii illic delubro fuse Pausanias disserit, Corinth. lib. II; Strabo, lib. VIII, p. 374, aliique. Hard.—Nomen hodieque servat *Epidavros*; exstatque etiam integrum fere theatrum vetus. Ed.

celebre : Spiræum[26] promontorium, portus Anthedon[27], et Bucephalus : et quas supra[28] dixeramus, Cenchreæ, Isthmi[29] pars altera cum delubro Neptuni[30], quinquennalibus[31] inclyto ludis. Tot sinus[32] Peloponnesi[33] oram lancinant, tot maria allatrant. Siquidem a septemtrione Ionium irrumpit : ab occidente, Siculo pulsatur : a meridie, Cretico urgetur : ab oriente brumali[34], Ægæo : ab oriente solstitiali, Myrtoo[35], quod a Megarico incipiens sinu, totam Atticam alluit.

X. (VI.) Mediterranea ejus[r] Arcadia maxime tenet, un-

26. *Spiræum.* Hodie *Capo Franco.* Hanc oram similiter Saronici sinus Ptolemæus describit : Ἐπίδαυρος, Σπείραιον ἄκρον, Ἀθηναίων λιμήν (pro Ἀνθηδὼν λιμήν), Βουκέφαλον λιμήν. HARD. et ED.

27. *Anthedon.* Diversa hæc plane ab Anthedone Bœotiæ, ut situs ipse admonet, quum sit in opposito Saronici sinus littore, meridionali scilicet ; illa, boreali, extra Peloponnesum et Achaiam. In MSS. Reg. 1, 2, Colb. 1, 2, Paris. et Chifflet. *Anthedus.* H. — Portus Anthedon si eruditi viri LAPIE Græciæ mappam consulas, is est qui hodie *Port des Athéniens* vocatur, Spiræo promontorio vicinus, et Bucephalus ille qui in meridionali parte sinus hodie *Baie de Keckries* dicti reperitur. ED.

28. *Quas supra.* Cap. 5. ED.

29. *Isthmi pars altera.* Hæc Solinus totidem plane verbis exscripsit, cap. 7, pag. 21. HARD.

30. *Neptuni.* Qui quidem ex eo ΠΟΣΕΙΔΩΝ ΙΣΘΜΙΟΣ appellatur, in nummo Neronis Aug. e Gaza Regia. HARD.

31. *Quinquennalibus.* Ausonius sic etiam locutus, Idyll. 25 : « Hæc quoque temporibus quinquennia sacra notandis Isthmia Neptuno data sunt. » At Isthmia tamen, non pentaeterica, sed trieterica fuerunt, Pindari ævo, ut ex ipso liquet, Nemeor. Ode 6, v. 69, et ejus Scholiaste : hoc est, tertio quoque anno edebantur. HARD.

32. *Tot sinus.* Omnino decem, tam exiguam Peloponnesi oram undequaque lancinant, vel ut Pomponius loquitur, lib. II, cap. 3, pag. 34, lacerant. HARD.

33. *Peloponnesi.* Ita MSS. omnes: editi perperam *Peloponnensem*, id quod neque grammaticæ leges ipsæ ferre possunt. HARD.

34. *Ab oriente brumali, Ægæo.* Insititia hæc verba videntur : carent enim iis MSS. plerique : habet ea tamen Solinus, lib. VII, cap. 22, qui hæc transcripsit a Plinio. HARD.

35. *Myrtoo.* Τὸ Μυρτῶον Straboni, lib. VII, pag. 323, pars est Ægæi maris. HARD.

X. 1. *Mediterranea ejus.* Peloponnesi scilicet Arcadia umbilicum tenet. HARD.

dique a mari remota : initio Drymodes[2], mox Pelasgis[3] appellata. Oppida ejus[4]: Psophis, Mantinea[5], Stymphalum[6], Tegea[7], Antigonea[8], Orchomenum, Pheneum[9], Palantium[10],

2. *Drymodes.* Ita MSS. omnes, Δρυμώδης, silvosa, nemorosa, stirpibus arboribusque conferta. Prius *Drymodis* perperam legebatur. H.

3. *Pelasgis.* Nicolao Damasc. in Excerptis, pag. 494. Pausaniæ, lib. VIII in Arcad. pag. 459, et Stephano, Πελασγία. HARD.

4. *Oppida ejus.* Ψωφὶς, πόλις Ἀρκαδίας Stephano, et Pausaniæ loc. cit. pag. 421. Ptolemæo quoque, lib. III, cap. 16. HARD. — Exstant rudera ejus juxta pagum *Martinitza*, ad amnem *Livardgiou*. ED.

5. *Mantinea.* Μαντίνεια Straboni, lib. VIII, pag. 388; Pausaniæ, pag. 467; Plutarcho in Agide, p. 808, et Xenoph. Hist. Græc. lib. V, p. 551. Poetica licentia, Nonno, lib. XIII. Dionys. pag. 368, Μαντινέη. Hic pugna ad Mantineam dicta, ubi Epaminondas cum Lacedæmoniis et Arcadibus postremo prælio conflixit, in quo victor ex vulnere paulo post occubuit, anno 2, Olymp. 105. HARD. — Nunc *Paleopoli* sive *Goritza* dicitur. ED.

6. *Stymphalum.* Στύμφαλον est etiam Stephano : Pausaniæ, pag. 460, a fonte cognomine : Στύμφηλος: a monte, Hesychio : Στύμφηλος, πόλις ἢ ὄρος Ἀρκαδίας, mallem, καὶ ὄρος. HARD. — Videntur rudera ejus juxta pagum *Kionia*. ED.

7. *Tegea.* Τεγέαν vocat Plutarchus in Agide, pag. 811. Incolæ, Τεγεᾶται, Thucyd. lib. V, p. 388. Τεγέα quoque dicitur Pausaniæ, lib. VIII Arcad. pag. 458, et Ptolemæo, lib. III, cap. 16. Hodie *Palæo Episcopi.* Ut eadem sit plane cum Tene Arcadica, nulla satis idonea argumenta suadent, etsi Vossius in Melam, pag. 148, sæpe Teneatas dici asseverat: qui Tegeatæ dici deberent. Tene sive Tenea Arcadiæ a Cicerone memoratur, lib. VI, epist. ad Attic. 2, pag. 171 : *Lepreon Arcadiæ, Tene, Aliphera, Tritia.* HARD.

8. *Antigonea.* Vet. ap. Dalec. *Antigonia.* ED. — In locum veteris Mantineæ excitata urbs, atque in ejus vicinio : unde pro eadem a plerisque habita. Ptolemæus, lib. III, c. 16, Ἀντιγόνεια, ἡ καὶ Μαντίνεια. In gratiam Antigoni regis id nomen Mantineæ factum, auctor est Pausan. Arcad. lib. VIII, pag. 468. HARD.

9. *Orchomenum, Pheneum.* Utriusque meminit Homerus, Iliad. B, in Catalogo, v. 112 : Οἳ Φενεόν τ' ἐνέμοντο, καὶ Ὀρχόμενον πολύμηλον. Herodoto, Polym. lib. VII, pag. 451, n. 202, Ὀρχόμενος τῆς Ἀρκαδίης, ut a Thessalico Orchomeno distinguatur, de quo c. 15. HARD. — Orchomenum hodie *Kalpaki* vocatur, Pheneum *Phonia.* ED.

10. *Palantium.* Παλάντιον πόλις Ἀρκαδίας, Stephano. Romæ palatium, de Arcadici oppidi Παλλαντίου nomine, ab Evandro rege appellatum esse, quod nomen consecuta ætas, duabus submotis litteris *l* et *n*, extulerit, auctor est etiam Pausanias, Arcad. lib. VIII, pag. 525, et Dionys. Halic. Antiq. Rom. lib. V, pag. 25. Virgilius *Pallan-*

unde Palatium Romæ : Megalopolis[11], Gortyna[12], Bucolium, Carnion[13], Parrhasie[14], Thelpusa[15], Melænæ[16],

teum oppido nomen fecit: Solinus quoque, c. 1, pag. 2, et cap. VII, pag. 22. HARD. — Juxta pagum *Thana*, pauca reperiuntur vestigia ejus. ED.

11. *Megalopolis.* Polybii historici Megalopolitani patria, de qua Comicus, apud Strabon. lib. VIII, pag. 388 : Ἐρημία μεγάλη ἐςὶν ἡ Μεγαλόπολις. « Est solitudo magna nunc Megalopolis. » HARD.—Circa pagum *Sinano* agnoscuntur multa illius rudera. ED.

12. *Gortyna, Bucolium.* In libris hactenus editis, *Catina, Bocalium*. In MSS. Reg. 1, 2, Paris. et vet. Dalec. *Cartina.* In Reg. 2 et Chiffl. *Bucolium.* Vet. ap. Dalec. *Buphagium.* Pro *Cartina*, *Gortyna* reposuit ex Pausania Hermolaus. Is enim auctor est a Gortyne Stymphali F. ad amnem Gortynium in Arcadia Γόρτυνα πόλιν conditam fuisse, Arcad. lib. VIII, pag. 460. Nos *Gortyna* maluimus, tum ex veteris scripturæ vestigiis, tum ex illo Rhiani poetæ, apud Stephanum, verbo Μέλαναι : Γόρτυναν Ἡραίας τε, πολυδρόμους τε Μελαίνας. Bucolium similiter amplexi sumus, admoniti a Thucydide, qui sub finem lib. IV, pag. 342, Βουκολίωνα juxta Mantineam locat. Gortyna loco hodie *Marmara* dicto, IV circiter M. pass. a *Ravli*, sive *Raphti*, ortum solis versus, ad amnem Gortynium, nunc *Dimitzana*, sita fuisse videtur, ut refert in mappa sua erud. LAPIE. Bucolii locum tenet *Troupiais.* HARD. et ED.

13. *Carnion.* Ab amne, ut videtur, cognomine, qui Καρνίων a Pausania appellatur, in Arcad. lib. VIII, pag. 510. In libris hactenus editis, *Carmon.* Forte etiam Κρώμων esse possit, cujus idem Pausanias meminit loc. cit. HARD. — In MS. legi, ait Dalecampius, *Charnon;* in Chiffl. *Cramnon.* Ipse proponebat *Carnon.* Omnino ignoratur. ED.

14. *Parrhasie.* Dalec. *Parrhasiæ.* ED. — Παῤῥάσιοι incolæ appellati a Pausan. pag. 498, et Strabone, lib. VIII, p. 336. Oppidum ipsum Παῤῥασίη Homero, in Catalogo, v. 115. Stephano quoque: Scholiastæ Apollonii, ad lib. II, v. 523, Παῤῥασία. HARD.—Regio hodie *canton de Phanari* dicitur : oppidi locus ignoratur. ED.

15. *Thelpusa.* Vet. ap. Dalec. *Telpusa.* ED.—*Thelpusa* sive *Thalpusa* legatur, nihil interest. Nam Stephanus, Θάλπουσα inquit, πόλις τῆς Ἀρκαδίας Ὀρχομενοῦ. Et in Notitia Eccles. Provinciæ Achaiæ, pag. 23 : Τέγεα, Θάρπουσα, Μαντίνα, pro Θάλπουσα, Μαντίνεια. Hanc ipsam esse arbitror, quam Androtion apud Stephan. pag. 229, Δελφουσίαν πόλιν Ἀρκαδίας vocat. Pausaniæ Arcad. lib. VIII, pag. 464, Θέλπουσα : in nummis ΘΕΛΠΟΥΣΙΩΝ. HARD.—Hodie *Vanina* esse creditur. ED.

16. *Melænæ.* Dalec. *Melanœa.* ED. — Stephanus : Μέλαιναι, πόλις Ἀρκαδίας, ἀπὸ Μελαινέως, etc. Ovidio, Papinioque, *virides Melænæ.* Pausaniæ, pag. 497 : Μελαινεαὶ, ἀπὸ τοῦ Μελαινέως. HARD.— Situs omnino ignoratur. ED.

Heræa[17], Pyle[18], Pallene[19], Agræ[20], Epium, Cynætha, Lepreon Arcadiæ, Parthenium, Alea[21], Methydrium[22], Enispe, Macistum, Lampe[23], Clitorium, Cleonæ[24] : inter quæ duo oppida, regio Nemea[25], Bembinadia vocitata.

17. *Heræa*. Ἡραία, Pausaniæ, loc. cit. et Stephano. HARD. — Illius locum tenere pagum *Saint-Jean* nos docet POUQUEVILLE, *Voyage de la Grèce*, lib. XVII, cap. 2, pag. 515 et seqq. Plerorumque sequentium oppidorum situs ignoratur. ED.

18. *Pyle*. Forte rectius *Pylæ*, ex Stephano : Πύλαι, τόπος Ἀρκαδίας, καὶ Πυλαία. HARD. — Corrupte quidem MS. Reg. 1, *Filæ*: sed probat emendandum *Pylæ*. BROT.

19. *Pallene*. Ita rescripsimus, tum ope codicum Reg. 1, 2, Colb. 1, 2, Paris. et Chiffl. tum admonitu Scholiastæ Apollonii, ad Argon. lib. I, vers. 177, qui Pellenen quidem Achaiæ, de qua cap. 6; Arcadiæ vero Pallenen dici, recte animadvertit : ἡ Ἀχαϊκὴ Πελλήνη, διὰ τοῦ ε· ἡ δὲ ἑτέρα ἡ τῆς Ἀρκαδίας διὰ τοῦ α γράφεται, Παλλήνη. HARD. — Dalec. *Pellana*. ED.

20. *Agræ*, etc. De Agris Arcadiæ, præter Plinium, nemo. Ἔπιον Herodoto memoratur, lib. IV, Melpom. n. 148, pag. 271. Κύναιθα Straboni, lib. VII, pag. 388, et Pausaniæ, lib. VIII, pag. 485. Hodie *Kerpeni* vocatur. Λέπρεον Arcadiæ, Ciceroni, lib. VI, ad Attic. ep. 2, et Herod. loc. cit. Parthenium videtur a monte cognomine appellatum, de quo mox. HARD.

21. *Alea*, etc. Ἀλέα, Pausaniæ, pag. 489. Ab Arcadiæ rege dicta, cui nomen Ἀλεως apud Diodor. Sic. Bibl. lib. IV, pag. 239. HARD. — *Lavea* hodie dicitur. ED.

22. *Methydrium*. Μεθύδριον Pausaniæ, pag. 512. Ἐνίσπη Homero in Catal. vers. 606. Μάκιςος Stephano. Λάμπη a monte ejusdem nominis, de quo postea. Κλείτωρ Ptolemæo, lib. III, cap. 16, et Pausaniæ, pag. 487. Κλεωναὶ Straboni, lib. VIII, pag. 377. HARD. —Methydrium *Palæo-Pyrgos* hod. vocatur, sequentia oppida nunc ignorantur. ED.

23. *Lampe*. Vet. ap. Dalec. *Lampes*. Fortasse ad Lampeum montem sita fuit, de quo mox Noster. Juxta pagum *Carnesi* reperiuntur nonnulla Clitorii rudera, auctore POUQUEVILLE. ED.

24. *Cleonæ*. Dalec. *Cleone*. Hanc urbem, Herculi dicatam, amplam fuisse testantur ruinæ, quæ supra vicum *S. Basile* reperiuntur. ED.

25. *Nemea*. Νέμεα eo ipso situ statuitur a Pausan. Arcad. lib. VIII, pag. 477, et a Strabone, loc. cit. Ibi et vicus Bembina, apud eumdem Strab. ἡ Βέμβινα κώμη, unde regioni, ut arbitror, Bembinadiæ cognomen. Βελβίναν χωρίον haud procul Megalopoli agnoscit Plutarchus in Agide, p. 806. Hic sacræ Græciæ certamina fieri consueverunt, Nemeæa appellata. HARD. — Nemea vallis, in qua Jovis templi ruinæ conspiciuntur, *Coutzomati* hodie vocatur. ED.

LIBER IV.

Montes[26] in Arcadia, Pholoe[27] cum oppido: item Cyllene[28]: Lycæus[29], in quo Lycæi Jovis delubrum: Mænalus[30], Artemisius[31], Parthenius[32], Lampeus[33], Nonacris[34]: præterque, ignobiles octo[35]. Amnes: Ladon[36], e paludibus Phenei[37]:

26. *Montes.* Sic etiam Mela, lib. II, cap. 3, pag. 33. HARD.

27. *Pholoe cum.* Stephano, Φολόη, πόλις Ἀρκαδίας. Pausan. in Eliac. poster. lib. VI, pag. 385, Φολόη ὄρος. HARD. — Mons hodie *Olenos*, *Hagioi pantes*, etc. dicitur: urbis situs ignoratur. ED.

28. *Cyllene.* Κυλλήνη ὄρος Pausaniæ in Arcad. lib. VIII, p. 482, cujus in summo vertice ædes est Mercurii Cyllenii. Κυλλήνη ὄρος pariter Straboni, lib. VIII, p. 388, et Scholiastæ Pindari, pag. 55. Melæ, *Cyllenius.* HARD. — *Chelmos* hodie vocatur. ED.

29. *Lycæus.* Dalec. *Lyceus*, et infra *Lycei Jovis.* ED. — Ubi Λυκαίου Διὸς ἱερὸν, et Λυκαιᾶτις χώρα, circumjacens ager a Pausania appellatur, pag. 504 et 541. Item Straboni, loc. cit. HARD. — Sub diversis nominibus noscitur hodie, nempe *Nomiane* et *Hellenitza.* ED.

30. *Mænalus.* Schol. Pindari, pag. 89, Μαίναλον, ὄρος Ἀρκαδίας, καὶ πόλις. Cives Μαινάλιοι, apud Thucyd. lib. V, pag. 391. HARD.

31. *Artemisius.* De quo cap. 9. Ἀρτεμίσιος Apollodoro, de Diis, lib. II, p. 111. H. — Pars ejus alia hodie *Megavouni*, alia *Gymnovouni* dicitur. ED.

32. *Parthenius.* Παρθένιον ὄρος Diodoro Sic. Bibl. pag. 239; Scholiastæ Pindari, pag. 56, aliisque. Livius, lib. XXXIV, cap. 26: « Parthenio monte superato, præter Tegeam, etc. » HARD. — Superiori jungitur. ED.

33. *Lampeus.* Scholiastes Apollonii, ad Argon. lib. I, v. 127, Λάμπεια, ὄρος Ἀρκαδίας, ἀφ' οὗ καὶ ποταμὸς ῥεῖ Ἐρύμανθος. Partem esse Erymanthi montis auctor est Pausan. Arcad. lib. VIII, pag. 491. HARD. — *Zembi* hodie vocatur. ED.

34. *Nonacris.* Nonacrin Arcadiæ urbem, haud procul Pheneo, ad Stygis aquam, Νώνακριν appellat Herodotus, Erato, lib. VI, n. 74, pag. 358, a monte, ut apparet, cognomine. Stephanus quoque, et et Hesych. HARD.

35. *Octo.* E quibus Στύμφηλος Hesychio; Καύκων, Scholiastæ Callimachi, pag. 3; Ἀκακήσιον eidem, pag. 19; Κάρνειος, vel Κερύνειος λόφος, eidem, pag. 17, aliique. H.

36. *Ladon.* Λάδων Pausaniæ, Arcad. lib. VIII, pag. 494, et Dionysio, v. 417. Huic amni celeritatem poetæ, tarditatemque promiscue, ut metri ratio, non ut res ipsa postulat, attribuunt. Ovidius, Fast. lib. V, v. 89: « Arcades huc, Ladonque rapax. » Idem, Metam. lib. I, v. 702: « Donec arenosi placidum Ladonis ad amnem Venerit. » H. — Hodie *Landona.* ED.

37. *Phenei.* Ab Hermolao Barbaro Pheneus hic pro Arcadico amne agnoscitur: nobis cum Pelicerio in notis MSS. atque adeo cum Plinio ipso, qui paulo ante Pheneum vocavit, oppidum est: fluit,

Erymanthus[38] e monte ejusdem nominis, in Alpheum defluentes[39].

2 Reliquæ civitates in Achaia[40] dicendæ, Aliphiræi[41], Abeatæ[42], Pyrgenses[43], Paroreatæ[44], Paragenitæ[45], Tor-

inquit Plinius, ex paludibus quæ sunt circa Pheneum Ladon : Erymanthus vero, ex monte Erymantho. Est, inquam, oppidum Pheneum, sive lacus, ex Ovidio, apud quem legimus, Metam. lib. XV, vers. 332 : « Est lacus Arcadiæ, Pheneum dixere priores, Ambiguis suspectus aquis, quas nocte timeto : Nocte nocent potæ; sine noxa luce bibuntur. » De paludibus circa Pheneum, Strabo, lib. VIII, pag. 389. E palude Pheneatici agri fluere Ladonem amnem scribit Pausanias, lib. VIII, pag. 486. Hard.

38. *Erymanthus.* Ita Pausan. in in Eliac. prior. sive lib. V, p. 298: ἐκ δὲ Ἐρυμάνθου τοῦ ὄρους ὁμώνυμος τῷ ὄρει ποταμός. Stephanus quoque, p. 273. Quin et Hesychius urbem ait fuisse amni montique cognominem. Hard. — Amnis hodie *Dogana* vocatur. Ed.

39. *Defluentes.* Ita Frobenius scripsit, quum ante eum *defluens* legeretur tum in MSS. codd. Reg. 1, 2, Colb. 1, 2, Paris. Chiffl. vet. Dalec. etc. tum in editionibus Parm. Venet. aliisque : ut de solo Erymantho affirmari videatur, in Alpheum delabi. Frobenio tamen Pausaniam adstipulari non semel intellexi; et Arcad. lib. VIII, pag. 496, et Eliac. prior. lib. V, pag. 298, ubi Ladonem simul et Erymanthum defluere disertis verbis asseverat. Hard.

40. *In Achaia.* Non in Arcadia solum, de qua dictum est proxime: sed in Achaia, seu Peloponneso tota. Hard.

41. *Aliphiræi.* Chiffl. *Alithræi.* Ed. — Stephano, Ἀλίφειρα, πόλις Ἀρκαδίας; Pausaniæ, Arcad. lib. VIII, pag. 497, Ἀλίφηρα. Livius, lib. XXVIII, cap. 8, et Cicero ad Attic. lib. VI, ep. 2, Alipheram vocant. Hard.—Falso hanc urbem hodie esse *Palatia*, ut incolæ quidem opinantur, contendit Pouqueville, *Voyage de la Grèce*, lib. XVII, cap. 2, tom. V, pag. 516. Ed.

42. *Abeatæ.* Ab oppido Ἀβέα, in Messenia apud Ptolem. lib. III, cap. 16. Hard.

43. *Pyrgenses.* Quorum oppidum Πύργος vocatur, in Arcadia, apud Herodot. Melpom. lib. IV, num. 148. Hard.

44. *Paroreatæ.* Παρορεᾶται. Antea *Pareatæ* mendose legebatur. Παρώρεια sive Παρωραία, urbs est Arcadiæ apud Stephanum, et Pausan. Arcad. lib. VIII, pag. 512, cujus incolæ Nicolao Damasceno, apud eumdem Stephan. et Herodoto, Uran. lib. VIII, pag. 486, n. 37, Παρωρεῆται. *Pareatæ* in Thesauro Ortelii deinceps expungendi. H. — Quo autem loco Parorœa urbs sita fuerit omnino ignoratur. Ed.

45. *Paragenitæ, Tortuni.* De Paragenitis et Tortunis nihil compertum adhuc. Hard.

LIBER IV.

tuni, Typanei[46], Thriasii[47], Trittenses[48]. Universæ Achaiæ libertatem Domitius Nero[49] dedit. Peloponnesus in latitudine[50] a promontorio Maleæ, ad oppidum[51] Ægium Corinthiaci sinus CXC M. pass. patet. At in transversum ab Elide Epidaurum[52], CXXV M. ab Olympia[53] Argos per

46. *Typanei.* Chiffl. *Typhanæi.* ED. — Ab oppido Elidis, de quo Stephanus : Τυπανέαι, πόλις Τριφυλίας. Ptolemæus, lib. III, c. 16, in mediterraneis Elidis urbibus habet Ὑπανίαν et Τυμπάνειαν, unam, ut sæpe solet, in duas civitates distrahens. HARD.

47. *Thriasii.* Libentius *Thriusii* sane agnoverim : eosque, nisi me conjectura fallit, Plinius intelligit, quos Stephanus Θριουσίους vocat, ab oppido Elidis et Achaiæ, juxta Patras : Θριοῦς, πόλις πάλαι τῆς Ἀχαΐας, νῦν δὲ τῆς Ἠλείας... τὸ ἐθνικὸν, Θριούσιος. HARD.

48. *Trittenses.* Bene MS. Reg. 1, *Tritienses.* BROT. — Ab oppido Achaiæ Tritia, hodie *Chalanthistra*, cujus Cicero cum Aliphera meminit, ad Attic. lib. VI, ep. 2, quæ et Τρίταια, Achaiæ civitas, Arcadiæ contributa, ut Pausanias ait, Eliac. poster. lib. VI, pag. 366; unde et Τριταιεῖς iidem, seu Tritæenses appellati. HARD.

49. *Nero dedit.* Ita Plutarchus in T. Flaminio, pag. 376, Philostr. lib. V, sub finem; Dio, lib. LXIII, pag. 720; Suetonius in Nerone, cap. XXIV. HARD.

50. *In latitudine.* Maluisset Dal. *latitudinem.* ED.—Sive latitudinem, sive longitudinem dixerit, nihil interest : est enim utraque propemodum æqualis, ut ait Strabo, pag. 335. HARD.

51. *Ad oppidum Ægium.* Ita rescribi a nobis oportere, non ut prius legebatur, *ad oppidum Lechæum*, tum MSS. suasere, Reg. 1, 2, Colb. 1, 2, Paris. Chiffl. et quos Pintianus vidit : tum etiam Strabo, qui hæc totidem verbis græce, lib. VIII, pag. 336 : Τὸ δὲ ἀπὸ τοῦ Νότου πρὸς τὸν Ἄρκτον, ὅ ἐστι τὸ ἀπὸ Μαλεῶν δι' Ἀρκαδίας εἰς Αἴγιον. « A meridie versus septemtriones, a Maleæ promontorio per Arcadiam, usque ad Ægium. » Tum vero denique, id quod longe validissimum est, res ipsa clamat ita legendum esse : quum a Maleæ promontorio ad Lechæum oppidum in Isthmo fere positum vix Peloponnesi dimidia latitudo colligi possit : eadem ab eo promontorio ad Ægium, in faucibus fere Corinthiaci sinus, sit maxima. Quod vero ad hanc latitudinis mensuram attinet, admonitu codicum proxime laudatorum, CLXXXX rescripsimus, sive CXC, quum prius perperam legeretur CLX, quanquam et in numero nostro denarii fortassis nota redundat : quum id intervallum Strabo l. cit. esse asseveret stadiorum mille et CCCC, quæ passuum millia efficiunt omnino CLXXV. HARD. — Vet. ap. Dalec. et Chiffl. *Rhegium.* ED.

52. *Epidaurum.* Illud Æsculapii delubro celebre oppidum, de quo cap. 9. HARD.

53. *Ab Olympia.* Pisa Olympia, de qua nos jam supra egimus ad cap. 6. ED.

Arcadiam LXVIII[54] mill. Ab eodem loco ad Phliunta dicta mensura[55] est. Universa autem, velut[56] pensante æquorum incursus natura, in montes VI atque LXX extollitur.

XI. (VII.) Ab Isthmi[1] angustiis Hellas[2] incipit, nostris[3] Græcia appellata. In ea prima Attica, antiquitus Acte vocata[4]. Attingit Isthmum parte sui, quæ appellatur Megaris[5], a colonia[6] Megara, e regione Pagarum[7]. Duo hæc oppida excurrente Peloponneso sita sunt, utraque ex parte velut in humeris Helladis. Pagæi[8], et amplius Ægosthenienses[9] contributi Megariensibus. In ora[10] autem, portus

---

54. *LXVIII mill.* Ita Reg. 1, 2, Colb. 1, 2, Paris. Chiffl. non, ut editi, LXIII. HARD.

55. *Dicta mensura.* Cap. 6. H.

56. *Velut pensante.* Terrarum quam fecit jacturam, lacerata ora tot sinibus, ingressuque æquorum, multitudine montium compensante natura. HARD.

XI. 1. *Ab Isthmi.* Hæc totidem verbis Solinus, cap. VII, p. 23, et Martianus, cap. de tertio Europæ sinu, lib. VI, pag. 210. H.

2. *Hellas.* Igitur Peloponnesus extra Helladis fines: alii etiam eo nomine Peloponnesum complexi. Helladis nomen vagum, certas sedes et fixas nullas habuit: modo angustis limitibus coarctatum, modo dilatatum longius. HARD.

3. *Nostris.* Vet. ap. Dal. *a nostris.*

4. *Acte vocata.* Ἀκτή et Ἀκτική, teste Eustathio in Dionys. v. 413, pag. 60. Id nomen ei hæsit, inquit Harpocration, quod maxima pars Atticæ littoralis sit: est enim ἀκτή littus, et maritima regio. Harpocr. verbo, Ἀκτή. Vide et Gellium, lib. XIV, cap. 6, pag. 777. Stephanus autem ab Ἀκταίῳ quodam eam appellationem derivatam nugatur. HARD.

5. *Megaris.* Μεγαρὶς τῆς Ἀττικῆς μέρος, Strabo, lib. IX, p. 392. H.

6. *Colonia Megara.* Nunc etiam retinet nomen, *Megara.* HARD.

7. *Pagarum.* Quas in intimo recessu sinus Corinthiaci, prope Isthmum positas vidimus, cap. 4. Παγαὶ Μεγαρικαὶ Straboni in Epitome lib. VII. HARD. — Earum locum tenere *Psato* opinatur KRUSE, *Alepochori* LAPIE. ED.

8. *Pagæi, et amplius.* Vet. apud Dalec. *Pagæi CLII passibus et amplius.* ED.

9. *Ægosthenienses.* Stephanus: Αἰγόσθενα, πόλις Μεγαρίδος· τὸ ἐθνικόν, Αἰγοσθενεύς, etc. Pagæi, inquit Plinius, et præterea Ægosthenienses additi Megarensibus, Megaridem regionem constituunt. Ita Pausan. Attic. lib. I, pag. 82. H. — *Ægosthenæ* locum tenet nunc *Porto Germano.* ED.

10. *In ora autem.* Saronici sinus littore, prope Isthmum, Corinthum, et Cenchreas. Σχοινοῦς λιμὴν Straboni, lib. VIII, pag. 369. H. —Schœnus hodie *Porto Cocosi.* ED.

Schœnus. Oppida : Sidus[11], Cremmyon[12], Scironia[13] saxa VI mill. longitudine. Geranea[14], Megara[15], Eleusin[16]. Fuere, et OEnoa[17], Probalinthos : nunc[18] sunt ab[19] Isthmo

11. *Sidus.* Salmasius in Solin. pag. 142, Siduntem expungit. *Sidus enim*, inquit, *ibi non est.* At est profecto tum in vetustis exemplaribus, Reg. 1, 2, Colb. 1, 2, Paris. in quibus legitur, corrupte quidem, sed ita nihilominus, ut vestigia appareant non obscura sinceræ lectionis : *oppida duoscremmyon.* Est etiam apud Scylacem, pag. 20 : ἔστι δὲ καὶ ἔξω τοῦ ἰσθμοῦ χώρα Κορινθίοις, καὶ τεῖχος Σιδοῦς, καὶ ἕτερον τεῖχος Κρεμμύων. Quid potuit excogitari quod descriptioni Plinianæ apposite magis congrueret? Stephano quoque, Σιδοῦς Μεγαρίδος ἐπίνειον dicitur. HARD. — *Leandra* hodie vocatur. ED.

12. *Cremmyon.* Lege notam proxime superiorem. Dalec. *Cremyon.* Fortasse hodie *Kenella.* ED.

13. *Scironia saxa.* Mela, lib. II, c. 3 : « Scironia saxa, sævo quondam Scironis hospitio etiamnunc infamia. » Quod hanc regionem montanam latrociniis infestam prædo habuerit, cui Σκείρων nomen fuit, teste Strabone, lib. IX, pag. 391, et Ovidio, Metam. lib. VII, v. 445, aliisque : inde Σκειρωνίδες πέτραι, Zephyrique inde spirantes, Σκείρωνες appellati sunt. Hodie *Caki scala*, locus adhuc infestus prædonibus. *VI mill.* cum Solino, c. VII, pag. 23, reponimus, ex fide codicum Reg. 1, 2, Colb. 1, 2, Paris. et Chiffl. Martianus, lib. VI, pag. 210, corrupte pro *VI* habet *XXXVI*. In libris hactenus editis, *III mill.* prioris videlicet numeri nota *V*, in *II*, seu binarium divulsa, ut videtur. HARD.

14. *Geranea.* Γεράνεια Thucydidi, lib. I, pag. 70. Inter Corinthum et Megaram, μεταξὺ Μεγάρων καὶ Κορίνθου, inquit Stephanus. HARD.— Nulla exstare videntur rudera, sed Geranii montes in hoc tractu etiamnunc cognoscuntur. ED.

15. *Megara.* Paulo ante obiter memorata : nunc suo loco iterum reddita. HARD.

16. *Eleusin.* Ἐλευσὶν πόλις, Straboni, lib. IX, p. 395, ubi Cereris Eleusinæ fanum. Rudera oppidi supersunt, quibus hodie nomen est *Lefsina.* HARD.

17. *OEnoa*, etc. Fuit Atticæ pars Tetrapolis appellata, a quatuor urbibus, quarum hæc nomina : Οἰνόη, Προβάλινθος, Τρικόρυθος, Μαραθών. Auctor Strabo, lib. VIII, p. 383. Fuit OEnoe, hod. *Pera Chora*, præsertim bello Peloponnesiaco clara. Vide Thucyd. lib. VIII, pag. 624, et lib. II, pag. 112. HARD.

18. *Nunc sunt.* Vet. apud Dalec. *quæ nunc non sunt.* ED.

19. *Ab Isthmo LV*. Ita MSS. A Schœnunte tamen, unde Isthmus inchoat, distat Piræeus Straboni, stadiis circiter CCCL, lib. IX, pag. 391, hoc est, pass. fere XLIV mill. HARD. — Dalec. *quinquaginta duo.* Chiffl. *LIV.* Anteponendum esse *LV* recentiores etiam mappæ ostendunt, lectis quidem omnibus littorum ambitibus. ED.

LV millia pass. Piræeus[20], et Phalera[21] portus, quinque[22] millia pass. muro recedentibus Athenis juncti. Libera[23] hæc civitas, nec indiga ullius præconii amplius : tanta claritas superfluit. In Attica fontes, Cephissia[24], Larine, Callirhoe[25] Enneacrunos. Montes: Brilessus[26], Ægialeus,

20. *Piræeus*. Πειραιεὺς Straboni, loco citato. Statius: « Munychia, et trepidis stabilem Piræea nautis. » H.
— Hodie *Porto - Dracone* incolis, Turcis *Kalen* ; nautis *Porto-Lione*, appellatione sumpta ab eximia leonis effigie, quæ in ipso portus aditu spectabatur, antequam an. 1636 a Venetis in urbem suam translatus fuisset. Ed.

21. *Phalera*. Steph. et Harpocr. Φαληρόν. Herod. Φαληρὸς, Terpsich. lib. V, pag. 315. Hinc Demetrio Phalereo cognomen. Hodie *Tripyrghi*, quasi a turri tergemina. H.

22. *Quinque millia*. Adstipulatur Strabo, lib. IX, pag. 395, qui de his muris agens Piræo Athenas jungentibus, XL stadiorum, inquit, est longitudo : ταῦτα δ᾽ ἦν μακρὰ τείχη, τετράκοντα σταδίων τὸ μῆκος. Martianus quoque, lib. VI, pag. 210, agnovit quinque millia ; etsi mensuram hanc intervalli a Piræeo Athenas, perperam ille tribuerit saxorum Scironicorum latitudini. H.

23. *Libéra hæc civitas*. Concessum a Romanis ut suis legibus uterentur, ac libertatis jus datum, etiam Strabo prodidit, lib. IX, p. 398, ἐφύλαξαν τὴν αὐτονομίαν αὐτοῖς, καὶ τὴν ἐλευθερίαν. Hodie *Atina*, sive Ἀθήνα incolis : nautis, *Satines*, ex geminis vocibus εἰς Ἀθήνας, una conflata. Hard.

24. *Cephissia*. Κηφισία Laertio, in Platone : subintellige κρήνη. Gel-

lius, lib. XVIII, cap. 10 : « In Herodis C. V. villam, quæ est in agro Attico, loco qui appellatur Cephissia, aquis et lucis et nemoribus frequentem, æstu anni medio concesseram. » De Larine nihil compertum. Hard.

25. *Callirhoe Enneacrunos*. Hæc divulsa perperam a se invicem vocabula in libris ad hunc diem editis leguntur, *Callirhoe*, *Enneacrunos* : quum sit tamen geminum illud fontis unius nomen, a scaturiginibus novem *Enneacrunos* appellati. Neque enim Solinum moror, plenum nugarum scriptorem, nec satis solertem Plinii simiam, qui quum hæc transcriberet, duos putavit, cap. VII, pag. 23 : « Callirhoen, inquit, fontem stupent : nec ideo Cruneson fontem alterum nullæ rei memorant. » Magis Suidam audio, pag. 907 : Ἐννεάκρουνον, κρήνη τις Ἀθήνῃσι, Καλλιῤῥόη καλουμένη πρότερον. Placidumque Lactantium, in Statii lib. XII, vers. 629, pag. 422 : *Callirhoe, fons novem capitibus means*. Immo et duodenis : unde et δωδεκάκρουνος ab aliis est appellatus. Suidas ipse testis, verbo Δωδεκάκρουνος, κρήνη, inquit, Ἀθήνῃσιν, ἣν Θουκυδίδης ἐννεάκρουνον. Quod iterum repetit, in Ἐννεάκρουνος. Hesychius quoque : et Tzetzes Chiliad. 8 Hist. 154, vers. 259, longe disertius : Ἡ Καλλιρόη τις κρηνίς τυγχάνει ταῖς Ἀθήναις, Ἥπερ καὶ ἐννεάκρουνος

Icarius, Hymettus, Lycabettus: locus Ilissos[27]. A Piræeo XLV[28] mill. pass. Sunium[29] promontorium, Thoricos[30] promontorium. Potamos[31], Steria, Brauron[32],

τὸ πρώην ἐκαλεῖτο. Ἐγὼ δὲ Δωδεκάκρουνον οὕτως εἰρήκειν στόμα, Καθὼς τοῖς πάλαι. HARD.

26. *Brilessus*, etc. Ex his ii Straboni memorantur, lib. IX, p. 399, Βριλησσὸς, hodie *Turko-vouni*, Ὑμηττὸς, unde mel Hymettium, et Λυκαϐηττός. Hymetto nomen hodie *Trelovouno*. Sunt et qui corrupte vocent *Monte - Matto* pro *Monte Hymetto*. Lycabettum a luporum multitudine appellatum putat Hesychius. Solinus quoque, cap. VII, pag. 23, Ægialeum et Icarium nominat. Sunt qui Ægileum malint. Sunt sane apud Stephanum, Αἰγιλία et Ἰκαρία, inter Atticæ pagos: a quibus vicinorum montium derivari appellatio potuit. Si quid conjecturæ indulgendum est, legi etiam forsan possit, pro *Ægialeus*, *Encaleus*. Nam Tzetzes Chiliad. I, vers. 978, Ἐγκάλεον ὄρος Atticæ montem laudat, e regione Salaminis insulæ positum. Sed indico tantum, non judico. HARD.

27. *Locus Ilissos*. Sic MSS. omnes, Reg. 1, 2, Colb. 1, 2, Paris. Chiffletian. et quos Pintianus vidit, Tolet. et Salmant. Parmensis editio corrupte, *lacus Selinos*: nec minus vitiose Barbarus, *amnis Ilisos* reposuit. Ilissos Atticæ oppidi nomen fuit, teste Stephano, unde Musæ Ilissides cognominatæ: Ἰλισσὸς, πόλις τῆς Ἀττικῆς, ἐν ᾧ τιμῶνται αἱ Μοῦσαι Ἰλισσίδες. Est tamen in eadem Attica, et Εἰλισσὸς amnis, cujus in ripa ara fuit Musarum Ilissiadum, teste Pausania in Attic. lib. I, pag. 33; Dionysio item, vers. 434;

Strabone, lib. IX, pag. 400, aliisque: unde et amni et finitimo oppido communis esse ea appellatio potuit. Sic enim Suidas admonet: Ἰλισσὸς, ὄνομα τόπου καὶ ποταμοῦ. H.

28. *XLV mill.* Sic apud Chiffl. Dalec. vero *XLII mill.* ED.

29. *Sunium.* Σούνιον ἄκρον Ptolemæo, lib. III, cap. 15; Scymno, pag. 23, aliisque. H. — Nunc *Capo Colonna*. ED.

30. *Thoricos.* Θόρικος. In libris hactenus impressis, *Doriscum promontorium*. In MSS. Reg. 1, 2, Colb. 1, 2, Paris. et Chifflet. *Doriscos*. Nos intrepide *Thoricos* rescribimus: tum quia Dorisci Atticæ promontorii, locive, nulla usquam se mentio adhuc obtulit: Thorici vero oppidi, populive post Sunium promontorium meminere complures: Strabo, lib. IX, pag. 398, Σούνιον· εἶτα Θόρικος εἶτα Ποταμὸς δῆμος, etc. quem græci scriptoris locum Plinium modo credas exscripsisse. Stephanus quoque, Θόρικος, δῆμος τῆς Ἀκαμαντίδος φυλῆς. Mela denique, lib. II, cap. 3, pag. 33: «Thoricos et Brauronia, olim urbes, jam tantum nomina.» De Dorisco Thraciæ Plinius libri hujus cap. 18; de Thorico vero in gemmis, lib. XXXVII, cap. 18, *in loco qui Thoricos vocatur*. HARD.

31. *Potamos.* Ποταμὸς δῆμος, Strabo, lib. IX, pag. 399. Diogenis Laertii patria, inter Sunium et Euripum. Sequitur apud Strabonem Στειρία, cujus et Stephanus meminit: eam hoc loco restituimus,

quondam oppida. Rhamnus [33] pagus, locus [34] Marathon [35], campus Thriasius [36], oppidum Melita [37], et Oropus [38], in confinio Bœotiæ.

XII. Cujus Anthedon [1], Onchestos [2], Thespiæ [3] liberum oppidum, Lebadea [4] : nec cedentes Athenis claritate, quæ

quum in MSS. legatur *Sterebrauron*. In libris hactenus vulgatis desideratur. HARD. — Potamos, si Harduinum audiamus, hodie *Porto de Raphti* dicitur : LAPIE autem *Porto Raphti* illum esse in mappa sua indicat, qui veteribus portus Prasia dictus fuit, et Potamon supra illum statuit, ad ostium parvi cujusdam fluminis, Steriamque supra Potamon. ED.

32. *Brauron*. Βραύρων, ubi Dianæ Brauroniæ sacellum. Strabo, l. IX, pag. 399. Mela, lib. II, cap. 33 : « Thoricos, et Brauronia, olim urbes, nunc tantum nomina. » Ibi sepulchrum Iphigeniæ, inquit Nonius, Dionys. lib. XII, p. 362. H. — Juxta *Paleo-Braona* reperiuntur rudera ejus. ED.

33. *Rhamnus*. Ῥαμνοῦς Straboni, loco citato, ad Euripi oram. De eo rursum, lib. XXXVI, cap. 4. Hodie *Tauro-castro*, vel *Ebreo-castro*. H.

34. *Locus*. In MS. et Vet. deletur. DALEC.

35. *Marathon*. Μαραθών Persica maxime clade pernotus, inquit Mela, lib. II, cap. 3, pag. 33. Contigit ea, duce Miltiade, anno tertio Olympiad. 72. H. — Nomen hodieque servat. ED.

36. *Thriasius*. Θριάσιον πεδίον, Stephano, et Straboni, lib. IX, p. 395. HARD. — Nunc sine nomine, Athenas inter et Eleusim. ED.

37. *Melita*. Sic MSS. omnes,

editionesque castigatissimæ. Μελίτη Ἀττικῆς, unde Gelades oriundus, Phidiæ magister, apud Jo. Tzetzen, Chiliad. VIII, Hist. 192, v. 326. Frustra Miletum hoc loco Sponius obtrudit, hoc est, Athenarum urbis regionem, pro Atticæ oppido. Signat hunc Atticæ locum et vetus inscriptio ab eodem Sponio relata, pag. 107, ΛΕΩΝΙΔΗC ΛΕΩΝΙΔΟΥ ΜΕΛΙΤΕΥC. HARD.

38. *Oropus*. Ὠρωπός, Bœotiæ a Stephano adjudicatur. Hodie *Oropo* sive *Ropo*. Distat a mari duobus mill. De eo Livius, lib. XLV, c. 27. ED.

XII. 1. *Anthedon*. Ἀνθηδὼν πόλις Βοιωτίας, Stephano : in Bœotico littore, contra Eubœam, Straboni, lib. IX, pag. 404. H. — Nonnulla videntur ejus rudera VIII M. pass. ab *Egripo*, septemtrionem inter et occasum solis. ED.

2. *Onchestos*. Ὄγχηστος Homero in Catal. v. 13. Ὄγχηστος Straboni, lib. IX, pag. 410. HARD. — Juxta Copaim lacum, hodie *lac de Topolias*, reperiuntur ejus rudera. ED.

3. *Thespiæ*. Θεσπιαὶ Straboni, l. IX, pag. 409, sub Helicone monte : ubi rudera oppidi superesse modo jam tum ævo suo ipse prodidit : testantur etiam inscriptiones ibi repertæ nuper, a vico *Erimo castro* M. D. pass. IV M. pass. a *Neochorio*. Homero, in Catalog. v. 5, Θέσπεια. HARD. et ED.

4. *Lebadea*. Λεβαδία Straboni, p.

cognominantur Bœotiæ Thebæ[5], duorum numinum Liberi atque Herculis (ut volunt) patria. Et Musis natale in nemore Heliconis assignant. Datur et his Thebis saltus Cithæron[6], amnis Ismenus[7]. Præterea[8] fontes in Bœotia, OEdipodia, Psamathe, Dirce, Epicrane, Arethusa, Hippocrene, Aganippe, Gargaphie. Montes, extra[9] prædictos, Mycalessus[10], Hadylius[11], Acontius[12]. Reliqua oppida, inter Megaram et Thebas: Eleutheræ[13], Haliartus, Pla-

414. Λεβάδεια Pausaniæ, Bœot. l. IX, pag. 601. Λεμβάδεια Harpocr. pag. 185. In inscriptione nuper reperta, sed forte recente, ΛΕΒΑ-ΔΕΙΕΩΝ. Hodie *Livadia.* Hic Jovis Trophonii fanum, de quo Livius, lib. XLV, pag. 580. Hard.

5. *Thebæ, duorum.* Exscripsit hæc Solinus, cap. VII, pag. 23, Θῆβαι Βοιώτιαι. Incolis *Tiva.* Hard.

6. *Cithæron.* Κιθαιρὼν Straboni, pag. 409, juxta Thebas. Hard. — *Elatea* hodie dicitur. Ed.

7. *Ismenus.* Ἰσμενὸς, ποταμὸς Βοιωτίας, Stephano. Ἰσμενὸς Dicæarcho, pag. 167. Ἰσμήνιος Pausaniæ, lib. IX, pag. 556. Hard. — Nunc sine nomine. Ed.

8. *Præterea fontes.* OEdipodiam, Psamathen, Arethusam, Dircen, Hippocrenen, et Aganippen Solin. appellat, c. VII, p. 23. Scholiastes Nicandri in Theriac. p. 40, Ψαμάθη, κρήνη ἐν Βοιωτίᾳ. Pausaniæ, hi memorantur, Bœot. lib. IX, p. 569, Οἰδιποδία κρήνη, sic nuncupato fonte, quod in eo paternæ cædis cruorem OEdipus abluerit. Δίρκη, p. 578, a Lyci uxore. Schol. Pindari, p. 104, Δίρκη, πηγὴ ἐν Θήβαις. Ἀγανίππη, in Helicone monte, pag. 584. Γαργαφία κρήνη, p. 548. De Gargaphie, Herod. Calliop. lib. IX, n. 19, et Ovidius, Metamorph. lib. III, vers. 155. Ἐπικρήνη, dorice, Ἐπικράνα, a Capella memoratur, lib. VI, cap. de tertio sinu Europæ, pag. 210. In Plinianis libris hactenus editis, perperam *Epigranea.* Hard.—Sola Aganippe nomen nunc habere videtur; nempe *Talatz*, sive *Taleza* dicitur incolis; juxta pagum *Koukoura*, agnoscitur Hippocrene. Ed.

9. *Extra prædictos.* Præter Heliconem, et Cithæronem. Hard.

10. *Mycalessus.* Μυκαλησσὸς, ab urbe cognomine, de qua mox. H.

11. *Hadylius.* Sic reponendum censuimus, quum prius corrupte legeretur *Adylisus.* Hadylii certe montis, sive Hedylii, meminere complures: Harpocration, p. 137, ex Demosthene et Theopompo, Ἡδύλειον ὄρος ἐν Βοιωτίᾳ, ὡς καὶ Θεόπομπος, etc. Suidas, pag. 1169, Ἡδύλειον ὄρος, ὅπερ ἐστὶν ἐν Βοιωτίᾳ. Ἀδύλιος Dorica lingua, pro Ἡδύλιος. Hard.

12. *Acontius.* Ἀκόντιον ὄρος, Straboni, lib. IX, p. 416, et Plutarch. in Sylla, pag. 464. Hard.

13. *Eleutheræ*, etc. Ἐλευθεραὶ Stephano. Ἁλίαρτος Pausaniæ, Bœot. lib. IX, p. 590, juxta vicum *Mazi.* Πλάταια Homero, Iliad. II, in Catalog. v. 11, ubi Didymus Schol.

tææ[14], Pheræ, Aspledon, Hyle[15], Thisbe, Erythræ, Glissas, Copæ : juxta Cephissum amnem Larymna[16], et Anchoa: Medeon[17], Phlygone, Acræphia[18], Coronea[19], Chæronea.

τὰς Πλαταίας vocat : incolas Πλαταιεῖς Pausanias, initio libri IX, hodie *Kochla*. Φαραὶ Straboni, in Tanagrica Bœotiæ regione, prope Mycalessum, l. IX, p. 405. Ἀσπληδὼν Stephano, et Straboni, pag. 414. Ὕλη Homero, in Catalogo, vers. 7, et Straboni, pag. 407. Reperiuntur rudera ejus ad Hylicam lacum, hodie *Likaris* dictum. Θίσβη, Stephano, et Homero, v. 9. Ἐρυθραὶ Homero, vers. 6, et Straboni, p. 409. Γλίσσας Homero, vers. 11, ubi Eustathius, p. 269, Γλίσσας, Γλίσσαντος. Κῶπαι Stephano, et Dicæarcho, pag. 166, infra *Topolias*, in paludibus quas efficit Copais lacus; quem alii Cephissidem vocant, cum Strabone, p. 406, quod Cephissus amnis hunc impleat : cui lacui nomen hodie est, non *Lago Stivo*, ut quibusdam creditum, sed *Limni tis Livadias*, Λίμνη τῆς Λιβαδίας, et *Lago Topolias*. H. et Ed.

14. *Platææ*. Dalec. *Plateæ*. Ed.

15. *Hyle*. Dalec. *Hylæ*. Harduin. *Hyle* pro *Hilæ* cum Homero et Strabone rescripsit. Ed.

16. *Larymna et Anchoa*. Ita reposuimus, tum ex vestigiis codicum Reg. 1, et Paris. tum ex re ipsa situque oppidorum, juxta Cephissum amnem, quorum nomina Λάρυμναν et Ἀγχόην Strabo refert, lib. IX, p. 406, ubi Cephissus exit in mare. Larymnam enim ibi geminam distinguit : Locridis alteram, de qua postea Plinius, alteram Bœotiæ. *Lamia* autem et *Anichia* (sic enim libri hactenus editi præ se ferunt). nec Græcorum ulli, nec latinis scriptoribus memorantur : etsi iis nominibus Thesaurum suum Ortelius locupletavit. Hard.

17. *Medeon*, etc. Μεδεὼν Steph. et Homero, Iliad. II, v. 7. Φλυγόνιον in Phocide, Stephano, et Pausaniæ, Phoc. lib. X, pag. 613. Hard.

18. *Acræphia*. In libris impressis *Grephis*. In MSS. Reg. 1, 2, etc. *Græphis*. Sylburgius in Pausan. et eum secutus Ortelius *Cirphis*, quæ Straboni Κίρφις, l. IX, p. 416. Phocidis urbs mediterranea, juxta Delphos : perperam, ut apparet. Nos indubitata conjectura *Acræphia*, cum Stephano reposuimus : Ἀκραιφία, inquit, πόλις Βοιωτίας· οἱ δὲ Ἀκραίφιον, etc. Pausaniæ, Bœot. l. IX, Ἀκραίφνιον dicitur : Ptolemæo, lib. III, cap. 15, in oppidis Bœotiæ mediterraneis Ἀκριφία, pro Ἀκραιφία : Straboni, Ἀκραιφίαι, lib. IX, pag. 410, quas cum Coronea, Onchesto, Haliartoque copulat. Denique Ἀκραιφίη πόλις Herodoto, Uran. lib. VIII, pag. 507, n. 135, haud procul palude Copaide, ubi videntur rudera ejus *Kartitza* dicta. Hard. et Ed.

19. *Coronea*. Κορώνεια, et Χαιρώνεια, in oppidis Bœotiæ mediterraneis, apud Ptolemæum, lib. III, cap. 15. Hæc Plutarchi natalibus clara, hodie *Kaprenia*, *Capournia*, sive *Kopourno* vocatur; illa juxta vicum *Korumnies* sita fuisse videtur. Dalecampius, *Choronæa*, *Chæronia*. Hard. et Ed.

LIBER IV.   255

In ora autem infra Thebas [20], Ocalee [21], Heleon, Scolos, Schœnos, Peteon, Hyrie, Mycalessus, Hilesion [22], Pteleon [23], Olyros [24], Tanagra [25] liber populus : et in ipsis faucibus Euripi, quem facit objectu [26] insulæ Eubœæ, Aulis [27] capaci nobilis portu. Bœotos Hyantas [28] antiquitus dixere. Locri deinde Epicnemidii cognominantur, olim [29] Lele- 3

20. *Infra Thebas.* An infra Bœotias Thebas ? an vero etiam illud *infra Thebas*, nomen oppidi est in ora positi, quod Ὑποθήβας Homerus vocat, Iliad. II, in Catalog. v. 12 : Οἵ τε Πλάταιαν ἔχον, ἠδ' οἱ Γλίσσαν ἐνέμοντο. Οἵ θ' Ὑποθήβας εἶχον ἐϋκτίμενον πτολίεθρον. HARD.

21. *Ocalee*, etc. Dalec. *Ocale, Elæon, Scolos, Scœnos, Peteon, Hyriæ.* ED. — Ὠκαλέη Homero, Iliad. II, in Catal. vers. 8, ubi Didymus postea vocatam ait Ὠκάλειαν. Ἐλεών pagus Tanagricus, Straboni, l. IX, pag. 404, cui a paludibus nomen est. Homerus, vers. 4, Σχοῖνόν τε, Σκῶλόν τε laudat. Σχοῖνος, hodie *Morikios*, Thebis distat stadiis L, ut auctor est Strabo, lib. IX, pag. 408. Σκῶλος sub Cithærone est. Πετεών agri Thebani pagus, prope viam quæ ducit Anthedona, εἰς τὸν Ἀνθηδόνα. Strabo, pag. 410. Ὑρίη, Homero, v. 3, et Suidæ : Stephano, Ὑρία, πρὸς τὸν Εὔριπον : eædem Hysiæ, Ὑσίαι, appellatæ a Pausania, Bœot. lib. IX, pag. 545, et Strabone, pag. 404, ubi et Μυκαλησσός pagus Tanagricus dicitur, in via qua Thebis Chalcidem Eubœæ itur. H.

22. *Hilesion.* Εἰλέσιον cui ab ἕλος, hoc est, a palude circumjacente factum nomen esse Strabo testatur, lib. IX, pag. 406. Meminit ejus oppidi Homerus, Iliad. II, in Catal. v. 6. Nonnus quoque, lib. XIII, 2,

Dionys. p. 354, cum Scolo, Thisbe, cæterisque, quæ hic appellantur : Εἰλέσιον, καὶ Σκῶλον, ἁλικρηπῖδά τε Θίσβην, etc. Quibus adducti testimoniis *Hilesion* hoc loco scripsimus, quum prius *Hyreseon* legeretur : quæ vox nihili est. HARD.

23. *Pteleon, Olyros.* In MSS. *Pteleon, Ollarum.* HARD.

24. *Olyros.* Chiffl. *Ollarum.* ED.

25. *Tanagra.* Ab Aulide stadiis XXX dissitum Ταναγραίων πολίχνιον, Straboni, lib. IX, pag. 403. H. — Haud longe a *Skoimandri.* ED.

26. *Objectu insulæ Eubœæ.* Vet. ap. Dalec. *objecta insula Eubœa.* ED.

27. *Aulis.* Αὐλίς, portus inclytus statione quondam mille navium Agamemnoniæ classis, inquit Livius, lib. XLV, cap. 27, et Mela, lib. II, cap. 3. Ne rudera quidem hodie Aulidis supersunt, sed II M. D. pass. infra *Egripo* agnoscitur portus ejus de quo Solinus, cap. VII, pag. 23 : « Eubœa insula laterum objectu efficit Aulidis portum. » H. et ED.

28. *Hyantas.* Ὕαντας, Strabo, lib. IX, pag. 401, iidem et Leleges olim appellati, ex eodem Strabone, Scymno, pag. 24, et Solino, cap. VII, pag. 23. De Hyantibus multa Pindari Schol pag. 56 et 155. H.

29. *Olim Leleges.* Testis Hesiodi versus, quem Strabo recitat l. VII, pag. 322 : Ἤτοι γὰρ Λοκρὸς Λελέγων ἡγήσατο λαῶν. Pars hi fuere Bœotiæ:

ges appellati, per quos amnis Cephissus [30] defertur in mare. Oppida : Opus [31], unde [32] et sinus Opuntius, Cynos. Phocidis in littore unum Daphnus [33]. Introrsus in Locris, Elatea [34], et in ripa Cephissi (ut diximus [35]) Lilæa : Delphosque versus, Cnemis [36], et Hyampolis. Rursus Locrorum ora, in qua Larymna [37], Thronium [38], juxta quod Boagrius amnis defertur in mare. Oppida : Narycion [39],

Solinus, loco citato : « Bœoti iidem sunt qui Leleges fuerunt, per quos defluens Cephissos amnis in maria conditur. » Ἐπικνημίδιοι porro a Cnemide monte oppidoque ejus oræ cognominantur. Strab. lib. IX, p. 425. Hard.

30. *Cephissus.* De quo dictum est, cap. 4. Hard.

31. *Opus.* Ὀποῦς, Ὀποῦντος, Straboni, pag. 425, ubi et Ὀπούντιος κόλπος, et Κύνος Opuntiorum navale. Κύνος Homero, in Catalogo, vers. 38. Cynum Locridis, emporium Opuntiorum vocat Livius, libro XXVIII, cap. 6. Hard. — III m. pass. a *Talanti*, ortum solis versus, reperiuntur rudera ejus. Ed.

32. *Unde et sinus Opuntius.* Sic apud Chiffl. Dalec. et Elzev. *unde Opuntinus sinus.* Vocatur hodie *golfo di Talanti.* Inde Cynos VIII m. pass. juxta turrim hodie *Lebanitis*, sive *Lebatanis* dictam. Ed.

33. *Daphnus.* Δαφνοῦς Straboni, p. 416 et 424. Hard. — Ad sinum sita fuit juxta quem reperitur pagus *Neochorio.* Ed.

34. *Elatea.* Ἐλάτεια Stephano, et Appiano in Syriac. p. 98; Straboni, pag. 407, et Ptolemæo, lib. III, cap. 15. Hard. — Hodie *Elevta*, sive *Levta.* Ed.

35. *Ut diximus.* cap. 4. Hard.

36. *Cnemis.* Κνημίδες χωρίον ἐρυμνὸν, munitum oppidum, apud Strabonem, pag. 226. In littore contra promontorium extremum Eubœæ antiquis Ceneum, nunc *Lithada* vocatum, videntur rudera ejus. Ὑάμπολις, Homero in Catalog. v. 28, et Pausan. Phocic. lib. X, pag. 609; Straboni, pag. 416; Livio quoque, lib. XXXII, c. 18. Hodie *Bogdana.* Utraque versus Opuntem, et Eubœam posita, procul et Delphis. Quamobrem hæc verba, *versusque Delphos*, ad Lilæam, mutata interpunctione, retulimus. Dalec. *Hiampolis.* Hard. et Ed.

37. *Larymna.* Hæc Locridis Larymna, inferior appellata, ad ostia Cephissi amnis. Strabo, pag. 405, Λάρυμνα. Hard. — Inter vicos *Potzumadi* et *Martini* videntur rudera ejus. Ed.

38. *Thronium.* Id acceptum ex Homero, Iliad. II, in Catalogo, v. 40 : Θρόνιόν τε Βοαγρίου ἀμφὶ ῥέεθρα. Hard.—Boagrius nunc sine nomine rivulus est, ad dextram cujus ripam videntur Thronii rudera, II m. pass. a mari. Ed.

39. *Narycion*, etc. Νάρυξ et Ναρύκιον Stephano. Ἀλόπη deinde Straboni, pag. 426, et Diodoro Sic. Bibl. lib. XII, pag. 101. Ἀλόπη Thucydid. lib. II, p. 117. Denique

LIBER IV.

Alope, Scarphia. Postea Maliacus sinus ab incolis[40] dictus : in quo oppida, Halcyone[41], Econia, Phalara[42].

XIII. Doris deinde, in qua Sperchios[1], Erineon[2], Boion, Pindus, Cytinum. Doridis a tergo mons est OEta[3].

XIV. Sequitur[1] mutatis sæpe nominibus Æmonia : eadem Pelasgicum Argos, Hellas, eadem Thessalia, et

Σκάρφεια Λοκρίδος, prope Thermopylas, Stephano, et Appiano in Syriac. pag. 98. Hard. — Narycion ignoratur : Alopes vestigia ad rivulum *Perenu* reperiuntur, xii m. pass. a Thronio ortum solis versus ; Scarphiæ rudera videntur iii m. pass. infra Thronium in læva Boagrii ripa, ut in mappa sua indicat Lapie. Ed.

40. *Ab incolis.* Ab incolis, inquit, sinus hic nomen traxit. Ii Straboni Μαλιεῖς appellantur, lib. IX, pag. 416. Hard. — Maliacus sinus, nunc *le golfe de Zeitoun.* Brot.

41. *Halcyone, Econia.* Halcyonensium unicum, quod quidem sciam, monumentum exstat in nummo Severi Imp. ex ære minore, qui in Parisiensi nostro Cimelio asservatur, cujus epigraphe, ΑΛΚΥΟΝΙΩΝ. De Econia nihil compertum. At qui pro utraque voce *Alalcomenen, Itoniamque* substituunt, confidenter nimium libris derogant fidem, ut indulgeant conjecturæ. Hard.

42. *Phalara.* Φάλαρα a Stephano πόλις Θετταλίας dicitur, cujus in confinio posita. In sinu Maliaco a Livio collocatur, lib. XXXVI, c. 29, prope Lamiam, Phthioticæ Thessaliæ oppidum, de quo mox. Φαλωριάς Lycophr. vers. 1147. H. — Leucis duobus a *Zeitoun* reperiuntur ejus vestigia. Ed.

XIII. 1. *Sperchios.* Ab amne cognomine, de quo statim dicemus. Σπέρχεια Ptolemæo, lib. III, cap. 13, inter Echinum, et Sperchii amnis ostia, in Phthiotide. Hard.

2. *Erineon*, etc. Dorienses, inquit Strabo, lib. IX, p. 427, regionem incoluere, a quatuor urbibus Tetrapolim appellatam. Urbium hæc nomina, Ἐρίνεον, Βοῖον, Πίνδος, Κυτίνιον. H. — Erineon fortasse hodie *Paleo-Choria,* Boium, *Bralo.* Ed.

3. *OEta.* Mela, lib. II, cap. 3 : « Novissime calcatum Graio Herculi solum, OEtæus saltus. » A Thermopylis et ortu solis, ad occasum Ambraciumque sinum porrigitur. Hard. — *Catavothra-vouno* hodie vocatur. Ed.

XIV. 1. *Sequitur.* Transcripsit hæc Solin. c. viii, p. 24, et Martianus, lib. VI, cap. de Thessalia, p. 210. Αἱμονίαν ab Æmone rege Thessaliam appellatam esse, Strabo docet, lib. IX, pag. 443, et Dionys. Halicarn. lib. I, pag. 49, et Hesychius, et Stephanus : Πελασγίαν idem Steph. et Eustath. in Dionys. vers. 427, pag. 61. Hellas, teste Pausania, Lacon. l. III, p. 201, ab Hellene rege dicta est : a Thessalo, Thessalia, ex eodem Strabone, et ex Velleio, lib. I, p. 3. Δρυοπὶς Herodoto Clio, lib. I, n. 56, pag. 21. De Dryope, vide Strabonem, l. VIII, pag. 373. Hard.

Dryopis, semper a regibus cognominata. Ibi genitus Rex nomine Græcus, a quo Græcia² : ibi Hellen³, a quo Hellenes. Hos eosdem Homerus⁴ tribus nominibus appellavit, Myrmidonas, et Hellenas, et Achæos.

2   Ex his Phthiotæ⁵ nominantur Dorida accolentes. Eorum oppida, Echinus⁶ in faucibus Sperchii⁷ fluminis, Thermopylarum⁸ angustiæ : quo argumento iv millia

2. *A quo Græcia.* Stephanus : Γραικὸς, ὁ Ἕλλην, ὁ Θεσσαλοῦ υἱὸς, ἀφ' οὗ Γραικοὶ οἱ Ἕλληνες. Haud obscure innuit Græcorum nomen quam Hellenum esse aliquanto antiquius. Consentientem habet Apollodorum, de Diis, lib. I, pag. 27 : Ἕλλην μὲν, inquit, ἀφ' αὑτοῦ, τοὺς καλουμένους Γραικοὺς, προσηγόρευσεν Ἕλληνας. Ubi interpres Latinus : « Hellen de se Hellenas, qui postea Græci vocati sunt, nominavit. » Debuit sic potius reddere, *qui prius Græci vocabantur.* Hoc Tanaq. Faber, qui versionem recensuit, prætermisit. Quod porro ad vocem Γραικός attinet, Hesychius Ῥαῖκος prius dictum opinatur, mox a Romanis addita littera Græcos nuncupatos : Ῥαῖκος, inquit, Ἕλλην. Ῥωμαῖοι δὲ τὸ γ προσθέντες, Γραικὸν φασι. HARD.

3. *Hellen.* De Hellene, Thessaliæ rege, Pausanias in Achaic. lib. VII, pag. 396. Deucalionis filium facit Thucyd. lib. I, pag. 3, et Strabo, lib. IX, pag. 432. Euseb. quoque in Chron. pag. 96 : Ἕλλην υἱὸς Δευκαλίωνος, ἀφ' οὗ Ἕλληνες οἱ Γραικοὶ μετεκλήθησαν. HARD.

4. *Homerus.* Iliad. II, in Catalogo, v. 191, ubi de Phthiæ et Helladis incolis : Μυρμιδόνες δὲ καλεῦνται, καὶ Ἕλληνες, καὶ Ἀχαιοί. Vide etiam Strabonem, pag. 433. H.

5. *Phthiotæ.* Φθιῶται, regioque ipsa Φθιῶτις Straboni, pag. 433. Hos Thessaliæ contributos esse jussit Augustus, ut refert Pausan. in Phoc. lib. X, pag. 622. HARD. — Hæc Phthiotis nunc pars est provinciæ *Vaivodilick de Zeitoun* dictæ. ED.

6. *Echinus.* Ἐχῖνος Phthioticæ ditionis, apud Strab. loc. cit. in intimo Maliaci sinus recessu, apud Scymnum, p. 25 : Κόλπος δὲ κεῖται Μαλιακὸς, ἐν τῷ μυχῷ Ἐχῖνος. In Conc. Calched. *Petrus Echiniensis.* HARD. — Nunc *Echinou.* ED.

7. *Sperchii.* Σπερχειὸς Straboni, loc. cit. et Ptolem. lib. III, c. 13. H. — *Hellada* hodie vocatur. ED.

8. *Thermopylarum.* Livius, lib. XXXVI, cap. 15 : « Extremos ad orientem montes OEtam vocant : quorum quod altissimum est, Callidromon appellatur : in cujus valle ad Maliacum sinum vergente iter est non latius quam sexaginta passus : hæc una militaris via, qua traduci exercitus, si non prohibeantur, possint. Ideo Pylæ, et ab aliis, quia calidæ aquæ in ipsis faucibus sunt, Thermopylæ locus appellatur : nobilis Lacedæmoniorum adversus Persas morte magis memorabili quam pugna. » Vide etiam Strabonem, pag. 428. HARD. — Nunc quoque *Thermopyles,* sive *Bocca di Lupo.* ED.

LIBER IV.

passuum inde Heraclea, Trachin[9] dicta est. Mons ibi Callidromus[10]: oppida celebria[11], Hellas, Halos, Lamia, Phthia, Arne.

XV. (VIII.) In Thessalia autem Orchomenus, Minyeus[1] 1

---

9. *Trachin dicta est.* Ob viarum asperitatem: est enim τραχὺς asper. Hinc Ἡράκλειαν Τραχῖνα dixerunt. Strabo, pag. 429. Ab Hercule conditam Stephanus ait, et Eustathius, in Iliad. II, pag. 320. HARD. — Male illam hodie esse *Zeitoun* ait Broterius; reperiuntur rudera ejus ad Æsopum amnem, qui in Sperchium influit. Pro *Thermopylarum angustiæ*: quo argumento proponebat Dalec. *Thermopylarum angustiæ, aquarum argumento.* ED.

10. *Callidromus.* Nullo hodie proprio nomine designari videtur. ED.

11. *Oppida celebria.* Fuere, inquit, oppida hæc quondam celebria, Ἑλλάς, Ἆλος, Λαμία, Φθία, Ἄρνη. Ita libri omnes, tum impressi, tum manu exarati. Palmerius tamen in Exercitationibus, p. 321, *Hallos, Halos*, legi oportere omni ope contendit, non *Hellas, Halos*. At præter consensum exemplarium, perspicua res est ea nunc oppida commemorari a Plinio, quæ Homerus ipse belli Trojani tempore claruisse scribit: e quibus Hellas, Halos, Phthia, locum præcipuum obtinent: nam Iliad. II, in Catal. vers. 189: Οἵ θ' Ἄλον, οἵ τ' Ἀλόπην, οἵ τε Τρηχῖν' ἐνέμοντο, Οἵ τ' εἶχον Φθίην, ἠδ' Ἑλλάδα καλλιγύναικα. Ubi Eustathius, p. 320, Helladem ait ab Hellene conditam: Ἄλον a quibusdam tenui spiritu signari, ab aliis denso: Ἑλλὰς δὲ ὑπὸ Ἕλληνος ἐκτίσθη... τινὲς δὲ οἴονται δασύνεσθαι τὴν Ἄλον. Ac rursum pag. 332, Strabonem ait duos in Thessalia fontes agnoscere, Messeida et Hyperiam, prope Helladа et Pharsala, πλησίον τῆς πόλεως Ἑλλάδος, καὶ Φαρσάλων. Φθία porro non regionis modo Phthiotidis nomen est, sed et oppidi: Eustath. in Iliad. II, pag. 320, Φθία πόλις καὶ μοῖρα Θετταλίας. Ita etiam Stephanus. Λαμία Strab. lib. IX, pag. 433, unde Lamiaco bello nomen impositum est, quod anno proximo ab Alexandri obitu cœptum. In Notitia Eccles. Prov. Thessalonicæ, pag. 23, Λαμία. Lamiam Livius vocat, lib. XXVII, cap. 30. Ἄρνη denique Stephano Thessaliæ urbs dicitur, Bœotorum colonia, Ἄρνη πόλις Θεσσαλίας, ἄποικος τῆς Βοιωτίας. HARD. — Lamia nunc est *Zeitoun*, aliæ ignorantur. ED.

XV. 1. *Minyeus.* Ita MSS. At Parmensis editio: *In Thessalia autem amnis Orchomenus*, etc. Ut et amni et oppido commune id nomen esse existimetur, legique deinde oporteat, *et oppidum: Almon*, etc. Cui lectioni adstipulari videtur Homerus: Ἔστι δέ τις ποταμὸς Μινυήϊος εἰς ἅλα βάλλων. Ὀρχομενὸς Μινυεύς, oppidum, de quo Pausan. in Bœot. lib. IX, pag. 597, ab Orchomeno Minyæ fil. unde Minyæ Orchomenii appellati cives, ut ab Orchomeniis Arcadicis distinguerentur. Thucyd. lib. IV, pag. 303: Ὀρχομενὸν τὸν

antea dictus: et oppidum Almon[2], ab aliis Salmon, Atrax[3], Pelinna[4]: fons Hyperia[5]. Oppida: Pheræ[6], quarum a tergo Pieris[7] ad Macedoniam protenditur, Larissa[8], Gomphi[9],

Μινύειον πρότερον καλούμενον, νῦν δὲ Βοιώτιον. De oppido loquitur. H.— Apud Chifflet. legitur *Mynilus* pro *Mynieus*. ED.

2. *Almon.* Ita MSS. omnes, Reg. 1, 2, Colb. 1, 2, Paris. non, ut editi, *ab aliis Elmon.* Confirmat veterem scripturam Stephanus: Ἄλμων, inquit, πόλις Βοιωτίας, ὡς Ἑλλάνικος, καὶ Σάλμων αὐτήν φησι. Etsi reprehenditur a Stephano Hellanicus. Eadem Μινύα dicta quondam, si eidem Stephano fides. Μινύα, inquit, πόλις Θετταλίας, ἡ πρότερον Ἀλμωνία. HARD.

3. *Atrax.* Ἄτραξ, et Ἀτρακία, πόλις Θεσσαλίας, Stephano. Vicina Peneo amni, apud Strab. lib. IX, pag. 440. HARD.

4. *Pelinna.* Quum *Pelinna* reposuit Hermolaus, ait Pelicerius in notis MSS. eum fecisse contra librorum omnium fidem, vetustarumque editionum, Parm. Venet. etc. in quibus *Palamna*, pro *Phalanna* legitur : atque adeo contra ipsum Strabonem, qui lib. IX, p. 440, juxta Peneum flumen citata Atrace: « Phalanna, inquit, Perrhæborum oppidum, haud procul Tempe, Peneo et ipsa assidet » : Ἡ δὲ Φαλάννα Περραιβικὴ πόλις πρὸς τῷ Πηνείῳ πλησίον τῶν Τεμπῶν. Ac certe ea quæ a Strabone Phalanna describitur, ipsa est, quæ a Plinio, cap. 16, Magnesiæ adjudicatur, ut suo loco ostendimus. Quamobrem locum hic habere Phalanna non potest, sed Livii lib. XXXVI, cap.

10 et 14, Pelinnæum, Strabonisque lib. IX, pag. 438, Πελίνναιον: quod illi quidem circa Atracem, Larissam, Triccamque constituunt. Stephanus vero aliquanto disertius quam ceteri, in Phthiotide: Πέλιννα, πόλις Θετταλίας, ἐν τῇ Φθιώτιδι. H.

5. *Hyperia.* Ὑπέρεια Straboni, lib. IX, pag. 432, in media Pheræorum civitate, ex eodem, pag. 439, atque ex Eustath. in Iliad. II, p. 332. Falli Hesychium putamus, qui Ὑπέρειαν ait esse τῶν Φαιάκων πόλιν καὶ κρήνην, quum nemo alius ejus oppidi meminerit in eo tractu, ac Φερῶν κρήνην dicere tantummodo debuisse videatur. HARD.

6. *Pheræ.* Φεραί, in mediterraneo Thessaliæ, ἐν μεσογείᾳ Θετταλίας, pag. 24. Harum meminit etiam Corinth. Pausan. lib. II, p. 127, Φερῶν τῶν ἐν Θετταλίᾳ. HARD. — Hodie *Velestina.* ED.

7. *Pieris.* Vel Pieria regio, de qua cap. 17. Male in libris editis, *Pierus*, quod montis nomen, de quo mox Plinius. HARD.

8. *Larissa*, etc. Λάρισσα, Thessaliæ oppidum, juxta Peneum, Stephano. *Larissa Thessala*, Solino, cap. VIII, pag. 24. H. — Etiamnunc *Larissa* vocatur, sive *Ienitchen.* ED.

9. *Gomphi.* Γόμφοι, in Estiotis Thessaliæ gente, apud Ptolem. lib. III, cap. 13, et in Notitia Eccles. pag. 32. Apud Scylacem, pag. 24, Ἀμφίναιον, pro Γόμφοι νέον. HARD. — Nunc *Cleisoura.* ED.

LIBER IV.

Thebæ[10] Thessaliæ, nemus Pteleon[11] : sinus Pagasicus. Oppidum Pagasæ[12], idem postea Demetrias[13] dictum, Tricca[14], Pharsalici campi cum civitate[15] libera, Cranon[16], Iletia[17]. Montes Phthiotidis, Nymphæus[18] quodam topiario naturæ opere spectabilis : Buzygæus, Donacesa, Bermius, Daphissa, Chimerion, Athamas, Stephane. In Thessalia sunt quatuor atque triginta : quorum nobilissimi, Cerceti[19],

10. *Thebæ.* Θήβη Θεσσαλίας τῆς Φθιώτιδος, Stephano, et Scylaci, pag. 24. In Conc. Sardic. *Modestus a Thessalia de Thebis.* Maritimum emporium Thessalorum Livius vocat, lib. XXXIX, cap. 25. HARD. — Nonnulla reperiuntur illius rudera VIII M. pass. ab urbe *Volo*, meridiem inter et occasum solis. ED.

11. *Nemus Pteleon.* Juxta urbem cognominem, quæ Straboni, lib. IX, pag. 433 et 435, Πτελεὸν dicitur. HARD.

12. *Pagasæ.* Dal. *Pagasa.* ED.— Παγασαὶ Straboni Pheræorum navale, lib. IX, pag. 436, a Pheris dissitæ stadiis XC, seu pass. XI M. CCL. HARD. — Sitæ fuerunt ubi nunc castellum urbis *Volo;* sinui nomen *Port de Volo.* ED.

13. *Demetrias dictum.* Exhausta civibus urbe Pagasica, et Demetriadem transductis, a novi oppidi conditore Demetrio Poliorceta : Pagasarum nomen antiquatum, Demetriadis appellatio invaluit. Strabo, loc. cit. H. — Videntur rudera ejus II M. pass. a *Volo*, meridiem versus. ED.

14. *Tricca.* Τρίκκα Ptolem. lib. III, c. 13, in Estiotis, Thessaliæ gente. Τρίκκη Homero in Catalogo, v. 236, et Hesychio. HARD.—Sita fuit ubi nunc est urbis *Tricala* castellum. ED.

15. *Cum civitate.* Φάρσαλος Scylaci, p. 24, inter urbes Thessaliæ mediterraneas. Hanc Enipeus amnis præterlabitur, ut auctor est Strabo, lib. IX, pag. 432. HARD. — *Pharsalus*, nunc *Farsa*, sive *Sataldgé* vocatur. ED.

16. *Cranon.* Κρανὼν Straboni, pag. 441, et Stephano, in iis campis, quæ Tempe nominantur. H. — Hæc Cranon quam in campis Tempe collocat Stephanus, ea esse mihi videtur de qua in insequenti capite meminit Noster. ED.

17. *Iletia.* Ptolemæo, lib. III, cap. 13, in Pelasgiotide Thessaliæ regione, Ἱλέγιον, pro Ἱλέτιον. HARD. —Situs ignoratur. ED.

18. *Nymphæus.* An Τυμφρησὸς Thessaliæ mons, cujus Strabo meminit, lib. IX, pag. 433. Βερμίου ὄρους meminere Ptolem. lib. III, cap. 13, et Strabo, lib. VII, pag. 338. Pro *Daphissa*, forte *Delphusa* legendum. De cæteris adhuc nihil compertum. HARD.

19. *Cerceti.* Chifflet. *Ceræi.* ED. — Qui Ptolemæo, lib. III, c. 13, Κερκετήσιος dicitur : Livio Cercetius in Thessalia, lib. XXXII, cap. 14. Hinc corrigendus liber Missorum Theodosii, qui Cercerium vocant : « Epirus, Achaia, Attica, Thessalia : hæ finiuntur, ab oriente, mari Ægæo : ab occidente,

Olympus[20], Pierus[21], Ossa : cujus ex adverso[22] Pindus et Othrys, Lapitharum sedes : hi ad occasum vergentes : ad ortus[23], Pelios : omnes theatrali modo inflexi, caveatis ante eos[24] septuaginta quinque urbibus. Flumina Thessaliæ, Apidanus[25], Phœnix, Enipeus, Onochonus[26], Pamisus[27]. Fons Messeis[28]. Lacus Bœbeis[29]; et ante cun-

mari Adriatico : a septemtrione, montibus Cercerio, Olympo, Pelio, etc. » HARD.

20. *Olympus*, etc. Mela, lib. II, cap. 3 : « Olympus, Pelion, Ossa, montes gigantum fama belloque memorati. Hic Musarum parens domusque Pieria, etc. » HARD. — Ossa hodie *Kissovo* dicitur, cæteri autem regionis istius montes aut veteri, aut nullo nomine noscuntur. ED.

21. *Pierus*. Chiffl. *Pieris*. ED. — Πίερος et Πιέριον ὄρος Scholiastæ Thucydidis, ad lib. V, p. 352. H.

22. *Cujus ex adverso*. Hic Plinium pro suo more transcribunt, Solinus cap. VIII, p. 24, et Capella, lib. VI, cap. de Thessalia, pag. 211. Πίνδος et Ὄθρυς simul ab Herodoto quoque copulantur, lib. VII, Polym. n. 129. De Lapithis, vide Diod. Sic. Bibl. lib. IV, p. 271. H. — Pindus vetus nomen servat, Othrys *Veloutzi* et *Goura* vocatur. ED.

23. *Ortus*. Legebat Dalec. *ortum*. Pelios nunc *Plesnid* et *Zagora* vocatur. ED.

24. *Caveatis ante eos*. Hæc sincera lectio est tum codicum MSS. Reg. 1, 2, Colb. 1, 2, Paris Chiffl. tum vetustarum editionum, quas Frobenius prior interpolavit, ut *cuneatis* rescriberet. Caveatis, hoc est, in interjacente campo clausis.

A theatri cavea, metaphora sumpta. HARD.

25. *Apidanus*, etc. Ἀπιδανὸς, Φοίνιξ, Stephano : Ἐνιπεὺς Straboni, p. 432. Pharsalum præterlabitur : in Apidanum influit : Apidanus in Peneum. Ὀνόχωνος Tzetzæ, Chiliad. 9, v. 706; Herodoto, lib. VII, Polymn. pag. 423, n. 129: Ἀπιδανὸς, Ὀνόχωνος, Ἐνιπεὺς, καὶ Πάμισος. Phœnicem in Apidanum fluere, ait Vibius Sequester, pag. 336. Ex Olympo labi Enipeum, Livius, lib. XLIV, cap. 8. Horum plerosque carmine complexus Ovidius, Metam. lib. I, v. 579 : « Populifer Sperchios, et irrequietus Enipeus, Apidanusque senex, etc. » HARD. — Apidanus nunc *Gourapotamos*, Enipeus, *Vlocho-iani*, Onochonus *Rejani* dicuntur. ED.

26. *Onochonus*. Dalecamp. *Onochous*. ED.

27. *Pamisus*. Vet. ap. Dalec. et Chiffl. *Lammissus*. ED.

28. *Messeis*, etc. Μεσσηὶς Straboni, lib. IX, pag. 434. Valerius Flaccus, lib. IV : « Flevit Amymone, flerunt Messeides undæ : Flevit et effusis revocans Hyperia lacertis. » De Hyperia diximus initio hujus capitis. HARD. — Vet. ap. Dalec. *Nesson*. ED.

29. *Bœbeis*. Βοιβηὶς palus Strab. p. 436. Pheris vicina et oppidulo, cui Βοίβη nomen fuit. Meminit op-

ctos claritate Peneus[30], ortus juxta Gomphos : interque Ossam[31] et Olympum nemorosa convalle defluens quingentis stadiis, dimidio[32] ejus spatii navigabilis. In eo cursu 3 Tempe[33] vocantur[34] quinque mill. passuum longitudine, et ferme sesquijugeri latitudine, ultra visum hominis attollentibus se dextera laevaque leniter convexis[35] jugis. Intus sua[36] luce viridante allabitur Peneus, viridis calculo, amoenus circa ripas gramine, canorus avium concentu. Accipit amnem Orcon[37], nec recipit : sed olei modo su-

pidi lacusque, Stephanus. Ovid. Metam. 1. VII : «juncosaque littora Boebes.» HARD.—*Curlas* hodie vocatur. ED.

30. *Peneus.* Πηνειὸς Graecis : hodie *Selembria.* ED.

31. *Interque Ossam.* Ita Strabo, pag. 430. HARD.

32. *Dimidio ejus spatii navigabilis. In eo cursu.* In Dalec. *spatio* legitur pro *spatii.* Vet. ap. Dalec. *Dimidio navigabilis. Spatia ejus in eo cursu.* ED.

33. *Tempe.* A religione loci nomen hoc primum inditum est. Τέμπος Æolibus idem est quod τέμενος, et lucum fanumque significat. Unde Mela, lib. II, cap. 3 : «Hic sacro nemore nobilia Tempe.» Sequior deinde aetas amoena quaelibet loca Tempe appellavit. HARD. — Vide accuratam inclytae hujus vallis descriptionem quam dat POUQUEVILLE, *Voyage de la Grèce*, lib. IX, cap. 5, t. III, p. 369 et seq. ED.

34. *Vocantur.* Vet. ap. Dalec. *vocant.* ED.

35. *Convexis jugis. Intus... allabitur.* Proponebat Dalec. *convexis jugis, intus vero luce viridante. Allabitur,* etc. ED.

36. *Sua luce viridante.* Ita MSS. Alii *renidente* malunt. Pintianus, *Peneus vero luco viridante.* Salmas. pag. 153, *sub luco viridante.* HARD.

37. *Accipit amnem Orcon.* Barbarus *Euroton* reposuit, quum ubique prius constanter legeretur *Orcon :* tum in MSS. Reg. 1, 2, Colb. 1, 2, Paris. Chiffl. tum in edit. Parm. aliisque : quo nomine Plutonium inferumque amnem, quia hunc Dii jurare consueverint (ὅρκον enim jusjurandum Graeci appellant) indicari modo nullus dubito : alioqui, undenam poenales ejus aquae sint, quod mox subjicitur, dirisque genitae, non apparebit. De hoc ipso fluvio Homerus, Iliad. II, in Catalogo, v. 262, ubi proprio eum nomine Τιταρήσιον vocat : Ὅς ῥ' ἐς Πηνειὸν προΐει καλλίρροον ὕδωρ, Οὐ δ' ὅγε Πηνειῷ συμμίσγεται ἀργυροδίνῃ. Ἀλλά τέ μιν καθύπερθε ἐπιρρέει, ἠΰτ' ἔλαιον. Ὅρκου γὰρ δεινοῦ, Στυγὸς ὕδατος, ἐςὶν ἀπόρρωξ. Nam aquae Stygis, inquit, horrendique Orci, cujus est grave juramentum, rivus est. Lucanus ex eodem Homeri loco, lib. VI, v. 375 : « Solus in alterius nomen quum venerit undae, Defendit Titaresus aquas, lapsusque superne Gurgite Penei pro siccis utitur arvis. Hunc fama est Stygiis manare paludibus amnem, Et ca-

pernatantem (ut dictum est Homero[38]) brevi spatio portatum abdicat : pœnales aquas dirisque genitas, argenteis suis misceri recusans.

XVI. (IX.) Thessaliæ annexa Magnesia est, cujus fons Libethra[1]. Oppida: Iolcus[2], Hormenium, Pyrrha, Methone, Olizon. Promontorium, Sepias[3]. Oppida : Casthanæa[4], Spalathra[5]: promontorium Æantium[6]. Oppida : Melibœa[7],

pitis memorem, fluvii contagia vilis Nolle pati, superumque sibi servare timorem. » Εὐρώταν alioqui hunc amnem, et Τιταρήσιον appellavit Strabo, lib. IX, pag. 440, et post illum Eustathius, in Iliad. II, pag. 336. *Euroton* nemo. HARD.

38. *Homero*. Iliad. II, in Catalogo, v. 262. HARD.

XVI. 1. *Libethra*. Fons Libethrius, Magnesiæ est, inquit Solinus, cap. VIII, p. 24. Τὰ Λίεθρα Cononi, apud Phot. in Bibl. cod. 186, pag. 452. Martiano, lib. VI, pag. 211, *Libetris*; Melæ, lib. II, cap. 3, p. 32, «Hic Libethra, carminum fontes.» Λειβηθρίδες Νύμφαι hinc dictæ Straboni, lib. IX, pag. 410. HARD.

2. *Iolcus*, etc. Ἰωλκὸς Straboni, pag. 436. Ὁρμένιον eidem, et Ὁρμίνιον, pag. 438. Hesychio Ὅρμενος. Πύῤῥα, Phthiotidis promontorium est, pag. 435. An pro Pyrrha, Πειρεσίαι locum hic habere possit, quam πόλιν Μαγνησίας vocat Scholiastes Apoll. ad Argon. lib. II, v. 584, amplius considerandum. Μηθώνη, Homero, Iliad. II, in Catal. v. 223. Ὀλίζων Straboni, p. 436, unus e pagis Demetriadi contributis. HARD. — Magnesia, *canton de Zagora* hodie dicitur; oppidum autem Iolcus juxta *Goritza* situm fuit, Hormenium, juxta *Milias*, Pyrrha

loco *Korakai Pyrgos* dicto, Methone prope *Neochori*, Olizon, loco dicto *Kortos* juxta vicum *Argalasti*. ED.

3. *Sepias*. Σηπιὰς ἄκρα, Ptolem. lib. III, cap. 13. Eustathio, in Iliad. II, pag. 327: Σηπιὰς, ἀκρωτήριον ἐν τῷ Ἰωλκῷ. HARD.—*Hagios Georgios* hodie vocatur. ED.

4. *Casthanæa*. Ita scripsi, pro *Castana*. Vet. ap. Dalec. *Casiana*. Κασθάναια Herodoto, lib. VII, Polymn. p. 444, n. 173. Κασθάναια, Straboni, lib. IX, pag. 443. Lycophroni tamen Καςάναια, et Stephano, et Melæ, lib. II, cap. 3, *Castanæa*. Sub Pelio monte. HARD. — Prope *Tzankarada*. ED.

5. *Spalathra*. Urbs maritima Magnesiæ Σπάλαθρα, Scylaci, p. 24. Stephanus: Σπαλέθρη, πόλις Θεσσαλίας. Ἑλλάνικος δὲ Σπάλαθραν αὐτὴν φησίν. HARD. — Juxta pagum *Hagia Eutimia* sita fuisse videtur. ED.

6. *Æantium*. Αἰάντιον, Ptolem. lib. III, cap. 13. HARD. — Nunc *Trikeri* dicitur. ED.

7. *Melibœa*, etc. Μελίβοια, πόλις Θετταλίας, Stephano: Ῥιζοῦς, πόλις Θετταλίας, eidem: Ἔυμναι, Straboni, lib. IX, p. 443, quæ Scylaci, pag. 24, et Stephano, Εὐρυμεναί. In radicibus Ossæ montis sitam, ac super Demetriadem imminere Melibœam auctor est Livius, lib. XLIV, cap. 13. Idem

LIBER IV.

Rhizus, Erymnæ : ostium Penei[8]. Oppida, Homolion[9], Orthe[10], Thespiæ[11], Phalanna[12], Thaumacie[13], Gyrton[14], Cranon, Acharne[15], Dotion[16], Melitæa, Phylace. Porro Epiri[17], Achaiæ, Atticæ, Thessaliæ in porrectum longi-

lib. XXXIX, cap. 13, Eurymenas alteram vocat. HARD. — Melibœa juxta *Mintzeles* sita fuit, Rhizus juxta *Pesi-Dendra*, Erymnæ juxta *Conomio*. ED.

8. *Ostium Penei.* In Thermaicum sinum excurrentis. Mela, lib. II, cap. 3. HARD.

9. *Homolium.* Ὁμόλιον Straboni loc. cit. ad Ossam, sive ad Ossæ montis partem quam Ὅμολον vocat : Scholiastes Theocriti, Idyll. 6, v. 103. Dicæarchus, p. 164, Ὁμόλην. Ultra Peneum a Scylace quoque locatur : Ὁμολίου Μαγνητιχῆς πόλεως, ἥ ἐςι παρὰ ποταμόν. HARD.

10. *Orthe.* Ὀρθην Homerus vocat Iliad. II, in Catalogo, v. 246, et Strabo, pag. 440. HARD.

11. *Thespiæ.* Thespiarum Thessaliæ (nam et Bœotiæ fuerunt) meminit Stephanus. At MSS. non *Thespiæ*, sed *Iresiæ* habent. HARD.

12. *Phalanna. Thome* vet. addit. DALEC. — Chiffl. *Palinna.* ED. — Orthen ipsam, inquit Strabo loc. cit. quidam pro Phalannæorum arce accipiunt. Est autem Φάλαννα urbs ad Peneum prope Tempe, Perrhæbicæ quondam ditionis : sed inde ad Dolopas Athamanasque, Perrhæbi a Lapithis relegati. Hæc Phalanna est, quam prope Gyrtonem Livius collocat, lib. XLII, cap. 54. HARD. — Hodie *Tournovo.* ED.

13. *Thaumacie.* Dalec. *Thaumaciæ.* ED. — Θαυμακοῦς Straboni, pag. 434. Θαυμακία Stephano. Homero, in Catalogo, v. 123, Θαυμακίη. Situm urbis, causamque nominis Livius eleganter describit, lib. XXXII, cap. 4. HARD. — Hodie *Democo.* ED.

14. *Gyrton, Cranon.* De Cranoniis Gyrtoniisque Thucydides, lib. II, pag. 115, Γυρτώνιοι, Κρανώνιοι. Oppida, Γυρτὼν, Κρανὼν, Strab. pag. 442. HARD. — Gyrton nunc *Tcheritchani* vocatur; Cranon autem, *Crania.* ED.

15. *Acharne*, etc. Ἀχάρνη Græcis. Δώτιον Stephano, Thessaliæ urbs dicitur : Μελίταια quoque, quam et Μελίτειαν a Theopompo appellari ait. Denique et Φυλάκη, πόλις Θετταλίας, quam Thebis Phthioticis proximam Strabo, pag. 435, in ipso Othrye monte positam, auctor est Theocriti Scholiastes, Idyll. III, ad v. 45. HARD. —Hodie ignorantur. ED.

16. *Dotion.* Chiffl. *Dorion.* ED.

17. *Porro Epiri, Achaiæ, Atticæ, Thessaliæ in porrectum longitudo,* etc. In editione Parmensi, *Ponio Epiri,* etc. *Potniæ* reposuit Barbarus, etsi in Bœotia a Stephano collocantur. Nos *porro* legimus, ut sit illud periodi sequentis initium. *Porro Epiri,* etc. Quod vero ad latitudinem spectat, quæ CCLXXXVII mill. passuum obtinere dicitur, Martianus, lib. IX, cap. de Thessalia, pag. 211, habet CCLXXXVII ac soli Thessaliæ hanc

tudo quadringentorum octoginta mill. pass. traditur : latitudo ducentorum octoginta septem millium.

1 XVII. (x.) Macedonia[1] postea centum quinquaginta populorum, duobus[2] inclyta regibus, quondamque terrarum imperio, Emathia[3] antea dicta. Hæc ad Epiroticas gentes in solis occasum recedens post terga Magnesiæ atque Thessaliæ, infestatur a Dardanis. Partem ejus septemtrionalem Pæonia ac Pelagonia[4] protegunt a Triballis[5]. Oppida : Æge[6], in quo mos[7] sepeliri reges : Berœa[8] : et

mensuram adjudicat : sed Plin. non intellexit : neque nunc aut primum, aut semel. « Longitudo, inquit, Thessaliæ habet millia CCCCLXXX. Latitudo CCXXXVII.» In depravatos Plinii codices incidere Missi Theodosii, ut præfixa ei libro præfatio qualiscumque testatur, quum aliam longitudinis latitudinisque mensuram ex eo referunt : « Epirus, inquiunt, Achaia, Attica, Thessalia... patent in longitudinem M. P. CCCCX, in latitudinem, CCCLXXV, juxta Plinium Secundum in quinto (quartum dici certe oportuit), in longitudinem CCCCXXX (pro CCCCLXXX), in latitudinem CCCLXXXVIII (pro CCLXXXVII.)» Sic ipse Plinius, lib. III, descriptioni Bœticæ subjungit, *porro longitudinem universam ejus*, etc. HARD. — MSS. Reg. 1, 2, et editio princeps, *latitudo centum nonaginta septem*. In MS. Reg. 5, *ducentorum nonaginta septem*. BROT. — Chiffl. *longitudo* CCIX. ED.

XVII. 1. *Macedonia*. Hic pro suo more Plinium Solinus et Capella transcribunt : ille, cap. 9, p. 25, iste lib. VI, cap. de Macedonia, pag. 211. Sic Mela, lib. II, cap. 3, pag. 31. Macedoniam in quatuor provincias fuisse divisam num-

mi testantur inscripti, ΠΡΩΤΗΣ ΜΑΚΕΔΟΝΩΝ : ΔΕΥΤΕΡΑΣ ΜΑΚΕΔΟΝΩΝ : et ΤΕΤΑΡΤΗΣ ΜΑΚΕΔΟΝΩΝ. *Macedonum primæ, secundæ*, et *quartæ* provinciæ. HARD.

2. *Duobus*. Philippo Græciæ domitore, et Alexandro etiam Asiæ, Mela, loc. cit. HARD.

3. *Emathia*. Stephanus : Ἠμαθία... ἡ νῦν Μακεδονία. HARD.

4. *Pelagonia*. Vet. apud. Dalec. *Paflagonia*. ED.

5. *Triballis*. Mœsiæ populis, de quibus libro sup. cap. 29. HARD.

6. *Æge*. Solinus quoque, cap. IX, pag. 26 : « Urbem quoque condidit, quam dixit Ægan, in qua sepeliri reges mos erat. » De hoc more Athenæus, lib. IV, p. 155; Diodorus in Excerptis, pag. 267; Justinus, lib. VII, cap. 1 et 2, aliique. Oppidum Αἰγαί, Athenæo et Stephano appellatur. In MSS. *Ægia*. Αἰγία quoque Theophrasto, lib. de Ventis. Αἰγαία Ptolemæo, lib. III, c. 13. H.—*Moglena* hodie vocatur, auctore D'ANVILLE. ED.

7. *Mos sepeliri*. Sic Dalec. Chiffl. *sepeliri mos*. ED.

8. *Berœa*. Βέρροια Ptolemæo, in Emathia, lib. III, cap. 13. Stephano, Βέροια. In Notitia Eccles.

LIBER IV. 267

in regione [9] quæ Pieria appellatur a nemore [10], Æginium [11]. In ora Heraclea [12], flumen Apilas. Oppida: Pydna [13], Aloros. Amnis Aliacmon [14]. Intus Aloritæ [15], Vallæi [16], Phylacæi, Cyrrhestæ [17], Tyrissæi. Pella colonia [18]. Oppidum

pag. 21, Βερύα, pro Βέροια, vel Βέρροι potius. In radicibus Bermii montis a Strabone collocatur, lib. VII, p. 330. HARD.—Hodie *Kara-Veria*. ED.

9. *Et in regione.* Deletur in vet. ap. Dalec. vocula *et*. ED.

10. *A nemore.* De Pieria silva, in quam Perseus a Paulo victus aufugit, Livius, lib. XLIV, pag. 571. HARD.

11. *Æginium.* Meminere hujus oppidi Livius, lib. XXXII, cap. 46, et Strabo, lib. VII, pag. 327, Αἰγίνιον. HARD.

12. *Heraclea.* Ἡράκλεια Μακεδονίας, Stephano: Scylaci, pag. 25, Ἡράκλειον. Fuit hæc olim juris Ætolici. Describitur a Livio, lib. XXXVI, 22: « Sita est Heraclea, inquit, in radicibus OEtæ montis: ipsa in campo, etc. » Flumine Asopo allui deinde subjungit, quem Plinii esse Apilam credimus. HARD.
— Heraclea videtur esse hodie *Platamona*, et flumen Apilas, fluviolus nunc *Sphetili* dictus. ED.

13. *Pydna, Aloros.* In MSS. Reg. 1, 2, etc. *Pygna, Doros.* In editis, *Phina, Oloros.* Sed de Oloro, postea. Interim *Pydna* priore loco legi oportere perspicuum ex eo est, quod ipse a Ptolemæo prope Ἀλιάκμονος amnis ostia, perinde atque a Plinio collocatur, lib. III, cap. 13. In Pieriæ quoque regionis ora maritima, etiam et a Strabone, in excerptis lib. VII, pag. 330: ἡ μὲν οὖν Πύδνα Πιερική ἐστι πόλις. Eadem quoque Κύδνα appellatur a Theagene in Macedonicis, ut Stephanus auctor est: unde et Mela, lib. II, cap. 3, hunc tractum describens, *inter Peneum*, inquit, *et Axium, Cydne, Aloros*. De Aloro quoque, quam pro Oloro restituimus, adstipulatur emendationi nostræ Scylax, pag. 25: Ἀλιάκμων ποταμός, inquit, Ἀλωρὶς πόλις, etc. HARD.
— Vet. ap. Dalec. *Cinna, Eloros*. Pydna videtur esse *Kytros*, sive *Kidros*; Aloros haud longe a *Libanova* stetisse videtur. ED.

14. *Aliacmon.* Ἀλιάκμων Herod. lib. VII, Polym. n. 127, et Ptolemæo, l. III, c. 13, in Pieria. H.
—*Indge-Carasou* hodie vocatur ED.

15. *Intus Aloritæ*, etc. Ab oppido, ut quidem videtur, Aloro, de quo modo dictum est: horum regione, a mari introrsus recedente, atque in pagos aliquot distributa. HARD.

16. *Vallæi, Phylacæi.* Dalecamp. *Vallei, Philacei.* ED. — A gemino Picriæ regionis oppido hi nomen habent: alterum Φυλακαί, Ptolem. lib. III, cap. 13. Οὐάλλαι alterum appellatur. HARD.

17. *Cyrrhestæ, Tyrissei.* Dalec. *Tirissei.* ED. — Et his nomen dedere oppida duo Emathiæ regionis apud Ptolem. loc. cit. Κυρὸς (pro Κύρρος), et Τύρισσαι Κύρρος, est Thucyd. lib. II, pag. 169. A Cyrrho Syriæ oppido, ejusdem nominis cum hoc Macedonico, Cyrrhestæ quoque derivantur. H.

18. *Pella colonia.* In nummo Ha-

Stobi[19] civium Rom. Mox Antigonea[20], Europus[21] ad Axium amnem, eodemque[22] nomine, per quod[23] Rhœdias[24] fluit. Eordeæ[25], Scydra[26], Mieza[27], Gordyniæ[28]. Mox in ora Ichnæ[29]: fluvius Axius[30]. Ad hunc finem Dardani[31],

driani, apud Patin. pag. 195, COL. IVL. AVG. PELL. *Colonia Iulia Augusta Pella.* Vetus fuit Macedonum regia, ubi Philippus et Alexander, nati et educati. Hujus situm describit accurate Livius, lib. XLIV, cap. 46. Hodie *Palatitza.* HARD. et ED.

19. *Stobi.* Στόβοι Ptolemæo, lib. III, cap. 13, in Pelagonia. Stobos Pelagoniæ Livius quoque nuncupat, lib. XXXIII, cap. 19. In Vespasiani nummo, apud Patin. pag. 142, MVNICIPI. STOBENSIVM. Ulpianus, lib. L, Dig. tit. 15, de Censibus, *Stobenses juris Italici sunt.* HARD. — *Stoli* vocantur rudera ejus. ED.

20. *Antigonea.* Dalec. *Antigonia*, neglecta Chifflet. lectione. ED. — Stephanus quoque Ἀντιγόνειαν Macedoniæ adjudicat, aitque ab Antigono Gonatæ fil. conditam. In Mygdonia a Ptolemæo collocatur, lib. III, cap. 13. HARD.

21. *Europus.* Εὔρωπος Ptolemæo, loc. cit. in Matia, sive Macetia: et Stephano. HARD.

22. *Eodemque nomine.* Hoc est, eodem aliud nomine, scilicet *Europus*, in Almopiorum regione, apud Ptolem. lib. III, c. 13. H.

23. *Per quod.* Vet. ap. Dalec. *aliud per quod.* ED.

24. *Rhœdias.* MSS. *Rhodias.* An Λουδίας, *Ludias*, hodie *Karasma*, quem Strabo, lib. VII, p. 330, ex palude fluere ait, quam Axius amnis implet, juxta Pellam? Et Λυδίαν prope Axium Ptolemæus agnoscit. HARD. et ED.

25. *Eordeæ.* Dalec. *Heordæ.* Vet. ap. Dalec. *Phorbæ.* ED. — Ἐορδαῖαι geminæ sunt Stephano, ambæ Mygdoniæ regionis, quæ Macedoniæ pars fuit. Eordeam urbem appellat Livius, lib. XLII, cap. 53. In Notitia Eccles. pag. 21, Ἐορδέα. HARD.

26. *Scydra.* Dalec. *Scypra.* ED. — Σκύδρα, Μακεδονικὴ πόλις, Stephano, et Ptolem. lib. III, c. 13, in Emathia. HARD.

27. *Mieza.* Μίεζα Stephano, ubi Aristotelis ludus philosophicus, teste Plutarcho, in Alex. p. 668. Apud Ptolem. in Emathia, Μύεζα, pro Μίεζα. HARD.

28. *Gordyniæ.* Dalec. *Gordiniæ.* ED. — Γορδυνία, Stephano urbs Macedoniæ. Ptolemæo, Γορδηνία. Thucyd. lib. II, p. 169, Γορτυνία. Utrique corrupte. HARD.

29. *Ichnæ.* Ἴχναι, πόλις Μακεδονίας, Stephano. Ἰχναί, Herodoto, lib. VII, Polymn. pag. 421, n. 123. HARD.

30. *Axius.* Ἀξιὸς ποταμὸς, Straboni, lib. VII, p. 330. In Thermaicum sinum exit. HARD.—Nunc dicitur *Vardar.* ED.

31. *Dardani.* Etiam Dardanorum urbis in Macedonia positæ meminit Livius, lib. XXVI, cap. 25; qui tamen non Macedoniam ipsam, sed Mœsiam incoluere. ED.

Treres[32], Picres, Macedoniam accolunt. Ab hoc amne
Pæoniæ gentes[33] : Paroræi[34], Eordenses[35], Almopii[36], Pelagones[37], Mygdones. Montes[38] Rhodope, Scopius[39], Orbelus[40]. Dein præjacente[41] gremio terrarum, Arethusii[42], Antiochienses[43], Idomenenses[44], Doberi[45], Æstræenses,

32. *Treres.* Τρῆρες Thucydidi, lib. II, pag. 166, et Πίερες, pag. 168. Herodoto quoque Πίερες memorantur, Polymn. lib. VII, n. 112. Scomium Treres incolunt, quo de monte dicemus inferius. II.

33. *Pæoniæ gentes.* Quarum nomina mox recensentur. Regio hæc latissime patuit, contigitque Mœsiam et Triballos, ubi nunc Bulgaria est : quamobrem et pro Bulgaris nonnumquam accepti : Παίονες δὲ οἱ Βούλγαροι, inquit Tzetzes, Chiliad. 10, v. 186. HARD.

34. *Parorcæi.* Chiffl. *Parocei.* ED. — Παρωραῖοι Straboni, lib. VII, pag. 326. Παρώρεια et Παρωραία Stephano, Macedoniæ urbs. H.

35. *Eordenses.* Dalec. *Heordenses.* ED. — Ἐορδοὶ Herodoto, Polymn. lib. VII, n. 185, pag. 445. Ἐορδοὶ ἐκ τῆς Ἐορδίας, καὶ ἐξ Ἀλμωπίας Ἄλμωπες, Thucydidi appellantur, lib. II, pag. 168. HARD.

36. *Almopii.* Ita MSS. omnes, non *Armopii.* Stephanus quoque, Ἀλμωπία, χώρα τῆς Μακεδονίας, etc. cujus incolæ Ἄλμωπες et Ἀλμώπιοι. Et in Notitia Eccles. Prov. Macedoniæ primæ, Ἀλμοιπία, pro Ἀλμωπία, pag. 21. HARD.

37. *Pelagones,* etc. Πελαγόνες, quorum regio Πελαγονία, et Mygdonum Μυγδονία. De priore Livius, lib. XLV, c. 29 et 30 : « Quartam Macedoniæ regionem, Eordei, et Lyncestæ, et Pelagones incolunt : juncta his Atintania, et Stymphalis, etc. » Eadem Tripolis est appellata, a tribus oppidis, Azoro, Pythoo, Doliche. Idem Livius, lib. XLII, cap. 53. De posteriore, Stephanus : Μυγδονία, μοῖρα Μακεδονίας. Mygdonum ditionis fuit Antigonea, de qua supra. HARD.

38. *Montes.* Ῥοδόπη τὸ ὄρος, Ptolem. lib. III, cap. 11. HARD.

39. *Scopius.* Scomium Thucydides vocat, lib. II, pag. 166, et est monti Rhodopæ adnexus : Σκόμιον ὄρος, ἔρημον καὶ μέγα, ἐχόμενον τῆς Ῥοδόπης. Hic Treres habitant, de quibus supra. HARD.

40. *Orbelus.* Ὀρβηλος Macedoniæ mons, Tzetzæ, Chil. XI, v. 905, et Straboni in Epitome, lib. VII, pag. 329. HARD. — Nunc *Argentaro* vocatur. ED.

41. *Dein præjacente.* In meditullio Macedoniæ, ab ortu versus occasum fusi. HARD.

42. *Arethusii.* Ab Arethusa dicti, de qua inferius hoc cap. HARD.

43. *Antiochienses.* Ab urbe Mygdoniæ Antiochia, ad cujus similitudinem in Adiabene Nisibin Macedones, Mygdoniæ quoque Antiochiam cognominarunt, ut dicetur lib. VI, cap. 16. HARD.

44. *Idomenenses.* Stephanus : Εἰδομένη, πόλις Μακεδονίας. In Notitia Eccles. Prov. Macedon. pag. 21, Ἰδομένη. HARD.

45. *Doberi, Æstræenses.* In libris

Allantenses[46], Audaristenses[47], Morylli[48], Garesci[49], Lyncestæ[50], Othryonei[51], et liberi Amantini[52] atque Orestæ[53]:

editis, *Doberienses, Trienses*. In MSS. Reg. 1, 2, Colb. 1, 2, et Paris. *Doberies, Trienses*. Nos fere cum Hermolao, *Doberi, Æstræenses; Δοβῆρες* Herodoto non semel appellantur, Terpsich. lib. V, p. 294, n. 16, et Polymn. lib. VII, p. 418, n. 213. Horum oppidum in Pæonia Thucydides collocat, lib. II, p. 167, Δόβηρον τὴν Παιονικήν. Stephanus quoque, p. 241. Apud Ptolem. lib. III, cap. 13, in Pæonia pariter Δήβορος. In Notitia Eccles. Prov. Macedoniæ primæ, p. 21, Διόβορος. Utrobique nomen in mendo jacet, pro Δόβηρος. Æstriensium vero, quos Ptolemæus loc. cit. Αἰστραίους vocat, oppidum ipse Αἴστραιον ait nuncupari, de gentis nomine. Hadrianus apud Stephanum, verbo Αἰστραία : εἴτ' ἔχον Ἀστραίαν τε, Δόβηρά τε. In Notit. Eccles. Prov. Maced. 2, p. 23, Εὐστραῖον pro Αἴστραιον. Hard.

46. *Allantenses*. Ἀλλάντη Stephano urbs Macedoniæ, cujus cives Ἀλλάντιοι. Hard.

47. *Audaristenses*. MSS. Reg. 1, 2, Colb. 1, 2, etc. *Adaristenses*. Ptolem. lib. III, cap. 13, in Pelagonia, prope Stobos Ἀνδάριςον oppidum collocat. Hard.

48. *Morylli*. Ab oppido Paraxiæ regionis in Macedonia, apud Ptolemæum, lib. III, cap. 13, quod Μόρυλλος dicitur. Hard.

49. *Garesci*. Chiffl. *Garesti*. Ed. — Quorum oppidum in Orbelia Macedoniæ regione, apud Ptolem. loc. cit. Γαρίσκος. Hard.

50. *Lyncestæ*. Quorum regio Λυγκηςὶς Ptolemæo, loc. cit. ipsi Λυγκιςαὶ Straboni, lib. VII, pag. 323, et Stephano appellati : Pelagonibus proximi. Λυγκεςαὶ Diod. Sic. Bibl. lib. XVII, pag. 533. Λυγκηςαὶ Thucyd. lib. II, p. 168, et eorum oppidum Λύγκος, lib. IV, pag. 307. Hard. — Lyncestarum meminit etiam Livius lib. XLV, cap. 30, in quarta Macedoniæ regione, et Lyncum oppidum eorum appellat l. XXVI, c. 25, et XXXI, 33; sed ignoratur situs ejus. Ed.

51. *Othryonei*. Dalec. *Othrionei*. Ed. — Forte ii qui montis Ὄθρυος, de quo cap. 15 aversa, seu partem borealem incolerent, ita nuncupati. Hard.

52. *Amantini*. Sive Amantes, sive Amantiani, ut Cæsar appellat, Bell. civ. lib. III. De his egimus lib. III, c. 26. Amantiam urbem Orestiadi regioni Ptolemæus attribuit. Hard.

53. *Orestæ*. Proxime hi Epirum contingunt, Molossis etiam genti Epiroticæ a Stephano contributi : Ὀρέςαι, Μολοσσικὸν ἔθνος. Macedoniæ, a Livio, lib. XXXIII, c. 34, ubi de libertate iis a T. Quinctio Flaminio concessæ : « Orestis, inquit (Macedonum ea gens est) quod primi ab rege *Philippo* defecissent, suæ leges redditæ. » Ab Oreste matricida nomen Orestiadi regioni factum ait Strabo, lib. VII, pag. 326. Horum præcipuum oppidum Λαοδίκειαν vocat Thucyd. lib. IV, pag. 342. Hard.

coloniæ, Bullidensis [54], et Diensis [55] : Xylopolitæ [56], Scotussæi [57] liberi, Heraclea Sintica, Tymphæi [58], Toronæi [59].

In ora sinus Macedonici [1] oppida Chalastra [2], et intus Phileros [3], Lete [4] : medioque flexu littoris Thessalonica [5], liberæ conditionis. Ad hanc a Dyrrachio CXIV [6] millia pas-

54. *Bullidensis.* Βουλλὶς Ptolem. in Elimiotarum regione, prope Dyrrachium : maritimum oppidum est in Macedoniæ finibus, quamobrem Illyrico plerumque accensetur : Stephanus : Βύλλις πόλις Ἰλλυρίδος παραθαλασσία. Vide quæ diximus lib. III, cap. 26. HARD.

55. *Diensis.* Δῖον κολώνια, Ptolemæo, lib. III, cap. 13, in Pieria Macedoniæ regione. Item Stephano. Ulpianus, lib. L Digest. tit. 15, de censibus : *Dienses juris Italici sunt.* HARD.

56. *Xylopolitæ.* Dalec. *Xipolitæ.* ED. — Ξυλόπολις in Mygdonia, Ptolem. loc. cit. HARD.

57. *Scotussæi.* Σκότουσσα Polem. lib. III, cap. 13, prope Ἡράκλειαν Σιντικὴν, a regione in qua posita est, sic cognominatam. Haud procul amne Strymone collocatur Heraclea Sintice a Livio, lib. XLV, cap. 29. Quamobrem in Notitia Eccles. pag. 21 : Ἡράκλεια Στρυμνοῦ vocatur. Incolæ Σίντιες ἄνδρες Homero, ut refert Strabo in Epit. lib. VII, pag. 331. HARD.

58. *Tymphæi.* Dalec. *Tymphei.* ED. — Diversi hi plane a Tymphæis Ætolorum populis, de quibus dictum est cap. 3. In Bisaltarum regione, aut certe inter Strymonem et Axium sedes hi habuerunt. H.

59. *Toronæi.* Ita rescripsimus admonitu codicum Reg. 1, 2, Colb. 1, 2, Paris. in quibus *Toronæi* scribitur, non ut in editis *Coronæi,* quos in hoc terrarum tractu nemo vetustiorum scriptorum agnoscit. A Torone autem oppido, de quo inferius hoc cap. hi Toronæi appellantur. Sic populos gentesque uno veluti orationis ductu perstringit, quorum deinde oppida singillatim, suo quæque situ, appellat. HARD.

1. *Sinus Macedonici.* Dalec. *in ora sinus Macedonici oppidum.* ED. — Antonomasticῶς hic sinus Macedonicus appellatur, quoniam e Macedonico mari effluit, ut ait Strabo, lib. VII, pag. 323. Eum alii et ipse Plinius alias, ac plane modo, Thermaicum nominat, a Therme oppido : nunc vocant *le golfe de Salonichi.* HARD.

2. *Chalastra.* Stephanus : Χάλαςρα πόλις Θράκης περὶ τὸν Θερμαῖον κόλπον, in Thermaico sinu. HARD.

3. *Et intus Phileros.* Hoc est, longius a mari. MSS. Reg. 1, 2, etc. *Pyloros,* quod multo sincerius videtur, Πυλωρός. HARD.

4. *Lete.* Stephano, Λήτη, πόλις Μακεδονίας. Harpocrationi, Λιτή. Plinio, lib. XXXI, c. 46, *Litæ.* H.

5. *Thessalonica.* Hodie *Saloniki.* Vulgo nobis *Salonique.* BROT.

6. *CXIV.* Sic Harduin. et libri omnes scripti et editi. Broterius ex Polybio *CCLXVII.* « Pessime, inquit, in libris scriptis et editis CXIV, id absurdum est, ut patet ex

suum. Therme [7]. In Thermaico sinu oppida, Dicæa [8], Pydna, Derrha, Scione [9]. Promontorium Canastræum [10]. Oppida : Pallene, Phlegra [11]. Qua in regione [12] montes, Hypsizorus, Epitus, Halcyone [13], Leoomne [14]. Oppida :

ipso locorum situ. Emendandum fuit, CCLXVII. Hanc enim esse distantiam inter Dyrrachium et Thessalonicam docet accuratissimus scriptor Polybius apud Strabonem, lib. VII, p. 323. Id etiam constat auctoritate ipsius Plinii infra cap. 18, ubi consentientibus scriptis et editis libris : *Philippi colonia: absunt a Dyrrachio CCCXXV mill. pass.* » Sic Broterius; nos autem, quum animadvertimus ex probatissimis mappis, recto quidem cursu, CCIV M. pass. esse inter urbes *Durazzo* et *Saloniki* intervallum, CCIV pro CXIV legendum esse non dubitamus, quod tamen reponere non ausi sumus, libris omnibus in CXIV consentientibus. ED.

7. *Therme.* Θέρμη Stephano, unde Thermaico sinui nomen. Ab hac transducti cives fuere Thessalonicam, unde a quibusdam ipsa Therme Thessalonica credita, ut a Strabone, in Excerptis, pag. 330. Tzetzes Chiliad. 10, vers. 175, vicum fuisse Thermen putat, ex quo deinde Thessalonica creverit. HARD.

8. *Dicæa, Pydna.* In MSS. proxime appellatis, *Diceapadina:* quæ Hermolaus in *Dicæa, Pydna* convertit. Verum utut est de Dicæa, locum hic habere certe Pydna non potest, quam procul a Thermaico sinu in Pieria Macedoniæ regione sitam esse superius vidimus, ex Ptolemæo cæterisque. HARD.

9. *Derrha, Scione.* Ita libri omnes, præter. Vet ap. Dalec. in quo legitur *Deris*, pro *Derrha*. ED. — In Notitia Eccles. Prov. primæ Macedoniæ, pag. 21, Σερραί, pro Δερραί. Incolæ apud Thucyd. lib. II, pag. 169, Δερσαῖοι. Forte huc pertinet et promontorium ejusdem nominis, quod prope Toronem, et Canastræum a Ptolemæo collocatur, lib. III, cap. 13, Δερρὶς ἄκρα. De Scione in hoc tractu Mela, lib. II, cap. 2. Σκιώνη a Stephano Thraciæ adsignatur, quemadmodum et ipsa Therme, et Pallene, de qua mox: quod ea loca diu Thraces tenuerint. In Pallenensi Isthmo, cum Potidæa Scione locatur a Thucyd. lib. IV, pag. 334. HARD.

10. *Canastræum.* Κανάςραιον ἄκρον Ptolemæo, loc. cit. et Herod. lib. VII, num. 123. HARD. — Hodie *Canouistro* auctore D'ANVILLE, aut, ut in recentioribus mappis, *Paillouri*. ED.

11. *Pallene, Phlegra.* In Phlegræ locum Pallene successit : quare a multis pro eadem habita. Herod. Polym. lib. VII, num. 123 : τὴν νῦν Παλλήνην, πρότερον δὲ Φλέγρην καλεομένην. Eadem habet et Stephanus. HARD.

12. *Qua in regione.* In ora sinus Macedonici. HARD.

13. *Halcyone.* Dalecampius dat *Alchione*. ED.

14. *Leoomne.* Dal. *Leuomne*. ED.

Nyssos[15], Phinelon, Mendæ[16] : et in Pallenensi[17] Isthmo quondam Potidæa[18], nunc Cassandria colonia : Anthemus[19], Olophyxos[20] : sinus Mecybernæus[21]. Oppida : 4

15. *Nyssos, Phinelon, Mendæ.* Sinceram codicum MSS. Reg. 1, 2, Colb. 1, 2, et Paris. scripturam exhibemus, quanquam nihilo saniorem, quam quæ ab Hermolao excogitata est, nec ullo sat idoneo argumento constabilita, *Nissos, Brygion, Eleon.* Quanquam scio Βρύγιον a Stephano Μακεδονίας πόλιν appellari : sed neque situm commonstrat ejus oppidi, nec quæ sunt hoc tractu posita, ut Mendæ, Therme, Pallene, cæteraque ejus modi, Macedoniæ solet assignare, sed Thraciæ. Quam ob causam *Nyssos* pro *Nissos* edi curavimus : quod Hesychius, pag. 672, Νύσσαν et Νύτιον, sive Νύσσιον montem Thraciæ vocat, cui cognominis esse civitas ea potuerit. Æstimandum porro aliis relinquimus, num locum hic habere possit *Eion*, Thraciæ civitas, colonia Mendæorum, cujus meminit Harpocration, pag. 141 : Ἠϊὼν, πόλις Θράκης, Μενδαίων ἀποικία, ex Thucydide. HARD. — Pro *Brygion* quod ap. Dalec. est, legitur in Chiffl. *Phrix.* ED.

16. *Mendæ.* Μένδη, πόλις Θράκης, Stephano. Thucyd. quoque lib. IV, pag. 334. Incolæ Μενδαῖοι apud Athen. lib. I, pag. 29, et vinum Mendæum. Melæ, lib. II, cap. 2, *Mende.* At Pausaniæ Eliac. prior. lib. V, p. 334, Μένδαι, in Thracia. H.

17. *Pallenensi Isthmo.* Volebat Pint. *Pellenes Isthmo.* ED. — Isthmus ille, nunc *Calandro*, vel *les portes de Cassandre*. BROT.

18. *Potidæa.* Strabo in Excerptis, lib. VII, pag. 330 : Ἡ πρὶν μὲν Ποτιδαία, νῦν δὲ Κασσάνδρεια. A Cassandro Antipatri fil. Nummus Neronis, apud Patin. pag. 115, COL. IVL. AVG. CASSANDRENS. Ulpianus, Digest. lib. L, tit. 15, de Censibus, *Cassandrenses juris Italici sunt.* De Pallenensi Isthmo, Mela eleganter admodum, l. II, c. 2, « Pallene, inquit, soli tam patentis, ut quinque urbium sedes sit atque ager. Tota in altum abit : angusta satis unde incipit. Ibi est Potidæa. At ubi laxius patet, Mende Scioneque referendæ. » H. — Ignoratur certus urbium earum situs. ED.

19. *Anthemus.* Harpocration, p. 28 : Ἀνθεμοῦς, πόλις Μακεδονική, καὶ οἱ ἀπ' αὐτῆς, Ἀνθεμούντιοι. Item Stephano, et prius Herodoto, lib. V Terpsich. num. 94, p. 325. H. — Haud longe a *Saloniki* rudera. ED.

20. *Olophyxos.* Dal. *Holophyxos.* ED. — Ὀλόφυξος πόλις ἐν Θράκῃ, circa montem Athon, Stephano et Thucyd. lib. IV, pag. 325. HARD.

21. *Sinus Mecybernæus.* Legendum sane: *Olophyxos: sinus Mecybernæus:* non ut vulgo in libris ad hunc diem editis: *Olophyxos sinus, Mecyberna:* quum neque Olophyxos cujuspiam sinus appellatio sit : et sequens vox, *oppida*, id quod proxime antecedit non esse oppidum, abunde declaret. Est autem Mecybernæus sinus, qui postea Mecyberna excisa Toronicus a Torone est cognominatus. Testis Mela, lib. II, cap. 3, pag. 31 : « In littore, inquit, flexus Mecybernæus inter promontoria

Physcella[22], Ampelos[23], Torone, Singos : fretum, quo montem Athon Xerxes[24] rex Persarum continenti abscidit, in longitudine passuum M. D. Mons ipse a planitie excurrit in mare LXXV mill. passuum. Ambitus radicis centum quinquaginta[25] mill. collligit. Oppidum[26] in cacumine fuit

Derrim, et portum qui Κωφὸς dicitur: urbes, Toronen et Physcellam : atque unde ipsi nomen est, Mecybernam incingit. » Et paulo expressius Scymnus Chius, pag. 26 : Εἶτ' ἐστὶ κόλπος λεγόμενος Τορωνικὸς, Οὗ πρότερον ἦν τις Μηκυβέρνη κειμένη· Ἑξῆς Τορώνη τοῖς τόποις ὁμωνύμως. Quæ sic Latinus interpres edidit : « Deinde sinus est, Toronicum quem nominant, Ubi antea quæ Mecyberna constitit, Ex quo Torona, quæ loci est cognominis. » Hæc quum sint adeo luce clariora, miror a recentioribus geographis confidenter esse pronunciatum, diversum plane a Toronico esse Mecybernæum sinum. HARD. — Hodie dicitur *golfe de Cassandre*, sive *d'Hagios Mamas*. ED.

22. *Physcella*. Dalec. *Physcela*. Chiffl. *Mycella*. ED. — Hæc Melæ pariter memorata, lib. II, cap. 3, pag. 31. HARD.

23. *Ampelos*. Pro *Singos* legitur ap. Chiffl. *Siggostolos;* in vet. ap. Dalec. *Soggostedes*. ED. — Eodem prorsus ordine Herodotus, Polymn. lib. VII, num. 22, pag. 422, Ἄμπελος, Τορώνη, Σίγγος. Sic etiam Ptolemæus, lib. III, c. 13. Hujus Singi incolæ Σιγγαῖοι apud Thucyd. lib. V, pag. 356. Situs omnino ignoratur. HARD. et ED.

24. *Xerxes*. Hæc Solinus a Plinio, cap. 9, pag. 25. Plinius ab Herodoto, Polym. lib. VII, num.

24, pag. 394, a quo et Mela, lib. II, cap. 2 : « Qua continenti Athos adhæret, Xerxe in Graios tendente, perfossus transjugatusque est, factus freto navigabili pervius. » Fossam qua montem a continenti sejunxit, fretum vocant, quoniam ibi mare immissum ferveat. Athos hodie *Monte Santo*, sive *Hagion-Oros* dicitur, quod nomen traxit a triginta monasteriis et sex millibus qui eum incolunt, cœnobitis. ED.

25. *Centum quinquaginta millia*. Georgerinus, archiepiscopus Samius, ait ambitum esse CLXX mill. pass. Tantæ autem altitudinis est mons Athos, ut Lemnon insulam, nunc *Stalimene*, quadraginta millibus passuum distantem, umbra sua, quum sol occidit, aliquando tegat, teste eodem Georgerino. ED.

26. *Oppidum fuit*. Interiisse significat, atque in ejus locum Apoloniam esse suffectam, cujus incolæ, ut prius Acrothoi, Macrobii cognominarentur. Mela loco cit. « In summo fuit oppidum Acroathon : in quo, ut ferunt, dimidio longior, quam in aliis terris ætas habitantium erat. » Acrothon contracte pro *Acroathon* dicitur : cives Ἀκρόθωοι, aut ipsum etiam oppidum a Thucydide appellatur, lib. IV, pag. 325. Acrothon Solino, c. XI, pag. 31. Herodoto, Polym. lib. VII, num 22, p. 394, Ἀκρόθοον, Θύσος, Κλεωναί. HARD.

LIBER IV.

Acrothon : nunc sunt Uranopolis [27], Palæotrium [28], Thyssus [29], Cleonæ, Apollonia [30], cujus incolæ Macrobii cognominantur. Oppidum Cassera, faucesque alteræ Isthmi [31], Acanthus [32], Stagira, Sithone [33], Heraclea [34], et regio Mygdoniæ subjacens : in qua recedentes a mari, Apollonia [35], Arethusa. In ora rursus Posidium [36], et sinus [37] cum oppido Cermoro [38], Amphipolis liberum [39], gens

27. *Uranopolis.* Ab Alexarcho condita, Cassandri Macedoniæ regis fratre, ut refert Heraclides Lembus, apud Athen. lib. III, p. 98. HARD.

28. *Palæotrium.* In MSS. *Palæorium*, Παλαιώριον, rectius. HARD.

29. *Thyssus, Cleonæ.* Habet hæc oppida, præter Herod. loc. cit. Thucyd. lib. IV, p. 325 : Θύσσον, καὶ Κλεωνὰς, καὶ Ἀκροθώους, etc. Cleonas in Atho monte conditas a Chalcidensibus refert Heraclides in Polit. Chalcid. In nummo argenteo Alexandri Magni, eoque maximi moduli, apud D. DE BOZE, scriptum est ΚΛΕ. Κλεωναίων. H.

30. *Apollonia.* Quæ, ut diximus, e ruinis Acrothoi crevit. HARD.

31. *Isthmi.* Quem duo sinus efficiunt, Singiticus, et Strymonicus, in radicibus montis Atho. HARD.

32. *Acanthus, Stagira.* Quidam ap. Dalec. legunt: *Acanthus, Singus, Suagyra, Sitone.* ED. — Ἄκανθος καὶ Στάγειρος, Herod. Polymn. lib. VII, num. 115, pag. 419, et Thucyd. lib. V, pag. 356. Ἄκανθος καὶ Στάγειρα, Stephano, et Eusebio in Chron. ad Olymp. 31. Acanthos a fossa montis Atho stadiis septem dissita, teste Scymno, p. 27. Στάγειρα Philosophi patria. H.

33. *Sithone.* Pint. *Sithonia.* Dalec.

Sitone. ED. — Circumjecta regio Σιθωνίη appellata, Mecybernam quoque, Olynthum, Toronenque complexa, ut auctor est Herod. Polym. lib. VII, num. 123. HARD.

34. *Heraclea.* Diversa, credo, ab ea quæ superius Sintica appellata est. HARD.

35. *Apollonia.* Chiffl. *Erechisa* pro *Arethusa.* ED. — Recedens a mari, sinu Thermaico, versus occasum Ἀπολλωνία, et Ἀρέθουσα, πόλεις Ἑλληνίδες, apud Scylac. p. 25. Stephano, Ἀπολλωνία Μακεδονίας et Ἀρέθουσα Θρᾴκης. Hinc Arethusii superius memorati. In Amphaxitide, hoc est, in regione circa Axium amnem Ἀρέθουσα collocatur. HARD.

36. *Posidium.* Ποσειδήϊον, Neptuni fanum. HARD.

37. *Et sinus.* Qui ab influente amne olim Strymonicus apud Strabonem, lib. VII, pag. 331, nunc *golfo d'Orfano*, sive *di Contessa* dicitur. HARD. et ED.

38. *Cermoro.* Ita libri omnes. H.

39. *Amphipolis liberum.* Subintellige oppidum. Circumjacentis agri incolæ Bisaltæ appellati. Hinc apud Athen. lib. III, p. 77, in codicibus emendatis legitur, περὶ τὴν Βισαλτίαν Ἀμφίπολιν. Diodoro, Bibl. lib. XII, pag. 118, Βισσαλτικοί. In Museo

Bisaltæ. Dein Macedoniæ terminus[40] amnis Strymon, ortus in Hæmo. Memorandum, in septem lacus eum fundi, priusquam dirigat cursum.

6 Hæc est Macedonia, terrarum imperio potita quondam: hæc Asiam, Armeniam, Iberiam, Albaniam, Cappadociam, Syriam, Ægyptum, Taurum, Caucasum transgressa: hæc in Bactris, Medis, Persis dominata, toto Oriente possesso: hæc etiam Indiæ victrix, per vestigia Liberi Patris atque Herculis vagata: hæc eadem est Macedonia, cujus uno die[41] Paulus Æmilius Imperator noster septuaginta duas urbes direptas vendidit. Tantam differentiam sortis præstitere duo homines[42].

1 XVIII. (xi.) Thracia sequitur, inter validissimas Europæ gentes, in strategias[1] quinquaginta divisa. Populorum ejus, quos nominare non pigeat, amnem Strymonem accolunt dextro latere[2] Denseletæ et Medi[3], ad Bisaltas[4] usque supra dictos: lævo, Digeri[5], Bessorumque[6] multa

nostro Parisiensi nummus ex ære: ΘΕΟC. ΚΑΙCΑΡ. CΕΒΑCΤΟC. In aversa parte Europa tauro insidet, ut vulgo creditur, cum epigraphe, ΑΜΦΙΠΟΛΙΤ. Hard. — Dalecamp. *Amphipolis libera gens, Bisaltæ.* Ed.

40. *Macedoniæ terminus.* Ita Scylax, pag. 26, et Martianus, lib. VI, cap. de Macedonia, pag. 211. Στρυμών, Στρυμόνος græce. Hodie *Strouma,* sive *Kara-sou.* H. et Ed.

41. *Paulus.* Devicto Perseo Macedoniæ rege. Vide Livium, lib. XLIV sub finem, et initio libri XLV. A Paulo Æmilio has urbes una hora direptas ait Plutarchus in ejus vita, pag. 272, ἐν ὥρᾳ μιᾷ... ἑβδομήκοντα πόλεις πορθηθῆναι. H.

42. *Duo homines.* Alexander M. et Paulus Æmilius. Hard.

XVIII. 1. *In strategias.* Στρατηγίας, præfecturas. Hard.

2. *Dextro latere.* Meridionali. H. — Sive potius occidentali. Ed.

3. *Denseletæ, et Medi.* De his egimus cap. 1. Plinium hic de more transcribunt Solinus, cap. x, pag. 27, et Martianus, lib. VI, cap. de Thracia, pag. 211. Hard.

4. *Ad Bisaltas.* Sic apud Chiffl. Deest apud Dalec. vox *ad.* Ed.

5. *Digeri.* Stephano, Δίγηροι, ἔθνος Θράκιον, ex Polybii, lib. XIII. H.

6. *Bessorumque.* Βεσσικὴ στρατηγία Bessica Thraciæ præfectura, supra Mædicam, apud Ptolemæum, lib. III, cap. 11. Horum urbs primaria Philippopolis: alias Cœletis, quæ gens Bessorum fuit, attributa. Eadem Bessa fortassis vetusta nomen-

LIBER IV.

nomina ad Nestum[7] amnem Pangæi[8] montis ima ambientem, inter Elethos[9], Diobessos[10], Carbilesos : inde Brysas[11], Sapæos[12], Odomantes[13]. Odrysarum[14] gens fundit[15] Hebrum[16], accolentibus Cabyletis[17], Pyrogeris, Drugeris,

clatione appellata : *Bessæ* enim in Thracia mentio, non in Itinerario modo Antonini, sed et in lege xxx de Decurion. Cod. Theod. Hard.

7. *Ad Nestum.* Νεστὸς, Νεσσὸς, Μεστὸς. In magno nominum ambitu amnem hunc esse oportuit, quem Νεστὸν a Scymno Chio, pag. 28, Pausan. in Eliac. Post. lib. VI, p. 352, et Sylace, pag. 26. Nestum a Martiano : ab Aristotele, Histor. Animal. lib. VI, cap. 31, p. 776, et lib. VIII, cap. 33, pag. 985, Νεσσὸν : Nessum quoque a Livio, lib. XLV, c. 29. In MSS. omnibus Plinianis, Reg. 1, 2, Colb. et Paris. *Mestum* appellari video. In nummo Caracallæ, ΟΥΛΠ. ΝΙΚΟΠΟΛΕΟΣ ΠΡΟΣ ΜΕΣΤΩ. Græcis hodie *Mesto* appellatur, et *Kara-sou*. H. et Ed.

8. *Pangæi montis ima.* Chifflet. *Ima Pangæi montis.* Pangeus nunc *Despoto Dagh*. Ed.

9. *Elethos*, etc. Λεαίους videtur hos appellasse Thucydides, lib. I, pag. 166. Diobessos vero Δίους, p. 165, qui Diobessi nunc cognominantur, quoniam Bessorum, ut dictum est, plura sunt nomina. Carbilesi qui fuerint, non liquet. Nisi Κάβησσός, quam Thraciæ urbem fuisse Hesychius prodidit, locum hic habere possit. Hard.

10. *Diobessos.* Dalec. *Diobesos.* Ed.

11. *Inde Brysas.* Stephano Βρύκαι, ἔθνος Θρᾴκης. Hard. — Ita MSS. etiam ipsi. Sed Brygas forte rectius tum ex Strabone, lib. VII, p. 295, tum ex ipso Plinio, lib. VI, cap. 41, qui Phrygas Thracium genus esse prodiderunt, Brygas appellatos. Brysas tamen etiam Heraclides laudat, in Polit. Coorum : et ab iis mellificii rationem inventam tradidit. Ed.

12. *Sapæos.* Qui Σάπαι et Σάπαιοι Stephano. Horum urbes Ænos, Cypsela, Bisanthe, etc. Σαπαῖοι Appiano, Civ. lib. IV, pag. 650. H.

13. *Odomantes.* Ὀδομάντιοι, ἔθνος Θρᾴκης, Stephano. Ὄδρυσαι quoque, quorum et Dio meminit, lib. LI, p. 462. Martianus, p. 212, *Hebrum Odrysiæ nives complent*. Odomanticæ regioni Amphipolim Ptolemæus assignat, lib. III, cap. 13, quam Bisalticæ ditionis esse diximus : Bisaltiæ eidem Odrysas Tzetzes adscribit, Chiliad. I, vers. 303, ἐξ' Ὀδρυσσῶν πατρίδος Βισαλτίας. H.

14. *Odrysarum.* Vet. apud Dalec. *Othrysarum.* Ed.

15. *Fundit.* Sic apud Chiffletian. *Infundit* apud Dalec. Ed.

16. *Hebrum.* Ἕβρος amnis, Ptolem. lib. III, cap. 11. Nunc *Marizza*. H.

17. *Cabyletis, Pyrogeris.* Etsi vulgatam scripturam intactam exhibemus, quam MSS. codices tueri videntur, haud levis tamen suspicio est *Pyrgoceris* legi oportere ; seu permutatis syllabis, quod eodem recidit, *Cereopyrgis*. Est enim inter episcopatus provinciæ Rhodopes in Notitia Eccles. p. 21, Κερεόπυργος. Sed adhuc certior forte conjectura

Cænicis [18], Hypsaltis [19], Benis [20], Corpillis [21], Bottiæis [22], Edonis [23]. Eodem sunt in tractu [24] Selletæ [25], Priantæ [26], Doloncæ [27], Thyni [28], Cœletæ [29] majores Hæmo, minores Rhodopæ subditi. Inter quos Hebrus amnis : oppidum [30] sub Rhodope Poneropolis [31] antea, mox a conditore Phi-

videtur de Cabyletis (hactenus *Carbiletis* legebatur), nam Cabylen oppidum inter Bessos Danubiumque cepisse Lucullus dicitur ab Eutrop. lib. VI, pag. 788. Κάβυλα est Phavorino. Hard.

18. *Cænicis.* Quorum Καινικὴ στρατηγία, Cænica Thraciæ præfectura, apud Ptolemæum, lib. III, cap. 11. Oppidum Bizya, de quo inferius. Stephanus ex Apollodoro, Καινοί, ἔθνος Θράκιον, *Cæni* Livio, lib. XXXVIII, cap. 40. Hard.

19. *Hypsaltis.* Qui Stephano, Ὑψηλῖται, κατοικία Θράκης, Thraciæ præfectura, verbo Ὑψηλις. Hard.

20. *Benis.* Horum Βεννικὴ στρατηγία, Bennica Thraciæ præfectura, Ptolem. loco citato. Oppidum Βέννα, sive Βένα Stephano. Hard.

21. *Corpillis.* Κορπιλλικὴ præfectura Thraciæ, apud Ptolemæum, loco citato. Horum urbs Perinthus fuit, et Ganos, et Apros. Apud Appianum, lib. IV de Bellis Civil. pag. 650, Τούπιλοι pro Κόρπιλλοι corrupte legitur : apud Stephanum quoque mendose ΚΟΔΠΗΔΟΙ. H.

22. *Bottiæis.* Βοττιαῖοι dicuntur Herodoto, Polymn. lib. VII, n. 185, pag. 445, et Thucyd. lib. I, pag. 38. Laudatur Aristotelis opus de Politia Βοττιαίων, a Plutarcho in Theseo, pag. 6. Hard.

23. *Edonis.* Ἠδωνοί Stephano, ἔθνος Θράκης. Regio Ἠδωνικὴ, oppidum Δράβησκος Thucydid. lib. I,

p. 66. Horum urbes apud Ptolem. lib. III, cap. 13, OEsyma, et Neapolis, de quibus inferius. Hard.

24. *Eodem sunt in tractu.* Hoc est, Hebrum perinde accolunt. Hard.

25. *Selletæ.* Præfectura Σελλητικὴ Ptolem. lib. III, cap. 11. Horum oppidum fuit colonia Deultum, de qua inferius. Neque Dionis Σιαλέται, lib. LIV, pag. 545, neque Stephani Συαλίται, huc pertinent, sed supra Byzantium rejiciendi. Hard.

26. *Priantæ.* Solino quoque Priantæ dicti. Hæc Βριαντικὴ regio appellata ab Herod. Polymn. lib. VII, pag. 418, ubi Xerxis iter a campo Dorisco, de quo mox, describitur. Hard.

27. *Doloncæ.* Δόλογχοι Stephano, Solino *Dolonci*, cap. x, pag. 27. A Dolonco rege nomen factum ait Eustathius, in Dionys. vers. 323, pag. 46. Hard.

28. *Thyni.* De his dicemus, lib. VI, cap. 41. Hard.

29. *Cœletæ.* Cœletæ quoque Livio appellati, lib. XXXVIII, cap. 40. Iidem *Cælaletæ* Tacito, Annal. lib. III, cap. 38, sed corrupte. Κοιλητικὴ στρατηγία, seu præfectura, Ptolemæo, lib. III, cap. 11. H.

30. *Oppidum.* Cœletarum scilicet. Hard.

31. *Poneropolis,* etc. Sic ante Plinium Theopompus, Philippic. lib. XIII, teste Suida, verbo Δούλων πόλις. Sic appellata, quod pessimi

LIBER IV.

lippopolis, nunc a situ Trimontium[32] dicta. Hæmi[33] excelsitas sex mill. passuum subitur. Aversa[34] ejus et in Istrum devexa Mœsi, Getæ, Aorsi[35], Gaudæ[36], Clariæque : et sub iis Arræi Sarmatæ[37], quos Areatas[38] vocant, Scythæque, et circa Ponti littora Moriseni[39], Sithoniique[40], Orphei[41] vatis genitores obtinent.

Ita finit[42] Ister a septemtrione : ab ortu Pontus[43] ac Pro- 3 pontis : a meridie Ægæum mare : cujus in ora a Stry-

quique (πονηροὺς Græci dicunt) in eam transducti. A Philippo Macedone nomen habet, ut auctor est Stephanus : non a Philippo Imp. ut quibusdam visum est. Commodi nummus in Museo Parisiensi, ΦΙΛΙΠΠΟΠΟΛΕΙΤΩΝ. Nunc *Philippopoli*. A triplici monte cui insidet, etiam Ptolemæo, lib. III, cap. 11, Τριμόντιον. HARD.

32. *Trimontium*. Vet. apud Dalec. *Termontium*. ED.

33. *Hæmi*. Αἶμος Ptolem. lib. V, c. 11; aliis Αἶμος. Parem ei monti excelsitatem tribuit Solinus, cap. x, cap. 27, et Martianus, lib. VI, cap. de Thracia, pag. 212. Vide quæ diximus, lib. VI, cap. 65. Etiamnunc *Hæmus*, sive *Emineh Dagh* et *Balkan*. HARD. et ED.

34. *Aversa ejus*. Terga dixit Martianus, hoc est, partem montis borealem, et quæ in Istrum vergit. De Mœsis diximus lib. III, c. 29. De Getis et Aorsis dicemus libri hujus cap. 25. HARD.

35. *Aorsi*. Dalec. *Aoti*. ED.

36. *Gaudæ*, *Clariæque*. MSS. omnes, *Dariæque*. HARD.

37. *Arræi Sarmatæ*. Ubi nunc Bulgaria est, ut creditur. HARD.

38. *Areatas*. Forte pro *Areotas*,

Ἀρειώτας, Martios, bellicosos : vel potius Aroteres, ut sit illud Scytharum genus, quod Tomos olim Calatinque tenuisse paulo post dicetur. HARD.

39. *Moriseni*. In Notitia Eccles. Hieroclis, ut appellant, inter civitates episcopales Thraciæ Μόριζος scribitur. HARD.

40. *Sithoniique*. Regio Σιθωνία Stephano. Sed longe hæc disjuncta a Sithonia Herodoti, de qua superius diximus. Hæc in qua versamur, montuosa, et Ponto proxima, ostiisque Danubii, in Bulgariæ finibus. De hac cecinit Virgilius, Eclog. X, vers. 66 : « Nec, si frigoribus mediis Hebrumque bibamus, Sithoniasque nives hiemis subeamus aquosæ. » H.

41. *Orphei vatis*. Quem Ciconum regem, Rhodopesque montis incolam fuisse ferunt, circa Hebrum amnem. Plinium Solinus hoc etiam loco et Capella describunt. HARD.

42. *Ita finit*. Hi Thraciæ limites, inquit. Nunc enim, perstrictis antea cursim raptimque populis ac gentibus, singula deinceps oppida designare aggreditur. HARD.

43. *Pontus ac Propontis*. Pontus, *la Mer Noire*; Propontis, *la mer de Marmara*. BROT.

mone, Apollonia [44], OEsyma [45], Neapolis, Datos [46]. Intus Philippi [47] colonia : absunt a Dyrrachio cccxxv mill. pass. Scotusa [48], Topiris [49], Nesti amnis ostium. Mons Pangæus [50], Heraclea [51], Olynthos [52]. Abdera [53] libera civitas,

44. *Apollonia.* Inter amnes Neston et Strymona positam fuisse in ora, Mela prodit, lib. II, cap. 2. Hæc Apollonia Ionum in Thracia videtur esse, quam Stephanus appellat, Ἀπολλωνίαν τῶν ἐπὶ Θράκης Ἰώνων. Nunc *Polina*, auctore D'ANVILLE. HARD. et ED.

45. *OEsyma.* Οἰσύμη ἐν Θράκῃ πόλις, Scylaci, p. 26, et Harpocrationi, ex Antiphonte. Νέαν πόλιν haud procul Philippis sitam agnoscit Dio, lib. XLVII, pag. 348. Utramque locat in Edonide, quam Macedoniæ adscribit, Ptolemæus, lib. III, c. 13. Notitia Ecclesiastica antiqua, in provincia primæ Macedoniæ, pag. 21, Νέα πόλις. Memoratur in Actis, cap. XVI, 11. HARD. — Neapolis quo loco est *la Cavale* stetisse opinatur D'ANVILLE. ED.

46. *Datos.* In MSS. omnibus et edit. Parmens. *Batos.* Dalec. *Pastos.* Nos *Datos* cum Hermolao : sed certioribus, quam ille habuerit, argumentis ducti. Nam, præter Herodotum, qui, lib. IX, Δάτον ait esse oppidum Edonidis regionis, præter Suidam et Harpocrationem, qui Δάτον Thraciæ adjudicant : Scylax in Periplo, pag. 26, hunc ipsum terrarum tractum, atque hæc ipsa oppida persecutus, eodem habet ordine : Νεάπολις, Δάτον πόλις ἑλληνίς, καὶ ποταμὸς Νεστός, Ἄβδηρα πόλις, etc. Placuerat nihilominus quibusdam *Pastos* hoc loco substituere : et quoniam apud Ptolemæum, lib. III, c. 11, inter Thraciæ præfecturas, Ἀστική, h. e. *urbana* numeratur, ut conjecturæ suæ suffragatorem haberent, addita litterula corruperunt, et παστικὴ commenti sunt, otiose an malitiose ? De Astice regione, hoc ipso capite Plinius. H.

47. *Philippi colonia.* « Philippos, quæ est primæ partis Macedoniæ civitas, colonia, » dixit Lucas in Actis, cap. XVI, 12. Hi sunt Philippenses, Pauli epistola nobilitati. Hic campi Philippici, ubi Cassius et Brutus devicti. Dio, lib. XLVII. Virg. Georg. I, 49 sqq. H.—Haud longe a *la Cavale* rudera ejus. ED.

48. *Scotusa.* Vet. apud Dalecamp. *civitas Scotusa.* ED. — Ab ea diversam esse necesse est, de qua egimus sup. cap. HARD.

49. *Topiris.* Τοπιρὶς Ptolemæo, l. III, c. 11. Aliis Τοπηρὸς : in nummis quos citat Holstenius, p. 114, ΤΟΠΙΡΟΥ, et ΤΟΠΕΙΡΟΥ. In Notitia Eccles. Prov. Rhodopes, p. 21, Τὸ πυρὸς (divulsa perperam voce, pro Τοπυρὸς), νῦν Ῥούσιον. HARD.

50. *Pangæus.* Παγγαῖον ὄρος. H.

51. *Heraclea.* Sintica appellata sup. cap. sub monte Pangæo. H.

52. *Olynthos.* Dalecamp. *Olinthos.* ED. — Ὄλυνθος Græcis ad Sithoniam regionem pertinens, de qua egimus sup. cap. Herod. Polymn. lib. VII. n. 123. HARD.

53. *Abdera.* Τὰ Ἄβδηρα, ad Nestum amnem, Herod. Polymn. lib. VII, pag. 422. Democriti patria.

stagnum Bistonum[54] et gens. Oppidum fuit Tirida[55], Diomedis equorum stabulis dirum. Nunc sunt Dicææ[56], Ismaron[57] : locus Parthenion[58], Phalesina, Maronea[59] prius Ortagurea[60] dicta. Mons, Serrium[61], et Zone[62] : tum 4

Incolæ stupori mentis obnoxii, locum dedere parœmiæ, *Abderitica mens.* Unde Martialis : « Abderitanæ pectora plebis habes. » Libertatem Abderitis restitutam narrat Livius, lib. XLIII, cap. 6. HARD.

54. *Bistonum.* Βιστονὶς λίμνη Ptolemæo, lib. III, cap. 11. Accolæ Βίστονες Stephano, et Herod. Polymn. lib. VII, pag. 418, n. 110. HARD.

55. *Fuit Tirida.* Ita rescripsimus admonitu codicum Reg. 1, 2, Colb. 1, 2, Paris. et Chiffl. vetustiorumque editionum ante Hermolaum, qui *Tinda* rescripsit ex Stephano : is enim, Τίνδη, inquit, Θράκης Χαλκιδικὴ πόλις. Verum est hæc Chalcidice Macedoniæ regio, quæ quidquid est terrarum, circa montem Æthon, Singon, Achantonque complectitur, teste Ptolemæo, lib. III, cap. 13, quo in tractu Tinda a Stephano collocatur, hoc est, a Diomede, et equorum stabulis longissime, ut nihil cum iis potuerit habere commune. Et Hermolaum tamen Salmasius sequitur : nec veretur Solinum Capellamque erroris arguere, qui et ipsi a Plinio *Tirida* accepere. Mela, lib. II, c. 2, turrim ibi solum superesse prodidit. « Regio ulterior, inquit, Diomedem tulit, immanibus equis mandendos solitum objectare advenas, et iisdem ab Hercule objectum. Turris quam Diomedis vocant, signum fabulæ remanet, et urbs quam soror ejus suo nomine nominavit, Abdera. » Interiisse id oppidum hac loquendi forma innuit. HARD.

56. *Dicææ.* Dalec. *Diceæ.* ED.— Δίκαια, πόλις Θράκης, Stephano. Δικαιόπολις dicitur ab Harpocratione prope Abdera. HARD.

57. *Ismaron.* Ἴσμαρος Thraciæ oppidum in Ciconum regione, Scymno teste et Stephano. Ibi et mons oppido cognomine, de quo Virgilius, Georg. lib. II : « Juvat Ismara Baccho Conserere. » HARD.

58. *Parthenion.* Stephanus : Παρθένιον, πόλις Θράκης. HARD.

59. *Maronea.* Μαρώνεια, Thraciæ oppidum Harpocrationi. Mela, lib. II, cap. 30 : « Tum Nestos fluvius, et ripis ejus adjacens Maronea. » Hinc vinum Maroneum, de quo lib. XIV, c. 6. HARD.— Etiamnunc *Marogna.* ED.

60. *Ortagurea.* Forte *Orthagorea*, ab Ὀρθαγόρας Bacchi comite, quem Aristophanes appellat in Ἐκκλησ. p. 751. HARD.

61. *Serrium.* Σέῤῥειον ὄρος Appiano, Bell. Civil. lib. IV, pag. 648. Σέῤῥειον ἄκρη Herod. Polymn. lib. VII, pag. 406, et Stephano. Hic Ciconas idem Herodotus, Serrheum castellum Livius statuit, l. XXXI, pag. 372. HARD.

62. *Zone.* Ζώνη, Ciconum oppidum, Stephano. Mela, lib. II, c. 2 : « Serrium, et quo canentem Orphea secuta narrantur nemora, Zone. » HARD.

locus Doriscus[63] decem mill. hominum capax. Ita Xerxes ibi dinumeravit exercitum. Os Hebri[64]. Portus Stentoris[65]. Oppidum Ænos[66] liberum cum Polydori tumulo, Ciconum[67] quondam regio. A Dorisco incurvatur ora ad Macron[68] Tichos centum viginti duorum mill. pass. Circa quem locum fluvius Melas[69], a quo sinus appellatur. Oppida: Cypsella[70], Bisanthe[71], Macron Tichos dictum, qua

63. *Doriscus.* Δορίσκος, Herodoto, loco citato, et Harpocrationi. Mela, loco citato : « Trans Hebrum Doriscos, ubi Xerxes copias suas, quia numero non poterat, spatio mensum ferunt. » Animadvertit Pellicerius in notis MSS. codices manu exaratos ita præ se ferre : *Doriscus X M. hominum*, quod ipse supposita denarii notæ lineola, decies centena millia significare ait, quot Xerxes in suo exercitu habuisse traditur. At neque hanc lineolam superpositam MSS. exhibent : et si exhiberent temere ab amanuensibus adjectam putarem. Nam decem millia tantummodo hominum ea campi planitie continebantur : sed singulas eo cogens advocansque myriadas, hoc est, hominum decem millia, totum ita recensuit exercitum. Ita Herod. Polymn. lib. VII, pag. 406, num. 59. Hard. — Vet. apud Dalecamp. *centum viginti mill. hominum.* Ed.

64. *Os Hebri.* Juxta Ænum urbem, de qua mox. Sic Herod. Melpom. lib. IV, pag. 234, num. 90 : Ἕβρος ἐς θάλασσαν τὴν πὰρ' Αἴνῳ πόλι. Hard.

65. *Stentoris.* Στέντορος. Quare apud Ovidium, Trist. lib. I, eleg. 9, perperam reponunt : « Saltus ab hac terra brevis est Stentora petenti : » pro *Tempyra.* Et Στεντορίδα

λίμνην prope Ænum habet Herod. Polymn. lib. VII, n. 58. Hard.

66. *Ænos.* Αἶνος Straboni, lib. VII, pag. 319, et Sylaci, pag. 26. Mela, lib. II, cap. 2 : « Eximia est Ænos, ab Ænea profugo condita. Circa Hebrum Cicones, etc. » Prius idcirco Αἴνειαν dictam Conon ait apud Photium, in Bibl. cod. 186, pag. 453. Negant alii ab Ænea id oppidum potuisse condi. Ænum et Maroneam liberas civitates appellat Livius, lib. XXXIX, cap. 24. De Polydori tumulo, Solinus, cap. x, pag. 28. Etiamnunc *Enos.* Hard. et Ed.

67. *Ciconum.* Κίκονας Græci vocant. Herod. lib. VII, aliique. H.

68. *Macron Tichos.* Id est, longum murum. Brot.

69. *Fluvius Melas*, etc. Hæc totidem verbis Pomponius, lib. II, cap. 2. Μέλας κόλπος, sic appellatus, teste Oppiano, Halieut. lib. IV, v. 517, quia profundissimus. Μέλας nigrum sonat. Huic sinui nomen est hodie ab Æno oppido, *golfe d'Énos.* Μέλανος ποταμοῦ καὶ κόλπου meminit Herod. Polymn. l. VII, p. 405. H.

70. *Cypsela.* Κύψελλα, Ptolem. lib. III, cap. 11. Τὰ Κύψελα : Thucyd. lib. V, pag. 367. Stephano et Appiano in Mithridat. pag. 207. Cypsela Livio, lib. XXXI, p. 372.

LIBER IV. 283

a Propontide ad Melanem[72] sinum inter duo maria porrectus murus[73] procurrentem excludit Chersonesum[74].

Jamque Thracia[1] altero latere a Pontico littore incipiens, ubi Ister amnis immergitur, vel pulcherrimas[2] in ea parte urbes habet, Istropolin Milesiorum[3], Tomos[4], Calatinque[5], quæ antea Acervetis[6] vocabatur. Heracleam habuit, et

Mela, lib. II, cap. 2, pag. 29 : « Tum Bisanthe Samiorum, et ingens aliquando Cypsela. Post locus quem Graii Μακρὸν τεῖχος appellant, et in radice magnæ peninsulæ sedens Lysimachia. » HARD.

71. *Bisanthe*. Βισάνθη Ptolemæo, lib. III, cap. 11, et Plutarcho in Alcibiade, pag. 211. HARD.

72. *Melanem sinum*. Nunc *le golfe de Saros*. BROT. — Chifflet. *Meleam sinum*. ED.

73. *Porrectus murus*. Dalec. *porrectis muris*, spreta Chifflet. cod. auctoritate. ED. — Porrectus per totam Isthmi longitudinem murus a reliqua Thracia separat ingentem peninsulam, quam Thraciæ Cherronesum appellant, longissime procurrentem in mare. HARD.

74. *Chersonesum*. Dalec. *Cherronesum*. ED.

1. *Jamque*. Rectius id, quam quod antea legebatur, *namque*. Nam quæ reddatur illo *namque* ratio, nulla prorsus apparet. Nunc vero declarat se perlustrato latere Thraciæ meridionalis, usque ad Cherronesum, ea prætermissa, ad alterum latus transilire, quod solis exortum spectat, et a littore Ponti Euxini, Danubiique ostiis incipit. HARD.

2. *Vel pulcherrimas in ea parte*. In Thracia universa. Vossius in Melam, pag. 125, *tres pulcherrimas* invitis MSS. reponit. HARD.

3. *Istropolin Milesiorum*. A Milesiis conditam. Ἴςρον πόλιν Μιλήσιοι κτίζουσιν. Auctor Peripli Ponti Euxini, pag. 11. HARD. — Hodie *Kara-Kerman* appellatur, auctore D'ANVILLE. ED.

4. *Tomos*. Tomi, Ovidii exsilio celebrati. Unde Trist. lib. III, eleg. 9 : « Inde Tomos dictus locus hic, quia fertur in illo Membra soror fratris consecuisse sui. » Et Trist. lib. IV, eleg. 10, v. 97 : « Quum maris Euxini positos ad læva Tomitas Quærere me læsi principis ira jubet. » In Notitia Eccles. Provinciæ Scythiæ adscribitur. Nummus Caracallæ in Museo nostro Parisiensi, ΜΗΤΡΟΠ. ΠΟΝΤΟΥ. ΤΟΜΕΩC. HARD. — Tomi, nunc *Tomeswar*; dicti quoque *Baba*. BROT.

5. *Calatinque*. Κάλατις in ipso Ponti littore, ἐν τῇ παραλίᾳ τοῦ Πόντου, Stephanus. Scylaci, pag. 26, et aliis, Κάλλατις, geminato λ. Et in nummo Gordiani Pii, apud Patin. pag. 372, ΚΑΛΛΑΤΙΑΝΩΝ. Heracleotarum colonia dicitur Memnoni, in Bibl. Photii, cod. 224, pag. 721. HARD.

6. *Acervetis*. MSS. *quæ antea Cerbatis*. Vossius in Melam, pag. 125. Cerastis, a loco sacro qui Mileti fuit, Κεραςὶς appellatus, ut auctor Etymologici prodidit, quod ibi fixa arietum cornua ab Apolline fuissent. HARD.

Bizonen[7] erræ hiatu raptam : nunc habet Dionysopolin, Crunos[8] antea dictam. Alluit Ziras amnis. Totum eum 6 tractum Scythæ Aroteres[9] cognominati[10] tenuere. Eorum oppida : Aphrodisias[11], Libistos, Zigere, Borcobe[12], Eumenia, Parthenopolis[13], Gerania[14], ubi Pygmæorum gens fuisse proditur : Cattuzos[15] Barbari vocant, creduntque a gruibus fugatos. In ora a Dionysopoli est Odessus[16] Milesiorum. Flu-

7. *Bizonen.* Βιζώνη, cujus pars maximo terræ motu hausta, teste Strabone, lib VII, pag. 319. Pagus superfuit, Βιζώνη πολίχνιον apud auctorem Peripli Ponti Euxini, pag. 12. Mela, lib. II, cap. 2, pag. 9 : « Fuit hic Bizone : motu terræ intercidit : est portus Crunos : urbes, Dionysopolis, etc. » Hard.

8. *Crunos antea.* Chiffl. *Crunon.* Ed. — Ob fontes in agro circumjacente scaturientes. Auctor Peripli, loc. cit. Διονυσόπολις πρῶτον ὠνομάζετο Κρουνοί, διὰ τὰς τῶν ἐγγὺς ὑδάτων ἐκρόσεις. Eadem et Stephanus habet. In Notitia Eccles. Provinciæ Scythiæ tribuitur. Hard. — Hodie vocatur *Baltchik*, ut vult d'Anville. Ed.

9. *Aroteres.* Ἀροτῆρες, hoc est, aratores. Hard.

10. *Cognominati.* Vet. ap. Dalec. *dicti.* Ed.

11. *Aphrodisias.* Scythiæ quoque accensetur a Stephano in Ponti littore : Ἀφροδισιὰς Σκυθίας, παραλία, etc. Notitia Eccl. antiqua, in provincia Thraciæ Europæ, pag. 21, Ἀφροδισία. Cætera oppida, vel nomina potius Scythica cæteris neglecta scriptoribus, ipsaque etiam Εὐμένεια, quamquam Græca appellatione gaudet. Hard.

12. *Borcobe.* Vet. ap. Dalec. *Rocobe.* Ed.

13. *Parthenopolis.* Inter devicta a Lucullo oppida in hac parte terrarum ab Eutropio memoratur, lib. VI, pag. 788 : « Inde multas, inquit, « super Pontum positas civitates aggressus est. Illic Apolloniam evertit, Calatim, Parthenopolim, Tomos, Istrum, Bizyam omnem cepit. » Hard.

14. *Gerania.* Γεράνεια. Solinus, cap. x, pag. 28 : « Quondam urbem Geraniam, Cattuzam barbari vocant, unde a gruibus Pygmæos ferunt pulsos. Manifestum sane in septemtrionalem plagam hieme grues frequentissime convolare. » Factum nomen inde oppido : sunt enim αἱ γέρανοι grues. Hard

15. *Cattuzos.* Ita MSS. omnes, et quod est haud paulo certius, Stephanus ipse : Κάττουζα, inquit, πόλις Θρᾴκης, ἐν ᾗ κατῴκουν οἱ Πυγμαῖοι οἱ οἰκήτορες Καττουζοί · ὅθεν δὲ τὰς γεράνους ὁρμᾶν, etc. Sic enim MSS. Græci legunt. Prius in libris Plinii editis *Catizos* legebatur. H. — Dalec. *Proditur, quos Catizos.* Ed.

16. *Odessus Milesiorum.* A Milesiis conditum, Ὀδησσὸν κτίζουσι Μιλήσιοι, inquit auctor Peripli Ponti Euxini, pag. 12. Strabo quoque, lib. VII, pag. 319. Inter Calatim et Apolloniam. Antonini Severi nummus, apud Patin. pag. 304, ΟΔΗCCΕΙΤΩΝ. H. — Hodie *Varna*

LIBER IV. 285

men Panysus[17]. Oppidum Tetranaulochus[18]. Mons Hæmus vasto jugo procumbens in Pontum, oppidum habuit in vertice Aristæum[19]. Nunc in ora Mesembria[20], Anchialum, ubi Messa fuerat. Astice regio[21] habuit oppidum Anthium: nunc est Apollonia. Flumina : Panissa[22], Rira, Tearus[23], Orosines. Oppida : Thynias[24], Halmydessos[25], Develton

esse videtur, ut quidem conjicit D'ANVILLE. ED.

17. *Panysus.* Πάνυσος. Antea *Pamisus*, perperam. Nos *Panysus* cum Ptolemæo, lib. III, cap. 10, prope Odessum etiam hunc ipsum locante. MSS. *Pannisis.* H.— Nunc *Daphné-Soui*, auctore D'ANVILLE. ED.

18. *Tetranaulochus.* Ναύλοχος idem a Strabone appellatur, loc. cit. Mesembrianorum oppidum, juxta montem Hæmum, ibi incumbentem mari. Τετραναύλοχος ei, a quatergemina statione navium, nomen est. Locum hic *Terta* non habet, etsi habere oportere censuit Hermolaus : quum sit id oppidum Thraciæ mediterraneum Ptolemæo, lib. III, cap. 11. HARD.

19. *Aristæum.* Ab Aristæo Apollinis fil. conditum, quum in montem Hæmum ad Bacchum ibi degentem se contulit. Diodorus Siculus, Bibl. lib. IV, pag. 282. HARD.

20. *Mesembria.* Μεσημβρία Scylaci, pag. 27, cæterisque Geographis. Olim Menembria, quasi Menæ oppidum, ut ait Strabo, lib. VII, pag. 319. Ἀγχίαλος deinde Ptolemæo, lib. III, cap. 11, et Melæ, lib. II, cap. 2. HARD. — Mesembria, nunc *Miseuria* dicitur, Anchialum, *Akkiali*, ut quidem ait. D'ANVILLE. ED.

21. *Astice regio.* Sic ap. Chiffl. Dalec. *Astice regio. Fuit oppidum, nunc est Apollonia.* ED. — Quæ

Ptolemæo loc. cit. Ἀστικὴ στρατηγία, Astica seu Urbana Præfectura, quæ ab Apollonia ad Perinthum usque pertinuit. Ἀπολλωνία quoque post Mesembriam a Scylace nominatur, pag. 27. Mela, loc. cit. « Mesembria, Anchialos, et intimo in sinu (Ponti Euxini) atque uhi Pontus alterum sui flexum angulo finit magno, Apollonia. » Anthium vero Ἄνθεια Stephano dicitur : Apollonia Milesiorum, Rhodiorumque colonia. HARD. — Insequentibus temporibus Apollonia Sozopolis vocata fuisse videtur, unde nunc ei nomen *Sizeboli*, auctore D'ANVILLE. ED.

22. *Panissa, Rira.* MSS. Reg. 1, 2, Colb. 1, 2, etc. *Panyssas, Ryzas.* Panysum, credo, adhuc intelligit, de quo proxime antea dictum est H.

23. *Tearus.* Τέαρος Herodoto, Melpom. lib. IV, n. 90, ubi de eo amne multa. HARD.

24. *Thynias.* Dalec. *Thynnias.* ED. — Θυνιάς Græcis, in Astice præfectura, prope Apolloniam et Halmydesson. Scymnus Chius, p. 30, Θυνιάς. Τῆς Ἀστικῆς Θράκης ὑπάρχουσ' ἐσχάτη, Μεθ' ἣν πόλις ἐστὶν σύνορος ἡ Ἀπολλωνία. Et auctor Peripli Ponti Euxini, pag. 14 : Θυνιὰς εὐλίμενος ἄκρα τῆς Ἀστικῆς Θράκης ὑπάρχουσα, ἀπὸ δὲ Θυνιάδος εἰς Ἁλμυδησσόν, etc. Describit hujus oræ oppida Ovid. Trist. lib. I, Eleg. 9, v. 35. H. — Nunc *Tiniada.* ED.

25. *Halmydessos.* Dal. *Almedes-*

cum stagno, quod nunc Deultum vocatur, veteranorum [26] : Phinopolis [27], juxta quam Bosphorus [28]. Ab Istri ostio ad os Ponti pass. DLV mill. alii fecere. Agrippa adjecit LX [29]. Inde ad murum [30] supra dictum centum quinquaginta : ab eo Cherronesus CXXVI [31] mill.

8 Sed a Bosphoro, sinus Casthenes [1]. Portus Senum [2] :

sos. ED. — Ἀλμυδησσὸς plerisque Græcorum : Herodoto, lib. IV Melpom. 90, et Stephano, Σαλμυδησσός. HARD. — Nonnulla servat veteris nominis vestigia, utpote quæ hodie *Midjeh* vocatur, auctore D'ANVILLE. ED.

26. *Veteranorum*. Subintellige, colonia. Ptolemæo, lib. III, cap. 13, in mediterraneis Thraciæ civitatibus, Δεούελτος κολωνία. Antonini Severi nummus, apud Patin. pag. 301, et Mamææ, pag. 343, COL. FL. PAC. DEVLT. *Colonia Flavia Pacenssi Deulton*, non *Pacifera*, ut Patinus interpretatur. Ad Panysum amnem. In Novella Leonis, Δέβελτος. HARD. — Hodie *Zagora*. ED.

27. *Phinopolis*. Φινόπολις, πόλις πρὸς τῷ Πόντῳ Stephano, et Ptolemæo, lib. III, cap. 11, in ipso ore Ponti. HARD.

28. *Bosphorus*. Leg. *Bosporus*, nunc *le canal de Constantinople*. BROT.

29. *Adjecit. LX*. Ita MSS. at editi, *XL*. HARD.

30. *Ad murum*. Μακρὸν τεῖχος. HARD.

31. *CXXVI*. Hoc est, a muro longo procurrit in mare Cherronesus, per CXXVI millia passuum, quæ Cherronesi longitudo est. In MSS. Reg. 1, 2, Colb. 1, 2, Paris. *CXXV*. HARD.

1. *Casthenes*. Ita constanter libri omnes, *Casthenes*. Nos olim cum eruditis viris *Lasthenes* suspicabamur satius fore, ut esset pro Λεωσθένης, vel Λεωσθένιος. *Sosthenes* rescribere contra fidem codicum MSS. non audemus : tametsi meminit portus Sosthenii prope Byzantium Nicephorus CP. in historiæ Breviario, ad annum 717 : Ὁ δὲ λοιπὸς ἅπας ϛόλος τῷ Θρᾳκικῷ προσπλεύσας Βοσπόρῳ, τῷ λιμένι τῷ καλουμένῳ Σωσθενείῳ προσορμίζεται, καὶ αὐτοῦ διεχείμαζεν. « Cæteræ naves ad Thracium Bosphorum advectæ ad Sosthenium portum applicant, et ibidem hiemant. » Exstat et in Anthologia Græca, lib. IV, cap. 25, Leontini Scholastici epigramma in imaginem saltatricis in Sosthenio : Λεοντίου Σχολαςικοῦ εἰς εἰκόνα ὀρχηϛρίδος ἰϛαμένης ἐν τῷ Σωσθενίῳ. Εἰμὶ μὲν Ἑλλαδίη Βυζαντιὰς, ἐνθάδε δ' ἔϛην Ἥγι χοροϛασίην εἴαρι δῆμος ἄγει, Ὁππόθι πορθμῷ γαῖα μερίζεται · ἀμφότεραι γὰρ Ἄντυγες ὀρχηθμοὺς ᾔνεσαν ἡμετέρους. « Helladie dicor Byzantia : visor ibidem, Suevit ubi populus ducere vere choros : Terrarum facit æquor ubi divortia : quippe Laudabat numeros orbis uterque meos. » HARD. — *Sinus Castenes* lego : sinus ille est inter *le Fanar* et *Galata* : Byzantium, nunc *Constantinople*. BROT.

2. *Portus Senum*. Tolet. *Ceron.* Pint. *Serium*. ED.

et alter, qui Mulierum cognominatur. Promontorium Chrysoceras[3], in quo oppidum Byzantium liberæ conditionis, antea Lygos[4] dictum. Abest[5] a Dyrrachio septingentis undecim millibus passuum. Tantum patet longitudo terrarum inter Adriaticum mare et Propontidem. Amnes : Bathynias[6], Pydaras, sive Atyras. Oppida Selymbria[7], [9] Perinthus[8] latitudine cc passuum[9] continenti annexa.

3. *Chrysocerus.* Χρυσοῦ κέρατος promontorium, hoc est, *aurei cornu*, de quo lib. IX, cap. 20. Plinium Solinus, cap. x, pag. 18; et Capella, lib. VI, c. de Thracia, pag. 212, de more transcribunt : et Missi Theodosii, quorum verba recitabimus in nota proxime sequenti. HARD.

4. *Antea Lygos.* Sunt qui *Longos* hic legant, ex MSS. quibusdam. Perperam. Vulgatam scripturam defendit Ausonius, Epigram. 1 de claris urbibus, pag. 69, ubi de Constantinopoli, et Carthagine : « Ite pares tandem memores, quod numine divum Augustas mutastis opes, et nomina : tu quum Byzantina Lygos, tu Punica Byrsa fuisti. » Hinc codicem Missorum Theodosii emendabis : « Promontorium Chrysone æras (lege *Chrysoceras*) in quo oppidum Byzantium, liberæ conditionis, antea Logos dictum : (scribe *Lygos.*) Abest a Dyrrachio DCCXI mill. passuum. Tantum patet longitudo terrarum inter Adriaticum mare et Propontidem. » Quæ verbis totidem jam proxime Plinius. HARD.

5. *Abest*, etc. Ita Solinus, et Martianus, loc. cit. HARD.

6. *Bathynias.* Vet. ap. Dalec. « Bathynias, Pidaras, et Atyras sive Thydas. » ED. — Βαθυνίας pariter et Ἀθύρας, inter Byzantium et Selymbriam, apud Ptolem. lib. III, cap. 11. Ἀθύρας quoque Stephano memoratur. Certus autem situs omnino ignoratur. HARD. et ED.

7. *Selymbria.* Σηλυμβρία Stephano : a Selye sic appellata : Βρία enim, inquit, Thracibus oppidum sonat : ut Selymbria, vel Σηλυβρία (sic enim Ptolemæus scribit, loc. cit.), sit quasi Selyos oppidum. De vi vocis Βρία, eadem tradidere Strabo, lib. VII, pag. 319, et Nicolaus Damascenus in Excerpt. pag. 494. HARD. — Nunc *Selivria*, ut ait D'ANVILLE. ED.

8. *Perinthus.* Eadem Heraclea Thraciæ Perinthus cognominata. Sozomenus, lib. IV, cap. 7, Hypatianum Heracleæ Perinthi Episcopum vocat. Procop. lib. IV, de ædif. Justin. vicinam Byzantio Heracleam Perinthum, Ἡράκλειαν Πέρινθον, olim Provinciæ Europæ metropolin ait fuisse : tunc vero locum post Constantinopolim proximum obtinere. Hodie *Crekli*. HARD. et ED.

9. *CC passuum.* MSS. omnes, *CC pedum.* HARD. — Bene MSS. et editio princeps, *CC pedum.* Male recentiores editiones, *CC passuum.* BROT.

Intus[10] Bizya, arx regum Thraciæ, a Terei[11] nefasto crimine invisa hirundinibus. Regio Cænica[12], colonia Flaviopolis[13], ubi antea Zela oppidum vocabatur[14]. Et a Bizya quinquaginta millia passuum Apros[15] colonia, quæ a Philippis abest centum octoginta octo mill. pass. At in ora amnis Ergini[16] : oppidum fuit Ganos[17] : deseritur et Lysimachia[18] jam in Cherroneso.

10 Alius[1] namque ibi Isthmos angustia simili[2] est, eo-

10. *Intus Bizya.* In Astice regione sive præfectura, arx regum Astarum. Stephanus : Βιζύη, πόλις Θρᾴκης, τὸ τῶν Ἀςῶν βασίλειον. Hæc a Plinio Solinus exscripsit, cap. x, pag. 28. H. — Hodie *Vyzia.* ED.

11. *A Terei.* A MSS. Reg. 1, 2, Colb. 1, 2, vox *crimine* abest : unde scribendum fortassis : *a Terei incesto.* ED. — Nota fabula, de qua consulendus Ovidius, lib. VI Metam. v. 647; maxime vero Hyginus, fab. 45, *Philomela.* Neque nullo habenda in pretio, quæ de hac re tota habet Aldrovandus, Ornithol. lib. XVII, cap. 6, pag. 684, ubi hunc locum aversari hirundines putat, ob eam potius causam, quod Boreæ magis violentiæ pateat, cujus venti flatum perhorrescere id avium genus constat. HARD.

12. *Regio Cænica.* Ubi Cæni incolæ appellati, vel Cænici, de quibus dictum est initio hujus capitis. HARD.

13. *Flaviopolis.* Colonia quoque dicitur, loc. cit. Et in Thes. Goltzii, pag. 279. Nummus Titi Imp. COL. FLAVIOPOLIS. HARD.

14. *Vocatur.* In vet. ap. Dalec. vox ea deletur. ED.

15. *Apros colonia.* Ptolemæo, inter urbes Thraciæ mediterraneas, Ἄπρος κολωνία. Et Stephano, Ἄπρος, et in Notitia Eccles. pag. 21. HARD.

16. *Erginus.* Malebat Dalec. *Eginus.* ED. — Meminit hujus amnis Mela, lib. II, cap. 2. HARD.

17. *Fuit Ganos,* etc. Vet. ap. Dal. « Oppidum Ganos. Fuisse fertur et Lysimachia in Cherroneso. » ED. — Hoc est, defecit jam Ganos : deficit vero et Lysimachia, quæ in Cherroneso est : hujus enim, ut nondum dirutæ ac deletæ meminit Plinio recentior Ptolemæus, lib. III, cap. 11, Λυσιμαχία. Γάνος vero (sic enim habent MSS. non *Gonos:*) Scylaci memoratur inter Thraciæ oppida, pag. 27. Γάνος juxta Bisanthen apud Xenoph. lib. VII, de Exped. Cyri, pag. 411. HARD.

18. *Lysimachia.* Nunc *Hexamila;* quod Isthmus ibi patet sex millibus passuum. BROT.

1. *Alius namque.* Hinc Cherronesi descriptionem auspicatur: alterum ait esse in Cherronesi angustiis Isthmon Corinthiaco similem et nomine, Isthmos enim appellatur : et latitudine pari, intervallo nempe quinque millium passuum, ut dictum est cap. 5. Transcribit hæc Solinus iisdem fere verbis, cap. x, pag. 28. HARD.

2. *Simili.* Chiffl. *similis.* ED.

dem nomine, et pari latitudine : illustrant duæ urbes utrimque littora, quæ haud dissimili modo[3] tenuere : Pactye[4] a Propontide, Cardia a Melane sinu : hæc[5] ex facie loci[6] nomine accepto : utræque[7] comprehensæ postea Lysimachia quinque mill. pass. a Longis muris. Cherronesos a Propontide habuit[8] Tiristasin, Crithoten[9]: Cissam[10] flumini Ægos[11] appositam : nunc habet[12] a colonia Apro XXII[13] mill. passuum, Resiston ex adverso co-

3. *Haud dissimili modo.* Ut Corinthiacarum angustiarum termini sunt Lecheæ hinc, illinc Cenchreæ : sic Propontidi Pactye, Melani sinui Cardia insidet, Isthmique latera duo obsident. HARD.

4. *Pactye.* Dalec. *Pactiæ.* ED. — Παχτύη Pausaniæ, Attic. lib. I, pag. 19, cæterisque Geographis. Καρδία quoque eidem, pag. 17. De utraque Strabo, lib. VII, pag. 331. HARD.

5. *Hæc.* Vetus apud Dalecampium *hæ.* ED.

6. *Ex facie loci.* Quod in cordis faciem sita sit, inquit Solinus, loc. cit. dicta Cardia est. Alias hujus appellationis causas Stephanus affert, verbo Καρδία. HARD. — Hujus urbis nummum vide apud Cl. PELLERIN, *Médailles des peuples et villes*, tom. I, pag. 197. BROT.

7. *Utræque.* Quum eversa deletaque Cardia, proea Lysimachiam, de qua jam dictum est, condidit Lysimachus, ut Pausanias refert, Attic. lib. I, pag. 17. Pactyen similiter exhaustam vicinitate Lysimachiæ, Plinius quoque nunc auctor est. Λυσιμαχία fuit in Cherroneso, a Longo Muro, quinque millibus passuum, quanta ipsius Isthmi longitudo est, dissita. H.

8. *Tiristasin.* Dalec. *Tyristasin.* ED. — Τειρίςασις Scylaci, pag. 27.

9. *Crithoten.* Κριθωτή Scymno Chio, pag. 29; urbs Cherronesi Hellanico, apud Harpocrat. pag. 178 ; Scylaci loc. cit. Κρηθωτή. HARD.

10. *Cissam.* Vet. ap. Dalec. *Cissiam.* ED. — Crissam, vel Cressam potius, juxta aliud oppidum, cui Ægos fluminis nomen fuit, positam : quo de oppido egimus pluribus, lib. II, cap. 59. Scylax, in Periplo, pag. 27, hæc oppida sic enumerat : ἐντὸς δὲ Αἰγὸς ποταμός, Κρήσσα, Κριθώτη, Παχτύη. Quæ omnia Plinius interiisse significat. Nummus est perrarus ex ære mediocri, in Cimelio P. CHAMILLART ; cujus nummi pars antica Cereris caput exhibet, canistro frugibus pleno onustum : in altera superficie scriptum est, litteris ætatem Alexandri M. referentibus, ΑΙΓΟΠΟ. hoc est, Αἰγοποταμιτῶν : cum effigie capræ, quæ græce est αἴξ, αἰγός, unde urbi nomen. HARD.

11. *Ægos.* Vetus apud Dalec. *Ægo.* ED.

12. *Nunc habet.* Proponebat Dalec. *nunc abest.* ED.

13. *XXII mill.* Ita MSS forte pro *XXV.* Nam ab Apro Resiston

11 Ioniæ Parianæ[14]. Et Hellespontus[15], septem (ut diximus[16]) stadiis Europam ab Asia dividens, quatuor[17] inter se contrarias urbes habet: in Europa Callipolin[18] et Seston, et in Asia Lampsacum et Abydon. Dein promontorium Cherronesi Mastusia[19] adversum Sigeo: cujus in fronte obliqua Cynossema[20], ita appellatur Hecubæ tumulus, statio 12 Achæorum. Turris et delubrum[21] Protesilai. Et in extrema Cherronesi fronte, quæ vocatur Æolium[22], oppidum Elæus[23].

distare XXVI mill. pass. auctor est Antoninus, quem unum ex omnibus scriptoribus invenio hujus oppidi fecisse mentionem, in itinere ab Apollonia per Macedoniam usque Constantinopolim. Nam quod Rhædeston Ptolemæi existimat Pintianus locum hic habere oportere, errat sane graviter, quum Rhædestos extra Cherronesum sit, ac pro ipsa Bisanthe habeatur: Resistos in meditullio regionis sit posita. HARD. — Dalec. cod. *XXXII mill.* ED.

14. *Parianæ*. De qua lib. V, capite 40. HARD.

15. *Et Hellespontus*. Solin. cap. x, pag. 28. Hodie, *le détroit de Gallipoli*. HARD.

16. *Ut diximus*. Libro II, cap. 92. Stadia septem sunt passus DCCCLXXV. Consentit Strabo, lib. II. HARD.

17. *Quatuor inter se*. Dalec. *quatuor illic inter se*. Sed in vet. et Chiffl. deletur vox *illic*. ED.

18. *Callipolin*. Hodieque *Gallipoli*, freto nomen dedit. Σηςὸς Straboni, præcipua urbium dicitur, quæ sunt in Cherroneso: Abydo opposita, quæ in Asiæ littore est: lib. XIII, pag. 591. HARD. — Sestos, *Zemenic*; Abydos, *Nagara*; Lampsacus, *Lamsaki*; promontorium Mastuzia, *capo Greco*; Sigeum, *le cap Jeni-Hisari*. BROT.

19. *Mastusia*. Μαςουσία ἄκρα, Ptolem. lib. III, cap. 12. Hic rursum Solinus, cap. x, pag. 28, et Capella, lib. VI, cap. de Thracia, pag. 212, Plinium de more transscribunt. HARD.

20. *Cynossema*. Κυνὸς σῆμα. Mela, lib. II, cap. 2: « Est Cynossema, tumulus Hecubæ, sive ex figura canis, in quam conversa traditur, sive ex fortuna in quam deciderat, humili nomine accepto. » Pollux, lib. V, cap. 5, non Hecubæ, sed insignis cujuspiam canis sepulcrum eo nomine indigitari ait. Vide Ovid. Metam. lib. XIII, v. 569. HARD. — Locum hunc D'ANVILLE in sua Minoris Asiæ tabula justo australiorem fecit; ponendum est ubi ille Idacum posuit, ut egregie demonstrat POPPO, in suis in Thucydidem commentariis, pag. 334. ED.

21. *Protesilai*. Mela, loc. cit. « Sunt Protesilai ossa consecrata delubro. » HARD.

22. *Æolium*. Stephanus, ex Theopompo, Αἰόλιον, τῆς Θρᾴκης Χερρονήσου πόλις, « Thracicæ Cherronesi oppidum. » HARD.

23. *Elæus*. Ἐλαιοῦς apud Ptolem.

LIBER IV.

Dein petenti Melanem sinum, portus Cœlos [24], et Panhormus [25], et supradicta Cardia. Tertius Europæ sinus ad hunc modum clauditur. Montes extra prædictos [26] Thraciæ Edonus [27], Gigemoros, Meritus, Melamphyllos [28]. Flumina in Hebrum cadentia, Bargus, Suemus [29]. Macedoniæ, Thraciæ, Hellesponti longitudo est [30] supra dicta [31]. Quidam septingentorum viginti mill. faciunt. Latitudo CCLXXXIV [32] millium est.

Ægæo mari nomen dedit scopulus inter [1] Tenum et

---

lib. III, cap. 12, et Harpocr. pag. 98; Straboni, lib. VII, pag. 331, Ἐλεοῦς, et Scylaci, pag. 27. Elæunta in Cherroneso agnoscit etiam Livius, lib. XXXI, cap. 16. H. — Oppidum Elæus, nunc *le château neuf d'Europe aux Dardanelles*. ED.

24. *Cœlos*. Κοῖλος λιμνή Mela, lib. III, cap. 2 : « Est et portus Cœlos, Atheniensibus et Lacedæmoniis navali acie decernentibus, Laconicæ classis signatus excidio. » HARD.

25. *Panhormus*. Portum hæc vox sonat omnibus navibus excipiendis aptum : πάνορμος. HARD.

26. *Extra prædictos*. Hoc est, præter Hæmum, Rhodopen, Pangæum. HARD.

27. *Edonus*. Pars Hæmi, Edonis Thraciæ populis vicina. HARD.

28. *Melamphyllos*. Sic ap. Chiffl. Dalec. *Melamphyllon*. ED.

29. *Suemus*. Colb. 1, *Syrmus*. Colb. 2, *Sermus*. HARD.

30. *Est*. Vox ea in Dalec. deletur. ED.

31. *Supra dicta*. Hoc ipso capite, ubi Byzantium dixit abesse a Dyrrachio septingentis undecim millibus passuum. Missi Theodosii : « Macedonia, Thracia, Hellespon-

tus, et pars sinistrior Ponti. Hæc finiuntur ab oriente, mari Pontico: ab occidente, desertis Dardaniæ (*Candaviæ*, credo, voluere dicere, de quibus actum est lib. III, cap. 26) : a septemtrione, flumine Istro. Patent in longitudinem, M. pass. DCCXX, in latitudinem CCCLXXXI, juxta Plinium Secundum in eodem. » HARD.

32. *CCLXXXIV*. Ita MSS. omnes : editi, *CCCLXXXIII. Missi Theod. CCCLXXXI. HARD.

1. *Inter Tenum et Chium*. Ita restituimus admonitu codicum, quos proxime laudavimus, atque etiam ex re ipsa : Est enim Tenos insula Delo et Andro proxima : atque idcirco, ut statim subjungit Plinius, cernunt eum scopulum Æga, a dextra parte Andrum navigantes ab Achaia : unde longissime Tenedos abest, quam nobis libri vulgati hoc loco pro Teno obtrudunt. Nec Solinum, Martianumque moror, qui quum hunc locum exscriberent, ille cap. XI, pag. 29, iste lib. VI, pag. 212, Tenedum legisse videntur : nam in vitiosos codices utrumque incidisse, vel eorum certe alterum, qui alteri præivit, res ipsa clamat, consensusque MSS.

Chium verius quam insula, Æx nomine[2] a specie capræ, quæ ita Græcis appellatur, repente e medio[3] mari exsiliens. Cernunt eum a dextra parte Andrum navigantes ab Achaia, dirum ac pestiferum. Ægæi pars Myrtoo datur[4]: appellatur ab insula parva, quæ cernitur Macedoniam a 14 Geræsto[5] petentibus, haud procul Eubœæ Carysto[6]. Romani omnia hæc maria duobus nominibus appellant: Macedonicum, quacumque[7] Macedoniam aut Thraciam attingit: Græciense, qua Græciam alluit. Nam Græci et Ionium dividunt in Siculum, ac Creticum, ab insulis. Item Icarium, quod est inter Samum, et Myconum[8]. Cætera nomina sinus dedere, quos diximus[9]. Et maria quidem gentesque in tertio Europæ sinu ad hunc modum se habent.

1 XIX. (XII.) Insulæ autem ex adverso Thesprotiæ[1], a Buthroto duodecim millia passuum: eadem ab Acroceraunius quinquaginta mill. cum urbe ejusdem nominis

exemplarium, in quibus et *Tenum* et *Andrum* legitur: non ut isti exhibent *Tenedum* et *Antandrum*: a quibus errorem in Plinii contextum transfundere Salmasius conatur, in Solin. pag. 168. Hard.

2. *Æx nomine*. Αἴξ, quæ vox capram sonat. Plinio adstipulatur Apollonii Scholiastes, ab lib. I: Argon. v. 831. Τὸ Αἰγαῖον πέλαγος ἐκλήθη ἀπὸ νήσου Αἰγῶν καλουμένης. Aliter Festus: « Ægæum mare appellatur, quod crebræ in eo sint insulæ, ut procul aspicientibus species caprarum videantur: sive, quod in eo Ægæa Amazonum regina perierit: sive quod in eo Ægeus pater Thesei se præcipitaverit. » Suidas ab Ægeo Thesei patre appellationis causam petit. Vide Eustath. in Iliad. B, v. 41. Hard.

3. *E medio*. Sic ap. Chiffl. Dalec. *in medio*. Ed.

4. *Myrtoo datur*. Vet. *Myrtoum* appellatur. Item supra, cap. 5. Dalec. — Hoc est, Ægæi pars quædam est Myrtoum mare. Hard.

5. *Geræsto*. Dalec. *Geresto*. Ed. — Eubœæ sunt hæc oppida, de quibus cap. 21. Hard.

6. *Carysto*. Dalec. *Charisto*. Ed.

7. *Quacumque*. Sic ap. Chiffl. Dalec. *Quodcumque*. Ed.

8. *Myconum*. Vet. ap. Dalec. *Myconem*. Ed.

9. *Quos diximus*. Ut Corinthiacus, Saronicus, Laconicus, cæterique. Hard.

XIX. 1. *Thesprotiæ, a Buthroto*. Editio princeps *Thesprotiæ, Corcyra a Buthroto*. Brot.—Dalec. *Thesprotiæ Corcyra, a Buthroto*. Ed.

Corcyra[2], liberæ civitatis[3], et oppido Cassiope[4], temploque Cassii Jovis, passuum nonaginta septem millia in longitudinem patens : Homero[5] dicta Scheria et Phæacia, Callimacho etiam Drepane. Circa eam aliquot, sed ad Italiam vergens Thoronos[6] : ad Leucadiam Paxœ duæ[7], quinque M. discretæ a Corcyra. Nec procul ab iis ante Corcyram Ericusa[8], Marathe, Elaphusa, Malthace, Trachie,

2. *Corcyra. Corfou*, ab arce quæ Κορυφὼ apud Nicetam, lib. III, ἀπὸ τῆς κορυφῆς, est enim in loco perquam edito. HARD.

3. *Liberæ civitatis*. Ita libri omnes: hoc est, cujus cives liberæ conditionis sunt. Refert Strabo, lib. VII, pag. 329, venisse in parœmiam sane perridiculam Corcyræorum libertatem : ὑπὸ Ῥωμαίων ἐλευθερωθεῖσα, inquit, οὐκ ἐπῃνέθη· ἀλλ' ἐπὶ λοιδορίᾳ παροιμίαν ἔλαβεν · Ἐλευθέρα Κόρκυρα, χέζ' ὅπου θέλεις. HARD.

4. *Cassiope*. Gellio, lib. IX, cap. 1, pag. 1051, *Cassopeia*. Hodie *Palæo-Castro*, juxta *Casopo*. A Jove Cassio nomen ille portus accepit, Κασσίου ὄπη, seu Cassii Jovis foramen. Meminit ejus fani Sueton. in Nerone, cap. XXII. In nummis quos refert Andreas Marmora, lib. I Hist. Corcyr. ex una parte ΚΟΡΚΥΡΑΙΩΝ, ex aversa, ΖΕΥΣ ΚΑΣΙΟΣ. Nummi sunt ii ficti, vel adulterini. HARD. et ED.

5. *Homero*. Odyss. E, v. 34 : Σχερίην ἐριβώλων ἵκοιτο Φαιήκων ἐς γαῖαν. Ubi Didymus Scholiastes : Σχερία ἐκαλεῖτο ἡ νῆσος τῶν Φαιάκων, τὸ δὲ μετὰ ταῦτα ἐκλήθη Κέρκυρα. τὸ δὲ ἀρχαιότατον ἐκαλεῖτο Δρεπάνη. Scheriam, et Drepanen, Stephanus quoque appellat. Cur Drepane sit vocata, varias causas affert Scholiastes Apollon. ad lib. IV Argon. v. 983, ex Aristotele et Timæo petitas. HARD.

6. *Thoronos*. In MSS. 1, 2, etc. *Athoronos*. Alibi, *Othoronos*. Ὄθρωνος Stephano insula est, Siciliæ Melitæve ad Austrum objacens. An fuerit hæc illi cognominis, considerandum. HARD. — Nunc *Fano*, sive *Merlere*. ED.

7. *Paxœ duæ*. Dalec. *Paxæ*. ED. — Πάξοι Dioni, lib. L, pag. 546. Πάξοι Polybio, lib. II, pag. 136. Hodie *Paxo*, et *Antipaxo*. Leucadia autem est *Leucada*, ut jam diximus cap. 2. HARD.

8. *Ericusa*, etc. Dalec. *Ericusa, Marate*. ED. — Ἐρικοῦσα νῆσος nota etiam Ptolemæo, lib. III, cap. 14. Μαράθη, Ἐλαφοῦσα, Μαλθάκη, Τραχεῖα, Πιτυωνία, vel Πυθιωνία, Ταραχία, cæteris scriptoribus incognitæ. Πτυχία Stephano memoratur, prope Corcyram, παρὰ τῇ Κερκύρᾳ. Pro Μαράθη rectius forte Μαράθουσα a feniculis, ut ab erice *Ericusa*. Et pro *Tarachie* forsan Ταρίχιαι vel Ταρίχειαι, a cetariis, et ab iis qui illic condirentur, piscibus. HARD. — Ex insulis istis multæ fortasse tantum scopuli fuerunt nunc nomine nullo cogniti; quatuor tamen citari possunt, nempe *Sametraki*, omnium maxima, *Diaplo*, *Boaia* et

Pythionia[9], Ptychia, Tarachie[10]. Et a Phalacro[11] Corcyræ promontorio scopulus, in quem mutatam Ulyssis navem a simili specie fabula est. Ante Leucimnam[12], Sybota. Inter Leucadiam autem et Achaiam permultæ, quarum Teleboides[13], eædemque Taphiæ, ab incolis ante Leucadiam appellantur, Taphias[14], Oxiæ, Prinoessa : et ante Ætoliam

d'Ulysse. Non autem, ut ait Noster, *non procul ab iis* (nempe Paxis), sed tota Corcyræ longitudine ab iis discretæ. Ed.

9. *Pythionia.* Dalec. *Pitionia.* Ed.

10. *Tarachie.* Chiffl. *Tarachia.* Ed.

11. *Phalacro.* Dalec. *Phalario.* Ed. — Ptolemæus, lib. III, cap. 14, et ex Artemidoro Stephanus, Φάλακρον, ἀκρωτήριον Κερκύρας. H. — Hodie *capo Drasti.* Ed.

12. *Ante Leucimnam.* Abest id membrum a codicibus MSS. In libris vulgaris, *ante Leucadiam* legitur, insigni errore. Nam ex Strabone, lib. VII, pag. 327, juxta Butrotum sunt Sybota, insulæ perexiguæ, paululum ab Epiro distantes, pone orientale Corcyræ promontorium, quod Leucimna vocatur : εἰσὶ δὲ νησίδες τὰ Σύβοτα, τῆς μὲν Ἠπείρου μικρὸν ἀπέχουσαι · κατὰ δὲ τὸ ἑῷον ἄκρον τῆς Κερκύρας τὸν Λευκίμνην κείμεναι. Meminit hujus promontorii Thucydides, lib. III, pag. 225. Hard. — Promontorio nunc *Levkimo* nomen, insulis *S. Niccolo.* Ed.

13. *Teleboides, eædemque.* Quare totus ille numerus insularum, qui sequitur, Echinadibus etiam comprehensis, Teleboum ditio appellata, contributaque Acarnaniæ est, quæ in continente ex adverso objacet. Stephanus : Τηλεβοΐς, μοῖρα τῆς Ἀκαρνανίας, ἣ πρότερον Ταφίων ἐκαλεῖτο. Scholiast. Apoll. ad lib. I Argon. v. 750: Τηλεβόαι, οἱ Τάφιοι. Tzetzes in Lycophr. v. 134. Τηλεβόαι καὶ Τάφιοι οἱ ἐν ταῖς Ἐχινάσι νήσοις. Teleboæ appellati, inquit Eustath. in lib. I Odyss. quod boves furto sublatos procul abigerent : διότι ληϊζόμενοι τῆλε τὰς βόας ἀπῆγον. Hard. — « Eædem quæ Taphiæ ab incolis appellantur. Ante Leucadiam Taphias (Taphiosis m.) Sifarna, Oxiæ. » Pint. — Dalec. « Eædem quæ Taphiæ : ab incolis, etc. » Ed.

14. *Taphias*, etc. Dalec. *Zaphiotis, Arnoxia.* Ed. — E Teleboidibus, Taphiisve insulis, hæ tres ante Leucadiam jacent : cæteræ ante Ætoliam, etsi Teleboidibus pariter accensendæ, communiore vocabulo Echinades appellantur. Ταφιὰς a Cephalenia distat omnino stadiis xxx, auctore Stephano. Τάφος est Scholiastæ Apoll. loc. cit. aliisque. Ταφιοῦς Straboni, lib. X, pag. 456. Sequuntur Ὀξεῖαι, et Πρινόεσσα. Ὀξειῶν, hoc est, acutarum, meminit Stephanus, verbo, Ἀρτέμιτα. Eædem Θοαὶ appellatæ ab Homero, Strabone teste, lib. X, pag. 458. Hard. — Eædem videntur esse insulæ istæ quæ nunc *Magnisi, Kalamota* et *Kastus* in recentioribus et probatissimis mappis appellatæ reperiuntur. Ed.

LIBER IV.

Echinades[15], Ægialia[16], Cotonis, Thyatira, Geoaris, Dionysia, Cyrnus, Chalcis, Pynara, Mystus[17]. Ante[18] eas in alto Cephalenia[19], Zacynthus, utraque[20] libera : Ithaca[21], Dulichium[22], Same, Crocylea[23]. A Paxo

15. *Echinades.* Desertæ insulæ, quarumque pleræque annexæ jam continenti, aggerente limum Acheloo amne, ut ait Strabo, lib. XVIII, pag. 458, et Thucyd. lib. II, 170. Ἐχινάδες ἔρημοι νῆσοι, Scylaci, pag. 13. HARD.

16. *Ægialia, Cotonis, Thyatira, Geoaris, Dionysia, Cyrnus, Chalcis, Pinara, Mystus.* In R. 1, 2, Colb. 1, 2, etc. *Mystrus :* in aliis *Nystus.* Videntur mihi sane Echinades eæ ab aliis Ægæi maris insulis nomina esse mutuatæ, sed ea a librariis deformata sic restitui oportere : « Ægialia, Cothon, Ios, Thia, Thera, Gyaros, Dionysia, Cythnos, Chalcis, Pinaria, Nisyrus » : quæ a Pomponio Mela recensentur lib. II, cap. 7, pag. 44, et nos de iis suo loco dicturi sumus. Pinaria eadem quæ Πιτυοῦσα. HARD. — Quum ita deformata sint istarum omnium insularum nomina, suum cuique assignare, inter ea quæ nunc sortita sunt, non tentabimus. Pleræque, ut super. nota monet Hard. nunc continenti adhærent ; inter reliquas animadvertuntur illæ quæ nunc *Dragonera, Curzolari* et *Oxia* dicuntur. ED.

17. *Mystus.* Vet. ap. Dalec. *Nystrus.* ED.

18. *Ante eas... diruta a Romanis.* « Ante eas in alto Cephalenia, quæ et ab oppido Same dicta : Zacynthus, utraque libera, Ithaca, Dulichium ; Crocylea, Paxos, Corcyra quondam Melæna dicta. In Cephalenia Same diruta a Romanis. » Sic legendum. DALEC.

19. *Cephalenia. Cefalogna :* Zacynthus, *Zante.* HARD.

20. *Utraque libera.* Dalec. *utræque liberæ.* ED.

21. *Ithaca.* Ulysse alumno inclyta. Nunc *Thiachi :* nautis, *Cefalogna piccola.* HARD. — Ibi incolæ vestigia quædam domus Ulyssis adhuc monstrant. BROT.

22. *Dulichium, Same.* Sic Maro, lib. III Æneidos : « Dulichiumque, Sameque, et Neritos ardua saxis. » Sic Pomponio Melæ, lib. II, cap. 7, pag. 44. Dulichium, Cephalenia, Neritos, Same, diversæ sunt insulæ. Præivit illis Homer. qui Σάμον insulam, Iliad. B, v. 141, et in Odyssea interdum, vocat : quam ipsam esse Cephaleniam a quibusdam existimatum Eustathius ibidem refert, pag. 407. Errare Hesychius videtur, qui Δουλίχιον, πόλιν Κεφαλληνίας vocet. HARD. — De Dulichio insula, quam submersam juxta Cephaleniam testantur nautæ, vide DODWELL, *Travels,* t. II, pag. 105 et 107, et POUQUEVILLE, *Voyage de la Grèce,* lib. XII, cap. 2, t. IV, pag. 309. ED.

23. *Crocylea.* In R. 1, 2, Colb. 1, 2, Paris. etc. « Crocylea Paxo Cephania, etc. » Libri vulgati, « Crocylea, Paxos, Cephalenia, etc. » At si ea lectio steterit, et Paxos alia a duabus superius jam

Cephalenia quondam [24] Melæna dicta, undecim millibus pass. abest, circuitu patet [25] XLIV. Same [26] diruta a Romanis, adhuc tamen oppida tria [27] habet. Inter hanc et Achaiam, cum oppido magnifica [28] et fertilitate præcipua,

appellatis diversa, cæteris ignota Geographis, importune nobis obtruditur: et quod gravius est, desideratur haud dubie locus, a quo illa undecim millibus Cephalenia absit. Proinde scripsi confidenter, *Crocylea*, vel *Crocyle*. Deinde novam periodum auspicatus, *A Paxo Cephalenia*, etc. Paxi enim satis superque meminit in Paxorum duarum mentione Plinius. Τὰ Κροκύλεια plurium numero, apud Homer. Iliad. B, v. 139: Οἵ ῥ' Ἰθάκην εἶχον, καὶ Νήριτον εἰνοσίφυλλον, Καὶ Κροκύλει' ἐνέμοντο, καὶ Αἰγίλιπα τραχεῖαν. Ut Ithacam, sic etiam Crocylea apud Homerum insulæ nomen esse visum est Plinio: Stephano quoque, ex Thucydide, quem intellexisse non videtur: est enim Crocylion Thucydidi Ætoliæ oppidum, non insula. Contra vero Straboni, lib. VII, pag. 376, Crocylia Homeri oppidum esse Acarnaniæ continentis existimatum est. Heracleon vero apud Stephan. verbo Κροκύλειον, quadrifariam divisa Ithaca, tertiam ejus partem *Crocylion* appellavit. Hard.

24. *Quondam Melæna dicta.* Melæna dicta, id est, nigra. Nigras insulas plerumque antiqui dixere, quæ multis arboribus consitæ, umbrosam speciem videntibus e mari referrent. Brot.

25. *Patet XLIV.* R. 1, *XLIII.* Straboni, lib. X, pag. 456. Cephaleniæ ambitus est stadiorum prope ccc, hoc est, XXXVII M. D. pass. Hard. — Lego *CXIII*. Ita MS. 1. In Læt. *XCI*. In editione principe, *LXXXIV*. Pessime MSS. Reg. 1, 2, et recentiores editiones *XLIV*. Errat quoque Strabo, lib. X, pag. 456, quum ait ambitum Cephaleniæ esse stadiorum prope ccc, id est, XXXVII M. D. pass. Majorem numerum sum sequutus, qui veritati propior est. Incolæ adseverant hanc insulam circuitu patere CLX mill. Cl. Galland, *Voyage MS. du Levant*. Attendendum semper brevius esse recentiorum Græcorum milliarium, quam fuit Romanorum. Brot.

26. *Same diruta.* Same, nunc *Samo*, a Romanis diruta anno U. C. 565. Ibi manent rudera maximæ antiquitatis. Brot.

27. *Oppida tria.* Quum olim haberet quaterna: unde Τετράπολις Eustathio, pag. 307, et Straboni, pag. 455, appellata est. Horum quatuor oppidorum cives a Livio nominantur Nesiotæ, Cranonii, Pallenses, Samei: lib. XXXVIII, c. 28, atque ita fere a Thucyd. lib. II, pag. 119. Direpta Same a Romanis, Fulvio Cos. Imperatore, Samæos omnes sub corona venisse, idem est auctor, pag. 478. Contigit hæc clades anno U. C. 565. Hard.

28. *Cum oppido magnifica.* Libentius agnoverim, « cum oppido magnifico, » vel « oppido magnifica. » Hard.

Zacynthus, aliquando appellata Hyrie [29], Cephaleniæ a meridiana parte XXV [30] millibus abest. Mons Elatus [31] ibi nobilis. Ipsa circuitu colligit XXXVI [32] millia. Ab ea Ithaca XV [33] millibus distat, in qua mons Neritus [34]. Tota vero circuitu patet XXV mill. [35] pass. Ab ea Araxum [36] Peloponnesi promontorium XII millibus pass. Ante hanc [37] in alto Asteris, Prote : ante Zacynthum XXXV mill. pass. in Eurum ventum Strophades [38] duæ, ab aliis Plotæ dictæ. Ante [39] Cephaleniam

29. *Appellata Hyrie.* Ex hoc Plinii loco Pomponium Melam emendabis (id quod Vossius prætermisit), qui Hyriam, Cephaleniam, Neriton, Samen, Zacynthum, seorsim in Ionio mari nominavit, ceu forent Hyria Zacynthusque diversæ inter se insulæ. HARD.

30. *XXV millia.* Sic ap. Dalec. *XXII.* ED. — Strabo, lib. X, pag. 458, stadiis LX tantum insulæ ambitum circumscribit, quæ sunt VII M. D. pass. sed manifesto errore. H.

31. *Mons Elatus.* Ab abietibus inditum monti nomen : cui monti nunc *Scopo* vocato monasterium insidet. ED.

32. *XXXVI millia.* Leg. *XXXV.* Ita MSS. Reg. 1, 2, et editio princeps. BROT.

33. *XV millibus.* Sic in vet. ap. Dalecampium et Chiffl. Dalec. *XII millia.* ED.

34. *Mons Neritus.* Homerus, Iliad. B, v. 139, proxime a nobis citato : quem ad locum Eustathius, pag. 307. Νήριτον, inquit, ὄρος ἐςὶν ἐπιφανὲς ἐν Ἰθάκῃ. H. — Nunc *Monte Stefano.* ED.

35. *Patet XXV millia.* Dissidet rursum a Strabone, qui Ithacæ ambitum stadia colligere LXXX ait, hoc est, X mill. pass. HARD. — Major est Ithaca. Videtur Plinius circuitum pro longitudine usurpasse. BROT.

36. *Araxum.* De quo cap. 6. H.

37. *Ante hanc.* Ante Ithacam. Ἀςερὶς Homero nota, Odyss. Δ, vers. 484. Stephano, Πρωτὴ, insula prope Sphagiam et Pylum. HARD. — Sed hæc trium Strophadum, de quibus mox Noster, prima fuisse videtur; illa autem, de qua nunc, Ithacæ vicinior fuit, eamque in præclara sua Græciæ mappa indicat LAPIE esse, quæ nunc *Iotako* sive *Atacos* dicitur; quam quidem nonnulli nominis quadam similitudine capti Ithacam esse non satis consulto voluerunt, quum tantum scopulus sit incolis omnino carens. ED.

38. *Strophades.* Hodie *Strivali* et *Stamphane* : olim Στροφάδες, quasi eæ circumagi aliquando, ac circumverti visæ fuerint : et Πλωταὶ, ut Mela ait, lib. II, cap. 7, sive fluctuantes. Στροφάδες νῆσοι πρὸς τῇ Ζακύνθῳ, Steph. Antoninus in Itiner. Marit. et Strophadas eas, et Plotas vocat. HARD. et ED.

39. *Ante Cephaleniam Letoia.* Ptolemæo, lib. III, cap. 14, Λωτῶα νῆσος. H. — Ea est, auctore LAPIE, quæ nunc *Guardiania* vocatur.

Letoia. Ante Pylum tres Sphagiæ[40] : et totidem[41] ante Messenen Œnussæ[42].

In Asinæo sinu, tres Thyrides[43] : in Laconico, Teganusa[44], Cothon, Cythera cum oppido, antea Porphyris appellata. Hæc sita est[45] a Maleæ promontorio v millibus pass. ancipiti propter angustias ibi navium ambitu. In Argolico, Pityusa[46], Irine, Ephyre : contra Hermionium[47] agrum Tiparenus[48], Aperopia, Colonis, Aristera : contra

---

40. *Sphagiæ.* Quarum maxima Σφαγία, et Σφακτηρία dicta, Pausaniæ, Lacon. lib. III, pag. 167, et Straboni, lib. VIII, pag. 359, προσκειμένη πλησίον τοῦ Πύλου. HARD. — Tres Sphagiæ videntur esse nunc *Prodano* quondam Prote dicta (not. sup. 37), *Sphagia*, quondam Sphacteria, ante Pylum, nunc *Zonchio*, sive *vieux Navarin* dictum ; tertia fortasse fuit quæ nunc *Bechli* dicitur, in ipso Navarini portu, recenti Gallorum, Britannorum et Moscovitarum victoria illustrato. ED.

41. *Totidem... Œnussæ.* Vet. ap. Dalec. « Totidem in latere septemtrionali : dextra in Messenen Œnussa.» ED.

42. *Œnussæ.* Οἰνοῦσαι Pausaniæ, Messen. lib. IV, pag. 282. A vini fertilitate vetus petita appellatio est. HARD. — Nunc *Sapience*, *Santa Maria* et *Cabrera* vocantur. ED.

43. *Thyrides.* Θυρίδες, Strab. lib. VIII, pag. 360, in Asinæo pariter sinu. De Asinæo sinu diximus cap. 7. HARD. — Nunc *Venetico* et *Formigues.* ED.

44. *Teganusa.* Θηγανοῦσα Pausaniæ, loc. cit. Nunc *Servi.* Κώθων haud procul Cytheris, Stephano : nunc sine nomine. Κύθηρα denique omnium maxima, ante Tenarum promontorium, Straboni, lib. VIII, pag. 363, nunc *Cerigo.* Olim etiam Πορφυρίς Solino, cap. XI, pag. 29, et Πορφύρουσσα dicta, Eustathio in Dionys. v. 500, pag. 71, a copia quæ ibi est, præstantiaque purpurarum. HARD. — In Cythera multa concharum genera lapidescentia vidit, anno 1680, Cl. GALLAND. BROT.

45. *Hæc sita est*, etc. Solinus, cap. XI, pag. 29. HARD.

46. *Pityusa.* Hoc est, pinaria, πιτυοῦσα, a pinuum copia. Ἰρίνη deinde sit, an Εἰρήνη, quo nomine et ipsam Calauriam, quæ haud procul hinc abest, invenio nominatam apud Plutarch. in quæst. Græc. pag. 295, obscurum est. Ἐφύρη Stephano inter insulas haud procul Melo memoratur. HARD. — Pityusa, nunc *île du port Tolon* dicitur, Irine, *Kavouro*, *Platia* seu *Caronisi*, Ephyre, *Hypsili* sive *île du Diable.* ED.

47. *Hermionium.* Dalec. *Hermionum.* ED.

48. *Tiparenus*, etc. Dalec. *Epiropia.* Chiffl. *Eperopia.* ED. — De Tipareno et Colonide cæteri silent. Ἀπεροπία et Ἀριςερὰς Pausaniæ memorantur, Corinth. lib. II, pag. 150. HARD. — Tiparenus nunc

LIBER IV.

Trœzenium Calauria[49], quingentos passus distans[50] : Plateis[51], Belbina, Lasia, Baucidias. Contra Epidaurum Cecryphalos[52], Pityonesos[53] vi millibus passuum a continente. Ab hac Ægina[54] liberæ conditionis xvii[55] millibus pass. 6 cujus xx[56] mill. pass. præternavigatio est. Eadem autem a Piræeo Atheniensium portu xx[57] mill. pass. abest, ante[58]

Spetzia est, *Aperopia*, ut videtur, *Hydron;* Colonis autem insula hæc esse videtur ad occidentem superioris sita, et cujus nomen in mappa sua non refert LAPIE; Aristera, si eidem mappæ fides habenda sit, nunc *Spetzia poulo* dicitur. ED.

49. *Calauria.* Καλαύρεια Stephano. Mela, lib. II, cap. 7 : « Calauria inter ignobiles, alias leto Demosthenis nobilis. » HARD. — *Poros* hodie vocatur. ED.

50. *Quingentos passus distans.* Ab agro Trœzenio. H. — Vet. ap. Dalec. « quinginta millia pass. distans a Platæis. » Dalec. « quingentos passus distans Platæis. » ED. — At Platææ urbs Bœotiæ est, longe ab hoc tractu semota, non D. modo pass. sed multis millibus : et in regionis meditullio posita, non in littore, unde insularum intervalla petuntur. A continente dispesci Calauriam exiguo freto iv stad. hoc est, D. pass. auctor est Strabo, lib. VIII, pag. 369. HARD.

51. *Plateis, Belbina,* etc. Chiffl. *Bellina.* ED. — Ex his sola Belbina Scylaci nota, pag. 19. Κατὰ δὲ τὸ Σκύλλαιον ἀκρωτήριον τῆς Τροιζηνίας ἐςὶ νῆσος Βέλβινα, καὶ πόλις, contra Scyllæum Trœzenii agri promontorium. Straboni quoque, lib. VIII, pag. 365, et Stephano. HARD. — Hæ sunt, ut videtur, insulæ istæ quæ nunc *Moni Jorench, Kophinidia*

et *San Giorgio d'Arbora* vocantur, sed suum cuique nomen assignare difficile videtur; ultimam tamen Belbinam esse opinantur Mannertus et LAPIE. ED.

52. *Cecryphalos.* Κεκρυφαλία Aristidi, apud Photium in Bibl. cod. 246, pag. 1221, prope Æginam : hod. *Keratès.* Diodoro quoque, Bibl. lib. XI, pag. 59, et Thucyd. lib. I, pag. 70. HARD.

53. *Pityonesos.* Dalec. *Sitionesos.* ED. — Πιτυόνησος insula pinaria. In MSS. Reg. 1, 2, Colb. 1, 2, *Scinthionesos.* HARD. — Hodie *Ankistri.* ED.

54. *Ægina.* Αἴγινα, hodieque *Egina,* sive *Enghia.* Ab ea sinui Saronico nomen. Pauli Medici Æginetæ patria. Hanc Agathemerus, Geogr. lib. I, cap. 5, porrectam ait esse stadiis CLX, hoc est, xx mill. pass. ut recte Plinius. HARD. et ED.

55. *XVII millibus.* Lego *XVI millia,* ex MSS. Reg. 1, 2, et editione principe. BROT.

56. *XX mill.* Chiffl. *XIX mill.* Hanc lectionem secutus est Broterius, quæ et in MSS. Reg. 1, 2, et in editione principe reperitur. ED.

57. *XX mill.* Sic apud Chifflet. Dalecamp. *XII.* Broterius, ex codd. proxime laudatis, *XXX mill.* ED.

58. *Ante OEnone.* Οἰνώνη Steph. Scymno Chio, pag. 23; Eustathio in Dionysium, vers. 512, pag. 73;

OEnone vocitata. Spiræo [59] promontorio objacent Eleusa, Dendros [60], Craugiæ duæ, Cæciæ [61] duæ, Selachusa, Cenchreis, Aspis. Sunt et in Megarico sinu Methurides [62] quatuor. Ægila [63] autem xv mill. pass. a Cythera, eademque a Cretæ Phalasarna oppido xxv mill. passuum.

XX. Ipsa Creta' altero latere ad austrum, altero ad septemtrionem versa, inter ortum occasumque porrigitur, centum urbium [2] clara fama. Dosiades eam a Crete nym-

Tzetzæ in Lycophr. vers. 195, p. 36; Apollodoro, lib. III de Diis, pag. 229, et ante eos Herodoto, Uran. lib. VIII, pag. 477, n. 46. HARD. — Vet. apud Dalec. *Ænopia*. ED.

59. *Spiræo*. De quo cap. 9. Ex his insulis Ἐλεοῦσα Straboni memoratur, lib. IX, pag. 398. Ἀσπὶς Stephano. De cæteris auctores desidero. HARD.—E regione promontorii Spiræi, hodie, ut diximus, *Capo Franco*, reperiuntur insulæ *Petro*, sive *Psili*, *Hevræo*, *Plato*, *Pente-Nisia*, *Fractera*, *Lavoura*, seu *Peristeria*; quod autem cuique assignandum sit vetus nomen omnino incertum est, quamvis *Pente-Nisia* Craugias esse dicat LAPIE, et *Lavoura* Eleusam. ED.

60. *Dendros*... *Aspis*. Rectius fortassis *Adendros*, litterula ex superiore vocabulo repetita: quoniam quemadmodum mox citata Aspis, teste Stephano, careret arboribus: Ἀσπὶς, νῆσος ἄδενδρος οὖσα. In Reg. 1, *Adendros* legitur. HARD. — Sic dicta videtur, quod esset sine arboribus. Nunc *Pentenesia*. BROT.

61. *Cæciæ*. Chiffl. *Acæciæ*. ED.

62. *Methurides*. Vet. apud Dalec. *Ethurides*. Stephano *Methuriades*. Quarum, ut quidem videtur, maxima Μεθουρία Stephano appellata est, inter Æginam et Atticam, juxta Trœzenem: νῆσος μεταξὺ Αἰγίνης καὶ Ἀττικῆς, πλησίον Τροιζῆνος. *Revitouza* vocantur hodie, auctore LAPIE. HARD. et ED.

63. *Ægila*. Ita MSS omnes, Reg. 1, 2, Colb. 1, 2, Paris. etc. ubi perperam libri vulgati *Æglia*. Neque ipse Stephanus forte mendo caret, qui hanc insulam Αἰγιάλειαν, pro Αἰγίλειαν vocet: nam de hac nostra eum agere, vel ipso situ, quod suspicatus est etiam Barbarus, satis admonemur, quum inter Cretam et Peloponnesum jacere dicat, quo situ est Ægila hæc a Phalasarna Cretæ distans xxv mill. pass. Αἰγιάλεια, inquit, νῆσος μεταξὺ Κρήτης καὶ Πελοποννήσου · ὁ οἰκήτωρ Αἰγίλιος. Quæ vox postrema suadet Αἴγιλα prius, vel Αἰγίλια scribi oportuisse. Herodoto, Erato, lib. VI, pag. 366, num. 97, Αἰγιλίη, vel Αἰγίλεια, variant enim ibi codices. Hodie *Cerigotto*. HARD. — Chifflet. *Ægialum*. ED.

XX. 1. *Creta*. Nunc *Candie*. BROT.

2. *Centum urbium*. Maro, Æneid. lib. III, vers. 106: « Centum urbes habitant magnas. » Et Horatius, lib. III, ode 27: « Centum tetigit potentem Oppidis Creten. » Belli Tro-

pha³ : Hesperidis⁴ filia, Anaximander : a rege Curetum, Philistides Mallotes : Crates primum Aeriam⁵ dictam : deinde postea Curetin, et Macaron⁶ nonnulli a temperie cæli appellatam⁷ existimavere. Latitudine nusquam quinquaginta millia passuum excedens, et circa mediam sui partem maxime patens, longitudinem⁸ implet CCLXX⁹

jani temporibus urbes nonaginta dumtaxat ibi fuisse prodit Ulysses, Odyss. XIX, 174. At ætate sua centum fuisse refert Homerus, Iliad. II, 649. Nunc vero quæ sint alicujus nominis, vix quatuor omnino exstant : *Castro* metropolis, quæ Italis *Candia* dicitur, *Canea, Retimo, Setia;* in septemtrionali ora omnes positæ, namque bonis portubus caret australe littus. HARD.

3. *Dosiades eam a Crete nympha : Hesperidis filia, Anaximander : a rege Curetum, Philistides Mallotes : Crates primum Aeriam dictam : deinde postea Curetin,* etc. Perturbata hæc interpunctione præpostera ita sanavimus. Nihil juvat Solinus, cap. XI, pag. 29, qui miscere omnia videtur : nihil Martianus, lib. VI, c. de Thracia, p. 212, qui auctorum nomina prætermisit : « Creta, inquit, cui nomen suum Hesperidis Nympharum pulchra concessit, aut Curetum rex Cretes, a quo Creta primo, mox Curetis appellata : deinde propter cæli temperiem Macaronnesos appellata. » Cretam Hesperidos filiam pariter vocat Solinus : Apollodorus, lib. III de Diis, pag. 163, Ἀστερίου, nisi mendum sit pro Ἑσπέρου. Creten Curetum regem, Jovis et Idææ Nymphæ filium Stephanus auctor est fuisse : meminit ejus et Scymnus Chius,

pag. 23. Unde in suspicionem venio nec posteriorem hujus sententiæ partem a vitio penitus immunem esse : nam ea vox *dictam* plane supervacanea est : nec illud *deinde postea* Plinianam elegantiam sapit. Quid si legas igitur : « Crates primum Aeriam, Idæam deinde, » nempe ab Idæa Nympha, *postea Curetin,* etc. Adeo non hæc nostra nobis conjectura displicet, ut si librorum ullus faveret, in textum inserere nulla religio foret. HARD. — Dalec. « Dosiades eam a Creta nympha Hesperidis filia ; Anaximander a rege Curetum ; Philistides, Mallotes Crates primum Aeriam dictam, deinde postea, etc. » ED.

4. *Hesperidis.* Volebat Dalecamp. *Hesperi.* ED.

5. *Aeriam.* Ἀερία Stephano : Gellio quoque, lib. XIV, cap. 6, pag. 777. HARD.

6. *Macaron.* Hoc est, τῶν Μακάρων, subintellige insulam. Solinus, et Martianus, Μακάρων νῆσον, *insulam beatorum.* HARD.

7. *Appellatam existimavere.* Vet. apud Dalec. *appellavere.* ED.

8. *Longitudinem.* Sic apud Chiffl. Dalec. *longitudine implet CCLXX millia passuum.* ED.

9. *CCLXX mill.* Ex Apollodoro *CCLXXXVII,* et octavas quatuor. DALEC.

millium passuum, circuitum [10] DLXXXIX [11], flectensque se in Creticum pelagus ab ea dictum, qua longissima est ad orientem Sammonium [12] promontorium adversum Rhodo: 3 ad occidentem Criumetopon [13] Cyrenas versus expellit. Oppida ejus insignia, Phalasarne [14], Etea [15], Cisamum [16], Pergamum [17], Cydon [18], Minoum [19], Apteron [20], Pantomatrium [21],

10. *Circuitum.* Dalec. *circuitu.* Ed.

11. *DLXXXIX.* Ex recentioribus *DXX.* Dalec. — Vet. apud Dalecampium, *mille quingentos LXXXIX.* Ed.

12. *Sammonium.* In Tabulis Nauticis *Capo Salamon.* In Act. Apostol. c. 27, *Salmone.* Ptolemæo, lib. III, cap. 17, Σαμώνιον ἄκρον. Hard.

13. *Criumetopon.* Κρίου μέτωπον ἄκρον, Ptolemæo, loco citato, ceu *Frons Arietis.* Nunc *Capo Crio:* juxta pagus est, *S. Zuan di Capo Crio.* H.

14. *Phalasarne.* Φαλάσαρνα, Scylaci, p. 17, Ptolemæo, et Stephano. Hard.

15. *Etea.* Hactenus *Elea* vel *Elæa* legebatur, quam in Creta nemo unus scriptorum agnoscit. At Eteam plures: Stephanus: Ἠτέα... τῆς Κρήτης πόλις, ὅθεν ἦν Μύσων, εἷς τῶν ἑπτὰ σοφῶν. Diog. Laert. in Mysone, lib. I: Ἠτείαν γὰρ πόλιν εἶναι Κρήτης. Hard.

16. *Cisamum.* Dalec. *Crysamum.* Ed. — Κίσαμος Ptolemæo, loco citato. Apteri oppidi navale, Ἀπτέρας ἐπίνειόν ἐστι Κίσαμος, inquit Strabo, lib. X, pag. 479. In notitia Eccles. Hieroclis, pag. 25, sedes Episcopalis. Hodie *Chisamo.* Hard.

17. *Pergamum.* Pergameam Maro appellavit, Æneid. lib. III, v. 133: « Et tandem antiquis Curetum allabimur oris. Ergo avidus muros optatæ molior urbis, Pergameam-que voco. » Scylaci quoque, Περγαμίας, in Κρήτῃ. Hard.

18. *Cydon.* Straboni, loco citato, Κυδωνία. Italis *Canea:* nobis, *la Canée.* Hard. — A quibusdam tota insula *la Canée* dicitur. Ex eo oppido venere Cydonia, *les cognassiers,* quæ nunc ibi non sunt frequentissima. Brot. — Minoum Cydonis navale, Apteronisque Cisamum fuisse ait d'Anville. Ed.

19. *Minoum.* Μινώα, Ptolemæo, loco citato. Nunc *Minola.* Hard.

20. *Apteron.* Ἄπτερα Stephano, πλησίον τῆς θαλάττης. Nomen, si fabulis fides, ex eo datum oppido, quod Sirenes ibi a Musis victæ, τὰ πτερά, hoc est, alas abjecerint. Stephanus, Suidas, et Etymologici auctor. Hard.

21. *Pantomatrium,* etc. Παντομάτριον Ptolemæo et Stephano. Ἀμφίμαλλα et Ἀμφιμάλλιον Stephano: nunc *la Suda:* hinc Ἀμφιμαλῆς κόλπος apud Ptolemæum, lib. VII, c. 17. *Golfo de la Suda.* Ῥίθυμνία Stephano, Ptolemæo Ῥίθυμνα, hodie *Retimo.* Πάνορμος Ptolemæo, nunc etiam *Panormo,* in territorio, ut loquuntur, Setiæ. Nam Κύταιον, ut Stephanus habet, vel Κυταῖον, ut Ptolemæus, *Setia* nunc dicitur: circumjectus ager, *il territorio di Setia.* In Leonis Novella, sedes Episcopalis, Σίτεια, apud Leunclavium, p. 96. Hard.

Amphimalla, Rhithymna [22], Panhormum, Cytæum [23], Apollonia [24], Matium [25], Heraclea [26], Miletos [27], Ampelos [28], Hierapytna [29], Lebena [30], Hierapolis [31] : et in mediterraneo, Gortyna [32], Phæstum, Gnossus, Polyrrhenium, Myrina [33],

22. *Rhithymna.* Dalecamp. *Rhythmna.* ED.

23. *Cytæum.* Dalec. *Cyteum.* ED.

24. *Apollonia.* Stephanus juxta Gnossum locat: Ἀπολλωνία ἐν Κρήτῃ πρὸς τῇ Κνώσσῳ. HARD.

25. *Matium.* Matium paulo post a Plinio contra Diam insulam statuitur, quæ *Standia* hodie appellatur, septemtrionali Cretæ lateri opposita: quamobrem ex eo situ intelligimus Matium haud longe abfuisse a *Candie*, quod hodie totius insulæ primarium est oppidum. ED.

26. *Heraclea.* Ἡράκλεια Κρήτης, Stephano: Gnossiorum navale Straboni, lib. X, pag. 476: ἔχει δὲ ἐπίνειον τὸ Ἡράκλειον ἡ Γνωσσός. HARD.

27. *Miletos.* Μίλητος, quæ Ionicæ Mileto ortum dedit. Strabo, l. XIV, pag. 634, et lib. X, pag. 479, Μίλυτος pro Μίλητος. Homerus in Catalogo, Iliad. II, vs. 154: Λύκτον, Μίλητόν τε καὶ ἀργινόεντα Λύκαστον, Φαιστόν τε, Ῥύτιόν τε. Nonnus, Dionys. lib. XIII, pag. 364: Μιλήτου στρατίῃσι συνήλυθες. HARD.

28. *Ampelos.* Ἄμπελος ἄκρα Ptolemæo promontorium est, unde jam ad oppida australi latere posita, cursum Plinius orationemque flectit. HARD.

29. *Hierapytna.* Ἱερὰ Πύτνα, πόλις Κρήτης Stephano. Τὰ Ἱεράπυδνα Dioni, lib. XXXVI, p. 8. Apud Gruterum, pag. 595, Ἱερὰ Πύτνα. Hodie *Giera Petra*. In Notitia Ecclesiast. sedes Episcopalis. HARD. — Pytna collis fuit montis Idæ. Ibi Jovem a capra fuisse nutritum ferebant: unde nomen Hiera, id est, Sacra. BROT.

30. *Lebena.* Λεβὴν Straboni, lib. X, pag. 478. Gortynæ navale, a qua dissidet stadiis xc. Nunc *Lionda.* HARD.

31. *Hierapolis,* etc. Ἱερὰ πόλις Κρήτης Stephano. In Novella Leonis, sedes Episcopalis. Gortyna quoque, Γορτύνα μητρόπολις, hodie *Chetina.* Φαιστὸς πόλις Κρήτης Stephano agnita: Γνωσσὸς fere omnibus. Πολυρρήνιοι Cydoniatarum vicini dicuntur apud Strabonem, p. 479, ab ovium, quas alunt, numero appellati, ut auctor est Stephanus. In nummo vetere apud Spanhem. pag. 902, ΠΟΛΥΡΗΝΙΩΝ. H.

32. *Gortyna.* Dalec. *Cortyna.* ED.

33. *Myrina... Rhamnus.* Ita libri omnes. At de Cretensi Myrina, altum tamen ubique silentium. Velleius, lib. I: « Rex regum Agamemnon tempestate in Cretam insulam rejectus, tres ibi urbes statuit: duas a patriæ nomine, unam a victoriæ memoria: Mycenam, Tegeam, Pergamum. » Quo Velleii testimonio adductus, nullus fere dubito, quin *Mycenæ* hoc loco pro *Myrina* legi multo satius sit. Rhamnus quoque ne temere huc nobis a conjectore aliquo obtrusa objectaque sit, valde vereor: est enim Ῥαμνοῦς λιμὴν inter urbes littori adjacentes apud Ptolemæum, lib. III, c. 17, cum portu haud ignobili ; hæc modo a Plinio

Lycastus[34], Rhamnus, Lyctus[35], Dium, Asum[36], Pyloros[37], Rhytion, Elatos, Pharæ[38], Holopyxos, Lasos[39], Eleuthernæ[40], Therapnæ, Marathusa, Cylissos : et aliorum[41] circiter LX oppidorum memoria exstat. Montes[42] :

mediterraneis oppidis accensetur. Quamobrem suspicor haud immerito *Rhaucus*, pro *Rhamnus*, scribi oportere : est enim Stephano, Ῥαῦκος, πόλις ἐν μεσογείῳ τῆς Κρήτης. HARD.

34. *Lycastus*. Homero superius laudato, et Stephano, aliisque, Λύκαστος. HARD.

35. *Lyctus*, etc. Λύκτος Stephano : Scylaci, ἐν μεσογείᾳ Λύκτος, p. 18. Dium in mediterraneis insulæ urbibus qui statuerit, auctorem adhuc requiro. HARD.

36. *Asum*. Vet. apud Dalecamp. *Asium*. ED.—Ἄσος Stephano, unde Jupiter Asius appellatus. HARD.

37. *Pyloros*, *Rhytium*, *Elatos*. *Pyloros* quidem libri omnes, etiam MSS. exhibent : sed vitiato, ut apparet, vocabulo : quum de Pyloro Cretæ cæteris scriptoribus silentium sit. *Elyros* potius agnoverim : nam Stephano Ἔλυρος, πόλις Κρήτης, quæ mendose ut arbitror, Scylaci Σάλυρος vocatur. Aut certe Ὤλερος, quæ Κρητικὴ πόλις Stephano pariter appellatur. Aut denique *Alloros*, quod apud Gruterum, pag. 505, fœdus recitatur inter Ἀλλαριώτας et Παρίους, Cretenses. Elatos vero (sic enim admonitu codicum Reg. 1, 2, Paris. et Chifflet. rescripsimus pro *Clatos*, quam vocem nihili prorsus vulgati libri exhibent:) Elatos, inquam, haud dubie ea est, quæ Stephano Ἐλαττία πόλις Κρήτης dicitur : exstat apud Reines. p. 501, marmorea inscriptio complexa fœdus inter Olontios, Latiosque, Cretenses populos, quos eosdem esse cum Elatiis arbitramur. Rhytium Ῥύτειον Suidæ est. Rhytium cum Rhithymna confundit Ferrarius in Lexico. HARD. — Pro *Pyloros* legitur in vet. apud Dalecamp. *Phileros*. ED.

38. *Pharæ*, etc. Φαραὶ colonia Messeniorum est, Stephano teste. Holopyxos etiam Melæ cognita, l. II, cap. 7. HARD.

39. *Lasos*. Vet. apud Dalecamp. *Alos*. Omnibus ignota. ED.

40. *Eleuthernæ*, etc. Ἐλευθέρνα Stephano : Scylaci Ἐλευθέρναι, in Κρήτη. Est in Thesauro Regio argenteus nummus ære mixtus, cum epigraphe, ΕΛΕΥΘΕΡ... Therapnes etiam meminit Solinus, Marathusæ, Mela, lib. II, cap. 7, pag. 44, Cylissi Solinus. Editio Dalecampii *Mytinos*, Parmensis *Gytisos*. Hermolaus, et cum consecuti Frobenius, Gelenius, aliique, *Cytinos :* sed Doriensis urbs ea est, apud Strabonem, lib. X, p. 476, non Cretica. MSS. Reg. 1, 2, et Chiffl. *Gylysos*. Colb. 1, 2, *Gytisos*. At Solinus ex Plinio Cylisson habet, cap. XI, p. 29, quem secuti sumus. HARD.

41. *Et aliorum*. Quorum nomina Meursius recitat in libro de Creta insula. HARD.

42. *Montes*. Dalec. *montes Cadiscus*. ED. — Solinus, cap. XI, pag. 29 : « Albet Creta jugis montium

LIBER IV.

Cadistus, Idæus, Dictynnæus[43], Corycus. Ipsa abest promontorio suo, quod vocatur Criumetopon, ut prodit Agrippa, a Cyrenarum promontorio Phycunte[44], CXXV millibus passuum. Item Cadisto[45]. A Malea Peloponnesi LXXV[46]. A Carpatho insula, promontorio Sammonio LX mill. in Favonium[47] ventum. Hæc inter eam et Rhodum interjacet.

Reliquæ circa eam : ante Peloponnesum duæ Coricæ[48], totidem Mylæ : et latere septemtrionali, dextra Cretam habenti contra Cydoniam[49] Leuce, et duæ Budroæ. Contra

Dictynnæi et Cadisti : qui ita excandescunt, ut eminus navigantes magis putent nubila. » Albos montes Plinius vocat, lib. XVI, c. 60, et lib. XXXI, cap. 26. Item Ptolemæus, lib. III, cap. 17, quod eorum juga nivibus semper albent. H.

43. *Dictynnæus*, etc. Dalecamp. *Dictæus*. ED. — Idem qui Dictæus Callimacho : sed id Strabo negat, lib. XVIII, pag. 479. *Dictynnæum* hoc loco habent MSS. Pliniani omnes, Solinus quoque et Martianus: nomen ex ea re habet, quod Dictynna inde se, ut aiunt, præcipitem egit. Ptolemæo tamen loco cit. ἡ Δίκτη ὄρος et Κώρυκος ἄκρα, quæ nautis hodie *Punta di Coraca*. H.

44. *CXXV millia*. Ita MSS. omnes, Reg. 1, 2, Colb. 1, 2, Paris. Chiffl. tum hoc loco, tum lib. V, cap. 5, ubi eadem repetuntur: sic etiam vetustæ editiones ante Frobenium, qui prior centum millia passuum addidit. Atque ei sane adstipulari Strabonem intelleximus, qui, libro X, pag. 475, a Cyrenaica regione, ubi Phycus promontorium est, ad Criumetopon, ἀπὸ τῆς Κυρηναίας, ἐπὶ τὸ Κρίου μέτωπον, intervallum ait esse ex

Eratosthenis sententia, stadiorum bis mille, quæ passuum efficiunt CCL millia. Sed quamnam Plinius Agrippæ sententiam esse dixerit, non qualem esse oportuerit, inquirimus. HARD. — Quum Agrippa in suis mensuris sit accuratus, recte emendavit Frobenius *CCXXV millia*. Tanta est enim locorum distantia. Male MSS. ed. princeps et recentiores *CXXV mill*. Promontorium Phycus, nunc *Ras-al-Sem* ; a nautis vulgo dictum, *le cap Rasat*. BROT. — Dalec. quoque *CCXXV millia* scripsit, qui numerus restituendus videtur. ED.

45. *Item Cadisto. A Malea.* Dalec. item *Cadisco a Malea.* ED.

46. *LXXV*. Dalecamp. *LXXX*. Chiffl. *LXX*. ED.

47. *In Favonium.* Occasum versus, inquit, a Carpatho Creta recedit, LX millibus passuum. H.

48. *Coryca... Mylæ*. De his cæteri scriptores silent. Scopuli verius, quam insulæ. HARD.

49. *Contra Cydoniam.* Sive Cydonem, de qua paulo ante. Nam et Cydonia Latinis interdum, ut Solino : Græcis semper est appellata. Ipsa vero Leuce hodie est *Scoglio*

Matium, Dia[50]. Contra Itanum[51] promontorium Onisia[52], Leuce : contra Hierapytnam, Chrysa[53], Gaudos. Eodem tractu Ophiussa, Butoa, Aradus[54] : circumvectisque Criumetopon, tres Musagores[55] appellatæ. Ante Sammonium promontorium, Phoce[56], Platiæ, Sirnides, Naulochos, Armendon, Zephyre.

6 At in Hellade, etiamnum in Ægæo, Lichades[57], Scar-

---

di S. Theodoro, cum arce munitissima. Budroæ (sic enim MSS. habent, non Budoræ), nunc *Turluru*. Hard.— Dalec. *Budoræ*. Aliis, *Buto*. Sic Stephanus. Ed.

50. *Dia.* Ita Reg. 1, etc. non *Cia.* Dalecamp. *Cia.* Vet. *Dia.* Ed. — Et Ptolemæo, lib. III, cap. 17, ac Straboni, lib. X, p. 484. Δία νῆσος, nunc *Standia*, conflata appellatione pravo harum vocum sono, εἰς τὴν Δίαν. Hard.

51. *Contra Itanum*. Orientale Cretæ promontorium illud est, ubi se insula in austrum flectere incipit : hodie *Capo Xacro* nautis. Ibi et oppidum Ἴτανος fuit, cujus Ptolemæus meminit, lib. III, cap. 17, et Notitia Eccles. Hieroclis : at non est *Paleocastro*, prope Candiam positum, ut visum est erudito viro : quum hæ civitates in media fere oræ illius parte sint, quæ Boreæ obvertitur. Hard.

52. *Onisia, Leuce*. Sic apud Chiffl. Dalec. *Onisa*. Ed.—Prior *Cofonisi* : altera sine nomine est : ejus tamen meminit Anton. in Itin. Marit. H.

53. *Chrysa, Gaudos*. Utriusque Mela meminit, lib. II, cap. 7, cap. 44. Posterior Ptolemæo dicta, ut arbitror, Κλαῦδος νῆσος, III, 17, adjacens Cretæ, παράκειται τῇ Κρήτῃ : et in Not. Eccl. Hierocl. p. 25.

Harum major hodie *Gaidurognissa*.

54. *Aradus*. Ἄραδος circa Cretam insula Stephano. In MSS. et edit. Parm.*Aranus*. Libri vulgati perperam, auctore Frobenio, *Rhamnus*.

55. *Musagores*. Mela, II, 7 : « Et quas Musagoras, numero tres, uno tamen vocabulo appellant. »

56. *Phoce*, etc. Dalec. *Phocæ*, etc. Volebat Dalec. *Plachiæ* pro *Platiæ*; vet. apud Dalec. *Syrindes* pro *Sirnides*; *Naumuchos* pro *Naulochos*.Ed. — De Phoce Antoninus in Itiner. Marit. Πλατεία insula Libyæ a Stephano adscribitur. Sirnides, vel ut MSS. *Syrnides* nusquam compertæ nobis : at Σύρινθος Stephano urbs Cretæ dicitur, forte pro insula Creticæ ditionis. Naulochos ea est quæ Naumachos a Mela, una cum Zephyre, appellatur, loco citato. *Armedon* (sic enim MSS.), vel *Armendon*, quæ sit, penitus obscurum. Et scopulis omnes, quam insulis, propiores. Hard.— Armedon est una ex insulis, quæ videntur ante Sammonium promontorium. Brot. — Revera exstat in sinu *Bombea* insula Libyæ hoc nomine clara; ast, non eadem est de qua Plin. in eo momento agit. Nonne N. E. insulæ Cretæ sita? (Vid. *atlas d'Anacharsis, carte générale*, 2e *édition*). Ed.

57. *Lichades*. De his Strabo, lib.

phia, Caresa, Phocaria, compluresque aliæ ex adverso Atticæ sine oppidis, et ideo ignobiles. Sed contra Eleusina [58], clara Salamis : ante eam Psytalia : a Sunio [59] vero Helene quinque mill. pass. distans. Dein Ceos [60] ab ea totidem, quam nostri quidam dixere Ceam, Græci et Hydrussam [61]. Avulsa Eubœæ, quingentis [62] longa stadiis fuit quondam : mox quatuor fere partibus, quæ ad Bœotiam vergebant, eodem mari devoratis, oppida habet reliqua, Julida [63], Carthæam : intercidere Coressus [64], Pœeessa. Ex hac profectam [65] delicatiorem [66] feminis vestem, auctor est Varro.

IX, pag. 426 : Ἐνταῦθα καὶ αἱ Λιχάδες καλούμεναι τρεῖς νῆσοι, etc. Harum complures idem Strabo refert, lib. I, pag. 60, terræ motu esse demersas. Σκάρφεια ex adverso in continente urbem habet cognominem, in Locrorum ora, de qua cap. 12 diximus. Caresa in MSS. *Corasa*. *Phocaria* a phocis seu vitulis marinis accepisse nomen videtur. In MSS. *Pkocasia*. HARD. — Dalec. *Maresa* pro *Caresa*. ED.

58. *Contra Eleusina*. De qua egimus, c. 11. Ipsam vero Σαλαμῖνα, hodie *Colouri*, in Saronico sinu : Psytalia, *Lypsocoutalia* incolæ vocant. De hac Pausanias, Attic. lib. I, pag. 67 : Νῆσος δὲ πρὸ Σαλαμῖνός ἐστι καλουμένη Ψυττάλεια, etc. H.

59. *A Sunio*. De Sunio, cap. 11. De Helene Mela, lib. II, cap. 4, pag. 43 : « In Atthide Helene est, nota stupro Helenæ : et Salamis excidio classis Persicæ notior. » Helene, ut olim Μακρίς, Stephano teste dicebatur, quod est in longum porrecta, sic hodie *Macronisi*, hoc est, μακρὰ νῆσος, vocatur. HARD.

60. *Ceos ab ea*. Ab Helene totidem, hoc est, quinque pass. mill. distans Κέως Straboni, lib. X, pag. 486, aliisque. Κία νῆσος Ptolemæo, lib. V, c. 15. Hydrussæ cognomen a copia aquarum petitum, Heraclides, cap. de politia Coorum, insulæ Coo attribuit, non Ceæ : sed Ceon et Coon ab ipso confundi, sequentia ejus verba declarant. Nunc *Cia*, vel *Zea*. HARD.

61. *Hydrussam... quingentis*. Vet. apud Dalec. *Hydrussam avulsam Eubϙæ. Quingentis*, etc. ED.

62. *Quingentis*. LXII D. M. pass.

63. *Julida*, etc. Ἰουλίς, Καρθαία, Ποιήεσσα, Κορησσία, Straboni, lib. X, pag. 486. Κορεσσός Ptolemæo, lib. III, cap. 15. De Carthæa Ovidius, Metamorph. lib. VII, vers. 369 : « Transit et antiquæ Carthæia mœnia Ceæ. » HARD.

64. *Coressus, Pœeessa*. Strab. *Corissia, Proeessa*. DALEC.

65. *Ex hac profectam*. Hæc iisdem verbis Solinus, cap. VII, pag. 23. Vide quæ dicturi sumus lib. XI. ED.

66. *Delicatiorem*. Vet. ap. Dalec. *delectationis*. ED.

XXI. Euboea[1] et ipsa avulsa Boeotiae, tam modico interfluente Euripo, ut ponte[2] jungatur: a meridie[3] promontoriis duobus, Geraesto[4] ad Atticam vergente, ad Hellespontum Caphareo insignis: a septemtrione, Cenaeo[5]: nusquam latitudinem ultra XL millia passuum extendit, nusquam intra duo millia[6] contrahit: sed in longitudinem universae[7] Boeotiae, ab Attica Thessaliam usque, praetenta in CL[8] mill. pass. circuitu vero trecenta sexaginta quinque. Abest ab Hellesponto parte Caphareī, CCXXV mill. passuum, urbibus clara quondam, Pyrrha[9], Porthmo,

XXI. 1. *Euboea.* Nostris *Negrepont: Egrippos* olim, voce ab *Euripos*, ut arbitror, deflexa. Hunc porro Plinii locum de more transscribunt Solinus, cap. XI, pag. 30, et Martianus, cap. de Thracia, lib. VI, pag. 213. Vide Pomponium, lib. II, cap. 7, p. 43. H.

2. *Ut ponte jungatur.* Qui pons hodieque exstat, longitudine CCL pass. HARD.

3. *A meridie.* Dalec. *ad meridiem.* ED.

4. *Geraesto*, etc. Γεραιςὸν, Καφαρεὺς, Κήναιον, promontoria Euboeae terna, Straboni, lib. X, pag. 444, et Ptolemaeo, lib. III, cap. 15. HARD.

5. *Cenaeo.* Dalec. *Caeneo.* ED.

6. *Intra duo millia.* Sic Martian. lib. VI, pag. 213. Sic MSS. Reg. 1, 2, Colb. 1, 2, et Paris. sic denique Mela qui Martiano praeivit. Vulgati libri perperam hactenus, *intra XX millia.* HARD. — *Nusquam latitudinem ultra XX mill. pass. extendit, nusquam intra II mill. contrahit.* Vet. adstipulantibus Strabone et Pomponio. Man. legit *nusquam infra*, etc. non *intra.* DALEC.

7. *Sed in longitudinem universae Boeotiae.* Malebat Dalec. *sed in longitudinem universa Boeotia.* ED.

8. *Praetenta in CL.* In longitudinem CL mill. pass. toti Boeotiae apposita. HARD. — Ex recentioribus CX. DALEC.

9. *Pyrrha*, etc. Pyrrhae meminit Mela, loc. cit. Πορθμοῦ Suidas. De Neso (sic enim ex MSS. Reg. 1, 2, Colb. 1, 2, Paris. pro *Meso* rescripsimus), idem Mela: hodieque *Neso* vocatur, in parte insulae boreali. Κήρινθος, Homero cognita Iliad. II, in Catal. vers. 45, et Ptolemaeo, lib. III, c. 15: Ὠρεὸς, πόλις Εὐβοίας, Stephano. Hinc Oritae populi, quod Dalec. in Athen. lib. I, pag. 14, ad Indos Oritas perperam refert. Δῖον Homero rursum loc. cit. et Straboni, lib. X, pag. 446. Αἰδηψὸς eidem Straboni, pag. 445, cum thermis Herculeis, aquisve calidis. Ὄχη Eustathio in Iliad. pag. 279, et montis nomen, et vetusta Euboeae totius appellatio fuit, ab oppido, ut apparet, cognomine. Οἰχαλία denique et apud Stephanum Euboeae oppidum est. HARD. — Vet. ap. Dalec. *Neside*,

LIBER IV.

Neso, Cerintho, Oreo, Dio, Ædepso, Ocha, Œchalia: nunc Chalcide[10], cujus ex adverso in continenti Aulis est: Geræsto[11], Eretria, Carysto, Oritano[12], Artemisio, fonte Arethusa[13], flumine Lelanto[14], aquisque calidis, quæ Ellopiæ[15] vocantur, nobilis: notior tamen marmore Carystio. Antea vocitata est Chalcodotis[16], aut Macris, ut Dionysius 3 et Ephorus tradunt: ut Aristides, Macra: ut Callidemus, Chalcis, ære ibi primum reperto : ut Menæchmus, Abantias : ut poetæ vulgo, Asopis.

Ceritho, pro *Neso*, *Cerintho*. ED.

10. *Nunc Chalcide.* Χαλκὶς Eustathio loc. cit. aliisque. Hodie ab Euripo affluente *Negrepont*, quasi ἐν Εὐρίπῳ, quam vocem sequior usus in *Egripo* transformavit. De Aulide diximus cap. 12. HARD.

11. *Geræsto*, etc. Dalec. *Geresto*, ut supra. ED. — Γεραιςὸς κώμη, contra Sunium, Atticæ promontorium, ut auctor est Strabo, lib. X, pag. 446. Hodie *Iastura*. Ἐρετρία Straboni quoque loco citato, nunc *Trocco*. Κάρυςος Stephano, de quo oppido ille multa : nunc *Castel Rosso*. Opulentissimæ *Carystos et Chalcis*, inquit Mela, lib. II, cap. 7, pag. 43. De Oritano nihil compertum. De Artemisio Ptolemæus, lib. III, cap. 15, Ἀρτέμιδος ἱερόν. Stephano, Ἀρτεμίσιον. HARD.

12. *Oritano.* Vet. ap. Dalec. *Orostane.* ED.

13. *Fonte Arethusa.* De quo Strabo consulendus, lib. I, pag. 58. HARD.

14. *Lelanto.* Fluvium igniti luti terræ hiatu erupisse in Lelanto campo idem Strabo narrat loc. cit. Et prope Oreum Κάλλαντα ποταμὸν idem collocat, lib. X, pag. 445, quem pro Plinii Lelanto accipi si quis velit, non admodum reluctabor. HARD.

15. *Quæ Ellopiæ.* Dalec. cod. *Hellopiæ.* ED. — Ab Ellopia Eubœæ regione, de qua Strabo, pag. 446. HARD.

16. *Chalcodotis.* Quod æs prima dederit, ære ibi, ut mox subjicitur, primum reperto. Ita scribi porro id vocabulum, tum MSS. monent, Reg. 1, 2, Colb. 1, 2, etc. tum Græci sermonis proprietas exigit : non ut hactenus editum, *Chalcodontis* Sic Μακρὶς a longitudine, Stephano dicta est, vel Μακρά. Ab Abantibus qui eam diu tenuere, Ἀβαντιάς. Ἀβαντὶς Pausaniæ, Eliac. prior. lib. V, pag. 332. Unde ἱερὸν οὖδας Ἀβάντων a Nonno appellatur, Dionys. lib. XIII, pag. 361. Nomen utrumque hymno in Delum, Callimachus v. 20, complexus. Μακρὶς Ἀβαντιάς Ἑλλοπιήων; et Dionys. Perieg. v. 520. Ab Asopide deinde, hoc est, a Danae, vel Ægina Asopi filia postremum ei nomen est inditum : Scymnus Chius, pag. 23, de variis Eubœæ appellationibus : Διὰ τὴν φύσιν, τὸ πρότερον, ὥς φησιν, Μακρίς, Ἔπειτεν ἀπὸ τῆς λεγομένης Ἀσωπίδος, Χρόνῳ λαβοῦσα τοὔνομα, Εὔβοια πάλιν. Η

XXII. Extra eam in Myrtoo[1] multæ, sed maxime illustres Glauconnesos[2], et Ægilia. Et a promontorio Geræsto, circa Delum in orbem sitæ (unde et nomen[3] traxere) Cyclades. Prima earum Andrus[4] cum oppido, abest a Geræsto, x mill. pass. a Ceo xxxix mill. Ipsam Myrsilus[5] Cauron, deinde Antandron cognominatam tradit: Callimachus Lasiam, alii Nonagriam, Hydrussam, Epagrin. Patet circuitu xcvi[6] mill. pass. Ab eadem Andro passus mille, et a Delo quindecim mill.[7] Tenos[8], cum oppido in xv[9] mill. pass. porrecta, quam, propter aquarum abundantiam, Aristoteles[10] Hydrussam appellatam ait, aliqui Ophiussam. Cæteræ: Myconos[11] cum monte Di-

XXII. 1. *In Myrtoo.* Deceptus est Pintianus ancipiti ac gemina Myrtoi maris appellatione. Aliud enim est Myrtoum pelagus Plinio, Straboni, Pausaniæ, Melæ: aliud Ptolemæo. Huic circa Cariam est: illis a Creta ad Atticam. Vide Strab. lib. II, pag. 124. HARD.

2. *Glauconnesos*, etc. Chifflet. *Æglia*, pro *Ægilia.* ED.—Γλαύκου νῆσος Pausaniæ, Eliac. poster. lib. VI. Ægiliam Plinii cum Begiali Ptolemæi, eodem errore Pintianus, aliique, eamdem esse existimarunt: quo is putavit idem esse Ptolemæo, Plinioque, Myrtoum mare. Illa *Pondico* hodie: ista *Spitilus*: reliquæ *Micronisia*, hoc est, parvæ insulæ, communi vocabulo nuncupantur. HARD.

3. *Unde et nomen. Orbem enim* κύκλον, inquit Solinus, cap. XI, pag. 30, *Graii loquuntur.* Expressit id Græco carmine Dionys. Perieg. Δῆλον ἐκυκλώσαντο, καὶ τοὔνομα Κυκλάδες εἰσίν. HARD.

4. *Andrus. Andro.* HARD.
5. *Myrsilus.* Dalec. *Myrsilius.* ED.

6. *XCVI mill.* Ex recentioribus *XC.* DALEC. — In editione Dalec. *XCIII mill.* ED.

7. *Quindecim mill.* Ex recentioribus *X mill.* DALEC.

8. *Tenos.* Τῆνος. Nunc *Teno.* H.
9. *In XV.* Sic ap. Chiffl. Dalec. *XV,* deleta voce *in.* ED.

10. *Aristoteles.* Et ex Aristotele, vel quisquis is est auctor lib. de Mirab. Auscult. Stephanus, verbo Τῆνος· ἐκλήθη δὲ Ὑδροῦσσα, quod nempe irrigetur aquis, καὶ Ὀφιοῦσσα, quod anguibus scateat. Aristoph. Schol. in Plut. ἔχιδνα ἐν τῇ Τήνῳ μιᾷ τῶν Κυκλάδων νήσῳ ὄφεις καὶ σκορπίοι δεινοὶ ἐγίνοντο. Ac forte etiam inde Hydrussa ab hydris, non ab aquis est vocitata. Quin et vox ipsa Τηνία Hesychio ἔχιδνα est, hoc est, vipera: ut eodem spectare nomina hæc omnia videantur. H.

11. *Myconos.* Vet. ap. Dalec. *Mycone.* ED. — Μύκονος μία τῶν Κυκλάδων Stephano. Mons ibi Δίμασος appellatus, quod duarum instar mammarum gemino vertice eminet. In Itinerario Georgii

masto : a Delo quindecim mill.[12] passuum. Siphnus[13], ante Meropia[14], et Acis appellata, circuitu viginti[15] octo mill. passuum. Seriphus[16] duodecim, Prepesinthus[17], Cythnos. Ipsaque longe clarissima, et Cycladum[18] media, ac templo Apollinis et mercatu celebrata, Delos[19] : quæ diu fluctuata,

Wheleri, pag. 191, dicitur Myconos a Delo non abesse amplius tribus passuum millibus. HARD.

12. *Quindecim mill.* Ita libri omnes scripti et editi. At Cl. TOURNEFORT, *Voyage du Levant*, tom. I, p. 342, Plinium arguit, quod *XV mill.* scripserit, quum a portu Myconi insulæ, nunc *Myconi*, ad parvum portum Deli, quo vulgo appellitur, sint tantum *VI* millia passuum. BROT. — Vet. ap. Dalec. *XVII mill.* aliis *X*. ED.

13. *Siphnus*, etc. Dalec. *Syphnus*. ED. — Σίφνος Stephano, et eadem Μερόπη prius, ut auctor est etiam Nicol. Damasc. in Excerptis, pag. 494, appellata. Hodie *Sifanto*. Hic libri vulgati Scyron Siphno præfigunt, et alieno prorsus obtrudunt loco : nam et abest ea vox *Scyros* a MSS. omnibus Reg. 1, 2, Colb. 1, 2, et Paris. etc. nec vero in Cycladum albo censeri ea potest, tam prope a Delo : quum ne inter Sporadas quidem, nedum inter Cycladas, reponi posse, quidam merito censuerint : contra Euboeam enim jacet, κατ' Εύβοιαν, ut ait Dicæarchus, in descript. Græciæ, p. 181. Nam quod Scylax, pag. 21, inter Cycladas Σκύρον recenset, error librariorum est, pro Σύρον : quum idem rursum cap. seq. Σκύρον appellet : in Ægæo mari. Et Eustathius certe Cycladas recensens, in Dionys. v. 526, pag. 76, Σύρον nominat : Σκύρον non habet. Strabo quoque, lib. X, p. 485, cæterique Geographi. HARD.

14. *Ante.* Chiffl. *antea*. ED.

15. *Viginti octo mill.* Cl. TOURNEFORT, loc. cit. pag. 205, ait numerari XL mill. Gratissima est insula Siphnus, nunc *Siphanto*. In ea vidit Cl. TOURNEFORT senes qui erant nati annos 120. BROT.

16. *Seriphus.* Σέριφος Straboni, lib. X, pag. 487. Deserta insula, quo sontes Romani relegabant. Tacitus, Annal. lib. IV, de Cassio Severo : « In Seriphio saxo consenuit. » Juvenal. Satyra 6, v. 562 : « Et parva tandem caruisse Seripho. » HARD. — Pro *duodecim* leg. xv. Ita MS. Reg. 1, et editio princeps. Sed exilior adhuc est numerus xv. Cl. TOURNEFORT, ibid. pag. 214, ait eam patere circuitu amplius xxxvi mill. pass. *Seriphus*, nunc *Serpho*. BROT.

17. *Prepesinthus*, etc. Πρεπέσινθος, et Κύθνος, Straboni, lib. X, pag. 485. Hæc hodie *Fermina* dici existimatur. HARD.

18. *Et Cycladum.* Sic. ap. Chiffl. Dalec. *Cycladum*, neglecta vocula *et*, omittitur iterum *ac* ante vocem *templo*. ED.

19. *Delos.* Δῆλος. Nobis, *les Sdilles*, a corrupta voce Græca, εἰς Δήλους. Incolæ *Megadili* vocant. Adjacet ei Rhene, de qua mox Plinius, et minor Delos a civibus

3 ut proditur, sola motum [20] terræ non sensit. Ad M. Varronis [21] ætatem, Mucianus prodidit bis concussam. Hanc Aristoteles ita appellatam prodidit, quoniam repente apparuerit [22] enata. Æglosthenes Cynthiam [23], alii Ortygiam [24], Asteriam [25], Lagiam [26], Chlamydiam, Cynæthum [27], Pyrpi-

appellatur, non *Fermina*, ut quibusdam visum est, quæ longe hinc abest. HARD.

20. *Sola motum.* Seneca, Natur. quæst. lib. VI, cap. 26, p. 912 : « Sed movetur et Ægyptus, et Delos, quam Virgilius stare jussit : Immotamque coli dedit, et contemnere ventos. Hanc Philosophi quoque, credula natio, dixerunt non moveri, auctore Pindaro. Thucydides ait antea quidem immotam fuisse : sed circa Peloponnesiacum bellum tremuisse. Callisthenes et alio tempore ait hoc accidisse, etc. » En quod Mucianus prodidit, bis ante Varronis ætatem terræ motu Delon concussam. Vide Callimachum hym. in Delum. Thucyd. lib. II, pag. 104, belli Peloponnesiaci anno primo tremuisse ait, Olympiad. LXXXVIII. Ante Marathoniam pugnam, Herodotus, Erato, lib. VI, num. 98, pag. 366. HARD.

21. *Ad M. Varronis ætatem, Mucianus.* Tolet. at *M. Varronis ætate Mutianus.* Dalecamp. *non sensit ad M. Varronis ætatem Mutianus.* ED.

22. *Apparuerit.* Παρὰ τὸ δῆλον. Servius ad Æneid. lib. III, v. 76 : « Delos dicitur, quia diu latuit, et postea apparuit. Nam δῆλον Græci manifestum dicunt. Vel quod verius est, quia quum ubique Apollinis responsa obscura sint, manifesta illic dabantur oracula. » HARD.

23. *Cynthiam.* A Cyntho monte, de quo mox Stephanus : verbo Δῆλος· ἐκαλεῖτο δὲ Κύνθος... καὶ Αςερία, καὶ Πελασγία, καὶ Χλαμυδία. HARD.

24. *Ortygiam.* Straboni quoque, lib. X, pag. 436, ὠνομάζετο δὲ καὶ Ὀρτυγία πρότερον. A copia coturnicum, τῶν ὀρτύγων, quæ illic sunt, ut auctor est Phanodemus, lib. II rerum Atticar. apud Athen. lib. IX, pag. 392. Aliam causam affert Schol. Apollonii, ad Argon. lib. I, v. 308. HARD.

25. *Asteriam*, etc. Solinus, de Delo, cap. XI, pag. 30 : « Eadem est Ortygia, inquit..., nunc Asteria, a cultura Apollinis : nunc a venatibus Lagia, vel Cynæthus : Pyrpile etiam, quoniam et ignitabula ibi, et ignis inventa sunt. In hac primum visæ coturnices aves, quas ὄρτυγας Græci vocant. » Lagia, seu leporaria, a leporum frequentia, λαγοὺς Græci nuncupant : Cynæthus ab ardore canum venaticorum dicta est, ἀπὸ τοῦ κυνὸς et αἴθω· quod tamen cum his ejusdem Strabonis, loco citato, verbis minime congruere videtur : οὐκ ἔξεστιν δὲ οὐδὲ κύνα ἐν Δήλῳ τρέφειν. HARD. et ED.

26. *Lagiam* Vet. ap. Dalec. *Pelasgiam.* ED.

27. *Cynæthum.* Dalec. *Cynethum.* Steph. et vet. apud Dalec. *Cynthum.* ED.

LIBER IV.

len [28] igne ibi primum reperto. Cingitur [29] quinque mill. passuum : assurgit Cyntho monte [30]. Proxima ei Rhene [31], 4 quam Anticlides Celadussam [32] vocat : item Artemin [33] Hellanicus. Syros [34] quam circuitu patere viginti millia pass. prodidere veteres, Mucianus centum sexaginta. Oliaros [35], Paros [36] cum oppido, ab Delo xxxviii mill. marmore nobilis, quam primo Platean [37], postea Minoida vocarunt. Ab 5

28. *Pyrpilen.* Vet. apud Dalec. *Pyrpolon.* Ed.

29. *Cingitur quinque mill. pass.* Ita libri omnes scripti et editi. Cl. Tournefort, ibid. pag. 342, perperam Plinium arguit, quasi *quindecim millia passuum* scripserit. Brot.

30. *Cyntho monte.* Leg. *Cynthio monte.* Ita MSS. Reg. et editio princeps. Brot. — Ita et Chiffl. Ed. — Κύνθος ὄρος τοῦ Δήλου, Schol. Callim. pag. 9. Nunc *monte Cintio.* Non ille quidem excelsus, ut Strabo mentitur, sed vix altior Capitolino Romæ, teste αὐτόπτῃ Georgio Whelero, in Itinerario, pag. 176. Hard.

31. *Rhene.* Ῥήνη, νῆσος μαρὰ, πλησίον Δήλου, exiguo a majore Delo freto dispescitur. Plutarch. in Nicia, pag. 525. Ῥηναίη νῆσος Herod. Erato, lib. VI, pag. 366, num. 97. Hard.

32. *Celadussam.* A strepitu undarum, id enim est proprie κελαδεῖν. A Dianæ nomine Ἄρτεμιν. H.

33. *Artemin Hellanicus.* Dalec. *Artemiten Helladius.* Ed.

34. *Syros.* Vet. ap. Dalec. *Scyros.* Ed. — Σύρος Straboni, lib. X, pag. 486, aliisque. Juxta Delum : ἡ Σύρα νῆσος μία τῶν Κυκλάδων πλησίον Δήλου. Suidas, verbo Φερεκύδης. Fuit enim Pherecydes Syrius. Nunc *Sira.* Meminit Homerus insulæ hujus in Odyssea, lib. XV, vers. 402 : Νῆσός τις Συρίη κικλήσκεται, εἴπω ἀκούεις, Ὀρτυγίης καθύπερθε, ὅθι τροπαὶ ἠελίοιο. Suarius Ulyssis, qui erat in Ithaca, nihil aliud his verbis significat, quam Syron insulam ultra Ortygiam, sive Delum esse : et quando in ea insula sol exoritur, tunc reverti eum simul ad Ithacam illustrandam : sive mox eum Ithacensibus apparere. *Syros* ad Eurum Peloponnesi est, ad occasum Ithaca. Non plus sapere certe suarius potuit. Hard.

35. *Oliaros.* Et hæc inter Cycladas Stephano, Ὀλίαρος νῆσος τῶν Κυκλάδων μία, quam et a Paro distare ait ex Heraclide, stadiis lviii, seu vii m. ccl pass. Nunc *Rocchi.* Straboni, lib. X, pag. 485, Ὀλέαρος. Hard.

36. *Paros.* Πάρος, quæ et Μινώα Stephano : Solino, cap. xi, pag. 31, et Isidoro, Orig. lib. XIV, cap. 6, *Minoia :* quod a Minoe subacta. Hodieque *Paros.* Hard.

37. *Quam primo Platean.* Hoc est, Πλαταῖαν, a planitie. Ita restituimus admonitu codicum Reg. 1, 2, Colb. 1, 2, Paris. et vet. Dalec. Parmensis quoque, vetustiorumque editionum : quarum neglecta fide

ea septem mill. quingentis Naxus[38], a Delo XVIII cum oppido, quam Strongylen[39], dein Dian, mox Dionysiada a vinearum[40] fertilitate, alii Siciliam[41] minorem, aut Callipolin appellarunt. Patet circuitu septuaginta[42] quinque mill. pass. dimidioque major est quam Paros.

1   XXIII. Et hactenus quidem Cycladas servant : cæteras, quæ sequuntur, Sporadas[1]. Sunt autem Helene[2], Phacussa, Nicasia, Schinussa[3], Pholegandros[4] : et a

Frobenius *Pactiam*, auctore nescio quo, inculcavit. HARD. — Vet. ap. Dalec. *Plateam*. ED.

38. *Naxus, a Delo*, etc. Ita Solinus, cap. XI, pag. 31. HARD. — Certe error est: Naxos enim, nunc *Naxie*, magis distat a Delo, quam Paros; et ipse Plinius XXXVIII mill. inter Paron et Delon modo supra numeravit. Cl. TOURNEFORT, ibid. pag. 343, ait esse XL mill. pass. inter Delon et Naxon. Oppidum autem Naxi insulæ dicitur quoque *Naxia*. BROT.

39. *Strongylen*. A rotunditate : nec tamen est absolute rotunda, sed vitis folio similis, ut ait Eustath. Δίαν quoque appellatam esse tradunt Diodorus Sic. Bibl. lib. IV, pag. 264, et ex Callimacho Schol. Apollonii, ad Argon. lib. IV, v. 426. Hæc Dia est, de qua Ovidius, Metam. lib. VIII, v. 174. Strongylen oppidum in Naxo falso credit Solinus, loc. cit. Nam ipsa Naxos Strongyle est. HARD.

40. *A vinearum*. Vel quod hospita fuerit Libero Patri, ut ait Solinus. HARD.

41. *Siciliam*. Quod pari cum majore Sicilia fertilitate sit : vel, ut Agathemerus ait Geogr. lib. I, cap. 5, quod inter Cycladas magnitudine præcipua. HARD.

42. *Septuaginta quinque mill. pass.* Incolæ c mill. pass. insulæ Naxo tribuunt, teste Cl. TOURNEFORT, ibid. p. 255. Sed, ut jam monui, brevius iis est milliarium, quam fuit Romanis; et plerumque res in majus attollunt. P. BABIN, e societate Jesu, quum Paron insulam inviseret, audivit ejus circuitum esse XXXVI mill. pass. BROT.

XXIII. 1. *Sporadas*. Σποράδες Dicæarcho, pag. 181, aliisque : ita dictæ quod sparsim jaceant, ac veluti temere dissipatæ. HARD.

2. *Helene, Phacusa, Nicasia*, etc. Ἑλένη, Φακοῦσα, Νικασία, Σχινοῦσα. Prius legebatur *Phocussa, Phæcasia*. In MSS. *Hecasia*. Nos ex Stephano, et Suida utramque vocem sanavimus. Stephanus : Φακοῦσσαι νῆσοι, a lente nomen traxerunt. Et alibi : Νικασία, νησίδιον μικρὸν πλησίον Νάξου, quæ Suidas quoque habet, verbo Νικασία. Helene nunc *Pira*. Nicasia *Rachia* : Phacusa *Fecussa* est, Marco Boschini. HARD.

3. *Schinussa*. Cui est a lentisco nomen. Σχινοῦσα Hesychio, νῆσός ἐςι Φωκίδος. Hodieque *Schinusa* dicitur, et Naxo ad Boream adjacet. HARD.

4. *Pholegandros*. Dalec. *Phalegandros*. Chiffl. *Polegrados*. ED. —

LIBER IV.

Naxo[5] decem et septem mill. passuum, Icaros[6], quæ nomen mari dedit, tantumdem[7] ipsa in longitudinem patens, cum oppidis[8] duobus, tertio amisso : ante vocata Doliche, et Macris, et Ichthyoessa. Sita est ab exortu solstitiali[9] Deli, quinquaginta[10] mill. pass. Eadem a Samo triginta[11] quinque mill. Inter Eubœam et Andrum decem[12] mill. pass. freto[13], ab ea Geræstum[14] centum duodecim

---

Stephanus : Φολέγανδρος, νῆσος τῶν Σποράδων, ἀπὸ Φολεγάνδρου τοῦ Μίνωος, etc. Hæc Stephanus ex Strabone, lib. X, p. 484. Ptolemæo, lib. III, cap. 15, est Φιλόκανδρος. Hesychio, Φλέγανδρος. Hodie *Policandro*, ad ortum Melo, Sicinoque opposita. HARD.

5. *A Naxo decem et septem mill.* Optime MS. Reg. 1, et editio princeps XXXVIII. At si Plinius accurate Icari insulæ distantiam a Naxo determinavit, ejus longitudinem majorem, quam par est, fecit. Juxta Cl. TOURNEFORT, tom. II, p. 94. Icaros insula habet circuitu 60 millia passuum. BROT.

6. *Icaros.* Straboni et Ptolemæo Ἰκαρία : unde nunc *Nicaria* dicitur, factitia voce ex duabus ἐν Ἰκαρίᾳ. Eadem Μακρίς, et Δολιχὴ, a longitudine : eadem a piscium copia ἰχθυόεσσα Stephano, Heraclidi, lib. de Politiis Ἰχθυοῦσσα appellatur. Μακρὶς rursum Schol. Aristoph. in Nub. pag. 135. Ἰχθυόεσσα et Eustathio, pag. 306. Utroque nomine ab Agathemero, Geogr. lib. I, c. 5, agnominatur. HARD.

7. *Tantumdem.* Hoc est, XVII. M. pass. Circuitus vero, Strabone teste, lib. XIV, pag. 639, stadia trecenta complectitur, hoc est, XXXVII M. D. P. HARD.

8. *Cum oppidis.* Unde Scylaci vocatur Ἴκαρος δίπολις, pag. 22. Horum alterum Οἰνόη Athenæo, lib. I, pag. 30. HARD.

9. *Solstitiali Deli.* Abest Icarus ab ea Deli parte, quæ ad exortum solstitialem vergit. Sic multo sincerius codices manu exarati, quam libri editi *a Delo*. Cujusmodi superius illud est, cap. 19 : « Zacynthus Cephaleniæ a meridiana parte xxv millibus abest. » HARD.

10. *Quinquaginta mill. pass.* Bene editio princeps : *LII mill. pass.* BROT.

11. *A Samo triginta quinque mill.* Ita libri omnes. At fretum inter Icarum et Samum, quod nunc dicitur *le grand Bogaz*, est tantum XVIII mill. passuum latitudine, ut constat ex Cl. TOURNEFORT, ibid. BROT.

12. *Decem mill.* Chifflet. *XX mill.* ED.

13. *Freto, ab ea.* Dalec. *Fretum. Ab ea.* ED.

14. *Ab ea Geræstum.* Ab Icaro scilicet, Geræstum Eubœæ promontorium insulam Andrum respiciens, CXII M. D. pass. medio inter Andrum et Gerestum, hodie *Mantelo* dictum, freto, quod non ultra decem millia passus se porrigit, comprehenso. HARD.

mill. quingenti pass. Nec deinde servari potest ordo. Acervatim ergo ponentur reliquæ. Scyros[15] : Ios[16] a Naxo viginti[17] quatuor mill. pass. Homeri sepulcro veneranda, longitudinis viginti quinque mill. ante Phœnice[18] appellata. Odia[19], Letandros, Gyaros[20] cum oppido, circuitu duodecim[21] mill. passuum. Abest ab Andro[22] sexaginta duobus

15. *Scyros.* Σκύρος olim, Neoptolemi Achillis fil. natalibus clara. Scyron hinc sustulit Hermolaus, haud sane satis considerate : quum eam vocem hoc loco MSS. omnes exhibeant : Reg. 1, 2, Colbert. 1, 2, Paris. Chiffl. et Tolet. et vetustiores editiones, ac Plinius ipse paulo post factam jam a se hujus mentionem haud obscure significet, scribens, *et Scyrum supra dictam*. Quod quidem ab ipso præstitum hoc loco exemplaria nunc laudata admonent : quibus nisi mos gerendus esset, post aliquot versus dilatum putarem, ubi Plinius a Gyaro Syrnon distare ait octoginta passuum millibus : « Ab ea Syrnos, inquit, LXXX mill. pass. » Syrnum enim quum veterum scriptorum nemo unus agnoverit, Scyrum ibi percommode locari posse arbitrarer. HARD.—Scyros, nunc *Skyro.* Græcis vero dicitur *Agios Ischyros*, ob ædem D. Georgii ; in qua, ut ferunt, multa patrantur miracula. BROT.

16. *Ios.* Hanc Cycladibus Stephanus adjudicat : hodie *Nio*, ex gemina voce ἐν Ἴῳ. Homeri manibus illustrata. Scylax, pag. 21 : Ἴος · ἐν ταύτῃ Ὅμηρος τέθαπται. Strabo similiter, lib. X, pag. 484, et oraculum vetus apud Stephanum. HARD. —Diurna anni 1772 nuntiavere, flagrantibus Russici et Turcici imperii bellis, inventum ibi esse a comite GRUNN Homeri tumulum, in quo maximi poetarum cineres adhuc sederent, qui, quum apertus est tumulus, decidere : scriptoriam quoque supellectilem marmoream in eo inventam. Altum vero servatum postea de re tam insigni silentium fabulam esse aut mendacium prodidit. BROT.

17. *Viginti quatuor.* Chiffl. XVIII. Fortasse XIV, quod verum esset inter utramque insulam intervallum. Non autem amplior XII M. pass. est *Nio* insulæ longitudo. ED.

18. *Ante Phœnice.* Quod ea palmifera sit, Φοινίκη Stephano. H.

19. *Odia, Letandros.* MSS. *Odia, Olentrandos :* Vet. apud Dalecamp. *Odia, Tetandros.* Quæ nomina alibi nusquam audita. HARD. et ED.

20. *Gyaros.* Γύαρος Straboni, lib. X, pag. 485. Huc Romani noxios ablegabant. Juvenalis, satyra I, v. 73 : « Aude aliquid brevibus Gyaris, et carcere dignum. » Et satyra X, vers. 170 : « Ut Gyari clausus scopulis, parvaque Seripho. » Hodie *Ghioura*, inter Tenum et Ceam insulam. Apud Philostratum, de vita Apoll. lib. VII, cap. 8, pag. 341, Τύαρα, pro Γύαρα. HARD.

21. *Duodecim mill. pass.* Vet. apud Dalec. *XV mill. pass. prope ;* quod quidem paulum a vero abest. Chiffl. *XXV mill. pass.* ED.

22. *Andro.* Dalec. *Ancro.* Falsus

mill. pass. Ab ea Syrnos [23] octoginta mill. passuum. Cynæthus [24] : Telos [25] unguento nobilis, a Callimacho Agathussa [26] appellata. Donusa [27], Patmos [28] circuitu triginta [29] mill. pass. Corasiæ [30], Lebinthus [31], Leros, Cinara, Sicinus [32], quæ antea OEnoe [33] : Hieracia [34] quæ Onus : Casus [35],

autem videtur numerus *sexaginta duobus*; nam Gyaros vix XII mill. pass. distat a proximo Andri littore, et vix xx mill. pass. ab ipso oppido Andro. ED.

23. *Ab ea Syrnos*. Hodie omnino ignoratur. ED.

24. *Cynæthus*. Quo nomine Delon ipsam olim nuncupatam diximus, cap, 22. HARD. — Dalecamp. *Cynethussa*. ED.

25. *Telos*. Τῆλος, Stephano, ἀπὸ τῆς τήλεως, a feni græci copia, quod in τηλίνου μύρου compositione partes præcipuas obtinet, ut dicemus lib. XIII, cap. 2. Hodie ignoratur. H.

26. *Agathussa*. Stephano quoque, Τῆλος, quam inter Cycladas reponit, ἐκαλεῖτο δὲ καὶ Ἀγάθουσσα. Et Hesychio, apud quem Δῆλος pro Τῆλος legitur. HARD.

27. *Donusa*. Ita libri omnes. Melæ, l. II, c. 7, *Donyssa*. Stephano, Διονουσία, et a Dionysio Διονυσία. Viridi marmore nobilis : unde *viridem Donussam* appellat Virgilius. Ut Gyaros, reorum olim exsilio infamis. Vide Tacitum, Annal. lib. IV, c. 30. HARD. — Rhodo insulæ illam vicinam esse et hodie *Denusa* vocari ait Mannertus. ED.

28. *Patmos*. Straboni, lib. X, p. 488, Πάτμος. HARD. — Vet. apud Dalec. *Pathmos*. ED.—Nunc *Patmo*. Insula D. Joannis exsilio et Apocalypsi nobilitata. Habet circuitu XVIII mill. pass. Sed si anfractus omnes numerentur, erunt, ut ait Plinius, xxx mill. teste Cl. TOURNEFORT, ibid. tom. II, pag. 143. BROT.

29. *Triginta mill.* Quibusdam L mill. DALEC.

30. *Corasiæ*. Straboni, loco citato, Κορασσίαι, ab Icaria versus occasum paulum disjunctæ. Scopuli sunt, quos hodie *Dragonisi* vocant, teste Marco BOSCHINI. HARD. — Illas hodie vocari *Chero* et *Antichero* ait D'ANVILLE : TOURNEFORT, tom. I, lib. 10, pag. 156, eas esse insulas *Fourni*, Samum inter et Icariam. ED.

31. *Lebinthos*, etc. Λέβινθος, Straboni, lib. X, pag. 487. Ovidius, Metamorph. lib. VIII, vers. 222 : « Dextra Lebinthos erat, fecundaque melle Calymne. » Hodie *Levita :* mox Leros eidem Siraboni, p. 488, Λέρος. Etiamnunc *Lero*. Κίναρα, hodie ignota, Athenæo memoratur, lib. II, p. 71. HARD. et ED.

32. *Sicinus*, etc. Dalec. *Sycinus*. ED. — Juxta Pholegandrum, auctore Strabone, lib. X, pag. 484, apud quem Σίκηνος, pro Σίκινος perperam appellatur. Nunc *Sikino*. De ea Solon apud Laert. Εἴην δὴ τότ' ἐγὼ Φολεγάνδριος, ἢ Σικινίτης, etc. HARD.

33. *OEnoe*. Οἰνόη Stephano, et Etymologici auctori, quia consita vitibus est, διὰ τὸ εἶναι ἀμπελόφυτον. Item Scholiastæ Apollonii, ad lib. I Argon. vers. 623. HARD.

quæ Astrabe : Cimolus[36] quæ Echinussa, Melos[37] cum oppido, quam Aristides Byblida appellat, Aristoteles Zephyriam, Callimachus Mimallida, Heraclides[38] Siphnum, 4 et Acyton. Hæc insularum[39] rotundissima est. Post Machia[40] : Hypere[41], quondam Patage; ut alii, Platage, nunc Amorgos : Polyægos[42], Phyle[43], Thera[44], quum pri-

34. *Hieracia.* Dalecamp. *Heraita.* Ignoratur. ED.

35. *Casus.* Vet. apud Dalecamp. *Casos.* ED. — Stephanus, inter Cycladas : Κάσος, μία τῶν Κυκλάδων· ἐκαλεῖτο δ᾽ Ἄμφη, καὶ Ἀστράβη. Nunc *Caso*, auctore M. BOSCHINI. Diversa ab altera, quæ Achne cognominatur, lib. V, cap. 36. HARD.

36. *Cimolus.* Vet. apud Dalec. *Cimolus quæ Chinussa.* ED. — Κίμωλος Straboni, lib. X, pag. 484. Incolis hodieque *Kimoli :* Venetis quondam *Argentiera :* non *Sicandro*, ut nonnulli Geographi putant. H.

37. *Melos.* Μῆλος Straboni, loco citato. A Melo duce Phœnicum nomen accepisse Festus existimat : alii a rotunditate mali. A Biblis Phœnicibus Βύβλον appellatam esse auctor est etiam Stephanus : et Ζεφυρίαν. Eadem Μίμαλις et Μεμβλὶς Hesychio nominatur, pag. 530 et 642. Pro *Byblida*, MSS. *Memblida.* In Gaza regia nummus est ex ære mediocri, habens ΜΗΛΙΩΝ in corona laurea. Hodie *Milo.* HARD. et ED.

38. *Heraclides Siphnum.* MSS. *Siphin :* quos libenter sequimur : ne Siphnum inter Cycladas supra citatam, cum Melo confundat eadem nomenclatura. Ab altero nomine ejusdem insulæ, Græcis scriptoribus, Theophani et Cedreno, de funere Anastasii Augusti, est marmor Ἀκυτανόν. HARD.

39. *Hæc insularum rotundissima.* Errat certe hic Noster, et qui eum exscripsit de more Solinus, cap. XI, pag. 31 : nam, ut innumeras alias prætereamus insulas, vicina Melo Cimolus illa multo rotundior est, ut ex eruditi viri LAPIE mappa apparet. ED.

40. *Post Machia.* In MSS. *Buporthmachia*, Reg. 1, 2, Colb. 1, 2, et Paris. HARD.

41. *Hypere*, etc. Vet. apud Dalec. « Hypane, quondam Pancale, et ut, etc. » ED. — Hæc varia videntur esse insulæ Amorgi nomina. Ἄμοργος Straboni, lib. X, pag. 487, inter Sporadas. Nunc *Amorgo.* Quondam et Παγκάλη vocitata, Stephano teste. HARD.

42. *Polyægos.* A Mela quoque agnoscitur, lib. II, cap. 7. In Thesauro Goltzii nummus exstat cum epigraphe ΠΟΛΥΑΙΓΙΩΝ. Nunc est *Polino*, juxta Melum, quam *Milo* esse diximus. HARD. et ED.

43. *Phyle.* In MSS. *Saphyle*, vel *Aphile.* Ignoratur. HARD. et ED.

44. *Thera.* Hesychius, pag. 486, Καλλίστη ἡ Θήρα τὸ πρότερον. Contra Scholiastes Apollonii, ad librum IV Argon. vers. 1763, vetustius Callistæ nomen esse existimat : ἤλλαξε τὸ ὄνομα ἡ Καλλίστη νῆσος, καὶ ὠνομάσθη Θήρα. Cui et Herodotus concinit, Melpom. lib. IV, pag. 271, et Pausanias, Lacon. lib. III, pag. 159.

LIBER IV.   319

mum emersit, Calliste dicta. Ex ea avulsa postea Therasia[45] : atque inter duas enata mox Automate, eadem Hiera : et in nostro ævo Thia juxta camdem Hieram nata. Distat Ios a Thera viginti quinque mill. pass.

Sequuntur Lea[46], Ascania, Anaphe, Hippuris[47]. Astypalæa liberæ civitatis[48], circuitu[49] LXXXVIII mill. passuum : abest a Cadisto Cretæ[50] cxxv mill. Ab ea Platea[51] sexaginta mill. Unde Camina[52] triginta octo mill. Azibintha, Lanise, Tragia, Pharmacusa, Techedia, Chalcia : Calydna[53], in

Forte quæ aliis sciptoribus Θήρα, eadem Plinio *Philethera* dicitur. Hodie *Santorin*. HARD.

45. *Therasia*. Θηρασία Ptolemæo, lib. III, c. 15. Nunc quoque *Therasia*. De Hiera lib. II, cap. 89. Hodie *Aspro-Nisi*, si docti LAPIE mappæ credamus; Thia autem nunc *Nea Caimeni*. HARD. et ED.

46. *Sequuntur Lea, Ascania, Anaphe*. Chiffl. *Canaphe*. Ascaniam hodie esse *Christiana* indicat in mappa sua LAPIE. Anaphe etiam nunc *Anaphi*, sive potius *Namphio*, vocari ait Mannertus, qui Leam et Hipparim cum Ascania inter insulas *Christiana* dictas recenset. ED.

47. *Hippuris*. Ἱππουρὶς νῆσος πλησίον Θήρας, inquit Scholiastes Apollonii, ad lib. IV Argon. v. 1712. HARD. — Addunt libri vulgati *Hippurissusa*; sed geminato perperam, ut per se liquet, unius ejusdemque nomine : quamobrem posterius expunximus. ED.

48. *Astypalæa liberæ civitatis*. Sic idem, cap. 19, Corcyram esse liberæ civitatis dixit, hoc est, civibus constare qui suis libere, non alienis legibus vivunt. Ἀστυπάλαια Straboni, lib. X, pag. 488. Hodie *Stampalia*. HARD.

49. *Circuitu LXXXVIII*. Leg. ex MSS. Reg. 1, et editione principe, *circuitu LXXXIX*. BROT.

50. *Cadisto*. Dalec. *Cadisco*. Chiffl. *Cisto*. ED.

51. *Ab ea Platea*, etc. Hæ fere deinceps ab aliis scriptoribus prætermissæ. Χαλκίας tamen, hodie *Karki*, auctore D'ANVILLE, meminit Strabo, loco citato. Τραγαίας inter Cycladas, quo nomine etiam Sporadas comprehendit, Stephanus : apud quem et Φαρμακοῦσσα supra Miletum insula legitur, hodie *Fermaco*, ubi a prædonibus captum Cæsarem dictatorem narrat Suetonius, in Julio, cap. IV. Illam vero priorem, Τραγίαν vocat Plutarchus in Pericle, pag. 166. HARD. et ED.

52. *Camine*. Vet. apud Dalecamp. *Caminia*. ED.

53. *Calydna . . . a qua Carpathum*. MSS. Reg. 1, 2, Colb. 1, 2, Paris. etc. totidem ferme litteris ac syllabis. Libri vulgati a Frobenio, « Calydna, in qua oppida tria : Calymnæ duæ : Olymnos, a qua, etc. » Satis confidenter id sane. Nam quis Olymnum insulam novit ? Cur vocula Coos expuncta ? Cur terna pro unico inculcata oppida ? Nos vetustæ scripturæ vestigia sum-

qua oppidum Coos: Calymna [54], a qua Carpathum, quæ nomen Carpathio mari dedit, xxv mill. passuum. Inde Rhodum Africo vento quinquaginta M. pass. A Carpatho Cason VII M. A Caso Samonium Cretæ promontorium xxx [55] mill. In Euripo autem Euboico, primo fere introitu, Petaliæ [56] quatuor insulæ, et in exitu Atalante [57]. Cyclades, et Sporades, ab oriente littoribus Icariis Asiæ, ab occidente Myrtois Atticæ, a septemtrione Ægæo mari, a meridie Cretico et Carpathio inclusæ, per DCC [58] M. in longitudinem, et per CC in latitudinem jacent.

ma fide secuti, integram eam lectionem defendimus. Agnoscimus enim cum Eustathio in Dionysium, vers. 530, p. 77, ex Lycophrone, Calydnas plures fuisse : quarum una peculiari nomine Calydna sit appellata : universæ simul Calymnæ, vel Calydnæ. Ex harum illæ numero sunt, quas Plinius in Asiæ insulis commemorat, lib. V, cap. 36, a quibus hæ differunt, in quibus describendis nunc sumus : illarum singulis sua sunt peculiaria oppida : huic Calydnæ primarium Coos, ab insula cognomine, quæ Hippocratem tulit, diversum : sic enim illud Hesychii accipiendum puto, Κῶς, μία τῶν Καλυδνῶν, p. 548. Plinius, lib. XI, cap. 13, quæ *Calydna insula* dicitur, ex ea Strabo, lib. X, pag. 489, *mel Calymnium* commendat in primis. HARD. — Dalecamp. « Calydna, in qua oppida Coos et Olymna, a qua, etc. » ED.

54. *Calymna*, etc. E Calydnis, seu Calymnis insulis, una, commune cæteris nomen peculiari sibi jure vindicans. Hæc fecunda est melle Calymne, ut Ovidius cecinit, Metamorphos. lib. VIII, vers. 222. H. — Hodie *Calamine*. Centum autem mill. pass. a Carpatho distat, non xxv, ut Noster ait. xxvII M. pass. est quoque inter Carpathum et Rhodum intervallum, non quinquaginta. ED.

55. *XXX mill.* Hic error est in numeris, ut animadvertit Broterius, et legendum *LI*, sive *LII mill.* Supra enim Plinius, cap. 20, a Carpatho insula ad promontorium Samonium, hodie *capo Salamone*, numeravit LX mill. Circiter autem VIII, sive IX mill. pass. inter Carpathum et promontorium Casi Samonio maxime vicinum est intervallum.

56. *Petaliæ.* Traxere nomen ii scopuli, insulæve, ex oppido in continenti Eubœæ opposito, contra Sunium promontorium : Πεταλία Straboni dicitur, lib. X, pag. 444. HARD. — *Spili* hodie vocantur. ED.

57. *Atalante.* Hodie *Talanti.* De ea egimus lib. II, cap. 90. HARD.

58. *Per DCC M... jacent.* Mutila hæc sententia est, omissa latitudinis mentione, in libris plerisque vulgatis : integram repræsentamus, tum ope codicum Reg. 1, 2, Colb. 1, 2, Paris. Chifflet. Toletan. tum Parmensis editionis, tum denique Martiani scribentis, lib. VI, cap.

Pagasicus sinus[59] ante se habet Eutychiam, Cicynethum[60], et Scyrum supradictam[61], sed Cycladum et Sporadum extimam : Gerontiam, Scandilam[62] : Thermæus[63], Irrhesiam, Solimniam[64], Eudemiam, Neam[65], quæ Minervæ sacra est. Athos ante se quatuor : Peparethum cum oppido, quondam Evœnum[66] dictam, novem mill. pas-

de Thracia, pag. 213 : *per septuaginta* (lege *septingenta*), ex fide codicum MSS. omnium, atque ex re ipsa :) *longitudinem : et per ducenta latitudinem ducunt.* Hard.

59. *Pagasicus sinus.* De quo cap. 15. Mela, lib. II, cap. 7, pag. 43 : « Pagasæus sinus Scyron prospicit : Cicynethum amplectitur. » Et Scylax, pag. 24 : ἐν δὲ τῷ Παγασητικῷ κόλπῳ ἐστὶ νῆσος Κικύνηθος, καὶ πόλις. De Eutychia, nihil dum comperi. MSS. *Euthiam* habent, Εὐθεῖαν. H. — Pagasicus sinus hodie *golfe de Volo* dicitur; Cicynethus insula etiamnunc *Cicynthos*, sive *Trikéri*; Eutychia ignoratur, nisi sit parva insula, *Agios Nicolaos* dicta, juxta lævum littus Pagasicum sinum ingredientibus. Ed.

60. *Cicynethum.* Vet. apud Dalec. *Tinctum.* Ed.

61. *Scyrum supradictam.* Hoc ipso capite his verbis, *Scyros, Ios*, etc. eademque Cycladum ac Sporadum postrema versus septemtrionem, novissimaque est : cæteræ deinceps extra eum ordinem ac nomen illud censentur. De Gerontia cæteri scriptores silent. Hard. — Hodie *Joura-Nisi* est, inter illas quæ *Selidromi* dicuntur, septemtrionem versus remotissima. Ed.

62. *Scandilam.* Dalec. *Scandiram. Scandilam* Mela, lib. II, cap. 7, p.

43. Hodie *Scangero*, sive *Skantzoura.* Hard. et Ed.

63. *Thermæus.* Sinus scilicet, ut supra Pagasicus. Θερμαῖος κόλπος Stephano. De Thermæo egimus cap. 17. Prius legebatur *Thermeusim*, ceu nomen id insulæ foret, quod Ortelius quidem arbitratus est, qui eo vocabulo Thesaurum suum locupletavit. At præter codicum MSS. fidem in quibus *Thermæus* legitur, ipsa res ita scribi plane postulat. H.

64. *Solimniam, Eudemiam.* Mallet Hermolaus Ἐλύμνιον et Εὐδείπνην, quæ insularum nomina apud Stephanum exstant : sed sunt illæ alterius longe situs ac loci, non hujus in quo versamur. Hard.

65. *Neam.* Νέαι numero multitudinis, insula Stephano dicitur haud procul Lemno, νῆσος πλησίον Λήμνου. Meminit et Antoninus Liberalis insularum Lemnicæ ditionis, quæ Neæ vocantur. Hard.— Hæc et superiores omnes hodie omnino ignorantur. Ed.

66. *Evœnum.* Vet. apud Dalec. *Evœnum dicto.* Ed. — Εὔοινον, vino fertilem. Heraclides, de Polit. Πεπάρηθος... Αὕτη ἡ νῆσος εὔοινός ἐστι, καὶ εὔδενδρος, etc. Ovidius et ab olivæ fertilitate commendat, Metam. lib. VII : « Nitidæque ferax Peparethos olivæ. » Hodie *Piperi* vocatur. Hard.

suum. Sciathum[67], xv[68] mill. Imbrum[69] cum oppido LXXXVIII millibus passuum. Eadem abest a Mastusia Cherronesi, xxv[70] mill. pass. Ipsa circuitu LXXII mill. pass. perfunditur amne Ilisso. Ab ea Lemnos[71] viginti duo mill. quæ ab Atho LXXXVII mill. pass. Circuitu patet CXII[73] M. D. pass. Oppida[74] habet, Hephæstiam, et Myrinam, in cujus forum[75] solstitio Athos ejaculatur umbram. Ab ea Thassos libera quinque mill. passuum, olim[76] Aeria, vel Æthria dicta. Inde[77] Abdera continentis, xxii[78] mill. pas-

67. *Sciathum.* Scymnus Chius, eodem ordine, pag. 24 : Κεῖνται δὲ καὶ νησαῖδες, Σκῦρος, Παπάρηθος, Σκύθος, scribe Σκίαθος, cum Strabone, lib. IX, pag. 136. Schol. Apollon. ad lib. I Argon. vers. 583 : Σκίαθος νῆσος τῆς Θεσσαλίας, ἐγγὺς Εὐβοίας. HARD. — Nomen hodie servat *Sciathos*. Dalec. *Schathum*. ED.

68. *XV mill.* Vet. apud Dalec. *XII mill.* ED.

69. *Imbrum.* Ἴμβρος Straboni, l. X, pag. 454. HARD. et ED.

70. *XXV mill.* Sic apud Chiffl. Dalec. *LXXV mill.* XII mill. pass. esse videtur inter Imbrum et Chersonesum intervallum. ED.

71. *Lemnos.* Λῆμνος, hodie *Stalimene*, voce conflata ex iis tribus, εἰς τὴν Λῆμνον. Sive etiam *Lemno*. HARD. et ED.

72. *LXXXVII.* Solinus, cap. XI, pag. 31 : « Athos a Lemno sex et LXXX millibus passuum separatur. HARD. — Major certe est hic numerus. Georgerinus, archiepiscopus, ut supra dixi, quum de monte Atho ageretur, ait insulam Lemnon distare tantum XL mill. pass. ab Atho : nec majorem distantiam monstrant accuratissimæ nostræ tabulæ geographicæ. BROT.

73. *CXII mill. pass.* Ita rescripsimus ex MSS. omnium fide, pro XXII. Est enim ampla et populosa. HARD.

74. *Oppida habet*, etc. Ἡφαιστία, ac Μύρινα Stephano, et Ptolemæo, lib. III, cap. 13. HARD. — Hæc *Palio Castro*, illa *Sanderlic* hodie vocatur, auctore D'ANVILLE. ED.

75. *In cujus forum.* Solinus, loco citato. Quo pertinet et illud Sophoclis, quod refert Scholiastes Theocriti, Idyll. VI, v. 76 : Ἄθως σκιάζει νῶτα Λημνίας ἀλός. HARD.

76. *Olim Aeria.* Dalecamp. *Æria.* Vet. apud eumdem *Æraria.* ED. — Stephanus : Ὅτι δὲ καὶ Ἀερία ἡ Θάσσος δῆλον, idque ex vetere oraculo confirmat : Νήσῳ ἐν Ἠερίῃ κτίζειν εὐδείελον ἄστυ. Ἀερίη... Θάσον τε τὴν νῆσον οὕτως ἐκάλουν. Hodie *Tasso*. In nummis antiquis, ΘΑΣΙΩΝ. H.

77. *Inde Abdera.* Abest, inquit, Thassos ab Abderis, quod est in continente, seu littore opposito oppidum, XXII mill. pass. Ab Atho monte LXII. De Abderis diximus, cap. 18. HARD.

78. *XXII mill.* Sic apud Chifflet. Dal. vero *viginti millia.* — XIII autem pass. M. vera videtur fuisse distantia. ED.

suum. Athos sexaginta[79] duo mill. Tantumdem[80] insula Samothrace, quæ libera, ante Hebrum[81], ab Imbro triginta[82] duo mill. a Lemno viginti duo M. D. a Thraciæ[83] ora triginta octo mill. circuitu triginta duo mill. attollitur monte Saoce[84] decem mill. passuum altitudinis, vel importuosissima omnium. Callimachus eam antiquo nomine Dardaniam[85] vocat[86]. Inter Cherronesum et Samothracen,

79. *Sexaginta duo millia.* Leg. *sexaginta duo mill.* D. Ita MSS. Reg. 1, et editio princeps. BROT.—Fortasse pro LXII scribendum esset XLII, quo revera intervallo distant inter se Athos et Thassos, et Thassos et Samothrace. ED.

80. *Tantumdem.* Vet. apud Dalec. *tantumdem ad insulam Samothracen.* Scilicet illam LII, aut potius, ut diximus, XLII mill. pass. a Thasso abesse ait. Nunc *Samothraki* vocatur. Σαμοθράκη porro insulam sacram græce sonare scribit Diodorus Sic. Bibl. lib. III, pag. 189, et lib. V, pag. 322. HARD. et ED.

81. *Ante Hebrum.* Thraciæ amnem, de quo cap. 18. HARD.

82. *Triginta duo.* Quibusdam *XX*. Chiffl. *XXXV.* DALEC.—Leg. *XII mill.* Pessime in libris scriptis et editis, *triginta duo millia.* Quasi Samothrace magis distaret ab Imbro, quam a Lemno. Contra Imbrus est inter Samothracen, et Lemnon. Irrepsit error ex triplicata denarii numeri nota. Nec Samothrace distat amplius XII mill. ab Imbro. BROT.

83. *A Thraciæ ora triginta octo mill. circuitu triginta duo mill.* Hæc suspecta videntur, et forte a sciolo addita. Desunt enim in MS. Reg. 1, et editione principe. Sunt autem absurda. Samothrace vix distat XVIII mill. ab ora Thraciæ. BROT.

84. *Saoce.* Σαώκη. *Monte Nettuno.* Ita libri omnes. Hermolaus tamen libentius *Sao* agnocit, ex Nicandro, qui pag. 35, in Theriac. Σάου meminit, quem Samothraces insulæ montem esse Scholiastes Græcus in eum locum prodidit, pag. 24. At receptam lectionem defendit Hesychius, qui et ipsam insulam eo nomine quondam appellatam tradit, ex monte haud dubie cognomine. Σαωκίς, inquit, ἡ Σαμοθράκη οὕτως ἐκαλεῖτο πρότερον. Didymus vero et montem ipsum nominat, in Iliad. N, v. 12, pag. 387: Τῆς Σαμοθράκης· τὸ μέντοι ἐν αὐτῇ ὄρος, Σαώκη καλεῖται. Item Geopon. auctor. lib. II, cap. 5, pag. 38. Quum porro in MSS. omnibus, Reg. 1, 2, Colb. 1, 2. Paris. Chiffl. Tolet. diserte legatur, « Attollitur monte Saoce decem mill. pass. altitudinis, vel importuosissima omnium: » quo fato, quove consilio factum sit, ut in libris vulgatis « decem mill. pass. portuosissima omnium, » cæteris vocibus expunctis, legatur, non satis intelligo. HARD.

85. *Dardaniam.* Δαρδανία quoque Stephano dicitur, et Straboni, in Epit. lib. VII, pag. 331, a Dardano Iasonis fratre: Pausaniæ denique, Achaic. lib. VII, pag. 403. HARD.

86. *Vocat.* Sic ap. Chiffl. Dalec. vero *nominat.* ED.

utrimque fere quindecim mill. Halonesos[87] : ultra Gethone, Lamponia[88], Alopeconnesus[89], haud procul a Cœlo, Cherronesi portu, et quædam ignobiles. Desertis[90] quoque reddantur in hoc sinu[91], quarum modo inveniri potuere[92] nomina : Desticos[93], Larnos, Cyssiros, Carbrusa, Calathusa[94], Scylla, Draconon, Arconesus, Diethusa, Scapos, Capheris, Mesate[95], Æantion, Pateronnesos[96], Pateria, Calathe[97], Neriphus, Polendos.

XXIV. Quartus[1] e magnis Europæ sinus[2] ab Hellesponto incipiens, Mæotidis[3] ostio finitur. Sed totius Ponti

---

87. *Halonesos.* Ἀλόνησος Harpocrationi exigua dicitur Ægæi maris insula. Alia est Strabonis Ἀλλόνησος, lib. IX, pag. 436. H. — Hæc et sequentes ignorantur. Ed.

88. *Lamponia.* Λαμπώνεια, quo nomine urbem in Troade Stephanus agnoscit. Hard.

89. *Alopeconnesus.* Vet. ap. Dalec. *Alope, Connesus.* Ed. — Ἀλωπεκόννησος Stephano. Meminit et Livius lib. XXXI, cap. 16. In Melane. sinu, hoc est, eodem quo a Plinio statuitur situ, a Pomponio quoque collocatur, lib. II, cap. 2. De portu Cœlo diximus cap. 18. Hard.

90. *Desertis.* Emendabat Pintianus *desertæ.* Ed.

91. *In hoc sinu.* Hoc est, in tertio Europæ sinu, qui Ionium mare Ægæumque complectitur H.

92. *Potuere.* Sic ap. Chiffl. Dalec. *potuerunt.* Ed.

93. *Desticos,* etc. Forte *Distichos. Larnos*, in MSS. *Sarnos* : forte Κάρνος, quæ Stephano est Acarnaniæ insula. Pro *Cissiros,* an *Cisseros?* ut ea vox insulam pumicosam significet. Καλάθουσα cognominem habet urbem in Ponto, cujus est apud Stephanum mentio : Δράκανον, oppidum in insula Icaria, apud Strabonem, lib. XIV, pag. 639. Arconesus, sive Arctonesus, quæ vox ursorum insulam sonat, cognominem alteram in Asia contra Halicarnassum, de qua lib. V, cap. 36. Æantion, Αἰάντειον ab Ajace nomen habet. Μεσάτη, a situ, quoniam inter alias media : etc. *Pateronnesus*, haud dubie Πατέρων νῆσος. Hard.

94. *Calathusa... Arconesus.* Vet. ap. Dalec. « Calathusa, Dialcon, dicta Melantia, Draconon (aliis *Druenon*), Arconesus. » Ed.

95. *Mesate...Pateria.* Reponebat. Pint. « Mesatœa, Centiron, Phateronnesos, vel Paterion. » Ed.

96. *Pateronnesos* Dalec. *Phaterunesos.* Ed.

97. *Calathe.* Sic ap. Chiffl. Dalec. *Calete.* Ed.

XXIV. 1. *Quartus.* Solinus, cap. XII, pag. 31, et Martianus, lib. VI, cap. de quarto sinu Europæ, pag. 213, iisdem uterque verbis. H.

2. *Sinus.* Chiffl. *sinibus.* Ed.

3. *Mæotidis.* In Dalecamp. legitur *Mæotis.* Ed.

LIBER IV.

forma breviter[4] amplectenda est, ut facilius partes noscantur. Vastum mare præjacens Asiæ, et ab Europa porrecto Cherronesi littore expulsum, angusto meatu irrumpit in terras, septem stadiorum, ut dictum est[5], intervallo Europam auferens Asiæ. Primas angustias Hellespontum[6] vocant. Hac[7] Xerxes Persarum rex constrato[8] in navibus ponte, ducit exercitum. Porrigitur[9] inde tenuis Euripus LXXXVI mill. pass. spatio ad Priapum urbem Asiæ, qua Magnus[10] Alexander transcendit. Inde exspatiatur æquor, rursusque in arctum coit : laxitas Propontis[11] appellatur : angustiæ, Thracius Bosphorus[12], latitudine D. passuum[13], qua Darius pater Xerxis copias ponte transvexit. Tota ab Hellesponto longitudo CCXXXIX[14] M. pass. Dein[15] vastum mare, Pontus Euxinus, qui quon-

4. *Breviter amplectenda est.* Vet. ap. Dalec. « Quam breviter complectenda est. » ED.

5. *Ut dictum est.* Cap. 18. HARD.

6. *Hellespontum. Détroit de Gallipoli,* sive *des Dardanelles.* ED.

7. *Hac Xerxes.* Herod. Polym. lib. VII, pag. 397, num. 36, et seq. Solinus et Capella, locis citatis. HARD.

8. *Constrato in navibus ponte.* Sic etiam MSS. non ut Pintianus excogitavit, *constrato navibus Ponto.* HARD. — In vet. apud Dal. legitur *contracto*, non *constrato.* ED.

9. *Porrigitur.* Solinus, loc. cit. et Martianus. HARD.

10. *Qua Magnus.* Leg. *quam Magnus Alexander.* Ita MS. Reg. et editio princeps. Priapus ubi, nunc *Caraboa.* BROT. — Arrianus, de Exped. Alex. lib. I, pag. 32. H.

11. *Propontis. Mer de Marmara.* ED.

12. *Bosphorus. Détroit de Constantinople.* ED.

13. *D. passuum.* Agathemerus, Geogr. lib. I, cap. 3, Bosphori Thracii fretum, qua Darius subitario ponte confecto, transmisit exercitum, DCCL pass. seu stadiorum sex esse ait : Ὁ δὲ Θράκιος Βόσπορος, τὰ ϛενὰ, ὅπη Δάρειος ἔζευξεν ἐπὶ Σκύθας τὴν σχεδίαν, ϛαδίων ϛ'. De hac Darii expeditione adversus Scythas, Herodotum vide, Melpom. lib. IV, pag. 253, n. 88; Polyb. lib. IV, pag. 432. HARD.

14. *CCXXXIX M. pass.* Ita libri omnes, Reg. 1, 2, Colb. 1, 2, Paris. Chiffl. atque ipse etiam Martianus, loco citato. HARD. — *CCXXV M. pass.* ex Herodoto in Melpomene. PINT.

15. *Dein vastum.* Sic etiam Mela, lib. I, cap. 19, pag. 22 : « Hic jam sese ingens Pontus aperit... olim ex colentium sævo admodum ingenio Axenus (hoc est, inhospitalis), post commercio aliarum gentium mollitis aliquantum moribus dictus Euxinus. HARD.

dam Axenus, longe refugientes occupat terras, magnoque littorum flexu, retro curvatus in cornua, ab his utrimque porrigitur, ut sit plane arcus Scythici[16] forma. Medio flexu jungitur ostio Mæotii[17] lacus. Cimmerius[18] Bosphorus id os vocatur, MM. D.pass. latitudine.

4 At inter duos[19] Bosphoros Thracium et Cimmerium directo cursu, ut auctor est Polybius, D. M. pass. intersunt. Circuitu vero totius Ponti vicies semel[20] centena quinquaginta M. ut auctor est Varro, et fere veteres. Nepos Cornelius trecenta[21] millia quinquaginta adjicit. Artemidorus vicies novies centena XIX M. facit : Agrippa[22] XXIV

---

16. *Arcus Scythici.* Sic Strabo, lib. II, pag. 125; Agathemerus, Geogr. lib. II, cap. 14, aliique. Sic arcus Scythici effigiem Pontus exhibet, ut latus australe, a Calchedone ad Phasin usque, nervum repræsentet : boreale, geminum cornu, geminumque flexum, quem duo illius maris sinus efficiunt : prorsus ut Scythici arcus forma fuerit, cujusmodi litteræ majusculæ Græcorum Σιγμα esse notissimum est. Nam etsi vetustam ejus litteræ formam olim fuisse constat, qualis est C Latinorum : vetustiorem tamen alteram esse, tum ex Athenæo liquet, Sigma Veterum affirmante simile esse arcui Scythico : tum ex antiquo Schin Chananæorum, W, unde Græcorum *Sigma* prodiisse dicitur. Hanc nostram interpretationem, si tibi, lector, satis est otii, haustam intelliges, tum ex Agathemero, loc. cit. tum ex Mela, lib. I, cap. 19, tum vero maxime ex Dionysio Perieg. v. 158 et seq. HARD.

17. *Mæotii lacus.* Dalec. *Mæotici lacus.* Tolet. *Mæotis lacus.* Salm.

Mæotum lacus, et tandem Pintian. *Mæoti lacui.* ED.

18. *Cimmerius. Détroit d'Enikale,* sive *de Caffa.* Hæc quoque Martianus, lib. VI, pag. 213. Strabo pariter, lib. VII, pag. 310, vicenum circiter stadiorum freti hujus angustias esse ait, quæ sunt MM. D. pass. Polybius tamen circiter tricenum, lib. IV, pag. 427, hoc est, III M. DCCL pass. HARD.

19. *At inter duos.* Martianus, loc. cit. HARD. — Tantum revera est inter Bosphoros duos ex probatissimis mappis intervallum. ED.

20. *Vicies semel*, etc. Tolet. *vicies semel M. ut auctor est Varro. Ut fere veteres, semel quinquaginta M.* ED. — Martianus, loc. cit. HARD.

21. *Trecenta millia quinquaginta.* Leg. *trecenta quinquaginta millia.* Ita legitur in MS. Reg. 1, et edit. princ. BROT.

22. *Agrippa XXIV.* Hoc est, vicies et quater centena, et sexaginta mill. pass. HARD. — Sic ap. Chiffl. Dalec. *XXIII*, cui adstipulatur Broterius, ex MS. Reg. 1, et editione principe. ED.

sexaginta mill. Mucianus, $\overline{\text{XXIV}}$ xxv²³ mill. Simili modo²⁴ de Europæ latere, mensuram²⁵ alii quatuordecies centena LXXVIII M. D. determinavere : alii undecies centena²⁶ septuaginta duo millia : M. Varro ad hunc modum metitur. Ab ostio Ponti Apolloniam CLXXXVII²⁷ M. D. pass. Calatin tantumdem. Ad ostium Istri CXXV. Ad Borysthenem CCXL. 5 Cherronesum²⁸ Heracleotarum oppidum CCCLXXV M. pass. Ad Panticapæum, quod aliqui Bosphorum²⁹ vocant, extremum in Europæ³⁰ ora, CCXII M. D. quæ summa efficit³¹ $\overline{\text{XIII}}$ XXXVII M. D. Agrippa a Byzantio ad flumen Istrum, DLX. Inde³² Panticapæum DCXXXV³³. Lacus³⁴ ipse Mæotis, 6 Tanain amnem ex Riphæis³⁵ montibus defluentem accipiens, novissimum inter Europam Asiamque finem, XIV

23. *Mucianus.* $\overline{XXIV}\,XXV$. Ita MSS. non $\overline{XXVIII}\,LXV$, ut libri vulgati mendose habent. Hard.

24. *Simili modo*, etc. Dalec. *simili modo Europæ latere mensuram alii*, etc. omissa vocula *de*. Ed.

25. *Mensuram.* Ponti Euxini, eo latere quo Europam alluit. Hard.

26. *Centena septuaginta duo.* In vet. ap. Dalec. desunt hæc duo vocabula, *centena*, et *duo*. Ed.

27. *CCXXXVII M.* Libri vulgati, *CLXXXVIII*. Et mox *ad Panticapæum, CCXXII*, ubi nos, cum Pintiano, *CCXII*, ex MSS. Reg. 1, 2, Paris. et Tolet. summa fide restituimus, ita exigente in primis summa universa, quæ ex singularibus intervallorum mensuris colligitur : nempe $\overline{XIII}$. XXXVII D. pass. hoc est, ter et decies centena, et triginta septem millia pass. cum quingentis : cui summæ aut Martianus ipse, cap. de quarto sinu Europæ, lib. VI, pag. 214, aut amanuenses, quinquagenarii notam

incaute præfixere, et Europæ totius mensuram hanc esse ipse existimavit : non Ponti tantum, ab eo latere quo Europam alluit : «Varro dicit, inquit, Europæ totius longitudinem habere $\overline{LXIII}$. XXXVII M. D. pass.» Hard.

28. *Cherronesum.* De eo oppido dicemus cap. 26. Hard.

29. *Bosphorum.* Principem Bosporianorum civitatem, μητρόπολιν τῶν Βοσποριανῶν appellat Strabo, lib. VII, pag. 309. Hard.

30. *Europæ ora.* Tolet. *Euripi ora.* (Pint. *ore.*) Dalec.

31. *Efficit* $\overline{XIII}$. *XXXVII M.* Dalec. $\overline{XIII}$. *XXXVI M.* Ed.

32. *Inde Panticapæum.* Dalec. *in Panticapæum.* Ed.

33. *DCXXXV.* Dalec. *DCXXX*, spreta Chiffl. fide. Ed.

34. *Lacus.* Dalec. *inde lacus.* Ed.

35. *Ex Riphæis.* Mela, lib. I, cap. 19, pag. 24. Notum est non ex altis montibus, sed parum editis e collibus defluere Tanaim. Ed.

VI M. circuitu[36] patere traditur. Ab aliis XI XXV[37] M. Ab ostio ejus[38], ad Tanais ostium[39] directo cursu CCCLXXXV[40] M. pass. esse constat. Accolae sinus[41], in mentione Thraciae dicti sunt[42] Istropolim usque[43]. Inde ostia Istri.

7   Ortus hic in Germaniae[44] jugis montis Abnobae[45], ex adverso Raurici[46] Galliae oppidi, multis ultra Alpes millibus, ac per innumeras lapsus gentes Danubii nomine, immenso aquarum auctu, et unde primum Illyricum alluit, Ister appellatus[47], sexaginta amnibus receptis, medio fer-

---

36. XIV VI M. circuitu. Hoc est, quater et decies centena, ac sex passuum millia cursu, quem in circuitum fere agit, complectitur. HARD.

37. Ab aliis XI. XXV. Hoc est, undecies centena, xxv millia. Strabo, lib. VII, pag. 310, Maeotidis ambitum ait complecti millia stadiorum octo: hoc est, decies centena millia pass. HARD.

38. Ab ostio ejus. Maeotidis paludis. HARD.

39. Ostium. Vet. ap. Dalec. portum. ED.

40. CCCLXXXV. Dalecampius, CCCLXXV. ED.

41. Accolae sinus. Dalec. Accolae sinus ejus. ED.

42. In mentione Thraciae dicti sunt. Cap. 18. HARD.

43. Istropolin. Istropolis, nunc Kara-Kerman; id est, nigrum castrum. BROT.

44. In Germaniae. MS. Reg. 1, in Germania. De monte Abnoba, nunc Schwartz-Wald, vel la Forêt noire, totaque Germania fuse diximus ad Tacitum de Moribus German. ED.

45. Montis Abnobae. Tacit. lib. de morib. German. quem vide :

« Danubius molli et clementer edito montis Abnobae jugo effusus, etc. » et Festus Rufus Avienus confirmat, in Descript. orbis, v. 437 : « Abnoba mons Istro pater est : cadit Abnobae hiatu Flumen : in Eoos autem convertitur axes, Euxinoque salo provolvitur : ora per aequor Quinque vomunt amnem. » Ptolem. lib. II, cap. 11, τὰ Ἀβνόβα ὄρη. Marelano Heracleotae, pag. 82, corrupte admodum Ἀδούλας nominatur. HARD. et ED.

46. Raurici. Vel Rauraci : quo etiam modo Massiliam, et Massaliam dicimus. Agemus de eo oppido, cap. 31. Inde Rauraci montes, apud Ammian. lib. XXII, p. 217 : « Amnis vero Danubius, inquit, oriens prope Rauracos montes confines limitibus Rhaeticis, per latiorem orbem protentus, ac sexaginta navigabiles paene recipiens fluvios, septem ostiis per Scythicum Ponti latus erumpit in mare. » Solinus, cap. XIII, pag. 33 : « Ister Germanicis jugis oritur, effusus monte qui Rauracos Galliae adspectat. HARD. — In vet. apud Dalecamp. Saurici perperam pro Raurici legitur. ED.

47. Ister appellatus. Agatheme-

LIBER IV. 329

me numero eorum navigabili, in Pontum vastis sex fluminibus[48] evolvitur. Primum[49] ostium Peuces : mox ipsa[50] Peuce insula, a qua proximus alveus appellatus[51], XIX[52] millia pass. magna palude sorbetur. Ex eodem alveo et 8 super Istropolim lacus gignitur LXIII M. pass. ambitu : Halmyrin[53] vocant. Secundum ostium Naracustoma[54] appellatur. Tertium Calonstoma[55], juxta insulam Sarmaticam.

rus, Geogr. lib. II, cap. 4; Vindobonam usque, hoc est, Austriæ Viennam, Danubium appellari ait: μέχρις Οὐϊνδοβούνης πόλεως Δανούβιον καλοῦσιν, etc. HARD. — *Donaw* vocatur incolis. ED.

48. *Sex fluminibus.* Quinque, si Dionysio Periegetæ credimus, v. 301, et Festo Avieno, v. 441. Mela, lib. II, cap. 7, pag. 42, « sex sunt insulæ inter Istri ostia. » Septem igitur ostia necesse est esse, quot nimirum Ammianus agnovit. Et idem Mela, lib. II, cap. 1, totidem Istro, quot Nilo, assignat ora. HARD.

49. *Primum ostium Peuces.* Ita dictum a Peuce insula, nunc *Piczina*. Super Istropolin lacus, nunc *Kara-Sou*. Secundum ostium Naracustoma, nunc *Hazrali Bogasi*. Tertium Calonstoma, nunc *Susie Bogasi*. Quartum Pseudostomon, nunc *Selina Bogasi*. BROT.

50. *Ipsa Peuce.* Omnium notissima et maxima, inquit Mela, loc. cit. Inde nomen ei, quod multas πεύκας arbores ferat. Magnitudo par Rhodo. Ita auctor Peripli Ponti Euxini, pag. 11. Stephano quoque nota, Πεύκη νῆσος ἐν τῷ Ἴστρῳ. H.

51. *Appellatus.* Vet. ap. Dalec. *appellatur.* ED.

52. *XIX millia pass.* etc. Vet.

ap. Dalec. et *XI M. pass. magna palus oritur ex eodem alveo.* ED.

53. *Halmyrin.* Ἅλμυριν Græci salsuginem vocant. Auctor est Philostorgius, lib. X, cap. 6, Eunomium Arianæ factionis antesignanum, Halmyrida in exsilium pulsum esse, eumque Mysiæ locum ad Istrum fuisse, quod ait etiam Nicephorus, Eccles. hist. lib. XII, cap. 29. Aut ab oppido lacum, aut a lacu potius oppidum id nomen esse sortitum apparet. In Notitia Hieroclis, Prov. Scythiæ, Ἅλμυρις, pag. 21. HARD.

54. *Naracustoma.* Sic Ammianus, lib. XXII, pag. 218. Apollonius Rhod. Argon. lib. IV, vers. 312, duo Istri ostia referens, alterum Καλὸν ςόμα, alterum, inquit, καλέουσι Νάρηκος, ubi Scholiastes legisse videtur, καλέουσιν Ἄρηκος. At Ναράκου ςόμα dicitur, ab auctore Peripli Ponti Euxini. Forte rectius *Narcustoma*, hoc est, os pigrum ac stupidum, ob quamdam paludis immobilitatem. HARD. — Nunc, ut diximus, *Hazrali Bogazi*. ED.

55. *Calonstoma.* Καλὸν ςόμα Ptolemæo, lib. III, cap. 10, et Ammiano, loc. cit. qui Pseudostoma ambo agnoscunt cum Solino, cap. XIII, pag. 33. Nos ex MSS. *Pseudostomon* scripsimus. H. — Nunc,

Quartum Pseudostomon, et in insula[56] Conopon diabasis[57]: postea Boreostoma[58] et Spireostoma[59]. Singula autem ora tanta sunt, ut prodatur in quadraginta millia passuum longitudinis vinci mare, dulcemque[60] intelligi haustum.

XXV. Ab eo in plenum[1] quidem omnes Scytharum sunt gentes : variæ tamen littori apposita tenuere : alias Getæ, Daci[2] Romanis dicti : alias Sarmatæ, Græcis Sauromatæ,

Susie Bogasi, ut modo supra diximus. ED.

56. *Et in insula.* Ita MSS. omnes, Reg. 1, 2, Colb. etc. Vulgati perperam, *et insula.* HARD.

57. *Conopon Diabasis.* Κωνώπων διάβασις, hoc est, culicum transitus ab ea insula certo anni tempore fieri consuetus, ad paludis Mæoticæ locum, ut quidem auguror, Κωνώπιον inde appellatum, cujus Stephanus meminit : ubi lupi a piscatoribus alimenta sumentes, captos custodire pisces traduntur. Hujus vero insulæ, in qua versamur, mutilum nomen poetica licentia Lucanus expressit, lib. III, vers. 200 : « et Barbara Cone, Sarmaticas ubi perdit aquas, sparsamque profundo Multifidi Peucen unum caput alluit Istri. » HARD.—Insula hæc, nunc *Ilan Adasi*, vel *l'île des serpens*. BROT.

58. *Boreostoma.* Vet. ap. Dalec. *Boriostoma* et *Stenostoma*. ED. — Boreonstoma et Stenostoma habet Ammianus loc. cit. Βόρειον ςόμα, hoc est, boreale, et Ψιλὸν ςόμα, hoc est, tenue, Ptolemæus, lib. III, c. 10, et auctor Peripli Ponti Euxini. MSS. tamen *Spireonstoma*, forte pro *Spiræonstoma*, cujusmodi et Σπείραιον ἄκρον in Saronico sinu a Plinio superius vidimus cap. 9,

Ptolemæoque appellari. HARD. — Est boreale et tenue ostium, cui adjacet oppidum *Kilia*. BROT.

59. *Singula autem.* Solinus iisdem verbis, cap. XIII, pag. 33. HARD.

60. *Dulcemque.* Idque ex dulci haustu aquæ intelligi. HARD.

XXV. 1. *Ab eo in plenum.* Vet. ap. Dalec. *ab eo in pleno.* ED. — Ab ostiis Danubii planitiem omnem versus occasum late diffusam, utroque amnis latere Scythæ tenuerunt. Loca tamen ripæ proxima variæ subinde Scytharum gentes, primum Getæ, quos Romani Dacos appellant : hos pepulere deinde Sarmatæ, etc. Vide Dionys. Perieg. v. 302. HARD.

2. *Daci.* Sunt qui Plin. hoc loco erroris insimulent, perinde, ac si temere Getas cum Dacis confuderit. At eamdem Scytharum gentem utraque appellatione promiscue Romanis appellatam, auctor est luculentus Dio, lib. LI, p. 460: Οἱ δὲ ἐπέκεινα Δακοὶ κέκληνται, εἴτε δὴ Γέται τινές, εἴτε καὶ Θρᾶκες, τοῦ Δακικοῦ γένους τοῦ τὴν Ῥοδόπην ποτὲ ἐνοικήσαντος, ὄντες. « Qui Daci postea vocati sunt, sive Getæ ii fuerint, sive Thraces orti ab iis Dacis, qui Rhodopen quondam incoluerunt, etc. » Nec vero quum Dacos Plinius nunc appellat, et Sarmatas,

corumque Hamaxobii³, aut Aorsi⁴ : alias Scythæ⁵ degeneres et a servis orti, aut Troglodytæ : mox Alani, et Rhoxalani. Superiora autem⁶ inter Danubium et Hercynium⁷ saltum, usque ad Pannonica hiberna Carnunti⁸, Germanorumque ibi confinium, campos, et plana Jazyges⁹ Sarmatæ : montes vero¹⁰ et saltus pulsi ab his Daci ad

et Aorsos, id agit, ut cæteras singulorum sedes assignet, quas, quum ille hæc scriberet, nondum ii forte habebant: sed quam fuerint earum gentium migrationes variæ, quæ diversis temporibus, pulsis prioribus incolis, eamdem Danubii ripam tenuerint, id cursim raptimque perstringit. HARD.

3. *Hamaxobii.* Δακοὶ, Ἀμαξόβιοι, Ἄορσοι, Ἄλαυνοι, Σκύθαι, Ῥωξολανοί, supra Danubium a Ptolemæo recte collocantur, lib. III, cap. 5, ubi nunc Bessarabia est, Moldavia, Valachia, et pars regionis ejus, quam Transylvaniam vocant. Τρωγλοδύται vero cap. 10, sub ostio Peuce, ubi Istropolis civitas est, latere amnis australi, quæ nunc Bulgariæ pars est maxime orientalis. Κροβύζους Τρωγλοδύτας appellat Strabo, lib. VII, pag. 318. HARD.

4. *Aorsi.* Chiffl. *Corsi.* ED.

5. *Scythæ.* Vet. ap. Dalec. *Sindi;* item ap. Strab. ED.

6. *Superiora autem.* Ubi nunc Transylvania est, et Hungariæ pars, supra latus Danubii boreale. HARD.

7. *Hercynium.* « Hercynia silva, inquit Mela, lib. III, c. 3, dierum sexaginta iter occupans. » Nunc multis locis excisa, ubi Germaniæ urbes multæ et pagi sunt. HARD.

8. *Carnunti.* Subintellige hiberna ibi constituta de more a Romanis, munimento adversus Quados opposita. Oppidum nunc Carnuntum est, contra Danubii et Mari confluentem, vulgo *Haimbourg*, paucis ultra Viennam, quæ in Austria est, millibus passuum. De Carnunto Pannoniæ, Livius, lib. XLIII, et vetus inscriptio apud Gruterum, pag. 1032. Ortelius cum Carnuto Galliarum oppido confundit. H.— Pannonica hiberna Carnunti, nunc *Altenbourg*, inter *Petronel* et *Haimbourg*. BROT.

9. *Jazyges Sarmatæ.* Sunt ea sic conjunctim legenda : Ἰάζυγες Σαρμάται Straboni, lib. VII, p. 306, et Tacito, Annal. lib. XII, cap. 29, a quo et Jazyges, *Vagi per campos* appellantur. Hos ad Tibiscum amnem pertinere similiter Ptolemæus docet, lib. III, c. 7, ubi Ἰάζυγας Μετανάστας vocat, et Agathemerus, Geogr. lib. II, cap. 4, qui Dacis confines ait fuisse. HARD.

10. *Montes vero.* Ea montium juga intelligit, quæ Hungari *Crapak* vocant : quo Daci e campis pulsi ab Jazygibus profugere. Καρπάτης ὄρος dicitur Ptolemæo, l. III, cap. 7 et 8. Daci, ut mox Plinius addit, *a Sarmatis ad Pathissum amnem pulsi*, regionem eam Daciam cognominavere; quam postea Trajanus Imp. Romano adjecit imperio, ut nummi ejus testantur in-

2 Pathissum[11] amnem. A Maro[12], sive Duria est[13], a Suevis[14] regnoque[15] Vanniano dirimens eos, adversa[16] Basternæ tenent, aliique inde[17] Germani. Agrippa totum eum tractum ab Istro ad Oceanum bis ad decies[18] centena mill. pass. in longitudinem, quatuor[19] millibus et quadringentis in latitudinem, ad flumen Vistulam a desertis Sarmatiæ, prodidit. Scytharum nomen usquequaque transit in Sar-

numeri; præsertim qui sunt inscripti, DACIA CAPTA, VICTORIA DACICA, DACIA AVGVSTI PROVINCIA. HARD.

11. *Ad Pathissum.* Pathiscum vocat Ammianus, lib. XVII, pag. 108; Τίβισκον Ptolemæus, lib. III, cap. 7; nunc *Teissa*, et *Tibisc.* H.

12. *A Maro.* Dalec. *a Moro.* Vet. ap. eumdem *Amoros.* ED.—Marum quoque Tacitus vocat, Annal. lib. II, cap. 63. Μάρισον Strabo, lib. VII, pag. 404, quem per Getas ait in Danubium labi. Hodie *Mark*, *Maros*, et *Morava*, unde Moraviæ nomen. HARD.

13. *Sive Duria est.* Dalec. *sive is Duria est.* ED.

14. *A Suevis.* Non a gente tota Suevorum, sed ab iis qui Drusi jussu atque imperio, « Danubium ultra, inter flumina Marum et Cusum locati sunt, dato rege Vannio, gentis Quadorum, » inquit Tacitus loc. cit. Convellit egregie interpretatio nostra, Taciti auctoritate constabilita, eruditi Cluverii conjecturam, in libro de antiq. Germ. *a Quadis*, non *a Suevis* legendum esse pronunciantis. Nec minor ejusdem hallucinatio est, dum ultra Crapathios montes Bastarnas ablegat, quos inter Tibiscum et Marum Plinius diserte locat : nec dignus venia contemptus codicum omnium, quorum est in hoc loco mira consensio, quum *a Quadis*, non *a Suevis*, *aversa*, non *adversa* legitur. H.

15. *Regnoque Vanniano.* Ubi nunc Moravia est. HARD.

16. *Adversa.* Partem montium supradictorum Austro obversam, regionemque inde ad Danubium Austrumque recedentem, a Maro amne ad Tibiscum : nunc Hungaria superior appellatur, *la haute Hongrie* : incolæ quondam Basternæ, sive Bastarnæ, Βαςάρναι, Ptolem. lib. III, cap. 5, et Stephano : Livio quoque memorati, lib. XL, cap. 5. HARD.

17. *Aliique inde.* Citra Moraviam, versus occasum. HARD.

18. *Bis ad decies.* Quidam legunt, « ad bis decies centum M. pass. in longitudinem, IV M. minus : CCCC in latitudinem ad flumen Vistulam, etc. » (*Istulam* Pomp.) Chiffl. habet, « Oceanum bis decies centum M. pass. in longitudinem, quatuor M. quadringentis in latitudinem ad flumen Vistiam, etc. » DALEC.

19. *Quatuor millibus et quadringentis.* Ita restituimus ex fide codicum Reg. 1, 2, Colb. 1, 2, Paris. etc. editionumque vetustiorum, Parmensis, etc. quas Frobenius corrupit, ut *quantum minus quadringentis* scriberet. Martianus, l. VI, pag. 214, millia quadringenta agnoscit. HARD.

matas atque Germanos. Nec aliis prisca illa duravit appellatio, quam qui extremi gentium harum ignoti prope cæteris mortalibus degunt.

XXVI. Verum ab Istro oppida[1], Cremniscos, Æpolium : montes Macrocremnii, clarus amnis Tyra[2], oppido nomen imponens, ubi antea Ophiusa dicebatur. In eodem insulam spatiosam incolunt Tyragetæ[3]. Abest a Pseudostomo Istri ostio centum triginta[4] millibus passuum. Mox Axiacæ[5] cognomines flumini, ultra quos Crobyzi[6] : flumen Rhode[7], sinus Sagaricus[8], portus Ordesus[9]. Et a Tyra centum viginti[10] millibus passuum flumen Borysthenes[11],

XXVI. 1. *Ab Istro.* Vet. ap. Dalec. *ab Istro oppida, Cremense, Obolium.* ED. — Versus Mæotium lacum littus Euxini Ponti legentibus. De Æpolio, nihil compertum. Κρημνίσκου meminit Auctor Peripli Ponti Euxini, pag. 9. Κρήμνοι πόλις est Ptolemæo, lib. III, cap. 5. Ab eo oppido montibus Macrocremniis nomen inditum. HARD.

2. *Amnis Tyra.* Mela, lib. II, cap. 5: « Axiacas, inquit, ab Istricis Tyras separat : surgit in Neuris : qua exit, sui nominis oppidum attingit. » Stephanus : Τύρας, πόλις καὶ ποταμὸς ἐν τῷ Εὐξείνῳ Πόντῳ... ἐκαλεῖτο δ' Ὀφίουσσα. Scylaci quoque, pag. 28, in Scythia, Ὀφίουσα πόλις. Ovidius, de Ponto, lib. IV, Eleg. 10, v. 50: « Et nullo tardior amne Tyras. » Hodie *Dniester.* H.

3. *Tyragetæ.* Ex Tyra fluvio et Getis insulæ hujus incolis efficto nomine. Τυρρηγέται Straboni, lib. VII, pag. 306. Insulæ hodie nomen est *Tandra.* HARD.

4. *Centum triginta.* Strabo, lib. VII, pag. 305, octingentorum tantum stadiorum intervallum id esse ait, hoc est, CXII M.D. pass. HARD.

5. *Axiacæ.* Legendum censebat Dalecampius ex vet. cod. *Axiacæ cognomine fluminis.* ED. — Mela, loc. cit. « Axiaces *amnis* proximus inter Callipidas Axiacasque descendit. » Ἀξιάκης ποταμὸς, Ptolem. lib III, cap. 10. Hodie *Bog.* HARD.

6. *Crobyzi.* Κρόβυζοι Stephano, supra Istrum ad boream. HARD.

7. *Flumen Rhode.* Nunc *Sasik Beregen.* Sinus Sagaricus, *le golfe de Berezen.* BROT.

8. *Sagaricus.* Chiffl. *Sagarius.* ED. — A Sagari fluvio influente, cujus cum Hypani infra citato Ovidius meminit, de Ponto lib. IV ; Ἄγαρος ποταμὸς Ptolemæo, lib. III, cap. 5, idem, opinor, qui Plinio fluvius Rhode nuncupatur. HARD.

9. *Ordesus.* Ὀρδησσὸς Ptolemæo, lib. III, cap. 5, supra Axiacen fluvium. H. — Portus Ordesus, nunc *Okzakow.* BROT.

10. *Centum viginti millibus.* Chiffl. *CCXX mill.* ED.

11. *Borysthenes.* Martianus, lib. VI, cap. de quarto sinu Europæ, pag. 214. Hodie *Dnieper.* HARD.

lacusque et gens eodem nomine, et oppidum [12] a mari recedens xv [13] millibus passuum : Olbiopolis [14] et Miletopolis, antiquis nominibus. Rursus [15] in littore portus Achæorum. Insula Achillis [16], tumulo ejus viri clara. Et ab ea cxxv [17] millibus passuum [18] peninsula, ad formam gladii [19] in transversum porrecta, exercitatione ejusdem cognominata Dromos Achilleos [20] : cujus longitudinem octoginta millium [21] passuum tradit Agrippa. Totum eum tractum Tauri Scythæ, et Siraci tenent [22]. Inde silvestris [23] regio

12. *Et oppidum.* Olim Ὀλϐία appellatum, a Milesiis conditum, unde et Miletopolis nomen, mox et Borysthenis ab amne præterfluente. Ita Strabo, lib. VII, pag. 306. Ptolemæo, loc. cit. Μητρόπολις eadem mendose, pro Μιλητόπολις. H.

13. *XV millibus pass.* Ita libri omnes. Strabo, loc. cit. stadiis ducentis, hoc est, xxv mill. pass. H.

14. *Olbiopolis*, etc. Hæc prisca Borysthenis oppidi nomina. Ὀλϐία, ut diximus, Straboni, et Auctori Peripli Ponti Euxini, pag. 8. H.
— Nunc *Zaporouski*, inter ostia fluminis *Buzuluk*. Brot.

15. *Rursus.* Dalec. *rursusque.* Sed deletur, ipso fatente Dalecampio, in veteribus codicibus omnibus vocula *que.* Ed.

16. *Insula Achillis*, etc. Martianus, loc. cit. Eadem Leuce appellata, ut dicetur cap. seq. Scylax, pag. 28, νῆσος ἐρήμη, ἢ ὄνομα Λευκὴ, ἱερὰ τοῦ Ἀχιλλέως. Et Ptolemæus meminit lib. III, cap. 10. Mela, lib. II, cap. 7 : « Leuce Borysthenis ostio objecta, parva admodum, et quia Achilles ibi situs est, Achillea cognomine. » Hard.—Insula Achillis, nunc *l'île Berezen*, in ipso Borysthenis ostio. Brot.

17. *Et ab ea CXXV.* Ita libri omnes, ante Dalecampium, qui cxxxv edidit. Hard.

18. *Millibus.* Dalec. *millia.* Ed.

19. *Ad formam gladii.* Eleganter, ut solet, Mela, lib. II, cap. 2 : « Terra tunc longe distenta excedens, tenui radice littori adnectitur. Post spatiosa modice, paulatim se ipsa fastigat, et quasi in mucronem longa colligens latera, facie positi ensis allecta est. Achilles infesta classe mare Ponticum ingressus, ibi ludicro certamine celebrasse victoriam, et quum ab armis quies erat, se ac suos cursu exercitavisse memoratur. Ideo dicta est δρόμος Ἀχιλλέως. » Hard.

20. *Dromos Achilleos.* Id est, cursus Achillis. Illa est peninsula in cujus fine est *Kyl-bouroun.* Brot.

21. *Octoginta mill.* Tzetzes in Lycophr. pag. 41, et Strabo, lib. VII, pag. 307, stadiorum mille, hoc est, cxxv m. pass. Auctor Peripli Ponti Euxini, pag. 7, stadiorum mille ac ducentorum, hoc est, cl m. pass. Hard.

22. *Tauri Scythæ, et Siraci tenent.* Hoc est, Scytharum populi, qui Tauri vocantur, et Siraci. Ταῦροι, et Σιραχοί. Pro *Siraci* Barbarus *Sar-*

LIBER IV. 335

Hylæum mare, quo alluitur, cognominavit : Enæcadloæ [24] vocantur incolæ. Ultra Panticapes [25] amnis, qui Nomadas et Georgos disterminat : mox Acesinus [26]. Quidam Panticapen confluere infra Olbiam [27] cum Borysthene tradunt : diligentiores Hypanin : tanto errore eorum, qui illum in Asiæ parte prodidere.

Mare subit [28] vasto recessu, donec quinque millium 4

matæ reposuit. Sinceram lectionem tum ex codd. MSS. Reg. 1, 2, Colb. 1, 2, Paris. Tolet. etc. tum Strabone restituimus, qui lib. X, pag. 492, et 506, Σιρακῶν meminit, prope Mæotin, in Asia quidem, sed una tamen cum Aorsis supra quoque citatis a Plinio. Ad Tauros Scythas autem quod attinet, seu Tauroscythas unico vocabulo malis appellare, Achillei Dromi incolas Dionysius Periegetes ait fuisse, et Tauros vocat, vers. 301, Alanis Dacisque conterminos : Eustathius ad eum locum, Scythas : Ταῦροί δ' οἳ ναίουσιν Ἀχιλλῆος δρόμον αἰπύν, etc. Taurici littoris incolas Scythas, Festus Avienus, vers. 444. Tamen MSS. quidam satis probatæ fidei, pro *Tauri*, *Sardi* hic exhibent, qui alibi nusquam reperti. HARD. — Dalec. *Tauri, Scythæ* et *Sarmatæ*. Vet. ap. eumdem *Taurisci*, pro *Tauri*. ED. — *Tauri Scythæ*, etc. Nunc Bessarabi, et Tartari minores vocantur, Podoliæ et Ukraniæ confines, quarum partem aliquam Siraci quondam tenuere. HARD.

23. *Inde silvestris*. Mela, loc. cit. « Silvæ deinde sunt, quas maximas hæ terræ ferunt : et Panticapes Nomadas Georgosque disterminans. » Hylææ regionis meminit Herod. Melpom. lib. IV, p. 231, n. 18, et auctor Peripli Ponti Euxini, pag. 2, ultra Borysthenen, versus orientem : Πρὸς ἀνατολὰς ἐκβάντι τὸν Βορυσθένην, Τοὺς λεγομένην Ὑλαιαν οἰκοῦντας Σκύθας. HARD.

24. *Enæcadloæ*. Hæc vero gens est alibi nusquam reperta. Quid si legas *Inde Hylæi?* nam de Hylæis mox iterum. HARD.

25. *Panticapes*. Παντικάπης Herodoto, loc. cit. a quo hæc Mela, et Plinius. Scythæ Nomades seu vagi, a Georgis, hoc est, aratoribus eo amne disterminantur. Utrique communi minorum Tartarorum appellatione censentur. H. — Moscovitis nunc parent. ED.

26. *Acesinus*. Valerius Flaccus, Acesinum quoque, Argon. l. VI, vers. 69 ; Priscianus in Periegesi, p. 372, Aldescum vocat. HARD.

27. *Infra Olbiam*. Sive Olbiopolim, hoc est, Borysthenitarum oppidum, de quo paulo ante diximus. Herodotum sugillat, qui Melpom. lib. IV, num. 53 et 54, Panticapen et Hypanin influere in Borysthenem prodidit. HARD.

28. *Mare subit*. Vet. ap. Dalec. et Chiffl. « Mare subit magno recessu. » ED. — Euxini Ponti sinus, qui Carcinites mox appellatur. Καρκινίτης κόλπος Straboni, lib. XII, pag. 308, ad mille porrectus stadia, hoc est, ad CXXV M. pass. Hodie *Golfe de Negropoli*. HARD.

passuum intervallo absit a Mæotide, vasta ambiens spatia multasque gentes. Sinus Carcinites[29] appellatur, flumen Pacyris[30]. Oppida : Naubarum[31], Carcine : a tergo lacus Buges[32] fossa emissus in mare. Ipse Buges a Coreto, Mæotis lacus sinu, petroso discluditur dorso. Recipit[33] amnes Bugem, Gerrhum, Hypanin, ex diverso venientes tractu. Nam Gerrhus Basilidas[34], et Nomadas separat. Hypanis per Nomadas et Hylæos[35] fluit manu facto alveo in Bugen, naturali in Coretum. Regio, Scythia[36] Sendica nominatur.

Sed a Carcinite[37] Taurica[38] incipit, quondam mari circumfusa et ipsa, quaqua[39] nunc jacent campi. Deinde vastis attollitur jugis. Triginta sunt eorum populi. Ex iis

---

29. *Carcinites.* Vet. ap. Dalec. *Garcinites.* Ed.

30. *Pacyris.* Herod. loc. cit. pag. 240, num. 47, Ὑπάκυρις. Ptolemæo, lib. III, cap. 5, ab oppido quod præterlabitur, Καρκινίτης. H.

31. *Naubarum,* etc. MSS. *Navarum,* Ptolomæo, loc. cit. Ναύβαρον, et Κάρκινα, πόλις. Carcina hodie nomen retinet, situm mutavit. H.

32. *Lacus Buges.* Tolet. « A tergo lacus Buges a Coreto, Mæotæ lacus sinu, petroso, etc. » Ed.—Βύκη λίμνη Ptolemæo, lib. III, cap. 5, nec semel Pomponio Melæ, *Buces.* Flacco, Argon. lib. VI, *Byce.* Hard.

33. *Recipit.* Nempe Buges lacus. Mela, lib. II, cap. 1 : « Duo flumina, Gerrhos et Hypacaris, uno ostio effluentia : verum diversis fontibus, et aliunde delapsa. Nam Gerrhos inter Basilidas et Nomadas : Hypacaris per Nomadas evolvitur. » Unde liquet amnem eum qui Plinio nunc Hypanis dicitur, et a superiore Hypani diversum esse, qui non alio, quam quo Borysthenes ostio in Pontum influit, et Hypacarim Melæ esse. Alter Γέῤῥος Stephano. Hard.

34. *Basilidas.* Qui Βασίλειοι Σαυρομάται, Appiano in Mithrid. pag. 217, et Straboni, lib. VII, pag. 306. Hæc Plinius tum a Mela, tum ab Herod. loc. cit. Hard.

35. *Hylæos.* Dalec. *Hyleos.* Ed.

36. *Scythia Sendica.* Dalec. « Regio Scythiæ Sendica nominatur. » Ed. — Quod Sindi, Sindonesve, gens Scythica, illam tenuere. Nam Pomponio, lib. I, cap. ult. *Sindones,* iidem Σινδοί, regio Σινδικὴ Straboni, lib. XI, pag. 492. Hard.

37. *Sed a Carcinite.* Dalec. *sed in Carcinite.* Ed.

38. *Taurica.* Aliis Taurica, Pontica aliis, aliis Scythica Chersonesus dicta. Incolæ Ταῦροι Straboni, lib. VII, pag. 308, et mox ipsi Plinio. Et ipsa hodie Moscovitarum imperii pars est, *Crimée* vocata. Ed.

39. *Quaqua.* Chiffl. *quaque.* Ed.

mediterranei xxiv[40]. Sex oppida[41] : Orgocyni, Characeni, Lagyrani, Tractari, Archilachitæ, Caliordi. Jugum[42] ipsum Scythotauri tenent. Clauduntur ab occidente Cherroneso[43], ab ortu Scythis Satarchis[44]. In ora[45] a Carcinite oppida : Taphræ[46], in ipsis angustiis peninsulæ : mox Heraclea Cherronesos[47], libertate a Romanis[48] donatum. Megarice vocabatur antea, præcipui nitoris in toto eo tractu, custoditis Græciæ moribus, quinque millia pass. ambiente muro. Inde Parthenium[49] promontorium, Taurorum civi-

40. *XXIV.* MSS. Reg. 1, 2, Colb. 1, 2, xxvii. Hard.

41. *Sex oppida*, etc. In edit. Parm. et MSS. *Caraceni, Assyrani.* Nos ex Ptolemæo, lib. III, cap. 6, *Characeni* et *Lagyrani* rescripsimus : quoniam in Taurica oppida sunt apud eum ista, Χάραξ et Λαγύρα. Pro *Orgocyni*, forte *Argodeni* rectius, ab Ἄργωδα ejusdem Tauricæ mediterraneo oppido. Pro *Tractari*, MSS. *Stactari* habent. In libris hactenus vulgatis legitur, *Caraseni, Assyrani.* Hard.

42. *Jugum ipsum.* Montes, qui in Taurica Chersoneso eminent. H.

43. *Cherroneso.* Oppido Heracleotarum, de quo mox. Hard.

44. *Satarchis.* Quorum oppidum in Taurica Chersoneso mediterraneum Σατάρχη, apud Ptolem. lib. III, cap. 6, incolæ Pomponio Satarchæ dicti. De his Solinus, cap. xv, pag. 35 : « Satarchæ usu auri argentique damnato, in æternum se a publica avaritia vindicarunt. » Hi sunt quos Plinius, lib. VI, cap. 7, Satarcheos vocat. Hard.

45. *In ora*, etc. Vet. ap. Dalec. « In ora Caresne oppidum, Tagre, etc. » Ed.

46. *Taphræ.* Mela, lib. III, cap. 1 : *Quod inter paludem* Mæotin, *et* sinum Carciniten *est, Taphræ nominantur.* Ptolemæo, loc. cit. Τάφρος. Hard. — Taphræ, nunc *Perecop*; vulgo quoque *Orkapi.* Buot.

47. *Heraclea Cherronesos.* Sunt enim ista conjunctim legenda : unde superius cap. 24, dicitur Cherronesus Heracleotarum oppidum. Strabo, lib. VII, pag. 308 : Πόλις Ἡρακλεωτῶν καλουμένη Χερρόνησος. Mela, loc. cit. « Oppidum adjacet Chersonesus, a Diana, si creditur, conditum, et Nymphæo specu, quod in arce ei sacratum est, maxime illustre. » H. — Nunc *Cherson*, nonnunquam etiam *Kosleve* dictum. Ed.

48. *A Romanis.* Quum debellato Mithridate tota regio in Romanorum potestatem venit. Hard.

49. *Parthenium.* In Taurica Chersoneso, *sinus portuosus,* inquit Mela, lib. II, cap. 1, « et ideo Καλὸς λιμὴν appellatus, promontoriis duobus includitur : alterum Κριοῦ μέτωπον vocant, Carambico quod in Asia diximus, par et adversum : Parthenion vocant. » Unde manifestum est Καλὸν λιμένα eumdem esse, qui mox Symbolon portus

tas, Placia[50]. Symbolon[51] portus. Promontorium Criumetopon[52], adversum Carambi Asiæ promontorio, per medium Euxinum procurrens CLXX M. pass. intervallo, quæ 8 maxime ratio Scythici arcus[53] formam efficit. Ab eo Taurorum portus[54] multi, et lacus. Oppidum Theodosia[55] a Criumetopo CXXXV[56] M. P. A Cherroneso[57] CXLV[58] M. pass. Ultra fuere oppida: Cytæ[59], Zephyrium, Acræ[60], Nymphæum[61], Dia[62]. Restat longe validissimum in ipso Bosphori introitu, Panticapæum Milesiorum[63], a Theodosia

appellatur. Et Παρθενίου ἄκρου meminit Ptolemæus, lib. III, cap. 6. Hodie *Rosaphar*. HARD.

50. *Placia*. Ita libri omnes. Sed ipsum est Strabonis Παλάκιον in Cherroneso, lib. VII, pag. 312. H.

51. *Symbolon*. Συμβόλων λιμήν, Ptolemæo, loc. cit. Συμβούλου λιμήν, auctori Peripli Ponti Euxini, pag. 6. HARD. — Nunc *le port de Koslevé*. BROT.

52. *Criumetopon*. Κριοῦ μέτωπον, hoc est, Frons arietis. HARD. — Promontorium Criumetopon, nunc *Karadjeboroun*; id est, nasus niger. Carambis, de quo dicemus lib. VI, cap. 2, nunc *Kerempi*. BROT. — Dalec. *Charambi*, non *Carambi*. Vet. ap. eumdem *Carambico*. ED

53. *Scythici arcus*. De eo egimus, cap. 2. HARD.

54. *Taurorum portus*. Tauricæ ora maritima a Symbolorum portu, mille fere stadiis, hoc est, CXXV mill. pass. ad Theodosiam usque porrecta, ut auctor est Strabo, lib. VII, pag. 309. HARD.

55. *Theodosia*. MSS. quoque *Theudosia*. Θευδοσία, Ταυρικὴ πόλις, Stephano, et Scylaci, pag. 28: hodie *Caffa*. HARD.

56. *CXXV M*. Sic ap. Chiffl. Dalec. *CXXII M*. ED.

57. *A Cherroneso*. Oppido Heracleotarum, de quo supra. HARD.

58. *CXLV. M*. Dalec. *CLXV M*. ED.

59. *Cytæ*, etc. Dalec. « Cyte, Zephyrium, Acre. » ED. — Κύταιον Ptolemæo, lib. III, cap. 6, in oppidis Chersonesi Tauricæ mediterraneis: Κύδαια Scylaci, pag. 28, pro Κυταία. Κύτας πόλιν vocat auctor Peripli Ponti Euxini, pag. 4. H.

60. *Acræ*. Ἄκρα κώμιον, exiguus Panticapæorum vicus, apud Strabon. lib. XI, pag. 494. In Notitia Eccles. Hieroclis, pag. 21 Prov. Scythiæ, Ἄκραι. Stephano Ἄκρα Σκυθίας. HARD.

61. *Nymphæum*. Νυμφαῖον, πόλις Ταυρικὴ, inter Panticapæum et Theodosiam, Stephano ex Strabone. Meminit et Scylax, pag. 28, et Harpocr. et ipse Ptolem. loc. cit. HARD.

62. *Dia*. Longius Δίαν Stephanus ablegat, quum urbem Scythiæ ait esse circa Phasin: Σκυθίας, περὶ τῷ Φάσιδι. HARD.

63. *Milesiorum*. Hoc est, a Milesiis Ioniæ conditum, Παντικάπαιον...

LXXXVII[64] M. pass. a Cimmerio vero oppido trans fretum sito MM. D.[65] (ut diximus) pass. Hæc ibi latitudo Asiam ab Europa separat, eaque[66] ipsa pedibus plerumque pervia glaciato freto. Bosphori Cimmerii[67] latitudo XII M. D. pass. Oppida habet, Hermisium[68], Myrmecium: intus insulam Alopecen[69]. Per Mæotin autem ab extremo Isthmo, qui locus Taphræ vocatur, ad os Bosphori CCLX M. passuum longitudo colligitur.

A Taphris per continentem introrsus tenent Auchetæ[70], apud quos Hypanis oritur, Neuri[71] apud quos Borysthenes, Geloni[72], Thussagetæ, Budini, Basilidæ, et cæruleo

κτίσμα δ' ἐςὶ Μιλησίων, inquit Strabo, lib. VII, pag. 310. HARD.

64. *LXXXVII M. pass.* Ita Reg. 1, 2, Colb. 1, 2, Paris. Chiffl. et Tolet. ubi, fœda depravatione vulgati libri habent tantummodo *XXXV M.* At Strabo, lib. VII, pag. 309, stadia numerat circiter *DXXX*, h. e. fere LXVII mill. pass.

65. *MM. D. ut diximus.* Cap. nimirum 24, ubi Cimmerium Bosphorum MM. D. pass. latitudine esse dixit. H. — In vet. ap. Dalec. expungitur prius M. ED.

66. *Eaque ipsa.* Hæc verba in Chiffl. desunt. ED.

67. *Bosphori Cimmerii.* Non id modo freti nomen est, ut visum est Pintiano, sed Cherronesi minoris, in ipsa Taurica Cherroneso positæ, ad ripam Cimmerii freti, Europæ latere, quo in tractu Panticapæum et Myrmecium oppida collocantur a Ptolemæo, lib. III, cap. 6. Quamobrem non hunc modo tractum universum, sed et Panticapæum ipsum ab aliquibus Bosphorum vocari superius animadversum a Plinio est. HARD.

68. *Hermisium*, etc. Mela, lib. II, cap. 1 : « In Bosphorum » vergentia « Cimmerica oppida, Myrmecion, Panticapæum, Theodosia, Hermisium. » Stephano, Μυρμήκιον πολίχνιον τῆς Ταυρικῆς. Denique Ἀλωπεκίαν insulam contra Tanais ostia collocat Ptolomæus, lib. III, cap. 5. HARD.

69. *Alopecen.* Vet. ap. Dalec. *Aloperiam.* ED.

70. *Auchetæ.* Αὐχάται Herodoto, Melpom. lib. IV, pag. 226, n. 6, citra Borysthenen. H. — Auchetæ dicti sunt postea *les Esclavons*. Nomen eorum *Slavane* significat *un fanfaron*. Inde Græcis, quibus mos fuit interpretari nomina, eos dixere Auchetas, id est, gloriosos, a voce græca αὐχή, gloriatio. Vide CL. LOMONOSSOW, *Nouvelle histoire de Russie*, pag. 24. Hypanis autem l'*Yngu-letz*. BROT.

71. *Neuri.* Vet. ap. Dalec. *Neuroæ.* ED.

72. *Geloni.* Γελωνοί, quos Pictos Virgilius appellavit, nunc Lithuani sunt. Θυσσαγέται, Βουδίνοι, Βασίλειοι, eam quæ nunc Moscovia di-

capillo Agathyrsi. Super eos Nomades[23] : dein Anthropophagi[74]. A Buge[75] super Mæotin Sauromatæ, et Essedones[76]. At per oram Tanaim[77] usque Mæotæ, a quibus lacus nomen accepit : ultimique a tergo eorum Arimaspi. Mox Riphæi[78] montes, et assiduo nivis casu pinnarum similitudine, Pterophoros[79] appellata regio : pars mundi damnata a rerum[80] natura, et densa mersa caligine : neque[81] in alio quam rigoris opere, gelidisque Aquilonis conceptaculis.

11   Pone eos montes[82], ultraque Aquilonem, gens felix

citur, regionem tenuerunt, qua Borysthenis orientale latus contingit : Ἀγάθυρσοι Mæotidis pludis flexum ambiunt inquit Mela, lib. II, cap. 1. Hos tamen longius submovere Plinius videtur. Unde nomen Basilidæ traxerint, disces ab Herod. lib. IV, Melpom. n. 20. HARD.

73. *Nomades*, etc. Νομάδες et Ἀνθρωποφάγοι, quos Ἀνδροφάγους vocat auctor Peripli Ponti Euxini, pag. 3, et Herod. Melpom. lib. IV, n. 18, pag. 231. HARD..

74. *Anthropophagi*. Eam maxime partem Tartariæ Russicæ, *la Tartarie russe*, tenuere, quæ est versus Paropamisum fluvium, *l'Obi*. BROT.

75. *A Buge super*. Vet. ap. Dalec. « a Buge vero super. » ED.

76. *Et Essedones*. Ἰσσηδόνες Stephano dicti. Ἀριμασποί, ἔθνος Ὑπερβορέων, Hyperboreorum gens, in Moscoviam borealem ableganda. HARD.

77. *Tanaim usque Mæotæ*. Dalec. « ad Tanaim usque Mæote. » ED.

78. *Riphæi*. « Ultra quos jacet ora, quæ spectat Oceanum » Septemtrionalem, inquit Mela in fine libri I, et initio libri II. Totidem verbis a Plinio ea transcripsere Solinus, cap. xv, pag. 35, et Capella, lib. VI, cap. de quarto Europæ sinu, pag. 214. H.

79. *Pterophoros*. Πτερoφόρος, quasi pennarum ferax, seu nivis pennarum instar decidentis. Hinc fabulæ data occasio, quam refert Ovidius, Metam. lib. XV, v. 356 : « Esse viros fama est in Hyperborea Pallene, Qui soleant levibus velari corpora plumis, Quum Tritoniacam novies subiere paludem. » HARD.

80. *A rerum natura*. Sic ap. Chiffl. Dalec. « a natura rerum. » ED.

81. *Neque in alio*, etc. Legitur ap. Dalec. in notis margini appositis : « neque in aliud quam in rigoris opera, gelidique Aquilonis conceptacula. » Alii : « in rigore operta. » ED.

82. *Pone eos montes*. Vet. ap. Dalec. *post eos montes*. ED. — Hæc a Plinio Solinus exscripsit, cap. XVI, pag. 36. Plinius ex Hecatæo, ut ipse innuit, lib. VI, cap. 20. Hecatæus ex Aristea Proconnesio, ut Herodotus docet, Melpom. lib. IV, pag. 229, n. 13, qui ab isto conficta omnia arbitratur, licentia poetica. HARD.

(si credimus) quos Hyperboreos [83] appellavere, annoso degit ævo, fabulosis celebrata miraculis. Ibi creduntur esse cardines mundi, extremique siderum ambitus, semestri luce, et una die solis aversi [84] : non, ut imperiti [85] dixere,

83. *Hyperboreos appellavere.* Hyperboreorum nomen gloriamque exsuscitare nuper voluit Cl. BAILLY, laudavitque gentem cultissimam, artium doctrinarumque magistram, quæ a gradu 49 latitudinis ad gradum 70 exporrecta fuit. Crediderim aliud antiquitatis latitare in iis Hyperboreis, vel fabulose a Plinio memoratis, indiciaque esse veteris famæ et antiquissimarum navigationum, qualem suscepere Batavi anno 1596. Sed ea fusius hic persequi non licet. BROT.

84. *Solis aversi.* Rhodig. XVI, cap. 22 : « Et una die ab æquinoctio verno in autumnum : non ut imperiti dixere, solis aversi. » Vide Bud, 1, de Ass. aliis : « Semestre luce et una nocte, non ut, etc. » DALEC. — Semestri illa luce, inquit, illa tantummodo continua constituitur, efficiturque dies : sole, dum occidit, per exiguum temporis spatium averso, sive abdito : nihil ut tenebrarum inter occasum exortumque solis senis illis mensibus intercedat. Aversum pariter una luce solem Solinus dixit, loc. citato : nec visus tamen quid diceret intellexisse. HARD.

85. *Non ut imperiti.* Tamen certissima sphæræ probatione constat, non solstitio illic soles oriri, brumaque semel occidere : sed ab æquinoctio verno ad autumnale, semestrem illam lucem, utique si semestris est, adesse. Peritissime certe de

iis gentibus Mela, lib. III, cap. 5, pag. 53 : « In Asiatico littore, inquit, Hyperborei super Aquilonem Riphæosque montes, sub ipso siderum cardine jacent, ubi sol non quotidie ut nobis, sed primum verno æquinoctio exortus, autumnali demum occidit : et ideo sex mensibus dies, et totidem aliis nox usque continua est. Terra angusta, aprica, per se fertilis, etc. » Ut ea esse vera existimem, quæ in hunc locum sunt a me prolata, in prioribus notis, alienum tamen a Plinii ingenio ac modestia videtur, ut imperitum appellasset Pomponium Melam, virum omnis elegantiæ atque eruditionis, vel hac maxime in parte, plenissimum : qui ab eo vix toto de geographicis rebus opere latum unguem discedit : quem denique hoc ipso in loco vulgo creditur transcripsisse. Venit igitur aliquando in mentem, levi trajectione voculæ molliri, seu refingi eam commode sententiam posse : « ut non imperiti dixere. » Moxque verborum sequentium, « semel in anno solstitio oriuntur iis soles, brumaque semel occidunt, » hic erit intellectus, semel in anno oriri iis soles, atque id illis esse solstitium, sole ab eorum oculis nunquam abscedente : semel occidere, eamque brumam esse iis, sole abdito. Nec conjecturæ tamen ipse meæ plus quam par est, faveo ; nisi viri eruditi faveant. HARD.

ab æquinoctio verno in autumnum. Semel in anno solstitio oriuntur iis soles, brumaque semel occidunt. Regio aprica, felici temperie, omni afflatu[86] noxio carens. Domus iis[87] nemora, lucique, et deorum cultus viritim gregatimque, discordia ignota et ægritudo omnis. Mors nonnisi satietate vitæ, epulatis delibutoque senio[88] luxu, ex quadam rupe in mare salientibus. Hoc genus sepulturæ beatissimum. Quidam[89] eos in prima parte Asiæ littorum posuere, non in Europa, quia sunt ibi[90] simili consuetudine, et situ, Attacorum nomine. Alii medios[91] fecere eos inter utrumque solem, Antipodum[92] occasum exorientemque nostrum : quod fieri nullo modo potest, tam vasto mari interveniente. Qui non alibi[93] quam in semestri luce constituere eos, serere matutinis, meridie metere, occidente sole fetus arborum decerpere, noctibus in specus condi tradiderunt. Nec libet[94] dubitare de gente ea, quum

86. *Omni afflatu.* Chiffl. *omni flatu.* ED.

87. *Domus iis,* etc. Mela, lib. III, cap. 5. A Plinio Solinus, cap. XVI, pag. 36 et 37. HARD.

88. *Delibutoque senio.* MSS. omnes : editi, *delibutisque senibus.* Mela id tantum, loc. cit. *hilares, redimiti sertis.* Solinus, *epulati delibutique.* HARD.

89. *Quidam.* Sic Mela Pomponius, loc. cit. HARD.

90. *Quia sunt ibi.* Ita recte vet. Dalec. cod. et Paris. cum Pintiano. Dalec. *qui sunt ibi similitudine et situ, Atacorum nomine.* In vet. ap. Dalec. *Atacori,* non *Atacorum* legitur. ED. — Ratio, inquit Plinius, cur quidam Hyperboreos in prima parte Asiæ littorum posuerint, ea est, quoniam Attacori ibi degentes, similem vivendi moriendique consuetudinem, cum haud absimili quoque situ, teneant. De Attacoris dicemus, lib. VI, cap. 20. HARD.

91. *Aliis medios.* Solinus, cap. XVI, pag. 36. HARD.

92. *Antipodum.* Unde a nobis sol occidens pergit ad Antipodas. HARD.

93. *Qui non alibi.* In vet. ap. Dalec. Chiffl. et vett. omnibus deletur vocula *non.* ED. — Jocose quidem, sed ingeniose et vere dictum. Nam in Borealibus his regionibus, ut et in Canadensi, Petropolitana, aliisque, seritur mense maio, julio augustove metitur, septembri et octobri fetus arborum decerpuntur. BROT.

94. *Nec libet.* Sic ap. Chiffl. Dalec. *nec licet.* ED. — Mela hæc quoque, lib. III, cap. 5. Ex Plinio Solinus accepit, cap. XVII, pag. 37. Omnes

tot auctores prodant frugum primitias solitos Delon mittere Apollini, quem præcipue colunt. Virgines ferebant eas, hospitiis gentium per annos aliquot venerabiles : donec violata fide⁹⁵, in proximis accolarum finibus deponere sacra ea instituere, hique⁹⁶ ad conterminos deferre, atque ita Delon usque. Mox et hoc ipsum exolevit. Sarmatiæ⁹⁷, Scythiæ, Tauricæ, omnisque a Borysthene amne tractus longitudo DCCCCLXXX⁹⁸ M. latitudo DCCXVII⁹⁹ M. a M. Agrippa tradita est. Ego incertam in hac terrarum parte mensuram arbitror.

XXVII. Verum instituto ordine, reliqua¹ hujus sinus dicantur, et maria quidem ejus nuncupavimus². (XIII.) Hellespontus insulas non habet in Europa dicendas. In Ponto duæ, M. D. pass. ab Europa, XIV M. ab ostio, Cyaneæ³, ab aliis Symplegades appellatæ, traditæque fabulis inter se concurrisse : quoniam parvo discretæ intervallo, ex adverso intrantibus geminæ cernebantur, paulum-

ex Herodoto, in Melpomene, seu libro IV, pag. 135. De cultu Apollinis apud Hyperboreos, Diod. Bibl. lib. II, pag. 130. HARD.

95. *Violata fide.* Solini paraphrasis : « Quoniam hæ virgines perfidia hospitum non illibatæ revenissent. » HARD.

96. *Hique.* Vet. ap. Dalec. *indeque.* ED.

97. *Sarmatiæ, Scythiæ*, etc. Martianus iisdem fere verbis, lib. VI, cap. de quarto Europæ sinu, pag. 214. HARD.

98. *DCCCCLXXX M.* Chiffl. *DCCCLXXX M.* ED.

99. *DCCXVII.* Martianus, *septingenta decem :* lege ex Plinio, *septingenta et septemdecim.* HARD.

XXVII. 1. *Reliqua.* Vet. ap. Dalec. *reliquiæ.* ED.

2. *Nuncupavimus.* Maria ante, inquit, ea indicavimus, quæ hoc sinu comprehenduntur : nunc insulas per singula sparsas persequemur. HARD. — Vet. ap. Dalec. *nuncupabimus.* ED.

3. *Cyaneæ.* Κυανέαι, Diodoro, Bibl. lib. V, pag. 322, et Straboni, lib. VII, pag. 319. A colore sic appellatas auctor est Schol. Apoll. ad lib. II Argon. Eædem συμπληγάδες et συνδρομάδες πέτραι, a concursu appellatæ : unde a Juvenali *concurrentia saxa.* De ea fabula vide Apollodorum, de Diis, lib. I, pag. 61, et auctorem Peripli Ponti Euxini, pag. 15, et Melam, lib. II, pag. 7. H. — Cyaneæ saxa sunt potius, quam insulæ, haud procul *Fanari*, *à l'entrée du canal de Constantinople*. BROT.

que deflexa acie, coeuntium speciem præbebant. Citra Istrum, Apolloniatarum una[4], LXXX M. a Bosphoro Thracio, ex qua M. Lucullus[5] Capitolinum Apollinem advexit. Inter ostia Istri quæ essent, diximus[6]. Ante Borysthenem Achillea est supra dicta[7], eadem Leuce, et Macaron[8] appellata. Hanc temporum horum demonstratio a Borysthene CXL M. ponit, a Tyra CXX M. a Peuce insula quinquaginta M. Cingitur[9] circiter decem M. passuum. Reliquæ in Carcinite sinu, Cephalonnesos[10], Rhosphodusa[11], Macra. Non est omittenda[12] multorum opinio, priusquam digrediamur a Ponto, qui maria omnia interiora[13] illo capite

4. *Apolloniatarum una.* In Ponto, inquit, infra Danubii ostia, insula est Apolloniatarum dicta, quoniam in ea urbs ipsa Apollonia est, ut docet Strabo, loc. cit. Hæc illa est Apollonia, de qua egimus, cap. 18. HARD. — Nunc *Keshik Adasi*, ante Apolloniam, nunc *Siseboli*, posita. BROT.

5. *Ex qua M. Lucullus.* Solinus, cap. XIX, pag. 38, ac Plinius ipse, lib. IV, cap. 18. Apollo Capitolinus dictus est, quoniam in Capitolio dedicatus a Lucullo. P. Victor, in descript. Romæ, regione octava : « Apollo translatus ex Apollonia a Lucullo, triginta cubitum. » HARD.

6. *Diximus.* Cap. 24. HARD.

7. *Supra dicta.* Cap. 26. HARD.

8. *Et Macaron.* Μακάρων, hoc est, Beatorum : quod fama esset Achillis ibi heroumque animas vagari per montium cava : quamobrem et Ἡρώων quoque νῆσος appellata. Ita Eustathius ad Dionysii Perieg. v. 545. HARD.

9. *Cingitur circiter decem M.* Ambitus ejus insulæ complectitur X M. pass. HARD.

10. *Cephalonnesos.* Ibi nunc *le cap et l'île de Tendra*. BROT.

11. *Rhosphodusa.* Ita libri omnes, etiam MSS. Libentius tamen *Rhodussa* agnoverim cum Pintiano. Macræ autem haud dubie nomen ipsa longitudo fecit. HARD.

12. *Non est omittenda.* Transcribit hæc de more Solinus, cap. XVIII, pag. 38. HARD.

13. *Maria omnia interiora.* Solinus recte interpretatur mediterranea maria : nam Internum mare Latini, Pliniusque ipse, lib. III, cap. 1, τὴν ἐντὸς θάλασσαν Græci, mediterraneum vocavere : ut frustra sint, qui *inferiora* hic nobis inculcant, reclamantibus omnibus libris. Macrobius in hoc ipso argumento accurate versatus, quamquam a Plinio diversus abit quadam ex parte, *nostra maria* reddidit, Saturn. lib. VII, cap. 12, pag. 622 : « Quod si in Pontum, inquit, vel paleas, vel ligna, seu quæcumque alia natantia projeceris, foras extra Pontum feruntur in Propontidem, atque ita in mare quod alluit Asiæ oram : quum constet in Pontum effluere

nasci, non Gaditano freto, existimavere, haud improbabili argumento : quoniam æstus semper e Ponto profluens, numquam reciprocetur [14].

Exeundum [15] deinde est, ut extera [16] Europæ dicantur, 3 transgressisque Riphæos montes, littus Oceani septemtrionalis in læva, donec perveniatur Gades, legendum. Insulæ complures sine nominibus eo situ traduntur. Ex quibus ante Scythiam, quæ appellatur Raunonia [17], unam abesse [18] diei cursu, in quam veris tempore [19] fluctibus electrum ejiciatur, Timæus prodidit. Reliqua littora incerta 4 signata fama. Septemtrionalis Oceanus [20] : Amalchium [21]

maris aquam, non effluere de Ponto. Meatus enim qui solus de Oceano receptas aquas in maria nostra transmittit, in freto est Gaditano, quod Hispaniam Africamque interjacet : et sine dubio inundatio ipsa per Hispaniense et Gallicanum littora in Tyrrhenum prodit : inde Adriaticum mare facit : ex quo in Ægæum pergit, atque ita ingreditur in Pontum. » HARD.— *Inferiora* apud Senecam, qui hunc locum explicat. DALEC.

14. *Numquam reciprocetur.* Ita Solinus : hoc est, numquam ex interno mari vicissim aqua in Pontum refluat. Vide quæ diximus lib. II, cap. 100. HARD.

15. *Exeundum.* Exire interiore hoc e mari oportet, inquit; ut quæ ambitur Oceano, Europæ ora lustretur, et insulæ. HARD. — Vet. ap. Dalec. *Adeundum.* ED.

16. *Extera.* Vet. ap. Dalec. *cætera.* ED.

17. *Quæ appellatur Raunonia.* Ita MSS. omnes, Reg. 1, 2, Colb. 1, 2, et fere Parm. edit. In vet. ap. Dalec. et Chiffl. *Baunoma.* In libris cæteris hactenus editis, « quæ appellatur Bannomanna abesse a Scythia, diei cursu. » Miror viris doctis, Pelicerioque in primis, in notis MSS. facile persuasum ibi insulæ nomen latere, non continentis Scythiæ, quæ ex adverso est : neque animadversum illud *a Scythia*, glossema esse, quo carent MSS. H. — Scythia illa Raunonia, nunc *les Samoyèdes*, *la province d'Obodora*, *la Sibérie*. A celebritate (celebria sunt longinqua) dicta fuisse videtur Raunonia. Sic urbs *Nowogorod* antiquitus dicebatur *Runigard*, id est, urbs illustris. Vide Cl. LOMONOSSOW, loc. cit. pag. 12. BROT.

18. *Unam.* Videtur esse quam nunc dicimus *Vaygatz.* BROT.

19. *Tempore.* Dalec. *temperie.* ED.

20. *Septemtrionalis Oceanus.* Frustra has voces suis sedibus movent Pintianus et Pelicerius in notis MSS. HARD. — Septemtrionalis Oceanus, nunc *la mer Glaciale.* BROT.

21. *Amalchium.* Hæc deinceps Solinus iisdem verbis, cap. XIX,

eum Hecatæus appellat, a Paropamiso[22] amne, qua Scythiam alluit, quod nomen ejus gentis lingua significat congelatum. Philemon Morimarusam a Cimbris[23] vocari, hoc est, mortuum mare, usque[24] ad promontorium Rubeas: ultra deinde Cronium[25]. Xenophon[26] Lampsacenus, a littore Scytharum tridui[27] navigatione, insulam esse immensæ magnitudinis, Baltiam[28] tradit. Eamdem Pytheas Basiliam nominat. Feruntur[29] et Oonæ, in quibus ovis avium[30] et avenis incolæ vivant. Aliæ, in quibus[31] equinis

pag. 38, et auctor libri de mensura orbis terræ. HARD.

22. *Paropamiso*. Obium, credo, amnem Hecatæus intellexit, *Oby*, in Siberiæ finibus. HARD.

23. *A Cimbris*. Hoc est, a Cimbrorum peninsula, et a faucibus Codani sinus, usque ad promontorium Rubeas, quod nunc vulgo dicitur, *Noort Kyn*, vel *Nort Cap*, in extrema Norvegia versus septemtrionem positum, Morimarusam Philemon ait id mare vocari: quod ultra Rubeas est, Cronium nominari. Ita fere Solinus, loc. cit. Promontorio huic ab amne Rhubone forte nomen est, in Oceanum influente, cujus meminit Ptolemæus in Sarmatias, lib. III, cap. 5. H.

24. *Usque ad promontorium Rubeas*. Vet. ap. Dalec. *inde usque*, etc. ED.

25. *Cronium*. Certe non ἀπὸ τοῦ Κρόνου, ut nugantur Veteres, hoc est, a Saturni frigido sidere: sed potius ἀπὸ τοῦ Κρόνου ποταμοῦ, cujus in Sarmatia meminit Ptolemæus, lib. III, cap. 5, deducta hæc appellatio est: nam is in eum Oceanum irrumpit. HARD.

26. *Xenophon*, etc. Solinus, cap. XIX, pag. 39. HARD.

27. *Tridui navigatione.* Quam diei tantum unius cursu distare a continenti Timæus superius paulo prodidit. HARD.

28. *Baltiam.* Nunc *la Nouvelle-Zemble*. BROT.

29. *Feruntur.* Incerta hæc fama signari innuit: incerta hæc insularum nomina, incertumque situm. Oonæ, sive magis *Oonææ*, vel *Oenoææ*, Plinio insulæ sunt, Solinoque Plinium secuto. At Pomponio Melæ, lib. III, cap. 6: « ob alternos accessus, recursusque pelagi, et quod spatia queis distant, modo operiuntur undis, modo nuda sunt, alias insulæ videntur, Sarmatis adversæ, alias una et continens terra. » H. — Insulæ videntur esse quæ sunt in ostio Paropamisi fluvii, hodie *Oby*, quarum præcipua dicitur *Aloo*, *Bieloi* vel *Ostrow*. BROT.

30. *Ovis avium et avenis incolæ vivant.* Vet. apud Dalecamp. *ovis avium advenæ et incolæ vivant.* Alii apud eumdem *ovis avium et advenis*, etc. ED.

31. *Aliæ in quibus.* Mela, et Solinus, loc. citato. De Hippopodibus vide August. lib. XVI, de Civit. cap. 8. HARD.

pedibus homines nascantur, Hippopodes[32] appellati: Fanesiorum[33] aliæ, in quibus nuda alioquin corpora prægrandes ipsorum aures tota contegant.

Incipit deinde[34] clarior aperiri fama ab gente Ingævonum, quæ est prima inde Germaniæ[35]. Sevo mons[36] ibi immensus, nec Riphæis jugis minor, immanem ad Cimbrorum[37] usque promontorium efficit sinum, qui Coda-

32. *Hippopodes.* Fabula illa hominum Hippopodum, Fanesiorum, nata videtur ex perversa interpretatione nominum, quibus appellabantur insulæ, aut ex eorum moribus. Brot.

33. *Fanesiorum.* Ita MSS. quoque ipsi, et sic in Solino etiam legitur: sed rectius utrobique cum Pintiano, *Panotiorum* legas. Sicuti enim superiores Oonæ, ab ovis quibus aluntur, sunt appellati: Hippopodes mox, ab equinis pedibus; ita hos, quoniam auribus toti fere constare viderentur, Græca voce Πανωτίους dictos, a πᾶν et ὦτα credere libet; Isidoro præsertim adstipulante, qui non aliunde hausisse quam ex Plinio videtur, Etymol. lib. XI, cap. 3: « Panotii, inquit, apud Scythiam esse feruntur, tam diffusa aurium magnitudine, ut eis omne corpus contegant. Πᾶν enim græco sermone omne: ὠτία aures dicuntur. » Ἐνωτοκοίτους appellavit Strabo, lib. XV, pag. 711. Ὠτοκλίνους non semel appellat Tzetzes, Chiliad. 7, vers. 533 et seq. Μεγάλα δ' οἱ ὠτολίκνοι τὰ ὦτα κεκτημένοι. Ὁμοίως σκέπεσιν αὐτοὺς τρόπῳ τῶν σκιαδείων. In priore versu ὠτοκλίνοι legimus. Quominus tamen in Pliniano contextu quidquam immutem, facit Ptolemæus, lib. II, cap. 11, qui Scandiæ in Germanico Oceano gentem quamdam Φιραίσους appellat, forte pro Φανήσους. Hard.

34. *Incipit deinde.* Dalec. *incipit inde*, non *deinde*. Ed. — Jam certiore, inquit, fama produntur gentes deinceps appellandæ. Solinus, cap. xx, pag. 40: « Sevonem montem, inquit, Ingævones tenent, a quibus primis post Scythas nomen Germanicum consurgit. » Auctor libri de mensura orbis terræ hunc locum paulo aliter ex suis codicibus legit: « Plinius Secundus de insulis Germaniæ: incipit deinde clariore aperiri fama ab gente Ingævonum, quæ est prima in Germania, mons Sevo ibi immensus: nec Riphæis jugis minor, immanem ad Cimbrorum usque promontorium efficit sinum, qui Codanus vocatur, refertus insulis, etc. » Hard.

35. *Inde Germaniæ.* Bene MS. Reg. 1, et editio princeps, *inde Germania*. Brot.

36. *Sevo mons.* Is a mari Albo et extremis Lappiæ finibus, lunato cursu ad fauces usque sinus Codani, versus Cimbrorum promontorium, ccc circiter passuum mill. procurrit, variis nominibus. Hard. — *Dophrines* vulgo dicitur hodie. Ed.

37. *Cimbrorum usque promontorium.* Chiffl. *Cimbros usque promontorium.* Ed.

nus[38] vocatur, refertus insulis : quarum clarissima Scandinavia est[39], incompertæ magnitudinis, portionem tantum ejus, quod sit notum, Hillevionum[40] gente quingentis incolente pagis, quæ alterum orbem terrarum eam appellat. Nec est minor opinione Eningia[41]. Quidam hæc habitari[42] ad Vistulam[43] usque fluvium, a Sarmatis[44], Venedis, Sciris, Hirris tradunt. Sinum Cylipenum[45] vocari : et

38. *Qui Codanus.* Ac deinde Balticus, ab insula Baltia, est cognominatus. HARD.

39. *Scandinavia.* Quæ hodie Suecia Norvegiaque dicitur. Insulam Veteres credidere : sinum Codanum rati cum Oceano septemtrionali, sive Hyperboreo connecti, ad finem Suevonis montis, qua Russis nunc accolis Album mare, et alio nomine Granwicus sinus appellatur : qua ratione insulæ duæ efficiebantur, præcipua magnitudine, Scandinavia atque Finningia. H.

40. *Hillevionum.* Proximam hanc fuisse Scandinaviæ partem vel ex eo liquet, quod primam eam Romani nosse potuerunt. Ii Λευωνοὶ voce, ut apparet, capite diminuta, pro Ἰλλευωνοὶ a Ptolemæo nominantur, in Scandiæ media regione, lib. II, cap. 11. HARD.

41. *Eningia.* In MSS. *Epigia* : atque ita similiter auctor libri de Mensura orbis terræ : « Nec minor est opinione Epigia. » Sed utut est, Finningiam intelligit, inter Scandinaviam et Venedos sitam : ingens hodie peninsula, *la Finlande* : unde sinui proximo nomen, qui Finningiam a Livonia disterminat, *le golfe de Finlande.* HARD.

42. *Hæc.* Malebat Dalecampius *hanc.* ED.

43. *Vistulam.* Chiffl. *Visulam.* Pomp. *Istulam.* Etiamnunc *Vistule.* ED.

44. *A Sarmatis.* A Sarmatarum gentibus, quarum hæc sunt nomina : Venedæ, Sciri, Hirri. Οὐενέδαι Ptolemæo, lib. III, c. 5, a quibus Venedicus sinus, *le golfe de Dantzic,* nomen olim habuit, Livoniam tenuere : ac Lithuaniæ partem occidentalem : Sciri, quos Sidonius Apollin. Carm. 7, *Seros* vel *Sceros* appellat, Hirrique, Curiam, *le duché de Curland,* Samogitiamque. « Venedorum nationes, inquit Tacitus lib. de Morib. German. cap. 46, Germanis an Sarmatis adscribam, dubito, etc. » Auctor libri de Mensura orbis terræ hunc Plinii locum exscribens, Hirros non agnoscit. « Quidam, inquit, hæc habitari ad insulæ usque ad fluvium (lege, ad Vistulam usque fluvium, sive Visulam) a Sarmatis, Venedis, Scirisque tradunt. » Ac valde metuo ne Hirri a repetitis temere Sciris accreverint. HARD. — Dalec. *a Sarmatis, Venedis, Scyris.* ED.

45. *Cylipenum.* Ita MSS. at editi, *Clylipenum.* Nunc sinus Livonicus dicitur, a celebri ejus regionis emporio, *le golfe de Riga :* quo in sinu antiquo vocabulo Latris insula, nunc *Oesel* vocatur. HARD.

LIBER IV. 349

in ostio ejus insulam Latrin. Mox alterum sinum Lagnum[46], conterminum Cimbris. Promontorium[47] Cimbrorum excurrens in maria longe peninsulam efficit, quæ Cartris[48] appellatur. Tres et viginti inde insulæ Romanorum[49] armis cognitæ. Earum nobilissimæ, Burchana[50], Fabaria nostris dicta, a frugis similitudine[51] sponte provenientis. Item Glessaria, a succino militiæ[52] appellata: a barbaris Austrania, præterque Actania.

XXVIII. Toto autem hoc mari[1] ad Scaldim usque fluvium, Germanicæ accolunt gentes haud explicabili mensura, tam immodica prodentium[2] discordia est. Græci et quidam nostri $\overline{XXV}$[3] M. passuum oram Germaniæ tradiderunt. Agrippa cum Rhætia et Norico longitudinem DCLXXXXVI[4] millia passuum, latitudinem CXLVIII[5] millium:

46. *Lagnum.* Is est qui Jutlandiam, Holsatiam, Ducatumque Mecheloburgensem alluit. Hard.

47. *Promontorium.* Hodie *Skagen Cap*, in Juttia septemtrionali, Danici regni provincia, ad fauces eas unde sinus Codanus erumpit ex Oceano. Hard.

48. *Cartris.* Vet. ap. Dalec. *Cartris appellatur XXII M. pass. inde*, etc. Ed. — Aliis Cimbrica Chersonesus, hodie *Jutland;* Daniæ regi paret. Hard.

49. *Romanorum.* Druso Germanico in Germania bellum administrante. Strabo, lib. VII, p. 291. Hard.

50. *Burchana.* Βυρχανὶς Straboni, loc. cit. Stephano Βούρχανις in Celtica. Existimant eruditi esse insulam *Borcum*, in ostiis Amasii *Ems* amnis positam: aiuntque turrim etiamnum ibi exstare, quam *Het boon huys* incolæ vocent: quæ vox Germanica lingua *Fabarum domum* sonet. Vide quæ dicenda sunt lib. XVIII, cap. 30. Hard.

51. *Similitudine.* Vet. ap. Dalec. *multitudine.* Ed.

52. *Militiæ.* Non Romæ, domique, sed foris ab exercitu, militibusque romanis. Nam a domesticis vernaculisque, castrensia distingui vocabula, in præfatione ad Vesp. jam dictum est. In MSS. *Austeravia.* De Glessariis dicemus c. 30. H.

XXVIII. 1. *Toto autem hoc mari.* Septemtrionali, quod Europam alluit. Hard.

2. *Prodentium.* Rhenan. *tradentium.* Ed.

3. $\overline{XXV}$. *M. pass.* Lineola superposita vicies quinquies centena millia passuum significari admonet. Hard.

4. *DCLXXXXVI* millia. Dalec. *DCLXXXVI.* Ed.

5. *CXLVIII.* Ita MSS. omnes, Reg. 1, 2, Colb. 1, 2, etc. Hard. — Dalec. *CCLXVIII.* Ed.

(xiv.) Rhætiæ prope[6] unius majore latitudine, sane circa excessum ejus[7] subactæ. Nam Germania multis postea annis, nec tota, percognita est. Si conjectare[8] permittitur, haud multum oræ deerit Græcorum opinione[9], et longitudini[10] ab Agrippa proditæ. Germanorum genera quinque: Vindili[11]: quorum pars Burgundiones[12],

6. *Rhætia prope.* Agrippam reprehendit, qui Germaniæ Rhætiæque, et Norici latitudinem tam angustis definierit spatiis: quum Rhætiæ unius prope major sit, quam quantam tergeminæ illi regioni assignaverit: saltem qualis quantaque Rhætia cognita est, quum circa Agrippæ obitum Romanorum armis est domita. Nam Germania, ne multis quidem post annis, nec tota etiam, lustrari noscique potuit. Avulsa male hæc fuisse hactenus a præcedentibus, ante nos intellexit Rhenanus: evidens inscitiæ eorum argumentum, qui Plinii libros in capita distinxere: quum sine illis constare antecedentia minime possint. Ridenda quoque hic, ut multis aliis in locis, Gallici interpretis hallucinatio, qui verba hæc paulo post sequentia, *circa excessum ejus*, non ad Agrippæ obitum, sed ad exitum Germaniæ nescio quem retulit. HARD.

7. *Circa excessum ejus.* Rhenan. *citra excessum.* ED. — Excessit e vivis Agrippa, Valerio Messala Barbato, P. Sulpicio Quirinio coss. anno U. C. DCCXLII, ut auctor est Dio, lib. LIV, pag. 541. Subacta per Drusum Tiberiumque, quos exercitui Augustus præfecerat, Rhætia, M. Druso Libone, L. Calpurnio Pisone coss. anno DCCXXXIX, ut idem refert, pag. 335. HARD.

8. *Si conjectare.* Si conjecturæ locus datur, inquit, minor paulo erit, quam opinati sunt Græci, Germaniæ ora, vicies quinquies centena M. pass. ut paulo ante diximus, colligere ab his credita: nec multo etiam brevior, quam Agrippa prodidit, qui DCLXXXVI millibus passuum omnino definiit, Germaniæ cum Rhætia et Norico longitudo. Insignis autem ideo est utriusque mensuræ discrimen, quoniam per anfractus sinusque Germanici Oceani prior illa Græcorum excurrit: sequens vero Agrippæ, cuncta Germania nondum explorata, mediterraneam tantum ejus cognitæ partem, tractu diverso metitur. HARD.

9. *Opinione.* Sic ap. Chiffl. Dal. *opinioni.* ED.

10. *Long. ab Agr. proditæ.* Vet. ap. Dal. *long. ab Agr. traditæ.* ED.

11. *Vindili.* Ita Reg. 1. At Reg. 2, Colb. 1, 2, Chiffl. et Paris. *Vandili.* Tacitus Vandalios vocat, lib. de moribus Germ. pag. 123. In Notitia Dignit. Imp. Rom. cap. 18, Ala *Vandilorum.* Ex Vandalicis montibus Albion amnem effluere, et in Oceanum effundi, auctor est Dio, lib. LV, pag. 548. Vandali, inquit Mariana, Hist. Hisp. lib. V, cap. 1, p. 185, quibus ferme locis nunc Mekelburgenses sunt et Pomerani. HARD.

12. *Burgundiones.* Burgundiones pars Vandalorum, a burgis, hoc

Varini[13], Carini[14], Guttones[15]. Alterum genus, Ingævones[16]: quorum pars Cimbri[17], Teutoni, ac Chaucorum gentes. Proximi autem Rheno, Istævones[18] : quorum pars Cim-

est, pagis in quos dissipati erant, appellationem sortiti sunt: et quum in Heduis consedissent, ut creditur, ei Galliæ provinciæ, Burgundiæ nomen fecerunt. Partem Poloniæ tenuere, ubi nunc *Gnesna*. H.

13. *Varini.* Varini Tacito, lib. de Morib. Germ. c. 40. Ptolemæo sunt Avarini, lib. III, cap. 5, in Sarmatia Europæa, ad Vistulæ fontes, ubi nunc Cracovia. Φρουγουνδίωνες, inquit (pro Φουργουνδίωνες,) εἶτα Αὐαρηνοί, forte pro Οὐαρηνοί, παρὰ τὴν κεφαλὴν τοῦ Οὐϊσούλα ποταμοῦ. Non hoc viderunt Cluverius, aliique, qui aliter statuunt : a quibus dissidere me sæpissime, sed certis adductum argumentis, profiteor. Hard.

14. *Carini.* Καριννοὶ hi Ptolemæi esse visi sunt Hermolao : frustra, quum ii Helvetiorum genti confines esse a Ptolemæo dicantur, lib. III, cap. 11, in Germania. Nisi ex incauta superioris vocis *Varini* repetitione nata conflataque ista sit, Vistulæ accolas necesse est fuisse Carinos, perinde ac cæteras Vandalorum gentes, Burgundiones, Varinos, Guttones. Hard.

15. *Guttones. Gotones* vocat Tacitus, Annal. lib. II, cap. 62. *Gothones*, lib. de Moribus Germ. cap. 43. Ptolemæo, lib. III, cap. 5, Γύτωνες, ad Vistulam positi sub Venedis : quo ex situ colligimus ibi fuisse, ubi Varsovia est, et utraque Prussia, quam Regalem, et quam Ducalem vocant. Fuit horum oppidum primarium Gyto-

nium primo, mox a Getis Danisque Gedanum, a sinu Codanium, *Dantzic*. Inde Gothones, sive Gothi profecti, qui totam Europam exagitarunt armis, ac ditione diu tenuerunt. Vide Ægid. Laccary, de Coloniis Gallor. lib. I, cap. 9, pag. 69. Hard.

16. *Ingævones.* Ab extremo septemtrionalis Oceani littore, ad amnis Amisii ostia, quidquid terrarum interjacet, Ingævones dicti tenuere Norvegiam, Sueciam, Daniam, Finlandiam, Saxoniam, Frisiamque orientalem. Hard.

17. *Cimbri.* Holsatiam illi, Juttiamque tenuere. Mox Teutoni inferiorem Saxoniam : Brema civitate primaria : denique gentes Chaucorum duæ, majores, atque minores, Καῦκοι οἱ μείζους, καὶ οἱ μικροί, Osnabrugensem ditionem isti ad Visurgim fluvium : illi Luneburgensem Ducatum, ad Albim : ex Ptolemæo, lib. II, c. 11. Tacitus, lib. de Moribus Germ. cap. 35, de Chaucorum situ : « Ac primo, inquit, statim Chaucorum gens, quamquam incipiat a Frisiis, ac partem littoris occupet, omnium quas exposui gentium lateribus obtenditur, donec in Cattos usque sinuetur, etc. » Hard. — Dalec. *Cauchorum.* Chiffl. *Baugorum.* Ed.

18. *Istævones*, etc. Est ita legendum : non, *Istævones, quorum pars Cimbri mediterranei. Hermiones, quorum*, etc. Erunt enim etiam Hermiones Rheno proximi? Erunt mediterranei Cimbri, quorum nul-

bri [19] mediterranei : Hermiones [20] : quorum Suevi [21], Hermunduri, Chatti [22], Cherusci. Quinta pars Peucini [23], Ba-

lum usquam vestigium est? Quanto commodius cadunt omnia emendatione nostra, quum apposite Hermiones mediterranei, hoc est, in media Germania positi, et Ingævonibus qui oceano, et Istævonibus qui Rheno sunt proximi, opponentur? Sic enim Tacitus, lib. de Moribus German. pag. 123 : « Proximi oceano Ingævones : medii Hermiones : cæteri Istævones vocantur. » Sic igitur manifeste hic locus interpungendus est. At non propterea inserendi huc sunt Sicambri, invitis ac repugnantibus libris omnibus, tum editis, tum manu exaratis; quum sententia hujus loci sit, tam inter Istævones, quam inter Ingævones, habitasse Cimbros, qui tractus utriusque partem occuparint. Nihil planius. HARD. — Herm. *Istævones, quorum pars Cimbri, et Mediterranei*, etc. ED. — A Rheni ostiis ad Coloniam Ubiorum amnis ejus accolæ, cum Frisiis occidentalibus, Istævones appellati. HARD.

19. *Cimbri.* Horum regio ibi fuit, ubi nunc Comitatus Marchiæ, Bergensis Ducatus, et Cliviensis pars transrhenana. Quæ quidem regiones in Prussica provincia, nunc *grand duché du Bas-Rhin* dicta continentur. HARD. et ED.

20. *Hermiones.* In media Germania positi, ultra Rheni Oceanique ripas. In Germaniæ populis medii a Tacito appellati, lib. de Morib. Germ. cap. 2., HARD.

21. *Quorum Suevi.* Hermionum gentes ex ordine perquam accurate describit, ab iis exorsus, qui sunt ortui solis propiores, mox cursu inde versus occasum instituto. Horum igitur Suevi ii sunt, quos hodie Moravos appellamus, *la Moravie*, ut jam superius monuimus cap. 25. Neque enim Suevos ab istis alios Plinius agnovit, aut Ptolemæus, qui lib. II, cap. 11, ultra Albim Suevos summovet, versus ortum. Postea ad Danubii caput commigrarunt. Hermonduri fuere, qui nunc Bohemi, populique ab his fusi usque ad Danubii ripam. « In Hermunduris, inquit Tacitus, loc. cit. cap. 41, Albis oritur flumen inclytum : juxta Hermunduros Marcomanni et Quadi agunt... Eaque Germaniæ veluti frons est, quatenus Danubio prætexitur. » Sentio convelli a me recentiorum Geographorum placita : sed hos nihil in præsenti moror. HARD.

22. *Chatti*, etc. Chattis Franconiam, Brunswicensem Ducatum, circumjacentemque late regionem a Franconia ad Chaucorum fines Cheruscis adscribimus : hi enim inter Chattos Chaucosque medii, Tacito teste, lib. de Morib. Germ. cap. 36. HARD.

23. *Peucini, Basternæ.* Peucini, quos quidam Bastarnas vocant, inquit Tacitus, loc. cit. cap. 46. Strabo tamen Bastarnarum partem esse Peucinos putat, lib. VII, pag. 306. De horum situ diximus cap. 25. Gallos Livius semper appellat, lib. XLIV. Attamen Germani esse ducuntur. Gruteri inscript. pag. 453, BASTARNAE. HARD.

sternæ, supra dictis contermini Dacis. Amnes clari in Oceanum defluunt, Guttalus[24], Vistillus sive Vistula[25], Albis, Visurgis, Amisius, Rhenus, Mosa. Introrsus vero, nullo[26] inferius nobilitate, Hercynium[27] jugum prætenditur.

XXIX. (xv.) In Rheno ipso, prope centum M. passuum in longitudinem, nobilissima Batavorum insula et Cannenufatum[1]: et aliæ[2] Frisiorum, Chaucorum, Frisia-

24. *Guttalus.* Hunc eumdem esse, qui Ptolemæo, lib. II, cap. 11, Οὐΐδρος, aliis *Odera, l'Oder*, erudite probat Cluverius, adversus Junium, Germ. antiq. lib. III, cap. 49; Solino, cap. xx, p. 40, *Gothalus* est. HARD.

25. *Vistula*, etc. Rhenan. *Vistillus, Suevus, Albis.* ED. — Οὐϊσούλα, Ἄλεις, Οὐΐσσουργις, Ἀμάσιος, Ptolem. loc. cit. Nostris, *le Veichsel, ou la Vistule, l'Elbe, le Veser, l'Ems.* HARD.

26. *Nullo.* Sic ap. Rhen. Dalec. *nulli.* ED.

27. *Hercynium jugum.* Quem Hercynium saltum appellavit cap. 25; Ὀρκύνιον δρυμὸν Ptolem. lib II, cap. 11; Livius, lib. IX, c. 36, Germanicos saltus. Dionys. Perieg. v. 286, Ἑρκύνιον δρυμόν. HARD.

XXIX. 1. *Et Cannenufatum.* Voculam *et*, quam Dalecampius expunxerat, tum ex MSS. librorum, tum ex priorum editionum fide restituimus: ne Batavorum insulam, et Cannenufatum, geminam esse ac diversam, quisquam existimaret. Vide Cluver. German. antiq. lib. II, cap. 33. HARD. — Vet. apud Dalec. *Caninefatum.* ED. — Ea insula a Batavis et Cannenufatibus colebatur: illi quoniam majorem insulæ partem tenuere, nomen ei suum dederunt, dictaque insula Batavorum, sive Batavia est. In Tab. Peuting. *Patavia.* Isti apud Gruter. pag. 385, CANNANEFATES, apud Tacitum, Hist. lib. IV, cap. 15, et apud Velleium lib. II, n. 105, *Caninefates* appellati. Hodie *le Bétuve.* HARD.

2. *Et aliæ.* Quas quum sterni Plinius asseverat inter Helium ac Flevum, mari quod *Zuyderzee* nuncupant, ab ortu, ab occasu Zelandia claudi omnes necesse est. Eo ordine a Plinio cæ recensentur, ut ab ortu et septemtrione auspicatus, progrediatur in occasum. A populis in eas a continente progressis, nomen habent ex iis aliquæ: a Frisiis certe, Chaucisque duæ priores, quos ultra Rhenum sedes habuisse constat. Frisios in hoc tractu Tacitus quoque agnoscit, quos cum Caninefatibus copulat, Hist. lib. IV, cap. 79. Chaucos e patriis sedibus commigrantes, ac ducem natione Caninefaten secutos, inferiorem Germaniam incursavisse Claudii Imp. temporibus, idem auctor est, Annal. lib. XI, c. 19. De Frisiorum et Chaucorum insulis, quæ recedente maris æstu continenti necterentur, Dio, lib. LIV,

bonum³, Sturiorum⁴, Marsaciorum, quæ sternuntur inter Helium⁵ ac Flevum. Ita appellantur ostia⁶, in quæ effusus⁷ Rhenus, ab septemtrione in lacus⁸, ab occidente in amnem Mosam se spargit : medio⁹ inter hæc ore, modicum nomini suo custodiens alveum.

XXX. (XVI.) Ex adverso hujus situs Britannia¹ insula, clara Græcis² nostrisque monumentis, inter septemtrio-

pag. 544. Nunc esse videtur Northollandia. Atque hunc quidem situm Chaucis præsertim adjudicant ea quæ Plinius de iisdem affert, lib. XVI, cap. 1. HARD.

3. *Frisiabonum.* In MSS. *Frisiavonum.* H. — Leg. *Frisiavonum.* Ita MSS. Reg. et ed. pr. Nunc *Amstelland*, *Rhinland*, et clarissima urbium *Amsterdam.* BROT.

4. *Sturiorum*, etc. His vero meridionalem Hollandiam, *la Sud-Hollande*, Marsacis insulam assignamus, quam Mosa cum Rheno efficit, ubi Dordracum est in Zelandiæ confinio : unde Marsacios pro Mosatiis credas appellatos. Marsacos Tacitus vocat, jungitque Caninefatibus, Hist. lib. IV, cap. 79. Μαυρουσίους, ut puto, Dio lib. LX, p. 670, pro Μαρσατίους. InMSS. Reg. 1, 2, Colb. 1, 2, etc. *Tusiorum*, *Marsaciorumque.* HARD. — Leg. *Tusiorum.* Sine auctoritate in recentioribus editionibus, *Sturiorum.* Contermini fuere Frisiavonibus, et porrigebantur versus flumen Salam, *l'Issel.* BROT. — Pro Marsaciorum legitur in notis ap. Dalec. margini appositis *Mattiacorum.* ED.

5. *Inter Helium*, etc. Helium Zelandiæ vicinum, ubi nunc castellum *Briel.* Flevum vero Frisiæ, ubi nunc insula est, quæ priscum nomen retinet, *het Vlie*, sive *Flie.* HARD.

6. *Ostia.* Et castella quoque ostiis imposita. Tacitus, Annal. lib. IV, cap. 72. ED.

7. *In quæ effusus.* Per fossam a Druso in Salam *l'Issel:* alteramque ex parte læva a Civili, in Leccam, *le Leck*, Mosamque, deductum olim esse Rhenum sciunt eruditi. Vahalem hunc Rheni alveum accolæ nominant, qui mox id quoque vocabulum mutat Mosa flumine, cujus immenso ore in Oceanum effunditur. HARD.

8. *In lacus.* Hi frequenti eluvione aquarum, in unum maris sinum abierunt, ea magnitudine, quæ Maris Australis, *Zuyderzee*, nomen hodie sustineat. Lacui nomen olim Flevo fuit, ut auctor est Mela, lib. III, cap. 2. HARD.

9. *Medio.* Quod a Schenckii, ut vocant, munimento, Arenacum delapsus, Ultrajectum ac Lugdunum alluit. HARD.

XXX. 1. *Situs Britannia.* Pint. *sita est Britannia.* ED.

2. *Clara Græcis.* Hanc cæteris orbis totius insulis Græci prætulere: Dionys. Perieg. vers. 568, de Britannicis insulis : Τάων τοι μέγεθος περιώσιον · οὐδέ τις ἄλλη Νήσοις ἐν πάσαις Βρετάνισιν ἰσοφαρίζει. HARD.

nem et occidentem jacet : Germaniæ[3], Galliæ, Hispaniæ, multo maximis Europæ partibus magno intervallo[4] adversa. Albion[5] ipsi nomen fuit, quum Britanniæ vocarentur omnes : de quibus mox paulo dicemus. Hæc abest a Gessoriaco[6] Morinorum gentis littore, proximo trajectu[7] quinquaginta M. circuitu[8] vero patere tricies octies centena viginti quinque M. Pytheas et Isidorus tradunt : triginta prope jam annis notitiam ejus romanis armis non ultra vicinitatem silvæ Caledoniæ[9] propagantibus. Agrippa[10]

3. *Germaniæ*, etc. Verius Strab. lib. IV, pag. 199, soli Galliæ prætendi dixit. Plinio tamen Tacitus subscribit, in vita Agricolæ, cap. 10. HARD.

4. *Magno intervallo.* Vet. apud Dalec. *haud magno intervallo.* ED. — Spatium intelligit, quo ab oriente in occasum porrigitur: maximam spatio ac cælo Tacitus dixit, loc. cit. HARD.

5. *Albion.* Ἀλουΐων Ptolemæo, lib. II, cap. 3. Angliam, Scotiamque complectitur; Scotorum etiam tunc quum Britannia diceretur, æque atque Anglorum ignoto nomine. Britanniæ dicebantur, Hibernia adjuncta, cum cæteris adjacentibus insulis. HARD.

6. *Gessoriaco.* Ptolem. lib. II, c. 9, Γησορρίακον ἐπίνειον Μορίνων, Morinorum navale. Plinio ipsi, c. 37 hujus libri, *Portus Morinorum Britannicus,* quod ex eo Gallis Romanisque usitatus erat in Britannos trajectus. Tab. Peuting. *Gesoriaco, quod nunc Bononia.* Nostris *Boulogne-sur-Mer.* HARD.

7. *Trajectu quinquaginta millium.* In Parm. edit. *quinquaginta millia millium.* Hermolaus *millia minimum* rescripsit. Nos hanc postremam vocem, ceu spuriam, expungimus: abest enim a MSS. omnibus, Reg. 1, 2, Colb. 1, 2, Paris. Chifflet. etc. atque ex præcedenti vocula *millium* ea prodiit. Straboni porro, lib. IV, pag. 199, ab Icio Morinorum, unde solvit in Britanniam Cæsar, trajectus est CCCXX stad. hoc est, LX M. pass. non L. HARD. — Pro *minimum* proponebat Dalec. *passuum.* ED.

8. *Circuitu vero.* Sic Martianus, a Plinio mutuatus, lib. VI, cap. *alia dimensio Europæ,* pag. 215. H.

9. *Caledoniæ.* Floro Saltus Caledonius appellatus: Grampio monte, *Grampian,* dividitur : in Scotia, ubi et Caledonia regio, quam Julius Agricola Domitiani temporibus primum subegit. Καληδόνιος δρυμὸς est Ptolemæo lib. II, c. 3. At significare Plinius videtur, haud longe progressa fuisse arma romana, si spectetur spatium annorum triginta, ex quo bella ibi geri cœpta sunt. Quamobrem annon Caledonia silva verius fuerit in Comitatu quem vocant Essexiæ, quinque aut sex leucis supra Tamesim, ab amne Læa usque ad mare, amplius considerandum. HARD.

10. *Agrippa,* etc. Sic quoque

longitudinem DCCC M. pass. esse : latitudinem CCC M. credit. Eamdem Hiberniæ latitudinem, sed longitudinem CC mill. passuum minorem. Super eam hæc sita abest brevissimo transitu a Silurum[11] gente XXX M. pass. Reliquarum nulla CXXV mill. circuitu amplior proditur. Sunt autem XL[12] Orcades, modicis inter se discretæ spatiis. Septem Acmodæ[13], et XXX Hæbudes[14] : et inter Hiberniam ac Britanniam, Mona[15], Monapia, Ricina, Vectis, Limnus,

Martianus loc. cit. et Solinus, cap. XXII, pag. 41 et 42. HARD. — Chifflet. « Agrippa longitudinem DCCC M. pass. credit : latitudinem CCC. Eamdem credidit Hyberniæ, sed longitudinem, etc. » ED.

11. *A Silurum gente*. Σίλυρες a Ptolemæo appellantur, lib. II, c. 3. Silurum Tacitus meminit, Annal. lib. XII, cap. 32 seqq. Oram hi occiduam tenuere Valliæ principatus, cum Demetis, qui Silurum pars fuere. Solinus, cap. XXII, pag. 42, Silurum gentem sitam in Britanniæ ora contra Hiberniam, dum hunc Plinii locum transcripsit, insulam male credidit. Nec freti, quod interjacet, spatium summa fide retulit, quum latitudinem ejus scripsit in CXX mill. spatium diffundi, pro XXX ; sic enim MSS. omnes habent Reg. 1, 2, Colb. 1, 2, Paris. Chiffl. libri editi, perperam XX. HARD.

12. *Sunt a. XL.* Vet. ap. Dalec. « sunt autem XL M. pass. » ED.— Totidem Martiano, l. c. Pomp. Melæ, lib. III, c. 5, 6, « triginta sunt Orcades angustis inter se diductæ spatiis »; Jornandi XXXV; Ptolemæo, lib. II, cap. 3, περὶ τριάκοντα. Sunt ex supra Scotiam positæ, modico ab ea freto disjunctæ. Earum maxima Pomona, *Mainland*. HARD.

13. *Acmodæ*. MSS. *Hæcmodæ*. Alii *Hæmodes*. Vulg. *Hetland et Schetland*, in commune appellantur : Orcadibus proximæ, sed in boream longius submotæ. HARD.

14. *Hæbudes*. Leg. *Hebudes*. Ita MSS. Reg. et editio princeps. BROT. — Vet. apud Dalec. *Hebrides*. ED. — Solino, cap. XXII, pag. 42, et Ptolemæo, lib. II, cap. 2, quinque tantum Ἐβοῦδαι numerantur : Martiano quoque in Periplo, apud Stephanum, Αἰβοῦδαι νῆσοι πέντε τῆς Βρεταννικῆς. Omnium verissime Plinius : sunt enim eæ pæne innumeræ haud procul Orcadibus supra Hiberniam, Scotiamque, ut docet Cluverius, German. antiq. lib. III, cap. 40. HARD.

15. *Mona*, etc. Mona Valliæ littori adjacet. Μόνα νῆσος Ptolemæo, loco citato, nunc *Anglesey*. Monapia, Ptolemæo Μονάοιδα, loco citato. Bedæ *Menavia*, nunc *Man* et *Moneitha*, contra Cumberlandiam. Ricina, Ptolemæo Ῥικίνα, loco citato. Vectim hanc, quæ in freto est quod inter Hiberniam Britanniamque interfluit, cave cum altera confundas quæ contra id Angliæ latus est, quod Galliæ obvertitur. Limnus, Ptolemæo Λίμνος, Andros Ἔδρος dicitur. HARD. — Apud Dalecamp. legitur

LIBER IV.

Andros. Infra vero Siambis[16], et Axantos. Et ab adverso [17] in Germanicum mare sparsæ Glessariæ, quas Electridas Græci recentiores appellavere, quod ibi electrum nasceretur. Ultima[18] omnium, quæ memorantur, Thule: in qua solstitio nullas esse noctes indicavimus[19], Cancri[20] signum sole transeunte, nullosque contra per brumam dies. Hoc[21] quidam senis mensibus continuis fieri arbitrantur. Timæus

Ricnea, pro *Ricina*, *Silimnus*, pro *Limnus*, ac denique in vet. apud eumdem *Edros* pro *Andros*. Parum feliciter, ut puto, Mannertus Limnum nunc esse *Saint-Patrick*, et Andron, *Lamby* conjicit, Ricinamque inter Hæbudas relegat. ED.

16. *Siambis*. MSS. Reg. 1, 2, Colb. 1, 2, et Paris. *Amnis*, non *Siambis*. HARD. — Illæ insulæ non ad majorem Britanniam, *l'Angleterre*, sed ad minorem Armoricamve, *la Bretagne*, pertinent. Siambis, *l'île de Sian*. Axanthos, *l'île d'Ouessant*. BROT.

17. *Et ab adverso*. Superius memoratæ insulæ contra occidentale Britanniæ latus sunt positæ: hæ ex adverso, nempe versus ortum, nec jam in eo mari, in quo Britannia est, sed in Germanico, seu parte illa sinus Baltici, quæ Germaniam alluit, supra Dantiscum, ubi insulæ sunt *Oeland*, et *Gotland*, Glessariæ dictæ a succino, quod Germanis *Gless* diceretur: id enim tum in iis insulis, tum in opposito Gutonum littore, ubi Dantiscum est, legebatur, ut Plinius docet, l. XXXVII, c. 11. Hæ duæ Glessariæ superius, cap. 27, Austriana, Actaniaque appellatæ. HARD.

18. *Ultima*. Hæc iisdem verbis Martianus, loco citato, et Solinus, cap. XXII, pag. 42. Thule Islandia nunc appellatur, ut recte Cluverius animadvertit, Germ. antiq. lib. III, c. 39. Schetlandiam vult esse Cambdenus, p. 850; at hæc non quinque dierum navigatione a Britannia, ut vult Solinus, immo vix unius, abest: nec senis mensibus dies ibi, ut in Islandia, et nox vices habent. Neque eos audimus qui ante annum Christi 874, ulli cognitam Islandiam negant. Fuerit sane hactenus inculta: incognitam fuisse, negamus. Partibus 63, seu gradibus ab Æquatore distare Thulen ait Agathemerus, Geograph. lib. I, cap. 5. HARD. — Varias refert de Thule insula veterum scriptorum opiniones vir antiquæ Geographiæ peritissimus, GOSSELIN, *Géographie des Grecs analysée*, p. 48 seqq. et *Recherches sur la Géographie des Anciens*, tom. II, pag. 35, ubi egregie demonstrat diversam esse Pytheæ Massiliensis et Ptolemæi, sive Marini Thulen; hancque unam esse ex insulis *Schetland*, illam vero Islandiam. Vide infer. notam 26. ED.

19. *Indicavimus*. Lib. II, cap. 77.

20. *Cancri signum*. Volebat Dalec. *ad Cancri signum*. ED.

21. *Hoc quidam*. Quos inter Pomponius Mela, ut diximus cap. 26. HARD. — Sic apud Chifflet. Dalec.

historicus [22] a Britannia introrsus sex dierum navigatione abesse dicit insulam Mictim [23], in qua candidum plumbum proveniat. Ad eam Britannos vitilibus [24] navigiis corio circumsutis navigare. Sunt qui [25] et alias prodant, Scandiam, Dumnam, Bergos: maximamque omnium Nerigon, ex qua in Thulen [26] navigetur. A Thule [27] unius diei navigatione mare concretum, a nonnullis Cronium appellatur.

1 XXXI. (XVII.) Gallia omnis [1] Comata uno nomine appellata, in tria populorum genera dividitur, amnibus maxime distincta. A Scaldi [2] ad Sequanam Belgica. Ab eo

hæc quidam. Rhod. cap. XXII, 16, *hæc siquidem.* ED.

22. *Timæus historicus.* Hoc loco non *Timæus*, sed *Pytheas*, legit auctor libri de Mensura orbis terræ: « Plinius Secundus, inquit, in quarto libro edocet, quod Pytheas Massiliensis sex dierum navigatione in septemtrionem a Britannia Thulen distantem narrat. » Sic Plinius ipse, lib. II, cap. 77, pag. 229. HARD.

23. *Mictim.* Quæ sit illa Mictis incompertum. At quum hæc proderet Timæus, forte insulam dixit partem illam Britanniæ, quam appellamus *Cornwal*, in qua candidum plumbum, *l'étain*, provenit. BROT.

24. *Vitilibus.* Vet. apud Dalec. *vilibus.* ED. — Vide quæ de iis dicturi sumus, lib. VII, cap. 57. HARD.

25. *Sunt qui.* Aliorum sententiam prodit, non suam. Scandia certe a Scandinavia, de qua supra, nihil differt. Δούμναν insulam juxta Orcadas habet Ptolemæus, lib. II, c. 3. HARD. — Hic ne quæsieris insulas. Antiqui, quum hæc loca satis explorata non haberent, terras multis quidem aquis interruptas pro insulis accepere. Certum est partes esse Norwegiæ; Scandiam, nunc *Scane*, vel *la Scanie;* Bergos, *Bergen;* Nerigon, *la partie septentrionale de la Norwège.* BROT.

26. *In Thulem navigetur.* Crediderim Thulen illam esse *l'Islande*, ultra quam est mare concretum Croniumve, *la mer Glaciale.* Antiquissimæ fuere enim navigationes descriptionesque, quarum promiscua tantum est memoria in veteribus scriptoribus. BROT.

27. *A Thule.* Solinus, cap. XXII, pag. 43, et Martianus, loco cit. H.

XXXI. 1. *Gallia omnis.* Extra provinciam Narbonensem. Galbæ nummus, TRES GALLIAE. HARD. — De his omnibus vide D'ANVILLE, *Notice de la Gaule.* ED.

2. *A Scaldi.* Ita MSS. Reg. et edit. princeps, et Elz. Harduinus autem ex Chifflet. *a Scalde;* cui quidem hic annuendum non putavimus, quod ipse fateatur, *a Scaldi* paulo inferius legendum fore. ED. — Plinius Galliam a Scaldi, *l'Escaut*, non a Rheno determinat, quod provinciæ romanæ Germania superior et inferior a Rheno ad Scaldim protenderentur. BROT.

LIBER IV.

ad Garunnam³ Celtica, eademque Lugdunensis. Inde ad Pyrenæi montis excursum Aquitanica⁴, Aremorica⁵ antea dicta⁶. Universam oram⁷ $\overline{\text{XVIII}}$ M. pass. Agrippa : Gallia-

3. *Ad Garunnam.* Eamdem Galliæ divisionem Mela, sed *Garumnam* vocat, lib. III, cap. 2 : « Regio, inquit, quam incolunt omnis Comata Gallia, populorum tria summa nomina sunt; terminanturque fluviis ingentibus. Nam a Pyrenæo ad Garumnam, Aquitania : ab eo ad Sequanam, Celtæ : inde ad Rhenum pertinent Belgæ. » Ammianus Marcellinus expressius adhuc, atque eo audacius, l. XV, p. 59 : «Temporibus priscis quum laterent hæ partes ut barbaræ, tripartitæ fuisse creduntur; in Celtas eosdemque Gallos divisæ, et Aquitanos, et Belgas... et Gallos quidem, qui Celtæ sunt, ab Aquitanis Garumna disterminat flumen, a Pyrenæis oriens collibus, postque oppida multa transcursa in Oceano delitescens; a Belgis vero eamdem gentem Matrona discernit et Sequana, amnes magnitudinis geminæ. » Tamen ex nominibus et situ Aquitaniæ populorum, quos Plinius paulo postea enumerat, cap. 33, Garunnam (sic enim habent MSS. quos vidimus, et alius e Bibliotheca Divio-Benigniana, et veteres editiones omnes a Romana anni 1470 usque ad Frobenianam; quæ prima *Garumnam* edidit :) *Garunnam*, inquam, appellasse Plinius videtur ipsum amnem Ligerim, ab Andegavensi regione; ubi jam multis auctus magnis fluminibus, deinceps solus in mare devolvitur, nullo alicujus nominis amne recepto. Noverat is haud dubie, Garumnam similiter, qui Garumna est in decursu, eumdem per leucas quindecim, antequam se in mare exoneret, Garumnam desinere appellari, et Girundam vocari, ex quo Dordoniam non imparem sibi amnem recepit, et uno decurrere alveo ambo cœperunt. Non hunc igitur intellexit, quum Garumnam dixit; siquidem Girunda esset accolis, ut etiamnum est, non Garumna. Sic Danubius longe ante ostia, non Danubius, sed Ister fuit. Sic igitur recte Plinius innuit, Ligerim circa ostia sua Garunnam fuisse olim ab accolis vocitatum. Nam ab unius fluminis ostio ad aliud ducit mensuras, et fines populorum disterminat. HARD.

4. *Aquitanica.* Ita MSS. omnes : ut Belgica, Celtica. HARD.

5. *Aremorica.* Vet. *Arecomica*, sed perperam. Veteribus namque Gallis hodieque etiam Britonibus, Galliæ populis, *ar-mor* significat *ad mare*, teste Camdeno Britan. p. 20. Vide et Pancirol. super Notic. lib. II, c. 86. DALEC. et HARD.

6. *Antea.* Dalec. *ante*, repugnante Chiffl. ED.

7. *Universam oram* $\overline{XVIII}$ *M. pass. Agrippa*, etc. Libri hactenus editi hoc tantum, *Agrippa universarum Galliarum inter*, etc. Verum ex MSS. Reg. 1, 2, Colbert. 1, 2, Paris. et Tolet. lectione, quam secuti sumus, tres omnino apposite reddi mensuræ videntur, ex commentariis Agrippæ decerptæ : adnavigationis primum gallicæ oræ totius, per Oceanum a Scaldi fluvio usque ad Pyrenæum,

rum inter Rhenum et Pyrenæum, atque Oceanum, ac montes Gebennam et Juram, quibus Narbonensem Galliam excludit, longitudinem DCCXX [8] M. passuum, latitudinem CCCXVIII [9] computavit. A Scaldi [10] incolunt extera Toxandri pluribus nominibus [11]. Deinde Menapii [12], Mo-

quæ colligat $\overline{XVIII}$, hoc est, decies octies centena M. pass. Mediterraneæ deinde longitudinis, et latitudinis denique earumdem Galliarum. Sic paulo post, ubi Gebennam et Juram libri impressi habent, *Juras* multitudinis numero MSS. iidem repræsentant: quemadmodum lib. III, c. 5, *montibus Gebenna et Juribus* dixit. HARD. — Non multum autem a vero abest $\overline{XVIII}$ mill. pass. mensura, dummodo non Oceani tantum, sed interni etiam maris littora in ea recenseantur. ED.

8. *DCCXX M passuum.* MSS. omnes, *CCCXX.* Chiffletian. *CCCCXXX.* Hard. *CCCXX.* Missi Theodosii: « Gallia Comata... juxta Plinium Secundum in quarto libro, in longitudinem DCCCXX, in latitudinem CCCVIII. » Omnes istæ mensuræ multum a vero aberrant; nos autem MSS. omnes *CCCXX* habere animadvertentes, immutata prima littera *C* in *D, DCCXX* reponendum censuimus, nihil in hoc dubii admittentes, quum Rhenum inter et Pyrenæos, juxta Garumnæ fontes et nonnullas partes alias, vera sit DCCXX M. pass. distantia. ED.

9. *CCCXVIII.* Dalecampius, *CCCXIII.* Chifflet. *CCCXXIV.* Missi Theodosii, ut modo diximus, *CCCVIII.* Paulum inter se differunt omnes istæ mensuræ; quamobrem nihil immutandum censuimus; animadvertendum tamen est illas inter Gebennam et Oceanum æquo longiores esse, quum inter montes istos et Oceanum maximum sit CCLXII M. pass. intervallum: inter Juram autem et Oceanum breviores, quum minimum sit CCCXLVI mill. pass. intervallum, maximumque CCCXC M. passuum. DCXV tandem M. pass. reperies, si maximam Galliæ latitudinem habere volueris, Gobæum promontorium inter, quod Galliæ maxime occidentale est, et Rhenum, atque etiam DCC M. pass. si usque ad Helvetiæ terminos pergere libuerit. ED.

10. *A Scaldi incolunt extera Toxandri.* Vet. apud Dalec. « A Scaldi incolunt externi Toxandri. » Hoc est, ut ait Harduinus, regionem ultra Scaldim, extraque Gallias positam, ad Mosam usque et quæ nunc *province d'Anvers* et *Brabant septentrional* vocatur; aut, ut vult Cluverius, paludosas regiones quibus nomen est *Zee-lande.* Certe deinceps Menapiorum regionis partem occuparunt, quam D'ANVILLE nominari dicit *la Campine*, et in qua fuit *Toxandria locus.* Ammiano Marcellino, libro XVII, memoratur, loco hodie dicto *Tessender-loo.* ED.

11. *Pluribus nom.* Hoc est, gens una illa Toxandrica plures populos complexa est. HARD.

12. *Deinde Menapii.* Jam hi deinceps citra Scaldim. Et Menapii quidem Morinis confines, juxta mare,

rini [13], Oromansaci [14] juncti pago, qui Gessoriacus vocatur : Britanni [15], Ambiani [16], Bellovaci [17]. Intror-

non Plinio modo, sed etiam Straboni, lib. IV, pag. 194 : τοῖς Μεναπίοις δ' εἰσὶ συνεχεῖς ἐπὶ τῇ θαλάττῃ Μορῖνοι. Tacitus quoque, Hist. lib. IV, pag. 94 : « A Rheno venientes transire Mosam jubet, ut Menapios et Morinos, et extrema Galliarum quaterent. » Hard. — Illos Cæsar, lib. IV, diversis locis, tum Morinis jungere videtur, tum ad Rhenum ponere, quum, cap. 4 : « Usipates, ait, et Tenchtheri ad Rhenum pervenerunt, quas regiones Menapii incolebant, et, ad utramque ripam fluminis, agros, ædificia, vicosque habebant. » Et in hoc etiam Strabonem ipsum Cæsari assentiri animadvertit eruditissimus vir, Barbié du Bocage, in Cæsaris nostri Indice geographico, quem vide. Ex his omnibus hoc mihi constare videtur, nempe Menapios quondam in omnibus regionibus, quæ Oceanum inter et Rhenum jacent, dominatos fuisse, et a Germanis populis, Toxandris scilicet aliisque, a Rheno ad mare adactos, in ea tandem regione circumscriptos fuisse, quæ hodie *Flandre occidentale* appellatur. Vid. d'Anville, *Notice de la Gaule*, verbo Menapii. Ed.

13. *Morini. Extremique hominum Morini* Virgilio appellati. Ut Armorici, ita et Morini a voce celtica *Mor*, quæ mare significat, quasi Maritimi, nomen habuere. Menapiis, ut vidimus, ab ortu confines : Ambianis, ab occasu, apud Ptolem. lib. II, cap. 9, qui Morinorum civitatem mediterraneam ait fuisse Ταρούαννα, olim *Térouane* : navale,

Gesoriacum, ut vidimus sup. cap. *Boulogne (départ. du Pas-de-Calais)*. Hard. et Ed.

14. *Oromansaci. Oromarsaci*, quod a MSS. datur, legere mallet d'Anville, qui eos inter urbes *Calais* et *Gravelines* habitasse putat, loco etiamnunc *terre de Marck*, seu *de Merk*, vocato, haud longe a Gessoriaco, de quo mox supra. Ed. — Audax conjectura illius qui legendum suspicabatur, *Promont. Iccii, junctum pago*, etc. Hard. et Ed.

15. *Britanni*. Quos in Gallia solus memorat Noster. An Britannorum fuerint colonia incertum, non tamen absurdum existimare videtur eruditissimus vir d'Anville, qui eos ponit in meridionali ripa amnis hodie vocati *la Canche (départ. du Pas-de-Calais)*. Cluverius, German. antiq. lib. IV, c. 27, hic *Briannos* legi mavult. Ed.

16. *Ambiani*. Aquis Somonæ clari amnis abluuntur : habent oppida *Amiens, Abbeville (département de la Somme)*. Hard. et Ed.

17. *Bellovaci*. In Edit Parmens. *Bellovaci, Bassi*. Frobenius, *Bellovaci, Hassi*. MSS. Reg. 1, *Bollovasi* tantum. Reg. 2, Colb. 1, 2, Paris. Chifflet. *Bellobasi*. Hard. — Addit Harduinus: *Bellovaci* solum exscripsimus, expuncta voce *Bassi*, vel *Hassi*, quos in hoc terrarum tractu nullus agnoscit. Harduinum autem reprehendit d'Anville, *Notice de la Gaule*, pag. 363, locum esse in Bellovacensi diœcesi ostendens, qui Hassorum nominis vestigia servat, quum in mappis *Haiz*, sive *Hez*,

sus[18], Catustugi[19], Atrebates[20], Nervii liberi[21], Veromandui[22],

scribatur; itaque vocem *Hassi* servandam putat, quam non reponendam curavimus. Bellovaci autem fortissimi Belgarum memorantur a Cæsare, lib. II, c. 4, et a Strabone, lib. I, cap. 4, qui eos vocat Βελλοάκους. Ptolemæus : Μετὰ δὲ τούτους (Ἀτρεϐατίους) Βελλουάκοι, ὧν πόλις Καισαρόμαγος, Cæsaromagus, postea Bellovaci, hodie *Beauvais*. Bellovacos ultra fines provinciæ nunc dictæ *département de l'Oise* processisse non censent D'ANVILLE et BARBIÉ DU BOCAGE, quamvis aliter videatur Harduino, qui eos usque ad Oceanum producit. Quod quidem Plinii fuisse opinionem indicare videtur sequens verbum *introrsus*, interprete eodem Harduino. ED.

18. *Introrsus.* Hactenus igitur recensiti populi oram tenuere : mediterranea, qui deinceps appellandi sunt. HARD.

19. *Catustugi.* Sic MSS. omnes. Nescio autem cur in libris editis omnibus legatur *Castologi*, quum nihil uspiam reperiatur quod lectionem istam confirmare possit. In Antonini autem Itinerario, Bagacum inter et Durocortorum reperitur *Catusiacum*, cujus nominis similitudo nos impulit ut crederemus hanc esse Catustugorum, sive forsan Catusiacorum urbem. Eam autem sitam fuisse putat D'ANVILLE loco dicto *Chaours*, ad transitum amnis *Serre*, haud longe a *Vervins*, *département de l'Aisne*. ED.

20. *Atrebates.* Straboni, lib. IV, pag. 194, Ἀτρέϐατοι et Ἀτρεϐάτιοι; Ptolemæo, lib. II, c. 9, Ἀτριϐάτιοι, quos errore ad Sequanam habitasse ait. Eorum urbs Ὀριγίακον fuisse ait, hodie *Orchies (département du Nord)*; Cæsar autem, lib VIII, cap. 46 et 52, aliique Atrebatum urbem *Nemetocennam*, sive *Nemetacum*, fuisse nos docent : hodie haud dubie *Arras*, provinciæ ante an. 1789 dictæ *Artois*, nunc *département du Pas-de-Calais*, caput. ED.

21. *Nervii liberi.* De illis pluribus locis Cæsar meminit. Strabo, loco cit. Τριουάγροις δὲ συνεχεῖς Νερούϊοι; Ptolemæus, loco citato : « Sub prædictis gentibus (scilicet Morinis, Tungris, et Menapiis) habitant maxime septemtrionales Nervii, quorum civitas Baganum. » Ea autem civitas, hodie *Bavai* vocata *(département du Nord)*, quarto sæculo, si eruditissimo viro D'ANVILLE credimus, dominatum in ea regione cessit duobus aliis, Cameraco scilicet, hod. *Cambrai (départ. du Nord)*, et Turnaco, hod. *Tournay*, in provincia dicta *Hainault*, in regno quod Galli *Pays-Bas* vocant. Liberi porro dicuntur, inquit Hard. h. e. non, ut cæteri vectigales : et suis, non romanis utentes legibus. ED.

22. *Veromandui.* A Strabone, cui minus bene notam fuisse hanc Galliæ partem jam modo vidimus, silentio prætermissi, a Ptolemæo autem corrupte Ῥομάνδυες vocati, et eorum civitas Αὐγούστα Οὐερομανδύων, quam hodie esse *Vermand* vicum, duobus circiter leucis ab urbe *St.-Quentin (départ. de l'Aisne)*, nominis similitudo indicare videtur; cui quidem opinioni repugnant BELLEY, *Mémoires de l'Académie des Inscriptions*, tom. XIX, D'ANVILLE, multique alii eruditi viri, qui ipsam urbem *St.-Quentin*, cujus vicus an-

LIBER IV. 363

Sueconi[23], Suessiones[24] liberi, Ulmanetes[25] liberi, Tungri[26], Sunuci[27], Frisiabones, Betasi, Leuci[28] liberi, Treveri liberi

tiquissimus etiamnunc *Aouste* appellatur, Augustam fuisse contendunt. Circumjectus ager, ante ann. 1789, *Vermandois* vocabatur. ED.

23. *Sueconi.* In MSS. Reg. *Sucuconi.* Corruptum nomen videtur, et forte repetitum e sequenti Suessiones, quum de illis omnes conticescant. ED.

24. *Suessiones.* Regionem tenuerunt quæ, ante 1789, *Soissonais* vocata, hodie provinciæ *département de l'Aisne* dictæ, pars est australis. De illis vide Cæsaris nostri Indicem geographicum, pag. 358, et D'ANVILLE, *Notice de la Gaule*, p. 620. ED.

25. *Ulmanetes.* Ita MSS. omnes et libri editi ante Hermolaum, qui *Ulbanectes* ex Antonino rescripsit. D'ANVILLE haud dubium esse dicit quin iidem sint qui in quibusdam Ptolemæi MSS. Συμάνεκτοι, vel Συβάνεκτοι, latine *Subanecti*, dicuntur. Correctum autem nomen *Silvanectes* esse addit, quod sic in libello provinc. Gall. et Imper. legitur; ubi quoque memoratur *civitas Silvanectum*, quæ, ut plerisque videtur, hodie est *Senlis (départ. de l'Oise)*, vasta silva fere undique circumdata; unde Silvanectibus nomen venisse videtur. ED. — In libris quibusdam editis, ante Ulmanetes adduntur *Veruni liberi*, quos nec MSS. codicum, nec scriptorum veterum ullus agnoscit. Virodunos novi, quorum ager *le Verdunois*, oppidum *Verdun (département de la Meuse)*; Verunos non novi. HARD.

26. *Tungri.* Sic vocabantur, auctore Tacito, de Mor. German. 2 : « Qui primi Rhenum transgressi,

Gallos expulerunt »; Germaniam inferiorem cum Agrippinensibus, de quibus mox deinceps partiti sunt, secundum libellum Prov. Galliarum; sicque maximam tenuerunt partem regionum, quæ hodie vocantur provinciæ *de Namur, de Liège* et *de Limbourg*, ubi etiamnunc nomen Tungrorum servat *Tongres*, vetus eorum civitas. ED.

27. *Sunuci*, etc. Ita MSS. omnes, non *Runici*. Broterius *Sunici, Frisiavones* legit. Qui porro Sunucorum, Frisiabonum, Betasorumque sedes ultra Rhenum quærunt, ii qui Belgicæ Galliæ fines fuerint, quibus hi omnes continebantur, ignorant. Nervios Betasiosque Tacitus simul jungit, Histor. lib. IV, cap. 56 et 60 : « Occupatis, inquit, Sunicis, Claudius Labeo Betasiorum, Tungrorumque, et Nerviorum tumultuaria manu restitit, fretus loco, quia pontem Mosæ fluminis anteceperat. » Apud Gruter. pag. 520, reperta Moguntiæ inscriptio, BETASII CIVES. HARD. — Sunuci inter Mosam et Agrippinenses habitasse videntur orientalem provinciæ *de Limbourg* partem; Betasii autem, si Divæo, quem Ortelius appellat, credimus, occidentalem, in confinio hujus provinciæ et illius quæ *Brabant méridional* vocatur, loco dicto *Beetz*, ad amnem *Gette*, inter *Leau* et *Haelen*, septem circiter leucis a *Louvain*, orientem versus. Frisiabonum locus ignoratur, nisi inter Sunucos et Betasios, ad septemtrionem Tungrorum requiratur. ED.

28. *Leuci liberi.* Oppida habuere, auctore Ptolemæo, lib. II, cap. 9,

antea[29], et Lingones[30] fœderati, Remi[31] fœderati, Mediomatrici[32], Sequani[33], Raurici[34], Helvetii[35]. Coloniæ : Equestris[36], et Rauriaca. Rhenum autem accolentes,

Τοῦλλον, hodie *Toul (département de la Meurthe)*, et Νάσιον, hodie *Nais*, vel *Nays (départ. de la Meuse)*. ED.

29. *Treveri liberi antea.* Qui liberi antea, inquit, iidem nunc sunt, ut et Lingones, fœderati. A Diocletiani principatu crebra sunt Augustorum nominibus percussa Treveris numismata. H. — Eorum civitas, una inter celeberrimas Galliæ, etiamnunc *Trèves* vocatur, incolis *Trier*, in provincia dicta *Grand duché du Bas-Rhin*, Borussorum regi subdita. ED.

30. *Lingones.* Tacitus, Hist. lib. I, c. 78 : « Otho Cæsar Lingonibus universis civitatem romanam dedit. » HARD. — Oppidum eorum hodie *Langres* dicitur *(département de la Haute-Marne)*. ED.

31. *Remi.* Fœderatorum populorum potior, quam liberorum conditio fuit : neque enim qui liberi erant, iidem continuo fœderati. H. — Remorum autem oppidum hodie *Reims* dicitur *(département de la Marne)*. ED.

32. *Mediomatrici.* Ptolemæo, lib. II, cap. 9, Μεδιομάτριχας. Tacito, Hist. lib. I, cap. 63, et lib. IV, c. 70, *Mediomatrici*. HARD. — Eorum oppidum hodie *Metz* dicitur *(département de la Moselle)*. ED.

33. *Sequani.* Quorum oppidum apud Ptolemæum, lib. II, cap. 9, Οὐισόντιον. HARD. — Hodie *Besançon (département du Doubs)*, usque ad Basileam, *Bâle*, Rheno appositam, eorum ditio pertinuit. ED.

34. *Raurici.* Quorum mox dicenda Colonia Rauriaca : iidem Rauraci alias appellati. Inscriptio Gruteri, pag. 339 : L. MVNATIVS. L. F. PLANCVS. COS... IN GALLIA. COLONIAS. DEDVXIT. LVGDVNVM. ET. RAVRICAM. Nunc vicus ignobilis, *Augst*, a Basilea VI M. pass. non ipsa Basilea, ut quibusdam visum. Civitatem Basileensium a Castro Rauracensi distinguit Libellus Provinciarum Galliarum. HARD.

35. *Helvetii.* Qui Cæsari, Plinio, cæterisque vetustioris ævi scriptoribus Helvetii vocitantur, hos posterior ætas Sequanos appellavit. Tenuere ii quidquid fere a Dola Lugdunum usque, inter Ararim Rhodanumque, terrarum interjacet. Quos Galli *Suisses* appellitant, ultra Juram montem, Belgicæque Galliæ limites positos, ii sibi quidem Helvetiorum nomen adsciscunt : veterum sedes non habent. Eutropius, de Cæsare, lib. VI, pag. 392 : « Is primo vicit Helvetios, qui nunc Sequani appellantur. » Vide Nicolaum CHORIER, Hist. Delphin. lib. I, p. 10. HARD.

36. *Equestris.* Ptolemæo quoque Ἐχουεστρὶς in Sequanis collocatur, l. II, cap. 9. Id nomen habet fortassis ab Equitibus Limitaneis eo deductis. Apud Gruterum, pag. 468, reperta inscriptio in pago *Versoye* agri Genevatis, COL. EQ. In Libello Provinciarum Galliarum, *Civitas Equestrium*, id est, *Noviduno*. Unde *Nyon* colligunt Guillimannus, Cluverius, Monetus, ad Lemanum lacum. HARD.

Germaniæ gentium in eadem[37] provincia, Nemetes[38], Tribochi[39], Vangiones[40] : hinc Ubii[41], Colonia Agrippinensis, Guberni[42], Batavi, et quos in insulis diximus[43] Rheni.

XXXII. (XVIII.) Lugdunensis Gallia habet[1] Lexovios[2],

37. *In eadem.* Galliæ Belgicæ contributi. HARD.

38. *Nemetes.* Νέμητες Ptolemæo, lib. II, cap. 9. In Libello Provinc. Civitas Nemetum Spira. HARD. — Gallis *Spire*, incolis *Speier*, præcipua urbs provinciæ dictæ *Cercle du Rhin*, Boiariæ regi subditæ. ED.

39. *Tribochi.* Τρίβοκχοι Straboni, lib. IV, pag. 194. Ptolemæo, loco citato, Τρίβοκκοι. Tacito, Hist. lib. IV, cap. 70, *Triboci.* HARD. — In Libello Provinciarum non apparet Tribochorum nomen, sed in eorum locum memoratur *civitas Argentoratensium,* hodie *Strasbourg,* præcipua urbs provinciæ dictæ *département du Bas-Rhin,* cujus maximam partem tenuisse Tribochi videntur. ED.

40. *Vangiones.* Quorum urbs præcipua apud Ptolem. loc. cit. Βορβητόμαγος, hodie *Worms,* ad lævam Rheni fluminis ripam, principisque *grand-duc de Hesse-Darmstadt* dicti ditioni subjecta. Male addit Ἀργεντόρατον, quæ ut modo diximus, Tribochorum fuit. De Vangionibus Lucanus, lib. I, v. 430 : « Et qui te laxis imitantur, Sarmata, braccis Vangiones. ED.

41. *Hinc Ubii.* Rheni fontibus, inquit, superius memorati : hi deinceps ostiis propiores, quorum primi Ubii, et in iis colonia Agrippinensis : de qua Tacitus, Annal. lib. XII, cap. 27 : « Agrippina conjux Claudii, Neronis mater, quo vim suam sociis quoque nationibus ostentaret, in oppidum Ubiorum, in quo genita erat, veteranos, coloniamque deduci imperat, cui nomen inditum ex vocabulo ipsius. » Verius arbitramur ab Agrippina priore, Germanici Cæsaris conjuge, datum id ei coloniæ nomen esse : quoniam veluti Mater Castrorum, procurabat ex eo tractu annonam militibus, qui merebant in exercitu mariti sui : quamobrem et laureato capite pingitur in achate Tiberiano. Vetus inscriptio in Orthogr. Aldi : COL. CLAVD. AVG. AGRIPPINENSIVM. Falsa. HARD. — Colonia hodie incolis vocatur *Cœln,* Gallis *Cologne,* in provincia *de Juliers-Berg-Clèves,* quæ pars est regionis *grand-duché du Bas-Rhin* dictæ, Borussorumque regi subjectæ. ED.

42. *Guberni.* Inter Ubios Batavosque : regionem igitur tenuerunt quæ hodie vocatur *cercle de Clèves,* in provincia *de Juliers-Berg-Clèves,* Borussorum regi subjecta. Tacitus Cugernos, sive Gugernos, vocat, Hist. lib. V, quos pariter cum Batavis jungit. ED.

43. *Et quos... diximus.* Cap. 29. HARD.

XXXII. 1. *Gallia habet.* In ora primum positas gentes enumerat : mox mediterraneas. HARD.

2. *Lexovios.* Ληξόβιοι Ptolemæo,

Vellocasses[3], Galletos[4], Venetos[5], Abrincatuos[6], Osismios[7] : flumen clarum Ligerim. Sed peninsulam spectatiorem excurrentem in Oceanum a fine[8] Osismiorum circuitu DCXXV M. pass. cervice[9] in latitudine CXXV M. Ultra eam Nannetes[10]. Intus autem[11] Hedui fœde-

lib. II, cap. 8. *Lisieux (département du Calvados)*. HARD.

3. *Vellocasses*. Proponebat Dal. *Bellocassios*. ED.—Ptolemæo, loc. cit. Ούενελιοκάσιοι μέχρι τοῦ Σηκοάνα, usque ad Sequanam, quorum oppidum Ῥοτόμαγος, vel ut in MS. nostri Pariensis Collegii, Ῥατόμαγος, *Rouen (département de la Seine-Inférieure)*. Frustra sunt Pithœus, Scaliger, aliique, qui Baiocasses hic signari putant. Caletos jungit cum Velocassibus Cæsar, Bell. Gall. lib. II, c. 4. HARD. et ED.

4. *Galletos*. Ita libri omnes. Καλεταὶ a Ptolemæo appellantur, loc. cit. cum oppido Ἰουλιόβονα, citra Sequanam, ad oram oceani positi. Oppidum tamen ipsum in ulteriore Sequanæ ripa situm est, unde et Caletensium nomen ultra eum amnem posterior ætas transtulit. Nam Sigebertus ad annum 1163: «Juliabona, inquit, in Caletensi pago, juxta Sequanam est.» *Lillebonne (département de la Seine-Inférieure)*. Proponebat Dalec. *Cannetes*. HARD. et ED.

5. *Venetos*. Quibus oppidum *Vannes (département du Morbihan)*. Ab his profectos qui Venetias in Italia condiderunt, Strabo existimat, lib. IV, p. 195. HARD. et ED.

6. *Abrincatuos*. Qui australem partem tenuere provinciæ nunc *département de la Manche* vocatæ, et quibus oppidum *Avranches*. ED.

7. *Osismios*. MSS. *Ossismos*. At Ptolemæo, loc. cit. Ὀσίσμιοι. Oram omnem Aremoricæ septemtrionalem ii tenuere. Post arctioribus clausi limitibus: ubi nunc oppidum *St.-Pol de Léon (département du Finistère)*, in Parlamento Alani ducis, an. 1088, *Osismii*, sive *Leonia*. HARD. et ED.

8. *A fine Osismiorum*, etc. Osismiorum fines juxta urbem *S.-Brieuc* recte, ut mihi videtur, ponit D'ANVILLE; si autem inde peninsulæ excursum numeres, minime DCXXV M. pass. eum esse reperies, sed vix CCCCL, ut ad ostium Vicinaniæ, *la Vilaine*, pervenias. Rectius autem totum peninsulæ excursum sumimus ab urbe *Avranches* ad Ligeris ostium, qui quidem sic circiter DC M. pass. reperietur. ED.

9. *Cervice*, etc. Sic isthmum vocat, qui capitis instar reliquæ continenti Galliæ, ceu corpori, adhæret, atque annectitur. Ita cap. 5: «Angusta cervice Peloponnesum continet Hellas.» HARD.—XX autem M. pass. minor est, ab urbe *Avranches* ad Ligeris ostium, quam hic ait Noster. ED.

10. *Nannetes*. Quibus oppidum *Nantes (département de la Loire-Inférieure)*. ED.

11. *Intus autem*. Jam hi Galliæ Lugdunensis mediterranea obtinent, quorum alii aliis longius a mari secedunt. HARD.

LIBER IV.

rati [12], Carnuti [13] fœderati, Boii [14], Senones [15], Aulerci [16], qui cognominantur Eburovices, et qui Cenomani [17], Meldi [18] liberi, Parisii [19], Trecasses [20], Andegavi [21], Viducasses [22],

12. *Hedui fœderati.* In vetere codice Dalecampius se legisse dicit, *Esui*, haud dubie pro *Edui.* Ptolemæo, lib. II, cap. 8, Αἴδουσι. Et inscriptio apud Gruter. pag. 371, AEDVI. MSS. Reg. 1 et editiones veteres *Ædui.* Straboni tamen, lib. IV, pag. 192, Ἔδουσι. Ædui Cæsari, lib. I et VII, passim. Tacitus, Annal. lib. XI, cap. 25 : « Primi Ædui Senatorum in urbe jus adepti sunt. Datum id fœderi antiquo : et quia soli Gallorum fraternitatis nomen cum populo rom. usurpant. » Regiones tenuere quæ vocantur nunc *départemens de la Nièvre, de Saône-et-Loire, de l'Allier,* part. orient; *de la Loire et du Rhône,* part. septentr. Præcipuum eis oppidum fuit Augustodunum, nunc *Autun*, Druidarum disciplina inclytum. Memorantur et Cabillonum, nunc *Châlons-sur-Saône*, Matisco, *Mâcon*, Nevirnum, *Nevers*, etc. Ed.

13. *Carnuti. Carnuteni*, MSS. R. 1, 2, Colb. 1, 2, etc. Vet. ap. Dalec. *Carnutes.* Ili regionem tenuere quæ nunc *département de Seine-et-Oise*, part. S. O. *département d'Eure-et-Loir*; et *département de Loir-et-Cher*, part. S. O. Oppidum eis *Chartres.* Ed.

14. *Boii.* Boii Borbonienses, a Borbonio Erchenbaldi castello, insequentibus sæculis dicti. Oppidum hodie eis *Moulins (département de l'Allier).* Ed.

15. *Senones.* Quibus hodie oppidum *Sens (département de l'Yonne).*

16. *Aulerci, qui cognominantur Eburovices.* Vet. ap. Dalec. *et qui nominantur.* Oppidi eorum nomen hodie est *Passy-sur-Eure*, quod incolæ vocant *le vieil Evreux (département de l'Eure).* Ed.

17. *Cenomani.* Dalec. *Cenomanni.* Ptolem. lib. II, cap. 8, Αὐλιρκίοι οἱ Κενομάνοι, et Cæsar. Bell. Gall. lib III; eorum oppidum vocatur hodie *le Mans (département de la Sarthe).* Ed.

18. *Meldi.* Quorum oppidum hodie vocatur *Meaux (département de Seine-et-Marne.* Ed.

19. *Parisii.* Dalecamp. *Parrhisii*, quorum ea ætate *oppidum Lutetia,* ut Cæsar loquitur, Bell. Gall. lib. VII, cap. 4, « positum in insula fluminis Sequanæ. » Nunc *Paris*, Gallici imperii caput. Ed.

20. *Trecasses.* Seu Tricasses et Tricassini, quorum urbs hodie *Troyes* vocatur *(département de l'Aube).* Ed.

21. *Andegavi*, aut *Andecavi*, ut in MS. Reg. 1 legitur. Eorum urbs hodie *Angers* vocatur *(département de Maine-et-Loire).* Ed.

22. *Viducasses.* Dalec. *Vidugasses.* Βιδουκεσίοι Ptolemæo dicti, sed male inter Unellos et Osismios collocati. Eorum autem urbem loco hodie dicto *Vieux*, duobus leucis ab urbe *Caen (département du Calvados)*, sitam fuisse demonstrat D'ANVILLE, *Notice de la Gaule, p. 701 et suiv.* Ed.

Bodiocasses[23], Unelli[24], Cariosvelites[25], Diablindi[26], Rhedones[27], Turones[28], Atesui[29], Secusiani liberi, in quorum agro colonia Lugdunum.

23. *Bodiocasses.* Ita quidem MSS. omnes; sed vox ea Harduino Viducassium inepta videtur repetitio, forsan non immerito; in libris post Hermolaum editis, pro *Bodiocasses, Vadicasses* legitur, qui quidem populus Ptolemæi lib. II, cap. 8, Οὐαδικάσσιοι πρὸς τῇ Βελγικῇ essent, in ea provinciæ Isaræ, *département de l'Oise,* parte, quæ prius *Valois* vocabatur, præcipuamque urbem habebat *Vez,* haud longe a *Villers-Cotterets.* Fatendum est tamen mirum videri posse, quod illos inter populos tanto intervallo separatos nominaverit. ED.

24. *Unelli.* Ptolemæo, loc. cit. Οὐένελοι, haud procul Osismiis collocantur. Cæsar, Bell. Gall. II, 34: « Crassum, inquit, miserat ad Venetos, Unellos, Osisinos, Curiosolitas. » HARD. — Non tamen inde Britanniæ minori, ut vult Harduinus, sunt accensendi, sed, ut demonstrat D'ANVILLE, *Notice de la Gaule, p.* 714, ei provinciæ quæ prius *Cotantin* dicta, hodie *départ. de la Manche* vocatur. ED.

25. *Cariosvelites.* MS. Reg. 1 *Coriosvelites.* Cæsar loc. cit. *Curiosolites :* quorum oppidum non *Quimper,* ut Harduinus ex ea oriundus ait, sed ut probat D'ANVILLE, *Notice de la Gaule, p.* 258, *Corseuil,* duobus leucis a *Dinan (département des Côtes-du-Nord).* Sagacissimi veteris Galliæ restitutoris conjecturam comprobaverunt innumera urbis antiquæ sub terra sepultæ vestigia, ab anno 1738 atque recentius etiam an. 1802 detecta. ED.

26. *Diablindi.* Libellus Provinc. *Civitas Ossismiorum. Civitas Diablintum,* in Prov. Lugd. tertia. Διαυλῖται Ptolemæo dicuntur, lib. II, cap. 8, in mediterraneo Galliæ Lugd. multo Venetis orientaliores, ut habet codex Palat. at vetustiss. codex Collegii nostri Paris. δυσμικώτεροι, *occidentaliores,* habet, ut et vulgati libri. HARD. — Haud dubie eam provinciæ *département de la Mayenne* dictæ partem tenuerunt ubi invenitur vicus *Jublains,* duabus leucis ab urbe *Mayenne,* qui quidem eorum nominis haud obscura servat vestigia et Diablindorum, aut potius Diablintum oppidum fuit, Νοιόδουνον ab eo dictum. ED.

27. *Rhedones.* Ptolem. II, 8: Παρὰ τὸν Αἴγειρα ποταμὸν Ῥήδονες, ὧν πόλις Κονδάτε. Cæsar eos dinumerat « inter civitates quæ Oceanum attingunt, quæque Gallorum consuetudine Armoricæ appellantur » : unde manifestum esset eorum regionem a Ligeri ad Oceanum patuisse; sed hic, ut in plurimis, erravisse videtur Ptolemæus ; D'ANVILLE illis maximam provinciæ *département d'Ille-et-Vilaine* dictæ partem tribuit : eorumque urbem *Condate* hodie esse *Rennes.* Vid. *Notice de la Gaule,* p. 542 et 235. ED.

28. *Turones.* Qui a Cæsare tum *Turones,* tum *Turoni* vocantur, male autem a Ptolemæo Τουρουπίοι. Hi provinciam *département d'Indre-et-Loire* dictam tenuere ; eisque urbs fuit Cæsarodunum, hodie *Tours.* ED.

29. *Atesui. Secusiani.* Sic MSS.

LIBER IV.

XXXIII. (XIX.) Aquitanicæ sunt Ambilatri [1], Anagnu- 1
tes, Pictones [2], Santones [3] liberi : Bituriges [4] liberi cogno-

habent omnes, non *Itesui.* Sed neutram vocem, nusquam reperiens, probo. Quid si scribatur, *Item Secusiani liberi,* quasi revocans orationem ad Secusianos nunc commemorandos, quos suo loco et ordine prætermiserat? HARD. — Secusiani, qui Segusiani a Cæsare vocantur, *extra provinciam, trans Rhodanum primi* sunt, eo auctore: sed tunc Æduorum clientes erant qui Plinii tempore *liberi* perhibentur. Eorum urbs præcipua non Lugdunum fuit primo, sed forum Segusianorum, quod etiamnunc vocatur *Feurs* in provincia *départ. de la Loire* dicta, cujus maximam partem, necnon vicinæ, hodie *département du Rhône* tenuerunt Segusiani. ED.—*Lugdunum.Lyon.* Nic. CHORIER, Hist. Delph. l. II, p. 96, a *Lut* quod populum Celtarum lingua sonat, et *Dun* montem, vocis Lugduni originem repetit: quasi montis incolas ea vox significet. Aliam ejus nominis originationem ridet, quam apud Plutarchum Clitophon affert. Neutra nobis placet. Verius arbitramur *Lugdunum* emollitam vocem esse pro *Lucudunum :* quod lucum montis significat. Propterea enim in nummo vetere Rodulphi regis LVCVDVNVS scribitur. HARD.—De hac urbe videas D'ANVILLE, *Notice de la Gaule,* p. 423, et Cæsaris nostri indicem, pag. 353. ED.

XXXIII. 1. *Ambilatri.* Lege *Ambilates.* Putoque vocem hanc tractam e superiori capite huic insertam imprudentia. DALEC. — Pro *Ana-*

gnutes volebat Dalec. *Aginnates.* Ambiliates jungit cum Nannetibus Cæsar, Bell. Gall. lib. III, p. 34. Anagnutes ii esse videntur, qui Artemidoro apud Stephanum dicuntur Ἀγνῶτες ἔθνος Κελτικῆς παρὰ Ὠκεανόν. Ambo inter Nannetes, et Pictones, sedes habuere. Notabile interim est, quod quum in Belgica c. 31, tres sint populi fœderati, Lingones, Remi, Treveri : in Lugdunensi duo, cap. 32, Carnuti, et Ædui: in Aquitanica nulli sint. HARD. et ED.

2. *Pictones.* Qui regionem tenebant ex eorum nomine *Poitou* prius dictam, hodie *départements de la Loire-Inférieure et de Maine-et-Loire, partie S. départements de la Vendée, des Deux-Sèvres et de la Vienne :* oppidum eis Limonum, *Poitiers.* Illos liberos fuisse Lucanus innuit, lib. IV, v. 436 : « Pictones immunes subigunt sua rura. » ED.

3. *Santones.* Hi sedem habuere regionem prius *Saintonge,* nunc *départements de la Charente et de la Charente - Inférieure,* oppidumque Mediolanum, hodie *Saintes.* ED.

4. *Bituriges liberi cognomine Ubisci.* Ptolemæo, libro II, cap. 7, Βιτούργες οἱ Οὐίϐισκοι, Ausonius lib. *Vivisca ducens ab origine gentem :* unde *Vivisci* potius quam *Ubisci* in mappa nobis appellandi visi sunt. Hos Strabo male Ἰοσκοὺς vocat, addit autem recte, ut videtur, Μόνον δὴ τὸ τῶν Βιτουρίγων τούτων ἔθνος ἐν τοῖς Ἀκουιτανοῖς ἀλλόφυλον ἵδρυται καὶ οὐ συντελεῖ αὐτοῖς. Septemtrionalem vero partem

mine Ubisci : Aquitani[5], unde nomen provinciæ, Sediboniates[6]. Mox in oppidum contributi Convenæ[7], Begerri[8], Tarbelli[9] Quatuorsignani, Cocosates[10] Sexsignani, Venami[11], Onobrisates[12], Belendi[13], saltus Pyrenæus. Infra-

tenuerunt regionis, quæ nunc *département de la Gironde, partie N.* vocatur; oppidum eis Burdigala, *Bordeaux.* Ed.

5. *Aquitani.* Tertia pars Galliæ; Plinius, IV, cap. 31 supr. « Gallia comata in tria populorum genera dividitur... Aquitania, Aremorica antea dicta »; vulgo *Guyenne*, quasi *Aquienne.* — Solus Plinius Aquitanos peculiarem provinciæ Aquitanicæ populum facit, quem sedes habuisse credunt ubi postea reperiuntur Tarusates, quorum urbs Atures hodie vocatur *Aire* ad Aturem fluvium *(département des Landes).* Ab aquis salubribus, quibus ea regio scatet, et populus, et regio nomen accepisse videntur. Ed.

6. *Sedib.* Omnino ignorantur.

7. *Convenæ.* Sic vocati a verbo *convenire*, quod Pompeius rediens ex Hispania, confecto Sertoriano bello, illos linquere Pyrenæos saltus jussit, unde in finitimas regiones incursus faciebant, et in urbem convenire; unde Nostro *in oppidum contributi* dicuntur; quod quidem oppidum Lugdunum Convenarum dictum hodie vocatur *S.-Bertrand de Comminges (département de la Haute-Garonne, partie S. O.)* Ed.

8. *Begerri.* Qui Bigerriones a Cæsare, lib. III, c. 27, dicuntur; eorum nomen servabat regio dicta prius *Bigorre*, hodie *département des Hautes-Pyrénées*; oppidum eis Turba, hodie *Tarbes.* Ed.

9. *Tarbelli.* Dalec. *Tarbeli.* Videntur hi a Romanis Quatuorsignani cognominati, ut et Cocossates Sexsignani, quod hi sex signa militum apud se haberent in præsidio, illi quatuor. Horum oppidum Aquæ Tarbellicæ, *Acqs*, sive *Dax (département des Landes, partie S. O.)* Vide inferius lib. XXXI, cap. 2. Hard. et Ed.

10. *Cocosates.* Hard. *Cocossates*; nos ex MSS. Reg. 2 *Cocosates*, quod in Cæsare, lib. III, c. 27, legitur. Male Dalec. *Cocossates, Sexsignani.* Supra Tarbellos ad septemtrionem ponendi sunt, ex Itinerario Antonini, et eorum oppidum Cocosa loco dicto *Marensin*, octo leucis ab urbe *Dax.* Ed.

11. *Venami.* Omnino ignorantur. Ed.

12. *Onobrisates.* Quod *Onobusates* legere vellet d'Anville, qui regionem exiguam *Nébousan* vocatam, juxta Bigerriones *(département des Hautes-Pyrénées)*, eorum sedem fuisse opinatur, oppidumque situm fuisse loco dicto *Cioutat*, inter amnes hodie *Adour* et *Neste* vocatos. Vet. apud Dalec. pro *Onobrisates*, *Olobrisates* legit. Ed.

13. *Belendi.* Superest ejus nominis vestigium in pago *Belin*, ad amnem Leriam in agro Boiorum, cui agro nomen est hodie *le Buch (département de la Gironde, partie S.)* Ita Vales. in Notit. Gall. p. 524. Hard. et Ed.

LIBER IV.

que Monesi [14], Osquidates [15] montani, Sibyllates [16], Camponi [17], Bercorcates [18], Bipedimui [19], Sassumini, Vellates [20], Tornates [21], Consoranni [22], Ausci [23], Elu-

14. *Monesi.* Moneins, inquit idem Vales. locus est hodieque haud ignobilis in Benearnensi agro (*département des Basses-Pyrénées*): cujus forte incolæ Monesi dicti. HARD.

15. *Osquidates.* Hi montani, mox etiam alii dicti campestres, a situ dispari. In MSS. R. et Colb. *Oscidates*. Minime probat D'ANVILLE Valesii conjecturam qui eorum nomen *Osdatii* facit, ut in eis Ptolemæi Δάτιοι, lib. II, cap. 7, inter Gabalos et Auscitanos reperiantur. Rectius, ut opinor, putat ipse D'ANVILLE Osquidates Montanos regionem montuosam tenuisse quæ *vallée d'Ossun* vocatur, Pyrenæos inter et urbem *Oléron* (*département des Basses-Pyrénées*). ED.

16. *Sibyllates.* Male, ut opinor, illos Hard. cum Cæsaris Sibusatibus, l. III, c. 27, confundit, anteponendaque videtur opinio, quam exponit D'ANVILLE, *Notice de la Gaule*, p. 605, ubi illos in regione *vallée de Soule* dictam (*départ. des Basses-Pyrénées*) sedem habuisse. ED.

17. *Camponi.* Locus *Campon* (*département des Hautes-Pyrénées*) in Bigerrionibus, quod a Papirio Massono describitur, in Geogr. Franc. pag. 513, ut similitudinem vocis, sic veterum incolarum sedem forte refert. HARD. et ED.

18. *Bercorcates.* Dal. *Bercorates*. Animadvertit Valesius Not. Gall. pag. 524, eorum nomen referre quodam modo vicum *Biscarosse*, haud longe a *tête de Buch*, meridiem versus (*département des Landes*). ED.

19. *Bipedimui, Sassumini.* MSS. Reg. Colb. et Chiffl. *Pimpedumni, Lassunni*. Nihil de illis reperi, nisi tamen Sassumini oppidum habuerint *Sarrum*, quod in tabula Theodosiana inter Condate, *Cognac*, et Vesunnam, *Périgueux*, ponitur, fortasse loco hodie dicto *Charmans* (*département de la Dordogne*). ED.

20. *Vellates.* Iidem videntur fuisse qui a Ptolemæo, lib. II, cap. 7, Οὐέλαυνοι vocantur ὑπὸ τοὺς Αὐσκίους, sub Ausciis, quorumque civitas Ῥύσιον hodie est fortasse *Rieumes* (*département de la Haute-Garonne*), ut mihi videtur. Minime hic solitum ducem D'ANVILLE sequor, qui Velaunos Ptolemæi eumdem populum habens ac Cæsaris Vellavos, lib. VII, cap. 75, « qui sub imperio Arvernorum esse consuerunt », miratur quod Ptolemæus eos sub Ausciis ponat: quum autem ille in hoc cum Nostro concordare videatur, ego diversos esse populos non existimare non possum. ED.

21. *Tornates.* Tornates ejus loci incolas ait fuisse Valesius, cui loco nomen hodieque *Tournay*, in Bigerrionibus (*département des Hautes-Pyrénées*). ED.

22. *Consoranni.* Quos eosdem esse diximus ac Consuarani, lib. III, cap. 5, nota 10, quam vide. ED.

23. *Ausci.* Cæsari, lib. III, cap. 27, *Ausci*. Ptolemæo, ὑπὸ δὲ τούτους (Δατίους) Αὐσκίοι, πόλις Αὐγούςα. Straboni, libro IV, Καλὴ δὲ καὶ ἡ (χώρα) τῶν Αὐσκίων. Oppidum Augusta prius Climberris di-

sates [24], Sottiates [25], Osquidates [26] campestres, Succasses [27], Tarusates [28], Basabocates [29], Vassei [30], Sen-

ctum, hodie est *Auch* provinciæ *département du Gers* vocatæ metropolis. Ed.

24. *Elusates.* Quorum oppidum Elusa, *Euse*, vel *Eause* (*département du Gers*). Inscriptio apud Gruter. pag. 708 : Civi. Elvsensi. Apud Cæsarem, Bell. Gall. lib. III, pag. 38, *Flustates*, pro *Elusates*, ut alii ante nos viderunt. In concilio Arelat. I : « Mamertinus Episcopus, de civitate Elosatium. » In Agathensi : « Clarus Episcopus de civitate Elusa. » Hard. et Ed.

25. *Sottiates.* Ita libri omnes. Cæsari, lib. III, pag. 37, *Sontiates*. Nunc est *Soz* in Novempopulania (*département de Lot-et-Garonne*). Oihenart. in Notit. Vascon. pag. 446. Hard. et Ed.

26. *Osquidates campestres.* « Quant aux *Osquidates campestres*, inquit d'Anville, *Notice de la Gaule*, pag. 510, dont il est fait mention à l'écart des autres ; si on juge de leur position par celle des peuples au milieu desquels leur nom se rencontre... leur demeure doit avoir été sur la frontière commune des diocèses d'Auch, de Basas et d'Aire. La distinction de *campestres* dans ce canton en pays très-uni est aussi convenable à ceux-ci que celle de *montani* se rapporte à l'emplacement des autres. » Mihi autem sic campestres Osquidates a montanis remotiores videntur, eorumque sedem agnoscere mallem in vico cui nomen est *Ossun*, duabus leucis ab urbe Tarba, *Tarbes* (*département des Hautes-Pyrénées*), inter hanc urbem et supra dictos Onobusates. — *Oscidates* Colbert. et MSS. Reg. ut paulo supra. Ed.

27. *Succasses*, etc. Succassium appellationem servat pagus *Cestas*, inter Garumnam Leriamque amnes, leucis ab urbe Burdigalensi tribus. Auctor Valesius, pag. 524. Hard.

28. *Tarusates, Basabocates.* Prius *Latusates* corrupte legebatur. Tarusatium meminit Cæsar, Bell. Gall. lib. III, cap. 23 : « Armis obsidibusque acceptis, Crassus in fines Varusatium et Vocatium profectus est », et paulo post, cap. 27 : « Magna pars Aquitaniæ sese dedidit, obsidesque ultro misit : quo in numero fuerunt Bigerriones, Preciani, Vocates, Tarusates, etc. » Pagum hi tenuere, cui nomen hodieque priscum, *le Tursan* (*département des Landes*), ut quidem existimat Mariana, Hist. Hisp. lib. III, cap. 18, p. 118, cui assentitur d'Anville. Ed.

29. *Basabocates.* Ita libri omnes. Qui autem pro *Basabocates, Basatæ, Boates* legi putant oportere, Boatiumque civitatem olim Boium fuisse ex libello Provinciarum Rom. afferunt, teste utuntur dubiæ admodum fidei, sua somnia sæpe pro vero obtrudente, cujus mendacium hac in parte detegit Valesius in Notit. Gall. pag. 329. Basabocates a Cæsare *Vocates* dicuntur loc. cit. Mox Vasatæ, Basatæque iidem appellati ; illis oppidum fuit Cossio, postea Vasates, hodie *Bazas* (*département de la Gironde*). H. et Ed.

30. *Vassei.* Forte Vasarii, Οὐασά-

LIBER IV. 373

nates[31], Cambolectri[32] Agesinates Pictonibus juncti. Hinc Bituriges[33] liberi, qui Cubi appellantur. Dein Lemovices[34], Arverni liberi[35], Gabales[36]. Rursus Narbonensi provinciæ contermini Ruteni[37], Cadurci[38], Antobro-

ριοι Ptolemæi, lib. III, cap. 7. Gabalis proximi. HARD. — Istos tamen Ptolemæi Vasarios eosdem esse cum Vasatibus, de quibus mox diximus, putat D'ANVILLE, *Notice de la Gaule*, pag. 677. ED.

31. *Sennates*. Nihil de illis reperi. ED.

32. *Cambolectri*. Hi cognomine Agesinatum, ab aliis Cambolectris distinguuntur, qui Atlantici cognominantur, in Narbonensi, ut diximus, lib. III, cap. 5. HARD. — Sic Harduinus, qui, omissa virgula, *Cambolectri Agesinates* legit; alii vero *Cambolectri, Agesinates*. Cambolectrorum nullum exstat vestigium; Agesinatum autem nomen agnoscere non immerito vult D'ANVILLE, *Notice de la Gaule*, p. 39 et seqq. in *Aisenay* aut potius *Azenay*, quod nomen est vici leucis quatuor distantis a *Bourbon-Vendée* (*département de la Vendée*). Forsitan Narbonensis Cambolectri cognominati sunt Atlantici quod ab iis, de quibus nunc agitur, Atlantici oceani accolis, originem ducerent. ED.

33. *Hinc Bituriges*. Nam et gentes eæ quæ Ligeri amne et Garumna, oceanoque claudantur, debent Aquitanicæ accenseri. Horum nobilissimi Bituriges, Βιτούργιες οἱ Κοῦβοι Ptolemæo, lib. III, cap. 7. Regionem prius *Berry* dictam, nunc *départements de l'Indre, du Cher et de l'Allier, partie O*. tenuerunt:

eisque oppidum Avaricum, hodie *Bourges*. ED.

34. *Dein Lemovices*. In regione prius *Limosin*, hodie *départements de la Creuse, de la Haute-Vienne et de la Corrèze*, dicta; oppidum Augustoritum postea Lemovices, *Limoges*. ED.

35. *Arverni liberi*. Lucanus, lib. I, v. 427: « Arvernique ausi Latio se dicere fratres. » In regione prius *Auvergne*, nunc *départements de l'Allier, partie S. du Puy-de-Dôme et du Cantal*: oppidum Augustonemetum postea Arverni, hodie *Clermont*. ED.

36. *Gabales*. Sic libri omnes. In regione prius *Gévaudan*, nunc *département de la Lozère*, dicta. In nummo Justini Aug. apud Paulum Petavium, GABALORVM. Civitas Gabalorum in eo stetit loco, ubi nunc oppidulum *Javoulx*, a Mimate; *Mende*, leucis quatuor dissitum. Ita G. DE CATEL, Hist. lib. II, p. 306. HARD. — *Gabali*. Vide lib. XXXI, cap. 42. ED.

37. *Ruteni*. Dalec. *Rutheni*. Strab. lib. IV, pag. 191, Ῥουτηνοὶ δὲ καὶ Γαβάλεις τῇ Ναρβωνίτιδι πλησιάζουσι. Jam de Rutenis provincialibus diximus lib. III, cap. 5, nota 82: hi autem provinciam prius *Rouergue*, hodie *département de l'Aveyron* dictam, tenuerunt: oppidumque illis Segodunum, postea Ruteni, *Rhodez*. ED.

38. *Cadurci*. Dalec. *Cathurci*. In

ges [39], Tarneque [40] amne discreti a Tolosanis Petrocori [41]. Maria circa [42] oram : ad Rhenum septemtrionalis Oceanus, inter Rhenum et Sequanam Britannicus, inter eum et Pyrenæum Gallicus. Insulæ complures [43] Venetorum, quæ et Veneticæ appellantur, et in Aquitanico sinu Uliarus [44].

XXXIV. (xx.) A Pyrenæi promontorio Hispania incipit, angustior non Gallia modo, verum etiam semetipsa [1],

regione prius *Querci*, hodie *départements du Lot et de Lot-et-Garonne*, *partie N*. Oppidum eis Divona, postea Cadurci, *Cahors*. Ed.

39. *Antobroges.* Sic libri omnes, a quibus discedere mihi religio est, inquit Harduinus; legebat tamen Jos. Scaliger : « Nitiobriges Tarne amne discreti a Tolosanis. Petrocori » : quam lectionem reprehendit merito d'Anville, *Notice de la Gaule*, pag. 517 et 485, ubi Harduini conjecturam confirmat, qui Antobroges Nitiobriges esse putat, quorum oppidum apud Ptolem. lib. III, cap. 7, Ἀγίννον est, hodie *Agen*, et regio circumjacens *l'Agénois*, hodie *département de Lot-et-Garonne*. Ed.

40. *Tarneque.* Tolosanos, inquit, a Petrocoris, Tarnis amnis disterminat, Petrocoris Cadurcos, Agennenses, et Albienses usque ad Tarnem amnem, armis et vi sibi subjicientibus. Hard. — Sic Harduinus; cui quidem opinioni minime assentitur d'Anville, *Notice de la Gaule*, pag. 516, qui merito nihil in historia reperiri ait, quod istam conjecturam confirmet : agnoscendum est igitur hic errasse Plinium. Eam autem regionem tenuerunt Petrocori, quæ prius *Périgord* dicta, nunc *département de la Dordogne* vocatur : oppidum iis Vesanna, postea Petrocori, hodie vocatur *Périgueux*. Ed.

41. *Petrocori.* Dal. *Petrogori.* Ed.

42. *Maria circa.* Maria quibus ora Galliarum alluitur. Hard.

43. *Insulæ complures*, etc. Sunt ferme ducentæ, quarum præcipuæ sunt Vindilis, *Belle-Ile*, nomine suo digna, *Groaix*, *Houat*, *Hoedic*; pleræque autem desertæ sunt et incultæ. Ed.

44. *Uliarus.* A Sidonio, ad Nammac. lib. VIII, ep. 6, *Olarionensis insula*. Hard. — Vet. ap. Dalec. et Funxense exemp. *Ularus*. Hodie *Oléron*. Ed.

XXXIV. 1. *Semetipsa.* Nempe ubi cuneatur angustiis inter duo maria, unde deinde paulatim se pandit versus ulteriorem Hispaniam, ut dictum est lib. III, cap. 3. Adeo ut dimidio minor sit, qua Galliam tangit, quam ubi ad occidentem littus exporrigit, ut recte Mela, lib. III, cap. 1, pag. 49. Hard. — *Pyrenæi autem promontorium.* Quod Poinsinet *Cabo Aiso*, Pint. *Cabo Brento* esse dicunt, idem nobis videtur esse cum eo quod a Ptolemæo Οἰασὼ ἄκρον Πυρήνης vocatur, et quo terminari Hispaniam dicit ipse et qui eum sequitur Mariana, Hist. lib. I, c.

LIBER IV. 375

ut diximus, immensum quantum hinc Oceano, illinc Iberico mari comprimentibus. Ipsa Pyrenæi juga ab exortu² æquinoctiali fusa in occasum brumalem, breviores latere septemtrionali³ quam meridiano Hispanias faciunt. Proxi-

2, pag. 3; haud dubium autem est quin, ut doctissimo Mannerto videtur, illud sit promontorium hodie *Cabo de la Higuera* vocatum. ED.

2. *Ab exortu.* A Ruscinone, usque Gades. Ipsa, inquit, Pyrenæi juga Hispaniam sic irrumpunt, ut ab exortu æquinoctiali quasi cœpto cursu, per totam provinciam longa serie immissa, perveniant demum in occasum brumalem, et ad ea Bæticæ provinciæ littora, quæ occidenti sunt adversa: atque ita Hispaniæ partem quæ a Ruscinone Gades euntibus dextera est ac septemtrionalis, faciunt breviorem, et angustiorem, quam meridiana est. Hanc esse scriptoris sententiam prodit apertissime tum ipsa oratio, tum Mela Pomponius, lib. II, c. 6, pag. 40 : « Pyrenæus primo hinc (ab Eliberi et Ruscinone) in Britannicum procurrit oceanum : tum in terras fronte conversus, Hispaniam irrumpit, et minore ejus parte (nempe quæ septemtrionem respicit) ad dexteram exclusa, trahit perpetua latera continuus, donec per omnem provinciam longo limite immissus, in ea littora quæ occidenti sunt adversa, perveniat. » Hactenus Mela : cujus ex oratione intelligitur, non de tota illa montis Pyrenæi latitudine ac serie nunc agi, quæ ab oceano Cantabrisque, ad Ibericum mare pertinet, qua in Gallias ab Hispania

iter est: sed de eorumdem montium per mediam Hispaniam ductu ac veluti cursu in oceanum usque Gaditanum. Hoc vero quum minime perviderint viri alias eruditi, Pintianus et Sepulveda, mirum quantas inter se lites de vero hujus loci intellectu moverint: quem aliter assequi se non posse ambo confessi sunt, quam Plinii verbis immutatis, atque in contrariam plane sententiam detortis: dum ille in Plinianis Observationibus, « ab exortu brumali, in occasum æquinoctialem » : iste lib. III, Ep. 46, p. 184, « ab exortu æquinoctiali in occasum æstivum », censet legi oportere, reclamantibus libris omnibus, tum editis, tum manu exaratis : atque adeo ipso reclamante Plinio, cujus mentem Mela planam facit. HARD.

3. *Latere septemtrion.* Perpetuo montium tractu a Ruscinone ducto usque Gades bifariam divisa Hispania latere septemtrionali, quod oceano alluitur, angustior ea est, quam meridiano, quæ Iberico mari. Abest ea vox *septemtrionali* a Reg. codd. Sed incuria amanuensium, ut arbitror, prætermissa : nam et orationis series id postulat signari, quod meridiano adversum sit : et ipse Mela, a quo creditur hæc Plinius mutuatus, loco proxime citato, geminum illud latus agnoscit: « Tarraconensis, inquit, altero capite Gallias, altero Bæticam, Lusita-

ma ora citerioris est[4], ejusdemque [5]Tarraconensis situs : a Pyrenæo per Oceanum[6], Vasconum saltus : Olarso[7] : Vardulorum[8] oppida : Morosgi, Menosca, Vesperies, Amanum[9] portus, ubi nunc Flaviobriga colonia. Civi-

niamque contingens, mari latera objicit nostro, qua meridiem, qua septemtrionem Oceano. » Hard.

4. *Citerioris.* Nunc incipit Hispania citerior, eademque Tarraconensis, ubi Aquitanica Gallia desinit, ad proximam Aquitaniæ oram oceani. Hard.

5. *Ejusdemque.* Vet. apud Dalec. *ejus quoque.* Ed.

6. *Per oceanum*, etc. Per oceani oram ducto itinere, occurrunt Vasconum saltus, quæ hodie regio *Guipuzcoa* nominatur. H. — Vet. apud Dalecamp. *prope oceanum.* Ed.

7. *Olarso.* Martiano *Iarso* dicitur; nunc pagus *Oyarzun*, leucis a *Fuenterabia* duabus. Οἰασὼ πόλις est Ptolemæo, lib. II, c. 6, in Vasconum oppidis maritimis, ubi etiam supradicti promontorii mentio fit, Οἰασὼ ἄκρον Πυρήνης, quod, ut diximus, *Cabo de la Higuera* nunc vocatur. Ed.

8. *Vardulorum oppida*, etc. Οὐάρδουλοι Ptolemæo, loco citato. Hi, inquit eruditus Mannertus, angustam tenuere regionem a maris littore ad Ebrum, occupantes orientalem partem provinciarum, quæ nunc *Vizcaya* et *Alava* dicuntur, et occidentalem illius quæ *Reyno de Navarra* vocatur; quibus, ut mihi videtur, addenda est, magna ex parte, *Guipuzcoa* provincia. Oppidum autem Morosgi, quantum ex situ conjicimus, inquit Harduinus, hodie est *San Sebastian.* Menosca, quæ Ptolemæo, in Vardulis Μηνο-

σκα est, hodie, si Mannerto credimus, *Bermeo* est; ab eo autem hic non dissentiri non possum : Ptolemæus enim Menoscam nominat ante flumen Δηούα, quod certe idem est quod in oceanum influit, juxta urbem *Deba*, quæ in provincia *Guipuzcoa* est; *Bermeo* autem sex leucis a *Deba*, occidentem versus sita est, in *Vizcaya* provincia. Menoscæ igitur locus aut, ut vult Harduinus, ad ostium fluminis *Orio*, quod haud dubie Menlascus fluvius est a nonnullis memoratus, aut inter hujus fluminis et Devæ ostia. Vesperies oppidum, quod a Mannerto prætermittitur, ego eruditi d'Anville opinionem sequens, in urbe *Bermeo* agnoscere non dubito. Ed.

9. *Amanum portus, ubi nunc Flaviobriga colonia.* A Flavio Vespasiano imperatore cognominatam putant. Vide Garibay, lib. VII, cap. 10. Φλαουϊόβριγα Ptolemæo, lib. II, cap. 6, in confinio Caristorum et Autrigonum. Hunc portum Mariana, Hist. Hisp. lib. IV, cap. 4, p. 143, et Oihenart. in Notit. Vascon. pag. 153, et cum eis Harduinus *Bermeo* esse contendunt; nonnulli *Bilbao* esse dicunt, quos inter Poinsinet, qui *Flavio* in *Bilbao* agnoscere vult; hanc opinionem sequi videtur d'Anville, qui illum *Portugalete* vocat, qui portus ad ostium fluvii *Ubaychalval*, qui urbem *Bilbao* influit, reperitur; Mannertus autem hanc *Santander* esse dicit, quod mihi

LIBER IV. 377

tatum ix[10] regio Cantabrorum, flumen Sanda[11], portus Victoriæ[12] Juliobrigensium. Ab eo loco fontes Iberi quadraginta millia passuum. Portus Blendium[13]. Orgenomesci[14]

videtur optimum; hic enim portus maxime omnium insignis fuit in hoc littore, dignissimusque videtur qui coloniam romanam acceperit. ED.

10. *Civitatum IX.* Præpostera interpunctio prius omnia miscebat. « Flaviobriga, colonia IX civitatum, regio Cantabrorum. » Quis coloniam novem civitatum umquam inaudivit? Ipsam regionem Cantabrorum civitatibus novem constare ait: sic lib. III, c. 3 : « In Autrigonum decem civitatibus: Carietes et Vennenses quinque civitatibus, etc. In Vaccæorum XVIII civitatibus, etc. » Et libri hujus c. 7 similiter: « Regio Messenia duodeviginti montium. » HARD. — Cantabrorum autem regionem hic magis extendit quam Ptolemæus, qui usque ad flumen Nervam, de quo mox dicemus, not. 12, Autrigones ponit, quorum non meminit Noster, et qui tamen occidentalem provinciarum *Vizcaia* et *Alava* dictarum partem, orientalem provinciæ *de la Montaña*, septemtrionalemque provinciæ *de Burgos*, tenuisse videntur, auctore Ptolemæo, qui Cantabris occidentalem provinciæ *de la Montaña*, septemtrionalemque provinciarum *de Palencia* et *de Toro* partem assignare videtur. ED.

11. *Sanda.* In MSS. Reg. *Sauga*, Colb. 1, 2, et Parm. edit. *Sanga*. Haud dubium mihi esse potest quin hodie sit fluvius *Rio de Suancès* dictus, quem Mannertus *Saya* vocat, et in quem alius influit, qui etiamnunc *Besanga* vocatur. In mappis non reperi nomen *Nervio*, quod huic flumini nunc esse ait Harduinus. ED.

12. *Portus Victoriæ.* Si flumen Sanda cum eo, quod hodie *Suancès* vocatur, idem est, non potest Portus Victoriæ hodie esse *Puerto de Santander*, ut ait Oihenartus in Notitia utriusque Vasconiæ, pag. 9, et ab eo Harduinus: in nostra opinione requirendus est inter fluminis *Suancès* ostia et portum dictum *Ensenada de Ballota*, quo in spatio reperiuntur nonnulli portus et ostia triplicis fluvii nomine *Tina*. Eruditissimus Mannertus qui fluvium *Tina del medio*, quem etiam *Nansa* vocat, Ptolemæi Νερούαν flumen esse censet, in ejus ostio Portum Victoriæ ponit; forsitan tamen requirendum est leucis circiter duabus, orientem versus, in portu *San Vicente de la Barquera* dicto, qui etiamnunc nonnihil veteris nominis servare videtur. ED.

13. *Blendium.* Sic MSS. non *Biendium*. HARD. — Hodie, ut opinor, *Ensenada de Ballota*, vel *Puerta de Pó*. ED.

14. *Orgenomesci e Cantabris.* In MSS. Reg. 1, *Orgenonensci e Cantabris.* Colb. 1, *Orgenomisci.* Colb. 2, *Origenomisci.* Plinii editores inde nobis *Origenos* commenti sunt, *Origeni mistis Cantabris*, quos nec libri, nec auctores ulli agnoscunt. Fuit aliquando quum scribendum putarem, *Curgionii mistis Cantabris*: quoniam Curgionios a Cantabris fatigatos crebris incursionibus scribit

e Cantabris. Portus eorum[15] Vereasueca. Regio Asturum[16], Noega oppidum[17] : in peninsula[18], Pæsici. Et deinde[19] conventus Lucensis, a flumine[20] Navia, Albiones,

Florus, lib. IV, cap. 12, pag. 198. Sed indubitata deinde visa emendatio est, *Orgenomesci e Cantabris*, quam totidem pæne apicibus libri omnes conditivi exhibent, firmatque egregie Ptolemæus, lib. II, c. 6, ubi in oppidis Cantabrorum mediterraneis prope Astures, Ἀργενόμεσχον appellat, haud dubie pro Ὀργενόμεσχον. HARD. — Orgenomesci, quorum etiam meminit Mela, qui, lib III, cap. 1, eos Origenomescos vocat, hanc regionem tenuisse videntur, quam, nota 10, a Ptolemæo Cantabris assignatam diximus. ED.

15. *Portus eorum Vereasueca.* Ita MSS. non *Vesci*, *Veca*. Hic Orgenomescorum portum, quem Harduinus *Villaviciosa* esse putat, requirendum potius mihi videtur inter ostia fluvii *Ria de Cella* vocati, cujus meminit, ut opinor, Mela, apud quem, lib. III, cap. 1, legitur : « Per Autrigones et Origenomescos Nanasa descendit. » ED.

16. *Regio Asturum.* Maximam partem provinciarum *Principado de Asturias* et *Provincia de Léon* dictarum partem tenuisse videtur. ED.

17. *Noega.* Νοίγα Οὐχεσία Ptolem. lib. II, cap. 6, in Cantabris; Melæ, lib. III, c. 1 : « In Asturum littore Noega est oppidum. » Hanc urbem Harduinus et Mannertus hodie esse dicunt *Navia*, aut, ut in mappis lego, *Nava*, sex ab *Oviedo* leucis, orientem versus : qui locus mediterraneus et valde obscurus, ut animadvertit Mannertus, minime confundendus est, ut a pluribus fuit, cum oppido *Navia* multo remotiore occidentem versus, ad fluvii cognominis ostium. Ego tamen Noegam Ucesiam in *Villaviciosa* agnoscere mallem. ED.

18. *In peninsula Pæsici.* In peninsula scilicet, ut eruditissimis viris D'ANVILLE et Mannerto videtur, quæ a promontorio *Cabo de Peñas* dicto terminatur, in provincia *de Asturias*. Pæsici Παισιχοί Ptolemæo, lib. II, cap. 6, dicuntur; unde errat manifeste Dalecamp. qui *Pesici* scribit. ED.

19. *Et deinde conventus Lucensis.* Vet. apud Dalec. *et inde*. Conventus autem Lucensis oppidum præcipuum fuit *Lugo*, oppidum haud ignobile, ad flumen *Mino* in *Gallicia* provincia. Ad hunc conventum pertinent insequentes populi, sed proprius cujuscumque situs ignoratur. ED.

20. *A flumine Navia, Albiones*, etc. Harduin. *a flumine Navilubione*. Ita quidem reposuerat Barbarus, ex Ptolemæo, lib. II, cap. 6, apud quem Ναουίλλοιωνος amnis mentio, in Callaicis, sive Gallæcis Lucensibus. At, ut animadvertit ipse Harduinus, idem Ptolemæus et Ναβίου ποταμοῦ meminit, juxta Navilubionem, qui etiamnunc ab incolis *Navia* vocatur; unde certe defendenda vetus lectio codicum Reg. 1, 2, Colb. 1, 2, et Parmens. edit. *a flumine Navia, Albiones*, quam reponendum haud cunctanter censuimus. Id etiam opinionem nostram confirmavit,

LIBER IV.

Cibarci[21], Egovarri cognomine Namarini, Jadoni, Arrotrebæ[22], promontorium[23] Celticum. Amnes[24] : Florius, Nelo. Celtici cognomine Neriæ[25], superque Tamarici[26],

quod vicinum promontorium occidentem versus, etiam nunc *Cabo Blanco* dicitur, quod nomen ab Albionibus accepisse non improbabile est. Naviłubio autem, de quo Ptolemæus, nobis hodie esse *Rio Caneiro*, in quem influit *Rio Labio* videtur. ED.

21. *Cibarci, Egovarri cognomine Namarini, Jadoni*. In MSS. proxime appellatis legitur: «Cibarci, Æguiarri cognomine Narini, Jadoni, Arroni. » Supervacuum videtur locorum ab istis populis occupatorum præsentia requirere nomina, quum ne de veteribus quidem constet; spatium illud certe tenuerunt quod inter fluvium Naviam et promontorium Celticum, hodie, ut modo dicemus, *Cabo de Finisterra* vocatum, jacet. Corruptior autem, quam vulgo putatur, mihi videtur locus iste; parum etiam verisimile est Plinium nullo modo meminisse nec Trileuci promontorii, hodie *Cabo Ortegal*, nec Callaicorum magni portus, ad quem hodie reperiuntur oppida *Ferrol*, *Betanzos* et *la Coruña*, quæ omnia cum multis aliis in Ptolemæo memorantur. ED.

22. *Arrotrebæ*. Quos et Ἀροτρέβας et Ἀρτάβρους appellatos ætate sua prodidit Strabo, lib. III, pag. 154, nonnullaque oppida habuisse dicit Ἀρταβρῶν λιμένας vocata, in eo sinu qui a Ptolemæo Ἀρταβρῶν λιμὴν appellatur, et a Nerio, seu Celtico promontorio, *Cabo de Finisterra*, ab oceano dividitur. Artabrorum etiam meminit Mela, qui eos primos in septemtrionali Hispaniæ ora nominat, « in ea primum Artabri sunt, etiamnunc Celticæ gentis. » ED.

23. *Promontorium Celticum*. Quod etiam Nerium vocatur, Ptolemæo, lib. II, cap. 6, Νέριον ἀκρωτήριον, a quo Neriæ mox appellandi; aliquando etiam Artabrorum prom. a supradictis Artabris. Hodie est, ut jam non semel diximus, *Capo de Finisterra*. ED.

24. *Amnes : Florius, Nelo*. Ex ordine quem hic sequitur Noster, non judicari potest qui sint hi amnes ; quum inter Celticum promontorium et Tamaricos, de quibus mox dicemus, unus tantum reperiatur fluvius, ab aliis *Jallas*, ab aliis *Lezaro* vocatus ; qui quidem si Plinii Nelo, ut opinor, fuit, ante promontorium Celticum certe requirendus est Florius amnis, qui, mea sententia, idem est cum eo qui a Ptolemæo Οὔϊρ vocatur; necnon cum illo cui hodie nomen est *Rio Allones*. Mannertus, qui Florium amnem prætermittit, Nelonemque hodie *Allones* esse dicit, in hoc saltem mecum consentit, quod Ptolemæi fluvium Οὔϊρ quem eumdem esse cum Nelone ait, hodie *Allones* vocari affirmat. ED.

25. *Neriæ*. Ii apud Melam, in eo tractu pariter ultimi : accolæ nempe promontorii, quod diximus, *Cabo de Finisterra*. HARD.

26. *Superque Tamarici, quorum in peninsula*, etc. Tamarici a fluvio Tamari, qui a Ptolemæo Ταμάρα, hodieque *Tambre* vocatur, nomen

quorum in peninsula tres aræ Sestianæ [27] Augusto dicatæ : Capori [28], oppidum Noela [29]. Celtici cognomine

certe habuerunt, et ripas ejus haud dubie incoluerunt. Mela, quem hic sequi videtur Noster, iisdem fere verbis et fluminis, et populi meminit, lib. III, cap. 1 : « Cætera super Tamarici Neriique incolunt in eo tractu ultimi. » Verbum *super*, quod in utroque legitur, Tamaricos in mediterraneo positos fuisse indicare videtur; nempe supra populum, qui urbem Noelam, hodie *Noya*, tenuit, ad Tamaris ostium. Quæ igitur fuerit ista Tamaricorum peninsula, in qua Aræ Sestianæ, minime liquet. Ararum illarum, præter Plinium, meminere idem Mela, apud quem legitur: « In Asturum littore Noega est oppidum : et tres aræ, quas Sestianas vocant, in pæne insula sedent, et sunt Augusti nomine sacræ, illustrantque terras ante ignobiles : » et Ptolemæus, a quo, lib. II, cap. 6, pariter in septemtrionali Hispaniæ latere ponuntur, non tamen in Asturibus, sed in Callaicis Lucensibus, inter Nerium promontorium et flumen Vir. Si, illis adjuvantibus, Plinii verba, quæ fortasse transposita fuerunt, interpretamur, requirenda nobis erit Ararum peninsula in littore septemtrionali, id est, supra promontorium Celticum, fortasse, ut Mannerto videtur, juxta ea, quæ nunc *Cabo Tauriñan*, et *Cabo Villano* dicuntur; ultimum ego mallem, quod in peninsula includitur. Ed.

27. *Aræ Sestianæ*. Mariana, Hist. Hisp. lib. III, cap. 25, pag. 133, ubi de Augusti Cæsaris in Hispaniam adversus Cantabros expeditione verba facit : Aræ Sextianæ, inquit, Melæ, Plinii, ac Ptolemæi litteris celebratæ, atque in honorem Augusti constitutæ in peninsula, pyramidum forma, cochlea ab imo ad summum pertinente, creditæ sunt a nonnullis, hujus belli monumenta fuisse (vestigia earum ad oppidum *Gijon*, in littore septemtrionali, leucis septem ab *Oviedo* exstare affirmant) : conjectura neque contemnenda prorsus, neque prorsus constanti : quum alii Aras Sextianas a Sexto Apuleio excitatas malint, eo quem per hosce annos, de Hispania triumphasse Tabulæ Capitolinæ docent. Ita vir ille sane pereruditus : cui quidem de Ararum causa assentior, de situ non item : quum ex Pliniana serie haud procul Celtico Nerióve promontorio statutæ videantur. Hard. — Hæc quidem Harduinus, cui et ego assentior; notandum tamen est quod hæc Marianæ opinio, de situ Ararum, cum supra relatis Melæ verbis, mirum in modum concordet. Ed.

28. *Capori*. Dalec. *Cœpori*. Ptolemæo, lib. II, cap. 6, Κάποροι, quorum oppida mediterranea *Iria Flavia* et *Lacus Augusti*, hodie *Santiago de Compostella* et *Lugo* esse a plerisque putantur. Ed.

29. *Noela*. In MSS. Reg. et Colbt *Noeta*; hodie, ut jam diximus, *Noya*, ad amnem Tamarim, cujus utramque ripam tenuere Celtici Præsamarci : sic enim habent libri vulgo editi : at MSS. et Parm. edit. *Præ-*

Præsamarci, Cileni[30]. Ex insulis nominandæ, Corticata[31], et Aunios. A Cilenis[32], conventus Bracarum, Heleni, Gravii[33], castellum Tyde, Græcorum soboles omnia. Insulæ Cicæ[34]. Insigne oppidum Abobrica[35]. Minius[36] amnis, IV M. pass. ore spatiosus. Leuni[37], Seurbi. Bracarum[38] oppidum Augusta, quos supra Gallæcia. 4

stamartii. Mela, lib. III, cap. 1, *Præsamarchi*. ED.

30. *Cileni*. Ptolemæo, lib. II, c. 6, Κίλινοί, quorum oppidum Ὕδατα θερμά, *Aquæ calidæ*, quæ Antonino *Aquæ Celinæ* appellantur. In Conc. Tolet. I, apud Loaisam, pag. 38 : « Exuperantius Ep. de Gallicia, Lucensis conventus, municipii Celenis. » H. — Tenuisse Cileni videntur a Tamari ad amnem *Tenorio*, quo in spatio etiamnunc reperiuntur aquæ calidæ quas *Caldas de Contis* et *Caldas de Rey* vocant; quod non satis animadvertit Mannertus, qui Aquas calidas hodie esse *Orense* putat : quæ quidem civitas etiam calidis aquis inclyta est, sed ut ipse dicit in meridionali Minii ripa sita est, dum Aquas calidas occidentem versus fuisse nobis constat. ED.

31. *Corticata et Aunios*. Hodie, quantum ex situ conjectamus, insulæ *Carreira* dictæ, ad ostium amnis *Ulla* et *Islas de Ons*, ad ostium fluvii *Tenario*. ED.

32. *A Cilenis*. Post Cilenos, inquit, pertinent jam ad conventum Bracarensem, de quo diximus lib. III, cap. 4. Heleni, sive Helleni, quorum oppidum in Gallæcia apud Strabonem, lib. III, pag. 157, Ἕλληνες appellatum esse, quoniam a Græcis conditum erat, auctor est Asclepiades Myrleanus. Hod. Pon-

tevedra, teste Mariana, in Histor. Hispan. hoc est, Pons vetus. H.

33. *Gravii*. Quasi Graii dicti. Silius Ital. lib. III : « Et quos nunc Gravios violato numine Graium OEneæ misere domus, Ætolæque Tyde. » Ptolemæo sunt Γρούϊοι, lib. III, cap. 6, quorum oppidum Τοῦδαι. Melæ, cæterisque Tyde, hodie, *Tuy*. In MSS. Reg. et Colb. *Grovii*. HARD..

34. *Insulæ Cicæ*. Abest id nomen *Cicæ* a codd. Reg. In quibusdam *Siccæ* legas. Deorum insulæ alias a nonnullis appellatæ : hodie etiam *Islas de Scyas* sive *de Bayona*. H. et ED.

35. *Abobrico*. Nunc *Baiona*, sex circiter leucis a Minii ostio, septemtrionem versus. ED.

36. *Minius*. Accolis *Minho* : nomen, si Justino credimus, a minio, quod in ripa profert. At minium amnis Sil, qui in Minium labitur, aquarum copia eo major, solus edit. HARD.

37. *Leuni, Seurbi*. Vet. apud Dalec. *Lebuni, Seurbi*. Tractum eum tenuere ii cum Bracaribus, qui inter Durium, Miniumque patet : quem ab utroque amne quo ea regio clauditur, *Entre Douro y Miño* appellant. H. et ED.

38. *Bracarum*. Et Bracares, inquit, ad oram usque pertinent : oppidum a mari semotum Augu-

Flumen, Limia [39] : Durius [40] amnis ex maximis Hispaniæ, ortus in Pelendonibus [41], et juxta Numantiam lapsus, dein per Arevacos [42] Vaccæosque, disterminatis ab Asturia Vettonibus [43], a Lusitania Gallæcis, ibi quoque Turdulos a Bracaris arcens. Omnisque dicta regio a Pyrenæo metallis referta, auri, argenti, ferri, plumbi nigri albique.

XXXV (xxi.) A Durio Lusitania incipit [1] : Turduli veteres [2], Pæsuri [3] : flumen Vacca [4]. Oppidum Talabrica. Oppidum, et flumen Æminium [5]. Oppida : Conim-

stam habent: hodie *Braga*, ad *Cavado* flum. Apud Gruter. Inscript. pag. 324, BRACARAVGVSTANI. H.

39. *Limia*. Λιμίας Ptolemæo, lib. II, cap. 6, juxta Minii amnis ostia. Mela, lib. III, cap. 1 : « Et cui oblivionis cognomen est Minia. » Sed falli Melam, quod ad oblivionis cognomen attinet, infra discemus ex Plinio. Hodie *Lima*. HARD.

40. *Durius*. Accolis *Duero*. De his, qui mox appellantur, populis, quos Durius alluit ac disterminat, egimus superiore libro. Præter Numantiam labi auctor est etiam Strabo, lib. III, pag. 153. HARD.

41. *Pelendonibus*. Vet. apud Dal. et Chiffl. *Pelondonibus*. De illis in sequentibusque populis superiore libro egimus, cap. 3. ED.

42. *Arevacos Vaccæosque*. De his populis dixi in fragmento lib. XCI Titi Livii, quod illustravi in altera mea Taciti editione, tom. IV, pag. 570. BROT.

43. *Vettonibus*. Vet. apud Dal. *Vectonibus*. ED.

XXXV. 1. *A Durio Lusitania incipit*. Ubi se in mare, **Durius**, *Duero* exonerat, ad oppidum *Porto* : ex quo cum adverso ei ad Austrum *Cale*, factum est Portucalliæ nomen : quod recentiores euphoniæ causa in Portugalliam mutavere : non a Gallis, ex Terræ sanctæ peregrinatione appellentibus, ut fabula refert : nam neque illac ad nos ex Oriente reditur ; neque tunc Galli appellabantur, sed Franci. H.

2. *Turduli veteres*. Ab his prodisse significat eos qui eodem nomine in ulteriore Hispania superius sunt appellati, lib. III, cap. 3. H.

3. *Pæsuri*. Dalec. *Pesuri*. Gruteri inscriptio, pag. 162, PAESVRES. Hi cum Turdulis a Durio ad Vaccam tenuere, ubi nunc oppida *Lamego* et *Aroucu*. HARD.

4. *Vacca*. Dalec. *Vaccia*. MSS. Reg. et Colbert. *Vagia*. Marcianus Heracl. pag. 74 : Οὐακούα ποταμός. Nunc Lusitanis *Vouga*, infra oppidum *Aveiro*, e Talabricæ ruderibus excitatum, in mare devolvitur. Τὰ Ταλάβριγα Appiano, in Iber. pag. 295, et Ptolemæo, lib. II, cap. 5. H. et ED.

5. *Æminium*. Prius *Minium* legebatur. At est Αἰμίνιον oppidum Lusitaniæ Ptolemæo, lib. II, cap. 5, item Antonino. Et in Conc. Tolet. III, apud Loaisam, pag. 228, Possidonius Eminiensis ecclesiæ episcopus subscripsit. In MSS. Reg. et

brica[6], Collippo[7], Eburobritium[8]. Excurrit deinde in altum vasto cornu promontorium[9] quod alii Artabrum appel-

Colb. et in edit. Parm. *Eumenium.* H. — Oppido amnique, ut Harduino placet, commune, hodie nomen est *Agueda*, sive potius *Vouga.* Vix credendum autem errorem admittit vir cæteroquin sane pereruditus, Broterius, qui flumen Æminium, nunc *Guadaleta* vocari dicit. ED.

6. *Conimbrica.* MSS. Reg. et Colb. *Cinumbriga.* Oppidum fuit, nunc dirutum : *Condeja la veja*, Condexa vetus. Tribus ab ea leucis, ex illius ruderibus excitata nova Conimbrica, *Coimbra.* HARD.

7. *Collippo.* Vet. apud Dalec. *Olisippo.* Ex ejus ruinis crevit civitas Leirinensis, *Leiria*, quæ Collippo nova dici potest, inter Olisiponem et Conimbricam, in ea Lusitaniæ parte, quam Estremaduram vocant. Inscriptio Gruteri, pag. 313, COLLIPPONENSIVM. Et pag. 1155, EX LVSITANIA. MVNICIPI. COLLIPPONENSI. H. et ED.

8. *Eburobritium.* Sic apud Ortel. *Eburobritium* uno vocabulo ; Dalec. *Eburo*, *Britium*; vet. autem apud Dalec. *Britoleum*, alii *Britticum* pro *Britium.* Hodie, ut Harduino placet, *Ebora de Alcobaza*, decem circiter leucis a *Leiria*, occidentem inter et meridiem. ED.

9. *Promontorium*, etc. Hodie *Cabo de la Roca*, leucis septem a *Lisboa*, occidentem versus. Pelicerius in notis MSS. cum Pintiano, Casaubono, Resendio, Salmasioque in Solin. p. 276, insigni nunc errore Plinium, et illum secutos Solinum Martianumque, magnum promontorium, sive Olisiponense, idem cum Artabro existimasse aiunt : quanquam si error est, non in Plinium ipsum, sed in eos conjici potius oportuit, quos ejus sententiæ appellat auctores. Est autem simile veri, etsi id nullus Veterum prodat, esse Artabrum promontorium, sumpto ab incolis Artabris, aut dato his nomine, illud quod Celticum cap. sup. Plinius Pomponiusque, Nerium Strabo, ac Ptolemæus vocarunt. Verum isto disterminari cælum, terras, maria, non Olisiponensi, atque adeo defendi a culpa Plinium minime posse, ut Pelicerius aliique contendunt, tam falsum est quam quod falsissimum. Quid Hispaniæ latus esset, quid frons, nesciisse ii videntur: nos suo loco aperuimus, interpretationemque nostram hæc Plinii Pomponiique loca egregie constabiliunt. Ille enim de hoc ipso promontorio Olisiponensi, lib. II, cap. 112 : «Promontorium Artabrum, inquit, quo longissime frons procurrit Hispaniæ.» Et hoc ipso libri hujus cap. « Promontorium Sacrum e media prope Hispaniæ fronte prosilit. » Quibus verbis prodit apertissime tribus omnino frontem eam effici promontoriis : a Junonio, quod est circa Gaditanum fretum, incipere : in Sacro, quod S. Vincentii vocant, esse mediam, ubi caput Europæ statuitur a Dionysio Perieg. v. 562 : ad Artabrum denique longissime procurrere, in quo desinat. Inde versus Gallæciam facto circuitu, latus incipere se-

lavere, alii Magnum, multi Olisiponense[10], ab oppido, terras[11], maria, cælum disterminans. Illo finitur Hispaniæ latus[12], et a circuitu ejus incipit[13] frons (XXII): septemtrio hinc, Oceanusque[14] Gallicus, occasus illinc, et Oceanus Atlanticus. Promontorii excursum LX[15] M. prodidere, alii XC M. pass. Ad Pyrenæum inde non pauci XII[16] quinquaginta millia, et ibi gentem Artabrum, quæ numquam fuit, manifesto[17] errore. Arrotrebas enim, quos ante Celticum diximus promontorium, hoc in loco posuere litteris permutatis.

Erratum et in amnibus inclytis. Ab Minio, quem supra[18] diximus, CC M. pass. (ut auctor est Varro) abest Æmi-

ptemtrionale Hispaniæ Lusitaniæque. Namque ut, Pomponius tradit, lib. II, cap. 6 : « Lusitania oceano tantummodo objecta est: sed latere ad septemtrionem, fronte ad occasum. » HARD.

10. *Olisiponense.* Dalec. *Olyssiponense.* ED.

11. *Terras*, etc. Ad terras certe quod pertinet, citra id promontorium est pars Lusitaniæ hactenus descripta, quod est Hispaniæ latus, et Lusitaniæ, septemtrionale: ultra, occidentalis ora. Ad cælum, hinc ipse septemtrio, inde occasus. Ad maria, Gallicus, vel si mavis, Callaicus ab eo latere oceanus: ab illo Atlanticus. HARD.

12. *Hispaniæ latus.* A promontorio Celtico ad Artabrum, sive Olisiponense. HARD.

13. *Incipit frons.* Ab Olisiponensi promontorio ad Gaditanum fretum. HARD.

14. *Oceanusque Gallicus.* In Chiffl. cod. *Calaicus*, seu potius *Callaicus*, a gente Callaica, hoc est, Gallæcis.

At vulgatam scripturam defendunt codices Reg. et Colbert. Martianus quoque, lib. VI, cap. de Hispania, p. 202. Quin ipse Plinius lib. IX, cap. 3, oceanum hunc Gallicum vocat, ut suo loco monebimus.

15. *LX M.* Vet. ap. Dalec. *XL. M.* ED.

16. *XII quinquag.* Hoc est, duodecies centena et quinquaginta millia passuum. Mensura enim hæc est adnavigationis per sinus, recessusque sinuum, a promontorio isto ad Pyrenæum. HARD.

17. *Manifesto errore.* Qui tamen ævo Strabonis invaluerat, ut diximus, sup. cap. H. — *Manifesto errore.* Errant ergo et illi qui Olisiponensi promontorio nomen Artabrum indidere, ab Artabris, qui, ut nunc ipse dicit Plinius, nunquam hic habitarunt, sed ad promontorium Celticum, quod ut sup. cap. diximus, Artabrum aliquando nomen habet. ED.

18. *Quem supra diximus*, etc. Cap. sup. HARD.

nius[19], quem alibi quidam[20] intelligunt, et Limæam[21] vocant, Oblivionis antiquis dictus, multumque fabulosus[22]. Ab Durio Tagus CC M. passuum, interveniente[23] Munda. Tagus auriferis[24] arenis celebratur. Ab eo CLX M. passuum promontorium Sacrum[25] e media prope Hispaniæ fronte prosilit : $\overline{\text{XIV}}$ M. pass.[26] Inde ad Pyrenæum[27] medium colligi Varro tradit. Ad Anam[28] vero, quo Lusitaniam a Bætica

19. *Æminius.* De quo hoc cap. diximus : ad ea verba, « Oppidum et flumen Æminium. » HARD.

20. *Quem alibi quidam.* In his est Mela, ut indicavimus sup. cap. ad ea verba, *Flumen, Limia.* Is enim Limiam cum Æminio, qui Oblivionis amnis est appellatus, confundit: recte distinguit Appianus in Iber. pag. 295. HARD.

21. *Limæam.* Volebat Dalecamp. *Lethæum vocant ab oblivione antiquis dictum, multumque fabulosum.* ED. —Limia Melæ loco cit. Straboni, lib. III, pag. 153 : ὁ τῆς Λήθης, ὅν τινες Λιμαίαν καλοῦσιν. « Oblivionis fluvius, quem quidam Limæam vocant. » HARD.

22. *Fabulosus.* Origo ea fabulæ fuit. Lusitani Celtici, qui Anam seu *Guadiana* fluvium accolebant, inita cum antiquis Turdulis amicitia, copias junxere paribus in eamdem expeditionem armis. Transvecti amnem, sive Limiam, sive Æminium, orta ibi seditione, communem amisere ducem. Tum vero et simultatum obliti, et soli amoenitate illecti, suas ibidem sedes posuere. Imperitum deinde vulgus credidit, insita aquis illis ea virtute, et expeditionis susceptæ, et patriæ oblivionem simul potasse. Ea vero fama in posteros sic invaluit, ut annis postea volventibus, quum

Decimus Junius Brutus, romani exercitus Imperator, ad eum amnem venisset, nullo posset imperio milites romanos adigere, ut fluvium transmitterent; quum id esset animis omnium persuasum, se patriæ suæ æterna statim oblivia subituros. Vide Florum, lib. II, cap. 17, pag. 71 ; Strabon. lib. III, p. 153 ; Plutarch. in Quæst. Rom. pag. 272, Appian. in Iber. p. 294. Anno U. C. 618, Brutus ibi proconsul fuit. HARD.

23. *Interveniente Munda.* Inter Durium et Tagum fluens amnis, *Mondego,* Conimbricam alluit : aurifer ipse perinde ac Tagus. Ptolem. lib. II, cap. 5, Μούνδα. HARD.

24. *Tagus auriferis.* Vide quæ dicemus lib. XXXIII, cap. 21. H.

25. *Sacrum.* Nunc S. Vincentii, *Cabo de S. Vincente.* De fronte Hispaniæ superius egimus, hoc cap. H.

26. $\overline{XIV}$ *M. P.* Hoc est, quatuordecies centena millia pass. per mediam Hispaniam facto itinere, a promontorio Sacro ad medium Pyrenæum. HARD.

27. *Inde ad Pyrenæum,* etc. Vet. apud Dalec. *inde et ad Pyrenæum medium colligit, ut Varro tradit.* ED.

28. *Ad Anam.* Dalec. *ab Ana vero.* In codd. Tolet. et Chiffl. nec CCXXVI, nec CXXVI, sed CXXI. ED. — Ab Ana fluvio, inquit, distat

discrevimus[29], CXXVI M. passuum : a Gadibus CII[30] M. pass. additis. Gentes[31] : Celtici, Turduli, et circa[32] Tagum Vettones. Ab Ana ad Sacrum, Lusitani[33]. Oppida memorabilia a Tago in ora, Olisipo[34] equarum[35] e Favonio vento conceptu nobile : Salacia[36] cognominata urbs Imperatoria :

Sacrum Promontorium CXXVI M. pass. Sic MSS. Reg. et Colb. etc. non, CCXXVI. HARD.

29. *Discrevimus.* Lib. III, c. 2. H.

30. *CII M. pass.* Sic erunt omnino a promontorio Sacro ad Gades, CCXXVIII M. pass. HARD.

31. *Gentes.* Ultra Tagum positæ, versus austrum, in provincia quam *Alentejo* vocant : Celtici, Turdulique : de quibus egimus lib. III, cap. 3, cognomines, finitimi, affines. Turdulorum civitas Emerita fuit, de qua inferius, teste Strabone, lib. III, pag. 151. Unde colligas Vettonum Turdulos clientes fuisse. Celticorum, Pax Julia fuit, aliæque, ut mox dicemus. Dalec. *Varduli*, non *Turduli.* H. et ED.

32. *Circa Tagum.* Nam utramque Tagi ripam, omnemque circum regionem late Vettones, sive Vectones tenuere : oppida habuere insignia, citra Tagum, Salmanticam, apud Ptolem. lib. II, cap. 5 ; ultra, Augustam Emeritam, quam *claram Vettoniæ coloniam* Prudentius vocat, hymno 9, in Eulaliam, v. 186 : « Nunc locus Emerita est tumulo Clara colonia Vettoniæ, Quam memorabilis amnis Ana Præterit, etc. » Supra Anam Vettones habitasse etiam auctor est Strabo, lib. III, pag. 139. Inscriptio Gruteri, pag. 591, PROVING. VETTONIAE. H.

33. *Lusitani.* Ubi fere provincia est *Algarve* vocata. ED.

34. *Olisipo.* Ulyssem venisse in Hispaniam, atque in Lusitaniæ littore urbem Ulyssiponem condidisse, Strabo, Solinus, Martianusque censent, ipsoque ex nomine conjectura ducta confirmant. Refellunt quidam tum nominis argumento : nam Olisipo ex antiquis monumentis, et lapidum inscriptionibus nominari, scribique debet : et quoniam Ulyssis aræ supra mare Armoricum in Belgis non uno loco exstabant. Nempe ex græca vanitate, quem in Deorum numero habebant, ei templa atque oppida consecrabant : quod Hispanis contigisse etiam non inepte prorsus arbitrantur. Ita fere Mariana lib. I, cap. 12, sub finem, p. 21. Apud Gruter. inscriptio, pag. 252, 261 et 273 : FELICITAS. IVLIA. OLISIPO. Ptolemæo, lib. II, cap. 5, Ὀλισσείπων. Nunc incolis *Lisboa*, Gallis *Lisbonne.* HARD.

35. *Equarum.* Dicemus ea de re, lib. VIII, cap. 67. Cf. Virg. Georg. III, vs. 271, sqq. ubi vide quæ sunt adnotata. HARD. et ED.

36. *Salacia.* Inscriptio Gruteri, p. 13, MVNICIPI. SALACIEN. Hod. si Hard. quem sequuntur D'ANVILLE et UCKERT, credimus, *Alcazar do Sal*, inter *Evora* et Oceanum, medio ferme intervallo; et si Mannerto, *Setuval*, ad Oceanum. Hanc autem veterem Cetobrigam esse ait D'ANVILLE. ED.

LIBER IV.

Merobrica[37]: promontorium Sacrum: et alterum Cuneus[38]. Oppida[39]: Ossonoba, Balsa, Myrtilis.

Universa provincia dividitur in conventus tres, Emeritensem, Pacensem, Scalabitanum. Tota populorum XLVI[40], in quibus coloniae sunt quinque, municipium civium rom. unum: Latii antiqui tria: stipendiaria, XXXVI. Coloniae: Augusta Emerita[41], Anae fluvio apposita: Metallinensis[42], Pacensis[43], Norbensis[44], Caesariana[45] cognomine.

37. *Merobrica.* Grut. inscriptio, pag. 442, ORDO. MEROBRIG. sed suspecta mihi. Oppidum interiit: e ruderibus proxime excitatum alterum, cui nomen est *Santiago de Cacem*: medio ferme itinere inter *Lisboa* et *Cabo de San Vincente*. H.

38. *Cuneus.* Chiffl. *Caeneus*. Hodie, ut omnes volunt, *Cabo de Santa Maria*: ut tamen ego mallem *Punta de Sagres*, juxta Sacrum promontorium, *Cabo de San Vincente*; vicina enim fuisse inter se ista promontoria ex Plinii verbis mihi videtur. Cuneus a Mela vocatur, lib. III, cap. 1, ager omnis inter Anam et Sacrum promontorium; hodie, ut diximus, *Algarve*. ED.

39. *Oppida.* Pomponius Mela, loco citato: « in Cuneo agro, inquit, sunt Myrtilis, Balsa, Ossonoba. » Eodem ordine Marcianus Heracl. pag. 73: ἀπὸ τῶν ἐκϐολῶν τοῦ Ἄνα ἐπὶ Βάλσα... ἀπὸ δὲ Βάλσων εἰς Ὀσόνοϐα... ἀπὸ δὲ Ὀσόνοϐα ἐπὶ τὸ ἱερὸν ἀκρωτήριον. Sic enim hic locus legendus. H — Ossonobam, quam Harduinus *Estombar* esse dicit, haud longe a *Faro* requirendam esse ait D'ANVILLE; illam leucis circiter decem a *Faro*, occidentem versus, ponit Mannertus, ad Oceanum. — Balsa, quam Harduinus et D'ANVILLE *Tavira* esse putant, haud longe a *Faro* fuisse Mannerto videtur. — Myrtilis tandem, quae Ptolemaeo, lib. II, cap. 5, Ἰουλία Μυρτιλίς est, hodie, ut omnes confitentur *Mertola* est, ad Anam in Mediterraneo. ED.

40. XLVI. Dalec. XLV. ED.

41. *Augusta Emerita.* Vestigia tantum supersunt: loco nomen est *Merida*, ad Anam. Veteranos milites eo deductos Augusti jussu, auctor est Dio, lib. LIII, p. 514. Nummos duos profert Patinus in familia Carisia, pag. 65, hujus deductae coloniae indices ac testes; Gruter. inscriptionem, pag. 13, COLONIAE EMERITENSIS. HARD.

42. *Metallinensis.* Metallinum, hodie *Medelin*, in provincia *Extramadura* dicta, ad Anam fluvium, ubi falso creditus, post leucarum aliquot occultationem, amnis emergere. Antonin. in itinere a Corduba Emeritam, Metellinum ab Emerita M. P. XXIV distare prodidit. HARD. et ED.

43. *Pacensis.* Civitas olim Pax Julia, Παξιουλία Ptol. l. II, c. 5, in Turdulis, sive Turdetanis: eadem Augusta cognominata: Παξαυγούστα Straboni, l. III, p. 151, in Celticis Lusitanis. Nunc *Beja* in provincia *Alentejo* dicta: in cujus oppidi foro cippum esse Gruterus ait, p. 261, cum inscriptione COL. PAX. IVLIA.

Contributa[46] sunt in eam Castra Julia, Castra Cæcilia. Quinta est Scalabis[47], quæ Præsidium Julium vocatur. Municipium civium rom. Olisipo, Felicitas[48] Julia cognominatum. Oppida veteris Latii : Ebora[49], quod item Liberalitas Julia : et Myrtilis, ac Salacia, quæ diximus[50]. Stipendiariorum, quos nominare non pigeat, præter jam dictos[51] in Bæticæ cognominibus, Augustobrigenses[52], Ammienses[53], Aranditani[54], Arabricenses[55], Balsenses, Cæ-

---

Pacis Augustæ deinde nomen ad Badiocenses transiit, quorum oppidum in Turdulis fuit. Vide Resendium, in epistola de Colonia Pacensi. Ulpianus, Dig. de Censibus, lib. III, tit. 15 : « In Lusitania Pacenses, sed et Emeritenses juris Italici sunt. » H. et Ed.

44. *Norbensis.* Νώρβα Καισάρεια Ptolemæo, lib. II, cap. 5. Hodie *Alcantara*, in *Extramadura* provincia, ad Tagum, ponte ibi Trajani nobile : aut certe ex Norbensis ruderibus haud procul id conditum.

45. *Cæsariana.* Chiffl. *Cæsarina.*

46. *Contributa.* Norbensi jurisdictioni obnoxia, seu jura Norbam petere coacta. Castra Julia, nunc *Truxillo*, quasi *Turris Julia* : in *Extramadura* provincia : haud procul a Castris Cæciliis, quibus nomen est *Caceres* : non, ut quibusdam visum est, *S. Maria de Guadalupe.* Pro *Castra Julia*, MSS. Reg. et Colb. *Castra Servilia.* Cæcilia Ptolemæo memorantur, lib. II, cap. 5. Antonino Cæciliana dicta, in Lusitania, itinere ab Olisipone Emeritam, quod per viarum anfractus plurimos agebatur. Hard.

47. *Scalabis.* Chiffl. *Sallabis.* Ed. — A Diva Irene virgine, nomen habet hodie *Santarem :* apud Ptol. lib. II, cap. 5, Σκαλαβίσκος, Τοκουβίς, etc. forte pro, Σκαλαβίς καὶ. hoc est, κολωνία. Hard.

48. *Felicitas.* De eo cognomine paulo ante egimus. Hard.

49. *Ebora, quod item Liberalitas Julia,* etc. *Evora*, inter Anam et Tagum. Apud Resend. de Ant. Eboræ, inscriptio quam Gruterus refert, pag. 489, Lib. ivl. Ebora. Hoc est, *Liberalitas Julia Ebora :* non *Libertas*, ut Scaligero visum in Indice Gruteri. Hard.

50. *Quæ diximus.* Plane modo, hoc cap. Hard.

51. *Præter jam dictos.* Præter eorum oppidorum cives, quos in Bætica Lusitanis esse cognomines diximus, lib. III, cap. 3, iis verbis : « Celticos a Celtiberis ex Lusitania advenisse manifestum est, sacris, lingua, oppidorum vocabulis : quæ cognominibus in Bætica distinguuntur. » Hard.

52. *Augustobrigenses.* Augustobriga Antonini, ab aliis hodie *Villar del Pedroso*, ad Tagum : ab aliis vero *Ponte del Arçobispo* esse existimatur. Hard.

53. *Ammienses.* Vet. apud Dalec. *Emienses.* Ed. — Ptolemæo, lib. II, c. 5, in Lusitania, Ἀμαία. MSS. Ἀμμαία. Nunc *Portalegre*, in Lusi-

sarobricenses [56], Caperenses, Caurenses [57], Colarni, Cibilitani [58], Concordienses [59], Elbocorii [60], Interannienses [61], Lancienses [62], Mirobrigenses, qui Celtici [63] cognominantur:

taniæ finibus inter Heluas et Tagum amnem : quo in oppido reperta inscriptio, MVNICIP. AMMAI. hoc est, *Ammaitanum*, quod refert Gruterus pag. 257, ex Schotti schedis. H.

54. *Aranditani*. Vet. apud Dalec. *Aranitani*. Alii *Pranitani*. ED. — Άρανδὶς Ptolemæo, lib. II, cap. 5, in Celticis Lusitanis; Arannin Antoninus, in itinere de Esuri Pacem Juliam, pro Arandi habet. Situs horum incertus, ut et proxime sequentium. HARD.

55. *Arabricenses*. Dalec. *Axabricenses*. Alii *Taxabricenses*. ED. — Ab Arabriga Ptolemæi, lib. II, c. 5, juxta Scalabim sita. Apud Grut. inscriptio exstat p. 162, ARABRICENSIS. HARD.

56. *Balsenses*, *Cæs*. etc. Vet. ap. Dal. *Blacenses*; mox in cod. Chiffl. *Cæsarobrienses*, non *Cæsarobricenses*. ED. — Hi ab oppido Balsa supra dicto : *Cæsarobricenses* ab oppido, ut patet cognomine, sed incerti admodum situs : *Caperenses*, a Cappara, cujus meminit in Lusitania Antoninus, itinere ab Emerita Cæsaraugustam. Ptolemæo, lib. II, cap. 5, Κάπαρα : nunc dicitur *Las ventas de Capara*, inter *Alcantara* et *Coria*. HARD.

57. *Caurenses*, etc. Horum oppidum Καύριον Ptolemæo, lib. II, cap. 5, in mediterraneis Lusitaniæ civitatibus : nunc recentioribus dicitur *Coria* in *Extramadura* : Colarnorum, Κόλαρνον. Apud Gruterum inscriptio, pag. 162, COLARNI.

58. *Cibilitani*. Apud Gruter. p.

362, MVNICIPI CIVILITAN. ad hunc locum non pertinet. HARD.

59. *Concordienses*. Horum oppidum Κονκορδία, apud Ptolem. l. cit. Nunc *Tomar* aiunt appellari. H.

60. *Elbocorii*. In MSS. Reg. Colb. etc. et in edit. Parm. *Concordienses, et Coccori*. Ipso elementorum ordine admonitus Hermolaus reposuit, *Concordienses qui et Boccori*: ratus hoc loco Boccoros per se non posse nominari. Ego vero sinceram hujus loci arbitror lectionem, quam attuli. Nam apud Ptolemæum in oppidis Lusitaniæ mediterraneis, lib. II, capite 5, Ἐλκοβορὶς recensetur, litteris permutatis pro Ἐλβοκορὶς. HARD.

61. *Interannienses*. In MSS. Reg. Colb. Chiffl. Paris. etc. *Interansenses*. Editi libri *Interausenses*. Nostram emendationem defendit Gruteri vetus inscriptio, pag. 162, INTERRANIENSES : et multo magis Phlegon Trallianus, de Longævis, cap. 1, pag. 113, scribens, Ἰντεραννησία πόλις Λουσιτανίας. HARD.

62. *Lancienses*. LANCIENSES apud Gruter. pag. 160 et 199; apud Ptolem. lib. II, cap. 5, Λαγκία ὀπιδάνα. H. — Lanciam urbem Mannertus in septemtrionali Lusitaniæ parte sitam fuisse putat, ad Durium, prope *Zamora*. ED.

63. *Qui Celtici*. Ut eo cognomine a Mirobricensibus Turdulis, de quibus dictum est lib. III, cap. 3, Celtici secernerentur. Alii *Ciudad Rodrigo* esse volunt, urbem provinciæ *de Salamanca*. Ambr. Morales

Medubricenses[64], qui Plumbarii: Ocelenses[65], qui et[66] Lancienses: Turduli qui Barduli[67], et Tapori[68]. Lusitaniam cum Asturia et Gallæcia[69] patere longitudine DXL M. passuum: latitudine DXXXVI[70] M. Agrippa prodidit. Omnes autem Hispaniæ, a duobus Pyrenæi promontoriis per maria, totius oræ circuitu passuum $\overline{\text{XXIX}}$ XXII M.[71] colligere existimantur, ab aliis $\overline{\text{XXVI}}$[72] mill.

XXXVI. Ex adverso Celtiberiæ complures sunt insulæ, Cassiterides[1] dictæ Græcis, a fertilitate plumbi: et e re-

locum esse ait, cui hodieque nomen est *Malabriga*, prope eam Rodericopolim. Illam insequenti viciuam fuisse putat Mannertus. ED.

64. *Medubricenses, qui Plumbarii.* Medobregam in Lusitania oppidum, prope montem Herminium, quo Medobregenses confugerant, habet Hirtius in Com. de Bel. Alex. pag. 216. Olim oppido nomen *Aramenha*: nunc rudera, teste Resendio, lib. Antiq. ap. Maruanum castrum visuntur, prope Amæam, quæ Portus Alacer, ut diximus, appellatur. Plumbarii, a plumbo quod ibi effoditur, cognominati. HARD.

65. *Ocelenses.* Ὄκελλον Ptolemæo, lib. II, cap. 3, juxta *Capara.* H.

66. *Qui et.* Hæc duo vocabula, *qui et* in MSS. non habentur. DAL.

67. *Qui Barduli.* Turduli Tarraconensem attingunt, ut dictum est lib. III, cap. 3, qua in provincia et Vardulos, sive Bardulos, Ptolem. agnoscit, lib. II, cap. 6. HARD.

68. *Tapori.* Gens est a Turdulis diversa. In lib. omnibus, *Tapori.* At in inscriptione Grut. p. 162, nisi vitium marmorarii sit, cum Medubricensibus TALORI junguntur. H.

69. *Gallæcia.* Chiffl. *Gallicia.* ED.

70. *Latitudine DXXXVI.* Latitudinis hæc mensura justo sane amplior videtur, ac longitudini ipsi fere par. HARD.

71. $\overline{XXIX}$ *XXII M.* Ita MSS. Reg. Colb. Chiffl. etc. Hoc est, vigesies novies centena, et viginti duo millia passuum. H. — Lege: $\overline{XXXIX}$ *XXII M.* Ita MS. Reg. 1, in editione principe, *XXIX XII.* Sic et MSS. Reg. 5, 6. Frustra in recentioribus editionibus emendavit *XXIX XII.* Certe totus oræ circuitus a promontorio Pyrenæo, *le cap de Creus*, ad alterum promontorium inter urbes *Saint-Sébastien* et *Fontarabie*, si sinuum anfractus numerentur, plus colligitur, quam $\overline{XXIX}$ *XXII M.* pass. BROT.

72. *Ab aliis* $\overline{XXVI}$. Vigesies sexties centena millia. HARD.—Dalec. *XXVII mill.* Brot. *XXV.* ED.

XXXVI. 1. *Cassiterides.* E regione Celtiberorum, sive Celticorum Lusitaniæ, positas esse Cassiteridas insulas decem, unde stannum, quod κασσίτερον Græci vocant, ad nos adveheretur, communis Veterum error fuit: quem et Ptolemæus sequitur, lib. II, cap. 6; Strabo, lib. II et III, aliique. Caute admodum Herodotus, cujus verba recitat Eustathius in Dionysio, vers. 563, p.

gione Arrotrebarum[2] promontorii, Deorum sex[3], quas aliqui Fortunatas appellavere. In ipso vero capite Bæticæ, ab ostio freti[4] passuum xxv[5] mill. Gadis, longa (ut Polybius scribit) xii mill. lata iii mill. passuum. Abest[6] a continente proxima parte minus pedes DCC, reliqua[7] plus septem M. passuum. Ipsius spatium[8] xv M. passuum est. Habet oppidum civium romanorum[9], quod[10] appellatur Augusta[11] urbs Julia Gaditana. Ab eo latere, quo Hispaniam spectat, passibus fere centum, altera insula[12] est longa iii M.[13] pass. lata, in qua prius oppidum Gadium

81, negat sibi Cassiteridas esse notas: et merito sane, quod eæ nusquam fuere. Fabulis Plinius ipse eas accenset, lib. XXXV, cap. 47.

2. *Arrotrebarum prom.* Quod Celticum promontorium appellavit, cap. 34. HARD.

3. *Deorum sex.* Duæ Ptolemæo, lib. II, cap. 6, si tamen eædem. H.

4. *Ab ostio freti.* Gaditani. H.—Vet. apud Dalecamp. *mox ab ostio.*

5. *XXV mill.* Dal. *LXXV mill.*

6. *Abest a continente... minus pedes DCC.* Sincera hæc omnium codicum lectio est, Reg. 1, 2, Colb. 1, 2, Paris. Chifflet. et Parm. edit. Frobenius prior, quem secuti deinde sunt cæteri, *passus DCC* reposuit. Verum a continente angusto spatio, et veluti flumine abscissam Gadium insulam auctor est Mela: Polybius, et Solinus cap. xxiii, p. 44, cum Plinio, pedibus septingentis: Strabo, lib. III, p. 167, stadio definit, hoc est, cxxv passibus, pedibus vero DCCXX. HARD.

7. *Reliqua plus septem.* Nempe septem millibus et D pass. ut dictum est lib. II, cap. 112.

8. *Ipsius spatium XV M. pass.* Ita quidem libri omnes: at longitudine insulæ Gadium, et latitudine jam signata, reliquus tantum videtur esse ambitus: qui, si longitudo est xii M. pass. fieri non potest, quin fere xxx passuum millia colligat. H.—Volebat Pint. *XXV M.*

9. *Civium rom.* Gaditanum oppidum civitatis jure donatum a Jul. Cæsare, quum Hispaniam subegit, auctor est Dio, lib. XLI, p. 264. Inscriptio Grut. p. 258, MVN. AVG. GAD. Gadibus reperta. HARD.

10. *Quod appellatur.* MSS. Reg. et Colb. sincerius, « qui appellantur Augustani urbe Julia Gaditana. »

11. *Augusta.* Dalec. *Augustana.*

12. *Altera insula.* Ἐρύθεια Straboni, lib. III, pag. 167, a Gadium insula unius stadii, seu passuum cxxv, freto divulsa: nunc hausta mari, ut ne vestigium exstet, ut Mariana prodit Hist. Hispan. lib. I, cap. 21, pag. 39. Salazar tamen, de Antiq. Gadit. lib. I, cap. 4, vocari etiamnum, *Isla de Léon* asseverat, ipse patria Gaditanus. HARD.

13. *Longa III M.* Sincerius codd. Reg. « in longum mille passibus lata, » ut latitudo pæne par longitudini intelligatur: aut latitudinis certe mensura deest. HARD.

fuit. Vocatur ab Ephoro et Philistide [14], Erythia [15]; a Timæo et Sileno, Aphrodisias [16]; ab indigenis, Junonis. Majorem [17] Timæus Cotinussam [18] apud eos vocatam ait: nostri Tartesson [19] appellant, Pœni Gadir [20], ita Punica lingua sepem significante. Erythia [21] dicta est, quoniam Tyrii Aborigines eorum [22] orti ab Erythræo mari ferebantur

14. *Philistide.* Dalec. *Phylistide.*
15. *Erythia.* Vetus apud Dalec. *Erythria.* Brot. *Erythea.* ED.
16. *Aphrodisias.* Ceu Veneri sacra. Stephanus, Ἀφροδισιὰς, νῆσος, πρότερον Ἐρύθεια, μεταξὺ Ἰβηρίας καὶ Γαδείρων, *inter Hispaniam et Gades.*
17. *Majorem Timæus*, etc. Hoc est, Gadium insulam, cui Erythia proxima fuit. HARD.
18. *Cotinussam.* Ab oleastris, quos Græci κοτίνους vocant. H. — Vereor ut illud *apud eos* Plinianum sit. Certe in libris manu exaratis, Reg. 1, 2, Colb. 1, 2, Paris. Chifff. et Parm. edit. legitur *Potinussam a puteis.* Et de puteis quidem in Gadium insula frequentibus, prolixam concertationem Strabo instituit, ex Polybio, lib. III, p. 173. Quamobrem a vetere scriptura discedere Hermolaum fortasse non oportuit: quamquam ei scriptores nec pauci favent, nec ignobiles: nam Festus Avienus, in Descriptione orbis (vide Poet. Lat. Min. nostræ ed. t. V, p. 218), vs. 611 : « Gadir prima fretum solida supereminet arce : Hæc Cotinussa prius fuerat sub nomine prisco, Tartessumque dehinc Tyrii dixere coloni : Barbara quin etiam Gades hanc lingua frequentat : Pœnus quippe locum Gadir vocat undique septum Aggere præducto. » Dionysium Festus expressit, qui vs. 456 : Κληζομένην Κοτινοῦσαν, ἐφημίξαντο Γάδειρα. Adde Tzetzen, Chiliad. 8, Histor. 216, vs. 687 : Ἡ νῦν νῆσος ἡ Γάδειρα τὴν κλῆσιν καλουμένη, Τὸ πρῶην ὠνομάζετο τὴν κλῆσιν Κοτινοῦσα.

19. *Tartesson.* Sic Arrianus, de Exped. Alex. lib. II, pag. 126. H. —Vet. apud Dalecamp. *Post Tyrii Tartesson appellavere.* ED.

20. *Pœni Gadir.* Quod ut Hispaniæ sepes, septumve (id enim Hebræis etiam גדר *Gheder* est), objecta marinis fluctibus esset. Hæc Solinus iisdem verbis, cap. XXIII, p. 44. Hesychius, p. 207, Γάδειρα, τὰ περιφράγματα. Φοίνικες. HARD.— Baptista Egnatius cap. 25, Racem. « Pœni Gadiram. Nam Gadir Punica lingua sepem significat. » DAL.

21. *Erythia.* De majore hactenus: nunc de altera insula, quæ minor est. HARD.

22. *Aborigines eorum.* Hoc est, Pœnorum conditores, ac velut parentes: sic enim Dionysius Halic. Aborigines interpretatur γενάρχας ἢ πρωτογόνους. Aborigines, ut Festus indicat, sunt proprie qui ab origine, seu patriis sedibus profecti, exteras regiones occupaverunt. Origines eos appellare Sallustius videtur in bello Jug. p. 67 (hujus ed. p. 179), ubi de Phœnicibus: « Urbes, inquit, in ora maritima condidere: hæque brevi multum auctæ, pars

tur. In hac Geryones[23] habitasse a quibusdam existimantur, quorum armenta Hercules abduxerit. Sunt qui aliam[24] esse eam, et contra Lusitaniam arbitrentur, eodemque nomine quondam ibi appellatam.

XXXVII. (XXIII.) Peracto ambitu Europæ, reddenda consummatio est, ne quid non in expedito sit, noscere volentibus. Longitudinem ejus Artemidorus atque Isidorus a Tanai usque Gades $\overline{\text{LXXXII}}$[1] XIV M. prodiderunt. Polybius latitudinem Europæ ab Italia ad Oceanum scripsit $\overline{\text{XI}}$ L mill.[2] esse, etiam tum incomperta[3] magnitudine ejus. Est

originibus suis præsidio, aliæ decori fuere. » Aborigines hoc Plinii loco, pro *ab origine*, quod in vet. apud Dalecamp. legitur, primus restituit Pintianus. A Tyria classe Gadium oppidum conditum fuisse auctor est Velleius, lib. I, cap. 2, § 5. H.

23. *In hac Geryones.* Multitudinis numero protulit Geryones, ob tres fratres: unde tricorporis Geryonis fabula apud poetas. Sic libri omnes incredibili consensu, tum manu exarati, tum editi etiam ante Frobenium, qui numero singulari legit *existimatur, cujus armenta*, etc. Satis audacter id quidem, libris refragantibus. Nec tamen sum nescius a Græcis dici promiscue Γηρυῶν, Γηρυόνος, et Γηρυόνης, Γηρυόνου. Et Tzetzes, Chiliad. 4, vers. 351: ὁ Γηρυόνης βασιλεὺς ὑπῆρχεν Ἐρυθείας, etc. De ipsa re Pausanias consulendus, Attic. lib. I, pag. 67, et Mythologi omnes. HARD.

24. *Sunt qui aliam.* Solinus iisdem verbis, loco cit. Pomponium Plinius modo signat, qui insulam in qua Geryones habitarint, contra Lusitaniam posuit, Erythiamque item vocavit, lib. III, cap. 6. H.

XXXVII. 1. $\overline{\text{LXXXII}}$ *XIV M.* Hoc est, bis et octuagies centena, et quatuordecim millia pass. H. — Ita libri omnes. At si octuagies quinquies centena et sexaginta octo millia pass. auctore Artemidoro patet longitudo ipsa totius terræ, ab ortu ad occasum, hoc est, ab India ad Herculis columnas Gadibus sacratas, ut lib. II, cap. 112, Plinius prodidit : quo pacto Europæ unius longitudini octuagies et bis centena et quatuordecim millia idem assignare potuerit Artemidorus, non sane video : nisi si hæc adnavigationis per sinus omnes, intimosque sinuum recessus a Tanai Gades usque instituta mensura est. HARD.— Leg. $\overline{\text{XXXII}}$ *XIV M.* perperam in libris scriptis et editis $\overline{\text{LXXXII}}$ *XIV M.* aut in Dal. $\overline{\text{LXXXIV}}$ *XIV M.* Emendandum fuit *XXXII*, ut recte monuit eruditus RICCIOLI, Geographia reform. pag. 84. Id patet ex ipso Plinio, lib. II, cap. 112. BROT.

2. *Scripsit* $\overline{\text{XI}}$ *L. mill.* Ita libri omnes : hoc est, undecies centena et quinquaginta millia. HARD.

3. *Etiam tum incomperta.* Nunc

autem ipsius Italiæ (ut diximus) $\overline{\text{XI}}$ xx[4] m. ad Alpes. Unde per Lugdunum ad portum Morinorum Britannicum, qua videtur mensuram agere Polybius, $\overline{\text{XIII}}$[5] m. xviii. Sed certior mensura ac longior ad occasum solis æstivi ostiumque Rheni per castra legionum[6] Germaniæ ab iisdem dirigitur Alpibus, $\overline{\text{xv}}$[7] xliii m. passuum. Hinc deinde Africa atque Asia dicentur.

autem quum est comperta diligentius, inquit, magnitudo terrarum, est ipsius Italiæ longitudo, $\overline{\text{XI}}$ XX, mox Galliæ, $\overline{\text{XI}}$ L. Hard.

4. *Ut diximus*, $\overline{\text{XI}}$ XX M. H. e. undecies centena et viginti millia pass. H. — Ita libri omnes manu exarati, Reg. 1, 2, Colb. 1, 2, Paris. etc. vulgati $\overline{\text{XII}}$ XX. Pelicerius in notis MSS. et Pintianus $\overline{\text{X}}$ XX, quoniam Plinius ipse eo loco quem nunc spectat, lib. III, cap. 6 : « patet Italia, inquit, longitudine ab Alpino fine Prætoriæ Augustæ per Urbem Capuamque cursu meante Rhegium oppidum, in humero ejus situm, a quo veluti cervici incipit flexus, decies centena et viginti millia passuum. » Verum quum idem his verbis statim ista subjungat : « Multoque amplior mensura fieret, Lacinium usque, ni talis obliquitas in latus digredi videretur : » hanc ipsam mensuram ampliorem superiori adjici modo perspicuum est, quam centum millium passuum esse, tum ex cap. 10, tum ex 15 ejusdem libri colligimus. Hard.

5. $\overline{\text{XIII}}$ M. XVIII. Ita libri omnes MSS. editique ante Frobenium, qui $\overline{\text{XI}}$ M. LXVIII, nullo auctore suffragante, reposuit. Hard.

6. *Per castra legionum Germaniæ.* Per castra vetera, nunc *Santen*, *dans le duché de Clèves*. Vide Tacitum Hist. IV, 18. Brot.

7. $\overline{\text{XV}}$ XLIII. Quindecies centena. Prius $\overline{\text{XII}}$, hoc est, *duodecies*, legebatur. Hard.

FINIS PRIORIS PARTIS SECUNDI VOLUMINIS.

CONDITIONS DE LA SOUSCRIPTION.

Le prix de chaque volume, grand in-8°, en papier fin satiné, presque grand-raisin, est de six francs, quand il est au-dessous de trois cents pages : de dix francs, quand il ne passe pas trente-quatre feuilles d'impression, c'est-à-dire 544 pages : de douze francs cinquante centimes, quand il monte depuis trente-cinq jusqu'à quarante feuilles inclusivement : et de quinze francs, quand il s'élève au-delà de quarante feuilles, quel que soit le nombre auquel l'abondance des matières puisse le porter.

La Collection se compose des 34 ouvrages suivants : *Catulle, César,* Cicéron, *Claudien, Cornélius Népos, Florus,* Horace, *Justin, Juvénal,* Lucain, *Martial, Ovide,* Perse, *Phèdre,* Plaute, Pline l'ancien, *Pline le jeune, Properce, Quinte-Curce, Quintilien, Salluste,* Sénèque, *Silius Italicus, Stace, Suétone, Tacite, Térence, Tibulle, Tite-Live, Valère-Maxime, Valérius Flaccus, Velléius Paterculus, Virgile,* et Poetæ Latini minores.

N. B. Les VINGT-SEPT Auteurs indiqués en lettres italiques sont ceux dont l'impression est terminée : il n'en reste donc plus à finir que SEPT, qui sont TOUS sous presse, et dont il a paru déjà plusieurs volumes.

On souscrit, à Paris, chez MM.

N. E. LEMAIRE, Éditeur, rue des Quatre Fils, N° 16, au Marais ;
BOSSANGE Père, Libraire, rue de Richelieu, N° 60 ;
BRUNOT-LABBE, Libraire, quai des Augustins, N° 33 ;
DE BURE frères, Libraires du Roi, rue Serpente, N° 7 ;
FIRMIN DIDOT, Imprimeur-Libraire, rue Jacob, N° 24 ;
DONDEY-DUPRÉ, Imprimeur-Libraire, rue de Richelieu, N° 47 *bis* ;
MONGIE aîné, Libraire, boulevard des Italiens, N° 10 ;
JULES RENOUARD, Libraire, rue de Tournon, N° 6 ;
REY ET GRAVIER, Libraires, Quai des Augustins, N° 55 ;
ROUSSEAU, Libraire, rue de Richelieu, N° 107 ;
TREUTTEL ET WURTZ, Libr. rue de Bourbon, N° 17 ;
VERDIÈRE, Libraire, quai des Augustins, N° 25 ;
Et chez tous les Libraires de France et des pays étrangers.

www.ingramcontent.com/pod-product-compliance
Lightning Source LLC
Chambersburg PA
CBHW071906230426
43671CB00010B/1493